Schöner fremder Klang – Wie exotische
Musik nach Deutschland kam

Claus Schreiner

Schöner fremder Klang –
Wie exotische Musik nach Deutschland kam

Band 1: Ragtime, Tango, Rumba & Co.
(1855–1945)

 J.B. METZLER

Claus Schreiner
Marburg, Deutschland

ISBN 978-3-476-05694-8   ISBN 978-3-476-05695-5   (eBook)
https://doi.org/10.1007/978-3-476-05695-5   .

Die Deutsche Nationalbibliothek verzeichnet diese Publikation in der Deutschen Nationalbibliografie; detaillierte bibliografische Daten sind im Internet über http://dnb.d-nb.de abrufbar.

Umschlagabbildung: Foto: Archiv des Autors

Planung/Lektorat: Oliver Schuetze
J.B. Metzler ist ein Imprint der eingetragenen Gesellschaft Springer-Verlag GmbH, DE und ist ein Teil von Springer Nature.
Die Anschrift der Gesellschaft ist: Heidelberger Platz 3, 14197 Berlin, Germany

Spurensuche

Dies ist eine Einladung, mich auf einer Spurensuche zu begleiten, die um 1850 beginnt und im Jahr 2000 enden wird. Dabei werden wir immer wieder den Atlantik überqueren, von Afrika nach New Orleans, Havanna, Bahia, Buenos Aires und in viele andere Häfen kommen – und zurück nach Afrika und Europa. Auf der Suche nach den Wurzeln von Musik (und Tanz), die seit „La Paloma" in Deutschland bekannt wurden, schauen wir uns auch im Andenhochland und an den pazifischen Küsten um, wo wir „El Condor Pasa" bei seiner Uraufführung begegnen. Wir werden erfahren, wie und unter welchen kulturellen, gesellschaftlichen und politischen Rahmenbedingungen bekannte Musikstile und Tänze der amerikanischen Kontinente und Afrikas – nach allem, was man wissen kann – entstanden sind, wo ihre Quellen fließen und wer ihre Macher waren. Dann nehmen wir Witterung auf und folgen den Musikern und Sängerinnen auf ihrem Weg nach Europa, der zumeist in Paris beginnt und erst dann weiter nach Deutschland und zu der Frage führt: was haben die Deutschen aus diesen ‚exotischen' Importen in den verschiedenen Epochen der letzten 150 Jahre eigentlich gemacht? Wenn ich Deutschland sage, dann meine ich von 1945 bis 1989 im Wesentlichen die Bundesrepublik und spreche Themen in der DDR ohne Anspruch auf Vollständigkeit gesondert an.

In den dreizehn Jahren, in denen dieses Buch als Versuch einer Antwort auf diese Frage entstand, wurde deutlich, dass eine Annäherung nur durch Einschränkungen möglich sein würde. Daher fiel die Wahl des transatlantischen Bereichs zu Lasten mancher Anrainer des indischen und pazifischen Ozeans. In diesen drei Bänden geht es vorrangig um urbane populäre Musik aus den Amerikas und Afrika mit Wurzeln in traditioneller bzw.

ritueller Musik, wobei auch Mischformen mit verschiedenen Musikstilen aus Europa und später auch Popmusik, Jazz, Rock und Soul aus den USA hinzukommen. Das schließt Musik aus Asien und Ozeanien in diesem Zusammenhang aus, die aber dennoch dann einen Platz bekommt, wenn sie wie die indischen oder javanesischen Tänzer und Musiker zu Beginn des 20. Jahrhunderts, später Musik aus Hawaii und japanisches Taiko-Drumming oder Butoh-Tanz an dessen Ende in Deutschland eine Rolle spielen.

Dies ist keine Enzyklopädie, mit der ein Anspruch erhoben würde, die wichtigsten Künstlerinnen und Künstler, Musikstile und Entwicklungen z. B. aus Lateinamerika und Afrika komplett zu benennen oder vorzustellen. Dafür gibt es hervorragende Fachliteratur zu Einzelthemen, wie sie in den Fußnoten ausführlich gewürdigt wird. Meine Auswahl ist willkürlich und orientiert sich daran, welche Musikstile und Tänze nach Deutschland gekommen sind. Das schließt in vielen Fällen wahrscheinlich zahlenmäßig 99 % regionaler Musik aus, gewährt mit den erwählten Prototypen aber bereits einen Einblick in den Reichtum der dahinter stehenden Kultur. Um das Verständnis zu erleichtern, setze ich sehr oft Anker bei in Deutschland möglicherweise bekannten Namen. Selbst dabei kann auch nur ein kleiner Teil z. B. aller in Deutschland tätigen Musiker von anderen Kontinenten erwähnt werden. Viele Namen stehen daher auch stellvertretend für andere.

Dieses dreibändige Unternehmen sollte insgesamt nicht über eine Bestandsaufnahme bis zum Ende des letzten Jahrtausends hinausgehen. Deshalb verzichtet es auch auf eine tiefergehende Darstellung von Weltmusik/ World Music, der am Ende ein analytisches Hintergrund-Kapitel gewidmet ist, zumal bis zur Jahrhundertwende über ihre musikalischen Aspekte das meiste gesagt ist. Natürlich gibt es auch zahllose nicht genannte Entwicklungen, die aber oft so schnell vergessen werden, wie sie entstanden sind. Allerdings schützte nur strenge Disziplin davor, diese Bände noch während der Herstellungszeit immer wieder um aktuelle Namen und Ereignisse auch über das Jahr 2000 hinaus zu ergänzen, die Inhalt einer anderen, weiterführenden Darstellung sein könnten.

Musik ist ein Produkt der Gesellschaft, in der sie entsteht. Ob sie in Riten von großer Bedeutung für soziale Gefüge ist, oder aus dem Widerstand gegen kulturelle und soziale Unterdrückung hervorgeht. Auch der Spurensucher geht aus seiner Biographie heraus an die Arbeit. Während der erste Band historischer Recherche gleichkam, sind die beiden anderen Bände für mich erlebte Geschichte und daher vielfach auch Erinnerung an Begegnungen mit zahllosen Künstlerinnen und Künstlern, ihrer Kultur und Musik und die Zeit, in der ich sie kennenlernen durfte. Es ist jetzt über vierzig Jahre her, dass ich das erste Buch über ‚exotische' Musik veröffentlichte[1]. Jetzt wollte ich wissen, wie das eigentlich zu Beginn des Jahrhunderts abgelaufen war, als der brasilianische Maxixe oder der Tango vom La Plata nach Deutschland gekommen waren? Wie haben die Deutschen das und alle die folgenden exotischen Importe aufgenommen, und warum wissen die meisten noch heute eigentlich kaum etwas über die wahre Seele von Rumba oder Highlife?

Dass ein Mensch Melodien und Liedtexte sein Eigentum nennen kann, ist in der Welt vieler indigener Völker bis heute nicht vorstellbar. Auch in den urbanen Zentren von Samba, Tango, Rumba oder Highlife sehen Musiker ihre Werke bis zum Beginn des 20. Jahrhunderts eher als kollektive Schöpfungen an, bis sie merken, dass zunächst andere damit Geld verdienen. Ich habe sehr oft erlebt oder erfahren, wie die Urheberrechte von Künstlern aus Lateinamerika und Afrika mißachtet wurden. Daher bekommt dieser Bereich an geeigneten Stellen seine Würdigung.

Ich erzähle die Dinge so, wie sie sich mir darstellen. Um die Leser möglichst dicht am Geschehen teilhaben zu lassen, habe ich dafür die Gegenwartsform gewählt. Denn wenn sich in der Folklore und auch Popmusik etwas änderte, stand in der Regel niemand daneben und schrieb auf, was da gerade geschah. Tonaufnahmen kannte man noch nicht, als die ersten Habaneras, Tangos und Choros entstanden. Aber es gibt Erinnerungen von Musikern in Interviews und Biographien, denen ich gerne den Vorzug vor eigenen Beschreibungen gebe. Augenzeugenberichte scheinen mir näher an der Realität, selbst wenn ihre Darstellungen nicht immer objektiv sein mögen.

Niemand muss ein Musikkenner oder Gelehrter sein, um diese Bücher zu lesen. Musik kennt ja grundsätzlich keine Regeln, es sei denn man schafft sie. Musik spricht zu jedem, auch ohne dass man Tonsysteme, Takteinheiten und Noten kennt. In Berlin-Mitte gibt es zwischen Mauer- und Friedrichstraße eine Glinkastraße mit einem Wandrelief des russischen Komponisten und dem passenden Satz: „Es ist das Volk, das die Musik schafft. Wir Musiker arrangieren sie nur."

Man braucht auch keine Kenntnisse, um fremde Musik zu mögen. Verstehen kann man sie am besten mit dem Herzen, wenn man sich ihr öffnet. Da aber Musik und Gefühle eine sehr ambivalente Beziehung haben, kann Musik auch Ablehnung oder Angst bewirken oder aus ihr heraus entstehen. Ein Zugang zu ‚ungewohnten' Klängen kann und muss daher nicht immer gelingen. Manchmal wird der Wunsch nach Verständnis schon durch

Aktionismus bzw. Nutzung der Exotik belohnt: mitmachen. tanzen, nach-spielen, verfremden, verändern, parodieren. Man muss auch nicht wie Karl-heinz Stockhausen eine „symbiotische Kompositionsform" erwarten, wenn er sagt, dass ein europäischer Musiker den Inder in sich selbst entdecken würde, wenn er von einem indischen Musikstück bewegt würde. Über-haupt lade ich auch dazu ein, eine allzu akribische Auseinandersetzung mit Begriffen wie Folklore, ethnische Musik, Volksmusik und traditionelle Musik möglichst Musikwissenschaftlern oder Musikethnologen wie Max Peter Baumann zu überlassen, der mit seiner Definition traditioneller Musik auch einen Zugang zu schönen fremden Klängen anbietet: „Traditionelle Musik ist die Parabel des offenen und geöffneten Ohres, des system-sprengenden Wahrnehmens, des fremden Hörens und vor allem des anderen Zuhörens."[2] Nach meiner Wahrnehmung mussten bisher alle Versuche scheitern, Bezeichnungen wie Populäre Musik und Popmusik eindeutig zu definieren. Populär, d. h. bekannt oder beliebt hat als urbane Trennlinie zu (abwertenden) Einstufungen wie traditionell oder ländlich ebenso aus-gedient wie einst Pop-Musik als Derivat aus zeitgeistiger Kunstkultur.

Kurz nach Weihnachten 2019 kam endlich das Ergebnis meiner DNA-Herkunftsanalyse. Reichlich naiv hatte ich gehofft, darin vielleicht Anhalts-punkte dafür zu finden, warum mir Musik aus Afrika und den Amerikas scheinbar mehr ‚im Blut' liegt als asiatische oder die ‚Musike' aus Rixdorf. Die Enttäuschung war groß: Nur ein lächerliches Prozent meiner Gene könnte unter Umständen, vielleicht nur, orientalische Vorfahren haben, der Rest war europäisch. „Deutsches Blut" gibt es ebenso wenig wie ‚Rhyth-mus im Blut', den man besonders Südländern oder Afrikanern nachsagt. Die Gene sind es nicht, warum und wie die Menschen singen und tanzen. Die Gründe liegen in Umfeld, Tradition und Gemeinschaft ebenso wie individuelle und kollektive Erfahrungen in imaginärer, spiritueller Welt und Überlebenskämpfen in realen Szenarien.

Klebstoff aller Kulturen ist ein Konsens über gemeinsame Werte. Er konserviert Traditionen und fügt Innovationen hinzu. Ein Teil davon ist überall die Musik, die Großes, Wunderbares, oft Geniales hervorbringt – unabhängig davon, in welchem Zusammenhang sie entsteht und gehört wird, wofür es nur in Europa ein Kastendenken zwischen E- und U-Musik gibt, während der Inder oder Japaner seine kunstvolle Musiktradition „Klassik" nennt, wobei es diesen Begriff in afrikanischer Musik überhaupt nicht gibt und in Lateinamerika mit Música Erudita, gelehrte Musik, ein Zwitter zwischen populärer Musik und europäischer Klassik geschaffen wurde. Ein Konsens zwischen einander fremden Kulturen wäre eine Frage der Überwindung der Identität. Zweifellos begeistern europäische Klassiker

Menschen überall auf der Welt. Aber wenn es ans Eingemachte geht, übernehmen außerhalb Europas Lieder der Kindheit, der Dorffeste, der Jahreszyklen und sogar regionaler Charts die Gefühlshoheit. Denn nur sie duften nach geliebtem Essen, Holzkohle und Meer, sind Heimatklänge, die einen Zugang zum Ohr der Europäer meist nur dann finden, wenn in ihnen bereits Bekanntes zu hören ist. Zu fremde Klänge müssen mit ihrer Entdeckung bis zur kurzen Weltmusik-Epoche warten.

Mit dem Spruch „Das gibt's nur einmal, das kommt nicht wieder" läge man in der Beschreibung der Ergebnisse dieser Spurensuche gar nicht mal falsch. Dabei sollte man viele Reaktionen der Deutschen auf exotische Musik auch mit Humor sehen, denn die meisten ‚Exoten' sehen es ja auch ziemlich gelassen, was die Deutschen mit ihrer Musik und ihren Tänzen angestellt haben. Für sie sind aber auch bayerische Schuhplattler keine Exoten. Nur bei Rassismus, Fremdenfeindlichkeit, wirtschaftlicher Ausbeutung, geistigem Diebstahl und Diskriminierung der Werte fremder Kulturen sollte man genauer hinschauen. Selbst ein dümmlicher Schlagertext kann diesbezügliche Vorurteile verstärken.

Über einen Zeitraum von 13 Jahren haben mir unendlich viele Menschen in vielen Ländern immer wieder Tipps und Informationen gegeben. Sie haben auch Texte geprüft, korrigiert und verbessert. Die Liste ihrer Namen ist leider viel zu lang, um sie ohne Abstriche hier nennen zu können. Allen: Muchas Gracias, Muito Obrigado, Grazie Mille, Sincere Thanks, Merci Beaucoup, Dōmo Arigatō! Auch und besonders an den Verlag, der spontan eine Veröffentlichung zusagte und an Oliver Schütze, der diese als aufmerksamer und kritischer Lektor verbesserte.

Vielleicht war es einer der letzten aufregenden Abschnitte dieser Art in der Geschichte der Menschheit, die im Wandel des Klimas, mit polarisierenden, rücksichtslosen globalen Wirtschaftssystemen und bei regional zunehmender Rückkehr zu nationalistischem Chauvinismus auf eine neue Zeit zusteuert. Auch mit weiteren kulturellen Vermischungen, da sich jetzt schon über achtzig Millionen Menschen auf der Flucht befinden. Das Internet ist heute nicht nur globaler Kommunikator, sondern auch der größte Speicher der Erinnerung, in dem man übrigens nahezu alle in den drei Bänden genannten Musikstile und ihre Interpreten in Online-Bibliotheken, Themenseiten und besonders in Bild- und Tondokumenten seit Erfindung von Film, Foto und Tonaufzeichnung aufrufen kann.

Am Silvesterabend 1999 hatte ich mit meiner Frau Katharina ein kleines Floß aus Treibholz gebastelt, das wir mit windgeschützten Kerzen und einem roten Lampion mit einer Kerze darin zusammen mit Freunden um Mitternacht auf das Meer vor unserer sardischen Zuflucht setzten. Die meisten

Kerzen waren bald erloschen, aber den rotleuchtenden, leicht flackernden Ballon sahen wir noch nach mehr als einer Stunde auf ruhigem nächtlichem Meer von uns wegtreiben. So ist es, wenn die erlebten Dinge in das Vergessen getragen werden. Meine Spurensuche soll einiges davon zurückbringen. Für alle Leserinnen und Leser ist sie eine Reise in die Vergangenheit und für manchen Erinnerung. Für die Zeit ist das Geschilderte Geschichte.

Claus Schreiner

Anmerkungen

1. Claus Schreiner: Música Popular Brasileira. Marburg 1977.
2. Max Peter Baumann, in: Neue Musikzeitung 6/1994.

Inhaltsverzeichnis

Einführung: Wilde Zeiten

In der Zeit um 1850, in der dieses Buch die Spurensuche nach exotischer Musik und ihrem Weg nach Deutschland aufnimmt, ist Exotik noch immer eine von rassistischen und eurozentristischen Denkweisen geprägte Sicht auf das Fremde. In sanftem Kultur-Kolonialismus verwenden Komponisten von Salonmusik und Klassik, von Mozart bis zur frühen Moderne in ihren Werken gefällige Bausteine aus exotischer Musik. Der Amerikaner Louis Moreau Gottschalk betreibt das mit afrolatinischer: Musik viel intensiver als zeitgleich der Baske Sebastian Iradier, von dessen „La Paloma" man bis heute nicht weiß, ob sie wirklich in Havanna oder nur im Stile einer Habanera in Spanien aus dem Ei geschlüpft ist (s. Kap. 1). Wo die europäischen Abenteurer und Entdecker gelandet waren und Schiffsladungen voller afrikanischer Sklaven ‚gelöscht' hatten, erwuchsen entlang dieser atlantischen Küsten auch ethnische Schmelztiegel und Problemzonen in neuen urbanen Macht- und Wirtschaftszentren. Unter dem Druck hier entfremdeter europäischer Kulturen entstand eine neue populäre Kultur – weniger in den Lebensräumen der erheblich dezimierten Indigenen als in Elendsvierteln der freigekommenen afrikanischen Sklaven. Druck erzeugt Gegendruck und der entstand schon zu Sklavenzeiten als Reaktion auf die Verbote ritueller Musik und auf den Zwang zur Ausübung europäischer Musik durch Sklavenorchester in Dörfern, Palästen und Kirchen. Durch Nachahmung (mit und ohne Ironie) oder Aneignung europäischer Vorlagen führten die im Widerstand Kraft spendenden afrikanischen Wurzeln zu evolutionären Entwicklungen wie den Schwerpunkten dieses ersten Bandes: Cakewalk/Ragtime (s. Kap. 4), Maxixe (s. Kap. 10), Tango (s. Kap. 11), Rumba (s. Kap. 13) und Biguine (s. Kap. 15). Sie sind auf der untersten

© Springer-Verlag GmbH Deutschland, ein Teil von Springer Nature 2022
Claus Schreiner, *Schöner fremder Klang – Wie exotische Musik nach Deutschland kam*,
https://doi.org/10.1007/978-3-476-05695-5_1

sozialen Ebene immer Begleitmusik im Kampf einer unterprivilegierten Minderheit um Anerkennung, um besseren sozialen Status, um Erhalt ihrer afrikanischen oder indigenen kulturellen Wurzeln. Aber auch um ihre Identität: innerhalb eines von ihnen, aber ohne besondere Würdigung ihrer Mitwirkung aufgebauten Staates, der nach Erlangung der Unabhängigkeit selber auf der Suche nach einer nationalen Identität ist. Dazu gehörte der Wunsch, mit eigenen Beiträgen an Festen der Europäer wie dem Karneval teilzunehmen. In Lateinamerika ist allein diese Motivation der Treibsatz vieler Neuentwicklungen in der populären Musik.

Wenn es noch Ureinwohner gab, hatten die sich in die Wälder und Hochebenen zurückgezogen. Seither werden die Andenbewohner und ihre Musik bei Europäern leichtfertig als schicksalbeladen schwermütig eingestuft. Afrolatiner wie Afroamerikaner wurden nach Abschaffung der Sklaverei mit nahezu ähnlichen sozialen Bedingungen wie die indigenen Völker dauerhaft auf die untere Gesellschaftsebene fixiert (Abb. 1). Innerhalb dieser Gesellschaftsordnung konnten sich vor allem Musiker auch vertikal bewegen, ohne aber zugleich eine Aufwertung zu erfahren. Die Musik, die sie hier und dort spielten – oben die aktuellen europäischen Modetänze wie Polka und Walzer und unten ihren Mix mit ritueller Musik – gab ihnen Kraft und Bedeutung, zuerst in ihren eigenen Reihen, in den Vororten und Slums. Bürgerlichen

Abb. 1 Akkulturation, Deskulturation, Transkulturation: Schwerwiegende Vorgänge. „Negersklaven beim Transport eines Flügels in Rio de Janeiro", Zeichnung von Charles Maurand

Komponisten europäischer Zuwanderer (Kreolen) war das kommerzielle Potential der entstehenden Musik-Hybride nicht entgangen. In ihrer Gesellschaft spricht man zwar von Tänzen und Musik aus der Gosse, aber es ist Underground-Kultur, die so populär wird, dass sie, vom ‚Schmutz der Gosse' befreit, schnell auch auf den polierten Elfenbeintasten eines Pianoforte in den Bürgerhäusern landet. Wir verfügen heute in der westlichen Welt über einen großen Reichtum solcher Hybride-Musik, die im Kern mit drei oder fünf synkopierten Achtelnoten die neuen Rhythmen zwischen New Orleans und Buenos Aires prägte und deren Basisformen in den folgenden Kapiteln vorgestellt werden.

Sie sind das Ergebnis einer einmalig günstigen Konstellation von Zeit, Ort, kulturellen Inhalten und politischen wie gesellschaftlichen Umständen. Was als Materia Prima aus den beiden Amerika-Kontinenten über Paris nach Deutschland kam, war bereits Secondhand, war „Bastard"-Exotik aus der Vermischung vieler Kulturen. Wirklich Neues oder Weiterentwicklungen konnten danach in der Welt der Deutschen nicht mehr entstehen, die sich vorrangig mit rasantem technischem Fortschritt, Kommunismus, Wirtschaftskrise, Monarchie, Armut, Weltkrieg und Massenkultur sowie der Moderne in Musik, Theater, Malerei und Architektur zu arrangieren versuchten. Fülle und Vielfalt der transatlantischen Musikimporte erlaubten einen Rausch in Phasen. Fragen der Authentizität wurden nicht gestellt. Bananen sind eben Bananen, aber Kolonialware – wie jetzt auch noch Musik aus Lateinamerika. Oder Produkte nordamerikanischer Musikindustrie, die ihr deutsches Gemüt selten in Vorstadtkneipen oder im Untergrund von Hamburg oder Berlin bekommen, sondern von den führenden Köpfen einer wachsenden deutschen Unterhaltungsindustrie. Es muss auch angemerkt werden, dass Samba, Tango, Jazz oder Rumba auf dem Land oder in Arbeitervierteln auch nur bruchteilhaft so beliebt waren wie in den Mittel- und Oberschichten der größeren Städte, besonders Berlins.

Stock im Hintern

Weder Aufklärung noch Romantik konnten verhindern, dass sich die Deutschen Bilder exotischer Welten nach dem Pippi-Langstrumpf-Prinzip mit eigenen Vorstellungen füllen. Das betrifft vor allem die eigene Körperlichkeit, die bis in die 1980er Jahre mit exotisch wirkenden Musik- und Tanzformen infrage gestellt wird. Nach dem Lied „La Paloma" kamen in der Regel zuerst Tänze über Paris nach Berlin, die so ganz anders waren, als die

geordnet ablaufenden höfischen Menuette oder die um 1830 entstandene
böhmische Volks-Polka. Die neuen Tänze kamen aus Rotlichtbezirken der
Neuen Welt, aus dem Milieu von Prostitution und Tanz-Kaschemmen.
Mit den Westwinden erreichte ihr Stallgeruch Berlin aber schon in leicht
parfümiertem Zustand, denn in Paris und London hatte man beschlossen,
sie vom Hautgout der Gosse zu befreien. Von zu viel Erotik, aber auch zu
vielen Schrittkombinationen und zu vielen Abschnitten und Variationen in
der sie begleitenden Musik. Papst, Kaiser und Spießertum waren sich einig
darin, dass man in diesem Fall die europäische Kultur nur mit Verboten
retten könne. Die Profitänzer und Tanzlehrer fanden einen anderen Weg
und entfremdeten die exotischen Ankömmlinge jeglicher körperlichen Freiheiten. Im Gesellschaftstanz nach ‚Englischem Stil' und im Tanzsport führen
sie seither ein von ihren Ursprüngen losgelöstes, aber ein das Tanzschulen-
Repertoire bereicherndes Eigenleben. Dennoch machen die Synkopen, die
bei allen transatlantischen Importen die Beine der europäischen Tänzer zu
verknoten drohen, selbst den Tanzmusikern Probleme. Dabei sind es diese
in Deutschland neuen Betonungen schwacher Taktteile, die nicht mit der
Eins wie im zackigen Marsch die Stiefel nach vorn heben und im Walzer die
Drehung einleiten, sondern die den Bewegungsdrang vom Kopf in Hüfte
und Beine lenken. Heimische Komponisten sorgten dafür, dass die Musik
zum Tanz glatter und nicht allzu fremd klingt. Dabei schien es sinnvoll, im
Liedtext öfter Worte wie Tango, Samba oder Rumba einzubauen, damit die
Leute nicht vergessen, was sie eigentlich tanzen sollen, weil das wegen der
üblichen Vermischungen mit gängigen Foxtrott-Elementen, gar dem alten
Schieber der Kaiserzeit, schon schwierig sein konnte.

Was Beine hätte verknoten oder gar lüsterne Blicke oder Berührungen
hätte fördern können und einfach zu undeutsch war, wurde passend
gemacht. Daher tanzte man hier eigentlich keinen Tango porteño, sondern
eine euro-standardisierte Maxixe-Milonga; keine Rumba, sondern einen
verfoxtrotteten Danzón; keine Biguine, sondern einen Wackel-Bolero;
keinen Samba, sondern einen Foxtrott mit Maxixe-Erinnerungen, keinen
Charleston, sondern wie Josephine Baker (s. Kap. 6). Zugegebenermaßen
hatten die schwarzen Sklaven ja ihrerseits aus Kontertanz und Menuett die
Vorstufen von Rumba und Cakewalk entwickelt. Einer der Unterschiede ist
aber, dass ihre Tänze ihren Leuten wenigstens im Tanz ein bißchen Freiheit
wiedergaben.

Ein typisch deutsches Szenario entsteht mit den Tänzerinnen und
Tänzern des modernen Tanzes: (s. Kap. 7), die sich im Umfeld von Freikörperkultur und Gymnastik ausdrucksstark auch mal nackig machen und

die Bühnen mit Bewegungschoreographien bespielen, die stilisierte Tanz-
rituale Asiens oder Afrikas sein könnten. Sie sind aber nicht so gemeint,
denn sie kommen aus einer anderen Ästhetisierung der Körperlichkeit
und führen sich aber dennoch auf Grundelemente des Lebens zurück, die
für manche exotische Völker zur Alltagskultur gehört. Von vermeintlich
primitivem Tanz, der in menschlichen Gesellschaften seit Frühzeiten ein
die Gemeinschaft stärkendes Ereignis ist, wollen sich Rudolf von Laban
und seine Epigonen aber unterscheiden und organisieren ihn in strengen,
nahezu graphischen Gruppenchoreographien. Mit dem Solotanz als Kunstform scheint jede Verbindung der Tänzer zur Gruppe und Außenwelt vollends abgebrochen. Als Mittler zwischen den Welten und Überbringer von
Botschaften und Bitten der Menschen an Götter und Geister, im Trance-
Zustand oder nur mit Ayahuasca berauscht, sind sie im Gegensatz zu den
Solo-Tänzen der Filhas im Candomblé oder eines Schamanen im Amazonas
aber nicht unterwegs.

Das Fremde und das Eigene

Auch die Musik dazu bleibt in Deutschland in der Regel allem fern, was sie
auch nur in die Nähe zu den Originalen rücken könnte. Mit Ausnahmen,
die die Importe aus den USA betreffen (s. Kap. 4, 5 und 6). Sie kommen
zwar ursprünglich auch aus Subkulturen der Afroamerikaner von New
Orleans, Charleston, New York und Chicago, sind aber Quelle und Teil des
neuen US-amerikanischen Showbusiness, das diese Exporte mit ungleich
größerer Wirtschaftskraft in internationalen Beziehungen mit nach Paris,
London und Berlin entsendeten Original-Künstlern besser präsentieren
kann. Daher können sich Ragtime und Jazz viel besser zum Nachspielen
anbieten, als die meist über Paris kommenden lateinamerikanischen Novi-
täten. Letztere werden daher ohne eine ähnliche Lobby leichter zum Freiwild für Plagiate und Verfälschungen.

Bei Musik und Tanz der Asiaten ist man viel vorsichtiger, bleibt nahezu
indifferent. In Musik, die Spaß macht, taucht daher Asiatisches nicht auf,
das wird unter exotische Tanz- oder Musik-Hochkultur (s. Kap. 7) abgelegt.
Sie ist es aber auch, die zuerst die Impressionisten der modernen Klassik
bei den Pariser Weltausstellungen tief beeindruckt. Wie Kinder greifen sie
nach dem neuen Spielzeug, bald auch nach afroamerikanischen und lateinamerikanischen Klängen und Rhythmen. Im Folklorismus bringen sie
neues Leben in die europäische Klassik, sind aber im Grunde nichts anderes
als in die Rezepte eigener Schöpfung untergehobene fremde Materie.

Komponierte Musik, auch Tondichtung genannt, trifft dann oft auf eine im europäischen Sinn nicht komponierte Musik: einmal spontan erdacht und gespielt und in Traditionen überliefert, dann immer wieder ergänzt oder variiert. Doch auch mancher (bürgerliche) Tango-, Choro- oder Rumba-Komponist kennt seine europäischen Klassiker so gut, dass deren Einflüsse bei ihm unüberhörbar sind.

Non-Stop Mixing

Auch in Europa hatten sich über Jahrtausende sehr unterschiedliche Kulturen miteinander vermischt und doch regionale Eigenheiten bewahrt, die als UNESCO-Welterbe genauso gewürdigt werden wie z. B. Tango und Reggae. Die Begegnung einander fremder Kulturen muss nicht automatisch die Überlagerung oder Auslöschung einer der beiden nach sich ziehen, wie es nach der Konquista in Lateinamerika mit Deskulturation und Akkulturation Praxis war (s. Kap. 1). Denn als europäische Kaufleute und Entdecker schon vor Kolumbus' Atlantik-Überquerung Indien oder China besucht hatten, fanden sie dort autarke und jahrtausendealte, aber wehrhafte Hochkulturen vor. Und selbst die koloniale Besetzung Indiens ließ Traditionen in Religion, Musik und Tanz des Subkontinents nahezu unberührt. Auch die fast siebenhundert Jahre lange Besetzung eines Großteils der iberischen Halbinsel durch arabische Dynastien löschte die iberische Kultur nicht aus, sondern ergänzte sie. Es wird daher deutlich, dass Exotik aus diesen Kulturbereichen Asiens und Nordafrikas zwar idealisiert oder manchmal auch mißverstanden wahrgenommen wurde, aber nicht im gleichen Maß wie die transatlantischen Importe verwurstet werden konnte.

Afrika wurde viel später bis ins Landesinnere kolonisiert. Hier existierten noch intakte Herrschaftsstrukturen vom Chief eines Dorfes bis zu den letzten Königen großer Reiche. Wesentliche Impulse für musikalische Hybride kamen hierher nicht direkt aus Europa, sondern vor allem seit den 1930er Jahren aus der Karibik. Es sind Re-Importe der Musik Kubas und Haitis mit afrikanischen und europäischen Wurzeln der 1930er Jahre (s. Band 3).

Der Traum der Deutschen von einem eigenen Kolonialreich dauerte nur dreißig Jahre, in denen nicht nur Gewürze und Schokolade vermehrt in die Auslagen der Kolonialwarenläden kamen, sondern auch Vorstellungen mit scheinbar wilden Menschen auf Varieté-Bühnen und in Menschenzoos (s. Kap. 2). Als sich die Illusion im Versailler Vertrag auflöste, waren nach Kriegsende die schwarzen Gaukler und Musikclowns aus den USA mit

‚wilden' Tänzern und Musikern auf die Bühnen zurückgekommen, um einer maßlosen Vergnügungsgesellschaft Zerstreuung bei der Abwendung von wilhelminischer Prüderie angesichts der psychischen und wirtschaftlichen Folgelasten des Weltkriegs anzubieten (s. Kap. 5).

Durch die „unerträgliche Komik und Unerträglichkeit mancher Darbietungen und gestützt auf die ironische Abfertigung derselben durch Reiseberichte und Musikgeschichtswerke" habe man bisher für exotische Musik nur ein „mitleidiges Lächeln, nur das Gefühl absoluter Überlegenheit gehabt". Das schrieb 1905 der Musikwissenschaftler Georg Capellen[1], den man später oft als einen Vordenker der Weltmusik zitieren wird.

Schwarze Exotik ging zuerst gar nicht. Man kannte nur die Fotos von Menschen mit Kostümen und Musikinstrumenten aus den Kolonien und sah die verschüchterten Afrikaner in Hagenbecks Völkerschauen (s. Kap. 2), bis schwarze Entertainer aus den USA auftauchten. Die nannte man zwar auch „Nigger", aber man ließ sich gern von ihnen unterhalten. Denn bis dahin galt: Exotische Musik: kann ganz schön klingen, sollte aber bitte nicht von Menschen dargeboten werden, die so anders aussehen – es sei denn sie tanzen halbnackt mit Bananen an der Hüfte. Die weißen Amerikaner lösten das Problem, indem sie die Lieder der Schwarzen sangen und sich dafür in ihren Minstrel Shows (s. Kap. 4) ihre Gesichter schwarz bepinselten. Schließlich hatte das Prinzip ja auch andersherum bei den Sklaven mit den Nachahmungen der europäischen Quadrillen funktioniert. Auf deutschen Bühnen malt sich in den Dreißigern ein afroamerikanischer Entertainer wie Louis Douglas nochmals schwarz an und betont Augen und Mund mit weißen Umrissen, um in dieser Grauzone zwischen Rassismus und schönem fremdem Klang überleben zu können.

Nur selten malen sich auch Frauen im Showbusiness schwarz an. Blackfaces aber begegnen uns im Showgeschäft bis in die Gegenwart. Manche schwarze Künstler in Deutschland wie Roberto Blanco wehren sich wohl auch nicht gegen diese ‚Maskierung', damit – so die Mitbegründerin des digitalen „Museums für Schwarze Unterhaltung und Black Music" Joana Tischkau – „ihre eigene Welt nicht auseinanderbricht. Denn Fakt ist ja auch, dass sie diesen Erfolg innerhalb *weißer* Strukturen nur erreichen konnten, indem Sie rassistische Erfahrungen ausgeblendet und geleugnet haben, als Überlebensstrategie."[2] In einem Interview mit dem „Spiegel" sagt Blanco, wenn man ihn auf seine Hautfarbe anspräche, würde er scherzen: „Das ist ein Muttermal".[3] Das Verhältnis vieler Deutscher zu schwarzer Exotik scheint ohnehin dauerhaft auf diesen imaginären Anstrich fixiert zu sein.

Exotische Nachbarn

Manche Völker benutzen starr fixierte Tonskalen, die sie mit Noten auf-malen können, andere Kulturen scheinen darin überhaupt keine Regeln zu kennen. Ein ‚C' mag woanders wie die Farbe Grün klingen, oder wie der Klang einer bestimmten Trommel oder ein Sprachlaut. In einer Kultur mag eine Melodie als schön empfunden werden, die in einer anderen aus ästhetischen oder vielleicht auch religiösen Gründen Grausen ver-ursacht. Für jeden Kulturkreis wirkt daher die Musik eines anderen fremd, aber nur die Europäer sprechen von Exotik, jedenfalls bis in das 20. Jahr-hundert hinein, und sie verbinden diese schon 1829 von Johann Gott-fried Herder kritisierte eurozentrische Sicht wie die Amerikaner (in einer eigenen Definition als ‚non-white') mit einer anderen Selbstüberschätzung, dem Rassismus, den auch die abendländische Kultur mit ihren Dichtern, Denkern und Komponisten nie ganz überwinden konnte – er wird mit der ersten Geschichte dieses Buches auf Kuba (s. Kap. 1) angesprochen und ebenso im letzten Kapitel über exotische Musik im Nationalsozialismus (s. Kap. 16). „Der Genius der Menschen-Naturgeschichte lebt in und mit jedem Volk, als ob es das einzige auf Erden wäre" (Herder).[4]

In allen Formen von Musik steckt etwas, was man als Fremder (wo auch immer) nicht begreifen kann. Man könnte es vielleicht Mentalität nennen – wie die Summe von Erfahrungen aus Leben und Tod, Sexualität, Leid und Verzweiflung, Klima und Umwelt. Auch Gerüche, Geschmäcke, der Klang von Sprache im Beat der Trommeln. Was wir nicht begreifen, lehnen wir schnell ab, was uns berührt, akzeptieren wir. Der fremde Klang muss schön sein. Berührt uns dann nur das, was von uns in fremde Musik schon übernommen wurde oder können wir auch andere Kulturen unver-ändert akzeptieren?

Die Farbe Schwarz

Vermutlich besaßen die Menschen in grauer Vorzeit auch in Europa über-wiegend noch die aus Afrika mitgebrachten dunklen Hauttöne. Sie waren Migranten, überall wo sie sich niederließen und durch Sonneneinstrahlung und Klima, vielleicht auch durch Vermischung mit Neandertalern, ihre Pigmentierung veränderten. Aber keiner Hautfarbe wird so viel Beachtung zugemessen wie der schwarzen, die man selbst in Brasilien noch nach

Nuancen und Schattierungen differenziert. 1993 entbrannte dort eine Diskussion darüber, ob *mulata* als eine davon noch erlaubt sei, schließlich unterscheide man ja auch bei Weißen nicht nach Hauttönungen. Und spricht ein Afrikaner von außerafrikanischer Musik, wenn er Wagner hört, wie für Europäer seine Musik deutlich als außereuropäisch bezeichnet wird? Man spricht von schwarzer Musik, aber nicht von gelber oder weißer, eher schon von roter bei Ernst Busch-Liederabenden. Béla Bartok besteht darauf, dass es eine Rassenreinheit in der Musik nicht gäbe, es sei ein ‚ständiges Geben und Nehmen‘. Es gibt aber auch keine Rassen. Aus diesem Grund wird dieser Begriff in diesem Buch stets in Anführung verwendet.

Als schwarze Musiker im Ersten Weltkrieg in Militärorchestern nach Europa kamen, begegnete man ihnen in Frankreich und England weitaus freundlicher als daheim. Ihre Musik wurde nach dem Endzeit-Szenario der neuen industriellen Massenvernichtungsmittel im Ersten und auch nach dem Zweiten Weltkrieg dringend benötigt.

Um 1930 sah man Menschen mit dunkler Hautfarbe häufiger in Paris, London und Lissabon. Sie kamen oft als Künstler, Kaufleute und Intellektuelle aus den Kolonien, brachten Musik aus Kuba, den Antillen und Brasilien mit. Paris (s. Kap. 9) hatte eine lebendige Untergrund-Kneipen-szene, in der auch gern französische Intellektuelle im karibischen Bal Nègre abtanzten. In Paris lebende Schwarze aus der Karibik und Afrika, wie Léopold Senghor und Frantz Fanon, Nordamerikaner wie W.E.B Du Bois, Stützen der Harlem Renaissance und Marcus Garvey entwarfen unterschiedliche Positionen für das Selbstverständnis schwarzer Menschen innerhalb und außerhalb Afrikas auf der Suche nach einer ihnen bisher verwehrten Identität. Autoren wie der Wiener Satiriker Karl Kraus gaben Schützenhilfe, der schon 1913 schrieb, „daß ich einmal einen Neger gesehen habe, der der Kulturlosigkeit einer ganzen Stadt ausgeliefert war und mir den Eindruck einer unter die Kaffern geratenen weißen Seele machte.“[5] Zu den Schwarzen, die in Deutschland derweil statt im Zoo auf Varieté-Bühnen präsentiert wurden, gehörten Opersängerinnen, Musiker, Tap-Tänzer, Burlesk-Tänzerinnen zu Ragtime, Charleston und Hot-Jazz-Musik. Schwarze aus den ehemaligen deutschen Kolonien sah man gelegentlich auf Straßen und in mit ihnen besetzten ‚typischen‘ Filmrollen. Eine afro-deutsche Kultur in Musik, Literatur oder Tanz gab es nicht. Seit dem Jahr 2020 steht Joana Tischkaus „Deutsches Museum für Schwarze Unterhaltung und Black Music“ mit ihren Themen und Sammlungen im Internet (www.dmsubm.de) und temporär in deutschen Museen.

Geburt der Massenkultur: Die Welt hören

Die Musikethnologie (s. Kap. 3) war am Ende des 19. Jahrhunderts quasi noch nicht vorhanden. Deutsche Forscher hatten von ihren Reisen zwar oft Aufzeichnungen über Lieder, Tänze und Musikinstrumente im Rahmen der Gattung ‚Sitten und Gebräuche‘ mitgebracht, es fehlte aber eine Systematik, die erst mit der Möglichkeit der Tonaufzeichnung Konturen annahm. Sie litt unter Einflussnahmen einer von Rassentheorien geprägten Anthropologie und des zunehmenden Rassismus, der unter den Nazis nicht nur viele Künstler, sondern auch progressive Ethnologen außer Landes trieb. Die um 1885 begründete Vergleichende Musikwissenschaft orientierte sich über Jahrzehnte auch zu sehr an Gesetzmäßigkeiten der europäischen (klassischen) Musik. Noch war die Bereitschaft nicht verbreitet, den Klang eines Instruments aus Afrika oder eines Gesangs vom Amazonas losgelöst von eurozentrischer Ästhetik zu erleben und zu beschreiben. Das änderte sich erst mit Forschern wie Erich von Hornbostel, der auch ein eingefleischter Jazzfan war.

Fast zeitgleich erfand und verbesserte man Techniken, Bilder und Töne einzufangen und zu konservieren. Zeitungen bekamen ein neues Gesicht, Illustrierte berichteten in Reportagen ausführlich mit Fotos auch über japanische Teezeremonien und afrikanische Dorffeste. Viele Firmen wie Liebig schenkten ihren Kunden Sammelbildchen, die Vorläufer der Panini-Bildchen, auf denen auch Szenen aus den Kolonien und Musikinstrumente fremder Kulturen inszeniert dargestellt wurden. Schallplatte und Film ergänzten die neuen Massenkommunikationsmittel (s. Kap. 3) und begründeten eine moderne Unterhaltungsindustrie, in der Theater, Varietés, Kinos und Tanzsäle in beachtlichem Ausmaß entstanden. Kultur wurde durch bloße Reproduktion in großen Mengen zu Massenkultur und zur Gelddruckmaschine für das neue Unterhaltungsgeschäft. Jeder Berliner konnte in die Femina oder ins Moka Efti gehen – solange er das nötige Kleingeld hatte. Neugier, Schaulust und Vergnügen lösten nach dem verlorenen Weltkrieg wilhelminische Steifheit ab und öffneten den neuen Tänzen und Rhythmen den Weg, die über Paris nach Deutschland kamen. Über allen Neuerungen der zwanziger und dreißiger Jahre schwebte der Hot Jazz (s. Kap. 8.) als diffuses Etikett. Er brachte schwarze Musiker und Tänzer aus den USA auf deutsche Bühnen (s. Kap. 5/6) und das Schwarz/Weiß-Weltbild von Feuilletonisten sowie mancher Schlager- und Revue-Autoren so sehr ins Schleudern, dass sie sich oft nur in lächerliche Texte flüchten konnten. Selbst aufgeklärte Zeitgenossen der Weimarer Republik ließen ihre

Künstler noch Texte über „Nigger" singen, es wimmelte von Mohrenköpfen in Inseraten und auf Reklameschildern überall dort, wo Kolonialwaren wie Kaffee oder Schokolade angeboten wurden. Das Exotische sollte fremd und geheimnisvoll bleiben. Daher blieb man fremden Kulturen gegenüber weitgehend auf Distanz, indem man sie in Schlagertexten parodierte und Übersteigerungen im Ausdruckstanz erfand, Klischees gezielt für Gags in Kabaretts und Produktwerbung einsetzte – auf Kosten der anderen. Und seit zweihundert Jahren schon verschlingen Kinder Daniel Defoes Roman mit den Abenteuern eines rassistisch denkenden, vor dem Orinoko-Delta schiffbrüchigen brasilianischen Sklavenhalters namens Robinson Crusoe.

Isolation

Hätte bis 1945 aus der Begegnung der Deutschen mit exotischer Musik mehr entstehen können als eine Sammlung nicht weiterentwickelter Zitate und Farbtupfer in Moderner Musik oder Malerei? Mehr als nur Anregung für kurzlebige oder standardisierte Tanzschritte, Rhythmen oder zeitgeistige Schlagerexte? Und mehr als gezielte Platzierung von Missverständnissen, Vorurteilen und Diskriminierungen?

Die braunen Nazi-Schergen (s. Kap. 16) mochten die Schwarzen aller Erdteile und deren Musik nicht. Zwölf Jahre lang wollten Hitlers Kulturwächter ihr Verständnis von deutscher Musik und Tanz-Kultur durchsetzen. Für das Andere, das Fremde wählten sie nicht einmal durchweg den Begriff exotisch, sondern undeutsch oder entartet, der gegenüber allem mit afrikanischem Anteil auf bestehendem Rassismus aufbauen konnte. Der Rest rangierte unter Exotik, sofern es Asien oder Hawaii betrifft. Was akzeptabel war, wurde eingedeutscht, wie der Tango, den besonders jüdische Musiker aus Osteuropa sowohl bei Festen der KZ-Aufseher als auch zu den Vernichtungsaktionen vor den Gaskammern spielen mussten.

Von 1933 bis 1945 machten die meisten internationalen Künstler einen großen Bogen um NS-Deutschland. Auf einige schien das faschistische Regime aber dennoch jene Faszination auszuüben, die Stars wie Rosita Serrano aus Chile oder den Tango-Musiker Eduardo Bianco auf mit Hakenkreuzen geschmückte Bühnen trieb. Nach dem Krieg liest man in Erinnerungen von Musikern aus Hawaii und Lateinamerika auch von seltsamen Begegnungen mit Hitler und Konsorten. Nur zu den Olympischen Spielen 1936 präsentierte sich Deutschland kurzzeitig als scheinbar weltoffen und tolerant.

Die Nationalsozialisten ermordeten und vertrieben auch zahllose Kreative der deutschen Unterhaltungsszene. Zwischen 1933 und 1945 erstarrte Deutschland in gleichgeschalteter Wiederholungskultur alter Musikrezepte und ging weitgehend isoliert von musikalischen Entwicklungen der internationalen populären Kultur aus dem verlorenen Krieg.

Nach dem Zweiten Weltkrieg wird es Chancen geben, die Originale, die Materia Prima näher kennenzulernen (Band 2) und im letzten Viertel des Jahrhunderts nach der überfälligen Begegnung mit Afrika gemeinsame weltmusikalische Formen zu erkunden (Band 3).

Anmerkungen

1. Georg Capellen: Ein neuer Exotischer Musikstil. Stuttgart 1905, https://edoc.hu-berlin.de/handle/18452/1223 (18.9.2019).
2. Saskia Trebing: „Museum für schwarze Popkultur", in: Monopol. Magazin für Kunst und Leben, 15.12.2020, www.monopol-magazin.de.
3. Jean-Pierre Ziegler: „Freund der Nation", in: Der Spiegel 49/2020.
4. Johann Gottfried Herder: Briefe zur Beförderung der Humanität. Bd. 1–2, Tübingen 1829, S. 147.
5. Karl Kraus: „Der Neger", in: Die Fackel, 13.10.1913, S. 42 ff., https://www.textlog.de/39139.html (18.9.2019).

Kapitel 1 (… 1850 …)
Der erste ‚Welthit' entsteht

Die Sicht einer neuen Welt

Kartoffeln, Gold oder Gewürze – die europäischen Eroberer und Entdecker neuer Welten bringen von ihren Reisen nach Asien, Afrika und Amerika alles in die Heimat mit, was ihnen wertvoll erscheint. Gelegentlich auch mal singende oder musizierende „Exoten", deren kulturelle Spur sich aber schnell in den Gassen der Hafenviertel verliert. Über die Musik der versklavten und ausgerotteten indigenen Völker erfahren die Europäer kaum etwas und selten Richtiges. „Gesänge der Hölle" nennt ein Augustinermönch im Tross des Pizarro die Lieder, die den Inka Atahualpa bei seinem Einzug in Caxamalca im Jahr 1532 begleiten, während sein Kollege Jean de Léry vierzig Jahre später den Gesang der Tupí-Indianer noch als „sehr schön" beschreibt und der Jesuit Anchieta sie alsbald Hymnen auf die Jungfrau Maria singen lässt. Als der Brasilianer Egberto Gismonti rund 450 Jahre später sein Ballett *Academía de Dancas* vor indigenen Stämmen im Alto-Xingú am Amazonas aufführt, kommentiert ein Zuhörer: „Die Musik der Weißen ist ja wie die Musik von Werwölfen." Der oberhessische Landsknecht Hans Staden (ca. 1525–1576) liefert passend dazu mit seinen 1557 in Marburg erschienenen drastischen Schilderungen der Sitten und Gebräuche der Menschenfresser Brasiliens[1] (s. Kap. 10) vielleicht eine Textvorlage für Mozarts Arie des Osmin: „Erst geköpft, dann gehangen, dann gespießt auf heiße Stangen". Und der Mönch Bartolomé de las Casas, der sich als Kronzeuge der Konquista vom Sklavenhalter auf Haiti zum Fürsprecher für die Ureinwohner Lateinamerikas wandelt und damit

Claus Schreiner, *Schöner fremder Klang – Wie exotische Musik nach Deutschland kam*, https://doi.org/10.1007/978-3-476-05695-5_2

möglicherweise die Verschleppung von wahrscheinlich 20 Mio. Afrikanern in die ‚Neue Welt' verursacht, beschreibt, wie ein Cazique auf Kuba seine Leute zum Tanz auffordert „indem er auf ein Körbchen voll Gold und Edelsteinen wies, das neben ihm stand – dies ist der Christen Gott! Dünkt's euch gut, so wollen wir ihm zu Ehren *Areytos* – eine Art von Balletten oder Tänzen – anstellen."[2] Kolumbus musste jetzt ja immer noch annehmen, auf einer indischen Insel gelandet zu sein, er ist aber auf Kuba und lässt seinen Dolmetscher einige Worte an den Dorfhäuptling nicht in indischen Dialekten, aber nacheinander in Hebräisch, Chaldäisch und Arabisch richten. Missverständnisse auf beiden Seiten.

Der Hugenottenpfarrer Jean de Léry fordert nach seinen Begegnungen mit den Tupí-Stämmen Brasiliens eine andere Sicht der (Neuen) Welt und ihre unverfälschte Beschreibung: „Das Land Amerika, in dem alles, was man sieht, die Lebensweise der Bewohner, […] so völlig verschieden von dem ist, was wir in Europa, Asien und Afrika haben, kann, von unserem Standpunkt aus gesehen, wirklich als die ‚Neue Welt' bezeichnet werden. Nachdem ich dort gewesen bin, muß ich – ohne die Fabeln gutzuheißen, die man in den Büchern mancher Autoren liest, die entweder den Berichten, die man ihnen zugetragen hat, geglaubt haben oder ihrer Phantasie einfach freien Lauf ließen – die Meinung, die ich früher von Plinius und anderen, die fremde Länder schildern, hatte, widerrufen. Ich habe in der Tat so bizarre und wunderbare Dinge gesehen, daß alles, was sie schildern und man für unglaubwürdig halten möchte, dagegen verblaßt."[3] Aber auch Léry unterliegt den Grenzen seiner Vorstellungswelt, wenn er behauptet, die ‚Indianer' hätten keine Religion, nur weil sie sich ihm nicht in bekannten Formen der Ausübung zeigte. Und der französische Naturforscher Buffon, der nie amerikanischen Boden betreten hat, behauptet in seiner „Histoire Naturelle" (1749–1804), dort würden die Dinge „unter einem kärglichen Himmel und auf unfruchtbarem Land schrumpfen und verkümmern." Auch tierischer Organismus, selbst die Zeugungsorgane seien bei den Wilden klein und schwach. Ihm fehle „der Bart und die leidenschaftliche Liebe gegen das Weib."[4] Alexander von Humboldt widerspricht ihm.

Fast zweihundert Jahre nach ihm konstatiert der deutsch-chilenische Journalist Ernst Samhaber: „Europa sieht Südamerika durch die Brille der eigenen Nöte und der eigenen Sorgen"[5]. Wie in einem Zerrspiegel erblicke man die eigene Umwandlung. Übertreibungen bestimmen auch bis weit in das 18. Jahrhundert hinein die meisten bildlichen Darstellungen der neuentdeckten Welten.[6] In den seltensten Fällen waren Zeichner oder Maler an Bord der Schiffe, mit denen der Straubinger Ulrich Schmidel, Hans Staden oder Jean de Léry nach Lateinamerika kamen. Erst später haben

Abb. 1 Kolumbus wird von den Ureinwohnern mit einem Leguan bewirtet. Im Hintergrund spielt ein Soldat Dudelsack, vorne links tanzende Ureinwohner, vermutlich mit Rasseln

phantasievolle Illustratoren von deren Berichten Kupferstiche für Druckausgaben angefertigt, die nicht selten auf die Neugier der Leser abzielten – leichtes Schaudern einbegriffen, wie bis dato bei Darstellungen biblischer Themen und den nahezu surrealistischen Allegorien des Hieronymus Bosch (1450–1560), eines Zeitgenossen von Kolumbus (Abb. 1). Besonders der in Frankfurt am Main arbeitende Johann Theodor de Bry und seine Söhne bringen bis 1634 rd. 1500 Kupferstichblätter mit Illustrationen zu Berichten der Entdeckungen heraus.

Sklavenhaltung und Sklavenhandel sind keine Erfindung der Europäer. Als Cortez in Mittelamerika eintrifft, werden ihm häufig Sklaven und Sklavinnen als Geschenk angeboten. Auch unter den Tupí-Stämmen Brasiliens hält man sich Gefangene feindlicher Stämme als Sklaven. In Afrika ist das nicht anders, aber dort wird der Sklavenhandel durch die Ausrottung der indigenen Stämme Lateinamerikas ein jahrhundertlanges Geschäftsmodell, von dem Afrikaner und Europa profitieren. Der Mensch ist „das Geld Afrikas"[7] geworden. Viele Häuptlinge, besonders die mohammedanischen, schicken entlang der Küstenstreifen Karawanen mit Häuten, Elfenbein, Vieh, Reis und Gold zum Verkauf an europäische Aufkäufer. Sklaven sind auch darunter. Ein Pfund Elfenbein kostet einen Dollar, ein Sklave etwa fünfzig.[8] Auf dem Sklavenmarkt von Matanzas auf Kuba wird er rd. 350 Dollar einbringen.

Bis zum 19. Jahrhundert werden ‚exotische' Lieder und Tänze ferner Länder immer wieder wenig zutreffend und selten objektiv von Reisenden mit ihrer Terminologie und ihrem eurozentristischen Verständnis von Musik beschrieben, während mit Siedlern, Priestern und Hofstaat die abendländische Musik in die neuen Welten kommt. Volkstümliche, kirchliche und höfische Lieder, auch Liturgien, Krippenspiele und andere kirchliche Inszenierungen verschmelzen mit indigenen Elementen und bald auch mit Grundzügen der Kultur afrikanischer Sklaven zu akkulturativen neuen Formen. Man weiß, dass schon an Bord der Sklavenschiffe die Afrikaner gezwungen wurden zu tanzen, damit sie durch die Bewegung an Deck gesund und arbeitstauglich blieben.

„Wenn das Wetter schön ist, dürfen alle, Männer und Frauen, Knaben und Mädchen, zusammen afrikanische Lieder singen, welche sie dann begleiten auf einer improvisierten Trommel, wozu sie ein umgekehrtes Faß oder einen Zinnkessel nehmen", berichtet Theodore Canot, Kapitän eines Sklavenschiffes.[9] Auf den Plantagen und in den Häusern befiehlt man ihnen, ein Instrument zu erlernen und bei den Gesellschaften und zu Tänzen der Kolonialisten aufzuspielen, die auch die Sklaven ausüben müssen. Vieles entsteht dann durch Nachahmung, aus Spiellaune oder aus dem Wunsch der Teilhabe an der Kultur der Kolonialisten, manches aus deren Parodie. Sehr viel unter Zwang und Druck, auch indirekt durch Abhängigkeiten, infolge sozial und ökonomisch vertikal zementierter Hierarchien. So mancher Gegendruck von unten lässt Mischformen in Musik und Tanz, die die populäre Musik kommender Jahrhunderte dauerhaft beeinflussen werden, zuerst in trüber Kaschemmen-Beleuchtung zur Welt kommen, um anschließend im Glanz bürgerlicher Pianoforte-Tasten gesellschaftsfähig zu werden. Als z. B. um 1850 die Polka über die Kontinente galoppiert, gebiert sie überall eine Unzahl solcher „Bastarde" aus der Verbindung mit lokalen Tänzen, die schon selbst Mixturen aus europäischen, indigenen und afrikanischen Tänzen und Musikformen sind. Seit der Mitte des 19. Jahrhunderts entstehen aus solchen Begegnungen lokale Modetänze und Liedformen, die mit Kaufleuten oder Rückwanderern ihren Weg auf den europäischen Kontinent finden. Allein durch unterschiedliche Interpretationen verändert sich diese Musik ständig – in Europa und in Lateinamerika.

Für Musik aus Afrika, Ozeanien und Asien wird es diesen Rückwanderungsprozess kaum geben. Afrika ist ein Kontinent, dessen Rohstoffe und Menschen man zwar bald ausbeutet, dessen nach dem Ersten Weltkrieg von Lateinamerika und Nordamerika beeinflusste populäre Musik aber erst zum Ende des 20. Jahrhunderts in Europa nachhaltig bekannt wird. Die westliche populäre Musik des 20. Jahrhunderts ist allein das Ergebnis transatlantischer Interaktionen. Ozeanien ist zu weit entfernt und mit Musik aus Tahiti und Hawaii nur sporadisch präsent. Australien war kaum besiedelt und Asien in großen, unzugänglichen Gebieten von starken Kulturen in jahrhundertealter Tradition geprägt.

Karibische Wurzelsuppe

Eine der wichtigsten und breit geäderten Wurzeln der populären Musik des 20. Jahrhunderts schlängelt sich seit über 200 Jahren im Golf von Mexiko kreisförmig durch die Karibik über Haiti und Kuba nach Louisiana in den Süden Nordamerikas. Dies ist die Heimat der afrokaribischen und kreolischen Musik, deren Einfluss bis hinunter nach Buenos Aires im Tango hörbar ist. Es ist eine vielsprachige Musik: Spanisch, Französisch, Englisch und zahllose Patois-Dialekte. In New Orleans kann man sie alle hören und zwischen Kuba und New Orleans gibt es regelmäßige Fährverbindungen, die auch von Musikern gern genutzt werden (Abb. 2).

Fast gleichzeitig machen in der Mitte des 19. Jahrhunderts ein Spanier und ein Amerikaner afrokubanisch-kreolische Musik aus Kuba in Europa populär: Der Baske Sebastián Iradier und der Amerikaner Louis Moreau Gottschalk.

Gottschalks (1829–1869) Stammbaum empfiehlt ihn bestens für Veredelungen musikalischer Wurzeln in verschiedensten Böden: Der Vater Edward, geboren in London und mit deutschstämmigen jüdischen Eltern, hat unter anderem in Leipzig studiert. Die Großmutter französischer Herkunft

Abb. 2 Bamboula-Tanz auf dem Congo-Square in New Orleans (1896)

ist Tochter des Gouverneurs auf Saint Domingue (Santo Domingo) und war wie viele weiße Siedler vor den Sklavenaufständen auf der Insel in das nahe New Orleans geflohen, wo Louis Moreau Gottschalk 1829 geboren wird. Er hat sechs Geschwister und vier weitere, die sein Vater mit einer Schwarzen gezeugt hat. Gottschalk Sr. war Mitinhaber einer Firma, die mit Immobilien und Sklaven handelte und 1830 in Konkurs ging.

Den Fluch der Karibik verkörpern in dieser Zeit nicht nur die Freibeuter der Karibischen See, die Flibustier mit ihren zahlreichen Stützpunkten auf den Inseln. Ausgelöst durch die Französische Revolution, ist auf Haiti 1804 die erste unabhängige Republik von Schwarzen und Mulatten entstanden. Vorbild und Auslöser für die Abschaffung der Sklaverei in anderen Ländern zwischen Kuba und Feuerland (1834 durch die Briten, 1848 von den Franzosen und nach dem Sezessionskrieg erst 1865 in allen Staaten der USA, während die kubanischen Sklaven bis 1886 und die Brasilianer bis 1888 warten mussten). Ausgerechnet auf Haiti wird es dreihundert Jahre später eine neue Form der Sklaverei geben, denn mindestens 300 000 Kinder, laut UNESCO, arbeiten dann in Haiti als „Restavek" (kreol. für „rester avec") für schwarze Haitianerinnen. Sie sind nichts anderes als Kindersklaven, die aus Not von ihren Müttern verkauft oder verliehen wurden, um gegen Nahrung und Schlafplatz Arbeiten zu verrichten.

Zu Beginn des 19. Jahrhunderts als Saint Domingue noch vereinigt mit der heutigen Dominikanischen Republik, musste Haiti 90 Mio. Gold-Franc an Frankreich als Entschädigung für die vertriebenen Plantagenbesitzer und für die Anerkennung der Unabhängigkeit zahlen. Von Haiti aus wurden auch andere karibische Inseln wie Kuba durch Flüchtlinge und Migranten – darunter auch viele Europäer – mit Musik, Tanz und afrokaribischen Riten bereichert. Denn aus Haiti stammen wichtige Quellen der späteren afrokubanischen Musik (s. Kap. 13 und Bd. 3, Kap. 11).

In New Orleans, das wenige Jahrzehnte nach Gottschalks Geburt die Wiege des Jazz werden soll, hört man auf Plätzen wie dem Congo Square oder in Kneipen des French Quarter ein buntes und lebhaftes Gemisch europäischer und afrikanischer Klänge und Rhythmen. 1803 hatten die USA den Franzosen Louisiana abgekauft und um 1810 waren Zehntausende von Flüchtlingen aus der ehemaligen französischen Kolonie Haiti in New Orleans angekommen. Afrikanische Trommeln, darunter die ‚Bamboula' aus Bambus, und Holztrompeten erfüllen jetzt den Congo Square bei Tänzen und Riten des Vodou, bei Calenda-, Chica-, Kata- oder Counjaille-Tänzen. Sie wurden teilweise schon zu Beginn des 18. Jahrhunderts von Reisenden der Karibik wie Père Labat[10] detailliert beschrieben. Auf den Plantagen hört man tagsüber Worksongs und nachts die Ruf-und-Antwort-Zeilen der afrikanisch-kreolischen Tanzlieder. Oft tanzt man nach ausgiebigem Essen in ringförmiger Anordnung: „…then we shouts an sings all night. An wen the sun rise, we stahts tuh dance"[11]. Andere Tänze nennen sie Chicken Wing oder Bucks Dance. Noch viel mehr Tanz-Getier kommt einhundert Jahre später mit den Modetänzen nach Deutschland.

Mit Fiddle, Akkordeon, Gitarre und Kontrabass pflegen die Nachfahren französischer Siedler, die Cajuns, von daheim Mitgebrachtes wie Walzer, Polka und Two Step. Liegt in der afrokaribischen Musik von New Orleans die Wiege des Jazz, so wird die Cajun-Musik eine besondere und stil-prägende Sparte nordamerikanischer Country Music.

Ein Amerikaner und ein Baske

Gottschalk ist der Musik von New Orleans schon in recht jungen Jahren verfallen. Im Bürgertum der Stadt um 1840 bereits als Wunderkind gehandelt, ist es mit nur zwölf Jahren sein ausdrücklicher Wunsch, das Musikstudium 1842 u. a. beim Klavier-Virtuosen Sigismund Thalberg in Paris zu beginnen. Als Fünfzehnjähriger schreibt er dort schon einige seiner bekanntesten Werke wie *La Bamboula*, *Le Bananier* und *Le Savane*, die sich alle drei eng an Vorbildern afrokreolischer Lieder orientieren. Gottschalk bleibt bis Mitte 1851 in Paris, begegnet dort mit Chopin, Bizet, Saint-Saens, Offenbach, Berlioz und Meyerbeer der Crème der modernen Klassik. Frédéric Chopin preist Gottschalk als einen zukünftigen König der Pianisten und Hector Berlioz lobt die lobt die ‚exquisite Anmut und Kunst' seines Schülers Gottschalk, ‚süße Melodien' zu phrasieren[12].

In Paris ist 1851 auch der spanische Musikprofessor, Organist und Komponist Sebastián Iradier (auch: Sebastián de Iradier y Salaverri, 1809–1865) eingetroffen. Der Baske aus Álava hat bisher eine Reihe von Liedern komponiert, die als *canciones españolas, madrileñas, boleras, moriscas, jotas* und *romanzas de salón* sowohl durch Opernsängerinnen und Sänger in aristokratischen Salons als auch in Bars und Cafés und gelegentlich in den operettenartigen Zarzuela-Aufführungen bekannt wurden. Schon 1839 schrieb man über ihn Deutschland: „Iradier ist ein junger, ganz in die moderne Richtung versenkter Künstler; seine Kompositionen berechtigen zu den größten Hoffnungen."[13] Iradier wird als kontaktfreudiger Mensch mit einem guten Näschen fürs Geschäft beschrieben. Seine Professur für Gesang am königlichen Konservatorium von Madrid ergänzt er durch Privatstunden für den Hochadel Madrids, darunter sind die künftige Herzogin von Alba und auch Frankreichs spätere Kaiserin Eugénie de Montijo, die 1853

Napoleon III. ehelicht. Iradier ist auch am Hof in Paris ihr Gesangslehrer. Er erweitert den Kreis seiner illustren Freundschaften um Prosper Mérimée, Lola Montez und viele in der Pariser Gesellschaft verkehrende berühmte Künstler von Oper und Ballett.

Eigentlich könnten sich Iradier und Gottschalk (Abb. 3) um 1851 in Salons oder Theatern von Paris einmal begegnen, oder aber auch in Madrid, wo Gottschalk anschließend viele Monate verbringt und wohin Iradier zwischenzeitlich zurückkehrt. Beide sind als Virtuosen auf ihren Tasteninstrumenten Kollegen und besitzen ein Faible für Klavier- und Gesangsstücke, die man der Salonliteratur zuordnet. Gottschalk könnte Iradier wohl authentischer vorspielen, was an lateinamerikanischen und kreolischen Klängen und Rhythmen in Spanien durch Berichte von Reisenden und Rückkehrern aus den Kolonien

Abb. 3   Louis Moreau Gottschalk (links) und Sebastián Iradier

zu erahnen ist und manchmal auch schon gehört werden kann. Sie treffen
wohl nie aufeinander und treten in deutschen Ländern nie öffentlich auf
– Gottschalk „wohl aus Gründen, die im schwierigen Verhältnis zu seinem
Vater liegen, der in seiner Jugend in Deutschland und England gelebt und an
der Universität Leipzig studiert hatte. Da die Beziehungen zu seinem Vater
bestenfalls sachlich waren, ist es durchaus möglich, dass er in seinen frühen
Jahren versuchte, nicht in seines Vaters Fußstapfen zu treten. Später im Leben
wandte er sich an deutsche Gemeinden in Südamerika und drängte auch seine
Schwester Clara, seine Kompositionen bei der deutschen Firma Schott &
Söhne in Mainz veröffentlichen zu lassen.“[14]

Kuba Kolonial: Zucker, Tabak, Habanera

Mitte des 19. Jahrhunderts steht die Insel Kuba noch immer unter
spanischem Protektorat. Sie hat sich für die Spanier zu einem bedeutenden
Wirtschaftsfaktor entwickelt, nachdem vor der Sklavenrevolution von
Haiti nach Kuba geflüchtete französische Farmer dort den Zuckeranbau
entwickelt hatten. Bald wird Kuba mit seinen Rohrzucker-Exporten den
Zuckerproduzenten des neu gegründeten Deutschen Reichs Konkurrenz
machen, die mit ihrem Rübenzucker noch den europäischen Markt
kontrollieren. Die um 1850 auf Kuba lebenden ca. 400 Deutschen
exportieren nicht nur Zucker, sie verkaufen den Zuckerbaronen der Insel
auch Luxusgüter aus Europa, darunter Musikinstrumente. Mit nur rund
7 % Exportanteil sind Tabak und von afrikanischen Sklavinnen auf ihren
Oberschenkeln in den 5534 Tabakfarmen[15] gerollte Zigarren noch weit
von der Bedeutung kubanischer Rauchwaren im nächsten Jahrhundert
entfernt. 1862 beginnt die aus Spanien zugewanderte Bacardi-Familie den
Zucker auf Kuba zu Rum zu veredeln. Einhundert Jahre später wird sie
vor Castro flüchten und von den Bahamas aus später den Salsa-Boom mit
‚kubanischem‘ Rum international befeuern (s. Bd. 3, Kap. 11).
    In einigen kubanischen Hafenstädten unterhalten der Norddeutsche
Bund und Preußen Handelsvertretungen – vor allem in Havanna, dem man
selbst im Jahr 2000, so der Kuba-Experte Michael Zeuske, noch ansehen
wird, das „sie einst die Königin der Karibik und imperiales Zentrum
des Atlantik gewesen ist.“[16] Zeuske verdanken wir Nachweise, dass das
Halten von afrikanischen Sklaven auch für deutsche Geschäftsleute durchaus genauso üblich war wie die Naturalisierung der Deutschen durch Ein-
heirat in jene Kreise der kubanischen kreolischen Oberschichten, die die
Metropolen wie Havanna oder Santiago kontrollierten. Havanna hat

schon seit einhundert Jahren eine Universität und bietet ein reichhaltiges kulturelles Programm mit Konzerten, Theater, Oper und Ballett, das in neu erbauten Häusern von internationalen Stars bespielt wird. Manaus an den Ufern des Rio Negro im Amazonas-Becken steht jetzt gerade erst am Anfang eines ähnlichen Aufschwungs, der mit dem Kautschuk-Boom und dem Opernhaus erst zum Ende des Jahrhunderts zu voller Blüte kommen wird. In Weimar führt Franz Liszt erstmals Richard Wagners „Lohengrin" auf und um 1851 erlebt der reisende Livländer Jegór von Sivers in Havannas Gassen neben zigarrenrauchenden Sklavinnen und schlecht erzogenen Kindern in Begleitung ihrer „Hausneger" auch eine besondere Begegnung mit europäischer Musik: „Die Ungezwungenheit des Verkehrs hat noch andere Seiten, einen Zwang, dem der Europäer sich schwerlich fügen möchte. Sitzen wir am Klavier, greifen wir zur Gitarre, entschlüpft unserer Kehle eine Melodie, die jedenfalls für Zuhörer nicht berechnet war, alsbald regt es sich in allen Gemächern und Gängen, eine Schar von Hausnegern, deren reiche Häuser bis über 100 zählen, findet sich ein, man nimmt auf Stühlen und Bänken Platz, und du siehst alsbald ein dankbares Publikum versammelt, dem kein Ton deines Instrumentes, keine Bewegung deiner Lippen entschlüpft."[17]

Schiffsreisen nach Kuba werden zu einem besonderen Vergnügen der europäischen Society und zur großen Verlockung investitionsbereiter Kaufleute. Ihre Erinnerungen ergänzen den stark wachsenden Markt von Reiseberichten um eine karibische Note. Von Kuba aus gibt es neben den traditionellen Verbindungen zur iberischen Halbinsel auch solche zum ehemals französischen Louisiana und der Hafenmetropole New Orleans. Und es gibt lebhafte Kontakte zwischen La Habana und Mexiko, wo der von der Besatzungsmacht Frankreich eingesetzte Habsburger Maximilian I. von 1864–67 regiert.

Für die stark wachsende Zuckerindustrie reichen die bisher nach Kuba verschleppten afrikanischen Sklaven nicht aus. Daher kommen um 1850 viele ‚Kontraktarbeiter' unter sklavenähnlichen Bedingungen aus Mexiko nach Kuba. Die Tabakherstellung fordert zusätzliche Arbeitskräfte und die kommen per ‚Kontrakt' von den Philippinen und Kanaren. Von den rund 125.000 zusätzlich angeworbenen Chinesen ist 1877 nur noch ein Drittel am Leben. Sie bleiben kulturell auch weitgehend isoliert, wie sich der ehemalige Sklave Esteban Montejo (1860–1973!) erinnert: „Ich sah, dass die Chinesen am meisten für sich waren. Diese Eunuchen hatten kein Ohr für die Trommeln. Sie verkrochen sich. Sie dachten nämlich viel nach. Meiner Meinung nach dachten sie mehr als die Neger. Niemand kümmerte sich um sie. Und die Leute tanzten weiter."[18]

Die Beziehungen Kubas zur Kolonialmacht Spanien indes werden immer schlechter. Die Insel, deren wirtschaftliches Potential auch Alexander von Humboldt bei seinem Besuch zu Beginn des Jahrhunderts erkannte, weckt Begehrlichkeiten bei den Großmächten, aber die Kubaner wollen ihre Unabhängigkeit. Mit dem Hissen der kubanischen Flagge signalisieren sie 1850 zum ersten Mal das baldige Ende der Kolonialzeit. Die drei blauen Streifen darauf stehen für die drei Regionen (Westen, Mitte und Osten); die drei Spitzen des roten Dreiecks erinnern an die drei Werte der französischen Revolution: Freiheit, Gleichheit und Brüderlichkeit; der weiße Stern stand für die kurzzeitige Hoffnung, ein US-Staat zu werden, wird dann aber zum Symbol für Gleichheit und Freiheit auf Kuba.

Unter Ausnutzung der spanischen Zollgesetze werden Mitte des 19. Jahrhunderts die meisten Exporte von Kuba über die iberische Halbinsel nach Deutschland verschifft: Zucker, Kaffee, Tabak, Hölzer, Rum und Honig.[19] So geschieht es auch mit einer kubanischen Liedform und ihrer bekanntesten Schöpfung: „La Paloma".

Ein Lied – Eine Legende

Irgendwann in dieser Zeit, oft wird das Jahr 1857 genannt, geht der Legende nach der baskische Musiker und Komponist Sebastián Iradier in Begleitung der italienischen Opern-Diva Marietta Alboni in Havanna von Bord. Ein bärtiger Dandy in modischem Tuch und eine füllige Dame in enger Korsage, für das Klima Havannas wohl zu warm angezogen, aber die Elite Kubas flaniert ebenfalls hochaufgeschlossen in tropischer Luft. Schwüle Fantasien behaupten, Iradier habe dann eine Romanze mit einer dort lebenden jungen Mexikanerin (im Liedtext: „una linda Guachinanga") angefangen und daraus sei „La Paloma" entstanden. Hat ihn die Liebe beflügelt oder ein Reihentanz der europäischen Siedler, den die Kubaner *Contradanza* nannten? Diese *Danzas* sollen Iradier bald so verzaubert haben, dass er vor Ort eine Reihe von Liedern in diesem *(danza-)* Habanera-Stil geschrieben habe, unter denen „La Paloma" das bekannteste ist und seinen Abschied von der Insel besinge: „Als ich Havanna verließ, Gott behüte, hat mich niemand gesehen, außer mir selbst…Wenn an dein Fenster eine Taube kommt, behandle sie liebevoll, denn ich bin's."

Noch in Havanna, die Jahreszahlen variieren hier zwischen 1853, dem Geburtsjahr des kubanischen Freiheitshelden José Martí, und 1857, habe die Alboni, so wird man später erzählen, dieses Lied mit ihrer bezaubernden Altstimme in einem Konzert im berühmten Teatro Tacón vorgestellt.

Vielleicht hatte ihr Iradier die Partitur vom heimwärts segelnden Schiff im Schnabel einer seetauglichen Taube nach Havanna geschickt?

Alles Legende. Nichts ist bewiesen. Iradier stirbt 1865 und nimmt das Geheimnis um die Entstehung seines Liedes mit ins Grab. Es ist nicht einmal erwiesen, dass er jemals auf Kuba war. Marietta Alboni (1826–1894) war wahrscheinlich ebenfalls nicht dort. Ihre einzige Überseetournee begann am 23. Juni 1852 mit einem Konzert in der Tripler Hall (Metropolitan Hall) New Yorks und endete am 26. Mai 1853 mit einem letzten Konzert in New York. Es war dem venezianischen Violinisten Luigi Arditi gewidmet. Arditi und nicht Iradier, wie viele Biographien behaupten, war Dirigent und musikalischer Leiter von Albonis Amerika-Konzerten 1852/53.[20] Er war vermutlich direkt aus Kuba angereist, wo er seit 1846 häufig an der Oper Havannas dirigierte.[21] Iradiers Name findet sich weder im entsprechenden Kapitel von Arditis Lebenserinnerungen, noch in den zahlreichen Berichten der New York Times über die Auftritte der Alboni im fraglichen Zeitraum. Anhand ihres Tourneeplans[22] lässt sich belegen, dass auch ein Abstecher nach Kuba zwischen den Auftritten in den USA zeitlich absolut unmöglich war. Iradier stand somit auch nicht auf der Passagierliste des Dampfers S.S. Hermann, den die Alboni am 26. Mai 1852 in Southampton zusammen mit dem Tenor Agustin Bovere und dem Bariton Antonio Sangiovanni und ihrem Gefolge in Richtung New York bestiegen hatte.[23] Nach einem Jahr ist die Alboni-Opera-Company aber pleite, weil die anderen Sänger in ihrer Truppe zu hohe Gagenvorauszahlungen verlangt hatten. Die Diva besteigt 1853 ein Schiff, das sie direkt zurück nach Europa bringt. Von einer anderen USA- oder Karibik-Tournee ist nichts bekannt. Auch die kubanische Kultur-Forscherin Zoila Lapique Becali nennt weder für Alboni noch Iradier Hinweise in ihrer Dokumentation über die koloniale Musik Kubas, für die sie auch die Tageszeitungen auf Kuba der fraglichen Jahre zwischen 1850 und 1860 auf besondere Highlights auswertete.[24] Sie erwähnt Fanny Elßlers Auftritt von 1842 und nur für das Lied „La Paloma" wird sie zum ersten Mal in der „Gaceta de la Habana" vom Januar 1861 fündig. Die Pianistin und Sängerin D'Herbill habe auf Wunsch des Publikums „la bonita cancion o tango americano La Paloma" gesungen, das auf der Halbinsel (Spanien) und anderen Orten schon sehr populär sei[25] – auf Kuba bis dahin offenbar noch nicht. Auch später findet man nichts Kubanisches an ihr. „Wir Kubaner wissen nicht, welche Nationalität wir La Paloma zubilligen könnten", schreibt 1939 der Komponist Emilio Grenet. Vielleicht sollte man sie naturalisieren?[26]

Es wird an anderer Stelle auch behauptet, dass die Alboni „La Paloma" zum ersten Mal sogar in New York gesungen habe. Aber auch das ist wohl eine Legende. Denn die Kritiker z. B. der New York Times berichten zwar regelmäßig über Albonis Konzerte, erwähnen aber dieses Lied nie unter den Highlights der Abende. Rund siebzig Jahre nach Iradiers Tod begibt sich der baskische Schriftsteller Pío Baroja (1872–1956) auf Spurensuche nach seinem Landsmann. Von Teodoro Iradier, einem Großneffen Iradiers und Gründer der spanischen Pfadfinderbewegung, bekommt er um 1937 „ein Notizbuch über die letzte Zeit seines Großonkels Don Sebastián"[27] Das scheint ihm ausreichend, um auch die fraglichen Jahre um 1852 zu schildern, obwohl er zugeben muss „ich habe keine genaue oder ungefähre Chronologie des Lebens von Iradier; ich kenne keine Daten."[28] Trotzdem lässt er in seiner Schilderung Marietta Alboni seinen Vorfahren fragen, ob Iradier sie nach Amerika begleiten wolle. Ja, glaube sie denn, dass er dort Erfolg haben würde, fragt er. Das solle sie ruhig ihm überlassen, sie werde dafür sorgen, wenn er nur zustimme, denn sie sei die Chefin. Iradier soll während der Alboni-Tournee gelegentlich dirigiert, Piano oder Gitarre gespielt und nebenher unterrichtet haben. Die Tournee, so die Version Barojas, geht mit der jungen Sängerin Adelina Patti und der Alboni weiter durch die USA, nach Mexiko und schließlich nach Havanna. Nach Venancio del Val[29], der diese Geschichte weitgehend übernimmt, lernt Iradier aber die Alboni erst 1854 in Paris kennen und „La Paloma" erklingt ein Jahr später zum ersten Mal in Havanna. Doch da hat sich die Alboni bereits weitgehend aus dem Konzertleben zurückgezogen und auch von Iradier findet sich auf Kuba nicht die geringste Spur. Vielleicht nur seine DNA, denn seine Tochter lässt sich mit ihrem britischen Ehemann später auf Kuba nieder.[30]

Sehr deutliche Spuren dagegen hinterlässt der Pianist und Komponist Louis Moreau Gottschalk auf Kuba, das er seit 1854 mehrfach ausgiebig besucht. Nach seiner Pariser Zeit ist Gottschalk 1853[31] auf dem Weg von Madrid über Kuba in die USA zurückgekehrt, im Gepäck das Schwert des berühmten Stierkämpfers Montes, das ihm das spanische Königspaar neben diversen Orden als Anerkennung für seine Symphonie „The Siege of Saragossa" geschenkt hat. Zwei Monate nach seiner Ankunft in Havanna hat er die Idee zu einem großen Festival und schreibt eine Oper in einem Akt zu Versen eines kubanischen Dichters. Er lässt dafür vom italienischen Direktor des Grand Tacón-Theaters 86 Chorsänger, 15 Solisten. 50 Trommler und 8 Trompeter, 70 Geiger, 11 Kontrabassisten und 11 Violoncellos verpflichten, „um zu sehen wer am lautesten spielen konnte". Gottschalk beweist diese Art von Humor öfters und die Kubaner lieben ihn für den Respekt, den er ihrer Musik zollt. 1860 verpflichtet er für ein Konzert in Havanna im Februar 650 Musiker, später für ein anderes 40 Pianisten (wie kurz vor seinem Tod in Rio) und ein einheimisches *Tumba Francesa*-Ensemble, mit der Musik der späteren *Contradanza.*

1857 bricht er erneut gemeinsam mit der noch sehr jungen Sängerin Adelina Patti in die Karibik auf. Die Patti lebt schon seit zehn Jahren in New York und ist Kind einer berühmten Künstlerfamilie, in der man auch Iradier kennt. Ihre Mutter hatte 1843 kurz vor ihrer Geburt ein Konzert in Madrid gegeben. Dort und in Pariser Salons treffen sich die Stars der Opernwelt. Zwanzig Jahre später liest man in der Neuen Berliner Musikzeitung: „Herr und Madame Rossini gaben am 14.4. [1862] auf ihrer Villa zu Passy eine interessante Abendunterhaltung. Herr Diemer spielte eine noch ungedruckte Pianofortecomposition und Mlle.Patti sang u. a. eine hinreissende Romanze von Yradier." Vier Jahre später singt sie zusammen mit Marietta Alboni bei der Beisetzung Rossinis.

Die Urformel für neue Rhythmen in der Contradanza

Gottschalk landet nach langem Aufenthalt auf Guadeloupe im späten November 1859 erneut in Kuba. Hätte das Gespann Iradier/Alboni dort tatsächlich vorher „La Paloma" als Welturaufführung präsentiert, würde ihm das sicher im Tacón-Theater zu Ohren kommen und in seinen Lebenserinnerungen später erwähnt werden. Interessanterweise findet sich in den zahlreichen Dokumenten aus Gottschalks Feder später auch nirgends ein Hinweis auf die *Habanera* als neue Liedform. Gottschalk spricht von *Contradanza,* wie auch die Kubaner, wobei auch *Danza Criolla* oder *Danza* geläufig sind. In Spanien kursieren sie als *Danzas Americanas, Tango Habanero, Tango Americano* oder nur als *Americanas.* Ursprünglich aus England stammend, war der in Gruppen geschrittene, mehrteilige Kontertanz um 1750 über Frankreich (auch als „Quadrille français") und Spanien nach Haiti und von dort nach Kuba gelangt. Seit Kolonialbeginn war es üblich, dass afrikanische Sklaven auch für Orchester ausgebildet wurden, die auf den Plantagen, in den Kirchen und bei Bällen der Europäer aufspielten. Die Musiker wurden gezwungen, die Musik der Europäer zu spielen und auch die Übernahme von Tanzschritten der Kontertänze und Quadrillen der Kolonialisten durch die Sklaven geschah – bei aller Versuchung, die Weißen nachzumachen – nicht immer freiwillig. Mit dem offiziellen Verbot der Sklaverei und dem Zustrom ehemaliger Sklaven in die urbanen Zentren vergrößerte sich die Zahl schwarzer Musiker erheblich. Um etwas zu verdienen, pendelten viele bald zwischen Salonkonzerten und Soireen in der City, Wochenendfesten ihres Wohnviertels und nächtlichen Ritualen der inzwischen mit dem Katholizismus synkretisierten afroamerikanischen Kulte wie haitianischem Vodou oder kubanischer Santería. Nur spanische Tänze wie *Zapateo, Siringa* oder *Jota* überließen sie weiter den spanischen Siedlern und pflegten lieber eigene afrikanische Traditionen wie die kubanische Rumba, die ihre Wurzeln tief in den rituellen Tänzen der Afrokubaner hat. Wäre Iradier jemals auf Kuba gewesen, hätte er womöglich eine *Contradanza* noch nicht einmal erleben können, denn noch sind Mazurka, Waltz Russo, Tarantella Napoletana, Polka und Schottisch die um 1850 aus Paris und Madrid angesagten importierten bürgerlichen Modetänze.

Wer so oft spielt, der experimentiert gern und bringt die Dinge auch mal durcheinander, oder auf einen neuen Nenner. Da rutscht vielleicht eine bis dahin in dieser oder jener Musikart bisher nicht gespielte Synkope in das Trommelspiel einer anderen Spielweise oder es verschieben sich Betonungen der Taktteile. Vermutlich entstand so schon aus dem *Contredanse* auf Haiti mit der ursprünglichen Instrumentierung (Geigen. Klarinetten, Hörnern und Tambora) unter afrikanischem Einfluss mit Rasseln und Trommeln die *Tumba Francesa,* aus der dann auf Kuba die *Contradanza* wurde. Rhythmisch ein bisschen afrikanisiert, aber keineswegs in afrokubanischer Choreographie, sondern immer noch im Quadrat, tanzen Männer und Frauen einander zugewandt. Das erste Paar in der Reihe vollführt eine Reihe von Tanzschritten, genau 36 Takte lang. Dann kommt das zweite Paar dazu, das die Schritte nachtanzen muss, bis am Ende alle tanzen. Die Amerikaner würden darin eine Reihen-Version ihres Square Dances vermuten. Die Contradanza ist eher ein Tanzvergnügen der weißen Siedler als eines der schwarzen Bevölkerung Kubas. Ein 1857 in Havanna veröffentlichtes Buch bestätigt seine iberischen Züge, sagt aber, „wenn es von farbigen Menschen komponiert ist, hat es mehr Akzeptanz bei den Kreolen.“[32] Von einem Lied „La Paloma“ steht auch in diesem Buch nichts. „Sie tanzten gern. Aber sie tanzen nicht nach Negermusik“, beschreibt der *Cimarrón* Montejo einen anderen Gruppentanz der Siedler jener Zeit. „Zum Zapateo kamen alle Bauern nachmittags zusammen, so gegen fünf. Der Zapateo war sehr prächtig. Dieser Tanz ist nicht so unanständig wie die afrikanischen. Die Tänzer streiften einander nicht mal. Er wurde zu Hause in den Familien und auf dem Feld getanzt… Die Männer banden sich Tücher um den Hals und die Frauen um den Kopf. Wenn ein Bauer sich beim Tanzen hervortat, kam die Frau und setzte ihm einen zweiten Hut auf seinen eigenen. Das war, um ihn auszuzeichnen. Ich ging mit Vorsicht hin und behielt alles. Ich sah sogar die Drehorgeln. Da wurden fast alle Instrumente gespielt. Sie machten viel Lärm, aber waren wirklich hübsch. Ab und zu griff sich ein Bauer einen Kürbis, um die Drehorgel zu begleiten. Von diesen Orgeln hörte man die Musik aus den Jahren damals: den danzón."[33] Dieser Danzón wird von bürgerlichen Komponisten um 1870 aus der Contradanza entwickelt.

Ebenfalls als Derivat dieser Contradanza Cubana hört man schon in den ersten Jahrzehnten des 19. Jahrhunderts in den Cafés eine vom Tanz unabhängig variierte Liedform im 2/4- oder 6/8-Rhythmus, die unter dem Einfluss afrokubanischer Musiker besonders durch die Synkopierung mit der Betonung einer punktierten Achtelnote vor einer Sechzehntel-note, der zwei Achtelnoten folgen, geprägt ist. Als *Tresillo* und *Cinquillo* (s. Kap. 11 und 13) mit drei bzw. fünf Noten wird sie zu einer Universal-Formel in der afrolatinischen Musik. Als die Zeitung La Prensa 1842 das Lied „El Amor en el Baile" abdruckt, wird es als „canción enterramente habanera" vorgestellt. Damit hat diese Liedform einen Namen. In diesem Jahr besucht der Franzose Jean-Baptiste Rosemond de Beauvallon Kuba und hält in seinen Erinnerungen fest: „Die Habanera-Musik, bestehend aus Seufzern und lebhaften Bewegungen, traurigen Refrains und plötzlich unterbrochenem Gesang, bietet eine einzigartige Mischung aus Freude und Melancholie. Die Melodien des Tanzes sind voller Frische und Originali-tät; aber erschwert durch Synkopen und Elementen gegen den Takt, die für diejenigen, die sie spielen, eine beispiellose Schwierigkeit darstellen. Der berühmte Cellist Behrer gestand mir, dass er vergeblich versucht hatte, die Kontrabass-Stimme zu entschlüsseln, die jeden Abend in La Habanera von einem Schwarzen gespielt wurde, der keine einzige Note kannte."[34] Bald darauf taucht erstmals der Name Tango bzw. Tengo für den Tanz auf. „La Paloma" ist für die Kubaner auch keine Habanera, sondern nach Gott-schalks Namensgebung ein Tango Americano.

Liedform und Melodik der vorwiegend für Klavier geschriebenen Habanera-Contradanza hingegen sind eher europäisch: zwei Verse von je 8 Takten, wiederholt in AABB Form. Nach seinen Konzerten ist Gott-schalk in Havanna häufig zu Hausbällen eingeladen, spätestens dort lernt er die Danza kennen und übernimmt Eigenarten der dazugehörenden neuen Liedform (z. B. in „Cocoye", „Ojos Criollos"), hält sich aber selten streng an diese Vorgabe, er gibt einem Vers schon mal 65, dem anderen 196 Takte („Souvenir de la Havanna"). In der Zeit, in der man Iradiers Besuch in Kuba irrtümlich vermutet, ist nicht „La Paloma" das Stadtgespräch in Havanna, sondern Gottschalks Bearbeitung eines Liedes, das 1853 im Jahr vor seinem ersten Kuba-Besuch als „María de la O[35]" Furore gemacht hatte. Es ist eine Hommage für zwei Afrokubanerinnen, die das Lied „Cocoye" in den

1830ern an der Spitze eines Karnevalszuges von maskierten Schwarzen und Reitergruppen in Santiago gesungen hatten. (Abb. 4) Eine der Sängerinnen soll María de la O geheißen haben. Gottschalk übernimmt auch diesen Namen für eine Komposition, verkündet aber später in einem New Yorker Programmheft, er selbst habe dieses Lied in den Wäldern von Santiago von entlaufenen Sklaven gespielt gehört.[36] Merkt ja keiner. Gottschalk bleibt insgesamt fünf Jahre in der Karibik und kehrt erst 1862 in die USA zurück.

Gottschalk präsentiert seine vorwiegend instrumentalen ‚Contradanzas' bei seinen Konzerten in Nord- und Südamerika, nachdem er nach seiner Rückkehr aus Europa in den USA (1853) eine Karriere als Klaviervirtuose begonnen hatte. Er trägt dadurch dazu bei, das Wesen der Contradanza besonders im lateinamerikanischen Raum zu verbreiten. Louis Moreau Gottschalk ist der erste amerikanische Pianist und Komponist von Weltrang und in New Orleans bekannt als der „Chopin of the Creoles". Er ist der erste Musiker, der *panamerikanisch* denkt und arbeitet. Seine Tourneen unternimmt der Demokrat und Snob manchmal mit eigenem Sonderzug, und auch sonst ist er auch für musikalische Überraschungen gut. Aber er ist nicht der einzige Pianist mit einem Faible für synkopenreiche Klaviermusik. Auf Kuba wird dafür neben Manuel Saumell Robredo (1817–1870) besonders Ignacio Cervantes Kawanagh (1847–1905) bekannt, ein Schüler Gottschalks, der in den sechziger Jahren des 19. Jahrhunderts auch in Paris studiert. Eine Legende erzählt, Franz Liszt sei in Paris spazieren gegangen und habe aus einen Haus wundervolle Musik gehört, angeklopft und Cervantes darum gebeten, etwas zuhören zu dürfen.

1868 sind die Verhandlungen mit den Spaniern um Reformen oder gar um größere Autonomie der Zuckerinsel gescheitert, der Freiheitskampf der Kubaner beginnt mit dem „Guerra Larga" und ersten Freilassungen von Sklaven. Cervantes kehrt 1869 nach Kuba zurück. Er hat eine ganze Reihe von Contradanzas komponiert und so mit Sicherheit die Habanera nach Iradiers letztem Paris-Besuch dort weiter bekannt gemacht.

Die Contradanza alias *Habanera* hinterlässt ihre besondere Synkopierung in vielen lateinamerikanischen Genres wie Tango (Argentinien), Choro (Brasilien) und Merengue (Puerto Rico und Dominikanische Republik). Ein Choro aus der Feder des brasilianischen Pianisten Ernesto Nazareth (1863–1934, s. Kap. 10) klingt daher beinahe wie ein Ragtime von Scott Joplin, und so könnte die neue Liedform mit der prägnanten Synkopierung für Gottschalk schon eine ‚alte Bekannte' gewesen sein, der er in den Vorläufern von *Cakewalk* und Ragtime im heimatlichen New Orleans begegnete. Gottschalk hat in seinen von der Contradanza beeinflussten „Danzas Cubanas"

Abb. 4   Dia de Reyes (Dreikönigstag) auf Kuba. Stich von Federico Mialhe 1855

schon Jahre vor Aufkommen des Ragtime in New Orleans (um 1900) dessen typische Charakteristika in sein Spiel übernommen: ein konstantes Spiel der Basslinie *(walking bass, stride)* und die typische Tresillo-Synkopierung.

Vermutlich fasst die Contradanza auch schon zu Iradiers Zeit im Gepäck von Seeleuten als melodischer Re-Import aus Kuba in einigen Regionen Spaniens Fuß. An der katalonischen Küste und südlich von Alicante ist sie noch im 21. Jahrhundert lebendig. Dort und in der baskischen Heimat Iradiers finden Habanera-Wettbewerbe für Chöre und Kompositionen statt.

Lieder in der Art der Contradanzas sind Teil vieler Zarzuelas, einer iberischen Mischung aus Operette und Musiktheater. Iradier schrieb vermutlich seine erste Habanera um 1840 (vgl. Kap. 11), und präsentiert als *Danza Americana* ein salonfähiges Arrangement für Singstimme und Klavier mit verlangsamtem Tempo. Vor 1840 kann Iradier unmöglich, wenn überhaupt, auf Kuba gewesen sein, also sind vermutlich Re-Importe von dort seine Vorlagen. Ganz unbekannt war ihm die neue Synkopierung wohl nicht, denn die Musik Spaniens und Portugals hatte lange vor der Eroberung der Neuen Welt unter jahrhundertelangem arabisch-afrikanischem Einfluss gestanden. In ihr sind Synkopierungen unter anderem auch in der Musik der aus Indien in das südliche Andalusien zugewanderten Gitanos durchaus bekannt, und iberische Seefahrer hatten spätestens schon um 1440 die westafrikanische Küste entdeckt und afrikanische Sklaven und deren synkopenreiche Musik auf ihre Halbinsel gebracht.

Unter dem Titel „Fleurs d'Espagne" veröffentlicht Iradier 1864 im Pariser Verlag Heugel 25 Lieder, darunter die Habaneras „La Paloma" und „El Arreglito". („La Paloma" hatte er zuerst 1857 in Madrid veröffentlicht.) Iradier bleibt bis 1865 in Paris und kehrt in seine Heimatstadt Lanciego zurück. Er stirbt im gleichen Jahr und erlebt es nicht mehr, dass diese beiden Lieder weltberühmt werden. War ihm mit „La Paloma" ein Evergreen der Unterhaltungsmusik geglückt, wird er mit „El Arreglito", das er vermutlich vor „La Paloma" komponiert hat, dank George Bizets Neugier auch in der Klassik unsterblich. Man erzählt sich nämlich, Bizet sei 1875 unter dem Druck der für die Premiere von „Carmen" vorgesehenen und mit bisherigen Arien-Vorschlägen unzufriedenen Starsolistin Célestine Galli-Marie auf der Suche nach Musik, die irgendwo nach ‚Zigeunermusik' und spanischem Flair klingen sollte. Er bekommt Iradiers „El Arreglito" in die Finger, findet es geeignet, übersieht bei Übernahme wohl den Hinweis auf den Komponisten, und schreibt über die Partitur „nach einem spanischen Volkslied". Eine romantischere Entstehungs-Version des Plagiats sieht Bizet voller Entzücken einer Frau in den Gassen von Paris lauschend, die dieses Lied sang, das er als Folklore zu Papier bringt.

Iradiers bekannteste Habaneras haben Flügel („L'amour es tun *oiseau* rebelle…" und „si a tu ventana llega una *paloma*"), aber sie bringen sie vorerst nicht auf das in seinen Unabhängigkeitskämpfen aufgehende Kuba, das mit spanischen und französischen Verlegern und berühmten europäischen Opernkomponisten nicht Schritt halten kann. Auf Kuba sind gerade eher patriotische Lieder angesagt, für die man auch ältere Habaneras mit neuen Texten versieht. Die Danza war nie die Musik der afrokubanischen Bevölkerungsmehrheit und auch in den Salons ist sie bald vergessen, ist nur noch ein akademisches Modell, das die kubanische Musik, so der kubanische Musikforscher Alejo Carpentier, wie nach einer Häutung hinter sich gelassen hatte. Ein sechzehnjähriger weißer Kubaner verpasst ihr 1892 einen neuen Inhalt: „Tú" geschrieben 1892 vom Cervantes-Schüler Eduardo Sánchez de Fuentes (1874–1944), ist der erste „Hit", den Kuba der Welt schenkt, wenn man vom „La Paloma" einmal absieht; eine Ballade, die noch etwas langsamer daher kommt als Iradiers Taube oder die zackige Carmen-Arie. „Tú" ist eine glatte und damit eine massenwirksame *Canción romantica,* die ihre Pariser Verleger verunsichert mit dem Titel „Te Espero" als *Tangohabanera* zu einer Zeit veröffentlichen, als der Tango Porteño, der die rhythmische Formel des *ritmo de habanera* als Gen in sich trägt, schon in Paris angekommen ist.

En Cuba la isla hermosa.
del ardiente sol.
bajo su cielo azul.
adorable trigueña,
de todas las flores.
la reina eres tú.
(„Tú", Sanchez de Fuentes).

Aus der Habanera entwickeln sich auf Kuba der Danzón (um 1870), aus ihm der Mambo (um 1940) und seine langsamere Gangart Chachachá (um 1955) (s. Kap. 13, Bd. 2, Kap. 3).

Unsterbliche „La Paloma"

Dicht über dem Horizont gleißt die Sonne in hellem Grau, und sendet ihre letzten Strahlen auf die Terrasse des Kaiserlichen Palastes. Seine Majestät Maximilian I. und seine Gattin, die Belgierin Charlotte, träumen von ihrer Zukunft. „Hör nur…,", seufzt sie. „Schöne Musik…", seufzt er zurück. „Das ist La Paloma, ein Lied der Liebe, die schönste Melodie auf Erden", sagt sie. „Oh, kennst du den Text?", will der Kaiser wissen. „Ja, Maxi, es ist eine bekannte Habanera, die singt man in der ganzen Welt", antwortet sie und rezitiert zur eingespielten Musik den Text des Liedes. Die Szene könnte eine der Sissi/Franzl-Parodien des Regisseurs Bully Herbig sein, ist aber eine Schlüsselszene aus William Dieterles Schwarzweißfilm „Juarez" von 1939 mit Bette Davis und Brian Aherne in den Hauptrollen.

Schon 1859 wird „La Paloma" als ‚canción americana con acompañamento de piano' unter der Nummer 6341 vom Drucker E. A. Gil beim Copyright-Büro Madrids eingetragen. Wer den Text geschrieben hat, den Baroja sogar als „poco absurda" empfindet, ist ungeklärt. Unbekannte Dichter aus dem Volk, der spanische Dichter José Zorilla (lebte 1854-66 in Mexiko als Theaterdirektor, 1858 auf Kuba und könnte die Verse von dort mitgebracht haben) oder doch Iradier selbst? Ein Zeitgenosse Zorillas ist der in Mexiko lebende deutsche Bergingenieur Eduard Mühlenpfordt, der in einer seiner vielen Beschreibungen Mexikos 1858 bemerkt: „Fast jedermann ist bis zu einem gewissen Grade musikalisch, aber über wenig Guitarrengeklimper geht es bei den Meisten nicht hinaus."[37]

Die Mexikaner machen „La Paloma" bald mit neuem Text zu einem Kampflied ihrer Revolution und betrachten es daher als nationale Komposition. Der Forscher Albert Friedenthal will um 1911 auch den

Ursprung des Textes in Mexiko-Stadt entdeckt haben. „Und eine Sensation war die ‚Paloma', von der ich noch im Jahre 1884, als ich Mexiko zum ersten Male besuchte, also als die ‚Paloma' sich noch in den ‚Zwanzigern' ihres Erdendaseins befand, einen deutlichen Nachhall verspürte. Wer aber die Sängerin war, die, vom Volke auf Händen getragen, sie zuerst gesungen hatte, in welchem Jahre das geschah, und vor allem, wer die ‚Paloma' geschaffen, die Musik, die Dichtung das war verweht, vergessen. Als ich auf den Namen Yradier, den verschiedene Ausgaben trugen, als den Komponisten hinwies, zuckte man mit den Achseln. Es ist bekannt, daß der Name Yradiers, des fruchtbaren spanischen Danzakomponisten, oft vorgeschoben wurde, wenn es galt, das Erzeugnis eines Unbekannten zu lanzieren. Die ‚Paloma' sollte aber vor allem etwas Urmexikanisches sein: ein Mexikaner könnte sie komponiert haben, hieß es."[38]

Es stimmt, denn die Mexikaner betrachten schon immer ‚La Paloma' als ihr Lied „de argumento mexicano"[39], seit es dort 1866 in der Version der Sopranistin Conchita Mendez als eines der vielen dort – wie bis hinunter nach Argentinien – schon populären Lieder im Stile der „danzas habaneras" berühmt wird und sich auch am Kaiserhof einnistet. Ob Kaiser Maximilian I. das Lied noch einmal bei seiner Hinrichtung (1867) intonieren lässt, wie es einige Chronisten behaupten, mag ein dramaturgisches Detail der legendenreichen Geschichte dieses Liedes bleiben.

Über Wien und Paris (als „La Colombe") kommt das Lied auch nach Deutschland, wo es schon 1865 eine deutsche Fassung als „Mexikanisches Lied" geben soll. Das mit dem „Seemannsleid" ist eine deutsche Erfindung, die der Orchestermusiker Heinrich Rupp 1880 im Auftrag des Mainzer Schott Verlags in Verse setzt. Der Buchbinder Felix Hübel lässt 1907 sein ‚Liebesspiel La Paloma' uraufführen. Auch darin ein Dialog wie im Film „Juarez"'.

> *Germaine* (singt mit halber Stimme)
> „Falle ich einst zum Raube empörtem Meer,
> Fliegt eine weisse Taube zu dir hierher."
> *Ralph.* Eine weisse Taube! Ja, das ist es, (zärtlich) und wie schön das klingt: La Paloma
> *Germaine.* Ja - Sie haben Recht
> *Ralph.* So weich – so zart – so – (Pause)

Bis nach Hawaii und dann in fast jeden Winkel der Erde fliegt La Paloma. Der Rest ist Geschichte: kein Lied wird so häufig interpretiert, zitiert, kopiert wie das Lied von der Taube.

Louis Moreau Gottschalk stirbt nach dreiwöchiger Krankheit während einer Konzertreise 1869 in Tijuca bei Rio de Janeiro. Iradier vier Jahre vorher. Sie haben unabhängig voneinander zur gleichen Zeit Musik des multikulturellen Schmelztiegels Karibik in Europa populär gemacht. Gottschalk bediente sich dabei mehr der afrokaribischen Vorlagen, während Iradier eine europäisierte Version afrokubanischer Musik popularisierte. Gottschalk gab selbst zu, dabei gelegentlich schon mal aus der Folklore „zitiert" zu haben. Gegenüber Iradier gab es ähnliche Vorwürfe.

Es scheint zu Kolonialzeiten unter den Schöpfern von Salon-Musik und Klassik durchaus üblich, Verse oder Refrains aus der Folklore bzw. traditionellen Musik ferner Länder aufzuschreiben und später in eigene Kompositionen einzufügen. Auch die sich im Akkulturationsprozess rasant entwickelnden Mischformen aus afrikanischer, europäischer und amerindischer Herkunft bieten ein schier unerschöpfliches Vorlagen-Reservoir an neuen Klängen und Texten. Man muss praktisch nur der Erste sein. Ein Verlagswesen ist in Lateinamerika bis zum 20. Jahrhundert noch wenig etabliert, Urheberrechtsschutz ist daher dort für Kreative außerhalb der Klassik ein Fremdwort. Musiker jeglicher Provenienz experimentieren in Kaschemmen und Ballsälen. Niemand schreibt etwas auf. Dass man ein Lied oder die Rechte daran als Person besitzen könnte, darauf würde in diesen Kreisen niemand kommen. Zu sehr spielt sich die frühe populäre Musik auf Kuba oder Haiti noch im Volksmusik- bzw. Folklore-Bereich ab. Als Iradier „La Paloma" herausbringt, veröffentlicht der Madrilener Musikverleger Bonifacio Eslava eine Version mit dem vermutlich spöttischen Titel *„Danza popular habanera, con la misma letra que la cantan los naturales de Cuba, publicado por el Sr. Iradier como composición suya con el título de La Paloma."* (Populärer Tanz aus Havanna, mit demselben Text, den die Einwohner Kubas singen, veröffentlicht von Sr. Iradier als seine Komposition unter dem Titel La Paloma).

Unterstellt man also, dass Iradier – aus welcher Quelle auch immer – zur einen oder anderen Habanera „inspiriert" wurde, wird er ja später selber Opfer dieser Übernahmepraxis durch Georges Bizet. Für Iradiers Habaneras und Bizets Opern sind die Copyright-Schutzfristen inzwischen erloschen. So wurden sie wieder zu dem, was sie vielleicht teilweise einmal waren: Public Domain.

Den Legenden um „La Paloma" geht die Historikerin Sigrid Faltin mit ihrem Film „La Paloma. Sehnsucht. Weltweit" und dem dazugehörenden Buch[40] nach. 1995 hatte der Münchner Verlag/das Label Trikont[41] eine erste CD ausschließlich mit Versionen dieses Liedes aus aller Welt in zahllosen

Musikstilen herausgebracht. Sechs weitere folgten und bei einer vermuteten Zahl von rd. 2000 Tonaufnahmen der kubanischen Taube wäre ein Ende der Reihe nicht in Sicht. Es ist wohl das erste Mal in der Geschichte der Musikindustrie, dass so viele CDs mit immer demselben Lied veröffentlicht wurden.

Mit der Habanera gelangt Mitte des 19. Jahrhunderts erstmals Musik damaliger Kolonien über den Atlantik nach Europa. Mit ihr kommt leicht verändert zurück, was Siedler und Besatzung mitgebracht hatten. In Zeiten politischer, gesellschaftlicher und kultureller Umbrüche entstehen auf Haiti, Kuba und später überall zwischen New Orleans und Buenos Aires erste nationale Musikschöpfungen. Die Sklaverei steht ebenso wie der Kolonialismus auf dem Prüfstand. Schwarze und kreolische Musik entsteht und wird auch zur Musik des Widerstands, zuerst gegen die Kolonialisten, dann im Kampf um Unabhängigkeit und Menschenrechte. In Mexiko besitzt „La Paloma" noch im nächsten Jahrtausend eine revolutionäre Kraft.

Gottschalk und Iradier waren weit davon entfernt, die Sklaverei ihrer Zeit zu kritisieren oder sich eigenen Vorurteilen gegenüber Menschen afrikanischer Herkunft zu stellen.

Gottschalk aber spielte überall in Lateinamerika auch mit schwarzen Musikern zusammen, während Iradier seine Habaneras ohne jeden Bezug auf deren kubanische Wesensherkunft präsentierte. Die Habanera wurde letztlich in Spanien populärer als auf Kuba und fand reichlich Einzug in die spanische Klassik (Albéniz, de Falla u.v.a.) und Unterhaltungsmusik, wo sie, mit dem spanischen Bolero verbunden, die ideale Liedform romantischer Balladen wurde.

In Deutschland wird die Habanera als Gesangsform allenfalls in Liedern Iradiers populär, oder in einem Film Zarah Leanders der vierziger Jahre. Manche Klassiker lassen sich von der Carmen-Arie zu neuen Variationen inspirieren. Erst die Kinder der Habanera aus Nord- und Südamerika prägen das 20. Jahrhundert mit Hybriden wie *Rumba-Bolero* den Gesellschaftstanz und populäre Musik nachhaltig.

In so einem Bolero aus der Schlager-Feder des Teams Gietz/Feltz bittet Caterina Valente in den fünfziger Jahren: „Spiel' noch einmal für mich, Habanero", das Lied „von dem Wunder, das doch nie für ihn" in „der Schatten Macht in blauer Tropennacht" geschehen würde.

Iradier, der die wundersamen Erfolge seiner Lieder nicht mehr erlebte, hätte seine Freude daran gehabt. Wohl auch am 9. Mai 2004, als 88.600[43] Menschen im (kurzlebigsten und) größten Chor der Welt im Hamburger Hafen gemeinsam „La Paloma" singen.

Weiterlesen über Musik aus Kuba

Band 1
Kap. 13: Kuba: Kulte und Kulturen (Kubanische Musik der 1930er/1940er Jahre)
Kap. 15: Aloha 'Oe (Exotische Musik aus Hawaii, Marimba, Rumba & Co.)

Band 2
Kap. 3: Wiederaufbau und Latin Feelings (Rumba, Chachachá, Mambo, Latin Music)
Kap. 5: Schaulust und Tanzkunst – Tanz- und Folklore-Ensembles

Band 3
Kap. 11: Salsa & Buena Vista

Anmerkungen

1. Hans Staden: „Zwei Reisen nach Brasilien", in: Wahrhaftige Historia und Beschreibung eyner Landtschafft der Wilden Nacketen, Grimmigen Menschfresser-Leuthen in der Newenwelt America gelegen, 1548–1555. Marburg 1970.
2. Bartolomé de Las Casas: Die Verheerung Westindiens. Berlin 1790, S. 37. Digitale Volltext-Ausgabe bei Wikisource: https://de.wikisource.org/w/index.php?title=Seite:Bartolom%C3%A9_de_Las_Casas-Die_Verheerung_Westindiens_1790.pdf/37&oldid=- (31.7.2018).
3. Jean de Léry: Unter Menschenfressern am Amazonas – Brasilianisches Tagebuch 1556–1558. Tübingen 1967, S. 355.
4. Zit. nach: Wikipedia, Art. „Georges-Louis Leclerc de Buffon".
5. Ernst Samhaber: Südamerika von heute. Stuttgart 1954, S. 8.
6. Siehe hierzu Ursula Degenhard: Exotische Welten, europäische Phantasien. [Ausstellung der Württ. Landesbibliothek]. Stuttgart-Bad Cannstatt 1987.
7. Theodore Canot: Abenteuer afrikanischer Sklavenhändler. Voorburg/Den Haag 1941, S. 142.
8. Zahlen um 1840 lt. Kapitän Canot (s. Anm. 7), S. 104.
9. Canot (Anm. 7), S. 124.
10. Père Labat: „Nouveau Voyage Aux Isles de l'Amerique". The Hague 1724.
11. Zit. nach: Sterling Stuckey: Slave Culture. Oxford ^{2} 2013, S. 71.
12. Journal des Débats, 13.4.1851.
13. Leipziger Allgemeine Musikalische Zeitung, Nr. 40, Okt.1839, Sp. 765.

14. Axel Gelfert: The Life and Times of Louis Moreau Gottschalk. louismoreaugottschalk.com/Biography/biography.html (26.10.2018).

15. Michael Zeuske: Schwarze Karibik. Sklaven, Sklavereikulturen und Emanzipation. Zürich 2004, S. 15.

16. Michael Zeuske: „Deutsche als Sklavenhalter – Christian Wilhelm Jamm und die Sklaverei auf Kuba", in: Zeuske (Anm. 15), S. 360–372.

17. Jegor von Sivers: „Alltag in Havanna", in: „Vom Rio Grande zum La Plata. Deutsche Reiseberichte des 19. Jahrhunderts aus dem südlichen Amerika", hg. von Hans Joachim Wulschner. Tübingen 1975, S. 90.

18. Miguel Barnet: Der Cimarron. Frankfurt a.M. 1976, S. 32.

19. Zeuske (Anm. 15), S. 31.

20. Luigi Arditi: My Reminiscences. London 1896, S. 18, archive.org/details/cu31924022272607/page/n57 (26.10.2018).

21. Ebd.

22. Siehe Zusammenstellung im Blog „La Tournée americana", www.coroalboni.it/La%20tourn%C3%A9e%20americana.htm (28.8.2014), (Ricostruzione storica a cura di Álvaro Fernández Rodas – Getafe, Spagna).

23. Immigrants Ships Transcribers Guild SS Hermann, June 7th 1852 und Notiz der New York Times vom 8. Juni 1852.

24. Zoila Lapique Becali: Cuba Colonial Música. Compositores e Intérpretes 1570–1902. La Habana 2008.

25. Lapique Becali (Anm. 24), S. 197.

26. Emilio Grenet: Popular Cuban Music. Havana 1939, S. XXIII.

27. Pío Baroja: „La Sonrisa de Iradier", in: Ders.: Triptico, Buenos Aires 1950, S. 229.

28. Baroja (Anm. 27), S. 247.

29. Venancio del Val: Sebastián Iradier. Coleccion „Los Alaveses". Vitoria-Gasteiz 1995.

30. Baroja (Anm. 27), S. 264.

31. Er kann somit nicht die junge Patti bei ihren Konzerten 1852 in New York begleitet haben, wie Baroja erzählt.

32. José Maria de la Torre: „Lo que fuimos y lo que somos". Havanna 1857, S. 123.

33. Barnet, Der Cimarron (Anm. 18), S. 53.

34. Lapique Becali (Anm. 24), S. 134.

35. María de la O. ist im iberischen Raum Name einer schwangeren Madonnenfigur, später auch Name einer Frauenrechtlerin und Thema einer Zarzuela/Sainete von Galarraga/Lecuona 1930.

36. Vgl. S. Frederick Starr: Louis Moreau Gottschalk. Urbana 2000, S. 180. Eduard Mühlenpfordt: „Geselliges Leben in Mexiko", in: Hausschatz der Länder- und Völkerkunde. Leipzig 1858, S. 702.

37. Albert Friedenthal: Musik, Tanz und Dichtung bei den Kreolen Amerikas. Berlin-Wilmersdorf 1913, S. 69.

38. Otto Mayer-Serra: Panorama de la Música Mexicana. Mexiko 1941, S. 118.

39. Sigrid Faltin/Andreas Schäfler: La Paloma – das Lied. Hamburg 2008.

40. La Paloma (One Song for All Worlds). 4 CDs + ausführliche Booklets. München 1995 ff.

41. Guinness-Buch der Rekorde.

Kapitel 2 (… 1884–1940/2000 …)
Kolonialmusik

Als unsre Kolonien vor Jahren
Noch unentdeckt und schutzlos waren,
Schuf dort dem Volk an jedem Tage
Die Langeweile große Plage,
Denn von Natur ist nichts wohl träger,
AIs so ein faultierhafter Neger.
Dort hat die Faulheit, das steht fest.
Gewütet fast wie eine Pest.
Seit aber in den Kolonien
Das Volk wir zur Kultur erziehen
Und ihm gesunde Arbeit geben,
Herrscht dort ein reges, muntres Leben![1] (Aus einem Schulbuch 1910)

Auf der Suche nach dem Eldorado hat sich auf dem südamerikanischen Kontinent kurz nach der Entdeckung Amerikas auch das Wirtschaftsimperium der Fugger und Welser, den blutigen Fußspuren der spanischen und portugiesischen Konquista folgend, breit gemacht. Kaiser Karl V. überlässt 1528 seinen Finanziers und den Logistikern seines Sklavenhandels, den Welsern, auf Lebensdauer große Landstriche im heutigen Venezuela, den Fuggern werden große Teile des heutigen Chile versprochen. Doch 1546 werden Philipp von Hutten und Bartholomäus Welser bei einer Expedition ermordet. Die Welserherrschaft in Venezuela geht zu Ende und die Fugger vergessen Chile. Ein kurzes alemannisches Intermezzo bleibt daher ohne Folgen für die kommende venezolanische Musik.

© Springer-Verlag GmbH Deutschland, ein Teil von Springer Nature 2022
Claus Schreiner, *Schöner fremder Klang – Wie exotische Musik nach Deutschland kam*,
https://doi.org/10.1007/978-3-476-05695-5_3

Zweimal nehmen danach herzogliche Schiffe von der Ostsee einen Anlauf, um die wunderschöne Karibik-Insel Trinidad nördlich vor Venezuela zu erobern. Der dritte Versuch sollte endlich klappen. 1654 landet ein Schiff mit Kanonen, Militär und achtzig Familien auf Trinidads kleiner Schwesterinsel Tobago. Sie wird kurzerhand in Neukurland umgetauft, denn die Siedler kommen aus dem im Lettischen gelegenen Kurland, wo die deutschen Kaufleute das Bildungsbürgertum stellen, für das die Letten auf den Feldern schuften. Dieses Karibik-Abenteuer währt nur ein paar Jahre. 1661 beenden der Widerstand der Ureinwohner und Begehrlichkeiten anderer europäischer Regierungen den Spuk. Bald darauf, 1682, schickt Kurfürst Friedrich Wilhelm von Brandenburg seine Leute an die Goldküste Afrikas, um Gebiete für Brandenburg zu erschließen. Dafür hat er von drei afrikanischen Fürsten das Recht zur Errichtung der Feste Groß-Friedrichsburg nahe dem Kap Three Point im heutigen Ghana erworben, die 1718 schon in holländischen Besitz übergeht. Während man den Sklavenhandel gern u. a. den Briten, Spaniern und Portugiesen vorwirft, sind auch die Brandenburger damit gut im Geschäft, wofür sie als Umschlagplatz von den Dänen die Antillen-Insel St. Thomas gepachtet haben. Ihre oft durch „Schutzverträge" mit Eingeborenen annektierten Kolonien liegen in Ghana, Mauretanien, der Karibik und dem heutigen Benin. Aber der Enkel des Kurfürsten, König Friedrich Wilhelm I. von Preußen, braucht Geld fürs Militär und verscherbelt sie bis 1720 für 7.200 Dukaten und 12 ‚Mohren'. Majestät lässt ja mit Vorliebe Afrikaner in seinen Militärkapellen ausbilden. Musiker aber, die aus dem Ausland einreisen wollten, sind nicht willkommen: „Die ausländischen, gemeinen Spielleut sind im Königreich nicht zu dulden, sondern gleich an den Grenzen zurückzuweisen", verfügt 1813 König Friedrich in Württemberg.[2]

Die Kurländer und Brandenburger waren jeweils viel zu kurz in ihren Kolonien, als dass sich irgendwelche nachhaltigen Begegnungen mit den indigenen Völkern durch Akkulturation oder Verflechtung hätten ergeben können. Nennenswerte musikalische Entwicklungen, die in die Mutterländer reflektiert worden wären, wie um 1850 die Habanera, haben zu Beginn des 18. Jahrhunderts ja selbst in Kolonien der großen Seenationen, die seit Anfang des 16. Jahrhunderts bestehen, noch nicht eingesetzt.

„Und wer hat die Indianer singen gelehrt? Wer die Orgel spielen? Wer Kornett und Schalmeien, Fagott blasen gelehrt? [...] der hat sie auch alle anderen Künste, Dienste und Handwerke gelehrt: nämlich die ersten Missionare, unsere Heiligen Vorgänger [...] diese, sage ich, haben die Indianer mit größter Mühe und Arbeit singen gelehret, denn an ihren Kompositionen kann man sehen, daß sie keine Musiker von Beruf waren, ihnen ist nur wenig eingefallen und das wenige, das sie wußten, haben sie den Indianern mit größter Mühe und Arbeit so oft vorgesungen, bis sie es endlich in ihren harten Schädel hineingebracht haben und bis auf den heutigen Tag aus Tradition alle Männer und Frauen dieses in der Kirche am Sonntag im Chor singen. Nach diesen kam ein spanischer Pater, der etwas mehr lavon verstand und die Kunst noch etwas weiterbrachte […]." (Anton T. Sepp, 1698)[3]

Andererseits ist Musik damals schon ein Export-Faktor für die Europäer. Zuerst gelangten die Trommeln der Landsknechte mit dem Ansturm der Konquistadoren an die Ufer der Neuen Welt, gefolgt natürlich von Priestern, und unter ihnen besonders die Jesuiten, die aus Tupí-Indianern und Afrikanern Chöre und Orchester formten und mit ihnen Mysterienspiele aufführten, in denen jedes Jahr auf Neue die ungläubigen Mauren mit Gottes Hilfe von der iberischen Halbinsel vertrieben wurden. Riesige Orgeln, Ladungen voller Musikinstrumente, die die indigenen Spieler nie zuvor gesehen hatten, wurden über die Meere verschifft. Erst mit ihnen eröffneten sich ihnen neue Spielweisen. Afrikanische Kora-Harfe traf in Lateinamerika auf Gitarren und lautenähnliche Saiteninstrumente, Querflöte traf andine Quena-Flöte. Aber nur mit den europäischen Musikinstrumenten ließen sich die Märsche der Kolonialisten tonart- und tongetreu blasen und fiedeln.

Sechzehn Kilometer von Kaiserslautern entfernt liegt der kleine Ort Mackenbach. Im Westpfälzer Musikantenmuseum erzählt man dort die Geschichte der Instrumentenbau-Tradition und der Musiker aus Mackenbach. Von Mitte des 19. Jahrhunderts bis zum Zweiten Weltkrieg seien jährlich bis zu 2500 Musiker aus dem Pfälzer Örtchen und aus Nachbargemeinden in alle Welt als Wandermusiker gezogen, um der Arbeitslosigkeit zu entrinnen. Sie sind mit dem Zirkus Hagenbeck auf Asientournee, spielen in Militärkapellen und manche sogar als Hofkapellmeister bei Herrscherhäusern – vorwiegend in den USA und Europa, aber auch in Afrika, Australien und Indien. Sogar bis ins weit entfernte Hawaii verschlägt es deutsche Kapellmeister. Seine Majestät Kamehameha V. erbittet von Kaiser Wilhelm I. einen Nachfolger für den bereits auf Hawaii tätigen Weimarer Kapellmeister Wilhelm Merseburgh, und der Regent schickt ihm 1872 den Militärmusiker Heinrich Berger (1844–1929) aus Coswig in Anhalt. Berger begründet und leitet 43 Jahre lang die „Royal Hawaiian Band". Als „Vater der Hawaiischen Musik" verschmilzt Berger europäische Klänge und Rhythmen mit traditioneller hawaiischer Musik zu einem eigenen, sehr erfolgreichen *hawaiianischen* Sound. Natürlich dienen auch Walzer als

Vorlagen, schließlich hatte Berger in Berlin die Musik von Johann Strauss und Richard Strauss kennengelernt.[4] Als 1893 Hawaiis letzte Königin und Komponistin des Evergreens „Aloha Oe", Liliʻuokalani, auf Betreiben calvinistischer Missionare gestürzt wird, behält Berger den Taktstock in der Hand und unterhält mit seinem Orchester weiter glanzvolle Abendgesellschaften, zu denen der deutschstämmige amerikanische Zuckerkönig Claus Spreckel auf Maui einlädt. Auch nach der Besetzung durch die USA, 1898, bleibt die Band bis 1915 unter seiner Leitung. Spätestens in dieser Zeit ist auch die Habanera „La Paloma" via Mexiko auf Hawaii angekommen, wo sie in der von Joseph Kekuku entwickelten Gitarrenspieltechnik mit auf den Bund gelegten Metallstäben, allgemein als Hawaiigitarre bekannt, nahezu nationalen Charakter annimmt. Ihr Sound wird in den 1930er Jahren und auch nach dem Zweiten Weltkrieg in Deutschland sehr populär. Eine in der amerikanischen Country Music verwendete ähnliche Gitarrenspieltechnik (*slack key* and *slide*) wird als Vorlage für die hawaiische Spielart vermutet.

Der Weg Bergers nach Hawaii ist ein Sonderfall. Weitaus größeren Anteil am ‚Musikexport' haben natürlich die Auswanderer, deren Zahl im 19. Jahrhundert ständig zunimmt, bis allein zwischen 1850 und 1860 etwa 1,1 Mio. Menschen gezählt werden, die Deutschland verlassen.[5] Im Deutschen Volksliedarchiv Freiburg werden (später) Lieder gesammelt, in denen die Emigranten ihre Gründe nennen und ihren Hoffnungen und Wünschen Ausdruck verleihen. Überraschenderweise hat auch der Verfasser des Deutschlandliedes, August Heinrich Hoffmann von Fallersleben (1798–1874) vorübergehend solche Gedanken:

> Raus, raus, raus und raus,
> Aus Deutschland muß ich raus:
> Ich schlag mir Deutschland aus dem Sinn
> Und wand´re jetzt nach Texas hin.
> Mein Glück will ich probieren, marschieren.

Unter den geflüchteten Landeskindern befinden sich auch zahlreiche deutsche Musiker, die in den USA ihren Lebensunterhalt bei Tanzveranstaltungen verdienen. Als versierte Vom-Blatt-Spieler haben sie neben den vorrangig gespielten europäischen Tänzen wie Walzer, Märschen und Polka auch schnell die gängigen amerikanischen Standards der jeweiligen Epochen im Programm: Two Step, Cake Walks oder Onestep. Mancher schafft es in die Nähe von amerikanischen Celebrities: Eine Postkarte aus dem Jahr 1932 zeigt den Pfälzer Kapellmeister Heinrich Jacob an der Seite des erst 17jährigen, schon durch Radiosendungen bekannten Frank Sinatra.

Interessanterweise kommen im Gegenzug zum Ende des 19. Jahrhunderts vermehrt afroamerikanische Musiker und Sänger nach Europa. Nach der Sklavenbefreiung (1865) bietet sich ihnen, wie z. B. auch Musikern in Brasilien, in Nordamerika eine Überlebenschance in Musik und Entertainment, zumal sie mit ihrer besonderen Musik neue Impulse setzen und Nischen besetzen können. In Nordamerika selbst scheint es dafür nicht ausreichend Jobs und Gelegenheit zu geben, dafür umso mehr Diskriminierung der schwarzen Musiker.

Rainer E. Lotz, dem wir gründliche Recherchen auf diesem Gebiet verdanken, weist darauf hin, dass sogar kleine Manufakturen im Schwarzwald authentische Walzen mit Cakewalk-Musik für mechanische Klaviere und Symphonions für den Export in die USA herstellten (s. Kap. 3).[6]

Der Traum von Kolonialreich

„Die Berliner Negerkolonie, welche ungefähr sechzig Köpfe zählt, gehört sicherlich zu den interessantesten Einwohnern Berlins." Das schreibt das Teltower Kreisblatt 1882 über an der Spree lebende Afroamerikaner und Afrikaner, die wie der „Mohr des Prinzen Karl" alle in dienender Stellung waren oder noch sind.[7] Es verschlägt aber Musiker aus Deutschland infolge kaiserlicher Propaganda später auch in die neuen deutschen Kolonien, die nach dem Höhepunkt der Industriellen Revolution ab 1884 von deutschen Kaufleuten und rassistischen Abenteurern erworben werden. Die Grundlagen dafür schafft Otto von Bismarck im Winter 1884/1885 zusammen mit europäischen Regierungsvertretern auf der Berliner „Kongo-Konferenz", bei der Afrika mit dem Lineal ohne Rücksicht auf ethnische Lebensräume und Königreiche unter den Weltmächten neu aufgeteilt wird. Ohne Mitwirkung der Afrikaner. Vorher hatte man sich schon Territorien auf anderen Kontinenten gesichert. Russland benötigte dafür nicht einmal eine Schiffsflotte und hatte sich seit dem 16. Jahrhundert nach und nach das nördliche Asien bis nach Sibirien einverleibt. Vierzehn Jahre nach seiner berühmten Begrüßung am Tanganjika-See „Doctor Livingston, I presume", fädelt der nicht eben als Menschenfreund beschriebene Afrika-Kenner Henry Morton Stanley in den Tagen der Berliner Afrika-Konferenz den Zuschlag des Kongo an den belgischen König Leopold II. und dessen grausame Kolonialherrschaft ein. Man vermutet, dass in Berlin noch weitere Abkommen unter der Hand geschlossen wurden, die nie an die Öffentlichkeit kamen.

1885 erheitert der konservative Bremer Baumeister Hartwig die Mitglieder des Reichstags mit einer neuen Sicht der Bedeutung des „Negers" für die deutsche Wirtschaft mit den Worten: „Meine Herren, auch gibt es, […] noch Musikinstrumente, eine Sache, die in Sachsen in großer Anzahl gemacht wird. Die liebt der Neger unendlich, aber er muß, soll er Kauflust bekommen, davon etwas zu sehen bekommen; und wenn nun niemand hinkommt in seine Heimat, dann wird eben unsere Mundharmonika, die wir so gern absetzen möchten, ungekauft bleiben, wenigsten von den Leuten."[8] Tags darauf betont Reichskanzler Otto von Bismarck, man solle die Stämme und Völker, welche unsere Abnehmer werden sollen, einigermaßen kennenlernen.[9]

Die Kolonien in Afrika, Neuguinea, China und Samoa werden „Deutsche Schutzgebiete" genannt. Aus ihnen will man mit Hilfe von kolonialen Handelsgesellschaften Rohstoffe wie Tropenhölzer, Kautschuk, Edelsteine und die sogenannten „Kolonialwaren" wie Früchte, Kaffee, Gewürze importieren, und im Gegenzug Überschüsse der industriellen Produktion (Maschinen, Draht, Düngemittel) exportieren.

> "Abends fein spazieren gehen/ macht enormen Spaß,/ wo die Urwaldbüsche stehn,/ Dschungel nennt man das./ Es wachsen dort an langem Stiel/ Binsen wunderschön,/ in die Binsen wird sehr viel deutsche Pinke gehen./ Malongo vom Kongo und seine kleine Frau,/ der weiß es ganz genau./ Im Dschungel da tanzen die Affen wunderfein/ und was sie tanzen dürfte wohl der Dschungelwalzer sein."[10] (Malango vom Kongo, 1912)

Die Rechnung geht nicht auf. Allein wirtschaftlich rechnen sich die Kolonien nicht und der Traum von einer kolonialen Großmacht ist schnell zu Ende, als das Deutsche Reich mit dem Versailler Vertrag 1917 alle kolonialen Besitztümer verliert. Damit endet eine viele Jahre später immer wieder in kolonialen Phantasien idealisierte Epoche von Ausbeutung und Unterdrückung. In den Geschichtsbüchern stehen später auch Fakten über Genozide. Jahrzehnte danach erinnern sich Afrikaner an die Deutschen als brutal aber fortschrittlich, indem sie – je nach Schutzgebiet in unterschiedlichen Ausmaßen – für Landverteilung, Schulen, Krankenhäuser sorgten. Als Amtssprache im Kontakt mit den Einheimischen übernahmen sie das Swahili (Kisuaheli) der Bantu-Völker. Seitdem sagt man dort für Schule „Shule" und für Musik „Muziki".

> Wir haben gar schneidige Missionär,
> Juchhei!
> Den Branntwein, den Krupp und das Mausergewehr
> Die drei

So tragen wir Kultur nach Afrika
Geladen! Gebt Feuer! Halleluja!
Piff paff, piff paff, hurra!
O glückliches Afrika!

(Aus: Was treiben wir Deutschen in Afrika, anonym, Melodie wie „Es klappert die Mühle am…")[11]

In der Fremde werden die Ängste der Deutschen vor fremden Kulturen eher größer, obwohl seit 1870 daheim in Kolonial- und Völkerschauen mit herbeigebrachten Afrikanern friedvolle, exotische Idylle zur Schau gestellt werden. Als Anfang 1982 der deutsche Volksschlagersänger Heino zum ersten Mal zu einem Konzert ins ehemalige Deutsch-Südwestafrika nach Windhuk eingeladen wird, ist solche Idylle aber immer noch nicht in Sicht. Dürrekatastrophe und Buschkrieg gegen die linke Swapo forderten Opfer bei Tier und Mensch. Und Heino stimmt neben dem „Schlesier-lied" mit dem „Südwesterlied" auch die alte Hymne der Deutsch-Namibier an. Im Gegensatz zu vielen Schlesiern leben die Südwester unbehelligt seit Generationen als weiße Minderheit (rd. 1,5 %) in der ehemaligem Kolonie, in der deutsche Schutztruppen 1904 einen grausamen Völkermord am Volk der Herrero begingen.

Wo immer schon seit Kolumbus' Zeiten Menschen aus verschiedenen Erdteilen erstmals aufeinandertreffen, ist zuerst die Neugier auf beiden Seiten fast immer stärker als Feindseligkeit, die sich danach aus Angst heraus entwickeln kann. In vielen Berichten erster Zusammentreffen wird zudem eine fast naiv zu nennende Gastfreundschaft erwähnt, mit der indigene Völker in der Phase der Kulturberührung (Bitterli[12]) den Menschen begegnen, die sie wie in Lateinamerika anschließend unterwerfen, ver-sklaven, letztlich nahezu ausrotten und damit einen Kulturkontakt mit Folgen unmöglich machen. Die „Eroberung" Afrikas hingegen baut vielmals auf bereits vorhandene Kontakte auf, weitgehend auf Handelsbeziehungen, zu denen auch der Sklavenhandel gehört, dessen Geschäft afrikanische Herrscher ebenfalls mit Erfolg betreiben.

Als die Deutschen daher ihre Kolonien voller Ängste – weniger vor den Afrikanern als vor unbekannten Krankheiten und wilden Tieren – betreten, sind sie so sehr mit sich selbst beschäftigt, dass ein wirkliches Interesse an afrikanischer Kultur nicht entstehen kann. An afrikanischer Musik schon gar nicht, denn die Trommeln und Tänze interpretieren die Kolonialisten oft angstvoll als Teil der Riten im Widerstand der Einheimischen. Vierhundert Jahre zuvor war es Spaniern und Portugiesen auf dem westlichen Nachbar-kontinent ähnlich ergangen.

„Rattatabum! In den Dörfern der Eingeborenen standen die Trommler des Häuptlings vor ihrer aus hartem Holz geschnitzten, langen Trommel, schlugen mit kurzen, derben Stöcken im stetig wechselnden Rhythmus auf die Randleisten und gaben so in ihrer Sprache die Nachricht weiter: ‚Die Deutschen führen Krieg mit ihren weißen Brüdern!‘ – Seit dem Tage, an dem die Deutschen das Land Kamerun in ihre Pflege genommen hatten, riefen die Trommeln der Eingeborenen nicht so laut durch das Land. Krieg! Von Njassi trugen reitende und laufende Boten die Nachricht durch Grasland und Urwald nach allen Niederlassungen der Weißen. Krieg mit England, Frankreich und Belgien, — Kamerun von allen Grenzen her bedroht!" (E.R. Petersen, 1917)[13]

Deutsche und Afrikaner bleiben aus Angst auf Distanz. Die Deutschen bleiben auch nicht lange genug für einen Habanera-Effekt. Akkulturation oder Verflechtung kultureller Elemente miteinander benötigen viel Zeit. So beeindrucken die Deutschen in Ostafrika in kurzer Zeit aber mit Marschmusik von Preußens Gloria, die die Askari-Kapellen mit Instrumenten aus Deutschland schnell nachspielen (s. Bd. 3, Kap. 1). In Phantasie-Uniformen gekleidete Samoaner oder Kameruner unterhalten die Deutschen fern der Heimat mit Radetzkymarsch und Kirchenchorälen. Auch bei deutschen Volksliedern, die Kinderchöre vor ihren neu eingerichteten Schulen vortragen, schmelzen die Zuhörer dahin, und in der Heimat macht 1926 die Schnulze vom Negersklaven[14] die Runde.

> Spielend einst am Meeresstrande
> raubten falsche Menschen mich.
> Schleppten mich in fremde Lande,
> schlugen mich in Sklavenbande.
> "Habt Erbarmen!" flehte ich.
> Ach, ich weinte bitterlich.
>
> Hoffnungslos muss ich verzagen,
> teure Eltern, euch zu seh'n.
> Meine Leiden, meine Klagen
> wollt' ich still und mutig tragen,
> selbst zum Tode wollt' ich geh'n,
> könnt' ich euch noch einmal seh'n!

Gelegentlich schreibt jemand auf, wie er die Musik der Schwarzen in den Kolonien erlebt: „Die Afrikaner am Kamerun haben eine ganz merkwürdige, ausgebildete Trommelsprache, die ihnen völlig die Dienste des Telegraphen ersetzt, da mit ihrer Hilfe jede Nachricht von Ort zu Ort befördert wird;

ja diese Trommelsprache kann mit dem Munde nachgeahmt, sozusagen gesprochen werden, hat aber mit der dort üblichen Duallasprache nichts gemein."[15]

Wie die Afrikaner ihrerseits die Musik der Deutschen erleben und was sie sich trotz vielfacher Nachahmung – selbst der Rangordnung der soldatischen Musiker – dabei denken, bleibt unklar. Originaltöne ihrer Musik bringen deutsche Forscher, die auch im Dienst des Berliner Phonogramm-Archivs in Afrika unterwegs sind, auf Tonwalzen eingefangen nach Berlin mit oder sie nehmen Musiker von Völkerschautruppen anlässlich ihrer Gastspiele auf (s. Kap. 3). Phonogramm-Archiv-Begründer Carl Stumpf appelliert 1908 an die Politiker, die Arbeit seines Instituts zu fördern, denn es sei auch Pflicht einer Kolonialmacht, neben einer materiellen „die wissenschaftliche Ausbeutung, d. h. die Erforschung der Natur und der einheimischen Kultur der neuen Länder, damit zu verbinden". Und dann kommt auch nationale Überheblichkeit in seine Argumentation: „Die deutsche Musik ist in alle Welt gedrungen. Sie ist unser besonderer Stolz, sie ist aber auch ein Band der Völker untereinander. Die exakte Musikforschung der neueren Zeit ist gleichfalls deutschen Ursprunges. […] es wäre schimpflich wenn wir eine Aufgabe, die durch den Entwicklungsgang der Kunst wie der Wissenschaft uns vor allen anderen Völkern zugewiesen ist, fallen lassen müßten. Wenn irgendwo in der Welt, so muß in Deutschland eine Zentrale solcher Untersuchungen existieren."[16]

Der Pianist und Ethnograph Albert Friedenthal erzählt von einem Tag im Oktober 1898, an dem er auf seiner Veranda an der Ostküste Afrikas in Lourenço Marques (heute Maputo) sitzt und er die Eingeborenen unaufhörlich nach den Grashüpfern schlagen hört, die wie eine Pest über das Dorf hergefallen waren. Da nimmt Friedenthal ein Blech und Löffel des nächstbesten und schreit: „Wenn du schon Krach machen musst, dann wenigstens so!" Und er trommelt mit Blech und Löffel das rhythmische Motiv aus Wagners Nibelungen. Er wiederholt die Phrase ein paar Mal. „Schon machten es die Neger in meinem Garten nach, dann übernahmen es die amüsierten Nachbarn, und bald konnte man den Nibelungen-Rhythmus nach einer Stunde in der ganzen Delagoa Bay hören."[17] Friedenthal erkennt zwar in seinen Schriften die Bedeutung afrikanischer Musik und ihren Einfluss auf die westindische Musik der Kreolen, reduziert aber gelegentlich deren Wert auf die rhythmische Seite, während der europäische Einfluss die eher arme Melodik afrikanischer Musik so sehr bereichert habe, dass die europäisierte „Neger"-Musik das eigentlich bessere Ergebnis sei. Das geht auch aus einem Lied hervor, das damals zur Melodie des Burschenschaftsliedes „Im Schwarzen Walfisch" erklang:

Mit ABC und Fibel zog das deutsche Lied auch ein
Und statt der TamTamTam Musik, erschallt die Wacht am Rhein.
Das ist der der Pädagogik Sieg im fernen Afrika,
Jetzt steht der stumpfe Negerbub den ‚Denkern‘ geistig nah.[18]

Das tansanische Küstenstädtchen Bagamoyo war früher ein Umschlaghafen des Sklavenhandels. Der jetzt dort lebendende Fremdenführer und Bildhauer Abdalah Ulimwengu erzählt: „Mit dem Christentum wurde uns das europäische Leben, die europäische Musik und alles andere überstülpt. 1886 wurde die erste Kirche gebaut. 1888 kamen die Deutschen.“[19] Und eine Lehrerin ergänzt: „Sie haben vergessen, dass wir eine eigene, reiche Kultur und unseren Glauben hatten. ‚Zivilisation‘ bedeutete für sie, dass wir unsere afrikanische Kultur vergessen und die europäische annehmen sollten. Es war leichter, uns zu kolonisieren, wenn sie uns zuerst kulturell und mental änderten.“[20]

Besucher aus den Kolonien

Zugereiste aus den deutschen Kolonien sind im Mutterland nicht gern gesehen, sie werden auch nach dem Krieg und dem Verlust der Kolonien argwöhnisch beobachtet. Dabei sind nur noch wenige einer einstmals vielleicht einhundert Menschen zählende Gruppe von Afrikanern im Land. Man würde sie gern loswerden und die Nazis erlassen dafür später die Gesetze (s. Kap. 16).

Die Mehrzahl der Deutschen steht den Bewohnern ihrer Kolonien in einer gefährlichen Bandbreite zwischen Naivität und Rassismus gegenüber, aber selten auf Augenhöhe. Was aus den Kolonien per Illustrierten-Bericht oder Propaganda-Film (wie später „Carl Peters“) zu ihnen gelangt, baut in der Regel auf bekannten Vorurteilen auf und verstärkt sie sogar. Etwas, womit aber die wenigsten rechnen, begegnet ihnen zur Jahrhundertwende auf ihren Straßen, später auch auf den Bühnen von Varietés und Leinwänden der Kinos: die neuen „Mitbürger“ aus den Kolonien mit dunklerer Hautfarbe, überwiegend von afrikanischen Vätern und deutschen Müttern: Afro-Deutsche. Die Kommentare der Presse und Gesellschaft strafen „weiße Frauen und Mädchen“, die „solchen Negern aus Kamerun und anderen Kolonien nachliefen“ wegen „mangelndem Rassebewusstsein“ und „Würdelosigkeit“ ab.[21] Über zehntausend Soldaten aus ostafrikanischen und asiatischen französischen Kolonien sind von 1919 bis zum Abzug der letzten Soldaten 1930 unter den Besetzern des linken Rheinufers. Für in dieser

Zeit geborene (rd. 400[22]) Mischlingskinder (als Folge der sogenannten „schwarzen Schmach" diskriminiert) entwickeln Rassisten Pläne der Zwangssterilisierung; angestachelt durch Hitler, der in *Mein Kampf* 1928 hetzt: „Juden waren und sind es, die den Neger an den Rhein bringen […], um durch die dadurch zwangsläufig eintretende Bastardierung die ihnen verhasste weisse Rasse zu zerstören, von ihrer kulturellen und politischen Höhe zu stürzen und selber zu ihren Herren aufzusteigen."[23]

> Ihr weißen Schwestern in den weißen Städten
> Das Heilige der Frau dem Neger feil?
> Entbrennt nicht Scham bei solchen schwarzen Taten?
> Und an der Schmach, tragt ihr nicht euer Teil?[24]

Verglichen mit Paris oder London, wo es bald ganze Stadtviertel mit Zuwanderern aus den ehemaligen Kolonien wie Guinea und Trinidad gibt, entwickelt sich in der Reichshauptstadt keine nennenswerte koloniale Migrationsszene. Das ist auch der Grund, warum Musik aus den Kolonien hier nicht Fuß fassen kann und mangels Verbindungen mit der Musik anderer Randgruppen der Städte keine Neuentwicklungen begünstigt werden konnten, wie es z. B. in der vorwiegend von Migranten getragenen Multikulti-Szene um das Jahr 2000 in den Berliner Vierteln Kreuzberg und Neukölln geschehen wird.

So ist es um 1914 für die Bewohner des Berliner Bezirks Prenzlauer Berg ungewohnt, der Familie Michael auf der Straße zu begegnen. Deren Familienoberhaupt war 1894 aus Kamerun mit der Vorstellung nach Deutschland gekommen, er könne hier studieren. Immerhin war sein Vater einer der afrikanischen Würdenträger gewesen, der 1884 den sogenannten Schutzvertrag mit Gustav Nachtigal für den Anschluss an das Reich unterschrieben hatte. Aus dem Studium wurde nichts und es blieb nur der Weg, der für „Mohren" in Deutschland offenbar vorbestimmt war: Völkerschau, Musiker, Varieté oder Zirkus. Jener Theophilus Michael heiratet 1914 eine Näherin aus Ostpreußen, mit der er an den Prenzlauer Berg zieht und vier Kinder hat. Seine Frau stirbt früh 1926 und nach seinem Tod 1934 kommen die Kinder in Pflege zu einer befreundeten Artistenfamilie, die im Völkerschaugeschäft tätig ist. Die Michael-Kinder werden dort eingesetzt, bis die Nationalsozialisten 1940 diese Veranstaltungen verbieten. Theodor Wonja Michael (1925–2019) ist das jüngste Kind. Er überlebt wie seine Geschwister Rassenhetze und Verfolgung in ständiger Angst vor Zwangssterilisation oder Ausweisung, findet Arbeit in den Babelsberger Filmstudios, wann immer ein schwarzer Darsteller gesucht wird. Filme, die in deutscher Kolonialgeschichte spielen und auf eine neue Kolonialzeit nach einem „Endsieg" vorbereiten sollen, haben großen Bedarf an dunkelhäutigen Darstellern.

Nach dem Krieg bleibt er bei der Schauspielerei, erhält 1999 von der „Initiative Schwarze Deutsche" den „Black History Award". Am Kölner Hauptbahnhof wird er einmal nach seiner Herkunft gefragt, erzählt Theodor Wonja Michael[25]. „Ich bin Deutscher", habe er geantwortet. Als der Frager ungläubig nochmal nachhakt und meint, er sähe doch gar nicht aus wie ein Deutscher, habe er gekontert: „Entschuldigen Sie, kennen Sie das Grundgesetz? Steht dort drin, wie ein Deutscher auszusehen hat?"

Ein Jahr jünger als Michael ist der 1926 als Sohn eines liberianischen Geschäftsmanns und einer Hanseatin geborene Hans-Jürgen Massaquoi. Er wächst zunächst im vornehmen Rotherbaum-Viertel auf und erinnert sich, dass er dort bei Feiern, zu denen auch Geschäftsfreunde geladen waren, auf Wunsch seines Großvaters (eines liberianischen Generalkonsuls) im Matrosenanzug deutsche Kinderlieder singen musste. In der Schule gibt es einmal eine Schüleraufführung und darin eine ‚heitere Gesangs- und Tanznummer', die damit beginnt, dass sich ein Chor von Schülern „rhythmisch und mit einem unverständlichen Gesang auf die Zuhörer zubewegt. Plötzlich teilte sich der Chor in der Mitte und ein Junge, der nur einen Bastrock über einer Badehose trägt und von Kopf bis Fuß schwarz angemalt war, sprang hervor."[26] Und der vollführte zum Takt von Buschtrommeln nun einen wild gemeinten Tanz mit Sprüngen und Drehungen, während der Chor weiter irgendwelches Gemurmel von sich gab – wie man es wohl zuvor bei Hagenbeck gesehen hatte (Abb. 1). Sobald der ‚Negertanz' begonnen hatte, hatten sich alle Augen des Saales auch auf den kleinen Massaquoi gerichtet. „Impulsiv wollte meine Mutter sofort mit mir aufstehen und gehen, überlegte es sich dann aber anders, weil ihr klar wurde, dass wir dann noch mehr Aufmerksamkeit erregen würden." Nach der Rückkehr seines Vaters und Großvaters nach Liberia, 1929 aus politischen Gründen, zieht Massaquoi mit seiner Mutter ins Arbeiterviertel Barmbek, wo die Kinder auf den Straßen, kaum, dass sie den kleinen Massaquoi entdecken, hinter ihm herlaufen und schreien *Neger! Neger! Schornsteinfeger!* Seine Mutter Bertha Baetz will dem Vater nicht nach Liberia nachfolgen, weil der Kleine kränkelt. Sie verliert ihre Arbeit, Hans-Jürgen wächst in Barmbek auf und prügelt sich wie alle Jungs mit den Kindern der Gangs anderer Straßen. „Unter einem Schneegebiß, rollenden Augen und tief dunklen Kraushaar war ein Knüppel drohend gegen ihn erhoben…", erinnert sich sein Kumpel Ralph Giordano in seinem autobiographischen Roman „Die Bertinis".[27]

Der civilisirte Kannibale.

Schaubuden-Besitzer: „... Dieser Menschenfresser, meine Herrschaften, würde Sie sofort verspeisen, wenn

Abb. 1 „Schaubuden-Besitzer: Dieser Menschenfresser meine Herrschaften, würde Sie sofort verspeisen, wenn es nicht nach dem bürgerlichen Gesetzbuch verboten wäre." Karikatur in: Fliegende Blätter, 1903

Hans-J. Massaquoi will als Pimpf vergeblich in die HJ eintreten und merkt bald, dass er nicht ‚dazugehört' und Antisemitismus und Rassismus als Ursachen begreift. Massaquoi wird zeitweise Musiker, ein „Swingheini" namens Mickey – mit Faible für den Jazz, den die Nazis weitgehend verbieten.

Was kann denn dieser Mohr dafür, daß er so weiss nicht ist, wie ihr...

Das Bild, das sich die Deutschen im Kaiserreich und in der Weimarer Republik von Leben und Kultur fremder Völker machen, wird für sie inszeniert. Ein paar Lieder, meist bekannte Melodien mit neuen Texten, transportieren Phantasien von Abenteuer, Kameradschaft und nationalem Auftrag.

Wie oft sind wir geschritten
Auf schmalem Negerpfad,
Wohl durch der Wüste Mitten
Wenn früh der Morgen naht,
Wie lauschen wir dem Klange
Dem alten trauten Sange
Der Träger und Askari
(Heia, Heia, Safari)… [28]

Oder noch deutlicher:

Was treiben die Deutschen in Afrika?
Hört, Hört
Die Sklaverei wird von uns allda zerstört.
Und wenn so ein Kaffer von uns nichts will,
den machen wir flugs auf ewig still.
Piff paff, piff paff, hurra
O glückliches Afrika!
[…]
Den Branntwein, den Krupp und das Mausergewehr
Die drei.
So tragen Kultur wir nach Afrika
Geladen! Gebt Feuer! Hallelujah…[29]

Die Firma Liebig verfeinert den Geschmack der deutschen Küche durch ihren Fleischextrakt und erweitert den Bildungshorizont ihrer Kunden durch die beliebten Liebig-Bildserien, die in kleinen Packungen dem Extrakt beiliegen: darunter auch Szenen aus Afrika, den Kolonien, Kostüme Lateinamerikas, Musikinstrumente, Tänze und Bräuche aus aller Welt. Von 1873 bis 1975 werden über 7000 Serien dieser Liebig-Bilder aufgelegt.[30]

Die Sammler solcher Bilder sehen sich als zivilisierte Menschen, die den Status des Naturmenschen, bzw. des Wilden, weit hinter sich gelassen haben. Dabei verbindet sich ihre Vorstellung eines Naturmenschen, eines *guten Wilden,* eher mit Darstellungen von Adam und Eva im Paradies als Ursprung der Kulturvölker, als die des *bösen Wilden* mit einer rohen, ungezähmten, kannibalistischen, tiergleichen Existenz. Dem entsprechend verpasst man letzteren in bildlichen Darstellungen oft ein hässliches Äußeres – die anderen steckt man in ‚ordentliche Kleidung‘ als Dekoration für Reiseerinnerungen oder als „Bestandteil der Natur im Besitz der weißen Herrschaft"[31]. In Völkerkunde-Museen kann man sogar Mumien und ausgestopfte (präparierte) Körper aus Afrika anschauen. Am liebsten sieht der Europäer seinen Wilden nackt.

Postkarten-Bilder aus den Kolonien vermitteln dieselbe eindimensional-starre und stereotype Zurschaustellung wie die Völkerschauen und die Kolonialausstellungen mit ihren ‚lebendigen‘ Tableaus exotischer Darsteller. Zwischen 1874 und 1938 lassen sich rund 400 verschiedene Völkergruppen nachweisen[32], darunter ‚mindestens 25 afrikanische Völkerschauen‘[33] Schon vorher kamen gelegentlich Jongleure und Artisten aus asiatischen Ländern, aber begonnen hatte es schon in früheren Jahrhunderten mit Jahr-markts- und Zirkusattraktionen, in denen einem staunenden Publikum auch Indianer, Afrikaner und Asiaten präsentiert wurden. Noch älter sind Quellen über die Zurschaustellung exotischer Menschen im Barock-Zeit-alter, auf die Stefan Goldmann hinweist. Bevor Portugal seine Besitztümer in Brasilien von Siedlern sichern ließ, hatten die Franzosen für kurze Zeit dort Holzhandel mit den Tupinambá-Völkern betrieben. 1550 bereiteten die Einwohner des Holzhandelsplatzes Rouen ihrem König und seiner Gemahlin Katharina von Medici einen ungewöhnlichen Empfang, indem sie in der Stadt ein Tupinambá-Dorf aufbauten, in dem 50 aus Brasilien herbeigeschaffte Tupinambá und 250 als „Wilde“ agierende Matrosen ein ähnliches Programm wie später bei den Völkerschauen boten: Kämpfe, Jagdszenen und Tänze. Alle waren rot bemalt wie das wertvolle ‚pau brasil‘ (Brasilholz)[34].

Missgebildete Menschen sind in ‚Sideshows‘ ein beliebtes Beiprogramm auf dem Zirkusplatz. Wie dressierte Affen vollführen sie Kunststücke und fletschen auf Stichwort der Schaubuden-Präsentatoren grimmig die Zähne. In Ketten gelegte „hochgefährliche Menschenfresser“ lassen die Menschen erschauern, auch wenn es sich dabei nur um schwarz bemalte Mitglieder des Schaubudenteams handelt. Als die Zweifel an den immer zahlreicher auf-tretenden „Wilden“ größer werden, werden ‚Expertisen‘ zum Nachweis der Echtheit plakatiert. Gleichzeitig wächst mit dem Erwerb der Kolonien die Neugier der Deutschen auf das Exotische (Abb. 2).

Wer kann die besser befriedigen als ein Importeur und Händler exotischer Tiere, der aus einer Schaustellerfamilie vom Hamburger Spiel-budenplatz stammt? 1873 trifft Carl Hagenbeck auf St. Pauli den Chef des amerikanischen Circus Barnum & Bailey. Dieser Phineas Taylor Barnum hat eine „amerikanische Verschmelzung von Zirkus, Tierarena und Raritäten-kabinett“[35] entwickelt, die Hagenbeck fasziniert. Ein Jahr später will Hagenbeck eine Rentierherde importieren und erhält den Vorschlag des Lieferanten, doch gleich eine ganze Lappländerfamilie mitsamt ihren Zelten, Waffen und alltäglichen Utensilien mitzuschicken. Hagenbeck bringt die Lappländer 1874 und erinnert sich: „Dieser erste Versuch einer anthropo-logisch-zoologischen Ausstellung hatte mich vieles gelehrt. Der Anfang

Abb. 2 Völkerschau in Carl Hagenbecks Tierpark: Isa-Krieger aus Äthiopien

war gemacht und ich hatte die feste Überzeugung, dass derartige Völkerschauen mit ihrem großen belehrenden Wert Anklang beim Publikum
finden würden."[36] Bei der Wandermenagerie Karl Krones, die schon vorher eine „Negertruppe" im Programm hatte, gab es diesen Anspruch nicht.
Als nächstes bringt Hagenbeck die Nubier, die schon am ersten Tag 30.000
Besucher sehen wollen. Ein gutes Geschäft bahnt sich an, das der verlust-
reiche Tierhandel gut gebrauchen kann. Auch die Ethnologen profitieren.
In die Regale des Berliner Phonogramm-Archivs kommen nach der Jahrhundertwende Tonwalzen mit Aufnahmen mancher Mitwirkender, die nicht
immer, vermutet Rainer E. Lotz anhand von Aufzeichnungen, freiwillig und
mit Freude bei der Sache sind.[37] Mit Sicherheit sind sie es nicht, wenn man
sie an Anthropologen ausleiht, die an ihren nackten Körpern allerlei Vermessungen vornehmen. Vor ihnen haben Anatomie-Professoren ausgestopfte
Körper oder Teile davon, wie im Fall der „Hottentot Venus" Sarah „Saartje"
Baartman, noch zu Beginn des 19. Jahrhunderts ausgestellt.

Hagenbeck ist nicht der Vorreiter solcher Unternehmungen in
Europa und auch nicht der einzige. London erwarb sich mit seinen
Zuschaustellungen „exotischer" Menschen seit 1817 eine Führungsrolle
in diesem Geschäft.[38] Auch in Frankreich florieren die Völkerschauen
z. B. im Vergnügungspark Jardin d'Acclimatation, die sich mit ähnlichen
Präsentationen bei Pariser Weltausstellungen und Kolonialausstellungen
ergänzen.

Selbst unter linken Intellektuellen und Avantgardisten bestimmt offener Rassismus noch 1928 Vorstellungen, wie man am besten einem Afrikaner als „Phänomen" begegnen solle. Der Psychoanalytiker, Schriftsteller und Dada-Mitbegründer Richard Hülsenbeck stellt nach einer Reise nach Afrika fest: „Ich glaube, man könnte einen Neger am besten in Europa beobachten, wenn man ihn aus der Atmosphäre des Bestarrtwerdens, des Sensationellen, der flimmernden Sonne, die Gegensätze auslöscht und Schatten auflöst, herausgehoben hätte. Ein Neger muß im einzelnen als Phänomen wirken, um uns sonderbar zu erscheinen, in einer Gesellschaft von Niggern bleibt er ein Nigger, sonst nichts."[39]

Anders Rainer-Maria Rilke, er hat eine Ashanti-Truppe um 1902 im Pariser Jardin d'Acclimatation besucht. Ihm „war so bange, hinzusehen":

Keine Vision von fremden Ländern,
kein Gefühl von braunen Frauen, die
tanzen aus den fallenden Gewändern.

Keine wilde fremde Melodie.
Keine Lieder, die vom Blute stammten,
und kein Blut, das aus den Tiefen schrie.

Keine braunen Mädchen, die sich samten
breiteten in Tropenmüdigkeit;
keine Augen, die wie Waffen flammten,
und die Munde zum Gelächter breit.

Und ein wunderliches Sich-verstehen
mit der hellen Menschen Eitelkeit.
Und mir war so bange hinzusehen.

O wie sind die Tiere so viel treuer,
die in Gittern auf und niedergehn,
ohne Eintracht mit dem Treiben neuer
fremder Dinge, die sie nicht verstehn;
und sie brennen wie ein stilles Feuer
leise aus und sinken in sich ein,
teilnahmslos dem neuen Abenteuer
und mit ihrem großen Blut allein.

(Rilke, „Die Aschanti", 1902/03)

Nach den Nubiern kommen bei Hagenbeck andere ‚Anthropologische Prachtgruppen' wie Eskimos, Feuerland-Indianer, Sioux, Kalmüken, Singhalesen, Somalier. Mit „Indien", den „Kriegern des Mahdi" (1898, auch *Sudanesen Karawane* bzw. *Truppe* genannt), den „Söhnen der Wüste", „Natal-Kaffern", (1886) und vielen anderen Shows geht es weiter. Sogar die „beiden letzten Azteken" (Bertola und Maximo, 1901) werden vorgestellt. Sechzig Jahre lang ziehen Hagenbecks Völkerschauen durch die Lande. Fast immer spielen Musik und Tanz eine Rolle in den Darbietungen, in denen in einer immer detailreicher werdenden Dramaturgie viel gekämpft und geritten wird, wie später in den Karl-May-Inszenierungen Bad Segebergs. Die Singhalesen aus Ceylon werden auf Plakaten als ‚Teufelstänzer, Udakytänzer, Stabtänzer und Topftänzer' beworben. Es fehlt aber auch nicht der Hinweis auf die Freakshow mit Verama, einer 25 Jahre alten, nur 90 cm großen Zwergin.

Im Jahre 1880 kommt der Inuit Abraham Ulrikab mitsamt seiner Familie aus Hebron im Norden Labradors nach Hamburg, angelockt vom Geld, mit dem man die Schulden von Abrahams Vater in der Heimat zurückzahlen will. In seinem Tagebuch schreibt der damals 35-jährige: „Herr Hagenbeck hat viel Gutes für uns getan, er gab uns Betten und für mich eine Violine und Musik." An Weihnachten hatte Hagenbeck neben anderen Geschenken eine Geige für Abraham und eine Gitarre für dessen Frau besorgen lassen. Doch bald darauf klingen die Tagebucheintragungen verzweifelter. In Berlin werfen die Besucher den Eskimos Süßigkeiten und Früchte zu wie den Seehunden. Noch im Jahr ihrer Ankunft stirbt ein Familienmitglied, bis zum Januar des nächsten Jahres fünf weitere und auch Abraham, kurz nach ihm seine Frau, an Pocken. Der Arzt Rudolf Virchow nimmt an den Inuit zwar Vermessungen für seine Forschung vor, an eine Pockenschutzimpfung aber hatte niemand gedacht. Geige und Gitarre kommen in der christlichen Eskimo-Familie nur außerhalb der Auftritte zum Einsatz. Auf den Bühnen zeigen sie in ihrer typischen Fellkleidung traditionelle Eskimo Tätigkeiten wie die Robbenjagd und Kajakfahren.

> „Der Zoologische Garten unserer Stadt veranstaltete in jedem Jahre während der Sommermonate eine Menschenschau. Das bedeutete, eine Handelsagentur oder der Impresario für willenlose, halbverkaufte, halbbestochene Menschen vermittelte dem halbwissenschaftlichen Institut die Einwanderung einer Gruppe von Afrikanern, Indios, Südseeinsulanern oder Ceylonesen." (Hans Henny Jahnn)[40]

Der Schriftsteller und Orgelbauer Hans Henny Jahnn (1894–1959) ist der Sohn eines Hamburger Schiffsbauers und hat einen Kumpel, dessen Familie eine Aktie vom Tiergarten besitzt. So können die beiden Jungen dort immer kostenlos hinein. Im Sommer 1909 zeigt man eine Somalier-Schau. „Die erwachsenen Somalimänner mit den gescheitelten eitlen Frisuren und die drei oder vier abgehärmten Frauen waren mir gleichgültig. Ich verachtete sie vielleicht, weil sie (ihr Vertrag schrieb das vor) Tänze aufführten, die unecht waren; weil sie sich wie wilde Menschen benahmen, und doch in Wirklichkeit von der Langweile benagt waren. Ihre Gier richtete sich auf den Tand der weißen Menschen. Sie verkauften Postkarten und Zuckerholz." Jahnn versucht, mit einem etwa gleichaltrigen Jungen der Truppe zu sprechen. Das misslingt und „ich sah ihn hinter Gittern wie jenen Tiger, wie alle Tiere dieses verfluchten Ortes."[41]

Anders als viele Schaubuden-Unternehmer zuvor, ist Carl Hagenbeck vielleicht noch zu sehr von der ausklingenden Romantik geprägt, die Bilder edler Naturmenschen und „guter Wilder" gezeichnet hatte. Hagenbeck geht mit seinen Menschenattraktionen nicht weniger liebevoll und schutzbietend um als mit seinen Tieren – das behauptet er zumindest von sich selbst, der im Grunde die Menschen seiner Völkerschauen wie „missing links", als Bindeglieder der Evolution zwischen Mensch und Bestie, präsentiert. Wie die Inuit-Familie überleben sehr viele Mitwirkende ihre Europareise nicht. Viele sterben an Infektionskrankheiten, denen sie halbnackt in ungeheizten Räumen ausgeliefert sind. Hagenbeck verschweigt diese Fälle in seinen Erinnerungen, er ist ein vom Exotismus jener Zeit geprägter Geschäftsmann, der statt Tieren Menschen ausstellt, wobei exotische Tiere oft den Aufmarsch der Truppen vom Bahnhof zum Aufführungsort noch attraktiver machen. Carl Hagenbeck (gest.1913) und sein Nachfolger und Bruder John Hagenbeck verkaufen und bedienen Klischeevorstellungen von arbeitsfaulen Afrikanern und feiernden Südseebewohnern. Das machen viele andere Konkurrenten in diesem Business ebenfalls. Neben englischen, französischen und amerikanischen Impresarios – unter ihnen auch der ehemalige amerikanische Seiltänzer William Hunt als Guillermo „The Great Farini" – sind es die Hannoveraner Ludwig Ruhe und Carl und Heinrich Reiche oder die Zirkusfamilie Charles Burkett (Zirkus Barlay) mit ihrer Völkerschau. Um 1900 sind jährlich 2000 bis 3000 als Eingeborenendarsteller bezeichnete Menschen in europäischen Ländern unterwegs.[42]

Es gibt drei Grundtypen der Präsentation: Dorf und Familienszenen, zirkusartige Szenen und die schon aus früheren Zeiten bekannte „Freak Show".[43] Selten gibt es nur die eine Form, oft werden sie kombiniert. In der Somalischau von 1895 lässt Hagenbeck Beduinen-Sklavenhändler ein Araberdorf überfallen und in Ketten legen. Auf einmal erscheinen europäische Tierhändler (!) und verjagen die Beduinen, und es gibt ein großes Fest mit Musik und Tanz und „allen Riten eines echt sudanesischen Stammesfestes".[44]

Es kommt vor, dass man sich von Ethnologen oder Anthropologen als Gefälligkeit für deren Studien an den ‚exotischen' Menschen Gutachten über die Echtheit und Authentizität ausstellen lässt, schließlich sinkt für Veranstaltungen mit Bildungscharakter die Lustbarkeitssteuer. Trotzdem halten sich die Völkerschauen bei ihrer Werbung und den Präsentationen an gängige Klischees in den Köpfen der deutschen Besucher und deren Erwartungen, und bedienen sie, egal ob das je ein Wissenschaftler unter Eid bestätigen würde. Für Afrikaner, Asiaten, Araber, Indianer, Bewohner der Südsee und Naturmenschen gibt es immer gleiche Werbesprüche, Kostüme, Requisiten und Inszenierungen. Die Afrikaner als (gute) Wilde, die Indianer wie Karl May sie seit 1878 in „Winnetou" beschreibt, die Araber als reitende Kämpfer aus 1001 Nacht, die Südseeinsulaner als sanft seine Hüften wiegendes Naturvolk aus dem Paradies.[45]

Nicht alle Mitwirkende der Völkerschauen sind Laiendarsteller und nicht immer stimmt ihre Identität mit ihrer plakatierten Herkunft überein. Professionelle Artisten drängen in dieses Geschäft, das den Schaustellern zusätzliche Gewinne verspricht. Die Übergänge zu Darbietungen, wie sie die zum Ende des 19. Jahrhunderts zahlreich entstehenden Varietés mit ihrer Mischung aus Akrobatik, Exzentrik und Musikschau präsentieren, sind mitunter fließend. Im Dortmunder Olympia-Theater gastiert im März 1904 mit Mirza Golem eine „erste ägyptisch ikarische [d. h. artistische, d. A.] Pantomime". Zwei Jahre danach, und nach Indianer- und Ringkampfshows aus Martinique und Jiu Jitsu aus Japan, zeigt man im Dortmunder Walhalla „Die Verbrennung der indischen Witwe des Rahjah" eine „mimische Tanz-szene mit Gesang, Pantomime und Grotesktanz". Völkerschauen, Artistik und exotische Tanzdarbietungen wechseln sich im Unterhaltungsangebot um die Jahrhundertwende schon mit ‚Negerduetten' und ersten Cakewalk Shows ab.

Rein theoretisch könnten sich Hans-J. Massaquoi und Theodor Wonja Michael in einer afrikanischen Völkerschau begegnen. Der eine als Zuschauer und der andere als Mitwirkender. Der kleine Theodor begeistert dort das Publikum als Schlusslicht auf der Spitze einer Artisten-Pyramide. Hans-Jürgen wollte einmal bei Hagenbeck eigentlich die Indianer sehen, aber es gibt nur ein afrikanisches Dorf aus ein paar strohbedeckten Lehmhütten, das von einem brusthohen Zaun umgeben ist. „Der einzige Unterschied zwischen Menschengehegen und Tiergehegen war, dass es keinen Wassergraben gab", erinnert sich Massaquoi.

> „Alle ‚Dorfbewohner' waren barfuß und trugen zerrissene Lumpen. Zwei in schäbige Tücher gehüllte Frauen rammten im gleichmäßigen Rhythmus einen schweren Holzpflock in den einen Mörser. […] Es war schwer zu sagen, wer sich mehr für wen interessierte – die Afrikaner für die Europäer oder umgekehrt. Beide Seiten musterten einander in unverhohlener Neugier über den Zaun hinweg."[46]

Es kommt zu einem dramatischen Zwischenfall. Plötzlich hören die Frauen mit dem Maisstampfen auf und die Männer mit dem Rauchen. „Als hätten sie einen Verwandten gesichtet" zeigen sie auf einmal auf den kleinen Hans J. und strahlen. Der versucht verschämt, sich unsichtbar zu machen, aber auf einmal richtet ein Besucher seinen Zeigefinger auf ihn und ruft „Das ist ein Kind von denen!" Das klingt wie die Ausrufe „Sieh mal, ein Neger!", von denen der fast gleichaltrige Antillaner Frantz Fanon anlässlich einer Fahrt in einer französischen Eisenbahn berichtet. Man sieht einen dunkelhäutigen Menschen, aber nicht ihn, und dennoch beginnt man, „sich vor mir zu fürchten. Ich wollte mich amüsieren, bis zum Ersticken, doch das war mir unmöglich geworden."[47]

Weltausstellungen mit Exotik

Mit der industriellen Revolution sind Weltausstellungen als Demonstration der neuen wirtschaftlichen Stärke und damit verbundener neuer kultureller Werte entstanden. Nach dem Auftakt 1851 in London gibt es eine Fülle solcher später Expo genannten Events, für die oftmals bestimmte Themen wie z. B. ‚Kultur und Erziehung' (1873 in Wien) vorgegeben werden. Die Weltausstellungen finden vorwiegend in Industriestaaten statt, nur einmal, 1949/1950, lädt mit Haiti aus Anlass seiner 200-jährigen Unabhängigkeit ein Entwicklungsland nach Port-au-Prince ein. Dort ist die Besatzungsmacht USA offiziell bereits abgezogen und bereitet sich der Landarzt François ‚Papa Doc' Duvalier bereits auf seine spätere Diktatorenrolle vor.

Musikveranstaltungen sind fast immer ein wichtiger Programmpunkt der Weltausstellungen, deren ethnographische Qualität verliert sich aber zusehends.

1889 ist Paris zum vierten Mal Schauplatz der *Exposition Universelle*. Unter dem neuen Wahrzeichen der Ausstellung, dem Eiffelturm, kommt es zu nachhaltigen, aber einseitigen Kulturberührungen, darunter mit Musik- und Tanzgruppen aus Ägypten, Vietnam und Java. Rund sechzig Musiker und Tänzerinnen bringt Holland aus Niederländisch Ost-Indien für ein ‚kampong javanais' (javanesisches Dorf) nach Paris. In den *Esplanades des Invalides* und der rue du Caire, der Nachbildung einer nordafrikanischen Marktgasse, sieht und hört man Bauchtanz und Musiker aus Ägypten, Marokko (Aissaouas), Algerien und Tunesien (s. Bd. 2, Kap. 5). Wenn man unter ‚Weltmusik' traditionelle ethnische Musik im Moment der Aufführung außerhalb ihres originären Zusammenhang für ein ‚fremdes', aber interessiertes Publikum versteht, dann könnte das Jahr 1889 – fast einhundert Jahre vor der uns bekannten ‚Weltmusik'-Epoche – eine Bedeutung haben. Paul Gauguin, der während der Weltausstellung erstmals seine Werke zeigt, ist offenbar von den fernöstlichen Besuchern so fasziniert, dass er 1891 nach Tahiti reist.

Lateinamerika ist wie Afrika in diversen Pavillons bzw. ethnischen Dörfern präsent. Argentinien präsentiert u. a. Fleischprodukte, die Mexikaner den Nachbau einer aztekischen Pyramide und Brasilien zeigt eine Auswahl seiner Export-Produkte. Wo die Besucher auf Eingeborene oder „Wilde Indianer" hoffen, werden ihnen entweder solche aus alten Hochkulturen vorgeführt oder sie werden als eine „von den Kräften des Fortschritts entweder physisch und/oder moralisch besiegte Gruppe dargestellt"[48]. Die Lateinamerikaner wollen zeigen, wie fortschrittlich ihre Länder sind. Musik und Tanz der noch jungen urbanen populären Mestizenmusik wie Tango oder Maxixe gehören dann offenbar aber doch nicht dazu. Auch „die einheimische Urbevölkerung störte einerseits im angestrebten Image einer modernen Nation, deren Exotik diente aber zugleich dazu, eigene zivilisatorische Errungenschaften zu demonstrieren und Neugier zu wecken"[49] (Eckhardt Fuchs).

Claude Debussy ist begeistert von den Javanesen, deren Musik und ihrer Kunst, „jede Nuance des Ausdrucks, sogar solche, die man nicht benennen kann" umsetzen würden. Dagegen nähme sich das „arme alte *mi la re do*" wie eine alte und zweifelhafte Nobilität aus.[50] Und verglichen mit dem Charme ihrer Perkussion sei „unsere Perkussion wie primitive Geräusche bei einem ländlichen Jahrmarkt".[51] Recherchen der japanischen Forscherin

Kyo Yasuda zufolge könnten die javanischen Darbietungen nicht ganz authentisch gewesen sein, da Tänzerinnen und Gamelan-Gruppe nicht wie üblich von ein und demselben kaiserlichen Hof stammen würden: „Wir vermuten, dass die vier Mädchen keine Hof-Tänzerinnen waren und dass ihr Tanz bei der Expo eine Mischform oder modifizierte Form war. Auch die Musik war wahrscheinlich weit entfernt von einem authentischen Stil."[52]

Gleichzeitig feiern bei der Ausstellung in Paris neue Technologien ihre Premiere: Edisons Grammophon und Telephone, die erstmals eine Oper übertragen.

Diese Ausstellung ist der Beginn einer neuen Zeit, aber in rassistischen und einfältigen Präsentationen fremder Kulturen den Völkerschauen im benachbarten Kaiserreich doch sehr nahe. Wissenschaftlich fundiert ist auch sie nicht. Nur einmal wird bei einer Weltausstellung jener Zeit die Präsentation von Ethnien von Wissenschaftlern der Anthropologie und der Ethnologie begleitet: Bei der Weltausstellung in Chicago im Jahr 1893 betreut ein eigenständiges wissenschaftliches Department[53] neben Dörfern aus der Südsee oder Lappland auch ein deutsches Dorf mit landestypischen Gebäude-Nachbauten. Immerhin wird im gastronomischen Umfeld der Pariser Ausstellung der Bauchtanz populär (s. Bd. 2, Kap. 5).

In der Weltausstellung in St. Louis (USA, 1904) fällt man zur Unterstreichung der Überlegenheit der angelsächsischen Kolonialmacht auf die Zuschaustellung ‚primitiver' Eingeborenen-Dörfer von Philippinen und Indianern zurück, denn zu den Kolonialmächten gehören nach ihren Übergriffen in der Karibik und im Pazifik jetzt auch die USA. Die Sicht der US-Amerikaner auf Afrika wird sich seitdem wenig verändern. Afrikanische Popmusiker, die in den 1990er Jahren von Tourneen in den USA träumen, werden erkennen müssen, dass allein der Zusatz ‚afro' für sie nicht gilt. Sie müssten quasi in Baströckchen auftreten, um ihre Version von Afro Jazz oder Afro Rock zu präsentieren.

Das Deutsche Reich[54] ist gleich in den ersten Jahren einmal als Austragungsort einer Weltausstellung vorgesehen, aber Kaiser Wilhelm II. winkt ab und ruft stattdessen für 1896 die Berliner Gewerbeausstellung im Treptower Park nahe Berlin ins Leben, in die eine „Deutsche Kolonialausstellung" integriert wird, die über sechs Millionen Besucher sehen werden. Menschen aus Neuguinea lungern dort auf Pfahlbauten herum und gut einhundert Afrikaner aus afrikanischen Kolonien zeigen als „Schauneger" wie in den Völkerschauen Szenen aus einem „Negerdorf", das der togolesische Königssohn Nayo Bruce mit seiner Frau als „Togoland" mit 25 Mitwirkenden, darunter Tänzerinnen, zusammengestellt hat. Der geschäftstüchtige Bruce war schon Jahre vorher Mitglied einer Delegation, die potentielle Investoren für ein Plantagen-Projekt der Deutschen Togogesellschaft aufsuchte. Jetzt ist er, vermutlich neben dem Togoer John Smith und seiner Ashanti-Schau, der einzige Afrikaner, der mit seiner „Togo-Truppe" eine Völkerschau, in der er selbst in jeder Vorstellung als König (d.h. als autokratisch regierender Dorfbürgermeister) auftritt, durch die Lande schicken wird. Ihren Sohn gibt das Ehepaar Bruce beim Inhaber des Deutschen Kolonialhauses in Pflege, der ihm nach dem Abitur die Ausbildung zum Pianisten am Konservatorium ermöglicht. Unter dem NS-Regime wird Bruce Jr. 1935 die „Deutsche Afrika-Schau" mitinszenieren (s. Kap. 16).

In Treptow vor Ort ist auch der Sohn des Paramount-Chiefs[55] jenes Herero-Stamms Südwestafrikas, dessen Aufstand die Deutschen Jahre später grausam beenden werden. Dieser Friedrich Maharero weigert sich bei der Vorführung einer Herrero- und Hottentottenkarawane, die bereitgestellte vorgeblich echte Kleidung der Afrikaner anzuziehen und posiert stattdessen in dem klassischen europäischen Anzug, in dem er als Häuptlingssohn mit hohem Bildungsniveau aus Afrika angereist war. Maharero gehört mit seiner Familie zu den wenigen, die 1904 nach der Schlacht am Waterberg in die Omaheke-Wüste geflohen waren und überlebten. Ihm wird später Audienz beim Kaiser gewährt. „Ich wurde dem Kaiser vorgeführt", erinnert er sich 1947, „da er seine schwarzen Untertanen noch nicht kennengelernt hatte."[56] Teile der Ausstattung der Kolonialausstellung gehen 1899 in das Deutsche Kolonialmuseum über, das schon 1915 aus finanziellen Gründen geschlossen wird. Stücke der Sammlung befinden sich seither im Linden-Museum in Stuttgart. Fünfzig Jahre nach der sogenannten Kongo-Konferenz von Berlin veranstaltet der Reichskolonialbund 1934 eine weitere Deutsche Kolonialausstellung in Köln, 1935 auch in Freiburg. Mit der Forderung nach Rückgabe der Kolonien soll mit ihr der ‚koloniale Gedanke' wiederbelebt werden: „Ohne Kolonien Armut und Not, mit Kolonien Arbeit und Brot!"[57]

Der Schwarze will zu uns zurück.
Zu Peitsche, Drill und Liebesglück
und preußischen Manieren.
Entreißen wir der fremden Tück'
den dunkeln Erdteil Stück für Stück
Wir müssen kultivieren!

(Karl Schnog, 1926)[58]

Völkerschau: Berührung mit dem Fremden

Warum können bei den Völkerschauen und Colonial-Ausstellungen (Abb. 3) Musik und Tanz Afrikas oder Asiens die Gräben und Absperrungen nicht überwinden, und warum springt der Funke nicht über, warum stürmten nicht schon damals die Menschen nach den Vorführungen massenhaft in Djembe-Trommelkurse? In den 1980er Jahren würde man in diesen Shows doch zumindest einen Besucher oder eine Besucherin ausmachen können, die vorn an der Bühne verzückt, entrückt und beglückt in bemüht gleichem Rhythmus mit heftigen Armbewegungen den Künstlern ihre Solidarität oder eigene Befreiung von der Zivilisation signalisieren. Aber jetzt bleiben die Besucher passiv.

Als die ersten „Völker" in Deutschland zur Schau gestellt werden, wird die Musik der Darbietungen noch als sehr fremd empfunden. Mit der Empfindung „die sind anders als ich" fängt Rassismus immer an, kommentiert der ägyptische Schriftsteller Alaa al-Aswani[59] die Völkerschauen. Sofern sie nicht als Angst einflößend empfunden wird, wird Musik fast unbemerkt nur Beiwerk einer vorwiegend visuellen Präsentation, wie man bei gut gemachten Filmen die Filmmusik oft gar nicht wahrnimmt. Viele Shows setzen auf erotische Komponenten in der Zurschaustellung

Abb. 3 Kaiser Wilhelm II. im Gespräch mit Äthiopiern und Carl Hagenbeck in Hamburg 1909

schöner, fast nackter Körper, zielen auf den Voyeurismus der Besucher. Die Musik wirkt wie viele Details der Shows stereotypisiert und daher nach vielen Jahren kaum noch wahrgenommen. Als dann um die Jahrhundertwende mehr und mehr schwarze Künstler aus Amerika mit afroamerikanischem Cakewalk und Ragtime auf deutsche Bühnen kommen, verfällt das inszenierte Tam-Tam der Afrikanershows der Bedeutungslosigkeit. Das Tango-Fieber der 1920er Jahre rafft auch jede Südsee-Idylle erst einmal hinweg. Die Nazis lassen Hawaiigitarren gewähren, verbieten aber jedes Tam-Tam auf Showbühnen.

Manche nähern sich der Musik in den Völkerschauen auf eine sehr eigene Weise, wie der österreichische Schriftsteller und Exzentriker Peter Altenberg.[60] Als 1896 siebzig Ashanti-Afrikaner eine Völkerschau im Wiener Tiergarten am Schüttel bestreiten, gehört er zu den eifrigsten Besuchern und bahnt auch Kontakte zu den Afrikanern an. Schnell erregt er sich öffentlich über die billige Art der Zurschaustellung und die unwürdige Behandlung der Mitwirkenden, die in der Kälte fast nackt auftreten müssten. In seiner 1897 erstmals veröffentlichten Prosaskizze „Ashantee" unterliegt Altenberg ähnlichen romantisierenden Vorstellungen wie Carl Hagenbeck. Wie viele seiner Zeitgenossen beweist er ein Unvermögen, mit Menschen aus anderen Kulturen auf Augenhöhe umzugehen. Die Ashanti taucht er geradezu in ein Licht von Unschuld und Heiligkeit, er entrückt sie aus dieser Welt und macht sie damit zu Schutzbefohlenen. Gleichzeitig erliegt dabei auch er den klischeehaften Vorstellungen erotischer Abenteuer, nur sind sie bei ihm prosaischer. Die Ashanti selbst hätten keine Musik, behauptet er, brächten aber den Europäer zum Klingen:

> »Neger sind Kinder. Wer versteht diese?! Wie die süssestumme Natur sind Neger. Dich bringen sie zum Tönen, während sie selbst musiklos sind. Frage was der Wald ist, das Kind, der Neger?! Etwas sind sie, was uns zum Tönen bringt, die Kapellmeister unseres Symphonie-Orchesters. Sie selbst spielen kein Instrument, sie dirigiren unsere Seele.«[61]

Analog zur Pariser Kunstszene und den Einflüssen exotischer Kulturen auf Malerei, Musik und Tanz zeigen sich auch deutsche Künstler fasziniert von schwarzen Körpern – naturbelassen, als Jazzmusiker oder Burlesque-Tänzerin: Max Pechstein, Erich Heckel, Emil Nolde, Ernst Ludwig Kirchner und deren Kollegen im modernen Tanz (s. Kap. 7). Auf der Kinoleinwand flimmert zu unpassender musikalischer Klavier-Untermalung weniger Kunstvolles für ein Massenpublikum. In Joe Mays achtteiligem Stummfilm-Epos „Die Herrin der Welt" kommen die Protagonisten auf der Suche nach Saba-Schätzen auch in das afrikanische Reich des Makombe-Stammes, dargestellt von schwarzen Komparsen aus Berlin, die pro Drehtag um 100 Reichsmark bekommen. Schreibt die Kritik 1920: „Einiges Episodische ist trotzdem bemerkenswert, so die Neger, die ebenso wie Tiere im Film immer gut sind."[62] Im selben Jahr malt der SPD-Außenminister Adolf Köster ein düsteres Bild in der Nationalversammlung, indem er von rund 50.000 nach Europa gebrachten „schwarzen, fremdrassigen Truppen und Menschen" spricht und das als Verbrechen bezeichnet. An Litfass-Säulen hängen Plakate, auf denen ein schwarzer Soldat einen grimmig blickenden Bergmann angreift: „Protestiert gegen den Raub des deutschen Saargebiets!" Unter den französischen Besatzungstruppen waren auch schwarze Soldaten.

Nach dem Ersten Weltkrieg verliert das Deutsche Reich 1917 mit seinen Kolonien auch die Sorge um Aufstände der unterdrückten Völker. Aus dem Osten unterstützten die 1917 mit der Revolution an die Macht gekommenen Bolschewiken Widerstandsbewegungen in Kolonien und von Japan gehen Bestrebungen eines Nipponismus und Panasiatismus aus; von Westen verbreiten Marcus Garvey und W.E.B. Du Bois panafrikanische und antirassistische Ideen (s. Kap. 9 und Bd. 2, Kap. 5).[63]

1931 findet auf dem Münchner Oktoberfest John Hagenbecks letzte Vorstellung „Kanaken der Südsee" statt. Die Völkerschau im Baseler Zoo schließt 1935. Nachdem sie selbst eine „Afrika-Schau" durch die Lande schickten (s. Kap. 16), verhängen die Nazis 1940 ein Verbot für Zurschau-stellung von Menschen fremder Völker, um die Europäer vor der „Rassen-verschmutzung" zu schützen. Exotisches darf jetzt nur noch in kontrollierter Form in Artistik, Film und Revue angeboten werden. Die Begegnung mit dem ‚Wilden' setzt sich in den Kinos mit Dschungelfantasien und heroischen Taten deutscher Kolonialisten fort!"[64]

Das Kino kann die Attraktivität der Völkerschauen überbieten und trägt seinen Teil zu deren Besucherrückgang bis zum endgültigen Verbot bei. Als der britisch-ungarische Regisseur Zoltán Korda 1935 den afro-amerikanischen Sänger Paul Robeson für die Verfilmung von in Afrika spielenden Romanmotiven von Edgar Wallace gewinnen will, macht dieser zur Bedingung, dass die Afrikaner und ihre Kultur darin positiv dargestellt würden. Korda schickt in der Tat auch extra ein Filmteam nach Nigeria und lässt Material mit folkloristischen Inhalten belichten, das in die Spielhand-lung eingeschnitten wird. Doch die ist noch so unterbelichtet, dass am Ende des Films doch nur die Kolonialmacht in der Lage ist, in einem Landstrich Nigerias für Ordnung zu sorgen und einen gebildeten und wohlerzogenen Häuptling einzusetzen. „Afrika ruft! Der schwarze Erdteil spricht" künden die Filmplakate „Bosambo!" an. „Tausende von Eingeborenen wirken mit in gewaltigen Massenszenen, phantastischen Kriegstänzen und wilden Angriffen ganzer Stämme einer fremden barbarischen Kultur" (Hamburger Abendblatt) – wie man es schon seit Jahrzehnten aus Völkerschauen kennt, nur größer. Viel größer. Robeson ist entsetzt, als er den Film sieht: „Es ist der einzige Film von mir, der in Italien oder Deutschland gezeigt werden kann, denn er zeigt den Neger, wie ihn faschistische Staaten haben wollen – wild und kindisch."[65]

Filmepen mit Kolonialthematik wie „Carl Peters" (1940/1941) oder „Germanin" (1944) mit afrikanischen Kleindarstellern finden ein großes Publikum. Wie bei den Völkerschauen bleiben manche Exotik-Präsentationen der Schausteller in Erinnerung, während sich die Musik der vielen Menschen aus fernen Kulturen in Deutschland mit ihren Schicksalen verliert. In Frankreich, Spanien, Portugal und Großbritannien sind dagegen Klänge und Rhythmen aus deren Kolonien weiterhin präsent.

Die Show geht weiter: Ballett, Show und Circus im neuen Jahrtausend

Viele Jahre nach Völkerschauen und Kolonialausstellungen kehrt die Exoten-Schau wieder auf deutsche Bühnen zurück. Manchmal an der Grenze zu (neuen oder alten) Klischees, präsentieren sich ab den 1950er Jahren zahllose sogenannte Nationalballetts aus Afrika, Asien und Lateinamerika (s. Bd. 2, Kap. 5). Eine für die Sprache des modernen Balletts stilisierte, in London und Afrika mit afrikanischen Mitwirkenden produzierte, aber meist auch für Europäer ästhetisierte und choreographierte vorgebliche ‚Folklore' befriedigt für Jahrzehnte der Deutschen Exotik-Hunger und Fernweh – bis das neue Medium Fernsehen in Dokumentationen zeigt, wie die Originale wirklich aussehen, und man sich eine Reise dorthin leisten kann. Aber auch das kann nicht garantieren, dass dem Touristen vor Ort nicht bereits standardisierte Vorführungen angeboten werden, wie sie ihm eigentlich bereits aus eigenen Regionen bekannt sein müssten, denn zwischen Alpen und Waterkant wird den Touristen reichlich Show statt Tradition präsentiert.

Als die bekenntnisresistente Leni Riefenstahl mit ihren, zugegebenermaßen schönen Fotos knackiger und nackiger Nubier um 1962 einen Medienhype provoziert, ist auch das Völkerschau, in einem anderen Medium und ohne jeden Realitätsbezug zu diesem Volk. Ihr Bewunderer Reinhold Messner[66] lässt 2002 verlauten, er plane, in seinen „Messner Mountain Museen" über einen längeren Zeitraum Menschen aus fernen

Bergregionen auszustellen. Familien aus den Anden, dem Kaukasus oder dem Himalaya, die zeigen sollen, „wie sie es schaffen, im Gebirge zurechtzukommen".[67]

Proteste entfacht auch die Kunde von einer Idee des Augsburger Zoos, im Rahmen eines Afrikafestivals 2005 ein „Afrikanisches Dorf" aufzubauen. Auf massive Vorwürfe einer Neuauflage diskriminierender und menschenverachtender Völkerschau-Exotik reagieren die Augsburger Veranstalter gereizt, und am Ende erweist sich die Veranstaltung als erweiterter Kunsthandwerk-Markt, auf dem überwiegend, wie auf vielen Märkten in südlichen Urlaubsländern, auch Menschen aus Afrika Handgemachtes anbieten. „Neben den Watussi-Rindern trommelt ein blonder Rastafari, überhaupt sind drei Viertel der Standbesitzer keine Afrikaner: ein eher dünnes Dialogpotenzial. Niemand begreift die Aufregung, der deutsche Vertreter einer Tierschutzorganisation nennt den Völkerschau-Vergleich sogar ‚hirnkrank'."[68]

Ein anderes Konzept realisiert der österreichische Künstler und „findige Differenzunternehmer"[69] André Heller – in Nachfolge seiner Präsentation der „Begnadeten Körper" chinesischer Artisten von 1981 und nach Produktionen mit afroamerikanischer Musik und Musik der Sinti und Roma. Seit Ende 2005 läuft die Tournee mit seinem Zirkus-Programm „Afrika! Afrika!" („Das magische Zirkusereignis vom Kontinent des Staunens"), flankiert vom Konkurrenzunternehmen „Mama (Mother) Africa", einem 2006 von Winston Ruddle und Hubert Schober ins Leben gerufenen „Circus der Sinne". (Aus Ruddles Artistenschule in Dar es Salaam stammen auch Mitwirkende von „Afrika! Afrika!") Gleichzeitig geht auch der „Cirque Susuma - big Soul of Africa!" auf Europatournee. Als Nachfolger von Völkerschauen, wie von manchen Kritikern angeführt, kann man sie keineswegs bezeichnen, eher schon als modern produzierte Show-Artistik-Neuauflagen früherer afrikanischer National-Ensembles auf hohem artistischem und tänzerischem Niveau. Es werden neben Akrobatik und Artistik auch Bühnenbearbeitungen von Tänzen aus verschiedenen Regionen Afrikas und dem ‚modernen' Afrika gezeigt, dazu erklingt Live-Musik bis hin zum Rap.

Vielleicht sind die Inhalte der Show-Produktionen selbst weniger ein Problem als das Stigma, das ihnen wegen angeblicher Ausbeutung der Mitarbeiter anhaftet. Oder ihre Vermittlung in den Medien, die in ihren Beschreibungen häufig doch wieder mit *wildem nackten Fußstampfen und Verrenkungen mit Kulleraugen zum Trommelspiel fröhlich und unbeschwert mit purer Exotik*[70] einen klischeebeladenen Wortschatz aus grauer Vorzeit verwenden. Dass vom Preis einer Eintrittskarte (bis zu 100 € und mehr) von Hellers Show ein Euro in eine Stiftung zur Kulturförderung in Afrika weitergereicht wird, „dazu muss man wissen", erklärt Heller der „F.A.Z.", „dass die meisten Länder dort überhaupt kein Kulturbudget haben, null, nichts. Wenn ‚Afrika! Afrika!' Erfolg hat, soll das Rückwirkungen auf Afrika haben: Wir werden 600.000 oder vielleicht auch eine Million Euro pro Jahr hinunterschicken können." Bei drei Millionen Besuchern der ersten Produktion sollte an die „Art in Africa Foundation", die von der Unesco und dem Goethe-Institut betreut wird, sogar noch mehr überwiesen werden. Mit 50 Cent von jeder Eintrittskarte unterstützen die Besucher der weniger aufwändigen Show „Mama Africa" Karlheinz Böhms Stiftung „Menschen für Menschen" in Äthiopien.

Zweifellos können viele Artisten von ihrem Lohn ihre Familien in Afrika besser als zuvor unterstützen. Und natürlich sind sie stolz darauf, als Künstlerinnen und Künstler aus armen Ländern Leistungen auf internationalem Niveau zeigen zu können, um ihr Afrika – selbst vereinfacht oder lückenhaft – einem europäischen Publikum vorstellen zu können und sich dabei nicht auf ‚typisch' afrikanische Eigenarten festlegen lassen zu müssen. Die durchziehen aber dennoch immer wieder exotisierend die Produktion wie ein roter Faden. Selbst dann hätten die Afrikaner wie in der modernen digitalisierten Popmusik jedes Recht, in Shows nach internationalen Standards mitzuwirken, ohne immer wieder Fragen ethnologisch interessierter Zeitgenossen nach Echtheit oder Authentizität beantworten zu müssen. Wichtig ist, ob man ihnen als Produzent und Zuschauer auf Augenhöhe begegnet. Diese Shows wie Heller als eine Art Entwicklungshilfe zu bezeichnen und damit Produzenten und Zuschauer in die Rolle von Wohltätern zu erheben, ist kein guter Ansatz.

Weiterlesen über Afrikaner und Afroamerikaner in Deutschland

Band 1
Kap. 4, 5, 7, 15 und 16

Band 3
Kap. 1, 2, 3, 4, 5 und 14

Anmerkungen

1. Max Möller 1910 in einem Schulbuch, zit. nach: Thomas Theye (Hg.): Wir und die Wilden. Einblicke in eine kannibalistische Beziehung. Reinbek 1985, S. 141.
2. Zit. nach: Peter Joas: Studien zur Geschichte der Blasmusik im 20. Jahrhundert, Stuttgart 1985. www.joas-online.de (26.10.2018).
3. Anton T. Sepp: Reisebeschreibungen. Nürnberg 1698, in: Emir Rodríguez Monegal (Hg.): Die Neue Welt. Chroniken Lateinamerikas von Kolumbus bis zu den Unabhängigkeitskriegen. Frankfurt a.M. 1982, S. 324.
4. Ein Preuße auf Hawaii. Dokumentarfilm von Michaela Bruch (WDR, 2002).
5. Laut Wikipedia, Art. „Industrielle Revolution".
6. Rainer E. Lotz: Black People. Entertainers of African Descent in Europe and Germany. Bonn 1997.
7. Teltower Kreisblatt 11.3.1882, blackcentraleurope.com/sources/1850–1914/berlin-negro-colony-1882 (28.7.2019).
8. Zit. nach: Michael Schubert: Der schwarze Fremde. Stuttgart 2003, S. 95.
9. Schubert (Anm. 8), ebd.
10. Malango vom Kongo und seine kleine Frau (1912). T: Julius Freund, M: Rudolph Nelson.
11. In: Paul Eigendorf „Lieder in den und über die ehemaligen deutschen Kolonien" (1987), Uni Giessen/geb/Volltexte/2008/5182 (26.10.2018).
12. S.a. Urs Bitterli: Die „Wilden" und die „Zivilisierten". München 1991, S. 94.
13. Erich Robert Petersen: Trommeln rufen durch Kamerun. Stuttgart 1917.
14. 1926, M/T: Moritz Peuschel; 1927 von Hans Schwarz auf Brunswick-Platte, möglicherweise schon um 1900 ein Hit.
15. Daheim, XXII. Jg., 1886, S. 617.
16. Carl Stumpf: „Das Berliner Phonogrammarchiv", in: Internationale Wochenschrift für Wissenschaft, Kunst und Technik, Nr. 22, Februar 1908, S. 225–246. Reprint in: Artur Simon (Hg.): Das Berliner Phonogramm-Archiv 1900–2000. Berlin 2000.
17. Albert Friedenthal: Musik, Tanz und Dichtung bei den Kreolen Amerikas. Berlin-Wilmersdorf 1913, S. 94.
18. In: Paul Eigendorf (Anm. 11).
19. afrika-hamburg.de/tanzania.html (26.10.2018).
20. africa-hamburg.de (Anm. 19).
21. Zit. nach: Text © Deutsches Historisches Museum.
22. Laut Wikipedia, Art. „Alliierte Rheinlandbesetzung".
23. Adolf Hitler: Mein Kampf. München 1928, S. 357.
24. Gedicht von „Dr. Hch.", abgedruckt in unbekannter Zeitung 1920.

25. Jana Pareigis: „Sie sind Deutsch? Ja, klar. Afro-Deutsch". Info-Text zur Sendung Deutsche Welle, 26.2.2009, dw.com/de/sie-sind-deutsch-ja-klar-afro-deutsch/a-4058386 (26.10.2018).

26. Hans-J. Massaquoi: „Neger Neger Schornsteinfeger!". Zürich 1999, S. 82.

27. Ralph Giordano: „Ein erschütternder Spagat", in: Spiegel Special 9/1999.

28. „Heia Heia Safari". M: Robert Götz, T: A. Aschenborn.

29. „Bibel und Flinte". Liedtexte zit. nach: Eigendorf (Anm. 18).

30. Laut Wikipedia, Art. „Liebig".

31. Theye (Anm. 1), S. 34.

32. Anne Dreesbach: Gezähmte Wilde. Frankfurt a.M. 2005, S. 111.

33. Marianne Bechhaus-Gerst/Reinhardt Klein-Arendt (Hg.): Afrikanerinnen in Deutschland und schwarze Deutsche. Münster 2004, S. 59.

34. Stefan Goldmann: „Wilde in Europa", in: Theye (Anm. 1), S. 243 ff.

35. Carl Hagenbeck: Von Tieren und Menschen. Berlin 1928, S. 28 f.

36. Hagenbeck (Anm. 35), S. 46 ff.

37. Lotz (Anm. 6) S. 249 f.

38. Vgl. Pascal Blanchard u. a.: MenschenZoos. Schaufenster der Unmenschlichkeit. Hamburg 2012.

39. Richard Hülsenbeck: „Afrika in Sicht". Dresden 1928, in: Gerd Stein (Hg.): Die edlen Wilden. Frankfurt a.M. 1984, S. 190 f.

40. Hans Henny Jahnn: Fluß ohne Ufer. Hamburg 2015, S. 84.

41. Jahnn (Anm. 40), ebd.

42. Blanchard u. a. (Anm. 38).

43. Dreesbach (Anm. 32), S. 154.

44. Hagenbeck (Anm. 35), S. 64.

45. Vgl. hierzu ausführliche Darstellungen von Anne Dreesbach, z. B.: „Kolonialausstellungen, Völkerschauen und die Zurschaustellung des ‚Fremden'", in EGO,ieg-ego.eu/de/threads/hintergruende/europaeische-begegnungen/anne-dreesbach-kolonialausstellungen-voelkerschauen-und-die-zurschaustellung-des-fremden (13.11.2018).

46. Massaquoi (Anm. 26), S. 40.

47. Frantz Fanon: Schwarze Haut, weiße Masken. Frankfurt a.M. 1980, S. 73.

48. Ingrid Fey: „Zwischen Zivilisation und Barbarei: Lateinamerika auf der Pariser Weltausstellung von 1889", in: Eckhardt Fuchs (Hg.): Weltausstellungen im 19. Jahrhundert. Leipzig 2000, S. 25.

49. Fuchs (Anm. 48), Einführung.

50. Claude Debussy, Brief an Pierre Louyos, 22.1.1895, zit. nach: Annegret Fauser: Musical Encounters at the 1889 Paris World's Fair. Rochester/NY 2005, S. 198.

51. Debussy über Javanesische Musik, 1913, zit. nach: Fauser (Anm. 50).

52. Kyo Yasuda: "Javanese Dance and Music Performance at the Paris Exhibition of 1889", in: South Asian Studies 36/4 (1999), S. 505–525, hier S. 505.

53. Angelika Jacobs: ‚Wildnis‘ als Wunschtraum westlicher ‚Zivilisation‘, in: Kakanien revisited, www.kakanien.ac.at.

54. Bei der ersten Weltausstellung in Deutschland, der Expo 2000, präsentierten sich in Hannover Hunderte von Musikgruppen zwischen Folklore und Weltmusik.

55. Britische Bezeichnung in Kolonien für regionale Herrscher als Ersatz für das allein dem britischen Königshaus vorbehaltene „King“.

56. Interview mit Michael Scott, zit. nach: „Afrika in Berlin. Ein Stadtspaziergang des Deutschen Historischen Museums“, https://www.dhm.de/archiv/ausstellungen/namibia/stadtspaziergang/treptow.htm (13.11.2018).

57. Gov. A.D. Dr. Heinrich Schnee im Geleitwort zur Deutschen Kolonialausstellung.

58. Karl Schnog: „Wir brauchen Kolonien!“, in: Die Weltbühne 22/I, Nr. 16, 20.4.1926, S. 636.

59. Der Spiegel 30/2009.

60. Bürgerlich: Richard Engländer, 1859–1919.

61. Peter Altenberg: Ashantee. Berlin 1897, S. 21.

62. Zit. nach: Wikipedia, Art. „Die Herrin der Welt“ aus „Die Neue Schaubühne“, Jg. 4, 2. Februar 1920, S. 56.

63. Vgl. Peter Martin: „Die ‚Farbige Front‘. Von der Angst Europas vor dem Aufstand der Kolonisierten“, in: Ders./Christine Alonzo (Hg.): Zwischen Charleston und Stechschritt. Schwarze im Nationalsozialismus. Hamburg/München 2004.

64. Martin/Alonzo (Anm. 63), S. 122 f.

65. Martin B. Duberman: Paul Robeson: The Discovery of Africa. Bodley Head 1989, S. 182. zit. nach: en.wikipedia.org, Art. “Sanders of the River”, Anm. 5 (4.1.2019).

66. Roland Hofwiler „Auf der Alm, ja“, in: taz 20.8.2002, https://taz.de/!1093399/.

67. Sendung „Capriccio“ des BR, 17.8.2002.

68. Sonja Zekri: „Das ist kein ‚afrikanisches Dorf‘, sondern ein ‚African Village‘!“, in: Süddeutsche Zeitung, 10.6.2005, www.sueddeutsche.de/kultur/skandal-im-zoo-das-ist-kein-afrikanisches-dorf-1.417786.

69. Anil K. Jain/Kirstie Handel: „Jenseits von Afrika – die neuen Völkerschauen“, Januar 2008, www.researchgate.net/publication/320170816_Jenseits_von_Afrika_-_Die_neuen_Volkerschauen

70. Kompilierte Wörter aus Presseberichten.

Kapitel 3 (… 1900–1935 …)
Massen, Medien, Mikrophone

Ein junger Mann aus Abessinien steht 1908 im Tonstudio der Berliner Firma Lindström vor einem Gerät, das seinen Gesang in einem Trichter auffängt und mit einer Nadel auf eine rotierende Scheibe schreibt. Später wird man diese Scheibe vervielfältigen und als Schallplatte über Geräte wiedergeben können, die ähnlich wie das Aufnahmegerät funktionieren, aber in umgekehrter Richtung. Der hier singende Negedras Tessema Eshete (1876–1964) ist eigentlich in Berlin, um das Kfz-Handwerk und Autofahren zu lernen, damit sein Kaiser in Addis Abeba mit seiner neuen deutschen Staatskarosse durch sein Reich chauffiert werden kann. Jetzt ist er vermutlich der erste Afrikaner, der eine Schallplattenaufnahme in Deutschland macht.[1]

Das ostafrikanische Kaiserreich Abessinien entspricht in diesen Tagen nicht dem kolonialen Beuteschema des Deutschen Reiches. Als eines der ersten (koptisch-) christlichen Länder wird es vom Kaiser Menelik II. auf dem Weg in einen modernen Staat durch Eroberungen bedeutend vergrößert. Italien macht 1896 einen vergeblichen Versuch, sich Abessinien als Kolonie einzuverleiben. Die Deutschen haben dagegen ein starkes Interesse an wirtschaftlicher Zusammenarbeit und der Kaiser in Addis Abeba („Der Löwe aus dem Stamme der Juda, Erkorener Gottes – König der Könige Äthiopiens"[2]) braucht dringend Knowhow in Technik, Wirtschaft und Ausbildung. Neben Kaufleuten entsendet das Reich Diplomaten und Wissenschaftler. Auch Geschenke, darunter ein Auto, das aber irgendwo in der Wüste auf dem LKW-Transporter liegenbleibt und versandet. Ein als Agent und Hasardeur vielseitiger Geschäftsmann namens Arnold Holtz[3], den der ostafrikanische Negus (ein weiterer Ehrentitel) 1907 noch nicht

© Springer-Verlag GmbH Deutschland, ein Teil von Springer Nature 2022
Claus Schreiner, *Schöner fremder Klang – Wie exotische Musik nach Deutschland kam*,
https://doi.org/10.1007/978-3-476-05695-5_4

in seinem Land zu sehen wünschte, gewinnt im Jahr darauf die Rallye mit den Engländern um die Ablieferung des ersten Autos in Addis Abeba. 4 So sehr sich der Kaiser freut und Holtz fortan willkommen heißt, so wenig hat er Spaß an seinem fast neuen „35 HP (PS) Nacke-Doppel-Phaethon" aus Coswig, denn niemand in seinem Hofstaat kann ihn fahren. So kommt es, dass Majestät drei junge Männer mit Holtz nach Berlin schickt, damit sie nicht nur Autofahren sondern auch das KFZ-Handwerk erlernen sollen. Unter ihnen ist der *Azmari* (Barde) Tessema Eshete, den Holtz als „Strassenmusiker Scheti" vorstellt.[5]

> I studied the Psalms
> Verse, phrase, word, and syllable
> They said I should study the Hymns
> But I couldn't manage to be a *qene* composer
> and write verses worthy of a cantor[6]

Begleitet von einer einsaitigen Lautenart *(mesenqo)*, nimmt der Azmari 16 selbstgeschriebene Lieder für das Odeon-Label[7] auf, die er anschließend als Schellackplatten zusammen mit einem Grammophon nach Addis Abeba bringt. Dort steigt er zum Berater des Hofes auf.

Auf Stimmenfang in Afrika

Es war kein alter Menschheitstraum wie das Fliegen oder die Unsterblichkeit, aber mit der Industrialisierung und dem rasanten technischen Fortschritt ist es seit Thomas Alva Edisons ‚Sprechmaschine' von 1877 möglich, die menschliche Stimme dauerhaft zu konservieren und Musik immer wieder in identischer Form hören zu können. Stimmen glaubte man schon zu Urzeiten in Höhlen und dem Rauschen der Bäume vernehmen zu können – wie das Meeresrauschen, das Kinder dauerhaft in einer Muschel konserviert glauben. Bislang konnte nur das Echo in den Bergen eine Stimme für kurze Momente wiederholen und man hatte seit des Hessen Philipp Reis' Erfindung, um 1860, schon Sprache über eine Art Mikrophon mittels eines Drahts telephon(et)isch übermitteln können. Aber mit den Erfindungen u. a. von Thomas A. Edison (Phonograph, 1877), Bell & Tainter (Graphopone, 1881), Emil Berliner (Grammophon, 1887/1888) und anderen kann man jetzt Töne gleichsam aufschreiben. Man kann sie als akustische Schwingungen in physikalische ‚Schriften' umwandeln, die immer wieder ‚gelesen' werden können. Zuerst schreibt man die Klänge noch auf Walzen mit Zinn-, später mit Wachsbeschichtung. Seit 1890 benutzt der 1870 aus Deutschland eingewanderte Amerikaner Emil Berliner in seinem Hannoveraner Werk, dem ersten Schallplattenpresswerk der Welt, in dem er auch Telephone herstellt, runde Aufnahmeträger, von denen ein Negativ-Abdruck als Presswerkzeug für Nachpressungen aus Hartgummi und später aus Schellack gefertigt wird. Weitere Werke werden u. a. in Thüringen und Berlin gebaut. Um 1910 drängt Berliners, auch Sprechmaschine genanntes, Grammophon den mit Walzen arbeitenden Konkurrenten Edison vom Markt. Einer der führenden Vertriebe und selbst Schallplattenhersteller, Carl Lindström, verkauft 1908 ca. zwei Millionen Grammophone.[8] In rasantem Tempo entsteht ein Markt für das neue Medium Schallplatte. Den wollen sich zunächst drei US-amerikanische Firmen teilen: Tainters (u. a. American Graphophone, d. h. Columbia Co.), Edison (National Phonograph Co., Edison Gold Moulded Label) und E. Berliner (United States Grammophone Co., Victor Talking Machine Co.). 1897 beginnt der Schwede Carl Lindström die Produktion von Phonographen und danach Grammophonen nach Berliners Bauart. 1911 erwirbt er Berliners Victor Talking Machine-Label und wird mit seinem Hauptlabel Odeon und zahlreichen anderen Labels bald einer der größten Schallplattenproduzenten Europas.

Wie die BeKa (Bump & König) in Berlin-Weissensee wollen allein im Raum Berlin rund 400 Plattenfirmen einen Anteil an diesem neuen Markt, der sich schnell über den europäischen Kontinent hinaus ausbreitet. Dank ihres Vorsprungs in Aufnahmetechnik und Produktion können die deutschen Firmen bis nach Hongkong und Buenos Aires liefern. Sie entsenden Aufnahmeteams, die bei langen Reisen regionale Musik Nordafrikas, Asiens[9] und Südamerikas aufnehmen. Die meisten Aufnahmen, fast alle, sind nur für die dortigen Märkte bestimmt, in denen es noch keine Presswerke gibt. Per Schiff werden aus Berlin Schellack-Platten mit Tango oder chinesischer Musik nach China oder Argentinien geliefert. Auch in Berliner Studios entstehen Aufnahmen für ferne Märkte. Künstler aus Brasilien, Argentinien und, neben anderen Herkunftsländern, mit Tessema Eshete nun auch aus Abessinien nehmen unbemerkt vom deutschen Publikum Musik auf, die, wenn überhaupt, erst einhundert Jahre später wiederentdeckt werden wird.

Auch für die junge Musikethnologie in Berlin gehört das neue Medium bald zur unverzichtbaren Ausrüstung bei Expeditionen, wobei gerade in tropischen Ländern die Aufnahmen mit einem Wachszylinder bei Hitze und Feuchtigkeit zuerst eine Herausforderung für die Forscher sind. Erst 1925

gelingt die Einführung eines elektrischen Aufnahme- und Wiedergabe-
systems im Phono-Sektor, die Trichter werden durch Mikrophone ersetzt.
Die hat der deutsch-britische Komponist Benno Bardi noch nicht zur Verfügung, als er für das Lautarchiv 1925 Aufnahmen in Ägypten macht.
„Meist lassen sich die Eingeborenen erst nach endlosen Verhandlungen, bei
denen Backschisch eine große Rolle spielt, herbei, Melodien vorzusingen.
Hat man sie dann so weit, so kann man sicher sein, daß in vielen Fällen
die Angst, die Stimme würde von dem gefräßigen Apparat weggeschnappt,
der Aufnahme neue Schwierigkeiten bereitet." Bei den Pyramiden von
Gizeh ist man gerade damit beschäftigt, die Sphinx zu restaurieren, und viele
hunderte Araberkinder waren ringsherum, um den von ihr abgetragenen
Sand wegzubringen. „Ein reizendes Negerlein fungierte in diesem Durcheinander als Vorsänger. Kunst bringt Gunst auch in Afrika! Es hatte eine
besonders helle Stimme und brauchte nicht zu tragen. Unermüdlich sang es
Vers auf Vers, und unermüdlich fielen die vielen hundert Kinder ein und
sangen den Refrain mit. Wenn sie beim Zurückkommen die Hände frei
hatten, klatschten sie den Takt dazu."[10] Als Freimaurer von den Nazis verfolgt, flüchtet Bardi über Prag und Belgrad später nach Ägypten.

Walzen für die Wissenschaft

Während an der afrikanischen Ostküste der Äthiopier Tessema Eshete
inzwischen als Sänger und Geschäftsmann erfolgreich ist, tuckert eine kleine
Schaluppe den Ogooué an der afrikanischen Westküste flussauf. Es ist das
Jahr 1914, an Bord ist der Elsässer Theologe, Organist, Arzt und Philosoph
Albert Schweitzer, der hier in Französisch-Äquatorialafrika, dem heutigen
Gabun, sein Urwaldhospital Lambaréné errichtet. Später erinnert er sich:
„Nach einer längeren Fahrt halten wir an einem kleinen Negerdorf. Am Ufer
sind einige hundert Holzscheite, so etwa wie sie die Bäcker brauchen, auf-
gespeichert. Wir legen an, um sie einzunehmen, da der Dampfer mit Holz-
Feuerung läuft. Eine Planke wird ans Ufer geschoben; die Neger bilden eine
Kette und laden ein. An Bord steht einer mit einem Papier. Sobald zehn
Scheite herüber sind, singt ihm einer vom Brett in einer schönen Kadenz
zu ‚mach einen Strich', beim hundertsten Stück heißt es auf dieselbe Musik
‚mach ein Kreuz'."[11]
   Kurze Zeit später schreibt Schweitzer im April 1914 an den Leiter des
Berliner Phonogramm-Archivs Carl Stumpf über weitere Begegnungen
am Fluss: „In diesem Lande handelt es sich hauptsächlich um Ruder-
gesänge. Sie sind sehr alt und wunderbar schön: motettenartig gearbeitet

mit interessantem Contrapunkt! Hier muss eine in ihrer Art große Kultur geherrscht haben. Andererseits ist es Zeit, diese Musik aufzunehmen. In zwanzig Jahren existiert sie nicht mehr."[12]

Schweitzer schließt seinen Brief mit dem Vorschlag, der Herr Professor möge dafür sorgen, dass ein Team aus Deutschland diese Musik aufnehmen würde.

Würde nicht der Krieg dieses Projekt ohnehin unmöglich machen, könnte ihm eigentlich auch der Berliner Oberlehrer Wilhelm Doegen (1877–1967) ein Team schicken, der zwei Monate zuvor beim Preußischen Kultusministerium beantragt hatte, ein „Königlich Preußisches Phonetisches Institut" einzurichten um „die Stimmen, Sprachen und Musik aller Völker der Erde lautlich festzuhalten".

Schon in seiner Abschlussarbeit „Die Verwendung der Phonetik im Englischen Anfangsunterricht" (1904) hat sich Doegen mit den neuen technischen Möglichkeiten, Stimmen aufzuzeichnen, beschäftigt. 1905 gründete er mit dem „Stimmen-Museum der Völker" das erste Lautarchiv in Deutschland. Auf der Weltausstellung in Brüssel 1910 erhielt Doegen, der inzwischen einen Lautapparat erfunden hatte, für die Einführung der Schallplatte in Lehre und Forschung eine silberne Medaille (Abb. 1).

Doegen zieht nach Kriegsbeginn als Kommissar der 1915 gegründeten „Königlich Preußischen Phonographischen Kommission" des Preußischen Kultusministeriums durch mehr als 70 Kriegsgefangenenlanger in Deutschland, um Stimmen und Musik der Gefangenen auf Platten aufzunehmen. Parallel dazu zeichnet Georg Schünemann für dieselbe Kommission Musik auf Tonwalzen auf, die aber im Vergleich zu Doegens Lautarchiv nicht hinreichend ausgewertet werden und später im Berliner Phonogramm-Archiv landen. Der Filmemacher Philip Scheffner zeichnet 2007 in seinem Film „The Halfmoon Files" den Weg eines indischen Gefangenen nach, der am 11. Dezember 1916 im Halbmond-Lager in den Aufnahmetrichter die Worte spricht: „Es war einmal ein Mann. Er geriet in den europäischen Krieg. Deutschland nahm diesen Mann gefangen. Er möchte nach Indien zurück. Wenn Gott gnädig ist, wird er bald Frieden machen. Dann wird dieser Mann von hier fortgehen."[13]

Wo es dem Arzt Rudolf Virchow um das Vermessen der Teilnehmer der Völkerschauen geht, interessiert sich Doegen in erster Linie für das Katalogisieren von Stimmen und Sprachen, nicht für die Menschen selbst. Doegen leitet dann die Lautabteilung der Preußischen Staatsbibliothek, die im Wesentlichen der Linguistik dient. Unter den wenigen Musikaufnahmen dieser Sammlung findet man: ein französisches Lied „Ma bergère",

Abb. 1   „Trommelsprache – Laut-Aufnahme eines Duala-Negers in der Lautabteilung der Preuss. Staatsbibliothek 1921", in der Mitte: Wilhelm Doegen

ein Balaleika-Orchester, ein „Madegassisches Scherzlied" und „Mund-musik" aus Russland. Als Linguist scheint Doegen von der Trommel-sprache der Afrikaner fasziniert zu sein. „Die Trommelsprache ist bis auf den heutigen Tag immer noch die schnellste akustische Nachrichtenüber-mittlung in Afrika. Sie kann durch Funk nicht gestört werden (…). Man könnte (sie) als eine Art Urrundfunk bezeichnen! Im Wünsdorfer Lager hatte ich einen Kongoneger entdeckt, der die Trommelsprache ausgezeichnet beherrschte."[14] Doegen und seine Leute besorgen sich Trommeln aus dem Völkerkundemuseum und lassen einen Gefangenen im Lager darauf spielen. Anschließend werden sein Kiefer und die Zunge von Doegens Bruder, einem Zahnarzt, vermessen. Im Katalog des Lautarchivs könnte diese Auf-nahme so katalogisiert sein:

Personalbogen: PK 794 [1 Seite Handschrift, 1 Seite Typoskript]
Sachtitel Aufforderung zum Tanz durch den König, Trommelsprache
Datierung 1917-03-25
Herkunft Lautabteilung an der Preußischen Staatsbibliothek
Beschriftung [handschriftlich, mit Tinte:] a) Trommelsprache, 1.) Aufforderung zum Tanz durch den König, 2.) dasselbe gesprochen; b) PK 794
Beschriftungsort a) Plattenlabel, Mitte; b) in die Platte gepresst, mittig
Format 27 cm
Hauptsprecher/Sänger Kudjabo, Albert
Muttersprache Bantu (Benue-Kongo)
Aufnahmedauer 01:54 min.
Land (historisch) Belgisch-Kongo
Land (heute) Kongo, Demokratische Republik (Land)[15]

Doegen: „Die Neger waren nicht eigentlich unwillig, sondern begriffen nur nicht, weshalb man sich mit ihrer Sprache so eindringlich befasste. Die weißen Franzosen standen in der Regel unserem wissenschaftlichen Unternehmen ablehnend gegenüber. Der sadistische Deutschenhass trat immer wieder zutage. Die farbigen Engländer aus Indien, Afrika, Australien legten den Aufnahmen keine Schwierigkeiten entgegen. Die weißen Engländer […] waren das Herrenvolk des Lagers. Die gutwilligen Groß- und Kleinrussen waren immer bereit, wenn sie nur recht viel zu essen erhielten.“[16] Insgesamt wird heute der Bestand des Lautarchivs auf 7500 Schallplatten geschätzt, davon etwa 4500 Originale. Der Rest sind Dubletten und bisher nicht archivierte Tonträger.[17]

Albert Schweitzer schrieb aber nicht an Doegen, sondern an eine andere Berliner Einrichtung, die am Psychologischen Institut der Universität seit 1900 ein Phonogramm-Archiv aufbaute, um ‚musikalische Phonogramme‘ von allen Völkern der Erde zu erstellen und zu sammeln. Als „Königlich Preußische Phonographische Kommission“ steht sie unter dem Vorsitz des Psychologen Carl Stumpf (1848–1936). Unter den weiteren Mitgliedern befindet sich auch der Anthropologe und Museumsdirektor Felix von Luschan, der schon 1902 im damals türkischen Syrien Feldaufnahmen mit der neuen Technik gemacht hatte. Auch diese werden Bestand des Berliner Phonogramm-Archivs, das der besonders im Bereich der Tonpsychologie wirkende Carl Stumpf 1900 an der Friedrich-Wilhelms-Universität mit den Aufnahmen eines in Berlin gastierenden siamesischen Theaterorchesters begründet hatte. Während Doegens Lautarchiv 1920 als Lautabteilung in dieselbe Universität integriert wird und er sein Archiv fast ausnahmslos auf Schallplatten konserviert, sammelt das Phonogramm-Archiv unter Stumpf und dessen Assistenten Otto Abraham und Erich Moritz von Hornbostel seit der Jahrhundertwende Aufnahmen auf Edison-Zylindern. Dabei geht man bald von den pilzanfälligen Wachszylindern zu Kopien auf dauerhaften Hartzylindern über. Der Gesamtbestand wird später mit rund 16.800 original Walzenaufnahmen von 1893 bis 1954 angegeben, darunter Aufnahmen von Carl Meinhof in Ost-Afrika (1902) und Leo Frobenius im Kongo (1906). Klang-Aufnahmegeräte gehören bald zur Standardausrüstung ethnographischer Expeditionen. Aus Lateinamerika bringen u. a. Theodor Koch-Grünberg[18] von den Indianern im Amazonas-Gebiet (1903–1905 und 1911–1913), Martin Gusinde (Feuerland, 1923) Tonwalzen mit Musikaufnahmen nach Berlin und Erich M. von Hornbostel von den Pawnee-Indianern Nordamerikas (1906). Das insgesamt mit rd. 145.000 Musikaufnahmen bestückte Archiv beherbergt auch seltene Aufnahmen aus China, Ceylon, Birma, Indonesien, Indien, Afghanistan, Australien und Ozeanien. Von Reisen nach Syrien, Ägypten, Palästina und dem Jemen bringt von Hornbostels Schüler Hans Helfritz neben Fotos auch Wachswalzen mit Musik der Beduinen mit. Helfritz ist seit 1930 Weltenbummler und Forschungsreisender, der den Vorderen Orient, Asien, Afrika und die Amerikas bereist und darüber Bücher und Fotos veröffentlicht. Bei Ausbruch des Zweiten Weltkriegs ist er in Bolivien und verarbeitet Eindrücke von den festlichen Danzas der Aymara- und Quechua-Völker des Altiplano in Kompositionen, die sich eng an Originalvorlagen anlehnen (s. Bd. 2, Kap. 14).

Gemäß einer Kooperationsvereinbarung von Hagenbecks Konkurrenzunternehmen, der Brüder Marquardt, im Jahr 1909 mit der Berliner Anthropologischen Gesellschaft und dem Berliner Phonogramm-Archiv (seit 1905 unter der Leitung und mit privaten Geldzuwendungen von Hornbostels), werden einige Aufnahmen auch in Berlin gemacht. Schon im Juli desselben Jahres werden in Marquardts „Sudanesen-Dorf" in Berlin-Weissensee 15 Zylinder aufgenommen, von denen nach Teil-Verlagerung des Archivs nach Kriegsende nach Russland und unbekanntem Verbleib nur sechs übrig bleiben. „Es scheint deutlich", notiert Rainer E. Lotz[19] nach Recherche der handschriftlichen Notizen zu diesen Aufnahmen, „dass die Sudanesen nicht scharf darauf waren, mitzuwirken." Auf den Walzen erläutern die Musiker dennoch auch ihre Instrumente, geben Informationen zu den Liedtexten.

Sammler und Institutionen in anderen Ländern unterhalten mit den Berlinern Kontakte, denn das Phonogramm-Archiv ist als erstes in der Lage, die Wachszylinder durch Herstellung eines Kupfer-Negativs zu kopieren und zu duplizieren.

Dass man später eine Triangel zu den Idiophonen und eine Gitarre zu den Chordophonen zurechnen wird, geht auf die „Systematik der Musikinstrumente"[20] zurück, die Erich von Hornbostel (Abb. 2) zusammen mit Curt Sachs 1914 vorlegt. Im Jahr davor hatte Sachs sein „Reallexikon der Musikinstrumente"[21] veröffentlicht, das vom persischen Streichinstrument „Aadschek" bis zum madagassischen Musikbogen „Žežiláva" das bekannte Wissen über Musikinstrumente der Welt lexikalisch erfasst.

Der gebürtige Wiener von Hornbostel (1877–1935) leitet das Phonogramm-Archiv bis 1933. Als „Halbjude" entlassen, geht von Hornbostel über London in die USA, wo er sich der Erforschung asiatischer und afrikanischer Musik widmet und ein System zur schriftlichen Aufzeichnung dieser Musik entwickelt. Ein Jahr später wird das Phonogramm-Archiv unter der neuen Leitung des Musikethnologen Marius Schneider (1903–1982) in das Museum für Völkerkunde in Berlin integriert.

Spätestens mit von Hornbostel erhält die traditionelle Musikwissenschaft, die sich hauptsächlich mit der bekannten europäischen Kunstmusik beschäftigte, einen ergänzenden Forschungszweig: die Musikethnologie.

Abb. 2   Ernst Moritz von Hornbostel (1911)

Curt Sachs fordert Ende der zwanziger Jahre eine Neu-Definition der bisher so genannten ‚Vergleichenden Musikwissenschaft‘. Die führe mit wissenschaftlichen Vergleichen nur in die Irre, weil sie „Fremdmusik" nur in Hinblick auf die „Hochgebirge der modernen europäischen Tonkunst" bewerte. „Ist uns die Kunde von dem ohrenbetäubenden Lärm musikalischer Negerorgien oder von den Tempelhymnen indischer Brahmanen anderes als toter Wissensstoff abseits von unserm Weg und Schicksal?", fragt Sachs und bejaht es im nächsten Satz: „Denn was uns die Wissenschaft von der Musik fremder Kulturen zeichnet, ist das Schicksal, das uns geführt hat und führen wird, und der Weg, den wir gegangen sind. Die tausendfältigen Äußerungen menschlichen Lebens, die wie ein buntfarbiger Teppich über alle Erdteile gebreitet sind, sie bilden nur Rückstände einer Entwicklung, die unsere eigenen Vorfahren durchgemacht haben."[22] So ganz will Sachs offenbar die europäischen ‚Hochgebirge‘ nicht auf Augenhöhe mit den Fremdkulturen bringen, betont aber: „Die Fremdkulturen können nicht Riesenwerke zeigen, die gleich Alpengipfeln eisbedeckt und wolkenverhüllt hoch über Menschenland in den Himmel ragen, wohl aber fruchtbestandene Höhenzüge, die mitteninneliegen in den Wohnebenen der Menschen und ihnen untrennbar zugehören."

Bald spricht man neben einer Berliner Schule der Vergleichenden Musikwissenschaft auch von ethnologischer Musikforschung, deren Schwerpunkt fast 50 Jahre lang in der außereuropäischen traditionellen Musik liegt und „den Menschen, die Musik machen".[23]

Erst seit 1999 werden Doegens Lautarchiv und das Phonogramm-Archiv systematisch durchforstet und für die Nutzung erschlossen. Die Original-Matrizen des Lautarchivs gingen im Krieg verloren, aber es gibt noch Schellack-Pressungen davon aus ehemaligen Beständen der DDR. Im August 2000 nimmt die UNESCO die „Early Wax Cylinders of the Berlin Phonogramm-Archiv" bei den Staatlichen Museen im Völkerkundemuseum in Dahlem zusammen mit dem Wiener Phonogrammarchiv in das Register „Memory of the World" auf.[24] Ab 2020 werden Lautarchiv und Phonogramm-Archiv im neuerbauten Humboldt Forum im Berliner Schloss-Neubau untergebracht.

Ein nackter Afrikaner auf der Kino-Leinwand

Mit Gemälden oder Radierungen, Reiseberichten in Illustrierten und Büchern können die Deutschen schon lange Bilder und Beschreibungen des Exotischen und des „Wilden" aufbewahren und immer wieder zur

Hand nehmen. Die Tonkonserve liefert auf einmal eine akustische Variante, der aber noch ihre optische Ergänzung fehlt. Als 1900 das Kaiser Alexander Garde-Grenadier-Regiment das „Negerständchen" auf eine Deutsche Grammophon-Tonwalze einspielt, verlangen die Hörer noch nicht nach Bildern, wie sie viel später erst als Musikvideos für das Marketing unerlässlich werden. Es ist ein Ragtime und beim Abspielen der Walze muss das Orchester von niemandem gesehen werden, denn die Musikart ist bekannt und beliebt. Die vom Bild, etwa einer afrikanischen Dorfszene der Völkerschauen, isolierten Ton-Aufnahmen der afrikanischen Trommelsprache können den Bürger der 1920er Jahre nicht wirklich interessieren. So bleiben die Schätze beider Archive exklusiv den Wissenschaftlern überlassen, denen es in erster Linie auf das Vermessen und Vergleichen ankommt.

Zahlreiche schwarze Musiker, Sänger und Tänzer, die zwischen 1900 und 1933 ebenfalls in Deutschland auf Tournee sind, kommen nicht auf die Zylinder der Berliner Archive. Sie verhelfen aber mit ihren Ragtimes und Cakewalks der jungen deutschen Phonoindustrie zu ersten Erfolgen.

Und dann gibt es auch das neue Medium Film. Zuerst zeigt man nur Bilder, die stumm bleiben. Als der französische Arzt Félix Regnault 1895 seine ersten Aufnahmen vorführt, sieht man einen nackten Afrikaner von der Seite beim Gehen vor einem leinwandartigen hellen Hintergrund zu. In anderen Filmen wird gesprungen oder gelaufen. Bewegte Bilder ohne Bewegung wären ja undenkbar.

Drei Männer mit nacktem Oberkörper und federartigen Gürteln tanzen 1898 in Alfred Cort Haddons Streifen einer Mali-Zeremonie in Kiam. Der Zoologe und frühe Filmemacher führt bei seinen Expeditionen neben einer Lumière-Filmkamera auch einen Phonographen mit sich. So könnten theoretisch authentische Tondokumente bei Filmvorführungen unterlegt werden, wenn auch nicht synchron. In der Praxis damaliger Kinovorführungen tritt aber an ihre Stelle die Improvisationskunst der Pianisten über Rhythmen und Klänge, die ihnen zu den bewegten Bildern einfallen. Ein Improvisieren ist das eigentlich nicht, eher ein spontanes Abrufen bekannter Melodien aus Oper, Operette und volkstümlichen Melodien. Für bewegte Bilder aus europäischen Ländern finden sich auch schnell geeignete Werke in der klassischen Literatur. Auch nur annähernd zu den tanzenden Afrikanern passende Musik gehört nicht dazu.

Solange es noch keine Kinos gibt, zeigt man die ‚lebendigen Photographien' in Spielstätten wie dem Circus Busch, im Wintergarten oder im Apollo Varieté. Der deutsche Regisseur Oskar Messter präsentiert dort 1896 erstmals seine Filme, wie über den *Cancan* (1897), danach z. B.

Bilder von der USA-Reise Prinz Heinrichs 1902, auch Kurzfilme über Tango, Two Step, Cakewalk (alle 1908). Die Reiselust der Monarchen nach Ägypten oder Palästina (1898) befriedigt in filmischen Reiseberichten auch romantische Sehnsüchte der Bevölkerung nach orientalischen Märchenwelten. „Die bekannten Berliner Varietés der Jahrhundertwende wurden somit Orte politischer Willenskundgebungen in einem halböffentlichen Raum, deren Inhalte nationalistisch rassistisch motiviert waren."[25]

25 Jahre später findet man in vielen Städten Kino-Paläste, in denen bis zu 6000 Besucher in weinroten Samtsesseln eine Programmfolge mit Orchestermusik, Werbung (Diapositive), Kultur und Hauptfilm und manchmal auch Varieténummern genießen können. Im Hamburger Ufa-Palast zählt das Orchester 58 Musiker, in kleineren Kinos gibt es einen Pianisten oder Organisten. Auf einmal ist alles vorbei und die Einführung des Tonfilms hat überall auf der Welt katastrophale Auswirkungen auf die Existenz der Musiker. Nachdem schon mechanische Musikautomaten und anschließend Tonwalzen und Schallplatten zunehmend die Live-Orchestermusik bei Veranstaltungen ersetzt hatten, verlieren mit dem Tonfilm auch in Deutschland zehntausende Musiker eine wichtige Existenzgrundlage in den Kinos. Viele hatten dort eine Anstellung gefunden, nachdem sie ihren Job in Theatern verloren hatten, die aufgrund der neuen Kino-Konkurrenz schließen mussten.

Die neue Unterhaltungskultur kann Massen bewegen

In der zweiten Hälfte des 19. Jahrhunderts können aufgrund der neuen industriellen Fertigungsmethoden auf einmal Dinge des täglichen Gebrauchs massenhaft hergestellt werden. Damit eröffnen sich auch der Kultur neue Wege der Produktion, ihrer Vermarktung und der dazu notwendigen Werbemaßnahmen.

Die Völkerschauen machen vor, wie gutes Marketing in Zeitungen und auf Litfaßsäulen große Besuchermengen anlocken kann, die weit über den Zahlen der Zirkusse, Theater oder anderer Veranstaltungen liegen. Auf einmal lassen sich Kultur und Unterhaltung kommerzialisieren. Das Deutsche Reich steht am Beginn der Industrialisierung und Demokratisierung von Massenkultur und Massenunterhaltung. Das bedeutet zwangsläufig auch den Verlust exklusiver Bereiche einer gewissen Luxuskultur von Hof, Adel und Gesellschaft, die einen vergleichsweise kleinen, wenn auch kaufkräftigen

Absatzmarkt boten. Doch bei für jedermann gleichen Preisen für Bücher oder Varietébesuch ist die Massenverbreitung das Gebot der Stunde.

Aber wann hat der Normalbürger schon Zeit und Kraft, abends einmal auszugehen? Bis 1955 wird man noch sechs Tage in der Woche arbeiten müssen, bis zu elf Stunden und mehr am Tag. Selbst das schon 1891 erlassene Verbot der Sonntagsarbeit wird durch zahlreiche Ausnahmen und Verstöße ausgehebelt, bis es in der Weimarer Reichsverfassung 1919 endlich verankert wird.

Das Schlüsselerlebnis in Freizeit und Entspannung ist der Tanz. Die Emanzipationsbewegung der Frau und neue Bedürfnisse einer veränderten (industriellen) Arbeitswelt machen den Tanz vorwiegend als Wochenend-Schwof in Kneipen und Tanzhallen zu einem begehrten Freizeitvergnügen, und dafür kommen die neuen Rhythmen und Tanzfiguren aus den USA gerade recht. Nicht immer kann man sich dafür Musiker und Orchester leisten. Aber vielleicht ein Orchestrion zur Miete. Mitte des 19. Jahrhunderts baute man bereits diese Musikautomaten, die als überdimensionale Drehorgeln (Leierkasten) ganze Orchester imitierten und auf Jahrmärkten Marschmusik und in den Salons Klassik spielten. Sie tauchten sogar auf Kuba auf. „So um das Jahr neunzig, spielten sie *danzones* auf großen Drehorgeln, mit Ziehharmonikas und Kürbishülsen. Aber der Weiße hat immer eine ganz andere Musik gehabt als der Neger. Die Musik des Weißen ist ohne Trommeln, langweiliger", erinnert sich der ehemalige kubanische Sklave Esteban Montejo.[26]

Vor der Erfindung von Radio und Schallplatte kam die Musik von der Dose: Mitte des 18. Jahrhunderts von ersten Zylindern, auf denen rotierende Zungen wie bei den afrikanischen Daumenklavieren (Mbira) zur Tonerzeugung angerissen werden, eingebaut in Spieldosen oder beweglichen Puppen und seit 1885 von austauschbaren Metallscheiben – erstmals angedacht vom 31-jährigen Miguel Bloom auf Haiti, der in Frankreich ein Ingenieurstudium absolviert und 1882 eine bearbeitete Stahlplatte in den USA zum Patent angemeldet hatte, die sich waagerecht unter einem Kamm drehte. Zu den führenden deutschen Herstellern gehörten die Symphonion-Musikwerke in Leipzig-Gohlis (gegr. von Paul Lochmann 1886) und die von zwei ehemaligen Symphonion-Mitarbeitern gegründete Polyphon mit über 1000 Mitarbeitern. Die industrielle Fertigung ermöglicht es, diese Plattenspieldosen bald zu erschwinglichen Preisen auf den Markt zu bringen. Die „Software" kommt in Form runder Metallscheiben auf den Markt. Aufnahmen mit Cakewalk-Themen gehören dazu. Fast zeitgleich hat man in den USA das Zusammenspiel von Zungen und Löchern für die Entwicklung mechanischer Klaviere genutzt. Wie von Geisterhand beginnen in den Kneipen einsame Pianos plötzlich Rags zu spielen, nachdem die entsprechende „Piano Roll" eingelegt worden worden ist. Diese Papierrollen mit den neuesten Hits sind viel schneller und billiger herzustellen. 1904 entwickelt der deutsche Orchestrion-Hersteller Welte & Söhne in Freiburg eine wesentliche Verbesserung der noch sehr mechanisch klingenden Pianolas, die zu einer Tonaufzeichnung zusätzlich eine Art Spielaufzeichnung darstellt. Pianisten wie Gustav Mahler, Claude Debussy oder Sergei W. Rachmaninow spielen bei ihnen auf besonders präparierten Klaviaturen, die nicht nur die Töne sondern auch Eigenarten des Anspiels und Dynamik auf der Notenrolle festhalten. Der Cakewalk „At a Georgia Camp Meeting" des weißen Amerikaners Kerry Mills von 1897 wird nicht nur häufig von Bands nachgespielt. Er wird wie zahlreiche andere Cakewalks und Ragtimes auch als Metallscheibe für Spieluhren und als Piano Roll gefertigt, von denen viele vom Pianisten Albrecht Kupfernagel zwischen 1906 und 1909 bei der Firma Welte in Freiburg eingespielt werden. (In der Freiburger Universitätsbibliothek wird eine große Sammlung von Abspielrollen für das Welte-Mignon-Reproduktionsklavier aufbewahrt.)

Die Leierkastenproduktion ist seit 1875 in Berlin fest in italienischer Hand der aus Genua eingewanderten Brüder Bacigalupo. Neben Orchestrien und Orgeln versorgen sie vor allem die vielen Leierkastenmänner der Metropole, die vor dem Radio- und Schallplatten-Zeitalter auf den Hinterhöfen für die Verbreitung von Gassenhauern sorgen. Von ihrer Fabrik in der Schönhauser Allee gehen auch rund tausend Musikautomaten an den russischen Zarenhof. Mit Giovanni Bacigalupo stirbt erst 1978 der letzte Drehorgelbauer in Ost-Berlin/DDR.

Eine andere Erfindung benötigt rund 25 Jahre, um echte Tonaufzeichnungen in massenhafter Duplikation auf den Markt zu bringen. Edisons Phonograph (1877) wandelt sich unter der maßgeblichen Beteiligung des deutschen Erfinders und Unternehmers Emil Berliner ebenfalls von Walzen als Tonträger zum Abspielgerät von Gummi-, Zelluloid- oder Zink-Scheiben durch ein Grammophon. Die schon 1896 von Berliner in den USA entwickelte Schellack-Platte wird spätestens um 1910 Massenmedium, als es in Deutschland rund 500 Tonträgerlabels gibt und die Abspielgeräte preiswerter werden. Dabei sind deren Systeme anfangs oft noch nicht untereinander kompatibel, sodass der Besitzer eines Grammophons der Deutschen Grammophon Gesellschaft in Hannover mit seiner Nadel keine Schallplatten der französischen Pathé abspielen kann.

Musik wird Industrieprodukt

Nach dem Ende des amerikanischen Bürgerkriegs (1865) hatten Konzert-tourneen berühmter amerikanischer Pianisten wie Louis Moreau Gott-schalk in den USA die Nachfrage nach Pianos erheblich ansteigen lassen. 1887 soll es dort bereits über eine halbe Million Klavierschüler gegeben haben. Das bedeutete eine immense Nachfrage nach Notenmaterial, der sich zunehmend Musikverlage im Bereich 28th Street zwischen Fifth Avenue und Broadway annahmen. Aus vielen Büro-Fenstern soll man das Geklimper der Komponisten gehört haben, die den Verlagen ihre neuesten Werke vorstellen. In der deswegen spöttisch „Tin Pan Alley" genannten Straße residierte bis zur Mitte des 20. Jahrhunderts das amerikanische Musikver-lagsgeschäft. Schon 1877 erschien dort die erste amerikanische Notenaus-gabe von „La Paloma", der zahllose Bearbeitungen und Partituren für jede denkbare Instrumental- und Orchester-Besetzung folgten. So wurden Hits gemacht, bevor es Schallplatte und Radio gab.

Sebastián Iradiers „La Paloma" verdankt seine Popularität in Deutsch-land der Herausgabe der Partitur durch den Schott-Verlag im Jahr 1880, der auch einige Werke von Louis Moreau Gottschalk verlegt. Ohne Noten gab es kaum massenwirksame Verbreitungsmöglichkeiten für Lieder, die man bei Liederabenden in Soireen und Theatern hörte. Kurorchester und Blasorchester hatten besonders an neueren Werken großen Bedarf. Zu den Publikumslieblingen gehörten neben volkstümlichen Märschen und Walzern bekannte Opernarien, Operettenlieder und Kunstlieder der auslaufenden Romantik. Missbilligend erlebten Klassiker wie Wagner oder Liszt das Ent-stehen einer populären Unterhaltungsmusik als Mitbewerber um die Gunst breiter Bevölkerungsschichten. Gassenhauer und Schlager standen schon damals im Ruf, als ‚Schundmusik' ein kultureller Absturz und Gefährdung bürgerlicher Werte zu sein. Je mehr politische und soziale Verhältnisse den Wunsch nach Ablenkung stärkten, desto größer war aber die Gier nach einer Musik, die als ‚Leichte Musik' deutlich nur der Unterhaltung diente. Viel mehr als die ‚Ernste Musik' wurde sie sehr schnell eine globale Musik, indem Komponisten in Buenos Aires, New York oder Moskau mit Ragtime oder Tango dieselben Stil-Vorlagen verwendeten. Der europäische Musik-geschmack war bis zum Ende der Gründerzeit überall dort prägend und führend, wo sich europäische Siedler in der Welt niedergelassen hatten. Erst mit der Jahrhundertwende begann eine langsame (Afro-) Amerikanisierung der noch jungen populären urbanen Musik, die immer wieder auch von Einflüssen Südamerikas und der Karibik unterbrochen wurde. Damals, wie im Dritten Reich und in den durch den Vietnamkrieg geprägten

1960er Jahren, erhoben sich auch Stimmen gegen die „amerikanischen" Einflüsse, die bis 1925 fast ausschließlich afroamerikanischer Natur waren.

Das Volkslied war damit nicht passé. 1807 hatte Johann Gottfried Herder seine Sammlung „Stimmen der Völker in Liedern" veröffentlicht und die Romantiker des 19. Jahrhunderts brachten Volkslied und Volksdichtung in „Des Knaben Wunderhorn" zu neuer Geltung. Zu Beginn des neuen Jahrhunderts erscheint im Sog der Wandervogelbewegung der „Zupfgeigenhansl" als Sammlung alter Volkslieder.

> „Wir tanzen hier auf einem Vulkan - aber wir tanzen. Was in dem Vulkan gärt, kocht und brauset, wollen wir heute nicht untersuchen, und nur wie man darauf tanzt, sei der Gegenstand unserer Betrachtung…. Eine kreischend schrillende, übertriebene Musik begleitet hier einen Tanz, der mehr oder weniger an den Cancan streift. Hier höre ich die Frage: was ist der Cancan. Heiliger Himmel, ich soll für die ‚Allgemeine Zeitung' eine Definition des Cancan geben! Wohlan: der Cancan ist ein Tanz, der nie in ordentlicher Gesellschaft getanzt wird, sondern nur auf gemeinen Tanzböden, wo derjenige, der ihn tanzt. oder diejenige, die ihn tanzt, unverzüglich von einem Polizeiagenten ergriffen und zur Tür hinausgeschleppt wird. Ich weiß nicht, ob diese Definition hinlänglich belehrsam, aber es ist auch gar nicht nötig, daß man in Deutschland ganz genau erfahre, was der französische Cancan ist" (Heinrich Heine im Februar 1842 aus Paris).[27]

Die Deutschen lernten den Cancan als Tanznummer am Schluss von Jacques Offenbachs Operette „Orpheus in der Unterwelt" nach seiner Pariser Premiere 1858 auch in Deutschland kennen. Aus einer lebhaften Quadrille als *Chahut* entstanden, konnte der frech nach vorn getanzte Cancan die Tanzkneipen der Deutschen nicht erobern, obwohl er auch in Gardemanier in Reih und Glied getanzt wird. Er war eher etwas für die Bühnen der Nachtclubs, während man sich im Gesellschaftssaal und auf dem Tanzboden artig paarweise im Dreiviertel-Walzer-Takt drehte oder traditionell mit Polka, Schottisch oder Rheinländer in Kreisen und Reihen im Zweier-Rhythmus hopsend und galoppierend alte Bauerntänze am Leben erhielt. Unter Kaiser Wilhelm II. gerieten alle Tänze, bei denen sich die Partner ‚unschicklich' näher kommen konnten, auf die rote Liste. Stattdessen erlebten Quadrillen und Kontertänze ein Comeback bei Hofe und in feiner Gesellschaft. „Für Wilhelm II. galt das Menuett als höchste Ausdrucksform der Disziplin des Geistes. Der Körper wurde einer strengen Überwachung unterzogen, die nicht zuletzt dazu diente, dem Herrscher ein guter Untertan zu sein."[28]

Die neuen Tempel der Unterhaltung

Mit Telephon, Tonträgern und Film, ab 1923 auch mit der ersten Radio-
übertragung aus dem Berliner Vox-Haus auch Hörfunk, bieten sich um
die Jahrhundertwende neben den Zeitungen neuartige, für Marketing
notwendige Massenmedien an. Die illustrierten Wochen- und Monats-
zeitschriften tragen für nur 10 Pfennige Informationen über Künstler,
Mode, neue Tänze und fremde Welten in alle Städte und Dörfer. Es wird
sich jedoch auch bald herausstellen, dass man die Massen nicht nur zum
Besuch einer Veranstaltung oder Kauf einer Schallplatte bewegen oder allen
Bevölkerungsschichten neue Helden in Theater, Musik, Show und Literatur
anbieten und dabei deren Aufstieg und Abstieg nicht nur begleiten, sondern
auch beeinflussen kann. Dass die neuen Massenkommunikationsmittel auch
politisch und zu rassistischer Hetze missbraucht werden, ist spätestens ab
1933 bittere Realität.

„In Rixdorf ist Musike" singt der Berliner über das Dorf im Süden der
Stadt, in dessen Kneipen – mit und ohne Tanzboden – er besonders an den
Wochenenden sein Vergnügen sucht. Hier nutzt der Gassenhauer seine
Chance, aus dem lokalen Kneipenmilieu zu nationaler Bekanntheit aufzusteigen. Dabei bedient er sich auch bekannter Melodien aus Oper und
Operette wie *„Auf in den Kampf, die Schwiegermutter naht…, siegesgewiss
klappert ihr Gebiss"* zum Torerolied in Bizets „Carmen" nach Iradiers Vorlage (s. Kap. 1). Die Rummelbuden und Kneipen in der Vorstadt sind für
die populäre Unterhaltungskultur so wichtig wie die Varieté-Theater im
Stadtzentrum. Hierin sind sich viele Metropolen, auch die in Lateinamerika,
gleich.

Das Reich rückt in der Medienflut zusammen. Berlin bleibt zwar Kultur-
metropole, aber auch in den Großstädten des Reichs braucht man Theater,
Musikhallen und andere Etablissements – spätestens für den Bedarf der
Tourneen der Völkerschauen und nachfolgender Musikshows. Mit einem
Gastspiel in Hamburg oder Berlin allein lassen sich die im Konkurrenzkampf steigenden Kosten immer aufwändigerer Produktionen nicht mehr
einspielen.

Vorbilder finden sich schnell in England, Frankreich und den USA.
Dort hat sich längst eine Veranstaltungsform entwickelt, die allgemein als
Vaudeville, gewissermaßen als U-Variante zum etablierten E-Kulturbetrieb
entstand. In den USA etablierte der gebürtige Westfale Gustave A. Kerker
als Komponist zeitgenössischer Unterhaltungsmusik sogenannte *light*

operas bzw. *musical comedies* als europäisch geprägtes Pendant zu den neuen schwarzen Bühnenshows von Will Marion Cook und Kollegen. (s. Kap. 4)

Vaudeville stand in Frankreich einst für lockere Liederabende, in denen sich die Autoren kritisch und auch spöttisch aktueller Themen annahmen. Im 17./18. Jahrhundert kamen Tanz und artistische Darbietungen dazu, das Vaudeville war Attraktion der Pariser Jahrmärkte. Vaudeville war Synonym für leichte Verruchtheit, ein Zugeständnis an einen breiten Publikumsgeschmack. Nach der Revolution konnte man zeitkritische Chansons in den *Cafés chantants* hören, die als *Cafés concerts* wie die englischen Music Halls schon kleine Nummernprogramme u. a. auch mit Artistik anboten.

Im deutschsprachigen Raum gab es entsprechende Lokalitäten, wie die Polkakneipen und die aus ihnen entstandenen Singspielhallen. Zuerst bot man gelegentliche volkstümliche Gesangsdarbietungen wie Couplets und Gassenhauer zwischen den allgemeinen Polkatänzen, dann erweiterte sich das abendliche Bühnenprogramm nach dem Vorbild der sich auf dem Kontinent ausbreitenden Kultur der Music Halls. „Die Singspielhallen markieren zugleich in gewissem Sinne die Trennung der Entwicklungslinien in Österreich und Deutschland. Während in Österreich die ‚musikalische Linie' eine Fortführung fand, bildete sich in Deutschland eine ‚artistische Linie' heraus", schreibt der Dresdner Artist und Schriftsteller Ernst Günther in seiner „Geschichte des Varietés".[29]

Zirkus und Vaudeville liegen in Nordamerika dicht beieinander. Hagenbecks Vorbild für seine Völkerschauen war der große amerikanische Zirkusboss Phineas Taylor Barnum (1810–1891), der den Zirkus um zweifelhafte Attraktionen menschlicher Abnormitäten erweitert hatte. Neben einem Hund, der eine Knittax-Strickmaschine bediente, stellte er Menschen mit körperlichen Besonderheiten aus, ließ Insassen aus einem Hospital für geistig behinderte Menschen Azteken darstellen und führte den Amerikanern die „Original"-Amme von George Washington vor – eine schwarze, blinde Frau, die auf der Bühne allerlei Anekdoten zum Besten gab – sie hätte allerdings 161 Jahre alt sein müssen, um authentisch gewesen zu sein. Barnum machte auch Künstler zu Stars. Die „schwedische Nachtigall" Jenny Lind war sein Produkt.

Die amerikanischen Vaudevilles gingen irgendwie auch auf die Zirkustradition zurück, verlagerten sie aber auf die Bühne als Nummernprogramm von Varietäten („Varieties") – Gesang, Tanz, Instrumentales, Komiker, Tierdressuren, Akrobaten, Bauchredner. Man kennt diese Mischung noch aus Häusern wie dem Hansa-Theater in Hamburg und auch noch Jahrzehnte später aus neuen Spielstätten wie dem Frankfurter Tigerpalast. Das 1894 in Hamburg mit 1500 Plätzen erbaute Hansa Theater ist nicht das erste

Haus dieser Art der neuen Singspielhallen, Vaudeville-Theater, Varieté-Bühnen oder Ballhäuser in Deutschland. 1880 eröffnete die Bockshalle an der Poststraße in Düsseldorf, 1892 das Apollo-Theater in Berlin und sieben Jahre später entsteht am heutigen Graf-Adolf-Platz mit dem Düsseldorfer Apollo das damals wahrscheinlich größte Vielzweckgebäude Europas. Weil man nicht allein auf das Varieté als Einnahmequelle setzen will, ist es Spielort für Konzerte, Zirkus, Bälle und Ausstellungen. Zusätzlich locken Attraktionen wie Panoptikum, Lach- und Spiegelkabinette, Stereobilder, Flammenfontänen und eine Rutschbahn, die in einen Irrgarten von Spiegeln führt, für Rundumvergnügen. Getränke und Speiseautomaten bringen zusätzlichen Umsatz. Bei der Eröffnungsgala am 16. Dezember 1899 gibt man einen Chor aus dem Unterwelt-Orpheus neben Akrobaten, Zauberern und Humoristen. Der Zuschauer wird als Kunde neu entdeckt, dem es Vergnügen bereitet, auch mal direkt angesprochen zu werden und mitwirken zu dürfen – und sei es nur durch Applaus oder Zurufe, wobei bekanntlich ‚hinten auf den billigen Plätzen‘ die Stimmung ein paar Grade ausgelassener ist.

Es ist auch die Gründerzeit anderer bis heute klangvoller Etablissements wie der Scala in Köln (1885), 1882 des „Krystall-Palast“ in Leipzig, der Flora in Hamburg (1888), des Ronacher (1872/1888) in Wien, des Mellini-Theaters in Hannover (1889), des Schuhmann-Theaters in Frankfurt (1905). Der Brockhaus nennt bis 1930 schon 360 Varietés in 119 Städten, allein in Berlin sind es 80 Häuser. Sie haben zum Teil gigantische Ausmaße, mit denen nach der Reichsgründung 1871 die Bedeutung Berlins als wirtschaftlicher und kultureller Mittelpunkt unterstrichen werden soll. Aus allen Himmelsrichtungen enden Gleise in neuen Bahnhöfen, an denen große Hotels die Reisenden erwarten, wie das Central Hotel am Bahnhof Friedrichstraße mit seinem „Wintergarten“, in dem seit 1880 fast 2000 Menschen Platz finden. Hauptattraktion ist ein riesiger 2000qm großer Glasgartensaal, voller Palmen und tropischer Pflanzen, Springbrunnen und kleiner Grotten. 1889 treten hier die ersten Weltstars wie die Mistinguett aus Paris auf. 1892 eröffnet das Apollo am anderen Ende der Friedrichstraße in den Räumen, die vorher das Olympia und danach die Berliner Flora und das Concordia beherbergten. Im gleichen Jahr entsteht in der Behrenstraße das Theater Unter den Linden, das 1898 in Metropol-Theater umbenannt und bald erste Berliner Adresse als Operetten- und Revue-Theater wird. Die Berliner Scala protzt mit einer Foyer-Bar im gotischen Stil und einem in gelb und rosa gehaltenen Speise-und Ballsaal im Rokoko-Interieur. In den Pausen nippt man am Schampus in der blauen Spiegelbar. Drei Orchester spielen: eine Jazz-, eine Tango- und eine Stimmungskapelle. Das Plaza in

Berlin-Friedrichshain sieht ab 1929 auf seinen 3000 Plätzen eher Arbeiter und Angestellte, die dem Slogan „Nach der Arbeit in die Plaza" folgen und dafür nur zwischen 50 Pfennig und 1–2 Mark hinlegen müssen. Überall in Deutschland ist man bestens gerüstet für den Start eines neuen Freizeitvergnügens: mal nett ausgehen, bei einem Varietéprogramm essen und trinken und anschließend selber aufs Parkett gehen. Billig ist das beileibe nicht. Für den kleinen Geldbeutel gibt es in Zilles „Milljöh" die Tanzlokale mit ihrem quartiertypischen Publikum, die Jahrmärkte oder die Belustigungsgärten der bayerischen Metropole. Und es gibt natürlich den Tingeltangel. Nach Meyers Konversationslexikon von 1909 ist das ein „Berliner Ausdruck für Singhallen niedrigster Art mit burlesken Gesangsvorträgen und Vorstellungen". *Burlesk* oder *Burlesque* ist eine Sparte des Vaudeville, in der man das tut, was eigentlich nicht sein sollte: man singt freche Lieder, parodiert Spitzen der Gesellschaft und zeigt sich auch nicht zimperlich in erotischen Andeutungen, bei denen schon mal die Hüllen fallen.

Fast gleichzeitig entstehen zahlreiche Bühnen, die der noch jungen Kunstform der Operette gewidmet werden. Die Begeisterung, die Jacques Offenbachs „Orpheé aux enfers" (Orpheus in der Unterwelt) 1858 besonders mit dem markanten *Cancan* entfacht hatte, kehrt zwanzig Jahre nach Ende des deutsch-französischen Krieges zurück. Im Apollo in Berlin feiert 1899 die Berliner Operette mit Paul Linckes „Frau Luna" ihre Geburtsstunde. Berliner Häuser wie Theater des Westens (1896), Komische Oper, Neues Operettenhaus, Theater am Nollendorfplatz, Großes Schauspielhaus (später: Friedrichstadtpalast), Theater Unter den Linden, Admiralspalast und Metropol nehmen die Operette in ihre Programme auf. In München entsteht 1896 das Deutsche Theater, das zeitweise auch „Feenpalast" genannt wird.

> Berlin! Hör' ich den Namen bloß,
> da muss vergnügt ich lachen!
> Wie kann man da für wenig Moos
> den dicken Wilhelm machen!
> Warum läßt man auf märk'schem Sand
> gern alle Puppen tanzen?
> Warum ist dort das Heimatland
> der echte Berliner Pflanzen?
>
> Das ist die Berliner Luft Luft Luft…
>
> (Paul Lincke, 1866–1946)

Neugier und Schaulust treibt vor und nach der Jahrhundertwende die Dresdner, Münchner oder Hamburger nicht nur auf die Jahrmärkte und in die Völkerschauen. Je abgefahrener das Programm ist, desto mehr Besucher strömen in die Varietés. Derb-Komisches ohne jeden Tiefgang erlebt man in musikalischen und szenischen Burlesken, Exotischem begegnet man nicht nur im Interieur und Ambiente vieler Etablissements. Aber auf den Bühnen zeigt sich die Exotik noch sittsam verpackt und nur dubiose Herkunftsbezeichnungen wie „La Belle Vera – danseuse cubain" geben Hinweise. Sehr viel einfallsreicher zeigen sich die Künstlerdirektionen in Variationen der Etiketten „Excentric" und „Neger". Was als bizarr, fremdartig und extravagant in keine der bisher bekannten Kategorien der Unterhaltungskunst passt, präsentiert sich auf Varietébühnen als „musical excentriques", „excentrique Pantomisten" oder „burlesque excentrics". Menschen schwarzer Hautfarbe radeln als „urkomische Negerradfahrer" auf die Bühne. Als „komisch, ulkig, drollig, witzig, besonders der schwarze Kaffer" preist man 1902 das Deltorelli-Quartett in Dortmund an. Mr. William Kelly, der „echte Neger", gibt 1897 im Deutschen Kaiser in Dresden neben Gesang auch den unverwundbaren Fakir, und die Direktion Schlesinger in Naumburg an der Saale sucht einen „Negerkomiker, welcher deutsch singt, zu engagieren". Wie zum Beispiel den „Ekzentriker-Meister-Stepptänzer Anjo Dick aus Deutsch-Kamerun", der 1918 im Essener Germania Bier-Palast mit Schlagern von Willy Bünger auftritt. Und natürlich soll das alles echt sein, wie die „ächten Singhalesen Zwerge" oder „Mister Rannie, der Mann mit der eisernen Haut", auch ein Singhalese, den viele ‚hervorragende Ärzte' in Wien untersucht haben sollen. Ob die „5 Dolores" wirklich aus Mexiko und die „Gloria Argentine Ladies" oder die „Los 3 Ardigo" tatsächlich vom La Plata und die Indische Gardereiter Kapelle wirklich aus Asien kommen, wissen allein die Künstlerdirektionen. Aber vielleicht nicht mal das, denn der Amerikaner William Ellsworth Robinson kann auf seiner Welttournee 1903 auch im Berliner Wintergarten unenttarnt als „Man of Mystery" Chung Ling Soo mit seiner Nummer als ‚Lebende Zielscheibe' auftreten. Er gibt auch hier Interviews nur über einen angeblichen Dolmetscher. Erst nachdem 1918 die Waffe defekt ist und den Meister auf der Bühne tötet, kommt heraus, dass er gar kein Chinese war.[30] Den Herkunftsangaben der auf Varieté-Bühnen auftretenden Künstler darf man in diesen Zeiten sowieso nicht trauen. Man will ja glauben was man sieht, auch wenn ein exotisch wirkender Fakir aus Berlin-Neukölln stammt.

Aus Tischen und Stühlen baut der Clown und Kaskadeur Humsti-Bumsti mit seiner quietschenden Halsschleife 1921 eine Pyramide, die am Ende unter ihm unter tosendem Gelächter der Zuschauer zusammen-kracht. Theo Mackeben schreibt 1926 das gleichnamige „lustige Zauber-märchen mit Gesang und Tanz". Die Nummer wird oft kopiert und „Humsti-Bumsti" geistert fortan durch die Texte von Schlager und Kabarett, mal als Clown, mal als Lebemann oder Riese, später auch im Filmen wie Kurt Ruplis „Arena Humsti Bumsti" (1935) und Zeichentrickfilm „Zirkus Humsti Bumsti" (1944) von Kurt Stordel. Lachen und Weinen, Glück und Unglück, Schaden und Schadenfreude, Heute so und morgen so, das ist Humsti Bumsti. Der Schriftsteller Rudolf Alexander Schröder beschreibt ihn als die zweiten Seiten eines Mannes:

> Humsti war ein schöner Mann
> wohl beliebt bei allen Frauen
> doch auf Bumsti konnte man
> nur mit Widerwillen schauen
> [...]
> Humsti rauchte Henry Clays,
> parfümierte sich die Haare,
> Bumsti roch nach altem Käs'
> und nach Pfälzer Ausschußware.

In Wien ist die Operette ab 1860 dauerhaft in vielen Theatern und Premieren präsent geblieben. Bis zur Jahrhundertwende etwa lebten die Operetten-Kompositionen von einer Mischung aus Polka, Walzer und Marschelementen. Dann schleichen sich zunehmend auch amerikanische Vaudeville-Importe in Melodik und Rhythmik ein.

Aus Nummernprogrammen der Varietés werden aufwändige Revuen ent-wickelt. Entscheidenden Anteil daran hat der Breslauer Tänzer Erick Karl Löwenberg (1894–1974), der als Erik Charell vor dem Krieg ein Ballett auf die Beine stellt, mit dem er in vielen Städten der wenigen Länder als (Propaganda-)Botschafter deutscher Kultur auftritt, die nicht mit Deutsch-land im Krieg stehen. „Sein Ballett tat mehr für Deutschland, als Lieber-mann und der Expressionismus, als Herbert Eulenberg und Albert oder Carl Einstein. [...] Deutschland [...] machte sich durch Charell beliebter, als durch alle deutschen Bilder...", sagt später der Kunstsammler Alfred Flechtheim[31], der auch die Gründe für Charells Rückzug vom Ballett angesichts der neuen Nackt- und Ausdruckstanzbewegung nach dem Krieg kommentiert: "Rhythmische Gymnastik, Turnverein-Freiübungen nach Beethoven und Strauß, aufgebaut auf dem Geschmack mehr oder minder banausischer und amüsanter Papiermark-Krösusse oder Inflations-Expressionisten". Erik Charell geht an die Reinhardt-Bühnen in Berlin und begleitet Karl Gustav Vollmoeller als Bühnenmanager zur Aufführung von dessen „Miracle" nach New York (s. Kap. 6). Danach schreibt und produziert er ab 1924 eigene Revuen und Operetten. „Charell will, dass wir in seiner Revue wieder Weltluft atmen", sagt Flechtheim in Anspielung auf Deutschlands Isolierung durch den Krieg. Zehn Jahre später ist Flechtheim wie auch Charell und Hunderte andere jüdische Kulturschaffende vor den Nazis aus Deutschland geflohen.

Ganz andere Wege geht Curt William Doorlay, ein gebürtiger Königsberger mit brasilianischem Pass, schottischen und bayerischen Vorfahren und Wohnsitzen in England, Deutschland und der Schweiz. International ist auch das neuartige Nonstop-Revue-Programm, mit dem er zuletzt, 1939, mit über 300 Mitwirkenden in 180 Minuten einhundert Bühnennummern präsentiert. Doorlays „Eine Reise um die Welt" präsentiert seit Ende der zwanziger Jahre in seinen Shows „Brasilianisches Kaleidoskop" und danach im „Tropen-Express" auch Musik und Tanz aus Südamerika und Asien. Deren Authentizität leidet aber unter Doorlays Konzept. Die meisten Musiknummern schreibt er selber und die Interpreten und Tänzer stammen selten aus den Ursprungsländern. Bei anderthalb Minuten Zeit pro Auftritt wird vieles stilisiert und dem Publikumsgeschmack, bald auch dem der Nazis, angepasst. Der Erfolg der Doorlay-Revuen, auch in Südamerika und Asien, ist riesig (s. Kap. 15).

Weiterlesen über Unterhaltungsindustrie, Medien, Forschung etc.

Anmerkungen

1. Wolfgang Bender: „Initial Research into Life and Work of Tessema Eshete", in: Siegbert Uhlig (Hg.): Proceedings of the XV. International Conference of Ethiopian Studies Haraboiig, July 20–25, 2003. Wiesbaden 2006, S. 404.
2. Absender Menelik II. an den deutschen Außenminister 1907, zit. nach: Stefan Brüne (Hg.): Auf dem Weg zum modernen Äthiopien. Münster 2005, S. 211.
3. Gründer der Deutsch-Abessinischen Handelsgesellschaft.
4. Arnold Holtz: Im Auto zu Kaiser Menelik. Berlin 1908.
5. Bender (Anm. 1), S. 405.
6. Übersetzung von Dr. Haylu Habtu, Buda Music Reissue 2010, www.arefe. worldpress.com/2010/10/09/tessema-eshetes-medina/ (9.1.2016). „Qene" ist ein besonderer äthiopischer poetischer Stil.
7. Vgl. Bender (Anm. 1), S. 404. Laut Matrix-Nummern BEKA in der Zusammenstellung von Christian Zwarg (Wien) wurden insgesamt 56 Master für Beka-Grand und Odeon aufgenommen.
8. www.grammophon-platten.de.
9. Siehe Andreas Stehen: Zwischen Unterhaltung und Revolution. Grammophone, Schallplatten und die Anfänge der Musikindustrie in Shanghai, 1878–1937. Wiesbaden 2006.
10. Benno Bardi: „Auf Stimmfang in Ägypten", in: Der Querschnitt 6/1926, H. 9, September, S. 666.
11. Albert Schweitzer: Zwischen Wasser und Urwald. München 1955 (zuerst Bern 1926).
12. In: Artur Simon: „Die Musik ist hier reich", in: Unesco heute, Online-Magazin, 2.2.2002.
13. halfmoonfiles.de/de/4/film/synopsis (27.10.2018).
14. Zit. nach: Holger Stoecker: Afrikawissenschaften in Berlin von 1919 bis 1945. Zur Geschichte und Topographie eines wissenschaftlichen Netzwerkes. Stuttgart 2008, S. 125.
15. Hermann von Helmholtz-Zentrum für Kulturtechnik. Katalog der wissenschaftlichen Sammlungen der Humboldt-Universität zu Berlin (Pilotprojekt).
16. Zit. nach: SWR2-Sendung (15.3.2002), Autor: Wolfram Wessels, nach Originalzitaten Doegens.
17. Archivleiter Mahrenholz in SWR2-Sendung von Wolfram Wessels (Anm. 16).
18. Der Nachlass von Koch-Grünberg, darunter 67 Tonwalzen, befindet sich im Ethnologischen Institut der Philipps-Universität Marburg.
19. Rainer E. Lotz: Discographie der ethnischen Aufnahmen, Bonn 1998, S. 249.
20. Erich Moritz von Hornbostel/Curt Sachs: „Systematik der Musikinstrumente. Ein Versuch", in: Zeitschrift für Ethnologie, Bd. 46, 1914, H. 4–5, S. 553–590.

21. Hildesheim/New York 1979.
22. Curt Sachs: Vergleichende Musikwissenschaft – Musik der Fremdkulturen (1930), Wilhelmshaven, 1974, S. 5 f.
23. Definition von Jeff Todd Titon: "Ethnomusicology as the Study of People Making Music", in: Musicological Annual, 51/2 (2015), 175–185.
24. Susanne Ziegler: Die Wachszylinder des Berliner Phonogramm-Archivs. Staatliche Museen zu Berlin, 2006.
25. Iris Kronauer: Vergnügen, Politik und Propaganda: Kinematographie im Berlin der Jahrhundertwende 1896–1905. Dissertation Humboldt-Universität zu Berlin, www.iriscope.de/Kapitel1/kapitel1_6.html.
26. Miguel Barnet: Der Cimarron. Frankfurt a.M., S. 158.
27. In: Lutetia 1.Teil, www.heinrich-heine-denkmal.de/heine-texte/lutetia42.shtml (18.4.19).
28. Ruth Grützmacher in: „…und zum Hofball Menuet: Der Rückschritt in der Etikette unter Wilhelm II." www.suite101.de/content/und-zum-hofball-menuet-a48652#ixzz1DkkKUoIp.
29. Ernst Günther: Geschichte des Varietés. Berlin 1978, S. 32.
30. Vgl. Wikipedia, Art. „Chung Ling Soo".
31. Alfred Flechtheim: „Vom Ballett zur Revue", in: Der Querschnitt 6/1926, Februar, S. 199.

Kapitel 4 (… 1880–1910 …)

Black Faces on Stage

„Muh gran Calina tell me how he got heah. He say he playin on beach in Africa, an big boat neah du beach. He say, duh mens on boat take down flag, an put up big piece uh red flannel, an all chillum dey git close to watuh edge tuh see flannel an see wut doin. Den duh mens comes off boat an ketch um, an wen duh ole folks come in frum duh fiels dey ain no chillum in village. Dey's all on boat. Den dey brings um you" (Klage eines Sklaven aus dem Stamm der Ibo über seine Gefangennahme in Afrika)[1]

Rassismus unter der Maske: Minstrel Shows

Während im Kaiserreich Eskimos, Feuerland-Indianer und Afrikaner wie wilde Tiere zur Schau gestellt werden, entwickelt sich in der „Neuen Welt" aus der nicht weniger unproblematischen Begegnung unfreiwilliger Immigranten aus Afrika mit der europäischer Kultur der Einwanderer eine Entertainment-Kultur, die auch Europa auf unabsehbare Zeit beeinflussen wird.

Kurz nach ihrer Veröffentlichung in Nordamerika gibt es 1853 bereits eine deutsche Ausgabe von Harriet Beecher Stowes „Onkel Tom's Hütte" und die beginnt so: An einem kalten Februartag saßen in einem Nest in Kentucky zwei Männer in einem Esszimmer und besprachen bei einem Glas Wein, wie einer von ihnen seine Schulden am besten durch Überlassung des Sklaven Tom begleichen könnte. Aber das schien nicht genug.

© Springer-Verlag GmbH Deutschland, ein Teil von Springer Nature 2022
Claus Schreiner, *Schöner fremder Klang – Wie exotische Musik nach Deutschland kam*,
https://doi.org/10.1007/978-3-476-05695-5_5

Abb. 1   Der Komiker Thomas D. Rice im Blackface als Jim Crow, ca. 1832 (links) und „Ein Concert". Liebig-Sammelbild (um 1889)

„Hier öffnete sich die Thür, und ein kleiner Mulattenknabe von vier bis fünf Jahren kam in das Zimmer...

‚Sieh da, Jim Crow!' rief Mr. Shelby pfeifend und ihm eine Weintraube zuwerfend, greif zu!'

Das Kind sprang mit allen Kräften nach der Beute, während sein Herr lachte.

‚Komm hierher, Jim Crow ', sagte Mr. Shelby, und klopfte, als das Kind zu ihm getreten war, freundlich seinen lockigen Kopf und sein Kinn. ‚Nun, Jim Crow, zeige diesem Herrn, wie Du tanzen und singen kannst.'

Der Knabe begann augenblicklich mit seiner hellen, klaren Stimme einen jener wilden Gesänge, die unter den Negern üblich sind, und begleitete ihn mit mannigfachen Bewegungen seiner Hände, Füße und seines ganzen Körpers, welche in genauem Einklange mit dem Takte der Musik waren.

‚Bravo!' sagte Haley, ihm eine halbe Orange zuwerfend."[2]

Jim Crow wird in den USA zur Symbolfigur des scheinbar sorglos lebenden freien Sklaven. Es ist diese Romanfigur, die den Lesern in Deutschland nach Beginn der Industrialisierung und vor dem Auftauchen schwarzer Künstler in Deutschland ein falsches Bild der Menschen in Amerika zeichnet, die sie nur als ‚Neger' kennen. In den USA kennt man Jim Crow schon seit 1828 als Kunstfigur im Programm des Komikers Thomas Dartmouth Rice, der mit schwarz bemaltem Gesicht, schwarzer Wollhaar-Perücke, lumpigen Kleidern und Strohhut mit einem von Sklaven abgelauschten Lied über Jim Crow („Jump Jim Crow") in Varietés auftrat. Seitdem ist diese Figur fest in vielen Minstrel Shows verankert (Abb. 1).

Ein anderes Bild vermittelt diese Geschichte Mark Twains: Als Tom Sawyer feststellte, dass er schon zu Beginn der Ferien plötzlich Langeweile verspürte, kam zum Glück und zum ersten Mal eine *Negro Minstrel Show* nach St. Petersburg/Kentucky und hatte einen Riesenerfolg. „Tom und Joe Harper traten in Verbindung mit der Bande und waren für zwei Tage glücklich."[3] Als Mark Twain dies 1884 schrieb, waren Minstrel Shows schon seit über vierzig Jahren in den Nordstaaten auf Tournee. Rund zwei Jahrzehnte zuvor notierte Louis Moreau Gottschalk in seinen Aufzeichnungen über die klassische Konzertszene der USA: „New Jersey ist unheilbar. Dort wird es nie Konzerte geben. Ich muss aber auch sagen, dass die Negro Minstrel Shows immer Massen anziehen."[4]

Das taten sie schon im europäischen Mittelalter, wo Ménestrels als fahrende Musikanten auf Jahrmärkten auftraten und das Volk belustigten. Die amerikanische Variante lebt vom „schwarzen" Humor der besonderen Art, vorgetragen von den als *Blackfaces* schwarz geschminkten, weißen Akteuren, unter ihnen der aus Hannover stammende Gottlieb Graupner. Vom ihm ist überliefert, dass er 1799 als „The Gay Negro Boy" in einem Theater in Boston zwischen den Akten mit schwarz bemaltem Gesicht, einem Banjo und *Negro Songs* aufgetreten sei, die er zuvor in Virginia kennengelernt habe.[5] „Minstrelsy basierte auf einer bestimmten Denkweise des Kolonialherren", sagt der Musikethnologe Gerhard Kubik, „es gab auch einen versteckten psychologischen Faktor, nämlich, dass diese schwarzen Minstrelsänger, wenn sie nachahmten, was sie für typisch für den Schwarzen hielten, sich einen geheimen Wunsch erfüllten: wie der Schwarze zu sein, wenn auch nur für ein paar Stunden."[6] Eine gewagte These, die sich vielleicht darauf stützt, dass Sex ein häufiges Thema in den Sketchen und Liedversen ist. In Wahrheit ist es kein Rollentausch, denn Blackface ist anfangs in den Minstrel Shows nicht mehr als eine Maske und Minstrel Shows (Abb. 2) sind nicht mehr als Burlesque-Theater, wie sie in England schon 1825 etwa in Tewkesbury Shakespeares Werke durch den Kakao zogen.[7]

In den USA gelten die britischen Burlesque Shows in dieser Zeit als Oper des ‚kleinen Mannes', der sich ein Ticket für die New Yorker Oper nicht leisten kann und sich dann die Comedy-Version einer Premiere im Burlesque-Stil anschaut. Die Minstrel Shows übernehmen dieses Stilmittel und bauen es mit Blackface zu einem ersten Baustein ‚nationaler' US-amerikanischer Kultur aus.[8] Einige Elemente der Oper, besonders der italienischen, bleiben im Repertoire und das parodistisch-satirische Element der britischen Burlesque verbindet sich mit dem für afrikanische Poesie typischen doppelsinnigen Charakter zu „interkulturellen Satiren" (Mahar)

Abb. 2 Original Ethiopian Serenaders (Boston Minstrels) um 1843. Obere Reihe 'Candies', unten 'Slaves'

in Aufführungen schwarzer und weißer Künstler. Deren Themen sind wie im iberisch/südamerikanischen „Teatro de Revista" und den älteren Formen Opera Buffa und Zarzuela zeit- und sozialkritisch und auch erotischer Art.

Darkies bzw. *Coons* – so nennen die Weißen echte Afroamerikaner – durften erst mit dem Sezessionskrieg in diesen Shows mitmachen. Dennoch soll es einigen gelungen sein, unbemerkt die gängige Maskerade noch zu toppen, indem sie auf ihre dunkle Haut nochmals *burnt cork* (gerußten Kork) schmierten und sich so benahmen, wie sich Weiße aufführten, die Schwarze imitierten.

Die geläufige Ankündigung von „Great Ethiopian Songs" geht völlig am ethnischen Ursprung der afrikanischen Sklaven in Nordamerika vorbei und war auch nie so gemeint. Seit 1837 eine amerikanische Truppe mit einer „Othello"-Burlesque in England gastierte, verlieh man Blackface Minstrel Show-Sketchen und Songs gern das aus einer frühen Bibelübersetzung für schwarz gebräuchliche Adjektiv „Ethiopian", obwohl dieses afrikanische Land eigentlich nur in „Aida" vorkommt und der ‚Moor' Othello aus Venedig stammt. Die Übergänge sind auch sonst fließend: „Uncle Tom's Cabin" wurde 1853 von Sanfords Opera Toupe als *Ethiopian Burlesque* und ein Jahr später von den Wood's Minstrels als *Burlesque Opera* aufgeführt.[9] Programmteile, in denen Blackface-Nummern vorkommen, werden künftig oft als Ethiopian bezeichnet.

Die Musik der Minstrels ist überwiegend europäischen Ursprungs, eine Mischung aus Liedern aus schottischer und irischer Folk Music, früher Country Music, und selbst in das traditionelle Finale kommen erst zum Ende des 19. Jahrhunderts Cakewalk-Elemente mit Ragtime-Rhythmen. Die allgemein *Plantation Songs* genannten übrigen Lieder hat man den Schwarzen abgelauscht, denn es soll Menschen geben, die im Süden der USA herumreisen, um Text und Musik, Kleidung und besondere Slang-ausdrücke der Afroamerikaner aufzuschreiben. Solche „Feldstudien" führen auch dazu, dass die meisten Songs der Minstrel Shows offiziell von weißen Komponisten stammen, auch wenn es sich nach ihrer Art um in Notenform erfasste Songs der Sklaven handelt. Die Songs werden mit auf ähnliche Art abgeschauten und burlesk dargebotenen Gestiken, Pantomimen und Tanz-Choreographien präsentiert.

De niggers dey come all around, and kick up a debil of a splutter,
Dey eat de coon and clar de ground, to dance de chicken flutter
Dey dance all night till de broke of day, to a tune on de old banjo
And den dey all did gwan away, before de chicken crow.

Chorus: O come along, O Sandy Boy, now come along O do;
What will Uncle Gabriel say, ya eh eh eh ya eh eh eh;
What will Uncle Gabriel say, why Jinny can't you come along too?[10]

Wenn sich der Vorhang zur Minstrel Show hebt, sieht man die Mit-wirkenden in einem Halbkreis auf der Bühne sitzen, sie spielen Tamburin, Fiddle, Banjo und Perkussion. An den Seiten jeweils die beiden Zentral-figuren der Show, Brother Bones und Brother Tambo und in der Mitte ein

Conférencier. Neben der Musik machen kurze Sketche, Wortduelle, Artistik und vielerlei Darbietungen die Minstrel Shows zu einer Variety Show der besonderen Art, die vor allem durch die Virginia Minstrels von Daniel Emmett und die Christy's Minstrels von E.P. Christy (ab 1846) begründet und weiterentwickelt werden.

Die Leute wollten unterhalten werden. Die Idee, für sie „schwarze" Menschen singen und tanzen zu lassen, ist Jahrhunderte alt. Hagenbeck und Co. sind nicht die ersten. Noch bevor die ersten Afrikaner nach Amerika in die Sklaverei verschleppt wurden, inszenierten Spanier und Portugiesen in einer Mischung aus Volksmusical und Mysterienspiel alljährlich die Vertreibung der Mauren von der iberischen Halbinsel. Die Darsteller der Mauren freilich waren – wenn nicht zum Christentum bekehrte Morisken – schwarz geschminkte Christen. Als *Moriske* oder *Moreske* kennt man seit dem 15. Jahrhundert lebhafte pantomimische Bühnen-Tänze, bei der die Männer sich schwarz anmalen und sich Schellen um die Knie banden.

Bei späteren brasilianischen Varianten kamen in den *Congo*-Spielen echte Afrikaner zum Einsatz. Aber dort hatten die Afrobrasilianer und die Caboclos Nordestinos, als Mischlinge indigener, europäischer und afrikanischer Herkunft, bald damit begonnen, in die traditionellen Texte der Lieder Hohn und Spott über Kirche, Kolonialmacht und lokale Persönlichkeiten einfließen zu lassen.

Hinter der Blackface-Maske verstecken sich aber in der Regel weiße Komiker. Es ist ihre Narrenkappe. „Bestenfalls waren Minstrel-Komiker gesellschaftliche Satiriker", fasst William J. Mahar zusammen, „und schlimmstenfalls – in lokalen Amateur-Aufführungen – trafen sich ihre Witze mit den Nachbarn in der Diskriminierung anderer ethnischer Gruppen in ihrer eigenen Gemeinde. Minstrel-Darsteller, auch die reinen Amateure, gehen davon aus, wenn auch nur für einen Abend, dass alle Rassen, Klassen, Berufe und Geschlechter Themen von Comedy sein können."[11]

Unterhaltsam ist allein das exotische Aussehen eines Menschen schon vor der Jahrhundertwende in Deutschland und Nordamerika. Dafür lassen Völkerschau-Veranstalter aus Mangel an Originalen auch mal schwarze Cremes auf Gesichter hellhäutiger Mitwirkender auftragen, die nach ihrer letzten Tournee in der Großstadt gestrandet waren. Während aber die Deutschen unter pseudo-ethnographischen Zielsetzungen vor allem den „Wilden" Afrikas zu Schau stellen, beschreibt Musiker Jochen Scheytt das Wesen der nordamerikanischen Minstrel Shows so: „Dadurch, dass sie sie als kindlich, doof, immer fröhlich, ständig singend präsentierten, oder als gute alte Sklaven, die ihre Herren liebten und mit ihrem Schicksal zufrieden waren, hielten sie die Schwarzen auf beruhigende Distanz."[12] Vielleicht ahnt man in den Nordstaaten, dass man nach einer Befreiung der Sklaven, für die man sich ja im Sezessionskrieg einsetzt, mit den Afroamerikanern dann auch zusammenleben würde. In Kansas wächst die Zahl der schwarzen Bevölkerung von 625 in 1860 auf 43.000 im Jahr 1880. Der Bürgerkrieg ändert auch die Themen der Minstrel Shows, die zeitkritischer werden. Die beiden Hauptfiguren Tambo (nach Tamburin) und Bones (nach Klanghölzern aus Knochen) bringen in ihre mit Wortspielen und Mehrdeutigkeiten angereicherten kurzen Sketche auch Tagesereignisse ein. In den *Stump Speeches*, die man heute als Stand-up-Comedy bezeichnen würde, kann frei vom Leder gezogen werden, schließlich ist man ja ein Narr unter einer schwarzen Maske (Abb. 3).

Mit der Abolition 1865 bieten sich für entsprechende Talente unter den ehemaligen Sklaven Überlebenschancen in den Minstrels. Kurioserweise hat die Popularität der *Blackface*-Musiker und Sänger dazu beigetragen, dass Schwarze schnell einen außerordentlich guten Ruf als Künstler gewinnen können. Es entstehen sogar rein schwarze Minstrel-Gruppen, wie 1865 die *Sam Hague's Slave Troup of Georgia Minstrels* von Charles Hicks. In ihrem Programm findet man ebenfalls die alten Plantation Songs, aber ohne zeitkritische Kommentare, dafür mehr afrikanische Elemente mit dem *Juba*-Tanz, der nach Art des Schuhplattlers nur mit Händen und Füßen am Körper rhythmisch begleitet wird. Schon in den 1840er Jahren wurde der freie Afroamerikaner William Henry Lane (1825–1853) als „Master Juba" durch seine bis dahin einzigartige Kombination britischer Stepptänze (Jigs)

Abb. 3   Plakat für Blackface Stand-Up Comedy, ca. 1900

mit afrikanischen Tanzelementen in einer Minstrel-Gruppe mit weißen Darstellern berühmt (s. Kap. 5).

Im Süden der USA, wo die *colored* Minstrels nicht auftreten dürfen, und im Mittelwesten haben im letzten Viertel des 19. Jahrhunderts die „Medicine Shows" ihr Publikum. Neben Scharlatanerie und Wundermittelanpreisung bietet dieses Entertainmentformat auch Auftritte ehemaliger Mitwirkender von Minstrel Shows.

Als zum Ende des 19. Jahrhunderts die sozialen Probleme in den USA zunehmen, verlieren die Minstrels an Bedeutung. Vaudeville und Variety Shows übernehmen ihre Position und oft auch ihre Künstler. In den 1920er Jahren wird mit Al Jolson noch einmal ein Blackface in Broadway Shows und im ersten Tonfilm „The Jazz Singer" berühmt, gefolgt von anderen amerikanischen Celebrities mit und ohne temporäre schwarze Makeups: Louis Armstrong 1949 als *King of the Zulus* im Mardi Gras von New Orleans, Fred Astaire (Swing Time, 1936), Josephine Baker, Jack Benny, Bing Crosby, Robert De Niro, Sammy Davis Jr., Neil Diamond (Remake von „The Jazz Singer"), Sophia Loren in „Aida" (1953), Monty Pythons John Cleese als einer der drei Weisen im Leben des Brian und zahlreiche andere, auch in Parodien über den späteren US-Präsidenten Barack Obama. Mit der amerikanischen Bürgerrechtsbewegung verschwinden in den 1950er Jahren die letzten Blackface Minstrel Shows auch aus den Programmen von Vereinen und Schulen der USA (s. Kap. 5, 7 und Bd. 2, Kap. 5).

In den 1960er Jahren kommen Musiker und Sänger in Europa ohne Gesichtsbemalung aus, wenn sie schwarze Musik aus den USA singen und spielen wollen. In deutschen New Orleans Jazzbands rollt man bei Satchmo-Titeln zwar noch gelegentlich die Augen, Rhythm & Blues-Interpreten aber werden auch ohne schwarze Schminke von den meisten noch nicht einmal als Kopien afroamerikanischen Vorbilder erkannt. Dass jemand „ja so schwarz singen" könne, ist ein vielgehörtes Lob, und so ergibt es sich, dass die europäische und leicht modifizierte Kopie in Europa oft erfolgreicher wird als das Original. Berühmtestes Beispiel dafür ist nach den Blues-Einflüssen bei den Rolling Stones der Brite Joe Cocker in den 1960er und 1970er Jahren, der erst mit fortgeschrittenem Alter zu einem eigenen Stil findet. Andererseits haben es schwarze Sängerinnen und Sänger noch im nächsten Jahrtausend schwer, wenn sie nicht schwarze Musik wie Jazz, Soul oder R 'n' B, sondern beispielsweise weißen Britpop singen wollen.

Viele berühmte amerikanische Blues- und Jazzmusiker der Anfangsjahre haben ihre Karrieren in Kirchenchören (Gospel Groups), lokalen Orchestern oder im Bordell begonnen. Showschule und Sprungbrett waren häufig die Minstrel und Medicine Shows: Amerikas „Vater des Blues", W.C. Handy

(1873–1958), der Komponist des „St. Louis Blues", leitete mit 23 Jahren schon die Band *Mahara's Colored Minstrels.* Die Blues-Sängerin Ma Rainey (1886–1939) wuchs in einer Familie von Minstrel-Künstlern auf, bis sie 1900 selbst auf die Bühne ging. Viele Musikhistoriker sehen in den Beiträgen der schwarzen Künstler zu den Minstrel Shows eine der Evolutionslinien, die um 1915 zum urbanen Blues führte.

Auf die *Minstrelsy* weißer Amerikaner gehen in den USA auch viele Lieder von nahezu nationaler Bedeutung zurück: „Campton Races", „Oh! Susanna", „My Old Kentucky Home", oder die Südstaaten-Hymne „Dixie":

De Camptown ladies sing dis song, Doo-dah! doo-dah!
De Camptown race-track five miles long, Oh, doo-dah day!
I come down dah wid my hat caved in, Doo-dah! doo-dah!
I go back home wid a pocket full of tin, Oh, doo-dah day!

(Campton Races)[13]

I wish I was in the land of cotton,
Old times they are not forgotten;
Look away! Look away! Look away! Dixie Land.
In Dixie Land whar I was born in,
Early on one frosty mornin,
Look away! Look away! Look away! Dixie Land.

(Dixie)[14]

Ein Lied über den Alltag auf einer Sklavenplantage (Stephen Fosters „My Old Kentucky Home") – nicht rassistisch, aber völlig realitätsfremd – wird 1928 im Bundesstaat Kentucky, einem Durchgangsland für aus dem Süden in den Norden flüchtende Sklaven und im Sezessionskrieg auf Seiten der Südstaaten, zur offiziellen Hymne des Staates:

The sun shines bright in the old Kentucky home,
Tis summer, the darkies* are gay; (*später ersetzt durch "people")
The corn-top's ripe and the meadow's in the bloom
While the birds make music all the day.

The young folks roll on the little cabin floor
All merry, all happy and bright;
By'n by hard times comes a knocking at the door
Then my old Kentucky home, Good-night!

Weep no more my lady. Oh! Weep no more today!
We will sing one song for my old Kentucky home
For the old Kentucky home, far away.

Minstrels in Europa

Die Minstrel Shows kommen gegen Ende des 19. Jahrhunderts über England auch nach Deutschland. Weil ihre ausgedehnten Sketche mit mehrdeutigen Wortspielen ein Englisch sprechendes Publikum voraussetzen, werden sie nicht so oft für deutsche Bühnen gebucht. Da sie aber musikalisch immer auf dem aktuellen Stand der Entwicklungen in den USA sind, haben sie zur Jahrhundertwende eine wertvolle Fracht in ihrem Gepäck: *Cakewalk*-Tanz und *Ragtime*-Musik. Damit kann man auch in Deutschland etwas anfangen, während in England die Attraktivität der Minstrels im Schatten der neuen Revuen und Musicals bald verblasst (s. Kap. 5).

Dieses neue Unterhaltungsgenre gibt sich nicht immer ernsthaft. In einer Mischung aus Kindergeburtstag und Cancan Show präsentieren sich Mitte der 1890er Jahre mit den Barrison Sisters fünf Schwestern dänischer US-Immigranten als „The Wickedest Girls in the World" auf deutschen Bühnen. Als Schulmädchen mit Baby-Mützchen und kurzen petticoatartig abstehenden Röckchen verkleidet und qualmender Kippe in der Zigarettenspitze singen sie ihre Dauerprovokation „Would You Like to See My Pussy?" auf Deutsch als „meine kleine Katz".[15] Die meisten Besucher ihrer monatelang in Berlin laufenden Show wollen lieber das, „als noch mehr schlechten Tanz und Gesang, mehr als ein bisschen Spitzenunterwäsche wird aber nicht gezeigt", berichtet Tanzexperte Rolf Schikowski. „Was den fünf Schwestern fehlte, brachte dann eine Schar wilder Weiber, die in jenen Jahren die Varietébühnen überfluteten und sich in urwüchsiger Leidenschaft und ungehemmtem Elan austobten. Sie kamen meist aus Spanien oder aus Russland, kümmerten sich nicht sonderlich um die traditionellen Gesetze der Technik und eroberten ihr Publikum durch den elementaren Schmiß eines angeborenen rassigen Temperaments."[16] Siebzig Jahre nach ihnen werden die optisch ähnlichen, blonden Jacob Sisters aus Sachsen statt Sexappeal fünf weiße Pudel auf die Bühne mitbringen und von Adelbert einen Gartenzwerg fordern.

Im neuen Medium Fernsehen kehrt die Minstrelsy als „The Black and White Minstrel Show" von 1958 bis 1978 zurück. Mit durchschnittlich

18 Mio. Zuschauern ist sie die erfolgreichste TV-Serie der BBC und unternimmt in jedem Jahr ausgedehnte Tourneen. Es treten wieder ausschließlich weiße Künstler auf, zumeist als *Blackface Singers* mit weißen Tanzgruppen und bekannten Liedern aus amerikanischer Minstrel-Geschichte und Country Songs. 1967 geht bei der BBC eine von schwarzen und weißen Briten unterzeichnete Petition ein, das Programm einzustellen, das aufgrund der kolonialen Geschichte des Landes und der Präsenz so vieler Schwarzer in einer multikulturellen Gesellschaft als rassistisch gesehen werden müsste. Doch die Show geht weiter.

Cakewalk und Ragtime

Im Jahr 1853 wird nicht nur der „La Paloma" Komponist Iradier auf Kuba vermutet (s. Kap. 1). Giuseppe Verdis Oper „La Traviata" erlebt einen Reinfall bei ihrer Uraufführung in Mailand und der Amerikaner Stephen Foster schreibt „My Old Kentucky Home". Der 24-jährige Louis Moreau Gottschalk komponiert „The Banjo" und setzt damit einem Instrument ein frühes Denkmal, das wie kaum ein anderes mit der Geschichte der afroamerikanischen populären Musik verbunden ist. Im Auftakt zitiert Gottschalk mit „Camptown Races" einen wenige Jahre zuvor entstandenen Hit Fosters und spielt dann mit Phrasierungen, wie man sie bei afrikanischen Lauten-/Kora-Spielern (Senegal/Gambia u. a.) in der Begleitung von Sängern hören kann. Das von Gottschalk für Piano geschriebene Stück geht unvermittelt in einen Rhythmus über, den man später als Ragtime bezeichnen sollte. Es scheint, als habe Gottschalk hier zwei Dinge miteinander verbunden: die Spielweise afroamerikanischer Banjo-Spieler seiner Heimat Louisiana und die für kreolische Musik typische Synkopierung wie in der auf Kuba entstandenen Habanera (s. Kap. 1).

Obwohl die Herausgeberin von Gottschalks Erinnerungen, Jeanne Behrend, in ihrem Vorwort andeutet, „The Banjo" könnte als Inspiration für Claude Debussy's Komposition „Golliwog's Cakewalk"[17] gedient haben, macht dies Gottschalk nicht zum Erfinder des Ragtime als typischer Musikbegleitung des Cakewalk-Tanzes (Abb. 4). Gottschalk muss aber geahnt haben, was sich aus der Begegnung kreolischer mit europäischer Musik entwickeln könnte.

Er hatte auf Kuba erlebt, wie die von haitianischen Zuwanderern mitgebrachte *Tumba Francesa* als Nachahmung der französischen *Contredanse* zur *Danza Habanera* mutiert war. Die Grenzen zwischen Kopie und Parodie sind überall dort fließend, wo sich eine unterdrückte Kultur Elemente der

Abb. 4   Primrose & West's Big Minstrels: „Our Great Champion Cake Walk", ca. 1896

sie unterdrückenden aneignet, diese ihren Spielweisen und Techniken anpasst und ihr damit die sie einst ausgrenzende Exklusivität nimmt. Fast immer liegt dem der profane Wunsch zugrunde, an Festen und Feiern der (weißen) Kolonialisten teilzuhaben. Am Ende werden ihre Beiträge in Musik, Tanz und Inszenierung bei Festen wie dem Karneval Ausgangspunkte vieler bekannter Standards der populären Musik.

Mit dem Cakewalk ist es ähnlich. Als Schreittanz entlang einer Kreidelinie (er hieß zunächst „chalk line walk") und in synchronen Schritten zu rhythmischen Banjo-Phrasierungen, erinnert er zunächst an ein Menuett. Aber was könnten die dabei anfangs auf dem Kopf der Schwarzen balancierten Wassereimer anderes sein als ein Hinweis darauf, wie man in Afrika über viele Kilometer das Wasser in die Dörfer transportiert? Die Afrikaner tanzen sonst ohne Eimer, aber mit dem ganzen Körper. Kopf, Arme, Becken und Füße sind synchron und kontrapunktisch in Bewegung, da müssen die isolierten und gespreizten Bewegungen der Weißen einfach lächerlich auf sie wirken.

Aus Parodie wird Neuschöpfung, vermutlich angereichert mit Tanzbewegungen von Tänzen indigener Stämme der Südstaaten und überlieferten afrikanischen rituellen, auch totemistischen Tanzformen. Im Herrenhaus findet man sogar Gefallen daran, man veranstaltet Wettbewerbe für die Schwarzen und die Gewinner erhalten einen Kuchen. Der *Cake*walk ist geboren und wird obligatorische Schlussnummer in den Minstrel Shows.

In ihrem 1926 veröffentlichten Tanzbuch glaubt die Tanzlehrerin Selma Jaffé zu erkennen: „Das Wesen der Neger spiegelt sich in dem Tanz wieder, wie das bei allen Nationaltänzen der Fall ist. […] Der in den Vereinigten Staaten emporgekommene Neger drückt in Haltung und Gang seinen aufgeblasenen Stolz über die errungene soziale Stellung aus, seine ihm angeborene Eitelkeit und Putzsucht kommen darin zur Geltung."[18]

Ein typisches Lied des Cakewalk, obwohl gelegentlich auch als Two Step oder Polka oder Marsch bezeichnet, ist auch ein Standard von New Orleans Jazzbands: „At a Georgia Camp Meeting". Geschrieben 1897 von Kerry Mills, einem weißen Amerikaner, klingt es wie ein Gegenstück zu den „Coon Songs" genannten rassistischen Liedern über Schwarze in den USA, die lange im Repertoire der Minstrel Shows sind.

A camp meeting took place, by the colored race; way down in Georgia.
There were folks large and small, lanky, lean, fat and tall, at this great Georgia camp meeting.
When church was out, how the "sisters" did shout, they were so happy.
But the young folks were tired and wished to be inspired, and hired a big brass band.

Chorus: When *the big brass band* began to play pretty music so gay, hats were thrown away.
Thought them foolish people their necks would break,
When they quit their laughing and talking and went to walking for a big choc'late cake.

The old 'sisters' raised sand, when they first heard the band; way down in Georgia.
The preacher did glare and the deacons did stare, at the young people prancing.
The band played so sweet that nobody could eat, 'twas so entrancing.
So the church folks agreed it was not a sinful deed, and they joined in with the rest.

(At a Georgia Camp Meeting)

Viele Brass Bands haben dieses Lied und andere Ragtimes in ihrem Repertoire. John Philip Sousa präsentiert es vermutlich als Marschversion mit seiner Band auf den Weltausstellungen in Paris 1899 und 1900. Regimentskapellen in Europa spielen es nach.

Die Verbindung von Cakewalk zum frühen Jazz von New Orleans wird auch im Schreittanz sichtbar, den die mit bunten Schirmen bewehrten Anführer und Tänzer der Marching Bands, wie der berühmten Dejan's Olympia Brass Band, bei Funerals (Beerdigungsprozessionen) noch Jahrzehnte später auf den Straßen der Crescent City (d. i. New Orleans) zeigen. Ihre Schrittfolgen, Drehungen und Biegungen der Körper sind den in wenigen erhaltenen Stummfilm-Dokumenten des Cakewalk recht ähnlich.

Wie wichtig der Ragtime als prägende Musik der Cakewalk-Darbietungen ist, wird sich darin zeigen, dass von beiden nur der Ragtime überlebt und sogar eine der Quellen der Jazzmusik wird. Eine der später entwickelten interessanten Theorien über den Ursprung des Ragtime besagt, dass schwarze Pianisten einfach die ursprüngliche Banjo-Begleitung des Cakewalk auf das Pianospiel mit zwei Händen übertrugen. Wahrscheinlicher aber ist, dass sich im Spiel der Ragtime-Pianisten verschiedene musikalische Moden jener Zeit mischen: zackige Marschmusik, Polka und Schottisch, Habanera und europäische Romantik und natürlich der Spaß am Spiel von synkopierten („ragged") Melodien mit der rechten Hand, während die linke die Basslinien auf die ungeraden und die Harmonien auf die geraden Beats rhythmisch akzentuiert („stride").

Fast zeitgleich hört man im zu Ende gehenden 19. Jahrhundert in Rio de Janeiro erstmals von bürgerlichen Komponisten und Pianisten wie Ernesto Nazareth den *Choro*, den kleine Musikensembles mit Flöte, Cavaquinho und Gitarre schon jahrzehntelang als neue Spielweise der Polkas oder Serenaden aus einer Melange mit afrobrasilianischem Lundú und Habanera auf die Straßen Alt-Rios gebracht hatten. Die typische Habanera-Synkope klingt hier wie das Laufen mit einem immer wieder leicht einknickenden nachgezogenen Fuß. Nazareth und viele bürgerliche Chorões lieben die europäische Romantik (s. Kap. 10 und Bd. 2, Kap. 7).

Zwischen Buenos Aires und New Orleans entstehen zwischen 1870 und 1910 zahlreiche Mixturen aus afroamerikanischer, indigener und europäischer Musik, die u. a. als Tango, Maxixe, Samba, Choro, Calypso, Merengue, Biguine, Rumba und Ragtime die Welt erobern. Prägend sind anfangs dabei in allen Orten kleine bewegliche Instrumentalensembles, mit einer Melodiestimme, Harmoniestimme(n) und kontrapunktischer Bassbegleitung.

In den beweglichen Ragtimebands spielen zuerst ähnliche Instrumente miteinander: Geige oder Kornett als Melodiestimme, Banjo oder Mandoline für die Harmonien und Bässe.

Der „King of Ragtime" wird um 1867 im Osten von Texas geboren. Sein Vater ist ein ehemaliger Sklave aus North Carolina und jobbt bei der Bahn wie er selbst, und seine Mutter ist eine frei geborene Afro-amerikanerin aus Kentucky, die den Leuten die Wäsche wäscht. Er hat sechs Geschwister und sie alle lernen von ihren Eltern, ein Instrument zu spielen. Vater Giles spielt Gitarre und Mutter Florence das Banjo. Ihr Sohn Scott Joplin ist um die 11 Jahre, als der Vater die Familie wegen einer anderen Frau verlässt. Florence besteht darauf, dass Scott weiterhin Musikunterricht erhält. So kommt als weiteres Instrument das Piano dazu, an dem der deutschstämmige Musiklehrer Julius Weiss den begabten Jungen fünf Jahre lang kostenlos unterrichtet. Scott spielt in Kirchen und bei Tänzen der afroamerikanischen Gemeinde, was angesagt ist: Walzer, Polkas und Schottisch und eigene Kompositionen. Ende der 1880er Jahre verlässt er seine Heimatstadt und zieht als fahrender *Honkytonk* (Kneipen)-Musikant durch die Lande, spielt in Kirchen und Bordellen, in letzteren besonders den rhythmisch stark akzentuierten irischen „jig piano"-Stil. In den Kaschemmen, in denen die Pianos oft mehr Bier als Stimmschlüssel gesehen hatten, bleibt den Pianisten kaum anderes übrig, als auf ausgiebige, aber verstimmt klingende Melodieteile zu verzichten und das Ganze lieber noch rhythmischer anzulegen. Um 1890 ist aus diesem Pianostil bereits der Ragtime geworden, mit Hochburgen in St. Louis und Chicago. 1893 ist auch Scott Joplin wie viele seiner Kollegen in Chicago, um dort in Bars im Umfeld der Weltausstellung Geld zu verdienen. Nicht nur die Oriental Dances der Bauchtänzerinnen (s. Bd. 2, Kap. 5) erregen hier Aufsehen, auch die Musik der Ragtime-Musiker kommt gut an und 1897 hat der Ragtime alle nordamerikanischen Metropolen erobert. Mit „Maple Leaf Rag" und „The Entertainer" ist Scott Joplin ist einer seiner bekanntesten Komponisten.

Unter den vielen Bühnenwerken Scott Joplins gibt das 1902 in Missouri uraufgeführte Folk-Ballet vom „Ragtime Dance" Aufschluss über den Ragtime. 1973 wird es zusammen mit „The Entertainer" im Soundtrack des 1974 mit einem Oscar preisgekrönten Films „The Sting" („Der Clou") ein Ragtime-Revival auslösen. Ein Erzähler führt darin in einen *dark town ball* ein, seine Kommandos klingen wie die *callers* bei den Square Dances oder die Zeremonienmeister beim Opernball. Gezeigt wird ein von Joplin erdachter Ragtime-Tanz mit vier Tanzpaaren, hier ein Textauszug:

Let me see you do the "ragtime dance."
Turn left and do the "Cake walk prance"… (*Beinschleudern nach oben*)
Turn the other way and do the "Slow drag." (*slow bis medium eng getanzt*)

Now take your lady to the worlds fair and do the "ragtime dance."
Let me see you do the "clean up dance."
Now you do the "Jennie Cooler dance."

Turn the other way and do the "Slow drag."
Now take your lady to the worlds fair and do the "ragtime dance."
Now "rag" and "circle to your left", Be careful to do your best.
Take your time, stay in line, you are the ragtime guest.
Take partners do the "rag two step", I know you are enjoying yourselves.
You are representatives of dark town's wealth. Stop where you are!

Ev'rybody now "form a line", dance nothing but the real ragtime.
Do your best, "forward four steps", you are all very fine.
Let me see you do the "back step prance", Be graceful at ev'ry chance.
You are now enjoying the "ragtime dance". Ev'ry body sing.

"Cake walk" soft and sweetly, be sure your steps done neatly.
Keep up a slow advance, 'twill put you in a trance.
Now "form a line" as you did before, you're dancing with your best beau,
But the only real thing is the "ragtime dance". Ev'rybody turn;

To your right do the "dude walk", 'tis a wonderful sight is the "town talk."
This is your only chance, enjoy it while you can.
Now "form a perfect straight line", get ready for the "Stop time."
You are the "easy winners" in the ragtime dance.[19]

Der hauteng Bauch an Bauch getanzte *Slow Drag* (s. Vers 2) ist ein Vorläufer des späteren Blues-Tanzes, manchmal drückt man auch mit dem Bauch gegen den Hintern. Joplin gibt dafür sogar eine genaue Choreographie-Anweisung mit Vor- und Seitwärts-Schritten, einem Beinschlenker nach oben, einem Marschteil und den typischen Polka-Hopser am Ende.

Bevor Joplin auf dem Titelblatt einer seiner Notenausgaben „King of the Ragtime" genannt wird, war der Terminus *ragtime* als musikalisches Genre weniger bekannt als die synkopierten Spielweisen („rags") jeglicher stilistischer Schattierungen, Hauptsache sie gingen in die Beine. James Reese Europe (1881–1919), ein aus Mobile (Alabama) stammender berühmter schwarzer Bandleader, glaubt eher daran, dass „our Caucasian brother", d. h. der weiße Amerikaner, auf diesen Namen gekommen ist. Denn längst ist um 1910 der Ragtime nicht mehr eine exklusive Domäne der schwarzen Musiker. Weiße Komponisten, die in der Tin Pan Alley ihre Verlage haben, legen ihrerseits erfolgreiche „Ragtimes" vor, in denen der Rhythmus wohl noch einem Rag nahe kommt, der gemäßigte Gesamtcharakter aber mehr zum *Two Step* tendiert. Der erfolgreichste unter ihnen ist der russische Immigrant Irving Berlin, dessen Komposition „Alexanders Ragtime Band" 1911 bis nach ‚Berlin on Spree' dringt. Doch dort weiß man zunächst nichts mit der Musik anzufangen, berichtet Tanzpapst F.W. Koebner, weil dort gerade der Truthahn-Tanz (Turkey Trot) aus Amerika angekommen ist. So tanzt man zum Ragtime erst einmal den Schieber alias *Onestep* und, weil das irgendwie zu langsam ist, werden die Rags einfach schneller gespielt. Koebner nennt die Figuren des (Texas) Rag: der Rag, der Run, der Raggy Step, der Dip, der Step Over und der Skating Step.[20]

„Das neue Aufkommen des Ragtime besaß viel von der osteuropäischen Klezmermusik, wahrscheinlich weil viele der jüngeren Komponisten und Musiker damit aufwuchsen", spekuliert die amerikanische Biographin Eve Golden mit Blick auf Irvin Berlins jüdische Herkunft.[21] Irrtümlicherweise hält man auch die Arrangements für Ragtimes, die John Philip Sousa (1854–1934) mit seiner Marschband Anfang des Jahrhunderts in Europa spielt. Doch Sousa, dessen Mutter – eine gebürtige Trinkaus aus Darmstadt – 1849 nach Amerika ausgewandert war und dort den aus Sevilla stammenden John Antonio (de) Sousa geheiratet hatte, hasst Ragtime und Jazz. Er spielt solche Kompositionen lieber als Märsche (s. Kap. 5).

Black Showbiz

Um 1890 spätestens hat der Cakewalk die Ostküste und damit New York erreicht, wo 1892 ein erster Cakewalk-Wettbewerb stattfindet. Die Verbindung von Cakewalk und Ragtime verändert den Charakter der Minstrel Shows, die nun immer mehr Revue-Charakter annehmen. Viele Komponisten zeigen Ehrgeiz und vergrößern die Showparts nach Vorlagen aus Vaudeville, Operette und sogar Oper. 1896 startet das erste *Negro Musical* unter dem Titel „Oriental America" am Broadway, zwei Jahre später erleben gleich zwei Musicals mit ausschließlich schwarzen Künstlern und Autoren ihre Uraufführung: „Clorindy – The Origin of The Cake Walk", eine *musical comedy* (1898) von Will Marion Cook und Paul Dunbar mit dem Duo Walker & Williams als Hauptattraktion, und „A Trip to Coontown" (1897–1901) von Robert Cole. Bald nach der Premiere von „Coontown" gibt Cole seine „Colored Actor's Declaration of Independence" bekannt, mit der er voller Stolz auf seine rein afroamerikanische Produktion hinweist und die Abschaffung der Diskriminierung in Theatern fordert: „Our race must be seated from the boxes back."[22] Vor dem Finale der

Show gibt es ironisch den Song „No Coons Allowed" (Kein Zutritt für Schwarze). Es sind urafrikanische Fähigkeiten, die diesen Song zu einem Meilenstein in der Geschichte der nordamerikanischen populären Musik und Show machen: Ironie und Doppeldeutigkeit. Zu einem fröhlichen Up-tempo Beat setzt der Text einen krassen Kontrast: Ein Mann will mit seinem Mädchen ausgehen und sagt dem Taxifahrer, er möge sie in das beste Restaurant der Stadt bringen. Dort angekommen, sehen sie das Schild „No Coons Allowed". Er versucht dennoch hineinzukommen, aber der Manager schmeißt ihn raus „we don't want no kinky-head kind. So move on darky down the line. No coons allowed in here at all." Verletzt und beleidigt von dieser Abfuhr in Gegenwart seiner Freundin, sucht er einen Anwalt auf und will auf Schadensersatz klagen. Sie gehen zum Gericht und da steht über dem Eingang wieder dieses Schild „No Coons Allowed". Von nun an entstehen Songs als „Parodie auf Rassismus, und das Gefühl des doppelten Bewusstseins im afroamerikanischen Leben taucht immer wieder in den Texten schwarzer Lieder auf."[23] Die fast gleichzeitig auf Trinidad aus der Verbindung afrikanischer Stockkampflieder mit Habanera-Merengue-Strukturen entstandenen Calypso Songs leben ebenfalls von dieser Ironie und Doppeldeutigkeit (s. Bd. 2, Kap. 4 und Bd. 3, Kap. 12).

Am Tag nach seinem Konzert in der New Yorker Carnegie Hall im Jahr 1895 schlägt der schwarze Geigenvirtuose Will Marion Cook neugierig das Feuilleton einer Tageszeitung auf und findet sich in einer Kritik als „the world's greatest Negro violinist" gelobt. Mit der Geige in der Hand, so erinnert sich sein Schüler Duke Ellington später, stolziert er sofort in die Redaktion und dankt für die freundliche Kritik. „Ich habe es so gemeint", entgegnet ihm der Kritiker,, Sie sind ohne Zweifel der größte schwarze Geiger der Welt. "With that, Dad [Ellington's nickname für Cook, d. A.] Cook took out his violin and smashed it across the reviewer's desk. "I am not the world's greatest Negro violinist," he exclaimed. „I am the greatest violinist in the world!"[24]

Dieser Will Marion Cook (1869–1944) wollte nie wieder Geige spielen, aber er wird dennoch zu einer Legende, die mit 15 Jahren am Oberlin-Konservatorium in Ohio das Geigenstudium begann und die den achtzehn Jahre alten afroamerikanischer Geiger aus Washington 1887 an die Hochschule für Musik in Berlin führte. Seine *African American Community* hatte ihm das Stipendium unter Einsatz des ehemaligen Sklaven und Schriftstellers Frederick Douglass ermöglicht. Cook blieb drei Jahre in Berlin, er lernte die „gastfreundlichen, vorurteilsfreien, Vor-Hitler-Deutschen zu lieben" und mit angeblich fließendem Deutsch als guter Tänzer auch die German girls. „I could make love in two languages." Er dürfte zwar für

Otto von Bismarck musizieren, ist aber am Ende noch stolzer darauf, dass „the American negro boy finished at the head of his class and received a Stradivarius as his prize."[25] Das mit der Stradivari-Geige sollte man nicht so genau nehmen, denn die kostete damals schon ein Vermögen.

Der Bluesmusiker und Cook-Protegé Eubie Blake sagt später über ihn: „Cook war ein großartiger Musiker, aber er versuchte, den Leuten die Dinge in den Hals zu drücken. Ich glaube, das hat er sich in Europa angeeignet. Er versuchte, Richard Wagner nachzumachen."[26]

Nach einer kurzen Lehrzeit 1894/95 bei Antonín Dvořák in New York gibt Cook erste Konzerte und wird um die Jahrhundertwende ein bedeutender Protagonist afroamerikanischer Musik am Broadway und in den Revuetheatern der europäischen Metropolen. Mit seinen ‚musical comedies' erobern Ragtime und Cakewalk das Publikum in New York, London und Berlin im Sturm.

Am Broadway von New York hat es mit der *Creole Show* (1890), *The Octoroons* (1895) und *A Trip to Coontown* (1898) bereits erste Minstrel Shows mit rein schwarzer Besetzung gegeben. Aus diesen frühen Musicals gehen Sänger, Tänzer und Instrumental-Solisten hervor, von denen einige nun auch Europa bereisen. Während a „Trip to Coontown" noch läuft und alte Minstrel-Show-Elemente abfeiert, geben Cook und sein langjähriger Text-Partner Paul Lawrence Dunbar 1898 mit ihrer Show *Clorindy – The Origin of The Cake Walk* den Startschuss für ein neues Bühnengenre mit einer Mixtur aus Sketchen, Songs und Tänzen. Der Cakewalk ist dabei. Weil manche Künstler jetzt erstmals sowohl singen als auch tanzen, vermischen sich die Elemente. Cook ist 33 Jahre alt, als er die Musik zum Musical *In Dahomey* komponiert, mit dem er als Dirigent und Musiker an der Seite von neunzig afroamerikanischen Künstlern mit *Williams and Walker in Dahomey* 1903 nach England geht. Nach einem zweiten Gastspiel in 1904 lassen sich viele Mitwirkende zu Anschluss-Auftritten auf dem europäischen Festland verpflichten. Vier Jahre danach ist Dahomey wieder als Attraktion in England, aber diesmal als Titel einer Völkerschau mit einem afrikanischen Dorf. Nicht zum ersten Mal, denn eine Amazonen-Dahomey-Truppe gastierte schon 1894 in London, wo solche Menschen-Ausstellungen schon sehr viel früher (1817) als in Deutschland beliebt sind.

Marion, die Tochter Cooks und seiner Frau, der Sängerin Abbie Mitchell, heiratet später den Tänzer Louis Douglas (1889–1939), der mutmaßlich als elfjähriger *piccanniny* (schwarzer Tanz-Boy) mit der Sängerin Belle Davis 1903 nach Europa gekommen war und zu einer zentralen Figur der Revuen der zwanziger und dreißiger Jahre in Frankreich und Deutschland wird. Schwiegervater Cook geht zurück in die USA, schreibt weitere erfolgreiche

Musicals und taucht auch immer mehr in die sich schnell entwickelnde Jazz-szene ein. Mit dem Jazz und Sgt. Europe's New York Syncopated Orchestra kommt er 1919 noch einmal nach Europa. Unter seinen Musikern ist Sidney Bechet, der sich in Paris niederlässt und mit Cooks Schwiegersohn Douglas, Josephine Baker und Maurice Chevalier zusammenarbeitet. Aus der Ehe Douglas-Cook geht die Schauspielerin Abbie Louise Douglas (gen. Marion Douglas, *1920) hervor, die Douglas 1937 angesichts des Faschismus in Deutschland und Italien vorsorglich zurück nach Atlanta/USA bringt.

Vorgeschichte: Träume von Afrika

Die „Ethiopian Serenaders", die mit schwarz gefärbten Gesichtern erstmals 1846 den Alltag schwarzer Baumwollpflücker am Mississippi auf britischen Bühnen musikalisch-literarisch in Szene setzten, kamen nicht aus Afrika, sondern aus Nordamerika. Dort hat man eigentlich nur zwei Synonyme für Afrika: Egypt und Ethiopia, zum Ende des Jahrhunderts kommt Dahomey dazu (Abb. 5). Die Engländer lieben diese amerikanischen Minstrel Shows, die bis zum Ende des 19. Jahrhunderts immer wieder über den Atlantik kommen.

Abb. 5 „In Dahomey", London 1903. George Walker, Ada Averton und Bert Williams mit dem Cakewalk

Auch die Amazonen sind nicht echt, die zwischen 1890 und 1908 in der Völkerschau „Amazonen von Dahomey" die erotischen Fantasien der Deutschen beflügeln sollen. Sie stammen zumeist aus Togo und haben mit den legendären Frauenarmeen am Hof des Königs von Dahomey (im späteren Benin) nichts gemein. Spätestens, als die Franzosen ihr seit 1863 bestehendes Protektorat in Dahomey nach den Beschlüssen der Berliner Kongo-Konferenz mit einem Truppeneinmarsch 1890 zur Kolonie erklärten, dürfte es keine bühnenreifen Amazonen mehr gegeben haben. Wer auch immer als Amazone durch Deutschland tourt und mit Kampfszenen (mit wohlgewachsenen afrikanischen Männern) Klischees bedient, „appellierte an die Urängste weißer Kolonialherren, durch Frauen und zugleich Kolonisierte besiegt zu werden."[27]

Fast zeitgleich wartet man im kalifornischen Golden Gate Park auf eine Gruppe von Afrikanern aus Dahomey, die bei der Mid-Winter Exposition nach Völkerschau-Art Szenen aus einem afrikanischen Dorf darstellen sollen. Als diese nicht pünktlich eintreffen, verpflichtet man die beiden Afroamerikaner George Walker und Egbert Williams, die in dieser Gegend in Minstrel Shows, Saloons und Roadshows ihr Geld verdienen. Walker und Williams schlüpfen in Tierhaut-Kleidung und mimen afrikanische Töpfer bei der Arbeit. Nachdem die Originaltruppe doch noch eintrifft, nutzen Walker und Williams die Gelegenheit, deren Gesang und Tanz näher kennenzulernen. 1896 hat das inzwischen mit Gesang und Tanz auftretende Komiker-Paar seinen Durchbruch in einer eher unauffälligen Bühnenproduktion, die sich passend zu Goldkaufspekulationen des Jahres „The Gold Bug" nennt. Die Performance des Cakewalk in dieser Show wird geldwertes Markenzeichen des Duos, das 1897 zum ersten Mal in London auftritt. Der Erfolg bleibt dort jedoch aus, weil die Briten mit dem komödiantischen Auftritt wohl nichts anfangen können.

In Dahomey -
Let the Africans stay
In Dahomey -
Gimme Avenue A
Back in old New York
Where yo' knife and fork
Gently sink into juicy little chops
what's made of pork!
We are wild folks
When de ballyhoos bawl,
But we're mild folks

When we're back in de Kraal,
'Cause our home (our little home),
Our home ain't in Dahomey at all!
Oh, take me back today to Avenue A!

(In Dahomey)

Nach Dahomey, und sozusagen zurück in ihre Zeit als Aushilfsafrikaner, entführen Walker & Williams ab 1903 als Hauptattraktion und Co-Produzenten die Zuschauer in New York und London (später auch anderer Städte der USA und England/Schottlands) mit dem gleichnamigen Musical „In Dahomey". Es ist das erste von schwarzen Autoren Nordamerikas mit schwarzen Künstlern besetzte und am Broadway für ein überwiegend schwarzes Publikum geschriebene Musical. Warum gerade Dahomey? Außer den Stories über Amazonen, Menschenopfer und Knabenkastration hat die Historie dieses Landes wenig Eindrückliches für schwarze Nordamerikaner. Nachdem sie einen Topf voll von Gold gefunden haben, wollen sie eine Kolonie für die Afroamerikaner in Dahomey gründen – eine satirische Anspielung auf die American Colonization Society, eine Gesellschaft von weißen US-Amerikanern, die schon 1822 einen Küstenstreifen in Westafrika (Liberia) ankaufte, um dort freigelassene ehemalige Sklaven anzusiedeln und gleichzeitig selbst Kolonialherrin zu werden. Komponist Will Marion Cook und Texter Paul Lawrence Dunbar präsentieren dies in einem neuen Mix (Buch: Jesse A. Shipp) aus musikalischer Comedy, Operette/Komischer Oper in der Art der Vaudevilles und Minstrels. Das sind auch für die Briten bekannte Elemente. Mit einer Ausnahme: im Finale hört man den ersten inzwischen aus dem Cakewalk mutierten Ragtime.

His style is superfine
He always right in line
He says the world is mine
He is *the Czar*

But you can hab me if you got the money
If you haven't I can't be your honey
For I'se only raised to be a *rich one's babe*

You'll see one the sides of rocks and hills
"Use carter's little liver Pills"
On Broadway is Dahomey bye and bye

When dey hear dem ragtime tunes
White folks try to pass fo' coons
On Emancipation Day.[28]

Zwischen zwei Spielzeiten in New York gastiert das Ensemble im April 1903 als „Entire Company of Coloured Artists" in England und Schottland. Das Plakat für die Premiere im Shaftesbury Theatre in London zeigt einen riesigen Kuchen mit sechs Cakewalk-Tanzpaaren und dem Comedian Bert Williams auf der Tortenspitze. Spätestens mit dieser Tournee wird Europa vom Ragtime-Fieber erfasst (Abb. 6).

Während in den Südstaaten der USA der Ku-Klux-Clan aktiv ist und dort noch bis 1930 Schwarze gelyncht werden, finden die Theatermanager am Broadway und die Musikverleger der Tin Pan Alley um die Jahrhundertwende bald heraus, dass sich mit afroamerikanischer populärer Musik viel Geld machen lässt. Das ist allerdings zumindest für die afroamerikanischen Künstler, Autoren und Musiker nicht selbstverständlich genauso. Die Biographien der schwarzen Musiker des Jazz und des Blues, die in der ersten Hälfte des 20. Jahrhunderts geschrieben werden, erzählen selten von sozialem und wirtschaftlichem Aufstieg. In Wahrheit verdienen vorwiegend Verleger und Produzenten mit ihrer Musik das große Geld. Auch

Abb. 6 Werbung für die Aufführung des Musicals „In Dahomey", London 1904

die Rassendiskriminierung wird durch die neue Musik selbst in Städten wie New York nicht überwunden, wo der für seine Shows und Konzerte mit schwarzer Musik zwischen Tap Dance und Jazz weltberühmte Cotton Club keine Schwarzen als Mitglieder aufnimmt. Viele schwarze Musiker dieser Epoche suchen Halt in Drogen und Alkohol. George Walker stirbt wie so viele seiner Kollegen, wie Bob Cole, Scott Joplin oder Ernest Hogan an der damals unheilbaren Syphilis.

Weiterlesen über afroamerikanische Modetänze und Musik aus den USA

Kap. 5 Schwarze Künstler auf deutschen Bühnen
Kap. 6 Der Krieg ist vorbei – Wie tanzt der Bär? (Afroamerikanische Modetänze)
Kap. 8: Der Jazz kommt nach Deutschland
Kap. 9: Paris Nègre (Schwarze Kultur in Paris)

Anmerkungen

1. Phoebe Gilbert: Sapelo Island, Georgia USA, in: Harold Courlander (Hg.): A Treasury of Afro-American Folklore. New York 1976, S. 284.
2. Harriet Beecher-Stowe: Onkel Tom's Hütte. Berlin 2015, S. 8.
3. Mark Twain: Tom Sawyer und Huckleberry Finn. München 2010, Kap. 23.
4. L.M. Gottschalk: Notes of a Pianist. Princeton 2006, S. 163.
5. Vgl. Wikipedia, Art. „Gottlieb Graupner".
6. G. Kubik im Interview: www.afropop.org/8638/africa-and-the-blues-an-interview-with-gerhard-kubik/ (16.5.2015).
7. www.bbc.co.uk/programmes/articles/17kXnPWN9kzRhq5Mwp59k1H/burlesque-shakespeare-in-gloucestershire.
8. William J. Mahar: Behind the Burnt Cork Mask. Chicago 1999, S. 8.
9. Mahar (Anm. 8), S. 159.
10. Lied der Ethiopian Serenaders, 1847 aus: Mahar (Anm. 8), S. 16, über einen Sklavenaufstand in Virginia. Gabriel ist laut Mahar irrtümlich für den wirklichen Anführer der Revolte Nat Turner verwendet.
11. Mahar (Anm. 8), S. 6.
12. Jochen Scheytt in: „The Minstrel Show", www.jochenscheytt.de (27.10.2018).
13. Camptown Races, 1850, von Stephen Foster (1826–1864).
14. „Dixie", „I Wish I Was in Dixie", „Dixie's Land", um 1850, wahrscheinlich von Daniel Emmett.

15. Richard Smithson: „Old Spice Girls", www.freespace.virgin.net/christopher. arkell/london.miscellany/archive/smithson.htm (19.3.2014).

16. John Schikowski: Geschichte des Tanzes. Berlin 1926, S. 128.

17. In: Claude Debussy: Childrens Corner. Petite Suite pour Piano seul. 1908.

18. Selma Jaffé: Der Tanz im Selbstunterricht. Dresden 1926.

19. The Ragtime Dance, T/M: Scott Joplin.

20. F.W. Koebner: Das neue Tanzbrevier. Berlin 1919.

21. Eve Golden: Vernon and Irene Castle's ragtime revolution. Lexington, 2007, S. 56.

22. Zit. nach: David Krasner: "Parody and Double Consciousness in the Language of Early *Black* Musical Theatre," in: Special Issues on the Music. African American Review, Summer 1995.

23. David Krasner (Anm. 22).

24. Marva Carter: Swing Along: The Musical Life of Will Marion Cook. Oxford 2008, S. 111.

25. Will Marion Cook Unveröffentlichte Memoiren, zit. nach: Marva Griffin Carter: The Life and Music of Will Marion Cook. Promotionsarbeit Univ.of Illinois at Urbana, 1988, S. 412–21, blackcentraleurope.com/sources/1850–1914/will-marion-cook-studies-music-in-germany-1889 (28.7.2019).

26. Zit. nach: Thomas L. Morgan/William Barlow: From Cakewalks to Concert Halls. Washington/DC 1992, S. 63.

27. Bechhaus-Gerst/Reinhard Klein-Arendt (Hg.):, AfrikanerInnen in Deutschland und schwarze Deutsche – Geschichte und Gegenwart. Münster 2004, S. 34.

28. On Emancipation Day. M: Will M.Cook, T: Paul L.Dunbar.

Kapitel 5 (… 1880–1930 …)
Schwarze Künstler auf deutschen Bühnen

Exotische Reize in Paris, London und Berlin

„Amerikaner" heißt ein Mensch, der jeden Juden für dunkelhäutig hält und der einem Neger nicht die Hand gibt; wenn er einen Neger mit einer weißen Frau zusammen sieht, den Revolver zieht und den Neger davonjagt; der ungestraft Negermädchen vergewaltigt, aber einen Neger, der sich einer weißen Frau nähert, dem Lynchgericht überliefert. Warum werden nur solche Menschen Amerikaner genannt und nicht die Neger, zum Beispiel? - Die Neger, von denen alle die sogenannten amerikanischen Tänze - der Foxtrott, der Shimmy und der Jazz – herstammen; die Neger, die hervorragende Zeitschriften herausgeben, wie zum Beispiel „Opportunity"; die Neger, die ernsthaft die Verbindung mit der Weltkultur suchen, die Puschkin und Dumas verstehen, den Maler Henry Taine und andere große Geister. Wenn einmal die sogenannte historische Abrechnung kommen wird, wird viel davon abhängen, auf welche Waagschale die 12 Millionen Neger ihre gewichtigen 24 Millionen Fäuste legen." (Wladimir Majakowski, 1926)[1]

Zum Ende des 19. Jahrhunderts, das den Amerikanern nostalgisch als „Gay Nineties" in Erinnerung bleiben wird, gibt es drei interessante Entwicklungen in Europa: Im Kaiserreich bestaunt man noch Exoten in den Völkerschauen, während eine multinationale Elite von Komponisten und Künstlern in Paris zaghaft eine neue Sicht auf fremde Kulturen einübt und Exotisches geradezu trendsetzend in ihre Werke übernimmt, während sich die schwarze Musik Nordamerikas bereits bis nach England vorgearbeitet hat. Nur für kurze Zeit ist London um die Jahrhundertwende Drehpunkt

© Springer-Verlag GmbH Deutschland, ein Teil von Springer Nature 2022
Claus Schreiner, *Schöner fremder Klang – Wie exotische Musik nach Deutschland kam*,
https://doi.org/10.1007/978-3-476-05695-5_6

einer Invasion, die unter den Synonymen *Cakewalk* und *Ragtime* bald auch Deutschland und Österreich erreicht. Danach übernimmt für mehrere Jahrzehnte wieder Paris die Rolle des musikalischen Schaufensters in die Welt, die es schon im 19. Jahrhundert beispielsweise durch die Präsenz Gottschalks und Iradiers innehatte (s. Kap. 1). Paris hat seit 1820 das bedeutendste Konservatorium Europas, dessen Absolventen nicht nur aus dem Frankreich von Hector Berlioz, Charles Gounod oder Claude Debussy kommen. Rossini, Verdi, Liszt, Chopin und viele andere lebten und arbeiteten zeitweise in Paris. 1841 hat hier Richard Wagner als mittelloser Komponist seinen *Fliegenden Holländer* beendet. Die Seine-Metropole wird nicht nur für ihre in Europa führenden Theater- und Konzertbühnen gerühmt, sondern auch für die Cafés, Bars, Cabarets und Music Halls in Vierteln wie St. Germain, Montmartre, Montparnasse oder Quartier Latin. Hier treffen die Bohème, Literaten, Künstler, Intellektuelle aus aller Welt zusammen. Migranten, Flüchtlinge und Durchreisende aus den französischen Kolonien, aus Nord-und Südamerika haben hier ihre Treffpunkte, wo sie tags Informationen über die Heimat austauschen und nachts ihr Heimweh von Musikern aus der Heimat vertreiben lassen.

Über Paris kommen nach dem Tango im Verlauf der Jahrzehnte auch Samba, Rumba, Biguine und viel später auch die andine Neo-Folklore der 1960er/70er Jahre nach Deutschland, gefolgt von Musik aus Nord- und Subsahara-Afrika bis zu den Mornas der Kapverden.

War „La Paloma" eine Art erster ,Weltmusik'-Evergreen mit kubanischen Wurzeln, so kommt die erste afrikanische ,Weltmusik', die (abgesehen vom afroamerikanischem Cakewalk und Ragtime) nachhaltig auf deutschem Boden präsentiert wird, nur in veränderter Form auf dem Umweg über Nordamerika aus Afrika, während die durch zahlreiche Völkerschau-Gruppen nur sehr bruchstückhaft vorgestellte afrikanische Musik nicht im Gedächtnis der Besucher bleibt. Um die Jahrhundertwende ist „Negermusik" ein Label für schwarze Musik aus Nordamerika. Afrikanische Musik wird erst rund 80 Jahre später entdeckt. Auch die Musik Lateinamerikas ist trotz der Habanera „La Paloma" bis zum Ende des 19. Jahrhunderts zwischen Flensburg und München so unbekannt wie Klänge aus Asien oder Australien. Der Einfluss der Habanera kam über die zeitgenössische europäische Klassik nicht hinaus. Erst nach der Jahrhundertwende fasst sie im von ihr beeinflussten Tango erstmals Fuß in der Unterhaltungsmusik.

Am Ende des 19. Jahrhunderts gibt es drei europäische Städte mit mehr als einer Million Einwohner: Paris (2 Mio), London (4,5 Mio) und

Berlin (incl. Vororte sogar 2,5 Mio). Berlin entwickelt sich rasant. Binnen 20 Jahren hat sich die Bevölkerungszahl seit 1871, dem Beginn des Kaiserreiches, auf rund 1,6 Mio. verdoppelt. 1925 sind es schon 4 Mio. und überall in Deutschland ziehen die Städte die Landbevölkerung weiter an. Aber trotz erheblichen Baubooms stehen viele Wohnungen leer, denn das Geld ist nach 1890 plötzlich knapp und die Mieten sind zu teuer. Besonders in Berlin führt dies zu einer großen Zahl von Obdachlosen. Nach 1880 entstehen Bahnhöfe, Reichstag, Kurfürstendamm. Durch die Stadt winden sich neue Gleise der Straßenbahnen und darunter Kabel für Elektrizität und Telefon. „Die Hauptmasse der Stadt macht den Eindruck, als sei sie erst vorige Woche erbaut worden, der Rest sieht aus, als wäre er sechs, vielleicht sogar acht Monate alt," notiert der amerikanische Schriftsteller Mark Twain anlässlich seines mehrmonatigen Besuchs 1891 in Berlin und sagt später mehrdeutig: „Berlin is the European Chicago"[2]. Twain ist ein Gegner des Rassismus und verurteilt die europäische Kolonialpolitik, hält sich aber gegenüber den Deutschen zurück. Er hält sich in den USA deutsche Zeitungen und Kindermädchen, in seinem Haus werden deutsche Lieder gesungen und er selbst spricht auch etwas Deutsch. Nur Wagner mag er nicht. Wie in Chicago gibt es in Berlin Bezirke, in denen Halbwelt und Armut gleichermaßen zu Hause sind. In Chicago ist dies auch die Welt der Jazz- und Blueskneipen und Lebensraum ihrer Musiker. Als „Dunkle Winkel in Berlin" beschreibt sie Hans Ostwald im ersten Band der von ihm herausgegebenen „Großstadt-Dokumente‘, von denen 51 Bände zwischen 1904 und 1908 erscheinen, in denen er auch das Milljöh mit seiner Bohème, die Kneipenszene, Varietés und Tingeltangel beschreibt, wo „Ringvereine" (ehemaliger Strafgefangener) ihren Mitgliedern aus der Zuhälter-Szene mafiaartigen Schutz bieten.

Die Beziehungen zwischen den drei Ländern sind 1871 gespannt. London und Paris misstrauen den als militaristisch und autoritär verschrienen, nach der Reichsgründung im Deutschen Reich aufgegangenen Preußen. Als die dann nach Kolonien greifen, wird ihre Skepsis noch größer. Der Versailler Vertrag von 1871 versucht eine Einigung der Kolonialmächte, in deren Reihen die Deutschen aufgenommen werden. Als die Briten danach im Burenkrieg (ab 1899) stehen, erwarten sie Neutralität von den Deutschen, die ihrerseits wie die Briten um die Gunst der USA werben. Möglicherweise bereitet der Weg über Großbritannien ein günstiges Klima für die Ankunft vieler afroamerikanischer Künstler in Deutschland.

Schwarze Stars in Oper und Konzert

Als Spätfolge von Napoleon Bonapartes Ägypten-Feldzug gibt sich die Pariser Society einem emphatischen Orientalismus hin (s. Bd. 2, Kap. 5). Orientalische Motive finden sich häufig in der Malerei des 19. Jahrhunderts. Eugène Delacroix (1798–1863) hat schon früh Motive aus Marokko und Algerien gemalt. In seiner „Jüdischen Hochzeit in Marokko" von 1837/41 sieht man auch Musiker, die Laúd und Tamburin spielen.

Paris ist in der zweiten Hälfte des 19. Jahrhunderts fünfmal Schauplatz einer Weltausstellung, die von Kolonialmächten auch mit exotischen Produkten und Show-Attraktionen beschickt werden. Palmen und Orientteppiche findet man jetzt nicht nur in den Messehallen, sondern auch schon in bürgerlichen Salons. Das Bürgertum gibt sich dem Exotismus hin. Giuseppe Verdi lässt Opern im Nahen Osten und Ägypten spielen, Gounod in Saba, Bizet auf Ceylon. Schon vorher gab es Fremdartiges in der Musik. Der Anmarsch der Türken auf Wien hatte Klassiker des 18. Jahrhunderts zu Spielweisen ‚alla turca' inspiriert. Mozart siedelte seine „Zauberflöte" (1791) im ägyptischen Umfeld an, lässt darin den schwarzen Monostatos auf den weißen Papageno treffen und beide sich im Duett gegenseitig als „Teufel" mutmaßen. Papagenos Einsicht im Libretto Emanuel Schikaneders:

> „Bin ich nicht ein Narr, daß ich mich schrecken ließ?
> Es gibt doch auch schwarze Vögel auf der Welt,
> warum denn nicht auch schwarze Menschen?"

Mozarts Konkurrent, Antonio Salieri, ließ in seiner 1804 mit mäßigem Erfolg in Wien aufgeführten Oper „Die Neger" einen jungen britischen Lord als afrikanischer Sklave verkleidet auftreten, um seine große Liebe zu retten und seinen Nebenbuhler als Hochverräter zu entlarven. Georg Friedrich Treitschkes Libretto bringt hier Sklavenarbeiter und Kolonialherren überraschenderweise nahezu auf gleicher gesellschaftlicher Ebene auf die Bühne. Für Zitate afroamerikanischer Lieder in Salieris Musik wäre es zu früh, auch afrikanische Musik ist noch unbekannt. Nach dem Ausbruch der französischen Revolution hatte Salieri schon 1790 einen von Pierre Augustin Caron de Beaumarchais verfassten aktuellen Text mit seiner Oper „Tarare" vertont, in dem dieser sich u. a. für die Sklavenbefreiung einsetzte.

Wo es im Klassizismus an schwarzen Opern-Sängern mangelt, muss schwarze Schminke herhalten. *Blackface* wird man das später nennen, wenn in nordamerikanischen Minstrel Shows Musik und Tanz afroamerikanischer Sklaven nachgeahmt werden. Aber Musiker schwarzer Hautfarbe sind auf

Europas Konzertpodien keine Seltenheit. Ein prominentes frühes Beispiel ist der Geiger George Bridgetower, dessen Vater von der Karibik-Insel Barbados um 1770 nach Europa gekommen war. Eigentlich hätte Beethoven seine berühmte „Kreutzersonate" nach ihm benennen wollen, denn sie war Bridgetower gewidmet und Beethoven hatte sie mit ihm 1803 im Wiener Augarten uraufgeführt. Vermutlich hat ein Streit dazu geführt, dass dann doch der französische Geiger Rodolphe Kreutzer zur Patenschaft des Werkes kam, das er indessen nie gespielt hat.

Ungeschminkt konnte der Afroamerikaner Ira Aldridge aus New York (1807–1867) als „African Roscius" Shakespeare-Figuren wie den Othello oder den Moor Aaron in „Titus Andronicus" auch bei Gastspielen auf deutschen Theaterbühnen geben. Er war 1824 nach England gekommen und spielte sich anfangs als „Mr.Keen, Tragedian of Colour" binnen weniger Jahre in die Bühnenelite eines Landes, das im Begriff war, die Sklaverei abzuschaffen. Friedrich IV. von Preußen und Österreichs Kaiser Franz Joseph dekorierten ihn mit Orden.

Nicht nur die Bayern und Österreicher kennen volkstümliche Tänze, bei denen mit den Füßen aufgestampft wird. Auf der iberischen Halbinsel kennt man dies in den Tänzen des *Flamenco gitano* und aus iberischen Tänzen entstanden viele lateinamerikanische Variationen wie der *Zapateo*. In Portugal wollte man um 1600 zugewanderte *Gitanos* (‚Calé') loswerden und deportierte sie nach Angola, den Kapverdischen Inseln, Indien und Maranhão in Brasilien. *Gypsie*s aus Schottland schickte man um 1665 nach Jamaika und Barbados, *Bohémiens* 1724 aus Frankreich nach Martinique.[3] Musik und Tanz der Roma-Gitano-Gypsy-Familien sind daher nicht nur im Mittelmeerraum präsent.

In einer multikulturellen Einwanderer-Metropole wie New York tanzte man vor allem die irischen *Jigs* (die als „Irish Tap Dance" zum Ende des 20. Jahrhunderts weltweit bekannt werden). *Jigs* und *Clog Dancing* als Soloform der *Hornpipe*-Tänze englischer Herkunft trafen in der Karibik auf den afrikanischen *Yuba*, der nicht nur in New Orleans, sondern auch in Haiti und auf Kuba Spuren hinterlassen hatte. Dies war die Sternstunde des Tänzers William Henry Lane (1825–1852), eines in Providence/RI frei geborenen Afroamerikaners. Als ‚Master Juba' und Gewinner nahezu aller Tanzwettbewerbe kam er 1848 mit der Minstrel Gruppe „Pell's Ethiopian Serenaders" nach England und erregte auch hier als schwarzer Künstler Aufsehen. Allerdings konnten die Briten mit diesem neuen Tap-Dance noch nicht allzu viel anfangen. Charles Dickens fühlte sich durch Jubas Beinbewegungen an das „Geräusch der Finger auf einem Tamburin" erinnert: „Single Shuffle, Double Shuffle, Cut und Knie, er präsentiert die Rückseite seiner Beine vorne, dreht sich auf seinen Zehen und Fersen wie die Finger des Mannes auf dem Tamburin; tanzt mit zwei linken Beinen, zwei rechten Beinen, zwei Holzbeinen, zwei Drahtbeinen, zwei Federbeinen – alle möglichen Beine und keine Beine – was geht ihn das an? Und in welchem Lebensstil, oder Tanz des Lebens, bekommt der Mensch jemals so anregenden donnernden Applaus, wenn er die Füße seine Partnerin übertanzt, und seine auch, wenn er zum Schluss herrlich auf die Bar springt und nach etwas zu trinken ruft, mit dem Lächeln einer Million unechter Jim Crows Gesichter und einem unverwechselbaren Klang?"[4] (Abb. 1).

Pariser Begegnungen

Die: Epoche der Romantik (ca. 1790–1840) hat eine Sehnsucht nach der Ferne, eine Neugier auf Exotisches entstehen lassen. Während die deutschen Maler die Romantik mehr in historischen Motiven oder stimmungsvollen Bildern suchten, und nachdem die deutschen Forscher Spix und Martius (s. Kap. 10) von einer dreijährigen Brasilien-Expedition u. a. mit einer Lieder-Sammlung indigener Völker zurückkehrten, reiste 1821 der

Abb. 1 Master Juba tanzt in New York, beobachtet von Charles Dickens 1842

Augsburger Lithograph Johann Moritz Rugendas nach Mittel- und Süd-
amerika. Seine Stiche aus Brasilien zeigen neben Stadt- und Straßenszenen
Rios auch Afrobrasilianer: beim Lundú-Tanz und der Capoeira. Bei seiner
Rückreise traf Rugendas in Paris in Alexander von Humboldt einen anderen
Südamerika-Reisenden, dessen Forschungsberichte epochale Bedeutung
erlangen. In Paris, und nicht in einem deutschen Verlag, erschien Rugendas'
„Malerische Reise in Brasilien". Von Frankreich aus startete Rugendas 1831
zu einer neuen Reise, die ihn über Haiti und Mexiko bis nach Chile führte.
Seine und anderer Künstler Darstellungen exotischer Sujets in Momentauf-
nahmen von Landschaften oder Menschen wirken wie arrangierte Träume
in vollkommener Natur. 1891 schiffte sich der 43 Jahre alte ehemalige See-
mann Paul Gauguin zum ersten Mal in die französische Kolonie Tahiti ein,
die damals längst ein durch Missionare, Kaufleute und Kolonialherrschaft
beschädigtes Paradies war. Gauguin malte seine Träume auf Leinwände, die
erst nach den Weltausstellungen 1889 und 1900 in Paris ihre Käufer finden.
Kunst aus Afrika ist indessen schon vor Ort: Auf alten Fotos mit Einblicken
in Pablo Picassos und George Braques Pariser Ateliers um 1905 sieht man
eine Fülle von afrikanischen Musikinstrumenten und Masken.

Das erinnert daran, dass vor allem die Musiker und Tänzer, die aus dem
Orient und Fernost zu Weltausstellungen nach Paris gekommen waren, das
Interesse von Komponisten der Klassik in Paris geweckt hatten, nachdem
nur einige Jahre zuvor Georges Bizet seiner Oper „Carmen" kurzerhand eine
von Iradier geschaffene kubanischen Habanera einverleibt hatte (s. Kap. 1).
Bizet (1857) und Debussy (1884) waren Preisträger des jährlich in Paris ver-
liehenen „Prix de Rome". Maurice Ravel (1875–1937) hatte ebenfalls ein
Faible für Boleros, Habanera und Malageña („Rhapsodie Espagnole", 1908)
und verwies stets stolz auch auf seinen baskischen mütterlichen Anteil. 1928
zog er mit dem „Boléro" gleich, konnte aber den Prix nie gewinnen.

Unter den französischen Komponisten jener Zeit verwendet neben Darius
Milhaud (s. Kap. 10) Claude Debussy am häufigsten Charakteristika afroamerikanischer Musik. Nach „Golliwog's Cakewalk" (aus dem Jahr 1908)
und „Le Petit Nègre" (in Form eines Cakewalk, 1909), findet man in den
„Préludes" (1909–1913) die „Minstrels: Modéré" und „Général Lavine –
excentrique: Dans le style et le mouvement d'un Cakewalk". Debussy soll
diesen Tanz dem um 1910 an den Champs-Elysees auftretenden Clown und
Jongleur Ed Lavine gewidmet haben, dessen Spezialität es war, das Klavier
wie eine Marionette mit den Füßen zu bespielen.

Auch zur Weltausstellung 1910 in Brüssel entsenden die Kolonialstaaten Künstler aus ihren Kolonien. Auf einem Plakat sieht man eine afrikanische Kora-Spielerin vor dem Parc de Tervueren.

Der holländische Musiker Jaap Kool erinnert sich:

> „Da, mit einem Mal, hörten wir Klänge. Ich habe sonst alle Eindrücke der Ausstellung vergessen, aber diesen einen Pavillon mit seinen zwei Treppeneingängen sehe ich noch wie heute vor mir. Die eine Treppe herunter kamen nämlich - zuerst ein Neger mit einem Banjo, dann ein zweiter mit einem etwas größeren Banjo, ein Baßbanjo, dann drei mit gleich großen und zwei mit einer Art Guitarre, dann folgten vier Schwarze mit Mandolinen, und den Schluß bildeten zwei Neger mit den verschiedensten Klapperinstrumenten. Sie zogen, um das Publikum aufmerksam zu machen, singend im Gänsemarsch um den Pavillon herum und verschwanden über die andere Treppe wieder in ihrem Bau. Der Eindruck war überwältigend. Plötzlich waren wir wieder lebendig, elektrisiert. Das Temperament und der Rhythmus dieser Kapelle und dieser Musik hatte uns erfaßt und ohne weiteres mitgerissen. Die Neger sangen mit fast unnatürlich näselnder Stimme. Die Banjos hatten einen sonoren, gezupften Ton, und die Guitarren zittern in den monotonen Harmonien. Zuweilen wechselten sie die Stimmung und fielen plötzlich von dem synkopierten Rhythmus in langsame weiche Melodien, mit eigenartigem exzentrischem – ich möchte fast sagen - perspektivischen Klang. Man hatte das Gefühl, als sähe man über unendliche Flächen oder oder undurchdringliche Urwälder. Später habe ich noch oft verschiedene Negerkapellen - einmal eine von 42 Banjos - gehört, aber niemals mehr habe ich den starken Eindruck gehabt, wie damals beim Gänsemarsch der Neger um den Pavillon."[5]

Schwarze Künstler an der Spree

In Deutschland vereint die Moderne erst spät diverse künstlerische Sparten miteinander. Nach den Amerikanerinnen Ruth St. Denis und Isadora Duncan wird Deutschland Zentrum einer Tanzbewegung, die sich in einer Mischung aus Körperkult und Esoterik von klassischen Ballettstrukturen abwendet und oftmals als expressionistisch und als Ausdruckstanz bezeichnet wird (s. Kap. 7). Als Bühnen- und Kostümbildner präsentiert der Maler Oscar Schlemmer sein „Triadisches Ballett" 1922 in Stuttgart als „Einheit und Durchdringung aller Elemente des Tanzes: Körperbewegung, Raum, Kostüm, Form und Farbe."[6] Neben klassischen Komponisten wählt er dafür auch ein Werk Debussys. Wassily Kandinsky entwirft zu Mussorgskys bereits 1874 entstandenen „Bilder einer Ausstellung" ein

Bühnenbild, das 1928 in Dessau, dem Sitz der später auch von Schlemmer geführten Bauhaus-Bühne uraufgeführt wird.

Die Exoten sind zu dieser Zeit schon in Deutschland angekommen. Gefällig arrangierte und inszenierte Afrikaner, Eskimos und Singhalesen kennt man aus den Völkerschauen, in die man sonntags wie in den Zoo geht. Ein afrikanisches Dorf auf einer Bühne zu zeigen, wäre ein Unding. Das wird es erst in den 1950er Jahren in den Vorstellungen afrikanischer Folklore-Tanzgruppen geben (s. Bd. 2, Kap. 5). Aber schon am Ende des 19. Jahrhunderts stehen andere „Exoten" allabendlich in Smoking und Abendkleid auf deutschen Varietébühnen wie dem Berliner Wintergarten. Dort werden neben asiatischen Akrobaten und Jongleuren schon vor der Jahrhundertwende immer wieder weiße Gesangsstars aus der Neuen Welt präsentiert: Heloise „La Belle" Titcomb mit Opernarien, die sie auf einem Schimmel sitzend in den Saal schmettert, oder Lillian Russell, die führende Operetten-Diva der USA.

Minstrel Shows (ab ca. 1840 in London und ab 1877 u. a. mit *Brothers Mellor* in Wien) und Musicals wie „Dahomey" sind nicht die einzigen Überbringer schwarzer Musik aus den USA nach Europa. Seit 1877 gastieren die „Fisk Jubilee Singers" mit großer Regelmäßigkeit auf auch deutschen Podien (Abb. 2). Ein Jahr nach Ende des amerikanischen Bürgerkriegs (1865) war die Fisk University in Nashville/Tennessee gegründet worden,

Abb. 2   Die Fisk Jubilee Singers in der Singakademie Berlin 1878

um den bis dato versklavten Afroamerikanern ein Studium zu ermöglichen. Um Geldmittel aufzutreiben, ging der Chor der Universität (Fisk Jubilee Singers) auf Konzerttournee durch die USA und Europa. Es gibt später eine Reihe von kommerziellen Ensembles unter ähnlichen Namen, die bis 1896 in Deutschland gastieren. Manche passen ihr Marketing an die besuchten Länder an und firmierten als „Coloured Meistersingers" oder „Black Udels". (Der Kroate Karl Udel hatte seine Professur an der Musikhochschule in Wien an den Nagel gehängt, um sich als Tenor mit seinem seit 1880 existierenden Udel-Quartett ganz dem humorvollen Gesang zu widmen.) „Das spezifische Wienertum, das ihnen anhaftet, steht nicht allein der Popularität der Sänger nicht im Wege, sondern gibt ihnen sogar einen Reiz, der erfahrungsgemäß in Norddeutschland sehr stark wirkt"[7], urteilt 1904 das Berliner Tagblatt.

1880 dürfen die Fisk Jubilee Singers sogar Wilhelm I. in Potsdam ihre Lieder vorstellen, die der Oldenburger Musikwissenschaftler Fred Ritzel als „domestizierte Spirituals" klassifiziert[8]. Spirituals sind ihrem Ursprung nach protestantische Kirchenlieder, die die Sklaven in Nordamerika mit neuen Rhythmen und neuer, kraftvoller Intonation und Tiefe erfüllen. Neu ist in ihnen auch das afrikanische *call & response*:-Prinzip, in dem ein Leadsänger den Call-Vers singt und der Chor im gleichen Rhythmus eine Antwort gibt. Spirituals sind immer Ausdruck tiefer Gefühle ihrer Sänger bzw. ihrer Religiosität. In Zeiten der Sklaverei transportierten sie aber auch Botschaften in doppelsinnigen Sätzen. „Wade in the water" konnte bedeuten, dass die Flucht eines Sklaven entdeckt worden war. Und „Deep River" symbolisiert: Lasst uns treffen, um unsere Flucht zu planen'.[9]

Deep River
Deep river, my home is over Jordan,
Deep river, Lord, I want to cross over into camp ground.

My Lord, he calls me
He calls me by the thunder.
The trumpet sounds within my soul:
I ain't got long to stay here.
Deep river, my home is over Jordan,
Deep river, Lord, I'm gonna cross over into camp ground.

Universitäre Ensembles wie die Fisk Singers singen in Europa daher keine echten Spirituals, wie man sie besonders im Süden der USA kennt, sondern deren konzertante Bearbeitungen. Lothar Zenetti, Frankfurter Priester und

Autor von Büchern über Spirituals und Gospel: „Obgleich also die Fisk Jubilee Singers die Welt mit den Spirituals bekannt machten, verfälschten sie doch zugleich durch ihre europäisierende Interpretation auch wieder deren Wesen und erschwerten für lange Zeit den Zugang zu ihren Ursprüngen. Diese Europäisierung des Spirituals, die mit den siebziger Jahren des vergangenen Jahrhunderts einsetzte, ist jedoch, wie wir sahen, nicht nur mit einem billigen Anbiedern an den weißen Geschmack zu erklären. Sie entsprach dem neuen europäisierten Bildungsideal der emanzipierten Neger. Diese übernahmen die tonalen und harmonischen Ideale Europas und glichen ihnen ihr Singen und Musizieren dadurch an, dass sie die afrikanischen Elemente eliminierten. Ein Vorgang, der auch auf anderen Gebieten zu beobachten ist und den man als ‚Sophistication‘ bezeichnet!"[10]

Die europäischen Besucher der Konzerte der Fisk Singers können in den Melodien der Spirituals daher Vertrautes entdecken, das in einer ansprechend neuen, ein bißchen exotisch wirkenden Form dargeboten wird. Auf gelegentliches übermäßiges Augenrollen nach Minstrel Show-Manier wollen später selbst die Mitglieder des Golden Gate Quartet noch nicht verzichten, die über 40 Jahre lang im 20. Jahrhundert den Spiritual-Konzertmarkt Europas dominieren. So tragen die Konzerte der Fisk Singers wenig dazu bei, die Klischees von ‚dummen, aber sehr frommen‘ Schwarzen zu vertreiben. Erst mit den Spiritual & Gospel Festivals kommt diese afroamerikanische Musik ab Mitte der 1960er Jahre erneut auf deutsche Bühnen (s. Bd. 2, Kap. 8).

Im Mai 1891 erreicht die „African-American Character Concert Co." unter der Leitung von William Foote an Bord des Dampfers Vandam den Hamburger Hafen, um ihre Europatournee („The African Slavery and Freedom") mit einem ersten ausverkauften Konzert in der „Flora" zu starten. Alle Mitwirkenden sind als Afroamerikaner angetreten, um „every phase of American negro character from the cradle to old age and from slavery to citizenship" zu illustrieren[11]. Es ist eine Minstrel Show der gehobenen Kategorie, die mit Mme. Marie Selika einen Star der burlesken Opera verpflichtet hat. Sie erhält für das 3-Jahres-Engagement exakt 21.000 US$, der Monatslohn eines Arbeiters in Deutschland beträgt 56,30 Mark. Im „New York Clipper" kann man ein paar Tage nach dem Auftritt in der Hamburger Flora am 20.6.1891 lesen, dass Direktor Foote plane, im kommenden Winter in Berlin eine ähnliche Produktion mit Deutschen in den Rollen der Weißen und „real negroes" für die anderen Rollen zu realisieren.[12] Aber schon im November veräußert er seine Anteile an seiner Show Company und verlässt die Truppe in Berlin. Weil sie pleitegeht, muss auch die „Dodd's Black Comic Opera Co." im Januar 1892 ihre Tournee in Kopenhagen abbrechen. Ein Teil macht als „Cunningham Negro Singers" („Neger-Sangkör") in Skandinavien bis 1895 weiter, und auch die meisten übrigen Künstler kehren nicht nach New York zurück, denn in Europa gibt es weniger Rassendiskriminierung und vor allem bessere Jobs. Hier haben die Menschen ein anderes (aber nicht wesentlich weniger rassistisches) Bild von Menschen schwarzer Hautfarbe. In Heinrich Hoffmanns „Struwwelpeter" („Die Geschichte von den schwarzen Buben", 1845) werden ihnen zur Strafe für die Diskriminierung eines „Mohren" die Gesichter so geschwärzt, wie es *Blackface*-Künstler auf der Bühne tun:

> Die schrie'n und lachten alle drei
> Als dort das Mohrchen ging vorbei,
> Weil es so schwarz wie Tinte sei!
> Da kam der große Nikolas
> Mit seinem großen Tintenfaß.
> Der sprach: „Ihr Kinder, hört mir zu,
> Und laßt den Mohren hübsch in Ruh'!
> Was kann denn dieser Mohr dafür,
> Daß er so weiß nicht ist, wie ihr?"

Eine Puppe, die wie eine kindliche Karikatur eines Blackface-Künstlers aussieht, inspiriert um 1895 eine britische Kinderbuch-Autorin zur Figur des „Golliwog", die bald fast genauso populär wird wie ein *Teddy Bear*. Die *gollys* waren schwarz und schnell auch Vehikel vieler rassistischer Belegungen wie der Sarotti Mohr und sehr viele weitere Produkte.

Nach Angaben der führenden Musikerzeitschrift „Der Artist" soll es fünf Jahre vor der Jahrhundertwende schon über 100 afroamerikanische in Deutschland lebende Künstler geben. Viele sind nach Tourneen der Minstrel und Spiritual Shows im Land geblieben. Und es kommen immer mehr nach Europa, weil trotz der am Broadway entstehenden neuen Shows die Arbeitsmöglichkeiten für schwarze Künstler in den USA gering und schlecht bezahlt bleiben. Beispielsweise die Four Black Diamonds, die in krachernen Lederhosen ihre Songs schon mal mit einem Schuhplattler anreichern, während Kollegen aus Louisiana musikalische Szenen von einer Baumwollplantage zeigen (Louisiana Amazon Guards, um 1901) und die Three Tiger Graces aus South Carolina Cakewalks präsentieren. Einen der Macher der New Yorker Black Musical Comedy „A Trip to Coontown" (1898), Will Garland, verschlägt es ebenfalls nach Europa, wo er u. a. 1910 das Stück „A Journey in Negroland" mit seinem Operetta Ensemble auf die Bühnen bringt. Wie seine Kollegin Arabella Fields hat auch er bald einen deutschen

Manager, mit dessen Hilfe er bis Mitte der zwanziger Jahre verschiedene Revuen mit schwarzen Künstlern auf die Beine stellt.

Ein Jahr, nachdem sie in einem von Antonín Dvořák veranstalteten Benefizkonzert mit einem vom Komponisten für sie geschriebenen Solo-Part im New Yorker Madison Square Garden gesungen hat, kommt 1895 die Sopranistin Sissieretta Jones nach Berlin. Sie ist eine von mehreren schwarzen Sängerinnen, die mit dem Prädikat „The Black Patti" herum-reisen – unter Bezug auf die junge Sängerin Adelina Patti, die einst mit Louis Moreau Gottschalk aus ihrer italienischen Heimat in die USA gegangen war (s. Kap. 1). Am 5. April 1895 soll sie für Kaiser Wilhelm II. mit ihren „Black Patti Troubadours" gesungen und dafür ein Kreuz aus Diamanten als Dank erhalten haben. Miss Jones intonierte ein patriotisches „Swanee River" und die restliche Truppe unterhielt die Deutschen mit Sketchen und akrobatischen Vorführungen.

Eine ganze Wochengage soll der Berliner Maler und Karikaturist Ernst Heilemann 1901 der Tänzerin Dora Dean bezahlt haben, damit sie ihm exklusiv für ein Gemälde mit Cakewalk-Sujet in seinem Atelier Modell stand. Dora Dean und ihr Bühnen- und späterer Lebenspartner Charles E. Johnson waren um 1891 wie Belle Davis und Bob Cole („A Trip to Coontown", vgl. Kap. 4) Mitglied der „Creole Show"[13], in der zum ersten Mal auch Frauen als Chorus-Girls auftreten durften. Als „King and Queen of Colored Aristrocracy" sind Johnson & Dean die ersten, die sich mit ihren Songs vom Minstrel lösen und besonders mit Cakewalk-Interpretationen auch das europäische Publikum bis 1909 begeistern. 1910 trennen sie sich. Das von ihnen in ihren Shows bereits eingeführte Tapdance- und Akrobatik-Duo Greenlee & Drayton bleibt danach bis 1914 in Europa und kehrt 1926 für eine Russland-Tournee mit angeblicher Sondervorstellung für den gerade an die Macht gekommenen Josef Stalin zurück. Vermutlich haben ihm die russischen Tanzschritte gefallen, die das Duo russischen Tänzern auf Coney Island schon 1906 abgeschaut und zum Teil ihrer Auftritte gemacht hatte.

Oh! Susanna,
Oh don't you cry for me,
I've come from Alabama
Wid my banjo on my knee.[14]

Dieser Minstrelsong aus dem Jahr 1848 wird im Programm der amerikanischen Künstler schnell ebenso bekannt in Deutschland wie das Banjo, dem L.M. Gottschalk schon 1853 eine Komposition widmete. Das fünf- oder viersaitige Banjo hatte sich in den USA schon zu Kolonialzeiten aus westafrikanischen Monochord-ähnlichen Harfen und Lauten und vielleicht auch nach dem Vorbild europäischer Lauten- und Gitarrenzwerge wie Mandoline, Machête (Ukulele) oder Timple (Kanaren) entwickelt. Das Banjo ist das einzige Musikinstrument afroamerikanischer Herkunft in Jazz und später auch Popmusik und so geht das Bild des Banjo-spielenden Afroamerikaners um die Welt. Drei schwarze Musiker, mit Banjo, Tamburin und Geige, zeigt auch eines der ‚Neger'- Bilder (dritte Serie) der Fleischextrakt-Company Liebig (London) im Jahr 1889 (siehe Kap. 5, Abb. 1).

1882 eröffnet der Afroamerikaner James Bohee (1844–1897) eine Banjo-Schule in der Londoner Coventry Street. Er war mit seinem Bruder George in einer Minstrel Show nach London gekommen und bald leiten die Brüder ihre eigene Show („Bohee Operatic Minstrels") mit dreißig weißen und schwarzen Musikern, vor denen sie in Smoking und Lederhosen tanzen und dabei ihre Banjos spielen. Mit Seth Weeks kommt ab 1901 die ‚Neger-kapelle' eines weiteren Banjo- (auch Mandoline, Gitarre und Geige) Solisten nach Deutschland. Noch 1911 spielt er zwei Wochen im Kristall-Palast in der Großen Gallusstraße in Frankfurt am Main.

Unter den Musical-Clowns, die gelegentlich auch im Programm von Minstrel Shows („Nigger Song & Dance") im Circus Barnum auf Tournee gehen oder in den vielen Musikhallen des Landes auftreten, wird mit Edgar Jones ein anderer Banjo-Virtuose berühmt, der 1894 mit dieser Anzeige im „Artist" angekündigt wird: „Original Negro Musical Excentric (wirk-lich Schwarzer!) Nicht die gleichen Tricks wie alle Mus. Clowns. Wer ist ein Zulu Kaffer, Sie alter Kuh Kopf!"[15] Jones ist einer der ersten wirklich schwarzen Clowns, nachdem diese Sparte viele Jahre von *Blackface*-Weißen besetzt worden war. Im Programm gibt es auch bei ihm, wie bei den meisten Instrumentalisten und Sängern, eine Prestige-Nummer aus der Klassik, wie das Intermezzo aus der italienischen Oper „Cavalleria Rusticana" (1890) von Pietro Mascagni.

Schwarz/Weiß treiben es der englische Clown George Footit und sein Partner Chocolat, der auf Kuba als Waisenkind an einen Spanier verkauft worden war. Toulouse-Lautrec hat ihn 1896 auf einem Gemälde verewigt. In den Bühnen-Sketchen ist Chocolat dem in einem weißen Clownskostüm auftretenden Footit in allen Szenen unterlegen. „Je suis Chocolat" wird in Frankreich bald ein Synonym für „man hat mich reingelegt".

Berlin: 1900

Schon wer in den ersten Jahren des 20. Jahrhunderts nach Berlin reist, kommt ohne einen der zahlreichen Programmführer nicht auf seine Kosten, die für jeden Geschmack die geeigneten Tipps geben, wie z. B.

> „**Metropoltheater**, Behrenstr. 55, Ausstattungsstücke, *Berliner Revuen, französische Possen mit deutscher Musik. Die Halbweltlerin als Muse.*/ **Apollotheater**, Friedrichstr. 218. Operetten von Paul Lincke. / **Gebrüder Herrnfeld-Theater**, Stadthahnhof Alexanderpl. *Jüdisches Dialekttheater.* Keller-lokal. **Deutsch-amerikanisches Theater**, Köpenickerstr. 68, *Ausstattungs- und Gesangspossen. Originelles Lokal; das ehemalige Überbrettl. Rauchen nicht gestattet.* **Wintergarten**, Centralhotel, *Groß- und weltstädtisch. Reichhaltigstes Programm.* Parkett-Fauteuil M. 4, **Passagetheater** und Panoptikum, Unter den Linden 22/23, *Schaubudenstil. Die Frau ohne Unterleib und der Mann ohne Oberkörper. Wachsfiguren.* 50 Pf. **Roland von Berlin**, Potsdamer str. 127/128. *Das besuchteste. Billetverkauf bei Wertheim.* M. 3 —. **Oranienburger Tor**; Ecke der Friedrich-, Chaussee und Elsasserstraße. *Das Variete als Volkssitte. Quartier Latin-Publikum. Wohlfeile und gelegentlich auch wohl feile Spezialitäten im Soubrettenröckchen und im Trikot. Verbunden mit Bier und Kellerinnen-Bedienung. Uniformierte Türsteher, grelles Gelblicht, dazwischen Keller-restaurants. Verlockende Photographieauslagen. Das Ganze der letzte Ausläufer der Friedrichstraße.* **Arkadiasäle**, neben dem Metropoltheater, Behrenstr. *Nichts für Plebejer.* **Moulin Rouge**, Krausenstr, *Man imitiert Paris. Französische Spezial-missionäre sollen nicht unbefriedigt gewesen sein.* **Amorsäle**, Besselstr, *Nichts für Aristokraten.* **Emberg (jetzt Dianasäle)**, Schumannstr. 14, *War bekannt nicht durch die beste, aber die best-tanzende Berliner Gesellschaft. Sonntags: die Hand, die Samstags ihren Besen führt.* '**Witwenbälle**'. *Nach Zeitungsannoncen. Reich an Überraschungen.*"[16]

Berlin im Jahr 1900: Auf den Straßen gibt es bisher nur 200 Autos und nur 5,6 % aller Berliner Schüler besuchen ein Gymnasium.

„Afrika" in Berlin um 1900: In einem Berliner Festsaal wohnt die Kaiserin mit ihren Prinzessinnen einer Veranstaltung bei, in der für ein ‚Lebendes Bild' als ‚Negerinnen' verkleidete Comtessen eine „Germania"-Darstellerin schutzsuchend umlagern. Im Vordergrund agiert ein Kammer-junker mit hassverzerrtem Gesicht als tödlich verwundeter Araber und ringsherum blicken Leutnants als Offiziere der Schutztruppe „gemeinsam mit den unter dem deutschen Schutze glücklichen Negern zur edlen Ver-körperung des Germanentums auf".[17]

Schwarze Musik um 1907 in Berlin: Afrikaner aus Nubien zeigen bei Hagenbeck kriegerische Tanzszenen und ein paar Straßen weiter stehen schwarze amerikanische Minstrel-Künstler auf einer Varieté-Bühne, ihre Hautfarbe noch mal schwarz überschminkt, damit es ganz echt wirkt. Mund und Augen sind kontrastreich weiß umrandet. Die Frage, welche Show echter, welche authentischer ist, stellt sich nicht. Das Produkt ist unterschiedlich. Bei Hagenbeck bedienen die Afrikaner gezwungenermaßen weiterhin Klischees vom dunklen Kontinent, als Werkzeuge eines auf Jahrhunderte angelegten Rassismus voller Vorurteile und sexueller Phantasien. Dermaßen in seiner *Herr*lichkeit bestätigt oder herausgefordert, drängt es den Berliner dann auch ins Varieté, wo er sich zu schwarzer Musik aus Nordamerika auf dem Tanzparkett hemmungslos geben kann, zu den „grotesken Verrenkungen eines Mulattenpaares, das dazu eine Art Niggercancan tanzte".[18] Was die Afroamerikaner einst als Verhöhnung der gespreizten Tänze der Siedler parodierten, äffen jetzt die Berliner nach. Sehr bald, mit den afroamerikanischen Modetänzen, werden sie wie Puter kollern oder sich wie Schlangen übers Parkett winden. Eine neue Art der Völkerschau mit Jahrhundertwirkung: Die nordamerikanische Unterhaltungsmusik prägt die deutsche U-Musik bis weit in das nächste Jahrtausend. Jazz, Folk, Blues, Country, Hip-Hop – alles wird adaptiert werden. Nachdem um 1935 der letzte Afrikaner von den Völkerschauen in seine Heimat zurückgekehrt ist, werden rund 50 Jahre vergehen, bis afrikanische Musiker spätestens beim Horizonte-Festival 1979 in Berlin, direkt von ihrem Kontinent kommend, die bei Hagenbeck & Co. nur rudimentär vorgestellte Musik in einem neuen Kontext präsentieren können.

Wann immer afroamerikanische Künstler um 1900 auftreten, geschieht dies in einem Ambiente unveränderten rassistischen Denkens, das nicht nur bei den Völkerschauen suggeriert, dass Schwarze keine vollwertigen und zivilisierten Menschen seien. Die Konzerte schwarzer Diven sind dabei in der Regel etwas Besonderes. Wo es noch Jahrzehnte später üblich sein wird, schwarze oder weiße Pendants bekannter Künstler zu präsentieren, ist es schon gewagt, jetzt eine schwarze Sängerin nach einem grau-braun gefärbten Vogel The Black Nightingale zu nennen. Aber im Falle der Arabella Fields (aka. Miss Belle Fields) funktioniert das Marketing. Sie kommt 1894 im Alter von 15 Jahren mit den San Francisco Minstrels und einer Duo Performance mit ihrem Mann James C. Fields als „Amerikanisches Neger Duett" nach Europa. Mit ihrem deutschen Manager und sehr guten deutschen Sprachkenntnissen steht sie schon nach wenigen Jahren mit einem marktorientieren Programm auf den Bühnen. Auf ein Schubert-Lied lässt sie eine Jodel-Nummer folgen. Vor einem weißen Publikum in New York würde letzteres als Parodie einer Tradition europäischer Einwanderer mit Missbilligung quittiert werden. Der Kritiker ihres Konzertes im Gartenbau in Wien moniert dagegen 1910 ihre Stimme als zu gewaltig und überladen, und ihre Korpulenz sei kein ‚Fest für die Augen'[19] gewesen. Arabella Fields (Abb. 3) gehört bis zum Beginn der 1930er Jahre zu den beständigsten afroamerikanischen Künstlerinnen auf deutschen Bühnen. Sie tritt u. a. mit dem Jazzorchester von Sam Wooding und in Revuen von Louis Douglas auf. Black-Music-Spezialist Rainer E. Lotz[20] vermutet, dass sie die erste afroamerikanische Künstlerin ist, die in Deutschland Ende 1907 Schallplatten aufnehmen kann.[21] In einem Studio in Großbritannien, begleitet vom Piano in Ragtime-Manier, war dies vermutlich schon im Jahr 1902 der „Queen of Ragtime Singers"[22] La Belle Davis aus New Orleans vergönnt. Schwarze *Coon Shouter* wie sie gibt es erst wenige. Zwischen 1901 und 1929 ist sie mit *Cakewalks, Coon Songs* und *Negro Dances* ständig auf Tournee, ab 1904 auch in Wien und Deutschland, und wird dabei anfangs von ihren singenden, tanzenden und musizierenden „drei Negerknaben" (Piccaninnies[23]) begleitet. Schwarze Kinder auf der Bühne sorgen für volle Häuser. Darunter sind auch mal Waisenkinder, die an die Tourneeagenturen verschachert werden.

Abb. 3 Arabella Fields

Belle Davis war in erster Ehe mit dem Sänger Henry Troy Floyd (aus dem Musical „In Dahomey") verheiratet. Einer ihrer Piccaninnies ist um 1904 jener Louis Douglas (1889–1939), der als Allroundtalent bald die Präsenz der afroamerikanischen Musik im Entertainment der kommenden zwanziger und dreißiger Jahre auch in Deutschland nachhaltig beeinflussen wird. Er ist mit Belle Davis im vermutlich 1906 in Berlin gedrehten Pathé-Film „Die Schöne Davis mit ihren drei Negern" zu sehen. In den USA muss Belle Davis ihren hellen Teint dunkel nachschminken, um nicht als vermeintlich weiße Sängerin schwarzer Songs Proteste zu provozieren. In Deutschland ist das für sie eher von Vorteil, wo man wie in Paris den Teint kreolischer Mischlinge der Antillen den tiefschwarzen Westafrikanern vorzieht. Natürlich passt sie damit nicht mehr in die Klischees, mit denen „Original Neger Troupes – als Darsteller der Entwicklung des Negerlebens in künstlerischer Beziehung vor und nach der Befreiung des Sklaventhums" für Showbuchungen angeboten werden.[24]

Douglas ist mit Marion Cook, der Tochter des Komponisten Will Marion Cook („In Dahomey" u. a., vgl. Kap. 4) verheiratet. Nach Ende des England-Gastspiels von „In Dahomey" tingeln gleich mehrere Gruppen in kleinen Besetzungen auch über deutsche Bühnen, wie der Sänger Pete Hampton und die Banjo-Solistin und Sängerin Laura Bowman. Die Ensembles wechseln ihre Namen wie ihre Besetzungen. Wohl kein anderer hat so intensiv die Präsenz afroamerikanischer Musik in Deutschland seit der Mitte des 19. Jahrhunderts erforscht und dokumentiert wie der schon zitierte Rainer E. Lotz (*1937), ein vielseitiger Wissenschaftler, Jazzforscher und Diskograph aus Bonn. In den akribischen Aufzeichnungen seiner Quellenforschung in Archiven, Biographien und Publikationen weist Lotz nahezu jeden Schritt nach, den damals amerikanische Künstler auf deutschem Boden vollzogen.

Die schwarzen Künstler aus den USA werden beklatscht und umjubelt, am Ende ändert sich aber nur wenig an der latent rassistischen Einstellung ihres Publikums, besonders als nach dem verlorenen Krieg mit Hetzkampagnen die dunkelhäutigen Besatzer unter den Franzosen am Rhein und deren Kinder mit deutschen Frauen diskriminiert werden. Nicht selten erklingen Lieder mit rassistischen Tendenzen auf denselben Bühnen, auf denen auch die afroamerikanischen Künstler gastieren. Und oft stammen sie von Komponisten, die sich sonst gern der neuen Rhythmen und Klänge von Cakewalk bis zu seinen Nachfolgern wie Two Step oder Foxtrott bedienen. Dabei kommt es auf Stilreinheit nicht an. Alles wird mit jedem gemischt. In seinem Kabarett Chat Noir lässt Rudolf Nelson „Meine kleine Braune" besingen. Nelson ist auch anderen Nationalitäten gegenüber nicht zurückhaltend: „*Oh, Du Peruanerin, sei doch nicht so spröde wie ne Sekundanerin*". Nelson ist Geschäftsmann, Autor und Produzent vieler Revuen des Metropol in Berlin („Chauffeur, ins Metropol" 1912, „Die zwölf Frauen des Japhet" 1902). Er betreibt ab 1904 die Kleinstkunst-bühne Roland von Berlin, ab 1908 das Chat Noir in der Friedrichstraße und 1919 am Kudamm Nelsons Künstlerspiele. Die Journalistin Carmen Böker bescheinigt Rudolf Nelson „ein Gespür für musikalische Trends (wie den Siegeszug des Jazz, der sich in Modetänzen wie dem Cakewalk ankündigt) und heimliche Sehnsüchte. Mit ‚Mir ist heut so nach Tamerlan' ironisiert er den aktuellen Hang zum Exotismus, mit Tucholsky, Hollaender und Marcellus Schiffer sichert er sich die besten Autoren. […] Nelson fügte dem damals üppig wuchernden musikalischen Kabarett eine neue Nuance hinzu: Vom literarischen wie vom politisch engagierten Genre ließ er sich bloß formal inspirieren und schuf seine eigene, strikt vergnügliche Spielart: das mondäne, süffisante, elegante, anspielungsreiche Revuelied, das er selbst am besten und bedeutungsvollsten zu begleiten verstand."[25]

> Abends fein spazieren gehn,
> macht enormen Spaß,
> wo die Urwaldbüsche stehn,
> Dschungel nennt man das.
> Es wachsen dort an langem Stiel
> Binsen wunderschön,
> in die Binsen wird sehr viel
> deutsche Pinke gehen.
> Malongo
> vom Kongo
> und seine kleine Frau,
> Malongo
> vom Kongo,
> der weiß es ganz genau.
> Im Dschungel da tanzen die Affen wunderfein,
> und was sie tanzen dürfte wohl der Dschungelwalzer
> sein.[26]

Im Polka-Tempo erklingt 1912 der „Malango vom Kongo und seine kleine Frau" in einer Tanzrevue Rudolf Nelsons als musikalische Parodie der öffentlichen Debatten um Sinn oder Unsinn des deutschen Erwerbs von Neu-Kamerun. Übertriebene Deutschtümelei wird aufs Korn genommen, aber das Bild von tanzenden Affen bleibt eine diskriminierende Metapher.

Manchmal sind diese neuen, sehr oft in Operetten erstmals vorgestellten Schlager nichts anders als deutsche Versionen amerikanischer *Coon Songs*. Obwohl den Deutschen die herabsetzenden und rassistischen Andeutungen in amerikanischen Songs verborgen bleiben, fassen deutsche Liedtexter dennoch Vorurteile und Phantasien in Verse, meistens ohne die Schwarzen, auch die aus Afrika, direkt zu diffamieren oder zu beleidigen. Es ist eher Mitleid mit ‚guten‘, aber in vielerlei Hinsicht von der Natur angeblich unvorteilhaft ausgestatteten Menschen, aber: Sie gelten als sexy, lustig und künstlerisch-akrobatisch.

> Sei nicht so niederträchtig. sprach zu ihr der Despot,
> schwarz, weiß das passt doch prächtig, ich bin ein Patriot.
> Und als im Mondenscheine, still schlief die ganze Welt,
> lief doch die schwarze Kleine zu ihm des Nachts im Zelt.
>
> Und durch die Sommernacht tönt‘ s an ihr Ohr ganz sacht:
> Komm‘ mein feines, dummes, kleines Niggergirl oh, oh, oh,
> laß doch bloß von deinem weißen, miesen Kerl oh, oh, oh,
> seine Liebesworte schwäre sind nur Kitt oh, oh, oh,
> nach Europa nimmt er dich ja doch nicht mit oh, oh. oh.

(Das kleine Niggergirl, 1908)[27]

„Nigger" ist ein aus den USA eingeführtes neues Wort, das dort von Weißen diskriminierend verwendet wird. Schwarze sagen es auch untereinander, aber seit Beginn der Sklavenzeit werden sie so herabsetzend von den Weißen genannt, sie kennen kein anderes Wort. Später drückt es wohl im Straßenslang der mit diesem Terminus gebrandmarkten Menschen auch Solidarität untereinander aus, manchmal damit sogar eine Überwindung dieser Erniedrigung im Stolz. Es mag das gleiche Prinzip sein, das bei der Übernahme weißer Tänze wie dem Contredanse und dessen Umwandlung zu Habanera oder Cakewalk Verachtung durch Selbstbewusstsein ersetzt. Das eigentlich in den USA übliche „Coon" hört man in Europa nicht. In Deutschland hört man ‚Nigger‘ und ‚Neger‘, sogar in einem Satz: „Ein Pfund fliegt durch den Saal; der Nigger fängt es unfehlbar. Ein paarmal geht er, oder besser er taumelt – das können nur die Neger – vor seiner Bank auf und ab, stept nochmal und die Musik setzt ein, diese unglaublich rhythmische Rag-Musik mit den charakteristischen Synkopen." (Koebner)[28] Weder die Autoren deutscher Ragtime-Songs noch ihr Publikum kennen die besondere Sprache und Inhalte der amerikanischen Coon Songs, mit denen die Afroamerikaner als „chicken stealer" „gambler" oder „hustler" diskriminiert werden. Liedtexte zu Ragtime-Musik wie in Operetten vom „Fräulein President" (Lied: „Der arme kleine Niggerboy") und Schlagern („Das kleine Niggergirl" von Walter Kollo) prägen eine besondere Form des Rassismus in Deutschland. Im Anfang des 20. Jahrhundert entstehenden Volkslied „Zehn kleine Negerlein" werden diese allesamt als tollpatschig beschrieben: Aufgehängt, totgelacht, im Sumpf stecken geblieben, totgesoffen…, das ist ihr Schicksal. In den zwanziger Jahren wird das Bild des ‚Negers' im deutschen Schlagertext zunehmend diskriminierender.

Jahrzehnte später lässt der Schlagersänger Roberto Blanco 1979 sein Publikum in „Samba Si! Arbeit No!" wissen, dass der Brasilianer am liebsten Samba tanzen und von Arbeit nichts halten würde. Blanco gibt sich gelegentlich als Wiederkehr der schwarzen Sänger der Minstrelshows, die auf ihre schwarze Haut das ‚blackface' des Weißen schmierten. Vielleicht auch in der Erwartung seines Publikums.

Cakewalk tanzen und das Schieber-Prinzip

Was schwarze Clowns und Banjo-Zauberer, Spiritual-Chöre und Minstrel-Groups zuvor nicht als Massenwirkung erreicht hatten, gelingt Cakewalk und Ragtime binnen kurzer Zeit.

Schon bevor „In Dahomey" im April 1903 in London angekommen ist, haben europäische Komponisten rhythmische Strukturen von Cakewalk bzw. Ragtime in ihre Werke eingebaut. Die Einflüsse der europäischen Romantik machen es ihnen leichter, sich damit zu beschäftigen. Außerdem können die neuen Tänze einen gehörigen Vaterschaftsanteil der Marschmusik nicht verleugnen – ob höfischer Schreittanz oder derber Militärmarsch nach Art des Radetzky-Marsches von Johann Strauss aus dem Jahr 1848. Marschorchester sind auch in den neuen unabhängigen Staaten Lateinamerikas nicht nur beeindruckende Klangkörper des neuen Nationalgefühls bei militärischen Paraden, sondern auch lautstarke Choreographie-Anweisung für größere Menschenmengen. In Rio zwingt nach dem Maxixe um 1917 dessen Ableger „Samba Carnavalesco" mit synkopierenden Musikgruppen die Festgruppen der schwarzen Viertel zu marschähnlicher Disziplin, in Brasiliens Norden haben zur gleichen Zeit nacheinander im Karnevalsumzug defilierende Marschorchester und afrobrasilianische Capoeira-Gruppen in einer Synthese den noch heute sehr lebendigen *Frevo*-Tanz als schnellen synkopierten Marsch entstehen lassen.

Als die grotesk wirkenden Schreittanz-Parodien der Cakewalk-Tänzer schneller werden, beschleunigt sich auch das Marschtempo des Ragtime.

Diese Affinität rückt den amerikanischen Marschkapellen-Bandleader John Philip Sousa immer wieder in die Nähe des Ragtime. Man sagt ihm sogar nach, mit seinen Aufritten bei der Weltausstellung 1900 in Paris[29] und anschließend in der Berliner Kroll-Oper und bei einer weiteren Tournee 1903 den Ragtime nach Europa gebracht zu haben. Sousa ist aber der *King of March* seiner Epoche, und die von ihm wenig geschätzten Ragtimes und Cakewalks spielt er nur, wenn die Leute darum bitten. „Musik jeder Art ohne Worte und ohne Pantomime kann nicht unmoralisch sein", reüssierte er in einem Interview 1927.[30] Eines von Sousas bekanntesten Stücken ist „At a Georgia Camp Meeting", das der weiße Amerikaner Kerry Mills 1897 geschrieben hatte (s. Kap. 4). Typisch für eine Zeit, in der die Grenzen noch fließend sind, kann man es als Cakewalk, Marsch, Two Step oder sogar als Polka spielen. Der amerikanische Two Step ist im Grunde eine modernisierte Polka, deren Hüpfschritte man gegen schnelle Steps austauschte, die man mit den Schuhen nahezu auf dem Boden bleibend in leichten Drehungen tanzt. Mit seiner typischen Schrittkombination (*quick-quick-slow,* Prinzip „Schieber") wird er zum Grundschritt vieler in Amerika entstandener Tänze, von den Cajuns im Süden bis zu den Country Dances in anderen Landesteilen. Im Onestep gibt es nur einen Schritt pro Bein und Note, man schiebt sich ein paar Takte nach vorn, ein paar zurück, die Tanzhaltung kann auch mal geöffnet werden. Auch Foxtrott und viele Modetänze der Zwanziger Jahre, später auch Disco-Fox gehen auf den Onestep zurück. Im Cake*walk* wird vor allem ge*laufen*, mal nach vorn, mal nach hinten, wenn Platz ist durch den ganzen Saal. Die wohl früheste Quelle einer Cakewalk-Vorführung findet sich im Bericht des Teltower Kreisblatts schon 1895, als in Berlin lebende Afroamerikaner zum ersten Mal ein gemeinsames Sommerfest mit Festreden, Black Minstrel und Cakewalk veranstalten. Nach einem Hoch auf den deutschen Kaiser, der auch auf das Wohl seiner farbigen Untertanen bedacht sei, begann „unter den Klängen einer eigenartigen Musik nun ein Negertanz, der cake-walk (Kuchengange). Die schwarzen Herren traten hierzu im Ballanzuge an, ihren dunkelhäutigen Schönen fortwährend Verbeugungen machend." Ein Sprecher hebt danach noch hervor, wie unvergessen es sei, dass die deutschen Siedler in den USA die Schwarzen stets an ihren Festen teilnehmen ließen, „daher gelte sein hoch dem Deutschthum".[31]

Auch The (Seven) Florida Creols Girls stellen 1903 in Paris und Wien den Cakewalk vor, den das Neue Wiener Tagblatt als „Zweitritttanz, ähnlich dem Csárdás, und leicht in Kombination zu bringen mit dem Zweitrittwalzer" empfiehlt.[32] Franz Léhar scheint davon gehört zu haben.

Im gleichen Jahr bringt er den Cakewalk in zwei Operetten unter („Der Rastelbinder" und „Wiener Frauen"). 1908 unternimmt der Wiener Geiger Karl Haupt mit seinem Salonorchester eine Gastspielreise in die USA, von der er wahrscheinlich Eindrücke des dortigen Ragtime mitbringt und diese wie sein Kollege Robert Hügel oder die ungarischen Brüder Ernö, Gyula und Oszkár Geiger (die Geiger-Buam) mit seinem Orchester umsetzt.

Der Schöpfer des Berliner Nationalmarsches „Berliner Luft", Paul Lincke (1866–1946), präsentiert mit seiner „Frau Luna" im Berliner Apollo Theater 1899 die erste Operette der Hauptstadt. Lincke war zuvor in Paris (1897/99) und reist 1910 nach New York. Sein Lied „Negers Geburtstag - Coon's Birthday" wird schon 1903 als Two Step mit gebremstem Ragtimefeeling und operettenhaften Zwischenteilen ein großer Publikumserfolg. Das Theater des Westens zeigt 1907 Lehars „Lustige Witwe" und in der Komischen Oper gibt man 1917 das erste „Schwarzwaldmädel".

Lincke könnte dem Cakewalk bzw. Ragtime vor seinem USA-Besuch schon in Paris oder auch Berlin begegnet sein. Bandleader Sousa hatte 1900 ein Konzert in Berlin gegeben und dabei vielleicht die im Jahr zuvor von Kerry Mills geschriebene Nummer „Whistling Rufus - The One Man Band" auch für die Berliner gespielt. Mills bezeichnete das Stück als „a characteristic march", ließ aber auf dem Notenblatt wissen: „Kann auch als Two Step, Polka oder Cakewalk gespielt werden." 1903 bringt es ein Berliner Verlag als „Rufus das Pfeifgirl" heraus. Mills ist ein weißer Komponist und so wird später im Liedtext das Wort ‚Nigger' für den zur Gitarre pfeifenden Rufus gestrichen.

> This nigger would go to a ball or a party,
> Rainy weather or shine,
> And when he got there was a handsome nigger
> After the chicken and the wine.
> And when he got through with the chicken and the wine,
> Then he whistled and he sung so grand
> That they thought the angels' harps was a-playing.
> And they called him the one-band man.
>
> Chorus: Don't make no blunder, they couldn't lose him,
> For perfect wonder they had to choose him;
> A great musician with a high position
> Was whistling Rufus, the one-band man.
>
> (erste Textfassung)

Ein Jahr nach Sousas Konzert in Berlin wird der ursprünglich als Stadt-pfeifer in Wittenberge ausgebildete Paul Lincke von einem Verleger in Paris des Plagiats (mit „Die Gigerlkönigin") des pfeifenden Rufus beschuldigt und durch Abspielen eines Wachszylinders im Gerichtssaal überführt.[33] Es ist natürlich nur ein Zufall, dass Linckes Geliebte (ab 1901) und Mutter eines unehelichen Sohnes den Künstlernamen Ellen Sousa führte. Mit Mixturen aus Schrammelmusik, Salonmusik und dem Ragtime experimentiert man auch im Zentrum der österreichisch-ungarischen Monarchie, z. B. Karl Haupts „Synkopengeiger" von 1922 oder Carl Lafites „The Little Susi" von 1903.[34]

Wer in Deutschland wollte sich schon das Gesicht schwarz anmalen und nach Minstrel-Manier zu Coon Songs tanzen? Mit Cakewalk-Tanz und Ragtime-Musik aber werden die Deutschen erstmals mit afroamerikanischer Kultur konfrontiert, die zum Nachahmen geradezu auffordert. Zuvor war es dem Einfluss der in Berlin lebenden Amerikaner zu verdanken, dass der schnelle Walzer deutlich an Tempo verlor und Schrittpassagen die fort-laufenden Drehbewegungen unterbrachen. Das Ergebnis nannte sich Boston (-Walzer).

Fast zwanghaft kopiert und kombiniert man Rhythmus und Choreo-graphie mit bewährten Klischees von Eigenarten schwarzer Kultur in den USA. Aber es mangelt an Sachkenntnis. „Sich ganz an die Natur anlehnend hat der Neger sein Werben und Drehen um die Erkorene dem Hahn abgelauscht und das kokette Weibchen dreht sich eitel, lockt, entwischt und lässt sich endlich fangen." Ohne es zu wissen, beschreibt F.W. Koebner das Wesen aller Balz- und Werbetänze, die mit den europäischen Kolonialisten in die Amerikas gebracht und dort von amerindischen und afrikanischen Tanzpaaren kopiert und parodiert wurden – wie auch die Putzsucht der unter hohen Perücken und dicker Puderschicht schwitzenden tanzenden Oberschicht der Siedler.

Walk, Step and Trot

Die afroamerikanischen Tänze erreichen das europäische Publikum auf zwei Ebenen: Mit vorwiegend solistischen Cakewalks in den Shows schwarzer und schwarz geschminkter Entertainer und mit den paarweise als Schieber getanzten *Steps* und *Trots* auf dem Parkett des Gesellschaftstanzes. In deutschen Tanzkneipen ist der Cakewalk als ‚Negertanz' besonders zwischen 1900 und 1905 beliebt. Dann macht er einfacheren Choreographien Platz, denn wer wollte schon in sieben Stellungen tanzen, in denen beispielsweise

„*mit beiden Händen* schulterhohe rollende *Bewegungen*" gefragt sind, „die gehalten sind, als ob man Zügel hielte, dann die Arme *grotesk* vom Körper wegstrecken und in dieser Haltung einen Rundgang mit 8 Steigeschritten" machen?

Nachdem für Tango und Maxixe die Pariser Tanzschulen mit ihren Spezialisten aus Argentinien, Brasilien, London und Paris federführend waren (s. Kap. 10/11), bringt das britisch-amerikanische Paar Vernon und Irene Castle[35] zwischen 1912 und 1914 mit *Turkey Trot* und *Grizzly Bear* (Abb. 4) einen kleinen Ausschnitt der in den USA zahlreich aus afroamerikanischem Milieu kommenden Tiertänze nach Paris. Vernon Castle ist anfangs ein vielseitiger Solo-Entertainer, der zwischen seinen Comedy-Nummern auch tanzt, und daher wird die Tänzerin Irene seit 1910 zu seiner idealen Partnerin – besonders, nachdem das Pariser Publikum beim ersten Auftritt des Paars Vernons *Standup Comedy* nur mit Mühe lustig fand und die beiden als Tanzpaar die Show nicht nur retten, sondern auch zum Stadtgespräch machen konnten. Mit einer wilden, nahezu akrobatischen Kombination aus Bewegungen der aktuellen, aber in Europa noch unbekannten US-Tänze *Grizzly Bear* und *Texas Thommy* zur Musik von Irving Berlins „Alexanders Ragtime Band" (auch ‚Bärentanz' genannt) begeistern sie 1912 ihr Publikum im Café de Paris, in dem die Damen schmuckbeladen, in enggeschnürten Korsetts mit übergroßen, federgeschmückten Merry-Widow-Hüten ihrerseits ihre großen Auftritte haben.[36] Der Erfolg der Castles ist nachhaltiger als die Hutmode. Jahre zuvor hat hier der Amerikaner Maurice Mouvet vor vollem Haus seine Tangos, Maxixes und Apachentänze gezeigt. Er ist seit 1910 wieder in New York und bekommt nun mit der Rückkehr der Castles Konkurrenz, aus der Vernon und Irene bald als Sieger hervorgehen, nachdem sie in ihrer Experimentierfreudigkeit den „Castle Walk" erfunden haben: eine schnelle, über größere Distanz ausgeführte Kombination von Laufschritten, Hüpfern und Hüftbewegungen, für die James Reese mit seinem Europe Society Orchestra (s. Kap. 6) die gleichnamige Musik liefert. Sgt. Europe ist Afroamerikaner und spielt die aktuellen Rags mit seinem Orchester schon swingender als die „Umpah"-Ragtime-Pianisten, als frühen Jazz mit ein bisschen Marschorchestrierung. 1912 stellt Europe mit seinem Clef Club Orchestra in der New Yorker Carnegie Hall seine „Symphony of Negro Music" vor. Mit den Castles verbindet Europe eine enge Freundschaft. Sein nur aus schwarzen Musikern bestehendes Orchester begleitet sie fortan als Hausband bei den meisten Auftritten in den USA. Das ist bemerkenswert in Zeiten, in denen der Rassismus in den USA unvermindert ist. Die Castles sind keine Rassisten, aber sie sind so prüde wie Vernons Landsleute

Abb. 4   Der Grizzly Bear-Tanz

unter Queen Viktoria und Irenes Amerikaner. In ihrer Tanzschule „Castle-House" unterrichten sie die aktuellen Gesellschaftstänze, nicht nur Turkey Trot und *Bunny Hugs,* sondern auch *Maxixes* in erotikfreier Version. Drüben in Europa lassen es dagegen Mistinguett und ihr Tanzpartner Maurice Chevalier gehörig knistern. In Warteposition ist Fred Astaire (1899–1987), ein Enkel und Sohn deutsch-österreichischer Einwanderer, jetzt noch ein Teenager, aber mit seiner Schwester Adele schon im Vaudeville unterwegs. Ihr Vorbild sind die Castles.

1914 kommen Vernon und Irene Castle ein letztes Mal nach Europa, in ihrem Gepäck ist diesmal der *Foxtrott.* Während in den USA Evangelisten und Psychiater auf Gefahren hinweisen, die von den neuen Tänzen verursacht würden[37], und Kultur- und Sittenwächter in Deutschland von den Kanzeln gegen anstößige Tänze wettern, bleibt man in Paris gelassen, genießt und schweigt. Bei Kriegsausbruch kehren die Castles, die nie in Deutschland auftraten, zurück in die USA, wo sich Vernon freiwillig als Kampfpilot meldet. Von der Front schreibt er noch 1916: „Gee, how I hate the Germans."[38] Zwei Jahre später stirbt er bei einer Kollision mit einem anderen Flugzeug. James Reese Europe bringt jetzt – ohne die Castles – mit seiner 369th Infantry Jazz Band, bekannt als „Hellfighters", den Jazz nach Europa (s. Kap. 6).

Weiterlesen über afroamerikanische Modetänze und Musik nach dem Ersten Weltkrieg

Kap. 6: Der Krieg ist vorbei - Wie tanzt der Bär? (Afroamerikanische Modetänze).
Kap. 8: Der Jazz kommt nach Deutschland.
Kap. 9: Paris Nègre (Schwarze Kultur in Paris).
Kap. 16: Braune Töne (Der NS-Staat und die schwarze Kultur).

Anmerkungen

1. Wladimir Majakowski: Meine Entdeckung Amerikas. Zürich 1960, S. 75f.
2. Zit. nach: Andreas Austilat: Mark Twain in Berlin: Bummel durch das europäische Chicago. Berlin 2014.
3. Vgl. Rüdiger Vossen: Zigeuner. Frankfurt a. M. 1983, S. 35f.
4. Charles Dickens: American Notes and Pictures from Italy. London 1892, S. 43. Zit. nach: Lynne Fauley Emery: Black Dance. Palo Alto 1972, S. 188.
5. Dr. Jaap Kool in: F.W. Koebner/R.L. Leonard: Tanzbrevier. Berlin 1913, S. 101f.
6. Oskar Schlemmer, zit. nach: Donata Kaman: Theater der Maler in Deutschland und Polen. Münster 2001, S. 153.
7. O. A., o. T. [Leo Gollanin], in: Berliner Tageblatt (Abend-Ausgabe), 2.3.1904, S. 2.
8. Fred Ritzel: Synkopen-Tänze. Oldenburg 1999, Vortrag.
9. Vgl. Monica Gordon Pershey: "African American spiritual music: A historical perspective", in: The Dragon Lode 18/2, S. 24–29.
10. Lothar Zenetti: Peitsche und Psalm. München 1963, S. 96.
11. W. Foote, zit. nach: Lynn Abbott/Doug Seroff: Out of sight: the rise of African American popular music 1889-1895. Jackson/MS 2002, S. 149.
12. Abbott/Seroff (Anm. 11), ebd.
13. Sam T. Jack's Creole Company, Premiere 1889 in New York.
14. M/T: Stephen Collins Foster (1826-1864).
15. No. 475, 18.3.1894 , gefunden in Rainer E. Lotz: Black People. Entertainment of African descent in Europe, and Germany. Bonn 1997, S. 156.
16. Berlin und die Berliner Leute. Dinge. Sitten. Winke. Karlsruhe (Baden) 1905.

17. Aus: Iris Kronauer: Vergnügen, Politik und Propaganda. Kinematographie im Berlin der Jahrhundertwende (1896-1905). Diss. Berlin 2000. www.iriscope. de/kapitel3/kapitel3_4.html.

18. Gustav Meyrinck: Bal Macabre, 1908, www.totentanz-online.de/medien/ literatur/meyrink.php (11.3.2020).

19. Lotz (Anm. 15), S. 240.

20. Rainer E. Lotz: Discographie der ethnischen Aufnahmen, Bonn 1998, S. 69.

21. Auf den Labels Kalliope und Anker (u.a. My old Kentucky Home, Because I Love you, Swanee River).

22. Z. B. in The Creole Show 1891.

23. piccaninny, diskriminierend für schwarzes Kind.

24. Anzeige 1896.

25. Carmen Böker in: Berliner Zeitung, 25.6.1999.

26. „Malongo vom Kongo und seine kleine Frau". Tanz-Duett aus der Revue: „Chauffeur! Ins Metropol!" (1912). T: Julius Freund, M: Rudolph Nelson.

27. M/T: Walter Kollo, gesungen von Margarete Wiedecke, 1910.

28. Koebner/Leonard (Anm. 5), S. 35.

29. 1898, wie oft genannt, stimmt laut Sousas Biographie nicht, siehe Paul E. Bierley: The incredible Band of John Philip Sousa. Urbana 2006.

30. Zit. nach: John Philip Sousa: Six Marches. A-R Editions, Middleton/WI 2010, S. iii.

31. Teltower Kreisblatt, 1.8.1895, blackcentraleurope.com/?s=1895 (28.7.2019).

32. Zit nach Wolfgang Fichna: Erste Formen des Jazz im Wien der Jahrhundertwende, www.transcript-verlag.de/chunks/download_pdf.php?file=bis%20 399/9783839402887/9783839402887-018/9783839402887-018.pdf.

33. Rainer E. Lotz (Anm. 15).

34. Nach: Simon Geza Gabor in: Jazzkutatás, www.jazzkutatas.eu/article. php?id=141 (28.3.2014).

35. Aka. William Vernon Blythe (1887-1918) und Irene Foote (1893-1969).

36. Vgl. Eve Golden: Vernon and Irene Castle's Ragtime Revolution. Lexington 2007, S. 42.

37. Laut Eve Golden listet der Prediger Mordecai Franklin Ham 1916 allein 42 dieser in Texas bekannten Tänze in seiner Schrift gegen „The Modern Dance" auf, darunter auch „Argentine, ardor, fado, foxtrot, maxixe, tango", Golden (Anm. 36), S. 80.

38. Zit. nach: Golden (Anm. 36), S. 158.

Kapitel 6 (… 1918–1933 …)
Der Krieg ist vorbei: Wie tanzt der Bär?

Es kommt die neue Welt übers Meer gefahren mit Glanz
und erbt das alte Europa durch den Tanz.

(Schlusschor in Kreneks Oper „Jonny spielt auf", 1927)

Tanz über der Asche

Der Erste Weltkrieg forderte Millionen Leben von Soldaten und Zivilisten. Hunderttausende kehren als Verwundete zurück. Schmerzmittel oder Antibiotika sind weitgehend unbekannt, statt Prothesen werden Krücken ausgegeben. Es herrscht Inflation, Arbeitslosigkeit und Hunger. Fast eine Million deutsche Soldaten kehren nach Kriegsende aus der Gefangenschaft in ein Land zurück, in dem nach kurzer Revolution der Wechsel von der Monarchie zur Weimarer Republik vollzogen wird. Die Probleme in Wirtschaft, Politik und Gesellschaft bleiben ungelöst und treiben besonders die Großstadtmenschen in Berlin in eine Art Endzeitstimmung, in der alles erlaubt scheint. Als die Folgen und Lasten des Krieges noch lange nicht bewältigt sind und vor allem von den unteren Schichten getragen werden, beginnt schon wenige Jahre nach Kriegsende ihr Tanz auf dem Vulkan der „Goldenen Zwanziger". Wer es sich leisten kann, bringt Körper und Geist an die Grenzen des Möglichen und Belastbaren, des Irrealen und Irrwitzigen, bis 1928 Weltwirtschaftskrise und Strömungen wie der neugegründete „Kampfbund für deutsche Kultur" die Lava in den Vulkanen erstarren lassen.

© Springer-Verlag GmbH Deutschland, ein Teil von Springer Nature 2022
Claus Schreiner, *Schöner fremder Klang – Wie exotische Musik nach Deutschland kam*,
https://doi.org/10.1007/978-3-476-05695-5_7

Berlin, das ist ein Höllenpfuhl,
da hockt die Hure Zeitvertreib
in einem goldnen Schaukelstuhl
und bläht ihn auf, den blanken Leib,
und schluckt mit Haut und Haar die Knaben,
die ihren Vater längst vergessen haben.
Der seufzt in seiner Todesqual
im Feld, erwürgt von Gift und Gas:
Berlin, merk auf, zum letzten Mal,
dein Tänzer ist der Satanas!

Sie tanzen um das Kalb herum
vom Morgen bis zur Mitternacht
und haben nie gewußt, warum
da draußen in der Bruderschlacht
die dummen Männer sich zerfleischen.
Sie hören nur die Geigen kreischen
und manchmal einen Pfeifenschrei
zum Mummenschanz und Maskenfest:
Berlin, halt ein, es bleibt dabei,
dein Tänzer ist die Pest.

Der Krieg fraß alle Männer weg,
und Gott wiegt keinen Heller mehr,
sein Bild verwest zu Blut und Dreck.
Weiß keiner mehr, wohin, woher
die schwarzen Wetterwolken jagen?
Die Erde ist mit Fluch geschlagen
und heult im letzten Bogenstrich
von Morgenrot zu Morgenrot:
Berlin, halt ein, besinne dich,
dein Tänzer ist der Tod.

(Paul Zech, 1914/16)

In einem vielschichtigen Nachkriegsklima zwischen Nachholbedürfnis, Lebensgier, Enttäuschung, Drogensucht, Gangstertum und revolutionären Signalen erschreckt die Berliner 1919 ein Plakat an den Berliner Litfaßsäulen. Es zeigt die Figur der Berolina in eng umschlungener Tango-Tanzhaltung mit einem Skelett und warnt: „Berlin, halt ein! Besinne dich.

Dein Tänzer ist der Tod."[1] Als „Germany's Dance with the death" war das Motiv zuvor im Krieg vom holländischen Karikaturisten Raemaekers dem britischen Propagandaministerium überlassen worden und „The German Tango" taucht nun nach des Kaisers Abdankung in Berlin auf. Kabarettist Friedrich Hollaender greift das Motiv 1920 für seinen „Fox Macabre" auf, indem er „Berlin, dein Tänzer ist der Tod" singen lässt, „du tanzt dir doch vom Leibe nicht die Schmach, denn du boxt, und du jazzt, und du foxt, auf dem Pulverfass!"

Mit den G.I.s kommt der Jazz nach Europa

In New York, Chicago und New Orleans brodelt der Hot Jazz in den Jazzclubs, siedet wie in großen Bottichen und bringt sie zum Überlaufen. Aus dem Ragtime entwickeln sich der archaische New Orleans Jazz und im Chicago-Stil weißer Jazzbands seine Variante Dixieland. Tanzmusik und Schlager in Deutschland waren schon vor dem Krieg vom Stil dieser Zeit geprägt, der unter dem Namen „Two Beat" wie im Marsch die Betonung der 1. und 3. Viertelnote (z. B. durch Tuba, Bass Drum oder Bass) im 4/4-Takt bezeichnete. Der eigentliche *swing* des Jazz kommt erst später, als man auch die schwachen Taktteile 2 und 4 (z. B. auf der Snare Drum) akzentuiert und damit eine swingende Balance besonders in schnelleren Tempi erreicht. Der Swing-Stil öffnet schließlich in den dreißiger Jahren den Weg in eine neue Ära des Tanzes und des Jazz. Aber schon jetzt, 1919, kann nach dem Ragtime der Jazz kommen. Europa ist bestens vorbereitet.

    Der Journalist und Schriftsteller Franz Wolfgang Koebner schreibt 1921: „Die Einführung dieser Jazz-Musik wurde insbesondere durch den Umstand begünstigt, daß die Frontoffiziere sich darüber beklagten, daß, wenn sie wieder in ihre Heimat zurückkehrten, die bei ihrem vorigen Urlaub so mühselig erlernten Tanzschritte bereits veraltet seien. Man behauptete nun, daß die Jazz-Kapellen vermöge des von ihnen in so ausgeprägtem Maße gepflegten eigentümlichen Rhythmus ein Erlernen von neuen Schritten unnötig machten, und die Erfahrung lehrt auch tatsächlich, daß die exotische Musik die Stimmung der Tanzpaare so anregt, daß sogar mittelmäßige Tänzer und selbst unmusikalische Menschen, einmal von dem Rhythmus erfaßt, sich außerordentlich schnell in die neuen Tanzarten hineinfinden"[3] (s. Kap. 8).

Mit dem Ersten Weltkrieg ändert sich auch vieles in den kulturellen Beziehungen zwischen Berlin, London und Paris. Nach dem Kriegseintritt der USA (1917) weichen einige im Kaiserreich arbeitende afroamerikanische Künstler nach Holland oder Großbritannien aus. Viele kehren auch in die USA zurück und kommen erst in den zwanziger Jahren wieder, manch einer auch schon vorher als Soldat, wie der Leiter des New Yorker Clef Club Orchestra und langjähriger musikalischer Begleiter des Tanzpaars Castle (s. Kap. 5), Lieutenant James Reese Europe, der den Auftrag bekommen hatte, eine Militärband für den Dienst in Europa zusammenzustellen, mit der er am Neujahrstag 1918 zusammen mit dem ersten afroamerikanischen Truppenteil in Frankreich auf europäischem Boden landet. Als *drum major* hat er den später in einer Ballade von Sammy Davis Jr. unsterblich werdenden Tap Dancer Bill „Bojangels" Robinson dabei.[4] Unter den Posaunisten sind Herb Flemming und eine Reihe von Musikern aus Puerto Rico wie die Brüder Hernández. Der Posaunist Rafael Hernández wird später mit Evergreens wie „El Cumbanchero", „Lamento Borincano", „Rumba Tambah" und „Preciosa" Puerto Ricos berühmtester Komponist.

Lieutenant Europes 369th Infantry Jazz Band, in Frankreich auch als „Harlem Hellfighters" bekannt und von den Deutschen als „Blutrünstige Schwarze" bezeichnet, spielt in Frankreich, England und Italien vor stets begeistertem Publikum viele Jazztitel wie z. B. W. C. Handys „Memphis Blues", nach denen man bald den neuen Foxtrott *(Fox Trot)* tanzt (Abb. 1). Lieut. Europe gilt als wichtigster afroamerikanischer Bandleader vor Duke Ellington. Er stirbt, nur 39 Jahre alt, im Mai 1919 im Streit durch die Hand seines Schlagzeugers. Sein schwarzer Sänger und Gitarrist Noble Sissle kehrt mit Eubie Blake, mit dem zusammen er die Musicals „Shuffle Along" (1921) und „Chocolate Dandies" (1924) geschrieben hatte, als „Dixie Duo" 1925 nach Europa zurück. Er bleibt in Paris, arbeitet mit Sidney Bechet (s. u.) und tourt anschließend mit seinem Orchestra, das auch im Zweiten Weltkrieg mit der *USO Camp Show* für die Soldaten spielen wird.

Ragtime-Bands konnte man schon vorher in London oder Berlin live erleben. Die französische Entertainerin Gaby Deslys[5], die gelegentlich „mit nackten Brüsten unter hauchdünnem Tüll"[6] auftritt, brachte 1911 von einem Gastspiel am Broadway neben ihrem neuen Tanzpartner (Harry Pilcer) auch aktuelle Ragtime-Tanzkreationen wie *Turkey Trot* und *Grizzly Bear* mit, aber den *Hot Jazz* bringt Bandleader Europe nach Europa. Im Jahr darauf (1917) spielt die „Original Dixieland Jazz Band" zum ersten

Abb. 1 Lieutenant James Reese Europe (links) mit der Jazzband des 369th Infantry Regiment bei der Abreise aus Europa (1919)

Mal in England. Es sind weiße Musiker aus New Orleans, die mit Nick La Rocca über Chicago nach New York gekommen waren, wo sie 1917 die erste Schallplattenaufnahme des Jazz einspielen konnten, darunter auch den „Tiger Rag", einen Evergreen des Traditional Jazz, der die Nazi-Zeit unter Decknamen wie „Hasenjagd im Taunus" überleben wird. Die Jazzmusiker bringen mit dem Hot Jazz unbemerkt auch Elemente der alten Quadrille nach Europa zurück, so erinnert sich der afroamerikanische Jazzmusiker Bunk Johnson: „Ich war so scharf darauf, Quadrillen zu spielen. Die eine Quadrille, von der die Bands heute die ersten acht Takte spielen, ‚Tiger rag', stammt von King Bolden [Buddy Bolden], jedenfalls diese ersten acht Takte. Wir spielten sie immer, wenn sich die Paare zum Tanz aufstellen sollten. Später haben dann Musiker, die Noten konnten, das Stück übernommen und den ‚Tiger Rag' daraus gemacht. Wenn Bolden hätte Noten lesen können, hätte er wahrscheinlich den ‚Tiger rag' geschrieben. So spielten wir den ‚Tiger rag‘, ehe es die Dixieland Jazz Band überhaupt gab. Und die hat dann den ‚Tiger‘ genommen, die ersten acht Takte, und daraus das bekannte Stück gemacht, nach dem heute noch jeder tanzt.“[7]

Viele Jahre lang gilt La Rocca als derjenige, der mit seiner Band den Jazz erfunden hatte. Der schwarze „King of Ragtime“, Jelly Roll Morton, Thronfolger des 1917 gestorbenen Scott Joplin, sieht das natürlich anders: „Was Jazz wirklich ist, erfuhren die Leute in New York erst 1926, als ich mich entschloss, dort zu leben. Vorher hatte keiner eine blasse Ahnung… Den ganzen Jazz, der heute gespielt wird, habe ich geschaffen…“[8]

New Yorks Clef Club-Mitglied Will Marion Cook (s. Kap. 4) kehrt im Juni 1919 mit seinem Southern Syncopated Orchestra (SSO) an die Stätte des Londoner Erfolges seines Musicals „In Dahomey“ zurück. Wie Bandleder Europe bringt auch er einen besonderen Künstler an die Themse: Sidney Bechet, den der Schweizer Dirigent Ernest Ansermet (seit 1915 musikalischer Leiter der Ballets Russes von Sergej Diaghilew) in der Zeitschrift „La Revue Romande“ im Oktober 1919 „für den Erfindungsreichtum, die Stärke des Akzents, die Kühnheit der Neuheit und das Unerwartete“ als genial lobt.[9] Noch während der Tournee wechselt Bechet zum Sopransaxophon, das nicht nur Cooks Publikum besonders gefällt, sondern die Sprache des Blues erstmals noch besser als eine Klarinette einem europäischen Publikum vermittelt. Nach Auseinandersetzungen zwischen Cook und seinem Manager löst sich das SSO im Dezember 1920 auf, es ist pleite. Bechet bleibt bis 1921 in Paris und kehrt nach kurzem Engagement bei Duke Ellington 1925 mit der „Revue Nègre“ und Josephine Baker an die Seine zurück. Musikern des SSO begegnet man in diversen Bands, die wie Thompson's Negro Band die starke Nachfrage nach Jazz in Europa bedienen. Einige kommen auch in Berliner Ensembles unter.

Harlem und Broadway

In den USA geht man nach dem Krieg einer Wirtschaftsblüte entgegen, die indes nicht so lange dauert wie die Prohibition. Nach Schließung des Vergnügungsviertels Storyville zieht es viele Jazzmusiker aus New Orleans in den Norden an den Michigan See. Chicago ist ein wichtiger Spot für *Two Beat*, *Jazz/Hot Jazz* und schwarzen *Blues* in Clubs wie dem Dreamland, Lincolns Garden oder dem Plantation Café.

Hauptstadt der Show bleibt New York, das Musikern viel mehr Arbeitsmöglichkeiten bieten kann. Im Norden Manhattans steht das schwarze Amerika auf den Bühnen, im Süden die Stars des weißen Bürgertums.

Dort, am Broadway stehen die Paläste der Hammerstein-Dynastie, die der 1864 aus Stettin eingewanderte Oscar Hammerstein I als leidenschaftlicher Opernproduzent mit den Erlösen seiner zahlreichen Patente der Tabakerzeugung ab 1893 errichtet hatte. 1895 schloss sich ein Komplex Broadway/Ecke 44th St. an, dessen Auditorien, Konzertsaal und Dachgarten man für nur 50 Cent Eintritt besuchen konnte. Dazu gehörte ab 1907 auch der „Jardin de Paris" auf dem Dach, der sich wie ein riesiges Gewächshaus über einen lichtdurchfluteten, mit zahlreichen Pflanzen umrahmten Raum und eine Bühne spannt. Auf diese stellte Florenz ‚Flo' Ziegfeld, Sohn eines deutschen Immigranten, erstmals seine Revuen, die als *Ziegfeld Follies* einen Hauch der Pariser Folies Bergère nach New York wehen. Seine berühmten Ziegfeld Girls treten – ineinander verhakt und messerscharf in Reih und Glied die Beine schwingend – in zahlreichen Hollywood-Filmen auf. Sie tanzen zu Musik von George Gershwin, Irving Berlin und Jerome Kern. Später wechselt Ziegfeld ins benachbarte New Amsterdam Theatre und den Winter Garden und produziert dort auch Musicals wie „Show Boat" (1927) mit dem unsterblichen Hit „Ol' Man River" von Jerome Kern und Hammersteins Enkel (Hammerstein II.), das ein Jahr später Paul Whiteman mit Bing Crosby und seinem Orchester auf Schallplatte aufnimmt, aber erst 1936 in der vom Afroamerikaner Paul Robeson gesungenen Filmversion unsterblich wird. In einer der Schlüsselszenen des auf einem Showdampfer auf dem Mississippi spielenden Film-Musicals zutzelt der weiße Ehemann seiner schwarzen Gattin das Blut aus einer imaginären Wunde, um fortan behaupten zu können, dass auch in seinen Adern schwarzes Blut fließe und das Paar damit nach den Rassegesetzen der Südstaaten verheiratet sei.

„Show Boat" kommt 1928 mit Robeson nach London. Robeson, inzwischen ein Sozialist, den der Schriftsteller Langston Hughes als „Botschafter der dunkelhäutigen Arbeiter und Dienstboten" Amerikas in der Welt preist, singt und spielt sich mit vielen Auftritten über Jahre in die Herzen der Briten. Max Reinhardt holt ihn 1930 mit dem Stück „The Emperor Jones" nach Berlin. Eugene O'Neill's Stück ist die erste Theaterproduktion am Broadway, in der schwarze und weiße Schauspieler zusammen auftreten. Sie erzählt die Geschichte des ehemaligen Sklaven Brutus Jones, der sich auf einer Karibik-Insel zum Kaiser ernannt hat, die Eingeborenen ausbeutet und gegen sich aufbringt; ein Amerikaner steht ihm dabei zur Seite. Am Ende stirbt er nach einer Hetzjagd im Dschungel durch eine silberne Gewehrkugel, die die Einheimischen wegen seiner vermuteten übernatürlichen Kräfte selbst gegossen haben. „Aber unter der glänzenden Kaisertracht ist er der gleiche nackte Schwarze", schreibt die Berliner Kritik 1930, „der arme, dumme Kerl, der einmal Glück hatte und der nun alle Stufen der Zivilisation herunterstürzt und nichts als ein zerlumpter elender Nigger ist (den Tod vor Augen).“[10] Als man das Stück um 2007 wieder auf amerikanische Theaterbühnen bringt, gibt es Proteste: „Der Kaiser Jones stereotypiert den Schwarzen als von Verschlagenheit, Verrat, Aberglauben und einem hartnäckigen Minderwertigkeitskomplex befallen, der nicht erdacht, sondern angeboren ist. Der Untergang des Kaisers wird als durch Genetik und Schicksal bestimmt dargestellt, während er in den Wahnsinn hinabsteigt. Das Stück scheint zu sagen: ‚kenne deinen Platz‘“[11] In Berlin sieht man das 1930 wahrscheinlich genauso.

In Uptown Manhattan vervielfacht sich in dieser Zeit die Zahl der schwarzen Bevölkerung. Im einstigen Nobelviertel Harlem siedeln sich nicht nur Zuwanderer aus dem amerikanischen Süden an, sondern auch schwarze Immigranten und Flüchtlinge aus Afrika und vor allem aus dem karibischen Raum (s. Band 2, Kap. 19 u. Band 3, Kap. 12). 1898 hatten die USA Puerto Rico annektiert, im selben Jahr zeigten sie – nach dem Abzug der spanischen Kolonialmacht und Ende des Unabhängigkeitskriegs – kurz auf Kuba die Stars & Stripes-Flagge, die noch einhundert Jahre später im amerikanischen Stützpunkt Guantanamo wehen wird. Von 1915 bis 1934 ist auch Haiti vorübergehend von US-Truppen besetzt. Von Süden kommen zahlreiche Immigranten und illegale Zuwanderer nach New York und Harlem blüht auf. In der „Negro capital of the world“[12] entsteht eine neue afroamerikanische Kultur jenseits von Coon Song und Minstrel Show. Ihre Basis ist der schwarze Jazz, mit dem Musiker wie Count Basie, Jimmie Lunceford und Willie „The Lion“ Smith nach New York gekommen waren. Inmitten einer lebendigen Jazz- und Blues-Szene, die auch Literatur und Kunst beeinflusst, leben Literaten wie Langston Hughes.

Because my mouth
Is wide with laughter
And my throat
Is deep with song,
You do not think
I suffer after
I have held my pain
So long?

(Langston Hughes: Minstrel Man)

Dieser *Harlem Renaissance*[13] steht die weiße Dominanz in Downtown Manhattan gegenüber, und so ertönt aus Harlem „eine nicht zu überhörende Stimme des Protestes, des neugeborenen Stolzes und einer Explosion von kreativer Energie“.

Im Herzen Harlems eröffnet 1923 der Gangster Owney Madden den Cotton Club als Ausschank für sein illegal gebrautes Bier. Das Ambiente ist im Plantation-Stil gehalten, schwarze Kellnerinnen und Tänzerinnen sorgen für ein passendes (rassistisches) Südstaatenfeeling, in dem sich die New Yorker Schickeria wohlfühlen kann. Schwarzen ist der Zutritt verboten. Dennoch wird der Cotton Club ein zentraler Ort für das Überleben der Jazzmusiker und für die Entwicklung des Jazz, die hier von Legenden wie Duke Ellington (Hausband von 1927 bis 1930), Cab Calloway, Fletcher Henderson, Louis Armstrong oder Lena Horne vorangetrieben wird. Radioübertragungen und Schallplattenmitschnitte machen den Club und seine Künstler im ganzen Land bekannt. In der Lenox Avenue gibt es seit 1926 den Savoy Ballroom. Ohne jede Zugangsbeschränkungen wird er schnell zum Mekka des Swing Jazz. 1934 wird das Apollo Theatre in der 125th St. ebenfalls für Schwarze geöffnet, und auch hier beginnen viele Größen des Jazz, von Ella Fitzgerald bis Billie Holiday, ihre Karrieren. Später wird es Spielort berühmter Motown Soulmusic-Künstler. Und dann gibt es die vielen „Speakeasies" – nicht ganz legale Kellerbars, in denen erst weit nach Mitternacht Jazz und Charleston zu selbstgebranntem Schnaps geboten wird. Hier treffen sich die Musiker nach ihren Jobs in den Harlem Shows und den Broadway-Inszenierungen.

Deutsch-Amerikanischer Kulturaustausch

Spätestens mit dem Beitritt Deutschlands zum Völkerbund (1926) entspannen sich die Beziehungen zwischen Deutschland, Frankreich, England und den USA. Die USA ebnen mit dem Dawes-Plan den Weg für finanzielle Investitionen der Wallstreet in Deutschland, das seine Kriegsschulden gegenüber solchen Ländern zahlen kann, die ihrerseits damit Schulden bei den USA ausgleichen können. Nach den Blackface-Künstlern der Minstrel Shows und den ihnen nachfolgenden afroamerikanischen Spiritual-Gruppen, Cakewalk- und Ragtime-Solisten, kommen nach dem Krieg aus Nordamerika zunehmend auch alle möglichen Produkte und Inhalte des ‚American Way of Life'. Dazu gehört jene Musik, die von schwarzen Musikern als Hot Jazz entwickelt und zunehmend von ihren weißen und kreolischen Kollegen übernommen und mit kapitalkräftigem Background in der Tin Pan Alley von Schallplattenlabels und Investoren zur kommerziellen Reife geführt wird: der Jazz – den man bis 1920 in Deutschland nur als Ragtime oder Cakewalk kennt.

Gastspiele in Europa kann nur geben, wer im Musikgeschäft als profitabel gehandelt wird, wer Gönner hat oder als Entdeckung gilt. Schon früh haben sich daher Dependancen deutscher Musikverlage an der New Yorker Tin Pan Alley etabliert. Die Entwicklung der industriellen Fertigung von Schallplattengeräten und Tonträgern ist ohnehin ein deutsch-amerikanisches Gemeinschaftswerk (die Filmindustrie dagegen französischer Herkunft), das Verbindungen beidseits des Atlantiks etabliert und die Veröffentlichung amerikanischer Aufnahmen in Deutschland erleichtert. Am Broadway arbeiten deutschstämmige Showproduzenten und Theaterleiter. Regisseure wie Max Reinhardt und Schauspieler wie Emil Jannings gastieren in den zwanziger Jahren in den USA. Marlene Dietrich emigriert 1930 in die USA und wird erstmals für einen Oscar nominiert.

Der Schwabe Karl Gustav Vollmoeller (1878–1948), einer der Entdecker Marlene Dietrichs und der Drehbuchautoren des „Blauen Engel", kommt schon 1924 zur amerikanischen Aufführung seines Theaterstückes „The Miracle" (mit der Musik von Engelbert Humperdinck unter der Regie von Max Reinhardt) nach New York. Weltenbürger und Talentscout Vollmoeller wird zu einer Art inoffiziellem Botschafter für Belange europäischer Kultur sowie transatlantischer Mittler zwischen den Filmzentren in Babelsberg und Hollywood. Zu seinen Schützlingen gehören Katherine Dunham und Josephine Baker. In seiner Berliner Wohnung am Pariser Platz verkehren Gropius, Grosz, Kokoschka, Barlach, Lang und Einstein. Vollmoeller will wie Le Corbusier ein Ballett für die Baker schreiben und spintisiert mit Reinhardt eines Abends über eine groteske Pantomine, die Harry Graf Kessler für Baker ersonnen hat. Aber die sitzt schüchtern abseits in einer Ecke und isst Unmengen von Bockwürsten mit Kartoffelsalat, was Geza von Cziffra später gern als Anekdote präsentiert.

Tanzen wie die Wilden

„Tanzverbote sind Eingriffe in menschliche Ur- und Naturrechte. Der Staat ist keine Gouvernante." (Magnus Hirschfeld, 1932)[14]

Der Kaiser hatte während des Krieges alle öffentlichen Tanzveranstaltungen verboten. Nach Kriegsende dauert es nur kurze Zeit, bis die Freude an den neuen Tänzen wie dem Cakewalk oder dem Tango (s. Kap. 11/12) wieder auflebt. Er herrscht Aufbruchstimmung in einer Nation, die vom Krieg noch unversehrte Körper am liebsten nackt in Nudisten-Clubs zeigt und sie an den Wochenenden gern an die Grenzen tänzerischer Belastbarkeit heranführt.

Der Kaiser hatte die neuen Tänze wie den Tango nie gemocht, die nicht mehr in Reih und Glied, artig wie das Preußische Militär, gesellschaftliche Überlegenheit und Disziplin demonstrierten, sondern es nun jedem Tänzer überließen, wie er sich mit seiner Partnerin bewegen wollte. Schon im Walzer hatten die Paare ein Stück Freiheit gefunden, das jetzt in eine Tanzwut umschlägt, in eine Lust und Sucht nach ständig neuen Schritten und Gesten. Curt Sachs, Musikethnologe und Autor der 1933 erscheinenden „Weltgeschichte des Tanzes", sieht im plötzlichen Wechsel der Tanzmoden wenig Gutes: „Kein größerer Gegensatz zu dem Einerlei der Schritte und der Melodik des ausgehenden neunzehnten Jahrhunderts ist denkbar", urteilt er, „aber das Ergebnis dieser Bluttransfusion befriedigt nicht."[15] Denn die Tanzlustigen würden ständig von neuen Modetänzen unter Druck gesetzt, die ihrerseits eine „Entselbstung" auf europäischem Boden durchgemacht hätten. „Denn was an Kulturgütern von außen her übernommen wird, muss im Sinne der Empfänger geformt und angeglichen werden, wenn es Wurzeln fassen und keimen soll. Aber es ist nicht Umbildung, was wir hier sehen, sondern eine unvermeidliche Entkernung, über der die Schale verschrumpft." Das trifft den Kern des Problems der Transkulturation[16].

Auch F.W. Koebner sieht das Problem: „Als wir im Jahre 1912 im Admiralspalast das erste Tanzturnier veranstalteten, lagen die Dinge ähnlich. Auch damals war das Interesse für den Tanz ein noch nie erreichtes. Um aber den damals noch nicht so üppig wie heute wuchernden Meisterschaftstänzern einen internationalen Tanzstil zu zeigen, fuhr ich nach Paris, um von dort einige gesellschaftliche Berufstänzer herüberzuholen. Jeder, der damals das erste Tanzturnier mitmachte, wird sich des ungeheuren Jubels erinnern, mit dem der Argentinier [Brasilianer, d. A.] Duque hier als vorbildlicher Tänzer begrüßt wurde. Heute, wo nationale Rücksichten dem Vergleiche mit fremdländischem Stil hindernd entgegenstehen, sind wir auf uns selbst angewiesen und sind auf die Erfahrungen einiger weniger Tänzer angewiesen. Wir stoppeln uns so durch, tasten, versuchen, bis wir leidlich das Richtige gefunden haben. (Ich erinnere an das Gehüpfe, das ein halbes Jahr lang Foxtrott vortäuschen sollte.)"[17]

Was vor dem Krieg mit Varietés, Schallplatte und Kino als Basis für eine Massenkultur bereits vorbereitet worden ist, erlebt spätestens mit den Goldenen Zwanzigern und dem neuen Medium Radio (ab 1923) zuvor nicht gekannte Dimensionen. Deutschland ist darin nicht isoliert. Die „Roaring Twenties" der USA und Englands haben ihre Pendants in den „années folles" Frankreichs. Die Bewegungsästhetik der neuen Tänze steht jetzt noch in krassem Widerspruch zu bürgerlicher Moral und Ethik. Im Gesellschaftstanz, nicht im Schwof der Kaschemmen-Erotik, werden eheanbahnende „gute Partien" vermittelt. Dafür sind Tänze unerwünscht, bei denen gepflegte Konversationen und Blickbeziehungen unvermittelt durch rhythmische Betonung der menschlichen Körpermitte zu „schmutziger" Musik unterbrochen werden.

Während sich die neuen Tänze dennoch durchsetzen, ohne andere wie den Walzer zu verdrängen, müssen aber auch die Erlebnisse des Krieges verarbeitet werden. Im Auf und Ab von Arbeitslosigkeit und Vollbeschäftigung, Investitionsboom und Inflation floriert eine junge Vergnügungsindustrie, deren Ziel es ist, eine Massengesellschaft mit Unterhaltung abzulenken, die sich eigentlich neu orientieren müsste. Der Antrag der Kommunisten, die Fürstenhäuser zugunsten der Armen zu enteignen (1926), findet keine Mehrheit im Reichstag. Neue Wege beschreiten vor allem die Künste. Kubismus ist out, Kunst für den Alltag ist das Anliegen der Neuen Sachlichkeit, Träume und Illusionen weichen der Realität. Im Bauhaus Dessau präsentiert Marcel Breuer Stühle für die Massenfabrikation. Der Bühnentanz mutiert sektiererisch zu Gymnastik und Esoterik (s. Kap. 7).

Die Masse erreicht man mit Schlagern, den Nachfolgern populärer Opern-Arien, von Gassenhauern und Volksliedern im neuen Ambiente der wachsenden Unterhaltungsproduktion: Immer mehr Theater, Kinos und Radiohörer garantieren eine ständig wachsende Verbreitung über die neuen Medien, Vervielfältigungen von Texten und Musikkonserven. Der hohe Wiedererkennungswert von Schlagern beruht auf einer ansprechenden Kombination von Text und Melodie. Der Text kann ironisch oder albern sein, er muss nur dem Zeitgeist, eher noch dessen Popularisierung als Mode entsprechen, damit er ohne Scheu in einer leicht merkbaren Melodie nach- und mitgesungen werden kann. In dieser Epoche schließt das fremdsprachige Texte aus, und auch allzu viel Exotik oder Synkopierung in Melodie und Rhythmus ist dabei nicht beliebt. Anstelle bekannter Arien aus Opern werden Melodien aus Operette, Varieté, Revue und später aus dem Tonfilm zu Schlagern, zu denen man auch tanzen kann. Als der Tonfilm um 1929 in die Kinos kommt, zeigt er ohnehin erst einmal sehr viele Umsetzungen bekannter Operetten, bevor eigene Musikfilme – auch diese nach amerikanischem Vorbild – entstehen. Damit kommt aber auch das Ende der aufwändigen Ausstattungsrevuen in Theatern und Varietés, die mit noch größeren Kulissen und den Vorzügen von Kameratechnik und Schnitt der Filmstudios nicht Schritt halten können. Und man hörte auch besser, wenn auch nicht in vergleichbarer Qualität der späteren analogen und digitalen Sound-Systeme. Denn in den Zwanzigern steht auf manchen Varieté-Bühnen noch kein Mikrophon. Das ist zwar schon lange für

Aufnahmen erfunden, es fehlt aber die Technik, die eingefangenen Signale in den Saal hinein verstärkt zu übertragen.

Die deutschen Unterhaltungskomponisten beginnen, vorwiegend amerikanische Vorlagen für deutsche Bedürfnisse zu kopieren und zu bearbeiten oder so zu entkernen, wie Sachs (s. o.) es sieht. Jeder neue Mode-tanz verkauft sich nach fast immer gleichem Marketing-Konzept: Ein Schlager, der den neuen *Shimmy*-Tanz in Rhythmus und Vers zum Inhalt hat, muss nur oft genug im Radio gesendet werden. Die Tanzanleitung gibt es meist schon im Liedtext oder auf der Plattenhülle dazu.

Die neuen Tänze: Drill oder Chaos

Der Tänzer und Komponist Camille de Rhynal, der 1907 das erste Tango-Turnier in Nizza organisierte, rief zwei Jahre später eine erste Weltmeister-schaft des Gesellschaftstanzes in Paris ins Leben. Im gleichen Jahr eröffnete die Französin Mlle. Joe Marignac in der Berliner Kantstraße eine ‚Schule für Kallisthenie und Gymnastik‘ mit „Unterricht in allen modernen Tänzen – Boston, dem Tanz der Gesellschaft, Onestep/Tango.“ Das erste deutsche Tanzturnier geht 1912 im Admiralspalast aufs Parkett, 1919 veranstaltet man die erste Deutsche Meisterschaft. Bis Mitte der zwanziger Jahre wird die zuvor überwundene wilhelminische Trennung zwischen Gesellschaftstanz und Tanzvergnügen auf einem modernen Level neu erfunden. Aus London und Paris kommen von Tanzlehrern standardisierte Schrittfolgen alter und neuer Gesellschaftstänze in die Tanzschulen. Die Zeiten, in denen Mann die Tanzpartnerin mit simpler Schrittkombination arschwackelnd durch die Gegend schiebt, sind in diesen Etablissements passé. Viele neue Tanzschulen entstehen, und in zahlreichen Büchern setzt man sich mit den neuen Tänzen empirisch, kritisch, polemisch, analytisch, didaktisch und auch gelegent-lich dilettantisch auseinander. In seinem „Brevier der neuen Tänze“ stellt F. W. Koebner 1921 *Jazz* und *Shimmy* vor. Im Jahr darauf plädiert Heinz Pollack in seiner „Revolution des Gesellschaftstanzes“ für eine Umwandlung der Tanzwut in Tanzsport, und der ‚Pionier des Formationstanzes[18]‘ Rein-hold Sommer veröffentlicht 1924 seine „Theorie der Gesellschaftstänze“. Außerdem informieren die neuen, wöchentlich erscheinenden Illustrierte Magazine im Oktav-Format ausführlich über die jeweils neuen Tanzmoden. Tanzlehrer erklären darin Schrittkombinationen und Korrespondenten berichten von den Tanzkongressen in Paris und London. Franz Wolfgang Koebner (1886–1978) fungiert seit 1924 als erster Chefredakteur von „Das Magazin“, dessen Verleger der spätere Filmregisseur Robert Siodmak ist. Er zeichnet stets nur als F.W. und gibt damit gern einem über ihn umlaufenden Gerücht Nahrung, dass er ein unehelicher Sohn des großen „F.W", Kaiser Friedrich Wilhelm II, sei. Als besessener Tänzer ist Koebner mit seiner ungarischen Frau auf allen Bällen der Hauptstadt anzutreffen, und sein Blatt (und bald als weiteres „Die Elegante Welt"), widmet sich der neuen Glitzerwelt von Leinwand und Revuetheater, sein besonderes Interesse gilt dem Modetanz. Im „Magazin" erscheint zum ersten Mal 1927 eine Fotostrecke von Marlene Dietrich, die Auflage liegt jetzt bei 220.000 Exemplaren. Die Dietrich, behauptet später sein Enkel, „war nur eine seiner unzähligen Liebschaften".[19] Koebner, ein „lässiger, redegewandter Gentlemen, der gern mit seinem Monokel hantiert und immer eine Flasche Whiskey oder Likör in der Nähe hat"[20], heiratet ein zweites Mal, diesmal die Tänzerin Julia Nemeth. Auf Koebner geht der Begriff ‚Tanzsport' zurück und seine Publikationen über die neuen Gesellschaftstänze werden Standardwerke.

„Rhythmus – das ist es, was die Tänzer heute voraus haben. Ein in allen Gliedern vibrierender, ungeheurer Rhythmus. Wenn die Musik aufhören würde, ständen die modernen Tänzer fassungslos auf dem Fleck, während die fidelen Rundtänzer der alten Schule ruhig weiterdrehen würden. Weil sie ihr in der Tanzstunde erlerntes Schema tanzen und keine individuell aufgefasste, empfundene Melodie. Es genügt aber nicht, daß der Gent von heute diese Tanztechnik beherrscht um gut tanzen zu können. Es gehört dazu, daß er mit jeder Frau, zu jeder Melodie auch auf dem kleinsten Fleckchen jederzeit tanzen kann."[21] (F.W.Koebner).

Spätestens 1921 wird London Zentrum des europäischen Gesellschaftstanzes, als sich britische Tanzlehrer[22] zum dritten Mal zu einer Konferenz treffen, um einer Vielzahl von damaligen Tänzen ein einheitliches Gesicht zu geben, das den Tanzschulen ihre Arbeit erleichtern soll. Dazu gehören natürlich der Walzer und seine Schleppwalzer-Variante *Boston,* aber es dauert bis 1929, bis in einer zweiten „Great Conference" der Langsame Walzer und mit ihm Slowfox, Tango, Blues und Onestep endgültig standardisiert werden, indem man die Tempi und Tanz-Figuren verbindlich festlegt. Seitdem „schaute die junge deutsche Tanzlehrergeneration ganz gezielt von den Engländern ab, die nach wie vor die Führung in der Tanzszene hielten. Ein Engländer namens Victor Silvester brachte den Deutschen behutsam den Langsamen Walzer bei, der damals übrigens schlicht ‚Moderner Walzer' genannt wurde. In den neuen Choreographien um 1930 hieß es immer: nach Bradley, nach Silvester, nach Ford, nach Stern oder nach Smith. Diese großen Namen des Englischen Stils wurden immer bekannter und prägten die weltweite Tanzszene."[23]

Schon bald geben die Briten mit ihrem „Englischen Stil" im europäischen Gesellschaftstanz den Schritt an, der sich an der ‚normalen Gehbewegung' als Basis des Standardtanzens orientiert. Sie modifizieren auch Foxtrott und Tango (1921), danach Slowfox (1924) und Quicktime (1924, auch Quickstep). Aus dem marschartigen *Onestep* wird in den britischen Tanzschulen und Wettbewerben ein Foxtrott bzw. Quickstep mit Charleston-Elementen (1927). Zum Tango allerdings, vermutet Reinhold Sommer[24], haben die Briten ein schlechteres Verhältnis als die Deutschen, deshalb würden ihn die Deutschen phantasie- und ausdrucksvoller tanzen (s. Kap. 12).

Auch in Deutschland organisieren sich die Tanzpädagogen. Nach dem Reichsverband für Tanzsport (1920) entstehen 1921 dessen Nachfolger Deutscher Tanzsportverband und 1922 der Allgemeine Deutsche Tanzlehrer-Verband (ADTV). Aber noch geht man spielerisch und erfindungsreich mit den neuen Tänzen aus Nordamerika um. Bis zum Jahr 1934. „Der Pfarrerssohn, Tanz-Weltmeister und Bandleader Victor Silvester will nicht länger mit ansehen, wie die Musiker den Tänzern nach Lust und Laune vorschreiben, was zu tanzen ist. Er ruft – mit großem Erfolg – eine *Strict-Tempo-Band* ins Leben und koppelt damit zum ersten Mal die Tanzentwicklung von der Musikentwicklung ab."[25] Von nun an gilt als Regel im Tanzsport, dass bestimmte Tänze nur noch zu einer bestimmten Musik mit einer einheitlichen Taktzahl absolviert werden. Was mit Cakewalk und Ragtime-Tänzen zuvor weitgehend unkontrolliert durch Nachahmen und Überzeichnen direkt den Weg in die Tanzhallen gefunden hatte, erhält auf einmal doch wieder eine Art preußischer Drill-Ordnung. Bis in die 1980er Jahre werden diese Regeln auch nahezu durchgehend mit stets denselben Turnier-Musikstücken eingehalten. (Erst mit TV-Shows wie „Let's Dance" werden die tanzenden Prominenten nach 2000 gezwungen einen Chachachá zu einer Disco-Nummer zu tanzen, Hauptsache das Tempo stimmt.) Aber auch die unter dem ADTV und seinen Kollegenverbänden in Europa über einen Zeitraum von rund 40 Jahren entwickelten Standards für „Lateinamerikanische Tänze" mit Chachachá, Samba, Rumba, Pasodoble und Jive haben bei aller Ästhetik und sportlichen Eleganz mit den lateinamerikanischen Originalen danach nur noch sehr wenig Gemeinsamkeiten. Es ist ein verständliches Anliegen des Verbands, die Tanzschulen seiner Mitglieder zu füllen. Als mit Beat- und Rockmusik die Tanzinnovationen rar werden, beginnt man in den 1970er Jahren, verstärkt mit einem ‚Tanz des Jahres' auch Tänze anzubieten und über die Medien zu fördern, die in der Retorte von Musikproduzenten oder als Derivate regionaler lateinamerikanischer Disco-Moden entstanden. Mit Lambada hat man 1989 großen Erfolg, aber der Soca (1990) floppt (s.a. Bd. 2, Kap. 1–4 und Bd. 3, Kap. 10, 12).

Nach dem ersten Weltkrieg gibt es drei wesentliche Entwicklungslinien im modernen Gesellschaftstanz:

Aus der Familie der mit Marsch und Quadrille vermischten afro-amerikanischen Cakewalks, Steps und Ragtimes stammen verschiedene Standardtänze, die noch im 21. Jahrhundert an Tanzschulen unterrichtet werden, wie Foxtrott, Blues, Slowfox, Quickstep und andere Fox-Variationen.

Und dann kommt der Jazz.

> „Er ist so völlig würdelos. Er schlägt jeden Ansatz von Würde, von korrekter Haltung, von Schneidigkeit, von Stehkragen in Grund und Boden. Wer Angst davor hat, sich lächerlich zu machen, kann ihn nicht tanzen. Der deutsche Oberlehrer kann ihn nicht tanzen. Der preußische Reserveoffizier kann ihn nicht tanzen. Wären doch alle Minister und Geheimräte und Professoren und Politiker verpflichtet, zuweilen öffentlich Jazz zu tanzen! Auf welch fröhliche Weise würden sie all ihrer Würde entkleidet! Wie menschlich, wie nett, wie komisch müßten sie werden! Kein Dunstkreis von Dummheit, Eitelkeit und Würde könnte sich bilden. Hätte der Kaiser Jazz getanzt — niemals wäre das alles passiert! Aber ach! er hätte es nie gelernt. Deutscher Kaiser zu sein, das ist leichter, als Jazz zu tanzen." (Hans Siemsen: Die Weltbühne)[26]

Der nordamerikanische Jazz wird in Deutschland lange Zeit als originärer Musikstil ignoriert, er liefert nur die rhythmische Basis für die neuen Tänze. Er ist kein Tanz, sein Flair aber bringt eine größere Körperlichkeit und Erotik: in Shimmy und Charleston, Black Bottom und Swing rotieren und wackeln Hüften und Schultern, kreuzen sich Beine und Arme und stößt man sich mit dem Hintern an.

Drittens: Noch immer präsent sind mit Tango und Maxixe erste Kinder, die die kubanische Habanera auf ihrem Siegeszug durch Karibik und Lateinamerika in die europäische Welt gesetzt hatte, in der sie dann „entkernt" wurden (s. Kap. 10–15).

> [...] Ob Pest und Mord geschah,
> Die Menschen sind noch da
> Und drehn sich mit der Erde nach der Sphären Klang.
>
> Und auch noch Tanz? Ah bah.
> Trotz schrillem Kriegstrara
> Man tanzt. Der Foxtrott überlebte jeden Schuß.
> Wir sind nicht kalt etwa.

Denn unser O und A
Ist der Genuß, den Herr und Dame fühlen muß.

Seht: Asien, Afrika,
Durch Flug etcetera,
Dicht rückt die ganze Menschheit zu einander hin
Europa, schreits Hurra,
So hört es USA,
Man steppt in Schanghai nach der Jazzband von Berlin."[27]

(aus: Alfred Wolfenstein, Foxtrott)

Die mediale Verbreitung der neuen Tänze geschieht in den zwanziger Jahren nicht allein durch Schallplatten. Ihre Stars, zu denen vor allem bekannte Orchester, deren Leiter und Solo-Sänger gehören, dominieren die Titelseiten der Illustrierten, sie werden im Film gezeigt und in Varietés aufgeführt.

In seiner Autobiographie beschreibt der jazz- und tanzbegeisterte George Grosz einen Abend, kurz nach Ende des Ersten Weltkriegs, an dem er mit dem Hautarzt und ‚Hauskomponisten' sowie Dichter der Dada-Bewegung Dr. Dohman (aka. Daimonides) ins Adlon geht: „1919 war das Adlon das Hauptquartier der amerikanischen Presse. Es gab eine Party. Der Gastgeber Benny [der Amerikaner Ben Hecht, Journalist, später Drehbuchautor für Hitchcock, Ford, Preminger und Lubitsch] saß mit überkreuzten Beinen auf dem Klavier und spielte ‚Ev'rybody Shimmies Now' auf seiner Geige, begleitet von seiner Frau. Überall standen Gläser und Aschenbecher. Auf den Tischen Havanna Zigarren, Zigaretten, zwei Flaschen Rheinwein auf Eis, eine Flasche mit Black & White Scotch, Brandy. In der riesigen Blechbüchse auf dem Piano soll noch härteres gewesen sein. Für die Deutschen waren Lebensmittel immer noch rationiert. Später in der Nacht brachen wir auf zu einem geheimen Nachtclub; gegen vier Uhr dirigierte Benny die Band und gab dem Pianisten ein paar Lehrstunden in Sachen Ragtime."[28]

Im Fuchsgang

„War der Foxtrott eine Krankheit, so ist Jazz und Shimmy eine Epidemie, die weder Kinder noch Greise schont, die selbst vor ehrwürdigen Matronen nicht Halt macht." (F.W. Koebner).[29]

Der erste Modetanz nach dem Krieg heißt *Foxtrott*, er ist in Heinz Pollacks Worten ein „raffiniertes Ragout: Foxtrott hat – so merkwürdig das klingen mag – keinen eigenen Rhythmus. Foxtrott-Musik war ursprünglich nichts

weiter als ein etwas langsamer gespielter Rag-time. Die Synkope feierte
Orgien. Doch plötzlich waren Synkopen, Triolen und Läufe verschwunden,
und auf der Bildfläche erschienen sanfte, ruhige, schwermütige, exotisch-
eintönige Weisen, die grenzenloses Staunen hervorriefen. Diese Meta-
morphose war verblüffend. Was war geschehen? Dieses: Des einfachen
Rag-time-Rhythmus müde, kochte man aus Onestep-, Boston- und Tango-
Abfällen, vermischt mit Rag-time-Zutaten, ein äusserst raffiniertes Ragout.
Obgleich nur aus alten Mitteln hergestellt, gewürzt, gewendet und geschickt
verarbeitet, mundete es sehr schnell selbst dem verwöhntesten Gaumen."[30]
In der Mode verabschiedet sich Frau von den engen Humpelröcken der
Vorkriegszeit und den weiten Kriegskrinolinen. Nach den Vorkriegs-Suf-
fragetten kommt jetzt Frauen-Power in Gestalt ihre Rechte einfordernder
Kriegswitwen, die Familie, Hof und Fabriken am Laufen gehalten hatten,
während die Männer im Krieg waren. Die jetzt das Frauenwahlrecht
bekommen. Das in Kriegszeiten praktische Grau weicht wieder Farben,
die Röcke werden enger und kürzer wie die Bubikopf-Frisur, man trägt
jetzt Pumps, die teuren auf Pump. Langsam gibt es wieder genügend Rohstoffe und der zuvor eingefrorene Kontakt zu Pariser Modehäusern taut
wieder auf, während Bauhaus, Dada und bald Art Déco und andere Kunst-
richtungen auch auf die Mode Einfluss nehmen.

Der Foxtrott kommt 1918 aus den USA über England nach Deutschland. Er löst die Schiebe- und Wackeltänze zu Ragtime und Onestep-Musik
ab und ist selbst, wie oben beschrieben, eine etwas langsamer gespielte
Ragtime-Version mit Schrittkombinationen aus Marsch und Onestep. Ein
kalifornischer Vaudeville-Tänzer namens Harry Fox soll ihn um 1913 in
New York in den Ziegfeld Follies oder ein Jahr später in seiner eigenen Show
zu Ragtime-Musik kreiert haben. Schon 1914 legte die American Society of
Professors of Dancing Schritt-und Bewegungsstandards des Foxtrott fest.

„Statt im Zotteltrab Tänze zu tanzen, deren Geist einer verflossenen Aera ent-
stammt, holt die junge Generation ihre Inspirationen aus der ursprünglichen
Bewegung primitiver Völker, aus der ungekünstelten Wiedergabe rhythmisch-
musikalischer Erlebnisse naiver Gemüter. Landen so erlauschte Pas, vielleicht
Bewegungsfragmente wilder Völker, in vielen Retorten verschmolzen mit
den Resten abendländischer Kultur, geglüht in den Hochöfen modernster
Zivilisation, in letzte Form gegossen durch Stilgefühl begabter Tänzer und
abgekühlt durch die Konventionen unseres demokratisch-bürgerlichen
Milieus, als Gesellschaftstänze in Salon und Ballsaal […]." (Tanzlehrerin
Katharina Rathaus, 1927[31]

Beim Foxtrott bewegen sich die Paare über das gesamte Parkett, wie im Walzer und seinem Pendant, dem Boston, oder dem Two Step. Damit verlieren afroamerikanische Charakteristika wie solistische Tanzfiguren ohne Fortbewegung an Bedeutung, wie sie noch im Cakewalk lebendig waren. Nur noch einige Tanzfiguren bzw. Abschnitte lassen Raum für solistische Einlagen. Die zwanziger Jahre erleben einen ständigen Wechsel zwischen zunehmend europäisch geprägten und standardisierten Bewegungstänzen und den Platztänzen, in denen ein afroamerikanischer Ursprung mitunter nur noch dem Typ nach zu vermuten ist.

Die Vorlagen vieler Tänze zur Musik aus dem Ragtime-Umfeld kommen scheinbar direkt aus dem Zoo und nicht aus Kalifornien, von wo aus sie auf die Showbühnen Chicagos und New Yorks hüpften. Jetzt trotten auch die Deutschen wie Bären im Wald herum *(Grizzly Bear)*, hüpfen wie die Frösche *(Bullfrog Hop)*, rammeln wie die Kaninchen *(Bunny Hug)*, hopsen breitbeinig im Puter-Schritt *(Turkey Trot)* und schlurfen gemächlich *(Camel Walk)* über das Parkett. Spätestens die Vorstellung eines *Fish Walk* müsste Zweifel daran aufkommen lassen, ob es sich bei den *Animal Dances* tatsächlich um Variationen totemistischer Tänze der Indianer oder Afroamerikaner handeln könnte. "The word *dancing* could be applied only by exercise of courtesy", kommentiert mit erhobener Nasenspitze das Tanzlehrer-Ehepaar Kinney den Turkey Trot 1914 in New York in der Rubrik "Past Crudities".[32] Im gleichen Atemzug stellen sie irrtümlich den argentinischen Tango als Entwicklung aus dem spanischen Baile Flamenco, "composed by Gipsy steps and movements" vor. Sowohl der „Truthahngeier-der-im-Begriff-ist-ein-totes-Maultier-zu-fressen" als auch Tango aus Buenos Aires gehören für sie eben nicht auf das Parkett der feineren amerikanischen Society.

> „Tanzmusik muss so wirken, wie wenn sie das Klingen des Tänzers wäre. Sie ist hörbar gewordene Zeitmetrik und Rhythmik der Bewegung" (Laban).

Mit dem *Shimmy* (oder *Hootchy-Kootchy*) gibt es um 1920 wieder einen offen auf der Stelle getanzten Paartanz, bei dem vor allem die Schultern zum Lied „Ausgerechnet Bananen" in wilde „shimmy shakes"-Spasmen fallen. „Schüttle dich solange, bis das Nachthemd über deine Schultern nach unten gleitet." Die Tanz-Ethnologen Günter und Schäfer sehen ihn als afrikanischen Tanz[33] und in der Tat – Zufall oder nicht – gibt es im ägyptischen Bauchtanz eine vibrierende Bewegung der Hüfte, die „shimmy" genannt wird. Nach den Auftritten von *Raqs Sharqi*-Tänzerinnen auf der Weltausstellung 1883 in Chicago (s. Bd. 2, Kap. 5) sprach man statt vom *Belly Dance* zunächst auch vom *Hootchy Kootchy,* und schon 1921 weist F.W. Koebner auf diese Ähnlichkeiten des Shimmy zum Bauchtanz hin.[34] Das wäre ganz im Sinn der Theorie Ernest Bornemans[35], nach der auch der Jazz Wurzeln in nordafrikanischer Musik habe, die als akkulturatives Element schon in der iberischen Musik vorhanden gewesen und mit der spanischen Kolonisierung in die kreolische Musik der Karibik bis nach New Orleans gelangt sei.

Das Schulterschütteln im Shimmy-Tanz kann man allerdings auch in vielen Tänzen der Weltkulturen antreffen, und doch sind Herleitungen des Shimmy aus *Vodou*-Tänzen Haitis oder *Shika*-Tänzen Nigerias[36] wohl eher Spekulation. Denkbar, oder zumindest phantasiereicher, wäre die Theorie, dass der Shimmy aus dem Tanz schwarzer Frauen im Cotton Club New Yorks entstanden sei, bei dem das Schütteln der Schultern die mit Blusen (*chemise*) bedeckten Brüste der Frauen rhythmisch schwingen ließen.[37] Der Herausgeber der Kulturzeitschrift „Der Querschnitt", Hermann von Wedderkop, sieht dagegen den Shimmy als ein Übergreifen des Expressionismus auf die unbewusste Volksseele: „Danach bedeutet *Shimmi,* künstlerisch gesprochen, Auflösung der menschlichen Gestalt in unten geometrische Gebilde, oben Auflösung in atmosphärisches durch Schüttelbewegung."[38]

Namenspate in den USA war wahrscheinlich das Lied „Shim-Me-Sha-Wobble" (1917) des Jazzmusikers Spencer Williams, dem der Traditional Jazz einige Evergreens wie „Basin Street Blues", „Royal Garden Blues", „I've Found a New Baby" verdankt, die in keinem „Realbook" einer Dixielandband Europas fehlen dürfen. Williams ist mit seiner Band 1925–28 auch auf Europatournee. Mit ihrem Lied „Ev'rybody Shimmies Now"[38] ist die berühmte Mae West im Jahr darauf eine der ersten Bühnenstars, die den Shimmy in ihre Shows einbeziehen: „Let us do it now that nervous sort of movement like Saint Vitus dance: sweet Mamma won't you show me how that dance that I love best, the Dance the folks are doing with their chests. 'cause ev'rybody shimmies now." (Joe Cold/Eugene West/Peer Vlg).

Und in der Tat ist Shimmy bald ein Synonym für erotische Tänze mit der Körpermitte, wie in Ma Raineys „Barrelhouse Blues " von 1923: „Papa likes to shimmy/ Mama likes to stroll."

In mancher Hinsicht sind die Goldenen Zwanziger damit auch die „schwarzen" Zwanziger. Der vielleicht ironisch zu verstehende Schlager „Ich lass mir meinen Körper schwarz bepinseln"[40] – achtzig Jahre später wieder im Repertoire von Max Raabe – steht 1930 schon fast am Ende einer Epoche eines kindischen und respektlosen Zwangs, „Neger" und „Nigger" nachzuahmen.[41] („Und gehe mit 'ner Fidschi-Puppe kuscheln kuscheln

kuscheln.") Der Nationalsozialismus schiebt dem dann seinen eigenen rassistischen Riegel vor.

Unter den Melanesiern der Fidschi-Inseln wäre ein schwarz bepinselter Körper so wenig authentisch wie die ‚Neger'-Imitate auf den Showbühnen der 20 Jahre.

> Fräulein, bitte woll'n Sie Schimmy tanzen?
> Schimmy, Schimmy, ist der Clou vom Ganzen!
> Früher einmal machten es die Wilden.
> Jetzt gehört's dazu, um sich zu bilden.
> Früher war es schocking,
> jetzt gehört's zum guten Ton.
> Schimmy, Schimmy ist die große Mode,
> Schimmy ist die Sensation.[42]

Während mancherorts in den Zoos weiter stupide Bilder vom „Wilden" Afrikas in Völkerschauen vermittelt werden, singt man in einem Hit 1928 ein „berühmtes Niggerwiegenlied … aus USA":

> Eilali, eilali, eilala!
> Alle Kaffern sind aus Afrika!
> Durch den Rundfunk und am Grammophon
> Spielt zum Tanz uns auf nur U.S.A.
> Und auch in der Oper singt man schon
> Eilali, Eilala![43]

Diese letzte Zeile spielt auf Ernst Kreneks so betitelte „Jazz"-Oper „Jonny spielt auf" an. Eric Borchards "Concerto's Yankee Jazz-Band" präsentiert diesen Titel als Jazzversion 1920 auf dem Polyphon-Label. Von einer „Jazz"-Oper ist Kreneks Bühnenstück jedoch weit entfernt, trotz kompletter Blackface-Kostümierung des Ensembles. Der Titel ist eher marktgerecht gewählt (s. Kap. 8).

Schwarz ist nicht nur jener berühmte „Schwarze Donnerstag" an der Wall Street, an dem die Börse 1929 einen historischen Absturz erlebt. Schwarz ist jetzt die Farbe der Exotik. Die Afrikaner sind jetzt eher die ‚Kaffern' und man sagt ‚Neger', wenn man afroamerikanische Künstler meint. Es gibt die *Revues nègres*, Jazz ist ‚Negermusik', auf deutschen Bühnen auch von Musikern gespielt, die sich selbst Schokoladenkinder („Chocolate Kiddies") nennen. Kaum jemand spricht das Wort ‚Neger' wertfrei aus, irgendeine Form der Bewertung und meist der Abwertung steht immer dahinter. In der modernen Tanzszene oder bei Josephine Baker entzieht man den ‚Neger'-Tänzen jede Diskriminierungsabsicht durch Verweise in den Bereich des vermeintlich ‚Grotesken' (s. Kap. 7). Sobald das Wort ‚Nigger' fällt, werden auch diese Grenzen überschritten. Afroamerikaner reden untereinander über Nigger, damit entschärfen sie diesen rassistischen Terminus der weißen Amerikaner. Deutsche, die von Niggern sprechen oder von ihnen singen, sind ignorant oder diskriminierend. Meist beides.

Josephine Baker und der Charleston

Während in Europa der Krieg in Materialschlachten erstmals ein grausames Gesicht moderner Massenvernichtung zeigt, steht eine Neunjährige im nordamerikanischen St. Louis im Keller eines Hauses hinter einem Vorhang aus alten Stoffresten und wartet auf ihren Auftritt. Auf Konservenbüchsen montierte Kerzen, deren Tropfen im Durchzug Stalagtiten aus Stearin entstehen lassen, spenden Licht, die Zuschauer sind kaum älter als sie und sind meistens Jungs. Die kleine Freda Josephine McDonald (1906–1975) liebt es, sich verkleiden und zu tanzen. Sie tanzt, weil sie in ihrer Kindheit immer entsetzlich fror, so erzählt es jedenfalls Josephine Baker später in ihrer ersten Autobiographie, die nur kurz nach ihrem ersten Erfolg in Paris von Marcel Sauvage[44] niedergeschrieben wird. In Wahrheit erlitt sie in einer rassistischen Gesellschaft die Kindheit eines schwarzen, armen Mädchens, das seinen spanischen Vater nie gesehen hat, das früh mitverdienen musste, sexuell missbraucht wurde und mit 13 Jahren in eine erste Ehe flüchtete, woran offenbar niemand Anstoß nahm, weder in ihrer Familie noch bei den Behörden. Als sie mit 14 als Mrs. Wells bei einer Black-Vaudeville-Truppe einen Job als Chorus Girl findet, ist diese Ehe schon beendet. Bis sie 1922 in New York landet, ist sie immer *on the road* und heißt jetzt Misses Baker. In Harlem teilt sie sich ein Zimmer mit der Blues-Sängerin Alberta Hunter, im selben Haus leben auch Lena Hornes Mutter und Langston Hughes. Josephine wird Chorus Girl in den neuen *all-black* Broadway Musicals „Shuffle Along" und „The Chocolate Dandies". Als sie im September 1925 nach Europa aufbricht, ist auch Mr. Baker passé, seinen Namen aber behält sie. Und es kommt der glückliche Zufall, dass die schwarze Jazzsängerin Ethel Waters wegen zu geringer Gage ein Angebot der Agentin Reagan ausschlägt, in deren „Revue Nègre" in Paris mitzuwirken (Abb. 2). Baker sagt erst nach langem Zögern zu, und Caroline D. Reagan verpflichtet sicherheitshalber die Zimmervermieterin der Baker dazu, ihren neuen Star pünktlich zum Hafen zur Abreise zu schicken. Als Bühnenpartner stellt man ihr mit dem Tänzer Louis Douglas einen auf Europas Bühnen bereits erfahrenen Künstler zur Seite, der von London aus bis 1908 mit Belle Davis auf Tournee gegangen, zuletzt 1912 in Wien eine Show gegeben und die

Abb. 2   Josephine Baker tanzt Charleston in den Folies-Bergère Paris (1926)

Kriegszeit in England verbracht hatte. Douglas ist der Schwiegersohn des großen Will Marion Cook (s. Kap. 5).

Die „Revue Nègre" hat am 2. Oktober 1925 ihre Premiere im (1913 im Art-Deco-Stil erbauten) Théatre des Champs Elysées. Neben der, noch dezent im Federrock gekleideten, Baker und ihrem in *Blackface*-Maske auftretenden Partner Douglas ist Pianist Claude Hopkins mit seinem Charleston-Orchester mit Sidney Bechet Star der Show. Partner in Bakers berühmten „danse sauvage" ist der Afrikaner Joe Alex, der seit 1923 schon in verschiedenen Filmen (u. a. „Die Kinder von Montmartre" von René Hervil) mitwirkte. Der Siegeszug des Charleston in Europa beginnt jetzt hier in Paris.

> „Ganz Paris ist da in dem verdunkelten Saal […]. Die Musiker der Neger-kapelle defilieren mit ihren Instrumenten durch das Dunkel vor einem perl-grauen Vorhang. Der Vorhang geht auf. Szenerie: Ein Hafen… Charleston. Und jetzt betritt ein seltsames Wesen die Bühne. In ungeheurer Eile läuft es mit krummen Knien umher. Eine zerlumpte Hose ist seine ganze Bekleidung.

Eine unwahrscheinliche Mischung von Kaugummi, boxendem Känguru und Rennradler. „Josephine Baker". Ist es ein Mann? Ist es eine Frau? Schwarzgeschminkte Lippen. Die Haut bananenfarbig. Die ohnedies kurzen Haare eng an den Kopf geklebt – eine Perücke aus Kaviar. Die Stimme ist durchdringend, in unaufhörlicher Bewegung erzitternd. Der Körper windet sich wie eine Schlange oder besser noch: er gleicht einem spielenden Saxophon und die Musik des Orchesters scheint aus ihm zu entspringen… Verquetscht und Fratzen schneidend schielt sie, bläst die Backen auf, verrenkt sich, macht Spagat und läuft schließlich auf allen Vieren davon, mit steifen Beinen, den Hintern höher als den Kopf, wie eine junge Giraffe. Ist sie scheußlich? Ist sie reizend? Ist sie schwarz, ist sie weiß? Hat sie Haare oder ist der Schädel schwarz angestrichen? Niemand weiß es. Wie soll man es wissen – in der Eile? Und wie sie ging, kommt sie wieder, schnell wie das Tempo eines Onestep. Das ist keine Frau, das ist keine Tänzerin, das ist eine ebenso unfaßbare und außerordentliche Angelegenheit wie die Musik selbst --- gewissermaßen das Ektoplasma aller Töne, die man hört… Ein barbarischer Tanz, getanzt von den Girls und von Josephine Baker. Dieser Tanz von seltener Unanständigkeit ist ein Triumph der Geilheit. Die Rückkehr zu den Sitten der Urzeit: Die Liebeserklärung ohne Worte - nur mit dem Leibe, die Arme über dem Kopf erhoben mit einer einfachen Vorwärtsbewegung des Bauches und einem Wackeln der ganzen Hinterfront, Josephine ist völlig nackt, mit einem kleinen Kranz von blauen und roten Federn um die Lenden und einem ebensolchen um den Hals. Die Federn zittern im Rhythmus des Taktes und dies Erzittern wird taktvoll gesteigert." (Pierre de Regnier)[45]

Die Baker tanzt den Charleston auf ihre sehr eigene Art. Wahrscheinlich gleicht sowieso kein Charleston einem anderen, denn er lässt reichlich Spielraum für tänzerische Improvisationen. „Die Europäer haben den Charleston von den Negern tanzen sehen. Sie haben einen anderen erfunden; er gleicht dem ersten nicht, er ist aber auch sehr hübsch", sagt Baker 1927.[46] Im schwarzen Charleston bewegt man eigentlich alle Körperteile, schwingend, zitternd, rudernd und zuckend, gebeugt und gerade, nach vorne und nach hinten, auf die richtige Kombination kommt es an. Hochleistungssport. In Europa bleibt letztlich nur die durch gegenläufige Armbewegungen betonte Beinarbeit übrig. Der Charleston ist „Jazz mit Knoten", schreibt W.M. 1921, „wenn Jazz ruckweise geht, so *Charleston epileptisch.*"[47] Aber es gibt gutgemeinte Ratschläge: „Zur Vermeidung der beim Charleston-Schritt gefürchteten O-Beine achte man darauf, dass die Knie eine leichte X-Bein Stellung haben."[48]

Gut möglich, dass der Charleston wirklich aus der Stadt Charleston in South Carolina kommt, vielleicht gelangte er dorthin sogar mit Tänzen der Ashanti aus Afrika oder sogar von den Kapverden. Die ehemalige Metropole der Südstaaten war lange Zeit einer der Häfen, von denen aus Sklaveimporte aus Afrika über das Land verteilt wurden. Es ist vorstellbar, dass Tänzer aus dieser Region nach der Sklavenbefreiung im Gefolge herumziehender schwarzer Musikgruppen in Harlem strandeten, die bei den Auditions für neue Broadway-Produktionen das vortanzten, was sie am besten konnten. Und das waren meist die seit Kindesbeinen in der Heimat geübten Tänze, die ihrerseits fast immer Verschmelzungen afrikanischer Vorlagen mit den Siedlertänzen waren. „Runnin' Wild" ist der passende Titel eines Musicals, das im Oktober 1923 Premiere hat. In seinem Programm ist eine Nummer, die der Komponist James P. Johnson „The Charleston" nannte. Die Musik klingt wie üblicher Two-Beat Jazz, aber der Tanz ist anders als alle vorherigen Modetänze mit viel afrikanischer Beinarbeit wie im Buck Dance und dem Tapdance-Vorläufer Wing Dance. Eben Charleston.

Charleston! Charleston!

Made in Carolina
It's a la-pa-zoo. Buck dance, Wing Dance
Charleston Charleston
Lord how you can shuffle
Ev'ry step you do
Leads to something new
Man I'm telling you…[49]

Kaum wird der Charleston durch dieses Musical als Solotanz populär, melden sich auch schon seine ‚Erfinder'. Einer der Verursacher der nur kurzen Charleston-Hysterie, die mit dem New Yorker Börsencrash 1929 ein fast jähes Ende findet, war mit Sicherheit jener Pianist James P. Johnson, dessen „Charleston"-Komposition ein Jahrhundert lang erste Wahl aller Turnier-Orchester sein wird, wenn Charleston getanzt werden soll. Der Afroamerikaner Johnson kommt aus der Blues- und Ragtime-Szene, schrieb schon für Bessie Smith und Ethel Waters, die sich erinnert: „Ich lernte in Harlem eine Menge über Musik und über die Leute, die sie machten. Kein anderer konnte es so wie die da. Jede Phrase, die du hörst, heute wie damals, stammt von *einem* Musiker und das ist James P. Johnson. Und ich meine wirklich *jede* Jazzphrase, die Pianisten aus Harlem jemals spielt haben. Sie alle sind nichts als getreue Nachfolger einen großen Mannes: Jimmy Johnson."[50]

Johnson macht den *Stride*-Piano-Stil populär, bei dem die linke Hand Bass und Harmonie spielt, während die rechte improvisiert oder die Melodie spielt. Spielt die Linke sehr konstant eine rhythmische Basslinie mit den Harmonien, wie es Eubie Blake schon zum Ende des 19. Jahrhunderts tat, dann ist der Weg zum Boogie-Woogie nicht mehr weit. Johnson soll seinen Charleston schon 1913 bei Tanzabenden für die Hafenarbeiter New Yorks gespielt haben, die aus dem armen South Carolina hierhergekommen waren.[51]

Tänzerinnen, die wie Albatrosse beim Anlauf in die Lüfte mit ihren Armen herumrudern, nennt man in den USA „Flappers" (‚Flatterer' oder auch ‚Backfisch'). Sie sehen immer gleich aus und prägen die Optik des Charleston: kurze Haare mit Bubikopf, schmal geschnittene kurze Kleider, Strumpfband über den Knien, ähnlich verrucht und selbstbewusst, wie später die Sally Bowles im Film „Cabaret". Sex, Drugs and Charleston oder zwanzig Mal mit wildfremden Männern und Tanzkarten aufs Parkett, um einen Dollar zu verdienen. Ein Flapper ist auch die Hollywood-Diva Joan Crawford, als sie 1923 ihre Karriere als Charleston-Wettkampftänzerin beginnt. Und Ginger Rodgers, die zwei Jahre später mit ihrem Sieg bei den Texas State Charleston Contest Finals bekannt wird.

Josephine Baker ist ein Flapper der besonderen Art. Als „schwarze Venus" und „schwarze Sonne von Paris" von der Kritik bejubelt, gastiert sie mit der „Revue Nègre" im Januar 1926 in Rudolf Nelsons Theater am Kürfürstendamm. Baker hatte sich anfangs geweigert, denn ihr schien das Theater am Kurfürstendamm, in dem später einmal das Astor-Kino sein wird, viel zu klein. Ihre Show wird ein „Mittelprodukt zwischen Urwald und Wolkenkratzer", notiert Harry Graf Kessler in sein Tagebuch.[52] Ottomar Starke kennt die Show aus Paris und würdigt im „Querschnitt" ausführlich die anderen Beteiligten wie den Autor der Revue und Tänzer Louis Douglas: „In sein schwarzes Gesicht (‚Ihn zum Bilde, zum Bilde Gottes schuf er ihn') malt er um den Mund eine weiße Schießscheibe, was ihn noch übernegert. Er tanzt acht Tänze mit einer nie gesehenen Paganinivirtuosität der Füße." Von Starke erfährt man auch, dass Sidney Bechet, Marion Cook und Claude Hopkins für den jazzigen musikalischen Part der Show zeichnen. Ob sie auch in Berlin mitwirken, ist nicht bekannt. Schon vor diesem Auftritt beweisen Korrespondenten in begeisterten Berichten aus Paris, wie unbeholfen sie diesem Spektakel gegenüberstehen. Unter der Überschrift „In Paris sind die Neger große Mode" erfährt man zwar, dass man in Frankreich schon über eine „Befruchtung der europäischen Phantasie, eine Verjüngung der alten europäischen Kultur" nachsinne. Das möchte der Schreiber doch offenbar lieber nicht, denn die ‚Neger' „sind gerade dort am besten, wo sie von der weißen Kultur unberührt, wo sie ganz Neger sind."[53] Gewiss nicht in der neuen „Negerbar" in Berlin, wo man sich wie „Josephine" geschminkt zeigt. Diese Zwanziger Jahre sind so verrückt, dass Josephine Baker sogar in der Jury sitzt, als in Berlin die „schönste falsche Negerin" prämiert wird.

„Viel zu niedlich und viel zu jung für ein Genie" ist das Urteil des linken Kritikers Hans Siemsen über die Baker. Auch für ihn ist Louis Douglas der Star in der Revue, der „erste wirklich große, ernste, schöpferische Künstler von allen Negern, die bisher zu uns gekommen sind". Neben Stepptanz, Gesang und einer Tanz-Parodie der Pawlowa agiert Douglas im „Schicksalstanz" als ein – von zwei miteinander und mit ihm streitenden Bräuten – verlassener Hochzeiter: „Und nun steht er allein auf der Bühne in seinem Bräutigamsfrack und weißen Handschuhen, sieht die kaputt getretenen Buketts an, schluchzt – und fängt an zu tanzen. Einen Step, einen Schwof, einen Walzer – und darin liegt nun alles, was ein ganz großer Dichter sagen könnte in dieser Situation des von zwei Bräuten verlassenen Bräutigams. Grotesk, komisch, traurig, erschütternd – ja beinah schauerlich. Nijinski, Pawlowa – Ihr könnt es auf andere Weise. Aber besser könnt Ihr's auch nicht!"[54].

Vielleicht glauben die Berliner Zuschauer wirklich, Afrikanisches in den Liedern und Tänzen der Show zu entdecken (Abb. 3). Die ‚Negerlieder' darin sind weder echte Blues-Songs, noch wurden sie jemals als Worksongs überliefert. Es sind Coon Songs aus der Feder weißer Autoren wie Irving Berlin oder Gus Kahn. Auch der Tanz, mit und ohne Bananen, ist nur großartige Choreographie und auf afroamerikanischen Tanzelementen aufgebaute Körperlichkeit. Afrikanische und afroamerikanische Tänze sind es nicht, wie sie der Senegalese Féral Benga in Bakers Show in den dreißiger Jahren und später der Jamaikaner Berto Pasuka und der Westafrikaner Fodéba Keïta (s. Bd. 2, Kap. 5) in Paris präsentieren werden. Josephine Baker gibt ihren Zuschauern das, was sie erwarten: einen Hauch von Afrika. „Am Beispiel Josephine Baker wird besonders deutlich, was öffentlich geträumt wird – Träume, Tagträume, die mitgeprägt werden durch Vorgeträumtes", stellt Dieter Kühn in seiner Analyse der ‚öffentlichen' Biographie der Baker fest. „Josephine Baker als Sammelpunkt von Versatzstücken"[55]

Die Berliner Szene nimmt sie ganz in ihren Besitz. Harry Graf Kessler, Chronist, Mäzen und Schriftsteller, wird von Max Reinhardt zu Vollmoeller gerufen, die Baker sei dort, in „seinem Harem am Pariser Platz", und Kessler kommt, sieht sie zusammen mit anderen halbnackten Gästen tanzen und schreibt in sein Tagebuch: „ein bezauberndes Wesen, aber fast ganz unerotisch".[56]

Abb. 3   Josephine Baker in Berlin

Max Reinhardt habe ihr damals angeboten, sie auf drei Jahre ans
Deutsche Theater zu engagieren, glaubt sich Josephine Baker 1927 erinnern
zu können. In der Tat überlegen sich Reinhard und Vollmoeller, was sie
mit der Baker künftig realisieren könnten.[57] In Berlin kommt es wahrscheinlich auch zum Bruch mit ihrer Agentin Caroline Reagan. Die Baker
steigt aus der Show aus, wechselt als Hauptattraktion in die Folies Bergére
und tauscht für ihren *Danse Sauvage* in der Show „La Folie du Jour" das
kurze Kleid mit einem Slip, an dem rund ein Dutzend künstlicher Bananen
befestigt werden. „Den Charleston sollte man tanzen mit Muschelketten,
die auf der Haut hüpfen und rasseln. Ich habe statt der Muscheln Bananen
oder Federn genommen. Es handelt sich nämlich darum, mit den Hüften zu
wackeln, rechts herum, links herum, von einem Fuß auf den anderen, den
Popo spielen zu lassen und mit den Händen zu wedeln."[58] Zwei Jahre später
ist die Baker als Attraktion der Revue „Bitte Einsteigen" zurück in Berlin.
Ihre erste Autobiographie ist als „Der schwarze Stern Europas" auch hier
erhältlich und ihre Fans können sie in ihrer eigenen Bar treffen, die sie in
Berlin-Mitte eröffnet. Doch die Berliner können sich für die offensichtlich
zu schnell zusammengebastelte Revue im Theater des Westens, in die Baker

wie eingeschoben wirkte, nicht erwärmen. Trotzdem willigt Baker ein, den Vertrag zu verlängern, verlässt aber vor Vorstellungsbeginn wutentbrannt das Theater, nachdem sie erfährt, dass nun doch am nächsten Abend dort schon eine neue Operette starten solle.[59]

Im katholischen Süden ist Josephine Baker reine Provokation, die für ein Auftrittsverbot in München (1929) reicht und Probleme in Wien nach sich zieht. In München ist die weitaus dezenter kostümierte amerikanische Tänzerin Mella Fortuna vorher zwar noch als „interessante Kreolin, eine zweite Josephine Baker" in den Hofgartenspielen angekündigt worden, das Original Baker ist aber für das gehobene Bürgertum ein zu starker Kontrast zu seiner Sehnsucht nach stromlinienförmigem Klassizismus und klaren Strukturen, die als *Art Deco* fast zeitgleich mit Bakers erstem Auftritt in Paris in der „Exposition Internationale des Arts Décoratifs et Industriels Modernes" ein erstes Forum findet. Motive aus der Antike, selbst der Azteken und Afrikas sind wieder angesagt. Aber Bananen an der Hüfte? Es ist wohl der schlanke, durchtrainierte Körper der Baker, ihr wild-erotisch-eleganter Tanz, der wie eine Plastik des Art Deco wirkt. Da sie bei ihrer ersten Reise nach Rio von Le Corbusier begleitet wird, scheint es in Art Deco-Kreisen keine Berührungsängste mit ihr zu geben. Die lassen umso mehr das konservative Lager der Wiener Gesellschaft erzittern, die schon am Silvesterabend 1927 Ernst Kreneks Oper „Jonny spielt auf" mit Missfallen begleitet hatte. „Eine noch nie erlebte Phalanx bezieht gegen Josephine Baker Kampfstellung", kommentiert die „Wiener Allgemeine Zeitung" im Februar 1928[60] die Versuche, ein Gastspiel der Baker wegen angeblicher Verletzung des sittlichen Empfindens „durch Negertänze und Negermusik" zu verhindern. Schon ein Jahr zuvor hatte nur ein Bericht über die Baker Show in Paris die Wiener aufgeregt. Die österreichischen Sozialdemokraten positionieren sich nun „für eine Enterotisierung und Entsexualisierung Bakers. Man bezeichnete sie als unerotisches, lausbubenhaftes, frisches Negermädel".[61] Es hilft wenig. Zu stark sind die Ängste vor einer Verdrängung der klassischen (Wiener) Musik- und Tanzkultur und dem Vordringen der Amerikanisierung und einer Gefährdung der Moral durch den Anblick eines halbnackten Hinterns – schon auf den Plakaten. Aber da ist die Baker bereits am Wiener Westbahnhof mit einer Armada von Koffern und Begleitern angekommen. Dem Ronacher Theater werden unter dem Druck christsozialer Politiker Auflagen erteilt, die es nicht erfüllen kann, und so darf Baker (u. a. neben der Exzentriktänzerin Nina Payne) nur als Gast in der Wiener Revue „Schwarz auf Weiß" in fünf der insgesamt 42 Szenenbilder auftreten.

Die weitere Karriere der Baker ist ein Abenteuer ohne Ende, ein Siegeszug ohne Gleichen, ein legendärer Ritt über den eigenen Vulkan zur Unsterblichkeit, mit großen Verlusten und Risiken. Nur in ihrer eigentlichen Heimat steht sie nicht so hoch im Kurs wie in Europa. Ein Engagement bei den berühmten Ziegfeld Follies im Jahr 1936 wird ein Flop. Ihre Tanzphantasien sind für weiße Amerikaner zu ungewöhnlich und selbst bei Afroamerikanern bleibt sie zu unbekannt. Natürlich wird Baker überall auch parodiert und kopiert. Ihr Tanz bot schon Mitte der zwanziger Jahre reichlich Konfliktstoff für die Protagonistinnen des modernen Ausdruckstanzes (s. Kap. 7). Rudolf Nelson selbst lässt in einem experimentellen Kurzfilm, den man Jahrzehnte später als einen Videoclip für seinen Song „Wenn du meine Tante siehst" bezeichnen könnte, nicht nur die Weintraub Syncopators durch Trickeinblendung über seinen Flügel laufen. Mit typischer Stirnlocke singt und tanzt Jenny Steiner vor Palmenkulisse dazu eine Imitation der Baker, die von seinem Theater zur Konkurrenz der Rotter-Brüder mit ihrem Theater-Imperium gewechselt war.

Ausgerechnet Bananen: Baker vs. Miranda

Als Josephine Baker 1925 zum ersten Mal europäischen Boden in Cherbourg betritt, friert sie jämmerlich. Weit entfernt sitzt im tropischen Rio de Janeiro eine junge Hutmacherin im Laden von Dona Maria und träumt davon, ein Filmstar zu werden. Sie heißt Carmen Miranda und wird bald der erste Weltstar Brasiliens (Abb. 4). Ausgerechnet Bananen werden bei Baker und Miranda eine besondere Rolle spielen: Der erste afroamerikanische Weltstar Josephine tritt 1927 in Paris erstmals mit ihrem berühmten Bananenröckchen auf. Carmens Markenzeichen ist, seit ihrem Film „Banana da Terra" (1939, Brasilien), ein Hut voller tropischer Früchte. Bananen waren schon vor ihnen im seit 1912 bis heute beliebten Kakaogetränk „Banania" und 1922 ein Tagesschlager („Yes! We have no Bananas"[62]).

Die Deutschen beziehen ihre Bananen vor allem aus ihrer ehemaligen Kolonie Kamerun. Einmal wöchentlich kommen sie mit einem Frachter der Laeisz-Reederei nach Hamburg.

Ausgerechnet Bananen
Bananen verlangt sie von mir!
Nicht Erbsen, nicht Bohnen, auch keine Melonen,
das ist ein' Schikan' von ihr!

Abb. 4   Carmen Miranda

Ich hab Salat, Pflaumen und Spargel,
auch Olmützer Quargel,
doch ausgerechnet Bananen,
Bananen verlangt sie von mir! (Fritz Löhner-Beda)

Der Original-Song spielt zwar auf Lieferengpässe mit Bananen in den USA
der zwanziger Jahre an, die Banane taucht aber auch danach immer wieder
in Sketchen, Liedern und Karikaturen als Penis-Symbol, als Synonym für
fehlenden Wohlstand und als Herabsetzung von Menschen in den Bananen-
ländern auf; als Sinnbild der Macht multinationaler Konzerne wie United
Fruit und mit ihnen verbundener Bananenrepubliken. Der Besitzer des
Casino de Paris schenkte Baker übrigens einen Affen, der fortan, selbst in
ihrem Bett, nicht mehr von ihrer Seite wich. Er hieß Chiquita.

Baker und Miranda kommen beide aus kleinen Verhältnissen. Für ihr Publikum verkörpern sie pure Exotik, aber sie könnten in ihrer Lebensart und Kunst nicht unterschiedlicher sein. Die hellhäutige Miranda gibt sich ganz und gar unpolitisch, profitiert aber von der Protektion des Präsidenten Getúlio Vargas, der brasilianische Künstler seines „Neuen Staats" (Estado Novo) gern als Botschafter für ein Brasilien ohne Rassenkonflikte, aber mit Kaffee und Lebensfreude ins Ausland schickt und damit den Interessen US-amerikanischer Bündnis- und Wirtschaftsstrategie mit Südamerika entgegenkommt. Die dunkelhäutige Baker gibt sich politisch kritisch engagiert, vor allem, nachdem nach ihren Erfolgen in Europa der Rassismus eine Karriere in ihrer Heimat verhindert. Im Grunde bestimmen daher die USA, wer bei ihnen Erfolg haben darf. Miranda Sí, Baker No.

Carmen Miranda ist die Tochter portugiesischer Einwanderer, die überwiegend mit der durch Foxtrott, Swing und Big-Band-Sound leicht aufpolierten Samba-Musik der schwarzen Bevölkerung Rios in der stilisierten Tracht der Bahianerin auf die Bühne geht. Man mag darin eine Rolle als Mediatorin zwischen den Kulturen, Miranda als „Weiße Königin" schwarzer Musik sehen, aber sie ist letztlich ein Produkt der von weißen Brasilianern beherrschten Musik- und Unterhaltungsindustrie, wie andere Stars des Bürgertums Brasiliens vor ihr. Aber Josephine Baker ist selber schwarz wie ihr Tanz und ihr Gesang.

Beide Künstlerinnen bewegen sich auf eigene, wenn auch vergleichbare Art in einem Bereich, der in der modernen Gymnastik- und Tanzbewegung als Visualisierung von Musik geradezu gefordert wird. Dabei ist Miranda musikalisch so sehr auf brasilianische Musik fixiert, dass sie nicht nur ihre eigene Choreographie in die Hollywood-Studios mitbringt, sondern stets auch ihre Musiker aus Brasilien. Auch nach ihr werden brasilianische Künstler auf diese Art Probleme mit dem swingbetonten US-Samba-Feeling im 4/4 Takt umschiffen, zu dem sich kaum brasilianisch (im 2/4 Balanço) tanzen und singen lässt. Baker kann mit allen guten Musikern auftreten, da swingt alles im 4/4-Takt und in Englisch oder Französisch. Weil niemand die portugiesischen Texte versteht, macht sich Miranda im Gegensatz zu Baker auch Gedanken über die Rezeption ihrer Musik, wenn sie im Ausland auftritt und dem Publikum zu viel erklären muss.

Als Baker im November 1929 in Rio debutiert, hat Carmen Miranda dort gerade ihre erste Schallplatte aufgenommen: „O samba era original danca dos pobres/E no entanto hoje vive nos salões mais nobres – Samba war ein Originaltanz der Armen/Und doch lebt er heute in den edelsten Salons…". Josephine lernt Carmen nicht kennen, stattdessen kommt es in der berühmten Confeitaria Colombo im Zentrum Rios zu einer zunächst noch folgenlosen

Begegnung von Samba (durch die Sängerin Aracy Cortes) und Charleston. Erst später wird Baker auch brasilianische Musik in ihrem Programm haben und vertraut ihrem Ziehsohn Jean Claude an, dass ihr die Cariocas vor lauter Begeisterung „meilenweise" Land schenken wollten, damit sie in Rio bleiben würde. „Ich brauche zwei Wochen mit dem Schiff um herzukommen, was soll ich damit?"[63] Heute wüsste sie wohl, dass so ein Grundstück im damals wenig bebauten Ipanema inzwischen ein Vermögen wert sein dürfte. Bakers zweites Rio-Konzert findet 1939 im Teatro Cassino in der Urca statt, wo ein Jahr zuvor Theaterproduzent Lee Shubert das Leben der Carmen Miranda nach dem Besuch ihrer Show verändert hatte. Den Shubert-Brüdern gehören 1924 in den USA schon 86 Theater; zum Ende der Depression besitzen, betreiben oder bespielen sie annähernd eintausend Häuser.[64] Sie produzieren außerdem eine Menge von Theaterstücken und Musicals.

Als Carmen Miranda 1939 auf Einladung Shuberts in New York ankommt, tritt Josephine Baker in der Urca am Fuße des Zuckerhuts in Rio auf. Zusammen mit dem Sänger und Schauspieler Grande Otelo[65] singt sie für die Brasilianer ein paar Hits von Carmen und verspricht, diese auch in Paris vorzustellen. Als Carmen davon hört, zickt sie die Baker in einem Telegramm an: „Ich freue mich über dein Interesse an brasilianischer Musik und die großartige Idee, den Samba in Paris bekannt zu machen. Ich vertraue aber auf deine Intelligenz, deinen großen Namen, und darauf, dass „O que é que a bahiana tem" in der ganzen Welt als Nummer von *Carmen Miranda* bekannt ist."[66] Mag sein, dass Josephine das bei einem Besuch einer extra für sie organisierten (nicht ganz echten) Macumba-Zeremonie in Begleitung brasilianischer Kollegen wie Ary Barroso („Aquarelas do Brasil") nach dem Segen und den Umarmungen der Priesterin Mae Adedé schnell vergessen hat.[67] Sie singt die Titel aus Brasilien sowieso mit neuen Arrangements und französischen Texten, sodass kaum jemand in Paris weiß, woher sie eigentlich kommen. Das Verhältnis der Diven scheint auf Distanz weiterhin angespannt: Carmen Mirandas ironisches Lied „I Make My Money with Bananas"[68] ist die Antwort auf eine Frage im US-Fernsehen, warum sie ihr schönes Haar nicht offen tragen würde. Ob sie dabei auf Josephines Bananentanz anspielt oder nur selbstkritisch ihre eigene Situation reflektiert, bleibt Spekulation.

> I'll love to wear my hair like Deanna Durbin
> But I have to stuff it in a turban
> A turban that weighs five thousand tons
> forty-four and one-half pounds
> And besides that I have to wear those crazy gowns

I'd love to play a scene with Clark Gable
With candle lights and wine upon the table
But my producer tells me I'm not able
'Cause I make my money with bananas
B.L. - She makes her money with...
She makes her money with...
She makes her money with...
I make my money with bananas!

Die Brasilianer sind keine Bananenexporteure, aber trotzdem lassen sie Carmen Miranda bei ihrer Rückkehr aus Hollywood Anfang der vierziger Jahre deutlich spüren, dass man sich in ihrer Person an die Amerikaner verkauft fühlte: "Und sie sagten, dass ich amerikanisiert zurückkam – mit dem ‚Esel' voller Geld, dass ich sehr reich bin…".[69]

Auch Antônio Carlos Jobim muss sich Jahre später ähnlich chauvinistische Kritiken anhören, als er von eine Reise zu Aufnahmen mit Frank Sinatra (1967) nach Rio zurückkehrt.

Als Baker 1936, noch vor dem US-Debut der Miranda, nach rund zehn Jahren in Europa in eine Ziegfeld & Shubert-Produktion zurückgekehrt war, war auch sie mit Ressentiments empfangen worden. Die Kritiken waren vernichtend und selbst die ehrwürdige New York Times ließ sich zu rassistischen Entgleisungen („negro wench" – Negerschlampe) herab. Josephine Baker brach ihr Engagement vorzeitig ab und kehrte nach Paris zurück, überließ der Miranda das Terrain. Baker kommt erst 1951 wieder in die USA und weigert sich, sich den Gesetzen der Segregation zu unterwerfen, ist dann 1963 erneut im Land, um bei einer Civil Rights-Demo neben Martin Luther King zu sprechen.

Erst nach ihren Hollywood-Erfolgen kommt „The Brazilian Bombshell" zum ersten Mal zu einem Gastspiel 1948 nach Europa ins Londoner Palladium, gefolgt von einer kleinen Tournee[70] im Jahr 1953, bei der sie aber nicht Deutschland besucht. Dass sie die Amerikaner 1939 nicht zufällig entdeckt haben könnten, sondern im Zuge einer breit angelegten Kampagne, mit der die noch zum faschistischen Deutschland orientierten südamerikanischen Machthaber wie Getúlio Vargas und das brasilianische Volk als „Gute Nachbarn" der USA gewonnen werden sollten (s. Bd. 2, Kap. 2), mag dafür ein Grund gewesen sein. Dabei hätte sie der Rosita-Serrano-Fan Hitler damals sicher nicht von der Bühnenkante gewiesen. Mit nur 49 Jahren stirbt Miranda 1955 in Hollywood. Fast ein halbes

Jahrhundert später wird sie aber doch noch in Berlin präsent sein, wo Regisseur Holger Friedrich den „Carmen Miranda Revue Pavillon" als Installation und Revue im Haus der Berliner Festspiele im Juli 2001 errichten wird. Bald nach Mirandas Tod kündigt Josephine Baker ihren Rückzug von der Bühne an, widmet sich ihrer immer größer werdenden Familie mit aus aller Welt adoptierten Waisenkindern. Ein paar Jahre später braucht sie wieder Geld und kehrt auf die Bühne zurück.

Schwarze Bühnenstars

1925 schreibt Hans Siemsen[71]:

> „Jetzt sind die ‚Chocolate Kiddies' im Admiralspalast. Eine Negertruppe. Vielleicht nicht allerersten Ranges. Aber da die Neger — nicht die Italiener! und auch nicht die Juden! sondern die Neger — das begabteste Bühnenvolk der Erde sind — in fünfzig Jahren wird jede bessere Stadt ihre Negertruppe haben, wie man vor zweihundert Jahren die italienische Oper hatte —: deshalb ist das Erscheinen dieser Neger ein Theaterereignis, so wichtig wie damals, vor Jahren, das Erscheinen des Russischen Balletts in Europa. Die blödesten Operettenhauser sind voll. Diese Neger spielen vor halbleeren Häusern. Dabei ist eine einzige ihrer Szenen schneller, lebendiger, blutvoller als ein ganzer Operetten-Winter. Von dem unerhörten Orchester Sam Woodings nicht zu reden."

Nach der „Revue Nègre" boomen die „schwarzen" Revuen mit „exzentrischen Negertänzen" und Charleston zur Jazzmusik in Europa. Louis Douglas gibt ihnen verschiedene Gesichter. Im 26-köpfigen Ensemble „Black People" treten 1926 Arabella Fields und Sidney Bechet u. a. in Hamburg, Bremen und im Berliner Metropol auf – Douglas selbst aber wohl nicht, denn er gastiert zeitgleich in Erik Carrells Revue „Von Mund zu Mund" im Großen Schauspielhaus in Berlin mit Curt Bois, Claire Waldoff, Marlene Dietrich und Bernard Ettés Jazz Symphonie Orchester. Im November gleichen Jahres produziert Douglas mit der schon seit Mai 1925 auf Europatournee befindlichen Vaudeville-Gruppe „The Chocolate Kiddies" mit Sam Woodings Orchester ein neues Programm, für das u. a. Duke Ellington die Arrangements geschrieben hat (Abb. 5). „Schwärzliche Hüpf-Genies" nennt sie Kritiker Alfred Polgar, der sie im Wiener

Abb. 5   The Chocolate Kiddies (Sam Wooding and his Orchestra), 1925

Raimund-Theater erlebt, „auch singen können die Damen des Ensembles. Wie die Ameisen. Aber das Lied, das reichlich lohnet, das dringt ihnen aus der Kniekehle."[72] Um seiner Freundin zu imponieren, gibt sich Willy Fritsch im Film „Die Boxerbraut" als Boxer aus, muss sich aber als Fighting Bob schwarz schminken, damit sein Vater davon keinen Wind bekommt. Der Afrodeutsche Louis Brody, der den echten schwarzen Fighting Bob spielt, muss (natürlich) am Ende den Kampf gegen den weißen deutschen Champion Kempers verlieren.

Danach bringt der unermüdliche Tänzer, Sänger, Schauspieler, Regisseur und Produzent Douglas die „Negro Follies" und viele andere Shows bis 1937 auf deutsche und europäische Bühnen und wirkt auch in einigen Kurz- und Spielfilmen mit. In „Einbrecher"(1930) mit Willy Fritsch, Lilian Harvey und Heinz Rühmann sieht man Douglas als Solo-Tänzer. Sidney Bechet spielt dazu in einer Hot Jazz-Formation.[73] Im Laufe der Jahre hat Douglas das Konzept seiner Shows von der „Negerrevue" mit Charleston, Jazz, Musical, Coon Songs und Minstrel-Elementen verändert. Er tritt zwar selbst (1936) gelegentlich noch als Blackface, schwarz geschminkt mit überzogenen weißen Lippen und Augenrändern auf, lässt aber auch Showelemente aus Frankreich und sogar die neue Rumba auf die Bühne des Alcazar in Paris. Louis Douglas stirbt 1939 in New York.

Sehnsucht und Anstoß: Ein „etwas negerhafter, exotischer Schwung in den Hüften"

Nach dem Charleston kommt 1927 der *Black Bottom* nach Europa. Nomen est omen: In diesem fast solistischen Platztanz spielt der Hintern *(bottom)* eine bedeutende Rolle, mit dem sich die Tanzenden, wie später im *Bump* der 1970er Jahre („Lady Bump", Penny McLean), mit kräftig hin und her schwingenden Hintern ankicken, was zu Vermutungen führt, dass auch hier afrikanische Pelvistänze Pate gestanden hätten. Aber auch eine andere Version ist nicht phantasielos, die sagt, dass es sich schlicht um die behinderte Nachahmung afroamerikanischer Tänze auf schlammigem Boden handeln könnte. „Gewandte Tanzmeister stilisierten die Bewegungen, führten eine Reihe lebhafter Figuren ein und hatten so einen neuen Tanz, der die Jünger Terspichores in begreifliche Aufregung versetzte"[74], so stellt Reinhold Sommer von der Akademie der Tanzlehrkunst diesen Tanz 1927 mit einer Schrittbeschreibung vor und bemerkt dazu: „Der etwas negerhafte, exotische Schwung in den Hüften, der sich besonders beim Grundschritt ergibt, ist nur fein anzudeuten und mit Geschmack auszuführen!" Die Tanzlehrer tun vielleicht zu viel des Guten, denn die Bands haben mitunter ganz eigene Vorstellungen von Rhythmus und Tempo dieses Charleston-Hybrids, denn die Musik des Black Bottom ist fast identisch mit dem Jazz der Charleston-Lieder. Die Blütezeit des Black Bottom ist nur kurz. In den USA wird er von Abwandlungen wie *Five Step* und *Lowdown* bedrängt. Kurzlebig ist auch der *Hiawatha* von 1925, in dem nach vorgeblicher Indianermanier gehüpft und geschoben wird. Eine beim Kongress amerikanischer Tanzlehrer in New York vorgestellte Black Bottom-Variante namens *The Kinkajou* kommt vermutlich im Soundtrack des Westernfilm-Epos „Rio Rita" (1929), gesungen von Dorothy Lee und in der Hotjazz-Version der „Knickerbockers" nach Deutschland.

Der Berliner Musikethnologe und Musikhistoriker Curt Sachs sagt in seiner 1933 erscheinenden „Weltgeschichte des Tanzes": „Die Entdeckung der allgemeingültigen Werte negeramerikanischer und kreolischer Tänze ist keineswegs das Verdienst übersättigter und sensationslüsterner Snobisten der Jahrhundertwende." Sachs bezieht sich dabei auf frühere Einflüsse vormals „exotisch" wirkender Tänze wie Sarabande oder Chacona. Aber: „Die Generationsspanne, die wir durchlebt haben, seit um 1890 die brasilianische Maxixe und um 1903 der Cakewalk die Beine aus dem Dreh- und Schleifschema der europäischen Rundtänze gelöst hat, bringt in beängstigend schnellem Wechsel eine Fülle mittelamerikanischer Tänze, die mit einem

Schlage das ausgleichen wollen, was in der europäischen Neuzeit verlorengegangen ist: Vielfalt, Stärke und Ausdruck der Bewegung bis hart an die Grotesk-Verrenkung des ganzen Körpers.“[75]

Währenddessen hat die Reglementierfreude der Tanzlehrer-Konferenzen mit Blues (1923), Slowfox (1924) und Quickstep (1927) neue Hybrid-Tänze hervorgebracht, die bandscheibenfreundliches Paartanzen als Alternative zu Charleston und Black Bottom ermöglichen. 1930 kommen die neuen Kreuzungen Marsch-Fox und Blues-Fox dazu. Nur kurze Lebensdauer haben der „Stanglertanz“[76] mit seinem vom Catchen abgeschauten Nackengriff, und auch der „Go-to-Hell“, der „Dos-a-Dos-Boston“ und der „Capuchin“ scheinen besser z. B. im Ringerclub aufgehoben als auf dem Tanzboden, wo kurzzeitig auch der „Humpsti-Bumsti Three-Trot“ angesagt ist.

Die kreativen Tanzlehrer können aber nicht alles am Markt durchsetzen. Auf dem 3. Tanz-Weltkongress wird 1928 in Paris mit dem „Twist“ ein neuer Tanz vorgestellt, der bei Presse und Publikum sehr gut ankommt. Er gerät aber schnell in Vergessenheit, nachdem ihn „seine Gegner in Paris, London und Berlin allmählich diskreditiert“[77] haben. Die Schuld gibt der Präsident der Fédération Internationale de Danse, Camille de Rhynal, den Kapellen, die „bei der Propagierung neuer Tanzschöpfungen mit den Tänzern nicht Hand in Hand gehen“ würden. In den frühen sechziger Jahren wird der Twist der afroamerikanischen Musiker Hank Ballard und Chubby Checker die Welt erobern. Es ist unwahrscheinlich, dass der jetzt gefloppte Twist dessen Vorläufer ist, sondern eher auf noch ältere Tanzvariationen von Sklaven zurückgeht. Beim Londoner Tanz-Kongress kann sich nur der Pasodoble-ähnliche „Six Eight“ im 6/8-Takt als Neuheit durchsetzen. Die Saison 29/30 gehört aber noch ganz dem Tango, Slowfox, Quickstep und Walzer.

Mit der Swing-Ära verschwinden ab 1930 definitiv die letzten afroamerikanischen Gene in den Modetänzen der Goldenen Zwanziger. Der *Lindy Hop* (ab 1927) ist ein flott getanzter *Swingtanz*, bei dem sich die Paare fast so wie im späteren *Rock'n' Roll* öffnen und sich nahezu akrobatisch herumwirbeln. Der Swing mit seinen Varianten *Shuffle*, *Jive* (*Jitterbug*) und *Blackburn* hält sich bis zum Kriegsbeginn, obwohl „Swing Tanzen“ schon vorher nicht gern gesehen ist. Gleich nach Kriegsende kommt er als *Boogie-Woogie* wieder und im Rock'n' Roll heißt es wieder bei Danny & The Juniors in „Let's Go to the Hop“:

Well, you can rock it you can roll it
…
You chalypso[78] when you chicken at the Hop
Do the dance sensation that is sweepin' the nation at the Hop

You can swing it you can groove it
You can really start to move it at the Hop
…
Let's go!

(„At the Hop", M/T Artie Singer, John Medora, David White)

Die starke Präsenz von ‚Neger-Revuen' und afroamerikanischen Tänzen hat rassistische Vorurteile in Deutschland nur teilweise entschärft. Der Schwarze ist für viele vielleicht nicht mehr bedrohlich, wild oder minderwertig. Er gilt jetzt eher als unterhaltsam und erotisch, aber weiter als naiv. Die Rassenhetze der Nationalsozialisten erweckt und verschärft alte Vorurteile, sodass bis weit in die fünfziger Jahre, vielleicht dann sogar erneut verstärkt durch die Präsenz schwarzer US-G.I.s, weiterhin von ‚Negern', abfällig auch von ‚Bimbos' gesprochen wird. Nur Jazzfans und *Swingheinis* gehen bereits vorurteilsfrei in die Nachkriegszeit, in der sie als Erstes um die gesellschaftliche Anerkennung ihrer Musik kämpfen, die trotz zahlreicher deutscher Jazzbands landläufig als ‚Negermusik' diskriminiert und zeitweise verboten war.

Als im Oktober 1929 die Börsenkurse an der Wallstreet ins Bodenlose stürzen, sinkt auch die Beliebtheit der wilden Tänze der zwanziger Jahre. Allenfalls Foxtrott, Walzer und Tango verbleiben auf dem Parkett des Gesellschaftstanzes. In diesen Rhythmen hört man auch die zunehmend rührseligen und verkitschten Schlager der NS-Zeit. Ein bisschen Körperlichkeit und Erotik bietet zeitweilig neben dem Tango die über Paris eingeführte langsame Rumba (s. Kap. 13 und 15).

Im Gesellschaftstanz hat der *Englische Stil* bis zum Beginn des Zweiten Weltkriegs deutlich an Terrain gewonnen. Rückblickend wird man später zwar die Tänze der zwanziger Jahre als Ausdruck eines allgemeinen Lebensgefühls beschreiben, im Gezappel und Gehüpfe der Modetänze aus den USA ist aber das Gefühl selbst zu kurz gekommen. Marlenes Bekenntnis im „Blauen Engel", „Ich bin von Kopf bis Fuß auf Liebe eingestellt", erklingt daher auch als langsamer Walzer. Kaum ein deutscher Komponist dieser Zeit kennt den echten nordamerikanischen Blues, der sich parallel zum Jazz und in dessen Schatten reichlich isoliert in der schwarzen Community der USA weiterentwickelt und mit *Rhythm & Blues* die Popmusik der Nachkriegszeit entscheidend prägen wird.

Weiterlesen über afroamerikanische Musik und Tänze vor dem Zweiten Weltkrieg

Anmerkungen

1. Ein ähnliches Motiv kursierte im 19. Jahrhundert in den USA als „The Dance of Death" in der Anti-Tanz-Agitation von Evangelisten und Intellektuellen: Tanz als Quelle von Verdummung und Prostitution.
2. Der expressionistische Lyriker und mit Kriegsbeginn zum Patrioten gewordene Paul Zech emigrierte 1933 nach Argentinien. Sein nach diesem Gedicht benannter Berliner „Tatsachenroman" erschien erst posthum. Seine Übersetzungen von François Villon wurden in der BRD besonders durch Klaus Kinski und Wolfgang Neuss nach 1960 bekannt.
3. F.W. Koebner: Jazz und Shimmy, Brevier der neuesten Tänze. Berlin 1921, S. 12.   https://archive.org/details/Biblio-1921-D-1921-04-00-FW-Koebner-Jazz-und-Shimmy/ (11.3.2020).
4. Marva Griffin Carter: Swing Along. New York 2008, S. 99.
5. Nicht enden wollende Theorien behaupten, dass sie in Wirklichkeit aus Ungarn stamme, andere sprechen von einer Doppelgängerin aus Wien…
6. Koebner (Anm. 3), S. 74.
7. Nat Shapiro/Nat Hentoff: Jazz erzählt. München 1962, S. 27.
8. Shapiro/Hentoff (Anm. 7), S. 105.
9. Reprint in Jazzforschung 3–4. Graz 1971/72.
10. K.E.: „Kaiser Jones", in: Berliner Allgemeine Zeitung, 2.4.1930, zit. nach: Berliner Begegnungen. Berlin/DDR 1987.
11. Nia Reynolds: „The Emperor Jones is a racist relic", in: The Guardian, Theatre-Blog, 4.9.2007, www.theguardian.com/stage/theatreblog/2007/sep/04/theemperorjonesisaracist (11.3.2020).
12. James Weldon Johnson.
13. Die Harlem Renaissance, userpage.fu-berlin.de.
14. Magnus Hirschfeld: „Tanz und Erotik", in: Das Magazin 9, 1932/33, Januar, S. 24.
15. Curt Sachs: Weltgeschichte des Tanzes. Berlin 1933 (Reprint Hildesheim 2007), S. 299.

16. Der kubanische Anthropologe Fernando Ortiz prägte diesen Begriff in den 1930er Jahren in bewusster Wendung gegen den überholten Begriff der Akkulturation.

17. Koebner (Anm. 3).

18. Christop Burgauner: 75 Jahre Deutscher Tanzsportverband, https://www.tanz-sport.de.

19. Zit. nach: Franz Wolfgang Koebner: Das Magazin, www.dasmagazin.de/?p=245, 4.3.2014.

20. Das Magazin (Anm. 19)

21. F.W. Koebner: Der Gentlemen. Ein Herrenbrevier. Berlin 1913.

22. 1904 in der Imperial Society of Teachers of Dancing (ISTD) organisiert.

23. Dance Art direct © 2010, www.dancing-world.de.

24. Reinhold Sommer: „Der englische Tanzstil in Deutschland", in: Der Tanz 11/1930, S. 22.

25. Christoph Burgauner (Anm. 18).

26. Zit. nach: Koebner (Anm. 3).

27. Alfred Wolfenstein: Werke. Hg. von Hermann Haarmann und Günter Holtz. Bd. 1. Mainz 1982, S. 313.

28. George Grosz: A Little Yes and a Big No. New York City 1946, S. 138.

29. F.W. Koebner (Anm. 3), Vorwort.

30. Heinz Pollack: Revolution des Gesellschaftstanzes. Dresden 1922.

31. Katharina Rathaus: „Charleston – Jede Zeit hat den Tanz, den sie verdient", in: UHU 3, 1926/27, Okt., S. 120.

32. Troy Kinney/Margaret West Kinney: Social Dancing of to-day. New York 1914, S. 2.

33. Helmut Günter/Helmut Schäfer: Vom Schamanentanz zur Rumba. Stuttgart 1975, S. 269.

34. F. W. Koebner (Anm. 3).

35. Ernest Borneman: "Jazz and the Creole Tradition", in: Jazzforschung, Vol. I, 1969.

36. Sonny Watson: StreetSwing.com.

37. Clarence Major: Juba to Jive. A Dictionary of African-American slang. New York 1970.

38. Hermann von Wedderkop: „Shimmi greift ein", in: Der Querschnitt 1/1921.

39. M: Joe Gold/Edmund J. Porray, T: Eugene West.

40. Robert Liebmann und Friedrich Holländer.

41. M: Friedrich Hollaender, T: Robert Liebmann/Friedrich Hollaender aus dem Ufa-Tonfilm „Einbrecher" (Regie: Hanns Schwarz), 1930, Willi Fritsch mit Orchester, Odeon Nr. O 11.392.

42. 1921. T: Julius Brammer/Alfred Grünwald, M: Emmerich Kálmán.

43. M: Hans May, T: Hans Pflanzer.

44. Alle Autobiographien der Baker wurden vermutlich relativ frei nach ihren Erzählungen von Autoren niedergeschrieben.

45. Pierre de Regnier in „Candide" (12.11.1925), zit. nach: Josephine Baker: Ich tue was mir gefällt. Frankfurt a.M. 1980, S. 11.

46. Baker (Anm. 45), S. 59.

47. W.M.: „Der Tanz des Winters: Charleston", in: Der Querschnitt 1/1921, S. 961.

48. Rathaus (Anm. 31), S. 121.

49. T/M: Cecil Mack und Jimmy Johnson, Rondo Verlag Berlin.

50. Ethel Waters, in: Shapiro/Hentoff (Anm. 7), S. 102.

51. Vgl. Terry Waldo: This is Ragtime. New York 1976, S. 115.

52. Harry Graf Kessler: Tagebücher. Frankfurt a.M. 1996, S. 482.

53. Aus: www.grammophon-platten.de.

54. Hans Siemsen: „Mister Douglas", in: Die Weltbühne Nr.7, 16.2.1926, S. 269.

55. Dieter Kühn: Josephine. Frankfurt a.M. 1980, S. 42.

56. Harry Graf Kessler (Anm. 52), S. 479.

57. Baker (Anm. 45), S. 59.

58. Ebd.

59. Alan Lareau: „Bitte Einsteigen, Josephine Bakers 1928 return to Berlin", in: Rolf Goebel/Sabine Hake (Hg.): Topography and Literature. Berlin and Modernism. Göttingen 2009, S. 71 f.

60. Zit. nach: Klaudia Wurzer: Augenblicklich waren die Neger modern. Diplomarbeit, Wien Feb. 2009.

61. Wurzer (Anm. 60).

62. M: Frank Silver, T: Irving Kohn, dt. Text: Fritz Löhner-Beda.

63. Jean Claude Baker: "My Josephine Baker", in: New York Times, 4.2.1990.

64. Angabe Shubert Foundation.

65. Werner Herzog besetzte Grande Otelo 1982 in seinem Film „Fitzcarraldo" als Stationsvorsteher.

66. Diario de Noticias, 23.5.1939, in: Abel Cardoso Junior: Carmen Miranda. A Cantora do Brasil. Autorenausgabe. São Paulo 1978.

67. Jota Efege, in: O Globo, 21.4.1975, zit. nach: Figuras e Coisas da MPB, Ed. Funarte Rio 1980, Vol. 2.

68. 1951, Ray Gilbert und Aloysio de Oliveira.

69. "Disseram que voltei americanizada", Lied, aufgenommen 1940 (Luiz Peixoto & Vicente Paiva).

70. U. a. wahrscheinlich Schweden.

71. Hans Siemsen: „So kommt man an den Suff", in: Die Weltbühne 21/II, Nr. 28, 14.7.1925, S. 62.

72. Alfred Polgar: „Chocolate Kiddies", in: Die Weltbühne 22/I, Nr. 6, 9.2.1926, S. 224.

73. Rainer E. Lotz: Black People. Entertainment of African descent in Europe, and Germany. Bonn 1997, S. 348; dort auch eine detaillierte Chronologie der Gastspiele von Douglas mit Presseberichten.

74. Reinhold Sommer: „Black Bottom", in: Der Tanz 2/1927, S. 12.

75. Curt Sachs (Anm. 15), S. 299.

76. Laut Scherl's Magazin 8, 1932, H. 9, September: „Das war einmal Mode!".

77. Camille de Rhynal: „Der vierte Tanz-Weltkongress in Paris", in: Der Tanz 3/1929, S. 10.

78. Mix aus Calypso und Chachachá, USA 1957.

Kapitel 7 (… 1900–1933 …)
Exotik im Modernen Tanz

„Laßt also eure Figuranten und Figurantinnen nicht blos tanzen, sondern durch Tanzen reden und mahlen; sie müssen allesammt Pantomimen seyn, sie müssen sich alle in alle Gestalten zu verwandeln wissen. Wenn ihre Gebehrden und Physiognomie beständig mit ihrer Seele übereinstimmen, so wird der daraus entspringende Ausdruck der wahre Ausdruck der Empfindung sein, und euer Werk beleben." (Jean-Georges Noverre, 1769)[1]

Tanzkultur zwischen Tradition und Moderne

Je weniger Geld für die Kultur zur Verfügung steht, desto mehr wird in ihr gestritten. Dieses Bild bietet Deutschland nach dem verlorenen Ersten Weltkrieg in nahezu allen Bereichen des subventionierten Kulturbetriebs. Waren vor dem Krieg neben Varietés auch Opernhäuser und Theater mit üppigen Etats in großer Zahl entstanden, die miteinander in der Verpflichtung von Orchestern, Dirigenten und Solisten von Rang konkurrieren konnten, sind im Vorfeld von Wirtschaftskrise und Inflation die Kassen der großen Häuser leer, und viele Sänger und Musiker verlieren Engagements. Nicht alle können bei den Operetten-Theatern unterkommen. Der Berliner Musikkritiker Adolf Weißmann sieht ein weiteres Problem: „Betrachten wir Berlin als Musikzentrum im Gegensatz zu den anderen Europas, dann ist auszusagen, dass nirgendwo der Kampf zwischen Traditionalisten und den Verfechtern des Neuen so erbittert ist, wie in dem gegenwärtigen Berlin."[2] Das betrifft nicht nur die Diskussionen zwischen Strawinsky- und Schönberg-Lagern in der Neuen Musik, deren Weg „dorniger als je" sei. Auch in

© Springer-Verlag GmbH Deutschland, ein Teil von Springer Nature 2022
Claus Schreiner, *Schöner fremder Klang – Wie exotische Musik nach Deutschland kam*,
https://doi.org/10.1007/978-3-476-05695-5_8

den Bildenden Künsten wird zwischen Impressionisten, Expressionisten, Kubisten, Dadaisten bis hin zum Bauhaus ebenfalls gestritten, wie um Fluch oder Segen des Jazz. Der Bühnentanz zeigt sich jetzt durch die vor dem Krieg gekeimten Anfänge neuer Verständnisse und Techniken des Tanzens in zwei Lager gespalten. In einem steht Rudolf von Laban:

> „Ein Ballettsaal. Ein gelangweilter Meister mit lockeren Gelenken zeigt kunstvolle Verdrehungen des Körpers, rühmt die Elastizität der Beine als einzig anzustrebendes Ideal und drillt armselig lächelnden Mädchen und Knaben nach seichter Musik exacte Pirouetten und Hüpfschritte ein. Der Tänzer verlässt den Saal." (Rudolf von Laban)[3]

Zu Beginn der dreißiger Jahre sind die bekanntesten Schulen für modernen Bühnentanz in Deutschland identisch mit den Tänzerinnen und Tänzern des modernen Ausdruckstanzes wie Gret Palucca und Mary Wigman in Dresden, Rudolf von Laban in Hamburg und Kurt Jooss an der Folkwangschule in Essen. Klassisches Ballett unterrichten u. a. russische Emigranten wie Viktor Gsovsky und Evgenia Eduardowa in Berlin.

Viele Tanzinstitute bieten auch Kurse für Laientanz und Kinder an. Einen Gesellschaftstanz wie die neue *Rumba* lernt man in Berlin bei Lucy Antoine am Kurfürstendamm und bei Reinhold Sommer in der Rankestraße. Daneben bieten Gymnastikschulen und Privatlehrer Kurse für gymnastisch-künstlerischen Tanz, Ballett und Akrobatik in einer ähnlichen Kombination an wie die Institute der 1980er Jahre mit Bauchtanz, Capoeira und afrikanischem Tanzen. Passé sind die Zeiten, in denen als Bühnentanz einzig die im vorangegangenen Jahrhundert prägende russische „klassische" Ballettkunst einer Anna Pawlowa und Tschaikowskys „Schwanensee" gültig sind. Avantgarde und Moderne des frühen 20. Jahrhunderts setzen neue Akzente und präsentieren in schnellem Tempo neue Ausdrucksformen erweiterter und neu interpretierter Inhalte in Architektur, Kunst, Dichtung und Musik. In gleichem Maße allerdings, in dem sich Schulen für den Gesellschaftstanz einer wachsenden Zahl von Tanzarten gegenüber sehen, befreit sich der Moderne Tanz von definierten Tanzstrukturen, indem er den Tänzer selbst in den Vordergrund rückt.

Schon zum Ende des vorangegangenen Jahrhunderts hatte François Delsarte (1811–1871) eine Alternative für den Bühnentanz mit seiner Lehre des Delsarte-Systems, der Besinnung auf naturgegebene Möglichkeiten der Bewegung, des Sprechens und des Singens eröffnet.

Zum neuen Tanzbegriff gehört nun die Bewegung der Körper in Gymnastik, Sport, Akrobatik, Volkstanz und religiöser Zeremonie, auch

Ernährung und Religion. Auch hierfür gibt es im Land Schulen und Institute: Von Rudolf Bode, in der rhythmischen Bildungsanstalt Hellerau, von Isadora Duncan, bei Émile Jaques-Dalcroze und anderen. Nahezu zweihundert Nacktkultur/Freikörperkultur-Vereine sind infolge der u. a. von Adolf Koch, Hans Surén und Richard Ungewitter propagierten Naturisten-Bewegung in Deutschland entstanden, in denen die genannten Bewegungsformen von Bedeutung sind. Oft leider auch faschistoid-esoterische oder rassistische Inhalte. Nach wilhelminischer Prüderie fällt auf Varieté-Bühnen so mancher Schleier, Hüllenloses sah man aber schon vor dem Ersten Weltkrieg auf den Showbühnen im Tanz der Mata Hari (Margarete van Zelle, 1876–1917) und zahlreicher anderer *Burlesque*-Tänzerinnen.

Kult-Tanz/Tanz-Kult

Bewegung allein sei noch keine Kunst, sagt 1927 Rudolf von Laban, denn „zwischen Zweckbewegung und Tanzdichtung stehen Volkstänze, Gesellschaftstänze, kultische Handlungen, Zeremonien, Volkstänze: Sprung, Gleiten und Schreiten mit aller Bewegtheit des lustigen, listigen Tieres." Für Laban ist dies keine Tanzkunst, sondern allenfalls „Tanzkunstfertigkeit"[4], oder: „Tanz ist für den Zeremonie, der Einfühlung in die Bewegungsabsichten anderer, der Auswirkung von Anstand, Anmut, Zeremonie nennt."[5] Laban positioniert sich gegen „verknöcherte Stilisierung" im Tanz und fordert die Übereinstimmung von Titeln und Inhalten der Tänze auf der Grundlage des „natürlichen Bewegungsgefühls" innerhalb der Gesetze des Raums. Bewegung beinhalte immer auch die Gegenbewegung, von muskulärer Anspannung zur Entspannung. Der tänzerische Inhalt selbst werde zum Zweck. Im Tanz überwinde der Geist die Trägheit, damit sich der Tänzer für Gefühle und Gebärden öffne. Tanz sei Bewegungsästhetik und Improvisation innerhalb einer Tanzgruppe, deren Darbietung eigentlich weder einen Namen noch Begleitmusik benötige. „Das eigentlichste Instrument und Medium" seien ihre Körper im Raum. Dabei spiele aber auch der Glaube an mystische, okkulte Kräfte und an Naturphänomene eine besondere Rolle. Denn Choreographie ist für Laban nur die tanztechnische Beschreibung eines Tanzes, in der *Choreosophie* spiegelt sich aber die „Grundanschauung und „der Glaube" des Tänzers[6], von dem Laban eine ‚unbedingte Ehrfurcht vor tänzerischem Geschehen und die Hingabe an den Kern allen Seins, an die wohlgeordnete Bewegung, den Tanz" fordert. Labans Welt der Tänzer und des Tanzes ist auch ein Kosmos, in dem Farben, Symbole, Zahlen, Worte und Wortsilben und Buchstaben Bedeutungen haben, die es zu erkennen und zu deuten gilt. Bis hierher könnte man, wie Laban, versuchen, Verbindungen zu rituellen Tänzen in Asien, Afrika und Afro-Amerika herzustellen. Aber dieser Versuch würde scheitern. In der afrikanischen Kultur ist das Wort bestimmend, das Bilder und Vorstellungen bewirkt, die mit Musik in Bewegungen umgesetzt werden. Andererseits spielen sich Labans Bewegungstänze auf Bühnen in einem festumschriebenen Raum ab, den es auszufüllen gilt. Afrikanische Tänze dagegen finden in der Vertikalen zwischen „Mutter" Erde und dem unendlichen Himmelszelt und in der Horizontalen in einer nur vage begrenzten Aktionsfläche statt. Auch in der Wirkung des Tanzes ließen sich Parallelen zu Kulten ‚exotischer' Welten nur künstlich konstruieren. Wie in der Pariser Négritude, so wird auch von Laban im Bild vom „Guten Wilden" ein Klischee von Naturvölkern idealisiert. „Mit Labans Erhöhung des sogenannten ‚Primitiven' ging gleichzeitig eine Abwertung des modernen Menschen und seines Glaubens einher."[7]

In ‚Ballerina' schreibt Günter Grass: „Feind und todernstes Gegenteil der Ballerina ist die Ausdruckstänzerin. Während die Ballerina ihren Körper nach festen Regeln bewegt und dabei lächelt, als sei ihr die Belanglosigkeit in die Mundwinkel gepinselt, tanzt die Ausdruckstänzerin mit ihrer schwierigen Seele und rührt ihre Glieder dazu, als sei ihr privates und obendrein krummes Knie Anlaß genug, das achtel Parkett und halbvolle Ränge zwei lange Stunden zu fesseln. Die Ballerina wohnt bei ihrer Mutter, raucht nicht, ißt Joghurt und Bananen, füttert ein Hündchen… Die Ausdruckstänzerin ist gebildet. Sie weiß die Weise von Liebe und Tod auswendig herzusagen und hat Cocteaus ‚Orphee' schon fünfmal gesehen. In ihrem möblierten Zimmer hängt eine afrikanische Maske, eine Reproduktion nach Paul Klee und das Foto einer siamesischen Tempeltänzerin."[8]

Wigman (Abb. 1), Laban und Palucca sind anfangs eng mit der „Bildungsanstalt für Musik und Rhythmus" verbunden, die Émile Jaques-Dalcroze mit Wolf Dohrn 1911 in „Gartenstadt" und Kunstzentrum Hellerau bei Dresden gründete und die 1925 nach Laxenburg in Österreich verlegt wurde. Rudolf von Laban (1879–1958), ein ehemaliger Offizierssohn und Csárdás-Tänzer aus Ungarn, unterrichtet (1913–17) wie Jaques-Dalcroze und Mary Wigman auch in der Reformkolonie Monte Verità beim schweizerischen Ascona, einem wichtigen europäischen Zentrum kultureller, spiritueller und politischer Gegenbewegungen. James Joyce kommt hierher, auch Rainer Maria Rilke und russische Emigranten. Rudolf Steiner ist hier präsent und bietet mit seiner Eurythmie einen Weg zur Heilung von Körper und Seele an. Laban und seine Schüler messen dem Tanz (ihrer Definition) ebenfalls eine therapeutische Wirkung zu.

Abb. 1   Mary Wigman: „Vision"

Das Nackte und das Wilde

„'Musik?', sagte sie mürrisch. ,Ist Ihnen nicht bekannt, daß ich Musik nicht mag!? Ich mag Musik nicht, ich halte nichts davon. Es gibt nichts Unmusikalerisches als Musik! Was hat denn Musik mit Tanz zu tun.'

,Aber', sagte ich schon halb überzeugt, ,man behauptet doch, daß Musik und Tanz...'

,Tanz', unterbrach sie mich ärgerlich, Sie sind über das Wort Tanz offenbar nicht ganz aufgeklärt, wie die meisten Menschen. Tanz ist ein Ausdruck der Gymnastik! Tanz kommt nicht von tanzen, sondern von Tennis!'"

(Mary Wigmann im - erfundenen? - Gespräch mit Kabarettautor Marcellus Schiffer, 1926[9])

Mary Wigman[10] (1886–1973) kommt im heißen Sommer von 1913 auf den Monte Veritá. Sie ließ Hellerau und die rhythmische Gymnastik Dalcrozes (Eurythmics) hinter sich, mit der die Bewegung des Körpers einer straffen rhythmischen Musikbegleitung unterworfen wird. Wigman will an einer Choreographie ohne Musik arbeiten. Künstler wie Ernst Ludwig Kirchner und Karl Schmidt-Rotluff, die sich 1905 zur Dresdner Brücke zusammenschlossen, haben ihre Modelle auch aus den Tanzklassen Helleraus bezogen. So auch das zeitweilige Brücke-Mitglied Emil Nolde. Wie seine Pariser Kollegen, ist auch Nolde nicht nur vom Tanz, sondern auch von Masken fasziniert, die er 1913 im Rahmen einer Neuguinea-Expedition in der Südsee vorfindet. Für Nolde ist der Tanz, den er mit Bildern vom „Tanz um das Goldene Kalb" (1910) und einer „Tänzerin" (1915) darstellt, Ausdruck spontaner Emotionen. Von ihm bekam Mary Wigman den Rat, zu Laban nach Ascona zu gehen. Später wird Wigman auch mit Masken tanzen, wie ihr Schüler, der schwedische Tänzer Jean Börlin (1893–1930), der 1920[11] in Paris als „Sculpture nègre" zur Musik von Francis Poulenc mit Maske und Kostüm auftritt, die Paul Colin nach afrikanischem Vorbild anfertigt. In der „Weltbühne" vergleicht der Publizist Robert Breuer Rituale der Südsee mit denen der Europäer. „Die Welt von Polynesien bis Rom ist eine Einheit", schreibt er und vergleicht Totenkulte Neu-Guineas mit Funden in Reliquienschreinen Europas. Die Totenmaske Beethovens ist für ihn eine „technisierte Form des plastisch behandelten Häuptlingsschädels […]. Hier enthüllt sich der Urgrund seltsamer Wirkung der Exoten auf europäische Kunst. Es kann kein Zufall sein, daß Gauguin und Picasso, Nolde, Kokoschka, Pechstein und manch Andrer von den Masken der Wilden ergriffen worden sind. Ein fötales Träumen, ein Zurückwollen zur magischen Kindheit."[12] Und ein von Gauguin beeinflusster Max Pechstein schreibt in seinen „Erinnerungen" über seinen viermonatigen Aufenthalt auf der Inselgruppe Palau: „Ich sehe die Kunstgriffe, mit denen dieses Urvolk seinen Körper ziert, sich an selbstherrlichen Veränderungen der Natur am eigenen Leibe zu erfreuen, an der Lust zur Formbildung. Ich sehe die geschnitzten Götzenbilder, die zitternde Frömmigkeit und Ehrfurcht vor den Gewalten der Natur."[13] Pechstein brach 1914 nach Palau auf, als Laban in Zürich eine Schule für Bewegungskunst gründete, für die er die Pädagogin Suzanne Perrottet aus Hellerau engagierte. Sie haben einen gemeinsamen Sohn und leben in einer Art Sekten-Kommune mit Labans Ehefrau und Kindern, ernähren sich aus eigenem Garten. Auch Mary Wigman arbeitet während des Krieges in Zürich, hat wie Laban engen Kontakt zu den Dadaisten, die Hugo Ball 1916 in seiner Künstlerkneipe

Cabaret Voltaire begründet. Dada ist laut Ball auch „die Idee der absoluten Vereinfachung der Negerei [Négritude, d. A.] angemessen an den primitiven Abenteuern unserer Zeit“.[14] Dabei legt er sich mit Arthur Rimbauds Sicht der Schwarzen als einfachere und natürlichere Menschen als die „falschen Neger“ an, womit Rimbaud auf die Europäer abzielt, die sich bestialisch benehmen würden, weil sie durch die Dekadenz der Zivilisation korrumpiert seien.[15]

Balls Schülerinnen Sophie Tauber und Clara Walther führen in der Dada-Galerie einen expressionistischen Tanz namens „Noir Cacadou“ in „wilden Negermasken und abstrakten Kostümen von Janco“[16] vor einem abstrakten Bühnenbild der Künstler Hans Arp und Hans Richter auf. Die zeitgenössische Malerei, die sich zuvor schon gern den Tänzerinnen von Cancan bis Cakewalk widmete, sieht im modernen Tanz Parallelen zu ihrem Interesse am wirklichen Leben, wie es Ernst Ludwig Kirchner fordert. Max Beckmann zeigt in seiner Radierung von 1922 einen „Nackt-tanz“ in einer Berliner Bar vor überwiegend männlichem Publikum, das für ein Glas Sekt vermutlich gerade inflationäre 3 Billionen Reichsmark auf den Tisch legen muss. Nolde und Klee, und nicht zuletzt Schlemmer mit seinem „Triadischen Ballett“ (1922), arbeiten mit der neuen deutschen Tanzszene zusammen. Gret Palucca (1902–1993) zeigt ihre Nähe zu Wassily Kandinsky in geometrischen Figuren in zwei Choreographien.

Von Zürich aus begründet Laban seinen Ruf als ein bedeutender Protagonist und Analytiker des ‚neuen‘ Tanzes. Er gründet bis 1936 rund 60 Laban-Schulen[17] in vielen Städten. Wigman eröffnet 1920 ihr erstes Institut in Deutschland (Dresden), dem vier Zweigstellen folgen, und wird durch Soloabende bekannt. Im ‚Hexentanz‘ sitzt sie (1926) wie eine Schamanin oder Kult-Priesterin des Vodou im Schneidersitz auf der Bühne. Manche ihrer ekstatischen, tranceartigen Bewegungen könnten aus diesen Bereichen kommen, entstammen aber letztlich universeller menschlicher Vorstellungs-kraft. Hier bestimmen nicht Trommeln das Geschehen, wie in chilenischem Machitún oder haitianischem Vodou. Lediglich scharfe, perkussive Geräusche setzen punktgenaue Akzente auf Gestik und Gebärden. Die Bewegungen folgen dem inneren Rhythmus der Tänzerin. „Ohne Ekstase kein Tanz“ ist ein Motto der Wigman, aber zwischen ihrer gespielten Ektase und dem Trancezustand einer kubanischen Santería-Tänzerin liegen Welten…

Göttinnen steigen herab

Hugo von Hofmannsthal schreibt 1906 über die „unvergleichliche Tänzerin"[18] Ruth St. Denis:

> „Und nun beginnt ihr Tanz. Es sind Bewegungen. Es sind Bewegungen, die in unaufhörlichem rhythmischem Fluß ineinander übergehen. Es ist das gleiche, was man im Jahre 1889 in Paris die kleinen Javanesinnen hat tanzen sehen, und in diesem Jahr die Tänzerinnen des Königs vom Kambodscha. Es ist natürlich das gleiche, was alle orientalischen Tänze suchen. Eben den Tanz, den Tanz an sich, die stumme Musik des menschlichen Leibes. Ein rhythmischer Fluß unaufhörlicher und, wie Rodin sagt, richtiger Bewegungen."

New York ist im ersten Viertel des 20. Jahrhunderts das Zentrum der Tanz-kunst, die jetzt vor allem von den schwarzen Künstlerinnen und Künstlern mit Stepptanz und jazzaffinen Modetänzen in Harlem und am Broadway besetzt ist. In dieser Zeit, vor den ersten Erfolgen von Martha Graham (1894–1991), der amerikanischen Begründerin des *Modern Dance*, feiert man auf den europäischen und nordamerikanischen Tanzbühnen neben Ruth St. Denis auch die Amerikanerin Isadora Duncan (1877–1927). Von London aus interpretiert sie seit 1899, barfuß und nach altgriechischem Vorbild gewandet, den Tanz der Antike neu – inspiriert von Bildern, die sie auf Vasen und Reliefs im Britischen Museum und bei ihrem Besuch der Expo von Paris im Louvre gesehen hat (auch Laban ist in diesen Tagen in Paris). Mit natürlichen Bewegungsabläufen setzt sich Duncan deutlich vom klassischen Ballett-Tanz ab, um, wie sie sagt, „den Triumph der geheiligten Schönheit des menschlichen Körpers zu verbreiten".[19] Als sie zum ersten Mal nach Berlin kommt, trifft sie auf die dort seit Jahren schon im Winter-garten mit ihrem Serpentinentanz auftretende amerikanische Tänzerin Loie Fuller. Duncan: „Vor unseren Augen verwandelte sie sich in eine farben-prächtige schimmernde spiralig gewundene Lilie. Diese herrliche Geschöpf zerfloß zu Licht, es wurde zu Farbe und Feuer und löste sich schließlich in wundersame flammende Mäander auf, die aus der Unendlichkeit zu leuchten schienen – alle magischen Künste eines Merlin, ein Zauber von Licht und Farbe strahlte von ihr aus."[20]

Fuller, die auch Produzentin und viel beachtete Innovatorin von Bühnen- und Lichteffekten ist, bietet ihr an, im Programm der japanischen Tänzerin Sada Yacco auf Deutschlandtournee zu gehen. Unter diesem Namen war die Japanerin Koyama Sada (1871–1946) zunächst zu einer der bekanntesten Geishas Japans geworden. Schauspiel und Tanz gehören zu den Künsten, mit denen die Geisha als japanische Gesellschafterin ihre Gäste zu unterhalten hat. Yakko trat nach ihrer Heirat mit Kawakami Otojiro, dem Schauspieler und Chef eines modernen Theaters in Tokyo, in dessen Ensemble ein. Kawakami spielt japanisches Theater mit französischen Einflüssen und Yakko bringt den Kimono auf die Bühne in einer Zeit zurück, als die Antennen der Japaner für Industrie, Kultur, Gesellschaft, Mode und Zeitgeist schon stark gen Westen ausgerichtet sind. Als das Paar 1898 zum ersten Mal in die USA reist („The leading Geisha from Japan") verbindet es in seinen Stücken, in denen zu Shamisen-Laute und Yakuhachi-Flöten auch gesungen und getanzt wird, den Geist des traditionellen Kabuki-Theaters bewusst mit jenen Japan-Klischees, die die Amerikaner – und danach auch die Europäer – in einer Show erwarten. Dabei ist Koyama, die sich nun Sada nennt, alles andere als eine „Madame Butterfly". Im Gegenteil, die Japaner sehen in ihr eine der ersten emanzipierten modernen japanischen Frauen des 19. Jahrhunderts, wie es die in einer fast durchsichtigen Tunika in Bayreuth tanzende und in heißen Affären Selbstbewusstsein zeigende Isadora Duncan im Westen ist. Über die Expo in Paris (1900) kommt Sada Yacco (1901) auch nach Deutschland, wo sie, wie schon zuvor Picasso in Paris, Max Slevogt in einem Gemälde verewigt. Im Laufe der Jahre wird Slevogt noch andere Tänzerinnen seiner Zeit wie La Argentina auf Leinwand portraitieren. Die deutsche Tanzszene scheint die Begeisterung für die Japaner nicht zu teilen. Loie Fuller, so erinnert sich Duncan später, muss Geld aus anderen Shows in die Defizite stopfen, die die Japaner einfahren. Über ihre eigenen Wirkung berichtet Isadora Duncan später: „Damals hatte meine Popularität in Berlin märchenhafte Dimensionen angenommen, man nannte mich die ‚göttliche Isadora', und es hatte sich das Gerücht verbreitet, daß Kranke geheilt würden, wenn man sie ins Theater brächte. Bei jeder Vorstellung trug man sieche Menschen ins Theater. Meine Tanzkleidung bestand wie immer aus dem kurzen griechischen Kittel, Füße und Beine waren nackt. Das Publikum befand sich stets in einem Zustand religiöser Verzückung."[21]

Nach einem Gastspiel in Budapest kommt Duncan nach Wien, wo sie auf der Bühne ihre „griechischen Chöre" präsentiert, die das Publikum unterkühlt erträgt und erst für Duncans Interpretation der „schönen blauen Donau" am Ende Begeisterung zeigt. Das Lager der Tanz-Kritiker bleibt in den folgenden Jahren gespalten, während die Zustimmung des Publikums für ihre ‚balletnegierenden Sprünge' (Lewithan)[22] zunimmt. Über München und Bayreuth, wo sie von Cosima Wagner für den Tannhäuser verpflichtet wird, kommt sie wieder nach Berlin.

Im Berliner Grunewaldviertel eröffnet Duncan 1904 eine Tanzschule für frühe Tanzausbildung von Kindern. Sie unterhält auch Tanzschulen in London, Paris und New York und die Berliner Schule wechselt später unter der Leitung ihrer Schwester Elisabeth auf die Darmstädter Mathildenhöhe, dann nach Salzburg und 1936 in die Kaulbachstraße in München. Die Institute existieren nie wirklich lange Zeit. Mangel an Geld und häufige Abwesenheit der Duncan führen stets zur Schließung.

Modern German Dance

Isadora Duncan ist eine Wegbereiterin des modernen Ausdrucks- und Bewegungstanzes. Aber erst Martha Graham befreit nach 1930 – Mary Wigman hat den neuen ‚German Dance' nun auch in den USA vorgestellt – den Tanz in Amerika von jeder verbindlichen Technik, schaut in ihre Seele hinein und lässt ihre Bewegungen von ihrer Atmung bestimmen. Die Duncan ist als stilistisch definiertes Gesamtkunstwerk durchaus kompatibel mit Vorstellungen ihrer deutschen Kollegen. Aber in Ascona, Zürich, Hellerau und den späteren Tanzschulen Labans, Wigmans und anderer wird der Tanzbegriff nicht nur um Definitionen wie „Kammertanz", „Ausdruckstanz" oder „Bewegungschor" erweitert. Die neue expressionistische Lebendigkeit einer Mary Wigman und die ausdrucksvolle Fröhlichkeit einer Gret Palucca beziehen ihre Kraft auch durch die Einbeziehung von Elementen aus Artistik, Pantomime, Burlesque, Volkstanz und sogar aus exotischem Ritual. Bemerkenswert ist eine sehr starke Präsenz der Frauen in dieser neuen Tanzwelt, die sich auf Jahrzehnte auch in der Gleichberechtigung im Turnier- und Gesellschaftstanz erhalten wird. „Sollte Klavierspiel wirklich die einzige Muskelübung sein, die ihr gestattet war?", frotzelt Max von Boehn 1927, denn „selbst die ältesten Perücken besannen sich plötzlich auf den klassischen Wahlspruch: mens sana in corpore sano."[23]

Als sich 1927 zum ersten Mal Tänzerinnen und Tänzer auf Einladung Labans auf einem Tänzerkongress in Magdeburg über Fragen der Ausbildung und beruflicher Probleme treffen, hat sich längst ein ideologischer Graben zwischen Laban und seiner ehemaligen Schülerin Wigman aufgetan. Laban sieht das Ballett weiterhin als Teil der Tanzszene, während Wigman stringent nur den Modernen Tanz als gültig erklärt.

Exotik, Erotik, Esoterik, Expressionismus...

Ist es erlaubt, Vergleiche zwischen indischen Tempeltänzen und expressionistischen Körperformungen in Deutschland anzustellen? Und findet die Seele des Menschen ihren Ausdruck nicht eher in impressionistischen Kunstformen, in die Debussy und Ravel eine exotische ‚Note' durch Abkehr von herkömmlichen Kompositionstechniken und

Öffnung zu fremden Tonskalen in ihre Musik einbringen? Wilhelm Hausenstein erklärt 1920 den Expressionismus in der Kunst für tot, erledigt scheint bald darauf auch der Ausdruckstanz, den Lewitan 1930 bereits als Anachronismus bezeichnet. Der Expressionismus ist nun offenbar Teil der vulgären Tanzkultur, denn jetzt beginnt „der Expressionismus als Ganzes in die unbewusste Volksseele einzuziehen und sich hier besonders in den Beinen auszuprägen".[24] Für die in den nachfolgenden Jahren vermehrt in Deutschland gezeigten Tänze aus Indien, Indonesien und Japan greifen alle europäischen Stildefinitionen nicht.

Synthese heißt das Zauberwort, das in dieser Epoche auch in Varieté, Theater, Bildender Kunst und Musik patchworkartig Neues und Fremdes mit Bewährtem zusammenschweißt, um stets wieder etwas Neues auf dem Kulturmarkt zu präsentieren – in gleichem Tempo, in dem die Modetänze aus der Neuen Welt in Europa ankommen. Im modernen (Ausdrucks-) Tanz sind es eher Zusammenstellungen von Bewegungen aus Alltag und Natur, Umsetzungen von Sprache oder Graphik, Stilisierungen von Gestik, die Laban erstmals mit seiner *Labanotation* als bleibende graphische Tanzanweisung fixiert.

Die Tänzerinnen Anita Berber und Valeska Gert sind Gegenpole zu dieser neuen Tanz-Szene: „Mary Wigman rutscht, als Schornsteinfeger verkleidet, auf herum kullernden Erbsen und macht Bewegungen von einer Hintertreppendämonie, die in jedem Varieté als Durchschnittsleistung mit durchgehen würden"[25], spottet Valeska Gert. „Tanzen", schreibt sie, die sich selbst als Schöpferin des modernen Tanzes sieht, „bedeutet: Triebe ausleben und künstlerisches Tanzen bedeutet: Triebe sublimieren, mit Hilfe des überlegenen Geistes ordnen und in Tanzgestaltungen umsetzen."[26] Im Minuten-Tempo hat sie „Dirnen, Kupplerinnen, Zirkus, Varieté, alle Sportarten komprimiert" und auf die Bühne gestellt. Sie provoziert wie Anita Berber, beide sind politisch wach und protestieren auf ihre Art gegen jeden Führungsanspruch Wigmans oder Labans.

Josef Lewitan, mit der russischen Tanzlehrerin Evgenia Eduardowa nach Berlin gekommener Schriftleiter des zwischen 1928 und 1933 erscheinenden Fachorgans „Tanz", kritisiert schon 1930 eine „blendende Fassade ‚neuer Formen' […] eine wahre Kaninchenzucht tänzerischer Eintagswesen."[27] Das „neue Leben", sagt Lewitan über diese Zeit im Jahr vor Hitlers Machtergreifung, sei „selbst unschöpferisch, es hat vorwiegend zerstörerische Funktionen". Valeska Gert, „die einzige moderne Tänzerin" spiegele in ihrer Kunst all diese Diskrepanzen des Lebens wider" und sie gebe „Tanzfetzen unseres Zeitfetzens", vermag aber auch nicht, „den Tanz unserer Zeit zu gestalten."[28]

Mit dem Machtantritt Hitlers und der fortschreitenden national-sozialistischen Gleichschaltung aller kulturellen Bereiche endet die Diskussion über die neue Tanzkultur, deren Niedergang „mit der Formulierung des Deutschen und des Absoluten als zentraler tänzerischer und choreographischer Kategorie"[29] einsetzte.

Die Zerrissenheit der modernen Tanzszene spiegelt sich auch in den Konkurrenzen zahlreicher berufsständischer Organisationen wider, wie des Gesellschaftstanzlehrer-Verbands ADTV mit der IG Tänzer und der Akademie für Tanzlehrkunst, der Zeitschrift „Der Tanz" mit dem aus der Laban-Notierung hervorgegangenem Blatt „Der Schrifttanz". Das NS-Regime zwingt sie alle auf eine von der Reichskulturkammer vorgegebene gemeinsame Linie.

Volkstanz, Ritual und Groteske

Visionär verknüpft Lewitan in seinem Essay „Tanz von morgen" 1930 – noch vor der Existenz von Fernsehen, Düsenjets und Internet – nicht nur die Entwicklung der Menschheit, sondern auch die der Technik mit der Entwicklung des Tanzes: „Das Fernsehen, das Fernhören, das Befliegen ganzer Kontinente in wenigen Stunden, das Tempo und die Struktur einer modernen Stadt bringen es mit sich, daß jeder einzelne einer unübersehbaren Fülle von äußeren Eindrücken und Einwirkungen optischer, akustischer und jeder anderen Art ausgesetzt ist. Diese Fülle von Eindrücken, die vor Entfernungen, Staatsgrenzen und Nationen nicht halt machen, innerlich zu adsorbieren und zu verarbeiten, ist schlechthin unmöglich."[30]

Dabei liegen diese Eindrücke wie Teile eines Puzzlespiels greifbar, aber unsortiert auf dem Szene-Tableau: die neuen afroamerikanischen Modetänze, Bewegungsdrang und Körperkult als Befreiung von wilhelminischer Verklemmtheit, Ausdruckstanz und moderner Tanz, Tänze europäischer Nachbarn und außereuropäischer Kulturen. Andockstellen wie Exzentrik, Exotik, Erotik oder Esoterik – alles findet sich als Joker in fast jeder dieser tänzerischen Äußerungen. Aber nur selten werden sie miteinander so verschmolzen wie im Tanz von Josephine Baker, die vom Tanz einer Isadora Duncan Welten entfernt und dem Tanz einer Valeska Gert manchmal so nahe scheint.

Im Klassischen Ballett pflegt man den solistischen Tanz erst seit Mitte des 19. Jahrhunderts. Auf den Unterhaltungsbühnen kennt man ihn erst, seit afroamerikanische Cakewalk-Tänzerinnen wie Dora Dean um 1890 mit ihm nach Deutschland kamen (s. Kap. 4 und 5). In vielen Modetänzen, die ihnen nachfolgen, tanzt man zwar paarweise, jeder Tänzer hat jedoch Spielräume eigener Gestaltung. Die lateinamerikanischen Tänze urbaner Entstehung wie Tango, Beguine, Rumba und Maxixe sind ebenfalls Paartänze. Volkstänze dagegen, auch die rituellen Tänze Afrikas und Lateinamerikas, sind Gruppentänze, wobei in allen Kulturbereichen solistische Parts innerhalb eines Rituals von großer Bedeutung sind. Magnus Hirschfeld bringt es für die Szene in Europa auf den Punkt: „Der Solotanz sagt: ich, der Gruppentanz: wir, der Paartanz: du."[31] Eine merkwürdige Einschränkung macht der Sexualwissenschaftler allerdings, der zufolge man auch dem Nichttänzer Beachtung schenken sollte, denn „meist zeigt sein Liebesleben Abweichungen von der Norm".

Wo moderner Tanz um 1930 mit Ausnahme von Bewegungsinszenierungen eher solistisch und Gesellschaftstanz paarweise angelegt ist, könnten Gruppentänze außereuropäischer Kulturen die Tanzszene in Europa bereichern. Aber Afrika ist in dieser Zeit noch immer nur mit den Völkerschauen und den darin inszenierten Gruppen-Szenen ,repräsentiert'. Seit der Weltausstellung 1867 sieht man in Paris neben asiatischen Ensembles auch Gruppen aus Nordafrika. Lateinamerika schickte nach der Jahrhundertwende keine Tanzgruppen, sondern nur die Früchte neuer urbaner Paar-Tanzkultur in die Pariser Salons und Bars. Einzig Asien entsendet im letzten Viertel des Jahrhunderts Gruppen von Musikern, Tänzern und Sängern zu den Welt- und Kolonialausstellungen in Frankreich. Zuletzt Künstler aus der französischen Kolonie Indochina, die 1922 in Marseille auftreten, wo man – wie auch neun Jahre später in Paris – eine Nachbildung des Angkor-Vat-Tempels präsentiert.

Aus dem asiatischen Raum, der seit dem 19. Jahrhundert regelmäßig Jongleure und andere Artisten in die deutschen Varietés entsendet, hört man dagegen auf den Tanzbühnen auch schon echte Klänge aus Indien, Java und Japan. Überraschenderweise kommen die Asiaten selten auf die Bühnen der Völkerschauen. Es fehlt ihnen offenbar das wild-ekstatische, das die Deutschen mit afrikanischem Tanz verbinden. Weil sie stattdessen in subtiler Feinheit mit Gesten und Gebärden arbeiten, werden die Gastspiele asiatischer Tanzgruppen auf den Tanzbühnen als Höhepunkte der Tanzkultur gefeiert. Ausnahme Indien: Hagenbeck schickte schon 1906 und 1910 eine große Indien-Schau mit Musikern, Artisten, Elefanten und Kunsthandwerken durch die Lande, ein Jahr später zeigte die indische Pantomimin und Groteskänzerin Saffira Pradjaih Szenen der „Verbrennung der indischen Witwe des Rahjah".[32]

Die musikalische Untermalung des Spielfilm-Zweiteilers „Das Indische Grabmal" wird indessen sowohl in der später nachvertonten Stumm-film-Version von 1921 als auch im Remake von 1938 (mit La Jana) von deutschen Komponisten[33] geschrieben (s. S. 500).

Dennoch scheinen die Deutschen dem afrikanischen Tanz viel näher zu stehen als dem Javas oder Indiens. Wackelnd, hüpfend oder Arme verrenkend machen doch sie seit Jahren nach, was in den USA als Tierparodien von Tänzern erfunden wird. Das Prinzip ist nicht neu, denn viele Tänze Afrikas haben totemistische Hintergründe, die die Eigenarten rituell wichtiger Tiere stilisieren. Beim Hiawatha-Tanzen denkt der Deutsche aber wohl nicht an Afrika.

Man könnte Hirschfelds *ich-du-wir*-Interpretation so ergänzen: Bis weit in die 1950er Jahre hinein können Tänze mit geschlossenen fremden, ethnischen Strukturen wie in Völkerschauen die Distanz vom WIR der Tänzer zum Publikum kaum überwinden. Dem Zeitgeist entsprechend, feiert man aber schon in den Zwanzigern die künstlerische Inszenierung des ICH im Solotanz vorwiegend schwarzer Künstler auf der Bühne, dem man gern in den Modetänzen nacheifert, um im Gesellschaftstanz wie Tango oder Foxtrott schließlich im Partner das DU zu finden.

Schon 1926 wünscht sich Valentin Parnach in der Kulturzeitschrift „Der Querschnitt", dass Europa für den modernen Tanz als Begleitmusik „noch viel von der bis jetzt noch fast unbekannten Musik Afrikas und Asiens im Laufe der Zeit übernehmen"[34] sollte. Die Musik Afrikas wird den Deutschen noch ein weiteres halbes Jahrhundert weitgehend unbekannt bleiben. Es sei denn, man begegnet ihr in Afrika, wie der Musiker Benno Bardi, der sich der Verfolgung durch das NS-Regime 1933 durch Flucht nach Ägypten entzieht und von dort aus auch den Sudan besucht.

Der moderne Tanz des begonnen Jahrhunderts tut sich indes grundsätzlich noch schwer mit der Musik. Forderte die Duncan noch: „Höre die Musik mit deiner Seele"[35], wollen einige ihrer Nachfolger ganz auf Musik verzichten. Authentische Live-Musik gibt es nur in Unterhaltungsprogrammen. Zum Ausdruckstanz gibt es Geräusche oder Musik wie in den Stummfilmkinos.

Kopien der Exotik

„Heute, da jedes junge Mädchen so wie um 1880 Aquarellmalen und Sticken, affektierte Tanzbewegungen zu machen lernen muss, statt ordentlich Gymnastik, heute da der Kunsttanz (erfunden um 1900 von der Duncan nach griechischen Vorbildern) in diesen kurzen dreissig Jahren uralt geworden ist, steril und ohne neuen Impuls, heute wirken die leider so seltenen Tänzer farbiger Hautfarbe doppelt so stark." (Paul Elbogen)[36]

Die Frau auf der Schildkröte

Statt „Synthese" könnte man das allgemeine stilistische Gemenge in verschiedenen tänzerischen Darbietungen deutscher Künstler auch als Kopie bezeichnen. Nachgeahmt werden nicht nur Tanzschritte und Tanzstile, sondern auch Kostüme, Hautfarben und Ethnien.

Schon vor dem Jugendstil der Jahrhundertwende gab es einen idealisierenden Tausendundeine-Nacht-Orientalismus, der über die Weltausstellung in Chicago 1893 die dort als Bauchtanz deklassierten Darbietungen ägyptischer *Raqs Sharqi*-Tänzerinnen in europäische Etablissements brachte (s. Bd. 2, Kap. 5). Isadora Duncans antik-hellenisches Bühnenoutfit inspiriert die Modewelt ebenso wie die von Leon Bakst entworfenen, orientalisch geprägten Kostüme der Ballets Russes, aus denen Paul Poiret einen Harem-Look für die Haute Couture kreiert.

Und immer wieder mischt sich exotischer Tanz mit Artistik. Um 1910 ist die Tänzerin Saharet z. B. mit dem „orientalischen Phantasiegymnastiker Ali Ben d'Arak"[37] auf Varieté-Tournee.

Mit den jazzbasierten Modetänzen kommen afroamerikanische Tanzelemente und Kostüme in die Varietés. Schwarze und Weiße färben sich nun die Gesichter schwarz, während sich in Gastspielen japanischer Tanztheatergruppen die Darsteller die Gesichter weiß pudern und die Tänzer aus Indien farbige Punkte auf ihren Stirnen tragen. Rosalia Chladek, die Tanzmeisterin von Hellerau-Laxenburg, steht in ihrer Inszenierung von Strawinskis Ballett „Petruschka", in der sie allein alle drei Gestalten des Balletts tanzt, nur mit schwarzer Wangenbemalung in einer Art Sarotti-Mohren-Kostüm zu einer Musik auf der Bühne, die – so ein Kritiker – „die Stumpfsinnigkeit des Mohren […] durch den einfachen, ostinaten Rhythmus in Basstrommel, Becken und Streichern und durch die ‚dümmlich wirkende' Melodie verdeutlicht".[38]

Ein ‚Mohr' gilt in dieser Zeit als Inventar des Orients, nicht als vermeintlich ‚primitiver' Afrikaner, dessen Tanzkunst erst in den fünfziger und sechziger Jahren auf deutsche Ballett-Bühnen kommen wird. In den Tänzen der Afroamerikaner entdeckt man schon seit dem Cakewalk eine andere Körperlichkeit – eine erotische, die Gesäß und Hüfte betont, während die Tänzerinnen und Tänzer aus Spanien mit kräftiger Beinarbeit faszinieren und mit filigranen Bewegungen der Hände und Finger Brücken zu den rituellen indischen Tänzen schlagen, die von großen Künstlern auf deutschen Bühnen vorgestellt werden.

Nachdem sich Diaghilev mit seinen Ballets Russes um 1909 mit „La Bayadère" orientalischen Themen öffnete, werden auch die Solo-Tanz-abende auf europäischen Bühnen zahlreicher, in denen Exotisches zitiert oder kopiert wird: Die aus Lettland stammende Else von Carlberg (1883–1970) zeigt als Sent M'ahesa „altägyptische Tänze", die sie, wie ihre Kostüm-vorlagen, nach antiken Malereien und Reliefs interpretiert. Ruth St. Denis präsentiert sich schlangenbeschwörend in phantasievollen Posen und Bewegungen vor orientalisch-indischem Dekor als Tempeltänzerin (Abb. 2). „Verwässerte und verzuckerte Umformungen der Tänze", kritisiert John Schikowski, „denn das eigentliche Wesen des indischen Tanzes hatte sich ihr selber nicht entschleiert und das europäische Publikum würde dafür keine Aufmerksamkeit besessen haben."[39] St. Denis hatte Indien besucht, ohne wie die Pawlowa eine indische Tanzvorführung erleben zu können[40]. Helen Jane Marr aus Washington D.C. bietet einen javanischen Tanz[41] Paul Swan – „the most beautiful man in the world" – zeigt 1925 in Berlin eine Reihe „phantastisch affektierter"[42] Orient-Choreographien und die aus Königsberg

Abb. 2   „Affe und Menschenweib". Tanzpaar Dolinoff im Berliner Wintergarten um 1928 (links). Ruth St. Denis mit ihrem Ehemann Ted Shawn (ca. 1911)

stammenden Sisters G. treten nach ihrer Rückkehr von den Bühnen der USA mit orientalischen und indischen Tänzen in der Berliner Scala[43] auf. So auch Nyota Inyoka, eine aus Frankreich kommende Halb-Inderin, die ab 1921 eigene Interpretationen indischer und orientalischer Tänze auf die Bühne bringt, wie auch Djemil Anik, eine Halb-Javanerin aus Paris. Im gleichen Genre sind die Holländerin Dini von Essen, die deutsche Tänzerin Erika Britz (als „Stella d'Oriente"), Lisa Kresse („Die Frau auf der Schild-kröte") und viele andere Tänzerinnen unterwegs. Als die Kolonial- und Weltausstellungen in Frankreich viele Originaltanzgruppen präsentieren, die teilweise auch anschließend auf Tournee gehen, und als Tänzer wie Uday Shankar und Raden Mas Jodjana (s. S. 234) über London und Holland auf die Bühnen drängen, verschwinden diese Orientkopien aus den Tanz-programmen.

Wie bei der Duncan, regen manchmal auch antike Darstellungen zur Wiederbelebung eines Tanzes an. „Der Versuch, den Körper in einer für das vergleichende Bild möglichst charakteristischen Bewegung festzuhalten und damit in illustrativer Schilderung die Möglichkeit zu schaffen, Vergangen-heit zu rekonstruieren, darf als gelungen bezeichnet werden"[44], urteilt Tanz-experte Herbert Schweighoffer noch 1927. Ein paar Jahre später werden indische Tänzer selbst den „Tanzenden Shiva" auf deutschen Bühnen zeigen. Der Buchautor John Schikowski ist Bewunderer und Förderer der neuen deutschen Tanzkunst. In seinem 1926 erscheinenden Buch über die Geschichte des Tanzes bestätigt er Einflüsse des orientalischen Tanzes: „Erst die letzte Entwicklungsphase des modernen Kunsttanzes hat dem Menschen des Abendlandes die Wunder des orientalischen Tanzes nähergeführt, und langsam fängt man an, in seine tiefen und dunklen Geheimnisse einzu-dringen."[45] Indien ist jedoch nicht der Orient, und allzu oft vermischen Tänzerinnen und Tänzer wie auch ihre Kritiker in Fehlinterpretationen von Ausdruck und Geste Erotik mit Exotik bzw. Mystik mit Religion (s. S. 230, 234, Indien, Indonesien).

Mohren im Urwald

Auf fast allen europäischen Varieté-Bühnen kann man ‚Negertänze' sehen. Mit Baker- und Urwald-Parodien, mit grell geschminkten Gesichtern und spärlicher Bekleidung wird das Publikum billig unterhalten. Offenbar zieht Zirkusluft durch den Saal, als Josephine Baker und Louis Douglas als Stars der „Revue Nègre" erstmals in Berlin auftreten. „Beide sind Clowns"[46], schreibt die Kritik und verweist gleich auf die weiß umrandeten Lippen, die sich der Afroamerikaner Douglas in alter Minstrel-Tradition aufgemalt hat.

‚Negertänze' gehören fast schon zur Pflichtprogramm des Ausdruckstanzes. Schon 1917 lässt Laban in der Zürcher Dada-Galerie seine fünf
Labanites-Tänzerinnen als „Negresses"[47] in langen schwarzen Kaftanen und
schwarzen Gesichtsmasken auftreten. Ein ähnliches Schauspiel wiederholt
sich bei einer Dada-Soiree 1919 in Berlin, und Hugo Ball schreibt in sein
Tagebuch: „alle Negerinstinkte Gross-Berlins (sahen) sich schamhaft erkannt
und ans Licht gebracht". Dadaist Richard Hülsenbeck kommt 1928 mit der
Einsicht aus Afrika zurück: „Ach wie wenig haben wir von den Negern, zu
dem wir doch werden herabsteigen müssen – wie sehr ist er uns in vielen
menschlichen Dingen überlegen."[48] Welche das sind, steht ein paar Sätze
vorher: „Ich fürchte, daß im entscheidenden Momente unsere Frauen zu den
Negern übergehen werden." (s. auch Kap. 2).

Der Schwede Jean Börlin kommt mit stilisierter afrikanischer Maske
und Kostüm auf die Bühne. Valeska Gert reicht ein enger schwarzer Trikot-
anzug. An den Füßen trägt sie weiße Gamaschen und auf dem Kopf sitzt ein
enger Hut mit weißer Bordüre. Wo Kritiker des Feuilletons eigentlich schon
die Tatsache, dass eine schwarze Tänzerin die Bühne rockt, als ‚grotesk'
empfinden, stellt Valeska Gert in ihrem „Negertanz" auch die Kulturwächter
vor ein Problem, indem sie mit ihrem Tanz in Gesten und Mimik zum
Ausdruck bringt, dass ihr diese ‚Negertanz'-Welle selbst ziemlich grotesk
erscheint, Kritiker, Tänzer und Publikum eingeschlossen. Die Theater-
wissenschaftlerin Susanne Foellmer nennt dies eine „Supra-Groteske", eine
„groteske Verzerrung des Grotesken selbst"[49] und verweist auf weitere Beispiele wie Gerts Visualisierungen von Bakers Charleston-Tanz oder der
spanischen Tänze von La Argentina. Josephine Baker gilt zwar als die Wegbereiterin des Charleston in Europa, ihre Bühnenversionen des Charleston
sind aber auch artistisch-tänzerische Zugeständnisse an die Erwartungen
des Publikums. Wer wollte schon zwei Stunden lang Charleston-Schritten
zuschauen, wie sie in den Tanzschulen gelehrt werden? Auch La Argentinas
Flamencotanz ist überhöht und maniert und weit entfernt vom *Flamenco
gitano* Andalusiens. Das kann Valeska Gert bei ihrer Interpretation nicht
wissen, aber sie scheint ein Gespür dafür zu haben, wenn sie parodiert,
wie übertrieben La Argentina den Kopf in den Nacken und die Arme in
die Luft streckt. Verleger und Schriftsteller Alfred Richard Meyer alias
„Munkepunke" sieht als Ergebnis dieses „Überwindungswegs der Groteske",
wie „ihre programmatisch zu Torsi verdammten Psychodramen in das Meta-
physische hineinwuchsen. […] Publikum, schlag an dein pappenes Herz,
lass es aufbluten, schluchze hin über diese Tragödie, deren Groteske eine
Selbstvergewaltigung ist."[50]

Die weiße Sklavin

Die europäischen Kolonialmächte haben Millionen schwarzer Frauen von Afrika nach Nord- und Südamerika verschleppt. Nur allzu gern verlieren sie daher ihre Schuldgefühle in Phantasien von weißen Sklavinnen in der Hand schwarzer Potentaten, wie sie für Zeiten der Korsaren in Nordafrika durchaus belegt sind. Mehr als 6000 Frauen und Mädchen aus Georgien und Griechinnen befänden sich in den Harems von reichen Ägyptern, berichtet 1836 „Das Ausland" („Ein Tagblatt für Kunde des geistigen und sittlichen Lebens der Völker")[51]. Die „Gartenlaube" erwähnt 1853 den türkisch-russischen Handel von Sklavinnen und ihr Autor muss sich zusammenreißen, um nicht den „alten Türken persönlich wie eine Bestie niederzuschießen", als der ein aus Georgien stammendes Mädchen begrabschen will.[52] In vielen Ländern der beiden Amerikas ist zu dieser Zeit die Sklaverei noch nicht abgeschafft, aber man liest auch von weißen Sklavinnen: „Gibt es nicht, uns näher, schönere, weiße, viel unglücklichere Sklavinnen, über die gleichwohl niemand weint, weil man nichts von ihnen weiß oder nicht an sie denkt?"[53]

Das Motiv einer Bestie, die eine junge Frau gefangen hält, wurde schon 1859 vom französischen Bildhauer Emmanuel Frémiet aufgegriffen. Seine Plastik zeigt einen Gorilla, der eine ‚Negerin' raubt. Dabei kam es Frémiet wohl eher auf den Gorilla als Sinnbild des furchteinflößenden, animalischen Wesens als auf eine zusätzliche rassistische Aussage an. Aufregung und Entsetzen kommen erst auf, als er sie 1887 durch eine nackte, weiße Frau ersetzt.

Während tatsächlich, besonders aus russischen Provinzen, Nachschub für Bordelle nach Argentinien verschifft wird, nimmt sich auch der Stummfilm dieses Motivs der „weißen Sklavin" an, als ein willenloses und hilfloses Wesen zwischen Unschuld und zügelloser „exotischer" Sexualität. Mit dem Film „King Kong und die weiße Frau" erschafft Hollywood 1933 ein sensibles Riesenmonster, in dessen Pranken hoch über New York eine Blondine zappelt. Aber schon Jahre vorher spielt sich 1916 diese Szene auf einer Berliner Bühne ab: Ein Affe hat ein junges (weißes) Mädchen geraubt. „Ihn und ihren Tyrannen, einen Schwarzen, spielten, tanzten und mimten Neger… Das war wirklich Tanz, nicht das ästhetisierende Hüpfen und Gestikulieren, prätentiös und fade, das uns heute beim Halse herauszuwachsen beginnt, jede Geste der kohlrabenschwarzen halbnackten Männer war neu, faszinierend, hinreißend. Das war kunstvoll gebändigtes Temperament, Kraft und Leben, bezwungen vom künstlerischen Willen."[54]

Im Mittelpunkt dieser Tanzszene mit dem Titel „Der Gorilla" mit „absurd wirkenden Machenschaften zwischen einem Negerfürsten und einer Sklavin – immer bedroht durch einen riesigen Gorilla im Käfig"[55], steht eigentlich die junge Tänzerin Johanna Bleschke (1894–1936), die sich Rahel Sansara nennt und in altägyptisch-orientalischer Kostümierung mit Bildern Salomes und weißer Sklavinnen einen Todestanz in die Phantasien des Publikums projiziert. Ihre Tanzlehrerin Rita Sacchetto, zu deren Schülerinnen auch Anita Berber gehört, hat die Tanz-Pantomime (ein „Phantastisches Märchen aus dem Orient") schon ein Jahr nach Beginn des Tanzunterrichts für die 22-jährige Rahel inszeniert, finanziert von Rahels Lebensgefährten mit Mitteln, die dieser „als Schiffsarzt in den Tropen erspart hatte".[56] Die Berliner Vorstellungen sind immer ausverkauft und man geht auf Tournee nach Wien, Prag und Budapest. Über die Identität der beiden mitwirkenden schwarzen Tänzer erfährt man leider nichts, aber der Wiener Paul Elbogen schließt sein rassistisch vergiftetes, überschwängliches Lob – besonders der schwarzen Tänzer – an diesem Abend mit einem Hinweis auf die notwendige und hier gesehene Verschmelzung des Tänzers mit dem Tanz. „Das aber können offenbar nur primitivere Menschen als wir es sind (und einige wenige begnadete weiße Tänzerinnen; ist die Frau noch primitiver als der Mann?). Wer einmal einen dieser schwarzen oder braunen Negerleiber springen oder sich drehen gesehen hat, der vergißt es nie wieder."[57] Rahel Sansara arbeitet danach weiter als Schauspielerin und veröffentlicht 1926 ihren ersten Roman „Das verlorene Kind".

Exotik in Kunst und Medien

1924 beklagt der Publizist und Kunsthändler Alfred Flechtheim: Deutschland leide noch heute an einer Blockade. „Zehn Jahre vom Ausland abgeschlossen, hat es endlich nötig, frei zu atmen und zu wissen, was alles in der Welt sich ereignete. Nicht allein in Wissenschaften, Fod, Wembley, Kinos, Apachentüchern, Erfindungen, Joice, Nurmi, Vogue, Picasso, Pagenköpfen, Dempsey, Aeroplanen, sondern auch in Dingen, die das Leben von der leichten Seite nehmen. Das Schwedische Ballett Rolf de Maré's, der Carina Ari und Jean Börlin's war das erste, das Ausländisches bei uns zeigte... Aber all das wirkte auf uns Deutsche wie auf Menagerielöwen. Zucker statt Fleisch, von mitleidigen Besuchern hinter die Gitter geworfen. Es ging uns wie Moses auf dem Berg Horeb: er sah das Gelobte Land doch konnte er nicht hinein. Im Gelobten Land galt der Dollar und Moses hatte nur Papiermark. Und als die Rentenmark kam, verbot ihm der Staat das

Reisen ins Ausland und als er das Verbot aufhob, hatte Moses keine Mark mehr."[58]

Auf die hier angesprochene Inflation der Nachkriegszeit folgt die Weltwirtschaftskrise. Auslandsreisen bleiben für die meisten Deutschen ein Traum, es reicht ja meist nicht mal für einen Urlaub im eigenen Land. Die alten kulturellen Verbindungen zwischen Berlin und Paris, nach London und New York sind nur für kurze Zeit wiederbelebt, bis ab 1933 das NS-Regime durch eine selbst erzeugte Blockade aus Nationalismus und Rassenhass erneut Deutschland kulturell weitgehend international isolieren wird.

In den Tanzschulen herrscht nach dem Ersten Weltkrieg Hochbetrieb. Stetig wechselnde Modetänze bescheren den Lehrern für Gesellschaftstanz gut besuchte Kurse, und die bekanntesten unter ihnen können ihren Eleven auch gleich selbst geschriebene Bücher mit Schrittanweisungen und Fotos verkaufen. Auch einige Ausdruckstänzer haben ihre eigenen Schulen. Laban beschreibt und erklärt außerdem in unzähligen Schriften die Ursprünge des Tanzens und vieles, das der Besucher auf der Bühne am Ende oft doch nicht mitbekommt. Zahlreich sind auch die Publikationen aus den tanznahen Bereichen zwischen Gymnastik und Volkstanz. Über die Kulturgeschichte des Tanzes erscheinen ebenfalls Abhandlungen: Der Kulturschriftsteller Max von Boehn spannt in seinem 1925 veröffentlichten „Der Tanz" einen weiten Bogen von Naturvölkern und Altertum bis in die Gegenwart und bezieht darin auch kritisch und gelegentlich bissig Position. „Miß Duncan hatte mehr von der Gouvernante als von der Tänzerin."[59] John Schikowski, Schriftsteller, Begründer der Berliner Freien Volksbühne, Entdecker von B. Traven und Tanzexperte, veröffentlicht ein Jahr später die „Geschichte des Tanzes", die ebenfalls die Bedeutung der Duncan kritisch sieht: „Dass von einer Wiederbelebung der antiken griechischen Tänze das Heil nicht kommen konnte, bewies Isadora Duncan durch ihre eigene Praxis."[60] Im Vergleich zu von Boehn bezieht Schikowski auch europäische und orientalische Tänze ein. Anlässlich seines Todes tanzt die Creme des modernen Tanzes 1934 bei einer Gedenkgala als Dank für ihren Förderer.

Wie sein Kollege Erich von Hornbostel, wird auch der Musikethnologe Curt Sachs 1933 von den Nazis als Direktor der Musikinstrumentensammlung am Konservatorium in Berlin kaltgestellt. Im gleichen Jahr kommt seine „Weltgeschichte des Tanzes" heraus, die im Vergleich zu von Boehn und Schikowski nicht nur eine Systematik des Tanzes anbietet, sondern auch viel detailreicher und wissenschaftlicher das bisher bekannte Wissen auch über außereuropäische Tänze aufarbeitet. Sachs kann sich dabei auf zahlreiche eigene und von der Musikethnologie in Berlin gesammelte Forschungsarbeiten stützen.

Über exotische Welten informieren besonders gerne visuelle Medien wie Film und Presse. Aus den USA kommt die Geschäftsidee, wöchentlich im Oktav-Format Illustrierte Magazine herauszubringen, nachdem neue Drucktechniken wie der Offset-Druck und die Entwicklung von Kleinbildkameras für Reportagen, wie der Leica, dafür die Voraussetzungen geschaffen haben. In „UHU", „Der Querschnitt", „Das Magazin", „Das Leben" und „Revue des Monats" erscheinen neben gesellschaftlich aktuellen Themen nicht nur hochwertige Fotoreportagen aktueller Bühnenprogramme, sondern auch Berichte aus allen Erdteilen. Eine anspruchsvollere Leserschaft hält sich Periodika wie „Die Weltbühne".

Die Illustrierten drucken gern Fotos mit exotisch wirkenden Motiven, oft zeigen sie in Paris oder Berlin auftretende Tänzerinnen und Tänzer aus den USA, Europa oder Fernost in tänzerischen Posen und ungewöhnlichen Kostümen. Für Sammler gibt es im Feinkostladen um die Ecke die beliebten Liebig-Bilder-Karten als illustrierte Lexika und allerlei Sammelbildchen anderer Hersteller.

In Malerei und Plastik sind ‚exotische' Motive wie Paul Gauguins „Feuertanz" auf Tahiti von 1891 allseits präsent. Um die Jahrhundertwende kamen kleine Kurzfilme mit Tänzern von Naturvölkern dazu und das Kino an der Ecke zeigt solche mit kambodschanischen Tanzgruppen bei der Kolonialausstellung in Marseille nun schon in den Wochenschauen. Als Monumentalinszenierung flimmert 1931 anschließend im indischen Stummfilm „Vasantsena"[61] das alte Sanskrit-Drama des Königs Sudraka über die Kinoleinwand, gedreht in Tempeln und Palästen mit 32 Elefanten, 500 Pferden und 800 Soldaten, die der Maharadscha von Mysore aus seiner Garde, samt Bergen von Schmuck für die Darstellerinnen, zur Verfügung stellte. Auch vor den Toren Berlins, in Woltersdorf, lässt man für in exotischen Gefilden angesiedelte Leinwanddramen Kulissen errichten, wie für Joe Mays Kolossal-Abenteuerfilmserie „Die Herrin der Welt" (1919), dessen Handlung in Europa, China, Amerika und Afrika spielt. Ein Jahr nach Besetzung der Mandschurei durch die Japaner zeigen Gustav von Estorff und Johannes Häussler ihren Dokumentarfilm „Kampf um die Mandschurei"[62]

Der Film „Wege zu Kraft und Schönheit"[63] steht 1925 ganz im Zeichen der Körperkult(ur)- und Gymnastikbewegung und spannt einen weiten Bogen von dem bereits von der Duncan im Tanz und von Baron de Coubertin in Olympischen Spielen der Neuzeit (seit 1896) neu belebtem Griechenbild der Antike bis zur Freikörperkultur der Gegenwart. Ein Teil des Filmes ist dem Tanz gewidmet und zeigt u. a. die Japaner Baku und Konami Ishii (s. Bd. 3, Kap. 7) im „Tanz der Möven", ferner La Jana (s. Kap. 16), Tänzer aus Burma und Hawaii, Caroline de la Riva in einem

spanischen Tanz und eine halbnackte afrikanische Tänzerin in einem Dorf-
fest. Da es sich um einen Stummfilm handelt, erklingt dazu beispielsweise
Klaviermusik, die die hinreißenden afrikanischen Tanzszenen unpassend
mit einem Polka-Marsch-Motiv unterlegt. Die kultische Inszenierung des
menschlichen Körpers als Grundlage für den NS-Rassenmythos wird später
in den Olympia-Filmen der Leni Riefenstahl perfektioniert werden. Auch
als Tänzerin ist Riefenstahl, eine Schülerin von Eduardowa und Wigman,
in einer kurzen Szene dieses Dokumentarfilms zu sehen, der ein Jahr
später in einer Neufassung erscheint, in der allzu freizügige Darstellungen
zensiert sind und Filmszenen nicht mehr aktueller Sportler ausgetauscht
wurden. Eine Illustrierte zeigt 1925 ein Foto der Riefenstahl an der Seite
des holländischen Musikers Jaap Kool in New York, der beabsichtige, „den
Rhythmus des New Yorker Straßenlebens in einem ‚jazz‘istischen Tanzpoem
wiederzugeben.“

Die deutschen Kolonien in Afrika sind seit dem Vertrag von Versailles
Vergangenheit, aber noch immer veröffentlichen Illustrierte neben Reiseberichten auch die Abenteuer von Deutschen, die es in die Kolonien verschlagen hat. Die Klischees bleiben die alten: „Die ungebändigte wilde
Urnatur Afrikas streift dann alle Fesseln ab und vollführt eine rasende Orgie.
Es lärmen die Trommeln, die Leiber zucken und die Erde dröhnt unter
stampfenden Füßen, und Staubwolken wirbeln zum Himmel empor – Afrika
tanzt!“[64] Colin Ross, Macher des Afrikafilms „Erwachende Sphinx“ (1927),
sieht darin sogar Parallelen zum Gymnastik-Boom Europas: „Das Mahlen
und Stampfen von Mais und Hirse ist besser als jede Ausgleichgymnastik.
Und dann der Tanz. Der ist das beste rhythmische Turnen. Da man nur
im Freien tanzt, fällt die Schädigung durch schlechte Kultur fort und der
Teint braucht keine Kosmetika.“ Wie viele in Europa steht Ross auf einem
schmalen Grat zwischen Rassismus und Négritude wenn er fortfährt:
„Gegenüber einer drohenden *Verniggerung* der europäischen Zivilisation
kann das afrikanische Urbild das bessere sein. Ein Tanz beispielsweise kann
im afrikanischen Busch natürlich und ‚anständig‘ wirken, während er im
europäischen Ballsaal das gerade Gegenteil ist, auch wenn wir selbst den
Sinn dafür verloren haben.“ Abgesehen von einer unzutreffenden Gleichstellung indigener afrikanischer Tänze mit afroamerikanischen Modetänzen,
will Ross damit wohl sagen: Der Afrikaner ist uns lieb, solange er in Afrika
bleibt. Denn es erscheint ihm der Gedanke daran, welche Rolle „diese lang-
beinigen, schmalhüftigen Bubiköpfe noch einmal in der Welt spielen werden,
als ‚grotesk‘, aber man denke doch nur an Josephine Baker, die auch Tochter
einer Sklavin ist. In Afrika gibt es noch eine ganze Reihe Josephine Bakers.
Sie sind nur noch nicht entdeckt.“[65] Wie zuvor erwähnt, kann der Tanz

der Baker nur marginal mit afrikanischem Tanz in Verbindung gebracht werden, aber interessanterweise verwendet Colin die Beschreibung ‚grotesk‘ gleichermaßen für die Afroamerikanerin Baker wie für die von ihm gefilmten Afrikanerinnen. Eine Schwarze auf einer Bühne wird grundsätzlich als ‚grotesk‘ empfunden. So heißt es in der Kritik des Graphikers und Flechtheim-Freunds Ottomar Starke nach der Premiere der Baker 1926 in Berlin: „Josephine Baker ist Grotesktänzerin, wo sie die Haut berührt. Ihr Popo, mit Respekt zu vermelden, ist ein schokoladener Grieß-Flammerl an Beweglichkeit, und sie ist mit Recht stolz auf diese Gabe der Natur. Ihre Drôlerien [Überzeichnungen, d. A.] sind indes ohne große Variationen. Sie wackelt immer wieder mit verschiedenen Körperteilen, hat ganz dumme, doppelt so große Augen, und ist unbeschreiblich an- und ausgezogen.“[66] Ähnlich beobachtet Harry Graf Kessler: „Die Baker tanzte mit äußerster Groteskkunst und Stilreinheit, wie eine ägyptische oder archaische Figur, die Akrobatik treibt, ohne aus ihrem Stil herauszufallen.“[67] Interessanterweise wird bei der Baker nie das väterliche Erbe erwähnt. Der war Spanier, und wie viele afroamerikanische Frauen bemüht sich auch Josephine, ihr krauses Haar mit Geräten und Tinkturen zu glätten und ihre Haut mit Zitronensaft aufzuhellen, um ‚weniger schwarz‘ zu wirken.

Der Zeichner Fritz Nansen begleitete Leo Frobenius bei dessen zweiter Afrika-Expedition (1907–1909) in den Westsudan. Im Ullstein-Monatsmagazin „UHU“ führt er, illustriert mit zahlreichen Zeichnungen, den Ursprung vieler afroamerikanischer Modetänze auf rituelle totemistische Tänze Afrikas zurück. Alles was das Herz des Afrikaners bewege, „drückt er durch Tanz aus“.[68] Nansens Beschreibungen lassen den Leser live daran teilhaben: „Ein Schrei fegt wie ein Sturmwind wild die Reihe der Weiber auseinander, und in den Kreis springt hoch durch die Luft ein Ungetüm von Neger, das Maul bis an beide Ohren aufgerissen, die starren Augen wild verdreht. Ihn kennt jeder aus der Runde, es ist der Frauenschreck, der Waldunhold, der Gorilla.“ King Kong als bildgewordene Angst vor schwarzen Menschen?

Ganz anders werden in deutschen Zeitschriften dagegen japanische Frauen beschrieben: mit Grazie, mit lächelnden ‚Schlitzäugelein‘, die das Herz jeden Mannes auf der Suche nach Frauenschönheit für einen Moment aussetzen lassen.[69] Japan ist schon jetzt, 1930, dem Westen zugewandt: „Die Japanerin, die der Erscheinung nach bisher lediglich aus Frisur und Kleid zu bestehen schien, hat mittlerweile ihre Beine entdeckt: sie tanzt. Und nicht nur das; sie tanzt gut und leidenschaftlich. Kommt eines der großen Schiffe aus Amerika an, so wird die Bordjazzband an Land geholt […] und muss die neuesten Blues, Waltzes und Tangos spielen. […] Wie […]

Esslokale aus dem Berliner Asphalt schießen in allen Stadtvierteln die Tanz-
paläste aus dem Boden."[70] Harald Kreutzberg, Mary Wigman und andere
deutsche Tänzer bringen den deutschen Ausdruckstanz nach Japan und ihre
japanischen Eleven werden Lehrmeister der Gründer des Butoh-Tanzes, der
in den 1950er Jahren mit Kazuo Ohno (1906–2010) als radikale Abkehr
von japanischen Traditionen nach einem Konzept Hijikatas zum „Tanz der
Finsternis" (Ankoku Butoh) weiterentwickelt wird (s. Bd. 3, Kap. 7).

In den Varietés zwischen Kiel und München gastieren die seit Jahrzehnten
üblichen ‚Neger'-Revuen (s. Kap. 4/5) mit afroamerikanischen Künstlern
und einer bunten Mischung aus Burlesque, Tanz, Pantomime, Minstrel
und instrumentalen und vokalen Soloauftritten. Afrikaner, nicht einmal
die eher dem Orient zugerechneten Nordafrikaner Ägyptens, sieht man auf
deutschen Bühnen – außerhalb der Völkerschauen – nicht. Am stärksten
vertreten sind asiatische Artisten: Jongleure, Equilibristen, Illusionisten
und Akrobaten aus Japan und China. In den zwanziger Jahren lernen die
Deutschen mit Gastspielen von Musikern aus Hawaii und Mittelamerika
den Klang von Hawaiigitarre, Ukulele und Marimba kennen (s. Kap. 15).
Sie werden wie die lateinamerikanische Musik zu modischen Farbtupfern in
der Unterhaltungsmusik.

Die Originale zu Gast in Deutschland: Exotik in tänzerischer Vollendung

In den dreißiger Jahren bestimmen rassistische (Vor-)Urteile und politisches
Kalkül darüber, welche außereuropäischen Musik-, Theater- oder Tanzgruppen in Deutschland auftreten durften.

Tatsächlich präsent und, bei aller exotischer Kopierfreudigkeit des neuen
deutschen Bühnentanzes als eigenständige Kunstform, respektiert, sind die
Tanzdarbietungen spanischer, indischer, indonesischer und japanischer
Ensembles und Solisten. Die Szene des neuen, des modernen Tanzes in
Deutschland nimmt die Gastspiele von Tanzgruppen aus Spanien und
Asien als hochwertige Bühnenkunst wahr, als sie Anfang der dreißiger Jahre
für kurze Zeit in Deutschland gastieren können. In Zeitschriften der Tanzkunst werden die Darbietungen ihrer Stars wie La Argentina, Uday Shankar
oder Raden Mas Jodjana gern rezensiert. Traditionelle Tanzkunst aus Afrika
und Lateinamerika dagegen wird dort allgemein als Volkskunst dargestellt,
zu der jedermann von Kindesbeinen an in seiner dörflichen Gemeinschaft,
in festen Regeln wie körperliche Reife und Zuordnungen zu Geschlechtern
Zugang hat. Viele der in Deutschland vorgestellten Tänze Asiens haben

zwar traditionellen Charakter, sie gelten aber innerhalb ihrer Kulturbereiche als hochentwickelte Tanzkunst. Dass sich das nicht immer der Kritik und dem Publikum erschließt, zeigt eine Notiz aus Wien in den „Musikblättern des Anbruch" von 1925: „Zum Schluß einige Kuriosa. Zwei indische Prinzen in seidenem Kaftan und buntem Turban, bewaffnet mit exotischen Zupfinstrumenten und einer kleinen Handtrommel, mit kunstloser Stimme die alten oder schon modern gefärbten Gesänge ihrer Heimat vortragend, die streng homophon sind und in Bälde monoton werden. Eine kleine Japanerin Hatsue Yuasa mit winzigem Ton und prächtigem Kimono und japanische Gesänge, die am besten sind, wenn sie Puccini macht."[71]

Calé („Gitanos") aus Spanien

> Und dann: als würde ihr das Feuer knapp
> nimmt sie es ganz zusamm und wirft es ab
> sehr herrisch, mit hochmütiger Gebärde
> und schaut: da liegt es rasend auf der Erde
> und flammt noch immer und ergiebt sich nicht -.
> Doch sieghaft, sicher und mit einem süßen
> grüßenden Lächeln hebt sie ihr Gesicht
> und stampft es aus mit kleinen festen Füßen."[72]

(Rainer Mara Rilke: Spanische Tänzerin)

Eine der schönsten und, zeitweise wenigstens, reichsten Frauen der Belle Époque ist die Spanierin Augustine Carolina Otéro Iglesias (1868–1965). Sie ist Tänzerin und Vamp, die ihr Publikum in Paris und Berlin genauso bezaubert wie ihre Liebhaber unter reichen Industriellen und gekrönten Häuptern. Man sagt der „Schönen Otéro" nach, sie sei kalt und berechnend, erfände sogar viele Details, die den Leser ihrer Biographie fassungslos machen sollen. So ist ihre Bekanntschaft mit Kaiser Wilhelm II., der nach ihrem Auftritt im Berliner Wintergarten für sie die Pantomime „Das Modell"[73] entworfen und sie „meine kleine Wilde"[74] genannt haben soll, so geheimnisumwittert wie ihre Affären mit anderen Potentaten.

Vor ihr begeisterte ihre Kollegin Tortosa de Valencia die Besucher des Berliner Wintergartens mit spanischen Liedern und Tänzen. Berühmt wird sie aber, weil ihrer Haut heilende Kräfte nachgesagt werden. Sie gehört zu den Künstlerinnen und Künstlern, die vor 1930 nur gelegentlich nach Deutschland kommen, um hier in Unterhaltungsetablissements zu arbeiten und einen Hit aus der spanischen Operette „La Bien Amada" 1926 auch in Deutschland zu verbreiten: „Valencia".[75]

> In der Hafenbar von Rio bei Laternenlicht
> hatte Jim zum erstenmal gesehen ihr Gesicht.
> Sie schaute aus wie Otero, die große Otero
> und tanzte den wilden Bolero
> und man sang im Chor:
> Valencia, deine Augen glüh'n und saugen mir die Seele aus dem Leib,
> Valencia deine Lippen sind die Klippen meines Lebens, holdes Weib
> Valencia deine Hände sprechen Bände,
> deine Stimme lockt und lacht
> Du schönste aller Rosen, lass doch kosen den Matrosen eine Nacht.

Einige Charakteristika spanischer Musik aus vergangenen Jahrhunderten wurden vor diesem Evergreen durch die Kompositionen Manuel de Fallas aus Cádiz oder Nikolai A. Rimsky-Korsakows und Michail Glinkas aus Russland, später von Ravel oder Debussy bekannt. Man kennt Pasodoble, Habanera, Bolero und Flamenco. Der Flamenco ist eine Jahrhunderte alte Tradition der südspanischen Roma, den *Gitanos* (auch: Calé), deren Vorfahren vermutlich seit dem 9./10. Jahrhundert den indischen Subkontinent verließen und über Nordafrika, wo sie teilweise blieben und als Ghawazi-Tänzerinnen in Ägypten (s. Bd. 2, Kap. 5) die Tanzkultur des *Raqs Sharqi* anstießen, nach Andalusien kamen. Schon damals waren sie dort eine verfolgte gesellschaftliche Randgruppe, wie die Juden und Moriscos, die sich auch gegen die *Payos* (Nicht-Gitanos) und deren Kultur abgrenzten. Authentischer *Flamenco gitano andaluz* ist nicht nur Tanz, er ist vor allem ein *Cante,* ein tiefinnerer Gesang über das Leben des Gitano: Verfolgung, Leid und Tod als wesentliche Themen in den Siguiriyas-Liedern, über Lustiges in den Bulerías. Im Flamenco entspricht der Einheit von Sänger und Gesang seine eng miteinander verknüpfte Dreiteilung in Gesang *(cante)*, Tanz *(baile)* und Gitarrenmusik *(toque)*. Seit Gitanos ab Mitte des 19. Jahrhunderts in „Cafés cantantes" öffentlich auftraten, gab es Nachahmer unter den Payos, den Nicht-Gitanos, die den Cante und den Baile der Gitanos für ihre Klientel in gefälliger Form vortrugen und damit bis 1915 populärer wurden als die original Gitano-Akteure in den Cafés cantantes. Nach Deutschland gelangt bis 1965 nur diese Payo-Version des Flamenco-Tanzes, in die zusätzlich Elemente des klassischen Balletts eingearbeitet sind. Mit La Argentina fließen auch Bewegungen und Gestik des Ausdruckstanzes in Vorführungen spanischer Tänze ein. Zu wenig attraktiv für Deutschland, meint der Spanien-Kenner Eduardo Foertsch 1926: „Spanischer Tanz ist etwas durchaus Eigenes, für Fremde überhaupt unzugänglich. Auch in Spanien selbst wird die höchste Stufe nur von ganz wenigen Tänzerinnen erreicht." Die Darbietungen in den Cafés cantantes klammert er davon als auf „niedere Sinnlichkeit eingestellt" aus.[76] „Arte Flamenco" beginnt für ihn mit La Pastora Imperio (1887–1979), einer Halb-Gitana und Frau eines gefeierten Stierkämpfers.

Antonia Rosa Mercé y Luque wird 1890 in Buenos Aires geboren. Ihre spanischen Eltern sind Tänzer und gehen schon zwei Jahre später zurück nach Madrid, wo Antonia natürlich Ballettunterricht bekommt und sehr jung Primaballerina an der Oper wird. Nach dem Tod ihres Vaters wendet sie sich dem spanischen Tanz zu, zeigt ihn bereits 1910 im Pariser Moulin Rouge, das damals noch ein Operettentheater ist. Drei Jahre danach kennt man sie mit ihrer Verbindung spanischer Volkstänze mit neoklassizistischem und avantgardistischem Tanzstil auch in Deutschland unter ihrem Künstlernamen „La Argentina". Man rühmt die Pracht ihrer Kostüme und die Bandbreite ihres Ausdrucks menschlicher Gefühle, wenn die „ganze seelische Pein sich in Kastagnettentränen ergießt"[77]. „Spanien hat nicht ihr, sie hat Spanien in unseren Augen ein Gesicht gegeben"[78], schwärmt „Der Tanz" 1931 von dieser Tänzerin, die sich, unter eigener Kastagnetten-Begleitung *zapateada* oder Spitze tanzend, „nicht mit der lächerlichen Aufgabe befasst, ein Ausdruck *ihrer* Zeit zu sein, eine die nicht Randbemerkung ist, sondern der Text selber". Ihre Auftritte im Hamburger Curiohaus sind stets ausverkauft und der Kritiker Rudolf Maack erinnert sich: „Wie de Falla, Granados und Albéniz den pulsenden Rhythmus und die leidenschaftliche Melodik der Volksweisen aufgefangen und zu musikalischen Kunstwerken abgerundet haben, so verdankte auch Argentina die erregende Triebhaftigkeit, die Strenge und die Schärfe des Ausdrucks, die Knappheit der Form und den Reichtum der Motive ihren volkstümlichen Vorbildern. Mit diesen schaltete sie sich frei. Sie war keine Ethnologin, sondern Tänzerin."[79]

Ihre nur fünf Jahre später ebenfalls in Buenos Aires geborene Kollegin „La Argentinita" orientiert sich enger an iberischen Traditionen, tanzt auch schwierige Flamenco-Formen wie die *Siguiriyas* nur zum Spiel von Gitarre und rhythmischem Händeklatschen *(Palmas)*. Aber auch bei ihr gibt es keinen echten Cante eines *Cantaor,* sie singt selber. Der bereits zitierte Kritiker des Tanz-Fachorgans vermerkt zu ihrem Pariser Auftritt, sie schlage „im Buche der Tanzkunst keine neuen Seiten auf". Aber die Pariser lieben ihre Stars des Flamenco, wie La Faraona und Carmen Amaya. In Deutschland mag man es offenbar weniger folkloristisch und somit kommt La Argentinita nicht auf deutsche Bühnen, auf die Teresina und Manuela del

Rio der schon 1936 gestorbenen Argentina nachfolgen.[80] Als Manuela del Rio Ende 1937 bei einer KdF-Veranstaltung in der Liedertafel in Mainz auftritt, schwärmt eine Rezensentin von der „volkhaften Echtheit" der dargebotenen Tänze, darunter auch einem „Zigeunertanz zur Gitarre".[81]

In Buenos Aires ist Helba Muñoz Huara (1900–1986) als Kind eines Spaniers und einer Brasilianerin aufgewachsen. Die Familie ist arm und Helba verdient schon als Kind mit dem Tanzen Geld und schließt sich einer russischen Tanzgruppe an. Bei einem Gastspiel in Peru, wo sie geboren ist, trifft sie den Journalisten und Musiker Gonzalo More. Sie verlässt Mann und Tochter, um mit More zunächst auf Kuba dann in den USA ihr Glück zu suchen. Mit 27 Jahren tanzt sie als spanisches und peruanisches Kolorit bei den Ziegfeld Follies. Im Jahr darauf erfindet sie sich neu als Inka-Tänzerin, die in phantasievoll-surrealistischen Kostümen mit Elementen den Ausdruckstanzes sowie peruanischer Tanzfolklore und iberischer Tanzkunst unter andalusischer Kastagnettenbegleitung das Publikum begeistert. Ihre Persönlichkeit aber, so schreibt eine Zeitung in den USA, würde ihren Tanz so sehr überstrahlen, dass man kaum feststellen könne, was original und was erfunden sei. Das gilt wohl auch für die Musik. Immerhin tanzt sie Condor- und Schlangenmotive auch zu Moderner Musik. Wie bei ihrer gesanglichen Nachfolgerin Yma Sumac (s. Bd. 3, Kap. 13) interessieren sich die Medien natürlich auch für den die Herkunft dieser Inka-Tänzerin. Aber die ist weniger spannend als ihr Leben mit More, der nach ihrer Übersiedelung nach Paris 1936 eine heisse Affäre mit der Schriftstellerin Anaïs Nin, der Tochter des kubanischen Komponisten Joaquín Nin y Castellanos beginnt, die diese in ihrem Roman „The Four-Chambered Heart" glutvoll abarbeitet. Von Paris aus besucht Huara mit Gonzalo, der sie am Klavier begleitet, nur einmal 1933 Deutschland, das sie schnell wieder verlassen, nachdem ihr jüdischer Manager in Berlin Probleme mit den Nazis bekommt.

Als Manuela Del Rio in Mainz den Zigeunertanz aufführt, werden Sinti und Roma vom NS-Regime schon verfolgt. Seit 1936 und 1938 sind Erlasse „zur Bekämpfung der Zigeunerplage" Grundlage für Deportationen, Zwangssterilisierungen und Umsiedlungen in Lager. Die Familie Reinhardt, mit ihr der Geiger Franz (1921–2006), genannt „Schnuckenack", flieht aus der Pfalz nach Polen und schlägt sich bis Kriegsende als deutsch-ungarisches Musikensemble durch. Tausende andere kommen ab 1940 in Ghettos, wo sie Zwangsarbeit verrichten müssen. Wer flieht und erwischt wird, wird in ein Konzentrationslager deportiert. Himmler gibt 1942 Anweisung, die noch in Deutschland lebenden ‚Zigeuner' nach Auschwitz deportieren zu lassen. Eine sehr kleine Minderheit „reinrassiger Zigeuner", der er als „Zigeunersprecher" geringe Freiheiten zusichert, wird er in Wahrheit für eine effektive „Selektion" missbrauchen. Zum Beispiel im Lager Maxglan in Österreich. Dorthin wendet sich Leni Riefenstahl, als sie im Sommer 1940 bei Mittenwald Außenaufnahmen ihrer Filmversion des „Tiefland"-Stoffs nach der Oper von Eugen d'Albert und einem Drama des Spaniers Àngel Guimerá plant. Für die in den Pyrenäen spielende Handlung braucht sie südländische, spanisch aussehende Statisterie. Im Film stehen dann Zwangs-komparsen der Sinti und Roma fröhlich lachend und klatschend im Halb-kreis um die Heldin Martha, die einen Flamenco tanzt. Martha wird von Riefenstahl gespielt, die diesen „Flamenco" selber gibt. Sie ist ja Wigman-Schülerin, aber man sieht nur Detailsequenzen von Tanz-Gesten und Bewegungen – teils in Großaufnahmen – die die Riefenstahl offenbar für authentisch hält. Musik-Playback und geschickter Filmschnitt suggerieren einen durchgehenden Tanz. „Es sieht ganz so aus, als ob das Lager Maxglan erst durch das Interesse dieser Filmregisseurin zu einem festeren Lager aus-gebaut wurde", vermutet Nina Gladitz, die 1982 eine Dokumentation[82] über „Tiefland" für den WDR dreht, „denn dann war klar, dass man mit den Zigeunern auch noch Geld verdienen kann, bevor man sie zur ‚Ver-nichtung' abschiebt."[83] Zu den Dreharbeiten in Babelsberg lässt sich Riefenstahl weitere Sinti und Roma aus Berlin-Marzahn kommen. Sie sucht sie vermutlich selber aus, eine Bezahlung gibt es auch wieder nicht. Maxglan wird 1943 aufgelöst, die meisten Insassen werden nach Ausch-witz deportiert, ebenso auch Häftlinge und Laiendarsteller aus Marzahn. Riefenstahl wird später immer wieder beteuern, sie habe davon nichts gewusst, und die Autorin Nina Gladitz ab 1984 mit Prozessen überziehen, die deren Existenz bedrohen. Der Film „Tiefland" kommt erst nach dem Krieg 1954 in die Kinos.

Hitlers Rassenverfolgung, die sich auch gegen Sinti und Roma in Deutschland richtet, lässt solche Film-Szenen mit Tänzen der andalusischen Calé wie auch die Gastspiele aus Spanien mit von Calés beeinflusster Musik und Tanz unzensiert. Offenbar haben die Nazis ein Faible für deren Musik, die sie den ungarischen „Csárdás"-Klängen im Programm ihres Ufa-Stars Marika Rökk gleichstellen. Das nicht einmal zu Unrecht, denn in der Musik des Csárdás lebt auch die Musik der Sinti und Roma des Balkans.

Carmen Amaya (1913–1963), zu dieser Zeit eine Roma Flamenco-Tänzerin *(bailaora gitana)* von Weltruhm, hat Europa bald nach ihrem ersten Auftritt in Paris (1929) in Richtung Südamerika und USA ver-lassen. In der Berliner Scala gibt 1934 eine spanische Tanzgruppe mit dem Gitarristen Carlos Montoya ein Gastspiel. Montoya war bisher in Programmen von La Argentina aufgetreten und ist nun mit seinen Solo-Auftritten, wie sein Onkel Ramon, Wegbereiter und spieltechnischer

Innovator des Solo-Spiels der Gitarre, die im Flamenco gitano dem Sänger im *rasgueado* anzeigen, wann sein Gesang beginnt und endet, außerdem Tonhöhe und Rhythmus vorgibt und im *punteado*-Spiel den Gesang kommentiert und unterstützt. Danach kommt Vicente Escudero (1939) nach Berlin, ein der Kunst-Avantgarde und dem authentischen Flamenco gitano zugewandter Tänzer, der einen seiner größten Erfolge 1925 an der Seite von La Argentina in Manuel de Fallas Ballett „El amor brujo" hatte. In der Madrilener Premiere stand 1915 Pastora Império auf der Bühne. Seit der Machtübernahme des Diktators Francisco Franco (1936) wird die *arte flamenco* in die Ursprungsorte der andalusischen Gitanos und ihrer Sippen in Barcelona, Madrid und Südfrankeich zurückgedrängt.

Tanzszenen aus Japan und China

Um die Jahrhundertwende glaubt der Deutsche Kaiser, die Feinde Europas im Fernen Osten ausgemacht zu haben. Erst zwei Jahre zuvor hatte Wilhelm II. mit China einen Vertrag über die Pacht Kiautschous an der chinesischen Ostküste geschlossen. Aber nun hat man dort seinen Botschafter erschossen und er muss Truppen schicken, um seine Kolonie gegen die Aufständischen des antiimperialistischen Boxeraufstands zu verteidigen. Bevor das Schiff mit den Soldaten im Juli 1900 in Bremerhaven ablegt, beschwört er in seiner „Hunnenrede" die Erfolge des nibelungischen Königs Etzel (Attila) als Drohung dafür, wie er mit den Chinesen umgehen werde, damit es „niemals wieder ein Chinese wagt, einen Deutschen scheel anzusehen".[84] Mit den Worten „Öffnet der Kultur den Weg ein für allemal!" verabschiedet er seine Truppe. „Nun könnt ihr reisen! Adieu Kameraden!" Ganz sicher hat er nicht gemeint, dass er erwarte, dass chinesische Kultur nach Deutschland gebracht würde. Im Gegenteil: an Bord des Schiffs hängt eine Kopie eines Gemäldes, das der Kaiser ein paar Jahre zuvor als Geschenk für den russischen Zaren anfertigen ließ. Es zeigt den Erzengel Michael, den Schutzheiligen des Heiligen Römischen Reiches Deutscher Nation auf einer Felsenklippe, wie er eine Schar von bewaffneten Frauengestalten auf eine über dem Meer auf einer dunklen Wolke im Osten schwebende, von Flammen umleuchtete Buddha-Statue hinweist. „Völker Europas" – sie sind sämtlich von Frauengestalten in der Art einer Germania dargestellt – fordert der Kaiser mit diesem Bild von Herman Knackfuß, „wahrt eure heiligsten Güter!" Der russische Zar ist indes näher dran an den Orten, von denen aus die „Gefahr eines durch Japan mobilisierten chinesischen Ansturmes"[85] droht. Dafür kursiert in dieser Zeit auch zunehmend die Parole von der „Gelben

Gefahr", besonders, nachdem sich die Japaner im Krieg gegen die Russen behaupten können. Deutschland wird bei Kriegsbeginn von den Japanern aus Kiautschou vertrieben, und das hat Folgen, denn nach 1905 kommen die bisher in deutschen Varietés präsenten Akrobaten aus China und Japan viele Jahre nicht mehr nach Deutschland. Erst mit den Zwanziger Jahren kehren sie zurück, nachdem Japan und China sich den Deutschen nach dem Krieg wieder in Kulturabkommen nähern. Die weltberühmte Peking-Oper gastiert schon 1929 in Europa und in den USA, sie wird aber erst in den 1950er Jahren erstmals nach Deutschland kommen.

Das Ziel der meisten außereuropäischen Tänzer ist natürlich Paris, wo die Weltelite von Klassischem Ballett bis zum Modernen Ausdruckstanz zu sehen ist. Japaner vor allem kommen auch wegen der neuen Schulen von Jaques-Dalcroze und Mary Wigman. Wie Masatoshi Shigyo, der statt mit japanischen Tänzen mit „epigonenhaft verarbeitetem Dresden"[86] auftritt und scheitert, und wie Ishii Baku, der mit seiner Partnerin Ishii Konami zwischen 1922 und 1925 in Europa unterwegs ist und auch im Ufa-Film „Wege zu Kraft und Schönheit" zu sehen ist. Im Theater des Westens erleben die Berliner im Oktober 1930 einen Japanischen Theaterabend mit Takohiro Tutsui und seinem Ensemble. Erschüttert und ergriffen von den wehmütigen Szenen einer tragischen Handlung, vergaß man völlig, schreibt die Kritik, dass „die Gebärden und Symbole einer gänzlich fremden Kultur entstammen". Tänzerische Fechtkampfszenen, Fuchs- und Maskentanz lassen den Kritiker erkennen: „Nicht in Deutschland allein gibt es eine Tanzkultur und nicht alles, was in Deutschland als deutscher Tanz geboten wird, wurzelt in Deutschland."[87] Es gibt aber auch Kritiker, die den japanischen Tanz wegen der starken Betonung des mimischen Elements und reduzierten Körperbewegung für die deutsche „Bühne ungeeignet"[88] halten.

Wegen des neuen deutschen Tanzes kommt Rikuhei Umemoto, Ballettmeister und Fachreferent für Japanischen Tanz der Japanischen Regierung, nach Europa. Sein ‚Japanischer Tanzabend' im Wiener Konzerthaussaal lässt die Kritik 1931 ratlos zurück: „Wir können solch fremder Kunst gegenüber nur nach einem ganz persönlichen Eindruck urteilen." Im Vergleich zu einer vorher gesehenen japanischen Schauspielergruppe mangele es Umemoto an „jeder Faszination". Der „Massentanz" mit der lokalen Tanzgruppe Bodenwieser erinnere zu sehr an die gymnastisch-rhythmischen Übungen der Hellerau-Schule. Stärker beeindruckt zeigt sich Kritiker Schelley von der Original-Musik, die zu einigen Tänzen von japanischen Platten abgespielt wurde. „Das Ohr ist noch viel weniger geschult, Exotisches aufzunehmen als das Auge, das immerhin häufig Gelegenheit hat, mit japanischer Malerei in Berührung zu kommen."[89] Begeisterter als sein Wiener Kollege zeigt sich der Kritiker Lewitan. Alles sei ein bisschen pädagogisch angelegt, aber besonders Toshiko Umemotos Tanzgestaltungen des Frühlingseinzugs gingen nah und packten die Zuschauer.[90] Viel Beifall erhält auch die Oper „Taifun", die der ungarische Pianist und Komponist Theodor Szanto nach dem Stück von Melchior Lengyel mit „reicher Verwendung japanischer Motive und Tonfolgen"[91] 1925 in Mannheim uraufführt. Beim Musikfest in Venedig spielt man Henry Eichheims „Nocturna. Impressions of Peking" und „Corean Sketch". Viele Werke des amerikanischen Komponisten und Ethnomusikologen Eichheim geben der Musik aus dem Orient und Asien schon seit 1919 breiten Raum.

Den kulturellen Abkommen mit Japan, aus dem u. a. 1926 das Japan-Institut in Berlin hervorgeht, folgt 1936 auch ein politisches Bündnis im Antikominternpakt, mit dem gemeinsam Front gegen den Kommunismus gemacht wird. Japan seinerseits demonstriert schon seit langem eine vorgeblich rassistische Dominanz in blutigen Feldzügen gegen seine asiatischen Nachbarn. Die Beziehungen zu Japan kühlen dennoch merklich ab, nachdem Hitler 1939 einen Nichtangriffspakt mit Russland schließt. Ein paar Monate vorher begeisterte aber noch einmal eine Gruppe japanischer Künstler im Berliner Revuetheater als „Takarazuka-Revue" und einem überwiegend aus westlichen Musicals zusammengestellten Showprogramm. Die Show gibt es seit 1914 in Japan und ist ein Kind des schwerreichen Besitzers der Hankyu-Eisenbahn. Sie ist eine Abkehr vom traditionellen Kabuki-Theater und bunte Mischung westlicher und fernöstlicher Vorlagen aus Märchen, Musical und traditioneller japanischer Oper. Wo aber im Kabuki auch Frauenrollen ausschließlich von Männern gespielt werden, gibt es bei der Takarazuka-Revue ausschließlich Frauen in beiden Rollen. Sie müssen allerdings unverheiratet sein.

Moderner Tanz: Nährboden und Kult

Einiges von dem, was Laban und seine Schüler unter *Choreosophie* subsumieren und von Laban selbst in seinem Werk „Die Welt des Tänzers" detailliert beschrieben wird, ist, wie andere Bewegungen der Weimarer Republik, in Facetten durchaus auch als Nährboden nationalsozialistischen Gedankenguts zu sehen. Laban habe sich einmal, ebenso wie Isadora Duncan, trotz seiner Idealisierung des Primitiven im Tanz der Naturvölker angeblich abfällig über die schwarze Bevölkerung in den USA und in Afrika geäußert und zeige damit, so die zeitgenössische Tänzerin Lilian Karina, „seine Verachtung und seinen Rassismus gegenüber anderen Lebensweisen und Rassen".[92] In der Zürcher Aryana-Siedlung, in der Labans Kinder aufwachsen, werden die Heilsvorstellungen der auch als Sonnenkult bekannten Mazdaznan-Lehre[93] gelehrt und mit Yoga, Körperkult und Vegetarismus praktiziert. In diesem Mischkult christlich-zarathustrisch-asiatischer Heilsvorstellungen werden zwar auch Semiten und Mischrassen als Arier definiert, somit auch Inder, aber keine Afrikaner. Wie Inszenierungen Labans vermittelt der kallisthenische Tanz der Duncan das Gefühl der im Nationalsozialismus im Sinne der Volksgesundheit verkürzten Forderung nach einem ‚Neuen Menschen' mit Worten des römischen Dichters Juvenal: *mens sana in corpore sano*. Eine aus alt-germanischen Runenzeichen von Friedrich Bernhard Marby entwickelte und in *ariosophischen* Schriften verbreitete Runengymnastik soll als „Runenyoga" auch der Rassenveredelung dienen, als eine Bewegung, „die auf der Suche nach nationaler Identität völkische Ideologien mit okkultischem Gedankengut und asiatischen Kulturelementen verband".[94]

Die seit Jahrhunderten in Geheimbünden, Orden und Bruderschaften diffuse und okkulte Welt der Esoterik öffnet sich neuen Gedanken und Theorien, die die Protagonisten von Rosenkreuzern, Freimaurern, Anthroposophen und Theosophen verbreiten – seit 1900 auch auf dem Monte Verità bei Lugano und bald in einer größeren Öffentlichkeit. Der Musikwissenschaftler Friedrich Weber-Robine eröffnet 1921 eine Yoga-Schule, Hermann Hesses indische Dichtung „Siddharta" erscheint 1922 und 1924 öffnet der Arzt Paul Dahlke in Berlin-Frohnau das erste Buddhistische Haus in Deutschland. Der Darmstädter Philosoph Hermann Graf Keyserling bereist neben anderen Erdteilen auch den Fernen Osten.

Jedoch: ob eine Ballerina auf Spitze trippelnd den Schwan gibt oder eine Duncan in antikem Schleier den Traum mancher Altphilologen Wirklichkeit werden lässt: Mann und Frau von der Straße lässt das in diesen Zeiten so kalt wie Swingjazz oder indische Heilslehren.

Auf Einladung von Hermann Graf Keyserling kommt 1926 zum ersten Mal der bengalische Literaturnobelpreisträger Tagore nach Darmstadt. Nach seiner von Keyserling übersetzten Ansprache und nach einer Gesichtsprüfung durch die Leibgarde dürfen Besucher den Meister in einem Gebüsch des Palais-Garten des früheren Großherzogs persönlich befragen. Danach wendet sich Tagore von einem Hügel herab an die Darmstädter Sonntagsgesellschaft mit einem Gleichnis. Lieder, sagt er sinngemäß, sind Blumen zu Gottes Füßen. Das muss der erst gegen Ende der Rede ebenfalls auftauchende Großherzog wohl missverstanden haben, denn er fordert die Menge auf: „Kinder, singt mal ein Volkslied." Die hessische Politikerin Lily Pringsheim beschreibt in ihrem satirischen Augenzeugen-Bericht die Folgen:

„Die sonntägliche Menge freute sich furchtbar. Man wartete ein Weilchen, weil viele Bier- und Seltersflaschen-Wagen die Leute in Anspruch nahmen. Dann erhoben die Massen brausend ihre Stimmen d. h. die vorderen Reihen intonierten „Heil dir im Siegerkranz" die mittleren Reihen hörten nicht die vorderen und tönten ‚In einem kühlen Grunde' – die letzten schrien lustig ‚Das Wandern ist des Müllers Lust'. Tagores Bart flatterte…" Der Inder muss dann noch deutsche Volkstänze „unter dumpfen Bardengesängen" über sich ergehen lassen, bis er in fassungsloser Hilflosigkeit nach seinem Wagen verlangt. Aber da „spannten Jungfrauen und Jünglinge die feurigen Rosse aus und zogen den Weisen selbander durch die beglückte Volksmenge. […] prächtig entfaltete sich deutsches Leben, deutsches Denken, deutsches Gemüt."[95] Tagore wird es bis 1930 noch zweimal in Darmstadt erleben dürfen und Keyserling wird nicht müde, ihn auch in den Vorträgen seiner Südamerika-Reise 1929 als Protagonisten indischer Kultur zu preisen.

Auch manche Nationalsozialisten lassen Esoterik und Okkultismus durch ihre Körpermeridiane fließen. Heinrich Himmler, Reichsführer-SS, Spiritist und Okkultist, Massenmörder, entdeckt in Asien Hakenkreuze, die Hitler als „heilige Zeichen der Germanen" zum Symbol der Nationalsozialisten erwählt. Während Hitler die japanische „Rasse" als minderwertig einstuft, idealisiert Himmler den „blinden Gehorsam" der japanischen Samurai-Krieger, die ihre Kriege mit gnadenloser Härte als reinen Selbstzweck führen sollen – wie auch die Krieger einer altindischen Kaste. In seiner schwarzen Uniform trägt er angeblich ein Büchlein über den Hinduismus bei sich. Himmler ist auch Ehrenmitglied des Berliner Japan-Zentrums. 1939 findet eine von ihm entsandte Expedition in Tibet eine 24 cm hohe Buddha-Statue aus Granitgestein. Auf der Brust trägt sie eine dem Hakenkreuz ähnliche Swastika. Eine im Gemälde von Knackfuß vor vierzig Jahren beschworene sogenannte ‚Gelbe Gefahr' scheint damit gebannt.

Indien

> „Was ist unsere Schaukunst, unsere Bühnenkunst, unsere Pantomime anderes als Tempeltanz? Die Bühnenkunst entwickelte sich historisch aus den alten Mysterien." (Laban)[96]

Für den Inder Uday Shankar (1900–1977) ist Tempeltanz Teil des kulturellen Erbes seiner Heimat, die erst 1947 in die Unabhängigkeit entlassen und danach Mitglied des britischen Commonwealth wird. Daher gibt es in der Weimarer Republik noch keine offiziellen Kulturkontakte mit dem indischen Subkontinent, auf dem sich im vorigen Jahrhundert der deutsche Indologe Max Müller großes Ansehen erworben hatte. Sein Tübinger Kollege, Jakob W. Hauer, macht sich jetzt mit Thesen vom ‚indoarischen Weg‘ zum Büttel der Nazis.

Shankars Vater ist Rechtsanwalt im Dienst des Maharaja von Jhalawar in Rajastan. Nach London übergesiedelt, betätigt er sich nebenbei als Impresario und bringt indische Musiker und Tänzer nach Großbritannien. Den 18-jährigen Uday schickt er zum Studium der Malerei nach Gazipur in die bengalische Heimat von Udays Mutter, holt ihn 1920 nach London. Irgendwann in dieser Zeit ist Anna Pawlowa in Indien auf Tournee. Aber die Wege des Kunststudenten, der inzwischen auch mit dem klassischen indischen Tanz begonnen hat, und der russischen Primaballerina kreuzen sich erst 1922 in London, wo die Pawlowa Uday Shankar in einem vom Vater organisierten Charity-Abend tanzen sieht. Wie Isadora Duncan, findet auch Uday Anregungen für seinen Tanz in Malereien, die er im Britischen Museum sieht. Die Pawlowa zeigt großes Interesse am indischen Tanz und ermutigt Uday Shankar, sich auf den authentischen indischen Tanz zu konzentrieren, anstatt Elemente der Ballett-Bühne in indische Tänze einzuarbeiten.

Im „Natya Sastra" hat der brahmanische Weise Bharata vor über zweitausend Jahren die von Gott Nataraja (Shiva) empfangenen Grundzüge des indischen Tanzes in einer engen Verbindung von Tanz, Drama und Musik niedergeschrieben. Bharata setzt sich zusammen aus BHA (*bhava*, Gefühlszustand), RA (*raga*, Melodie), THA (*thala*, Rhythmus). Mit dem Tanz (*natyam*) bezeichnet *Bharata Natyam* alle damit überlieferten Tänze, die Solotänze für Frauen *(Devadasis)* sind und früher nur in Tempeln getanzt wurden. Nach einem über Jahrhunderte andauernden Niedergang der Religion gibt es davon unter der britischen Kolonialregierung weitestgehend nur noch eine Verbindung von Tempeltanz und Kaschemmen-Unterhaltung im Umfeld von Prostitution. Zeitgleich mit Uday Shankars Auftritten in Europa setzt in Indien eine Renaissance des ursprünglichen Tempeltanzes ein, die vor Ort durch Politiker wie Mahatma Gandhi und Philosophen wie Rabindranath Tagore gefördert wird.

Shankar choreographiert ein kleines Programm mit indischen Tänzen (Hindu Wedding/Radha-Krishna) für Anna Pawlowa, die sie mit ihren Stilmitteln tanzt, wie zuvor Ruth St. Denis und andere. Die Zusammenarbeit dauert anderthalb Jahre, in denen Uday Shankar seinen Tanzstil „Hi-Dance" weiterentwickelt. Anschließend lebt er viele Jahre in Paris, gastiert mit Tanzpartnerin Simkie auch in Deutschland, und reist 1930 mit dem Wunsch, eine Tanzgruppe für eine Europa-Tournee zusammenzustellen, in Begleitung der Schweizer Bildhauerin Alice Bonner nach Indien. Nachdem er in

Kalkutta dem Tagore bereits eine bühnenreife Truppe vorführen konnte, trifft er mit ihr in Paris ein. Im Ensemble wirken seine drei jüngeren Brüder Rajendra, Davendra und Rabindra, seine Kusine Kankalata und andere Verwandte als Tänzer mit. Neben Alice Bonner ist die Französin Simone Barbier aka. Simkie als wichtige Partnerin „Parvhati" im Tanz des Shiva weiterhin dabei. Sie traf Shankar schon in dessen Anfangsjahren in Paris. Als Pianistin übertrug sie die Musik der indischen Tänze in abendländische Notationen, während Shankar sie im Tanz seiner Heimat unterrichtete. Seit sie mit ihm auf der Bühne steht, ist sie auch äußerlich von indischen Kolleginnen nicht zu unterscheiden. Der kanadische Tänzer und Autor Fernau Hall (1915-1988) erklärt: „Die Kombination von Tandava (Tanz des Herrn Shiva) und Lasya (Tanz der Göttin Parvahti) ist in der indischen Kunst ebenso entscheidend wie in der indischen Religion und Philosophie: Der große Gott Shiva ist hilflos, liegt im Schlaf und braucht seine Shakti – seinen femininen Aspekt, bevor er kreativ sein kann. Uday Shankar verstand diesen Aspekt der indischen Religion und Ästhetik sehr deutlich, und es ermöglichte ihm, seinen Balletten Magie zu verleihen. Shankar strahlte maskuline Kraft auf der Bühne aus, und Simkies charmante Weiblichkeit wirkte wie eine perfekte Kulisse für seine Männlichkeit. Zusammen erschufen sie Magie."[97] (Abb. 3).

Bei „Uday Shankar and his Hindu Ballet" ist Vishnudass Shirali musikalischer Leiter eines kleinen Ensembles, in dem u. a. Ustad Alauddin

Abb. 3   Uday Shankar (rechts) und Amala Shankar, 1948

Khan die Langhalslaute Sitar spielt. Die Musiker begleiten die Tänze mit paarweise gespielten Kesseltrommeln *(Tabla)* und Sitar (u. a.) und verbinden sie durch Zwischenspiele *(Raga)*. Anders als in der europäischen Musik bewegt sich der indische Musiker nicht in einem vertikalen Tonsystem, sondern er kreist horizontal um einen Ton und seine Tonfolgen. Indische Musik, so beschreibt sie der Reisende Graf Keyserling, ist „eine weite, unermessliche Welt, in welcher Zustände die Stelle der Gegenstände einnehmen. Man erlebt nichts Bestimmtes, nichts Greifbares, indem man ihr lauscht, und doch fühlt man sich aus Intensivste leben. Man hört eben, indem man dem Wechsel der Töne folgt, in Wahrheit sich selber zu. […] Das Objektive der indischen Musik, das einzig Bestimmende ist das, was in Europa subjektivem Ermessen überlassen bleibt: der Ausdruck, der Vortrag, der Anschlag. Sie ist reine Ursprünglichkeit, reine Subjektivität […].“[98]

Shankars Bruder Rabindra wird 1939, nach Erlernen des Sitar-Spiels bei Alauddin Khan, der später weltberühmte Musiker Ravi Shankar (1920–2012).

Zwischen September 1931 und November 1932 gastiert „La Compagnie d'Uday Shan-kar Hindoue Danses et la Musique" in deutschen Städten. Auf dem Programm in Stuttgart[99] stehen verschiedene Themen-Tänze (Ländlich, Frühling, Schwerter), der „Tanz zum Ramchandra Fest" und der Tempeltanz „Ganga-Puja". Am Ende gibt man das Tanzdrama „Tandava Nrittya". „Der Tanz des Schlangenbezauberers ist mit das Stärkste, was Tanzkunst zu vermitteln vermag. Es war faszinierend, das Spiel der Augen, das Vibrieren der Hände, das Schütteln des Körpers, das Erwachen und Bezwungenwerden der Schlange zu verfolgen, diese vielfältige Gestaltung in prägnantesten, meisterhaft rhythmisierten tänzerischen Folgen. […] Man wird ganz Auge, wenn bei der musiklosen Wiederholung des Tanzes Uday Shan-Kar einen Fuß auf dem Boden nachschleift und die Schellen klingen lässt oder wenn er in ein unbeschreiblich schönes, weiches hypnotisierendes Arm-und Händespiel versinkt"[100], berichtet Lewitan aus dem Berliner Theater des Westens 1932. In Hamburg nennt Rudolf Maack ein Gastspiel Shankars „ein Wunder der Natur und eine Offenbarung der schöpferischen Mächte".[101]

Zwei Jahre, bevor Shankar sein India Cultural Centre in Simtola im nördlichen Bergland Indiens zu seinem neuen Lebensmittelpunkt macht, verbringt er mit seiner Truppe sechs Monate in Darlington auf Einladung von Leonard Knight Elmhirst, der zusammen mit Rabindranath Tagore ein Projekt in Indien realisiert hatte. Nach Darlington kommen in diesen Monaten auch die deutschen Tanzlehrer Rudolf Laban und Kurt Jooss.

Indonesien

Batoro Guru selbst, erzählen alte javanische Legenden, hat die Javaner in Musik und Tanz unterrichtet und ihnen dafür den Gamelan geschenkt. Er ist mit dem Gott Shiva identisch, seit der Hinduismus auf Java Fuß fasste und die dortigen, traditionell auf die Reisernte bezogenen Tänze mit dem Verständnis des Tanzes als Mittel der Vereinigung mit dem Göttlichen überlagerte. Zum Ende des 15. Jahrhunderts kam der Islam als weitere, später dominante Religion dazu und die Tempeltanzkunst „ging in Hofkunst"[102] über. Der Tanz des Shiva ist somit ein zentraler Programmpunkt indonesischer Tanzgruppen auf europäischen Bühnen, seit Gamelan-Orchester und Tänzer aus Bali und Java bei den Weltausstellungen in Amsterdam (1882) und Paris (1889) und nachfolgenden Welt- und Kolonialausstellungen auftraten. Als Niederländisch-Indien sind die Inseln Indonesiens bis 1942 im Besitz der Holländer. Dann kommen die Japaner, von denen sich die Indonesier schnell befreien und sich abermals gegen Besitzansprüche der Holländer in einem Krieg verteidigen müssen, der 1949 dem größten Teil des Inselreichs endlich die Souveränität bringt.

Raden Mas Jodjana (1893–1972)[103] ist 21 Jahre alt, als er Yogyakarta auf Java verlässt, um an der Handelsschule von Rotterdam zu studieren. Er stammt aus einer aristokratischen Familie, die gute Beziehungen zum Sultan und zu Regierungsinstitutionen unterhält. Wie alle Sprösslinge dieser Gesellschaftsschicht, wurde er in traditioneller Musik und Tanz unterrichtet, die er in Holland zusammen mit Malerei und Bildhauerei intensiv betreibt. Er tritt als Tänzer erstmals bei Wohltätigkeitsveranstaltungen auf, die für die Opfer einer Überschwemmungskatastrophe in Niederländisch-Indien organisiert werden. Mit 20 Jahren ist er schon ein professioneller Tänzer, und geht nach Paris, wo sich zufällig gerade mit „La Java" eine neue (nicht-indonesische) Variante des Walzers in den Vierteln der Musette-Szene verbreitet. Zum Dreiertakt tanzt man sie eng umschlungen, im Mittelteil schiebt Monsieur seine Madame leicht hoppelnd nach hinten.

Jodjana tanzt auf vielen Bühnen, die er manchmal auch mit La Argentina teilt. Er ist inzwischen auch ein begehrter Informant über javanische Musik und reist daher 1925 zum ersten Mal zusammen mit zwei javanischen Gelehrten nach Berlin, um einen Vortrag über Musik und Tanz Javas an der Musikhochschule zu halten. In den Kreisen der vergleichenden Musikwissenschaft um die Professoren von Hornbostel und Sachs ist die Musik Indonesiens bereits ein durch Tondokumente und Forschungsberichte präsentes Thema. Die Leser der Zeitschrift *Der Tanz* werden allerdings vom Ehepaar Jodjana vor Nachahmungen gewarnt. Denn Europäer könnten nur „zur mangelhaftigsten Gamelanbegleitung tanzen, denn ein Gong-schlag, das Klingen der *Ketuks* und *Kening*s, eine melodische Wendung sagt ihnen nichts. Ihre Bewegungen sind nicht nur schlechte Nach-ahmung unverstandener javanischer Bewegung, sondern bleiben auch isolierte Bewegungen. […] Der Zusammenhang besteht bei uns nicht darin, dass der Tanz eine Übersetzung der Musik ist, oder ihre allgemeine Stimmung ausdrückt, und nicht darin, dass wir, sofern wir nur die ein-heitliche Stimmung nicht stören, Bewegungen und Figuren nach freiem Belieben machen können. In den melodischen Schemen der Tanz-Musik hat jeder Ton nicht nur einen musikalischen, sondern auch einen *Bewegungs-wert,* jedes Instrument hängt mit einem bestimmten Bewegungsmoment zusammen."[104] Jodjana ist 1928 auch Gast beim 2. Tänzerkongress in Essen.

Als er nach Berlin kommt, betritt Walter Spies zum ersten Mal balinesischen Boden. Spies (1895–1942) wuchs in Moskau in einer aus Elberfeld eingewanderten Kaufmannsfamilie auf, sein Bruder ist Dirigent, die Schwester Tänzerin. Als Schüler und Student pendelte er zwischen Dresden und Moskau, wurde Theatermaler, studierte in Berlin Musik, malte, hatte Verbindungen zu Kokoschka und Otto Dix, fiel in eine Lebens-krise und heuerte schließlich 1923 auf einem Dampfer an, der ihn nach Batavia (Java) brachte. Nach kurzer Episode als Pianist in Stummfilm-kinos verschlug es ihn nach Yogyakarta, wo ihn der Sultan, aus dessen Linie auch Jodjana stammt, zum Hofkapellmeister ernannte. Hier beschäftigt er sich mit balinesischer Malerei und mit der Gamelan-Musik, für die er eine Notenschrift erfindet. Das javanische Gamelan-Orchester besteht in erster Linie aus Gongs, Gongspielen und Metallophonen aus Bronze, ferner Xylo-phon, Felltrommeln, Zither und Spießgeige. Zwei Jahre später ist er am Ziel seiner Suche und findet ein Haus am Hang von Iseh, nur ein paar Kilometer entfernt vom Gipfel des Gunung Agung, Balis höchstem und heiligstem Vulkan-Berg. Mit dem niederländischen Maler Rudolf Bonnet, und gefördert vom lokalen Fürsten, gründet Spies in Ubud ein Institut, das einheimische Maler ausbilden und fördern soll, von denen einige später international bekannt werden sollten. Spies arbeitet auch mit Gamelan-Orchestern und choreographiert für Tanzgruppen u. a. den „Kecak"-Tanz mit seinen typischen gänseschnatternd-perkussiven Stimmlauten. In den dreißiger Jahren bekommt Spies Besuch vom kanadischen Musiker Colin McPhee. Dessen Studien und Kompositionen machen javanische und balinesische Musik auch in den USA und Europa bekannt.

Es gibt kaum einen Kunstbereich, den Spies auslässt oder nicht in Auf-sätzen beschreibt. Er schreibt, malt, komponiert, arrangiert, inszeniert und schnitzt sogar Holzfiguren. Das Haus von Spies wird ein kultureller

Mittelpunkt auf Bali, der von Berühmtheiten aus aller Welt aufgesucht wird: Charlie Chaplin, Noel Coward, Vicky Baum, Leopold Stokowski, Cole Porter. 1932/33 berät Spies den vielseitigen Forscher, Kreativen und Filmemacher Baron Victor von Plessen beim Konzipieren und Drehen des Dokumentarfilms „Insel der Dämonen", dessen topless-Szenen balinesischer Tänzerinnen nach der Premiere im Berliner Ufa-Palast die Zensur auf den Plan rufen. Von Plessen und sein Co-Regisseur Friedrich Dalsheim zeigen den Film danach nur noch auf eigenes Risiko. „Kopfjäger von Borneo" folgt 1938. Auch dies ist ein Stummfilm mit einer kleinen Rahmenhandlung, die von einheimischen Laiendarstellern gespielt wird. Beide Filme werden erst in den 1950er Jahren von Wolfgang Zeller mit Musik unterlegt. (Zu dieser Zeit gastiert mit Amsy Moïna „eine javanische Schönheit" als Chansonnette in Berlin.)

Irgendwann wird es Spies zu viel, den Fremdenführer zu spielen, um „sein" Bali für Romane und Filme anderer herzuzeigen und das Einzigartige der Insel in Produkten mit massenhafter Auflage verwandelt zu sehen. Er zieht sich zurück. Nachdem die deutschen Truppen Holland besetzt haben, verbringt man ihn in ein Internierungslager nach Sumatra, von dem aus ihn ein Schiff zusammen mit 500 anderen Deutschen vor den angreifenden Japanern nach Ceylon bringen soll. Ein japanisches Flugzeug versenkt das Schiff. Die meisten Internierten, so auch Walter Spies, kommen dabei 1942 um.

Nach seinem Berlin-Besuch erweitert Raden Mas Jodjana seine Familie und sein Tanzensemble um den jungen Balinesen Roemahllaiselan, der einige Jahre sein Assistent war und nun von Jodjana und seiner holländischen Frau Elisabeth Pop (Raden Ayou Jodjana) adoptiert wird. Pop hat Gesang und Piano studiert und interessiert sich sehr für indische Musik. In der französischen Provinz gründen die Jodjanas 1934–1936 (zuerst in Cotignac, dann Dardennes und Vergoignan[105]) ein „Centre Jodjana", in dem Gamelan-Musik, Tanz und Drama unterrichtet werden. Dabei hilft ihm die deutsche Ausdruckstänzerin Hella Tarnow, denn Jodjana hat auch Kontakte zu dieser Richtung des deutschen Tanzes.

Die Tanzabende mit javanischer und indischer Tanzkunst haben schon am Ende der zwanziger Jahre Dewi Lashmani und ihr Bruder Mas Madja-Djawa eingeleitet[106]. Über die „Kinder eines Javaners und einer portugiesischen Kreolin, die sich dem Studium der malaiisch-polynesischen Tänze gewidmet hatten"[107], begeistert sich wieder Rudolf Maack in Hamburg: „Für uns ist es ein schönes Gliederspiel, das, aus ungeschiedener Lebenseinheit erwachsen und dem wuchernden Reichtum der Natur abgelauscht, mit Baum und Blüte sich hebt und mit Wind und Welle sich kräuselt, feinste Äußerung erfüllten Seins." Für die Leserinnen der eher auf weibliche Leser zugeschnittenen Illustrierten „Das Leben" werden andere Vorzüge beschrieben: „Mag er [Mas Madja-Djawa., d. A.] auch daheim in Djokjakarta Eselstreiber sein – er sieht aus wie ein Prinz und das ist die Hauptsache."[108]

Mit differenzierteren Eindrücken geht Josef Lewitan 1931 aus einer Vorstellung Raden Mas Jodjanas in der Berliner Volksbühne: „Vornehm und edel ist der Tanz dieses Exoten, er bleibt in jeder Phase seines Ablaufs die feierlichste Form, in der ein Mensch sich der Umwelt und seinem Gott mitteilen kann. [...] Doch er ermüdet auf die Dauer das europäische Auditorium. Er versenkt sich immer wieder in die ihm allein ganz verständliche Sprache der komplizierten Symbolik seines Heimattanzes und vergisst, dass er einer fremden Mentalität gegenübersteht, einem Zuschauer, dem nicht eine ethnographisch getreue Verpflanzung javanischer Kunst nach Europa nottut, sondern eher eine *im Geiste echte* Interpretierung jener fremden Welt in angepasster, verständlicher Form."[109] Wie könnte aber diese Welt des Tantrismus der kosmischen Gegensätze – zwischen dem männlichen und dem weiblichen Prinzip und der Erlösung durch die Vereinigung der beiden – ,angepasst' verständlicher dargestellt werden?

Im gleichen Jahr wohnt in der Berliner Pension Schmolke ein junger Musiker und Komponist aus den USA. Es ist Henry Cowell (1897–1965), der schon 1923 in Berlin als Pianist debütierte und jetzt bei Erich von Hornbostel und Curt Sachs Vergleichende Musikwissenschaft studiert, wofür man ihm Zugang zum Phonogramm-Archiv und zur Musikinstrumenten-Sammlung ermöglicht. Er hört auch Vorträge, z. B. über indische Musik. Cowell wird bald als Protagonist moderner Musik in den USA gelten, ist aber schon jetzt an einem besonderen Musikbereich interessiert, den man später *World Music* nennen wird (s. Bd. 3, Kap. 14). Während die Berliner Wissenschaftler noch monothematisch arbeiten, interessieren ihn dabei besonders die Mischformen aus verschiedenen Quellen und Traditionen. Cowells Biograph Joel Sachs erwähnt, dass in diesem Jahr Jodjana längere Zeit in Berlin gewesen sein muss, denn Cowell ging täglich zu ihm, um etwas über javanische und von seinem Adoptivsohn Roemahlaiselan etwas über balinesische Musik zu erfahren.[110]

Nachdem sich Jodjana in den späteren dreißiger Jahren mehr auf die Arbeit in seinen französischen Zentren konzentriert hat, kommt die javanische Tänzerin Devi Dja 1939 auf Einladung der Deutsch-Niederländischen Gesellschaft (1914–1989) nach Berlin. Man nennt sie die „Pawlowa des Orients". Sie ist auf dem Weg in die USA, wo sie bald Karriere in Hollywood-Musikfilmen wie „Road to Bali" und „Road to Morocco" mit Bob Hope und Bing Crosby machen wird.

Mit der Besetzung Hollands und großer Teile Frankreichs durch deutsche Truppen enden auch die Gastspiele dort lebender indonesischer Künstler in Deutschland. Der Sohn Jodjanas wird im Rahmen einer „Vergeltungs-aktion" als Student in Clermont-Ferrand von den Nazis verhaftet und 1944 im KZ Buchenwald ermordet.

Ein Sprecher der Uday-Shankar-Gruppe hatte einmal bei einem Deutsch-land-Besuch gesagt: „Eure Väter sahen noch keine Inder tanzen. Eure Söhne werden sie nicht mehr sehen, weil sie nicht mehr tanzen werden."[111] Diese Prophezeiung wird glücklicherweise nicht in Erfüllung gehen. In den acht-ziger Jahren werden in vielen Städten in Deutschland Schulen für indischen Tanz und indische Musik entstehen und Künstler aus Asien werden ab den sechziger Jahren zunehmend auf Tournee sein und sich auch dort nieder-lassen.

Moderner Tanz & die Nazis

Bei der Eröffnungsfeier der Olympischen Sommerspiele dürfen 1936 die Gast-Nationen Tänze ihrer Heimatländer nicht zeigen. Laban soll ein Tanz-programm für die Feier inszenieren, lehnt es aber ab, weil er reinen Sport nicht mit seinem Tanz in Verbindung bringen will. Er ist aber an anderen Tanzprojekten des Rahmenprogramms (Tanz-Olympiade) beteiligt. Ein Jahr später verlässt Laban Deutschland und geht zu Kurt Jooss nach London. Reichspropagandaminister Goebbels, der bis dahin Labans Aufstieg zur führenden Persönlichkeit des Tanzes in Deutschland duldete, untersagte kurzerhand die Aufführung von Labans Chorwerk „Vom Tauwind und der neuen Freude". Goebbels hat der Bühnentanzszene bisher wenig Beachtung gezeigt. Jetzt ist ihm sowohl die Machtposition Labans als auch der neue Tanz selbst ein Dorn im Auge. Er wünscht sich die Rückkehr von Ballett mit Spitzentanz und Tutu, und keine esoterisch-geheimbündlerische Konkurrenz aus dem spituellen Umfeld der Labanisten.

Andere Signale, die aus dieser Richtung gesendet werden, betonen das Kultische der neuen Tanzbewegung, aber auch den Führungsanspruch seiner Protagonisten, den Laban ebenso erhebt wie Mary Wigman, über die Laban urteilt: „Mary Wigmans Tanz ist Sturm: Diktatur: so will ich es und so soll es sein: ist forderndes Leben und schleudernde Kraft aus dem Weltall ihrer selbst."[112]

Weiterlesen über Tanzkunst, Moderner Tanz, Folklore-Ballette

Band 2
Kap. 5: Schaulust und Tanzkunst - Tanz- und Folklore-Ensembles

Band 3
Kap. 7: West-Östliche Klangwelten. New Age – Taiko – Butoh

Anmerkungen

1. Jean-Georges Noverre (Ballettreformator, 1727–1810): Briefe über die Tanzkunst. Aus dem Französischen von Gotthold Ephraim Lessing, Vierter Brief, zit. nach: Max von Boehn: Der Tanz. Berlin 1925, S. 234.
2. Adolf Weißmann: „Berlin. Musik 1924", in: Musikblätter des Anbruch, Jg. 7/1925, S. 20.
3. Rudolf von Laban: Die Welt des Tänzers. Stuttgart 1920, S. 209.
4. Laban (Anm. 3), S. 10.
5. Rudolf von Laban: „Geist und Form des Tanzes", in: Der Tanz 2,/1927, S. 2.
6. Laban (Anm. 3), S. 15.
7. Bernd Wedemeyer-Kolwe: Der neue Mensch. Würzburg 2004, S. 81.
8. Aus: Günther Grass: Die Ballerina. Berlin1985, S. 3–16.
9. Marcellus Schiffer: „Besuch bei Mary Wigman", in: Die Weltbühne 22/I, Nr. 2, 12.1.1926, S. 69.
10. Karoline Sofie Marie Wiegmann aus Hannover.
11. Abbildung in: Der Querschnitt 9/1922, H. 1, Frühjahr.
12. Robert Breuer: „Südsee", in: Die Weltbühne 22/I, Nr. 23, 8.6.1926, S. 908 f.
13. Zit. nach: Simone Guski: „Einmal Eden und zurück", spiegel.de/einestages/maler-im-suedsee-exil-a-947154.html (17.6.2013).
14. Hugo Ball 1916, Brief an A. Hoffmann, zit. nach: Nicola Creighton/Andreas Kramer (Hg.): Carl Einstein und die europäische Avantgarde. Berlin 2012, S. 170.
15. Vgl. Jeff Bowersox "Hugo Ball exposes the myth of primitive authenticity", in: blackcentraleurope.com/sources/1914–1945/hugo-ball-exposes-the-myth-of-primitive-authenticity/ (28.7.2019). Hugo Ball: Die Flucht aus der Zeit. München 1927.
16. Evelyn Dörr: Rudolf Laban: The Dancer of the Crystal. Lanham 2008, S. 65.
17. Hierzu gibt es unterschiedliche Quellen-Aussagen.
18. Hugo von Hofmannsthal: Reden und Aufsätze I. Gesammelte Werke in 10 Einzelbänden. Hg. von Bernd Schoeller in Beratung mit Rudolf Hirsch. Frankfurt a.M. 1979, S. 496–501.

19. Isadora Duncan: Memoiren. Wien 1928/1969, S. 64.

20. Duncan (Anm. 19), S. 69.

21. Duncan (Anm. 19), S. 121, S. 7.

22. Josef Lewitan in: Der Tanz 6/1932, S. 4.

23. Max von Boehn: Der Tanz. Berlin 1925, S. 126.

24. Hermann von Wedderkop, in: Der Querschnitt, 1/1921.

25. Valeska Gert: „Mary Wigman und Valeska Gert", in: Der Querschnitt 6/1926.

26. Valeska Gert (Anm. 25).

27. Josef Lewitan: „Der Tanz von morgen", in: Der Tanz 11/1930, S. 2.

28. Josef Lewitan: „Der Bankrott. Einige Worte über Formlosigkeiten und Geist-losigkeiten", in: Lewitan (Anm. 22), S. 4.

29. Lilian Karina/Marion Kant: Tanz unterm Hakenkreuz. Berlin 1996, S. 113.

30. Lewitan (Anm. 28), S. 5.

31. Magnus Hirschfeld: „Tanz und Erotik", in: UHU-Magazin, 2.1925/26, August.

32. www.dortmund.postkolonial.de/?p=785 (29.3.2014).

33. Wilhelm Löwitt bzw. Harald Böhmelt.

34. Valentin Parnach: „Der neue Tanz", in: Der Querschnitt, 6/1926, Mai.

35. Zit. nach: Jaqueline Robinson: Modern Dance in France. New York 1997, S. 55.

36. Paul Elbogen: „Tanzende Neger", in: Das Leben 8,1930/31, H. 6, Dezember, S. 78.

37. www.dortmund-postkolonial.de/?p=785.

38. Wikipedia, Art. „Rosalia Chladek". Zitat aus: Manfred Sievritts: Igor Strawinsky: Petruschka (Ballett in 3 Bildern), in: Siegmund Helms/Helmuth Hopf (Hg.): Werkanalyse in Beispielen. Regensburg 1986, S. 307.

39. John Schikowski: Geschichte des Tanzes. Berlin 1926, S. 136.

40. Vgl. Diana Brenscheidt gen. Jost: Uday Shankar's Company of Hindu Dancers and Musicians in Europe and the United States, 1931–38. Münster 2011.

41. Der Querschnitt 8/1928, H. 10, Oktober.

42. Karl Toepfer: Empire of Ecstasy: Nudity and Movement in German Body Culture, 1910–1935. Berkeley 1997, S. 158. ark.cdlib.org/ark:/13.030/ft167nb0sp/.

43. Das Magazin 10, 1933/34, September.

44. Herbert Schweighoffer: „Im Anfang war der Tanz", in: Revue des Monats 2.1927/28.

45. Schikowski (Anm. 39), S. 136.

46. Ottomar Starke: „Revue Nègre", in: Der Querschnitt, 6/1926, S. 118.

47. Hugo Ball in seinem Tagebuch, 10.4.1917, zit. nach: Dörr (Anm. 17), S. 65.

48. Richard Hülsenbeck: „In Afrika", in: Gerd Stein (Hg.): Die edlen Wilden. Frankfurt a.M. 1984, S. 191.

49. Susanne Foellmer: Valeska Gert. Fragmente einer Avantgardistin in Tanz und Schauspiel der 1920er Jahre. Bielefeld 2006, S. 123.

50. Alfred Richard Meyer: „Valeska Gert", in: Der Querschnitt 2/1922, S. 219 f.

51. „Die weißen Sklavinnen in Ägypten", in: Das Ausland 281, 7.10.1836, mdz-nbn-resolving.de/urn:nbn:de:bvb:12-bsb10530676-7 (2.7.2019).

52. Die Gartenlaube, 1853, H. 29, S. 319 f. wikisource.org, Art. „Türkisch-russischer Sklavinnen-Handel" (26.6.2019).

53. Ebd. (Anm. 52).

54. Elbogen (Anm. 36), S. 77.

55. Diana Orendi-Hinze: Rahel Sanzara – Eine Biografie. Frankfurt a.M. 1981, S. 32.

56. Orendi-Hinze (Anm. 55), S. 27.

57. Elbogen (Anm. 36), S. 80.

58. Alfred Flechtheim: „Vom Ballett zur Revue", in: Der Querschnitt 4/1924, Herbst, S. 199.

59. Max von Boehn: Der Tanz. Berlin 1925 S. 123 f.

60. Schikowski (Anm. 39), S. 134.

61. Regie: Mohan Dayaram Bhavnani.

62. 1931; auch als „Welt der gelben Rasse" bekannt.

63. Ufa-Kulturabteilung, Regie: Wilhelm Prager, Drehbuch: Nicholas Kaufmann.

64. Paul Schlenzka: „Afrikanischer Bilderbogen", in: Das Magazin, 8, 1931.

65. Colin Ross: „Das junge Mädchen in Afrika", in: UHU 4/1927, Januar, S. 40.

66. Ottomar Starke: „Revue Nègre", in: Der Querschnitt 6/1926, Februar, S. 119.

67. Harry Graf Kessler: Tagebücher. Frankfurt a.M. 1996, S. 479.

68. Fritz Nansen: „Aus dem Heimatland unserer modernen Tänze", in: UHU 1924/25, H. 5, Februar, S. 92.

69. Niki: „Elegante Welt in Japan", in: Das Magazin 9.1932 November.

70. W.K. Nohara: „Dolce, Küsse, Tänze in Tokyo", in: Der Querschnitt 10/1930, S. 171.

71. Musikblätter des Anbruch, Jg. 7/1925.

72. Rainer Maria Rilke: Spanische Tänzerin, in: Neue Gedichte, S. 531 f. Frankfurt a.M. 1955.

73. Wikipedia, Art. "La Belle Otéro".

74. Vgl. Maria Primo: "Carolina Otéro Geliebte, Gespielin, Grande Dame", in: www.de-cigarclan.com/articles/2008/1/07/index.shtml (26.6.2019).

75. Valencia. Spanisches Lied und Onestep, M: José Padilla Sanchez, Dt. Text: Fritz Löhner-Beda, Bohème-Verlag Wien-Berlin 1926.

76. Eduardo Foertsch: „Tänzerinnen", in: Der Querschnitt 6/1926, H. 4, April, S. 279.

77. Josef Lewitan in: Der Tanz 12/1931, S. 14.

78. Eduard Szamba: „Tanzbriefe Paris", in: Der Tanz 1/1933, S. 10.

79. Rudolf Maack: Tanz in Hamburg. Hamburg 1975, S. 32.

80. Veranstalter Deutsche Arbeitsfront AEG „Kraft durch Freude".

81. „Spanische Nationalmusik", in: Mainzer Anzeiger, 30.12.1937, S. 4.

82. Zeit des Schweigens und der Dunkelheit. Dokumentarfilm von Nina Gladitz 1981/82.

83. Interview mit Nina Gladitz: „Über alles ist Gras gewachsen". www.derfunke. at/nostalgie/hp_artikel/Interview_Riefenstahl. htm (26.6.2019).

84. Wilhelm II.: Hunnenrede, zum.de/psm/imperialismus/hunnen.php (26.6.2019).

85. Aufzeichnungen des Unterstaatssekretärs des Auswärtigen Amts Freiherr von Rotenhan, in: Johannes Lepsius u. a. (Hg.): Die große Politik der europäischen Kabinette 1872–1914. 9. Bd.: Der nahe und ferne Osten, Nr. 2318, Berlin 1927, S. 358.

86. Lewitan (Anm. 22), S. 13.

87. Lewitan (Anm. 77), S. 16.

88. Eduard Szamba: „Pariser Tanzchronik", in: Der Tanz 8/1929, S. 14.

89. Peter Schelley in Der Tanz 12/1931, S. 13.

90. Lewitan (Anm. 23), S. 14.

91. Musikblätter des Anbruch, Jg. 7/1925, S. 43.

92. Karina/Kant (Anm. 30), S. 51.

93. Begründet von Otto Hanisch (?-1936).

94. Bernd Wedemeyer-Kolwe: „Der neue Mensch". Körperkultur im Kaiserreich und in der Weimarer Republik. Würzburg 2004, S. 175.

95. Lily Pringsheim: „Keyserling's Tagore-Schau", in: Der Querschnitt 6/1926.

96. Laban (Anm. 3), S. 166.

97. Fernau Hall: "Honoring Uday Shankar", zit. nach: Dance Chronicle Vol. 7, 1983, 3, 326–344. Vgl. auch cinemanrityagharana.blogspot.de/2012/04/ documentary-on-simkie-uday-shankars.html (26.6.2019).

98. Hermann Graf Keyserling: Aus dem Reisetagebuch eines Philosophen. Leipzig 1919, S. 300.

99. Vgl. Brenscheidt (Anm. 40), S. 15 f.

100. Lewitan (Anm. 22), Kritik zur Aufführung im Theater des Westens 19.-25.4.1932, S. 13.

101. Maack (Anm. 79), S. 23.

102. Raden Ayou Jodjana/Raden Mas Jodjana: „Ursprung und Entwicklung des Javanischen Tanzes", in: Der Tanz 11/1931. S. 2 ff.

103. Vgl. Marcel Bonneff/Pierre Labrousse: „Un danseur javanais en France", in: Archipel 54, 1997, S. 225–242.

104. Jodjana/Jodjana (Anm. 102), S. 4.

105. Vgl. Bonnef/Labrousse (Anm. 103), S. 230.

106. Schikowski (Anm. 39) erwähnt (S. 99 f.) eine Javan-Gruppe Winter 1926/27 mit Tandak-Tänzen, der Reichshof-Palast in Danzig kündigt in „Das Programm-das Organ der Varietewelt", Nr. 1053 „Devadäsi – The golden act von Java" an.

107. Maack (Anm. 79), S. 22.

108. Germaine Krull: „Der javanische Tänzer Mas Madja Djawa", in: Das Leben 8, 1930, H. 2.

109. Josef Lewitan: „Raden Mas Jodjana", in: Der Tanz 12/1931, S. 16.

110. Joel Sachs: Henry Cowell. A Man Made of Music. Oxford 2012, S. 190,

111. Zit. nach: Maack (Anm. 79), S. 24.

112. Laban (Anm. 3), S. 256

Kapitel 8 (… 1918–1945 …)
Der Jazz kommt nach Deutschland

„Im schönen Sommer 1913 saß ich manchmal ganze Abende in der Magic City, das war der Luna-Park von Paris, vor einem Zelt mit Negermusik. Drinnen war irgendein Negerstamm mit seinen Sitten und Gebräuchen. Draußen saß ein Mann mit einer Trommel aus Holz und trommelte: monoton und ohne aufzuhören. Und dann kam noch ein Neger und trommelte auch. Und dann kam ein dritter und blies auf einer Flöte…

Wir saßen da und konnten nicht weggehen (auch Picasso saß manchmal da), eingeschläfert und süß besoffen, wie vor einem Buddha-Bild. Aus dieser Neger-Musik sind die Jazz-Bands entstanden. Aus einer Kreuzung zwischen europäischer Tanz- und amerikanischer Neger- und Nigger-Musik." (F.W. Koebner 1921)[1]

Wichtig ist die „Schraube" oder: Jazz, was ist das?

Die Voraussetzungen für einen Siegeszug des afroamerikanischen Jazz im besiegten Deutschland könnten nach dem Ersten Weltkrieg nicht ungünstiger sein. Und trotzdem gelingt es, zumindest sein Name wird populär, wenn auch vom Jazz nur unklare Vorstellungen existieren und er selten authentisch zu hören sein wird. Bis Kriegsbeginn waren im Reich zahlreiche Ragtime- und Cakewalk-Künstler aus den USA aufgetreten, viele deutsche Orchester spielten Ragtimes oder jedenfalls etwas, was sie dafür hielten. Bis 1916 wissen nicht einmal die Amerikaner, welchen Namen denn diese neue Musik aus New Orleans, Chicago und New York eigentlich

© Springer-Verlag GmbH Deutschland, ein Teil von Springer Nature 2022
Claus Schreiner, *Schöner fremder Klang – Wie exotische Musik nach Deutschland kam*,
https://doi.org/10.1007/978-3-476-05695-5_9

hat. Drei Jahre später verrät das Fachmagazin „Der Artist" den Deutschen den Namen der Musik, die mancher Heimkehrer aus der Kriegsgefangenschaft schon in französischen Lagern als *Jazz* kennengelernt hatte, während zeitgleich Mitarbeiter des Berliner Phonogramm-Archivs (s. Kap. 3) die Kriegsgefangenenlager in Deutschland auf der Suche nach brauchbaren Sprach- und Musikaufnahmen mit Gefangenen – auch afrikanischen Soldaten – durchkämmen. (In den amerikanischen Gefangenenlagern des Zweiten Weltkriegs werden später Jazzprogramme, live oder über Lautsprecher gespielt, zum „Reeducation"-Programm gehören. Der Jazzforscher Alfons M. Dauer entdeckt dort sein Interesse für den Jazz, der Wiener Saxophonist Hans Koller spielt in einer Lager-Combo.)

Bei Kriegsende ist Deutschland 1918 wie isoliert: Jazzmusik kann man zunächst weder hören, noch als Noten oder Schallplatten kaufen wie andere afroamerikanische Musikimporte vorher. Jahrelang weiß man eigentlich immer noch nicht, was mit *Jazz/ Yazz/ Jass* eigentlich gemeint ist. Jazz-Dance? Das Schlagzeug? Die Band? Die Musik? Der Rhythmus? Die Synkope?

„Für die breite Öffentlichkeit der Weimarer Republik fungierte der Jazz als akustisches Zeichen nationaler, sozialer, rassischer und sexueller Differenz", vermutet der amerikanische Wissenschaftler Marc A. Weiner[2]. Mit einer Hetzkampagne gegen Afrikaner, die als Teil der französischen Besatzung an den Rhein gekommen sind, erreicht jetzt zudem der Rassismus einen neuen Höhepunkt. Nur langsam kehren schwarze Künstler auf deutsche Bühnen zurück. Noch immer in *Jim Crow*- und *Blackface*-Attitude, nähren sie bereitwilligst rassistische Klischees. Daraus entstehende Ressentiments mehren sich um die Mitte der zwanziger Jahre. „Ich verstehe nicht, was denn alle die schwarzen Menschen in Deutschland zu suchen haben. Im Krieg haben sie uns Nasen und Ohren abgeschnitten"[3], sagt ein Besucher des ersten Konzertes der Chocolate Kiddies in Berlin. Da hilft es auch nichts, dass sich weltoffene Deutsche öffentlich für afroamerikanische Künstler einsetzen und sich Josephine Baker Kartoffelsalat essend auf einem Sofa in der Berliner Boheme zu Hause fühlt. Groteske ‚Negertänze' der Stars des neuen Ausdruckstanzes (s. Kap. 7) erziehen auch nicht zum Anti-Rassismus.

Im Sommer 1919 hört man die ersten Jazzbands in Berlin. Jazz ist Musik aus einer anderen Welt. Sie ist zwar afroamerikanisch, aber durch Einflüsse der Marschmusik der Street-Bands in New Orleans den Deutschen nicht völlig fremd. Wie Mark Twain kann man durchaus Berlin und Chicago miteinander vergleichen, deren Vergnügungsviertel und Slums in einer rasanten demographischen Entwicklung wachsen. Als Ausdruck von Individualität und Freiheit kommt der afroamerikanische Jazz in eine Welt, in der die

Monarchie noch gegenwärtig ist und in der der Nationalsozialismus ein gutes Jahrzehnt später sein Überleben eigentlich unmöglich machen wird, wenn zahllose Künstler, darunter auch Musiker des Jazz von den Nazis ermordet, wenige überleben und viele ins Exil gehen werden.

„Der Jazz war ein Symbol der Moderne. Sein Sound richtete sich gegen die Prüderie der Wilhelminischen Zeit, gegen den militärischen Drill des Kaiserreiches. Er ließ etwas zu, was in der verstockten Erziehung der Elterngeneration unterdrückt worden war: die Annäherung der Geschlechter, der Körperkontakt, das Ausleben von spontanen Impulsen, die Inszenierung der eigenen Persönlichkeit.“[4] Günther Huesmann meint hier wohl nicht den authentischen Jazz, sondern dessen choreographische Umsetzung unter den Etiketten Shimmy oder Charleston. Jazz ist in den frühen zwanziger Jahren ein *Hype,* ein modisches Label, mit dem man gern Verkäufe von Schlagern und Tanzmusik ankurbelt. Die Herabsetzung als ‚Jazzgedudel‘, mit der seit den dreißiger Jahren gegen ihn Front als ‚undeutsche‘ Musik gemacht wird, mag sich daher wohl eher auf die unter dem Jazz-Etikett in großen Mengen produzierten stereotypen Schlager im leicht swingenden Fox-Rhythmus beziehen.

Jazz aber ist, zumindest im ersten halben Jahrhundert seiner Existenz, eine vorwiegend instrumentale, manchmal auch gesungene Musik, zu der man *auch* tanzen kann. Darin gleicht er den fast zeitgleich in Lateinamerika entstandenen Frühformen der Musik-Hybride Tango (Buenos Aires) und Choro (Rio de Janeiro). In Deutschland hält man den Jazz zunächst für einen neuen Modetanz. Unter den wenigen, die anderer Meinung sind, ist der Tanzlehrer F.W. Koebner. „Jazz ist ein Irrtum… Füße weg!“ schreibt er 1919, weil ein neuer Tanz „immer nur aus einem neuen Rhythmus entstehen“ kann. „Jazz aber ist keine neue Musik. Daher gibt es auch keinen sogenannten Jazztanz.“[5] Trotz falscher Ausgangsposition, die den schon bekannten Ragtime nicht zum Jazz zählt, liegt Koebner in einem Punkt richtig: Der Jazz wird sich zwar im Laufe des Jahrhunderts als dessen vielleicht wichtigste Musik-Innovation herausstellen, und ein jazzloser *Jazztanz* ab den 1970ern zur Lieblingsdarbietung aller Gymnastikgruppen werden, aber den Jazz als Tanz gibt es nicht.

Doch zwei Jahre später schwenkt Koebner um: „Der Jazz ist der Modetanz von heute, ein Gliederschütteln und Verrenken, wie man es sonst niemals im Tanzsaal sah. Aber es ist Mode, und zwei amerikanische Filmfabriken haben es sich nicht nehmen lassen. Aufnahmen, erstklassiger Jazz-Paare zu kurbeln, auf daß wir amerikanische ‚Culture‘ in vollen Zügen genießen können. Man wird also auch wohl in Deutschland recht bald die ‚Tanzstars‘ bewundern können und – daran ist nicht zu zweifeln – die Kinos

werden bis auf den letzten Platz besetzt sein. Damit aber zur Bewegung
nicht die Musik fehle, hat eine Berliner Schallplattenfabrik, die Homophon-
Kompagnie, eine Anzahl von ‚Jazz-Platten' herstellen lassen, die eine zurzeit
in Berlin spielende amerikanische Kapelle ‚‚The Original Piccadilly Four-
Jazz Band', bespielt hat. — Die Aufnahmen sind technisch hervorragend
gelungen und werden in Berlin rasend gekauft. Wie man als gesunder
Mensch allerdings an dieser Nigger-Instrumenten-Klopferei Gefallen finden
kann, ist rätselhaft. Während die Homerecord-Platten mit wundervoller
deutscher Musik und in blendender technischer Ausführung kaum Käufer
finden, ist die Fabrik kaum imstande, der Nachfrage nach ‚Jazz-Platten' zu
genügen. Auch ein Zeichen der Zeit!"[6]

Die Tanzschulen empfehlen anfangs, Foxtrott und Shimmy zu den
Hot Jazz-Klängen und Rhythmen zu tanzen. Bald wird Deutschland von
weiteren geeigneten Modetänzen überflutet werden (s. Kap. 6). Wichtig
und typisch ist dabei die *Schraube:* „Die Füße werden mit den Fußspitzen
einwärts und wieder auseinandergedreht. Es empfiehlt sich allen, die die
Schraube zum ersten Male tanzen, die Schraube ganz auszudrehen, die Füße
bis zum Grotesken nach innen zu drehen, und erst dann den Schritt zu
‚markieren' wenn ‚er' sitzt. […] Nichts wirkt sinnloser, als ein Tanz, in dem
der Tänzer oder die Tänzerin, womöglich unabhängig voneinander, sinnlose
und endlose Schrauben dreht."[7]

Im frühen Jazz folgt nach der Vorstellung des 24-taktigen musikalischen
Themas stets eine Improvisation über die gleiche Länge. Wo man in der
europäischen Musik bislang nur die Variation eines Themas oder Motivs
kannte, gibt es nun im Jazz die Improvisation auf der Grundlage der
harmonischen Struktur des Stückes. Die meisten amerikanischen Musiker
des frühen Hot bzw. Two Beat Jazz kennen keine Noten, sie spielen nach,
was sie hören und drücken in ihrer Improvisation bestenfalls aus, was
sie fühlen. Was aber bei der Tendenz, Soli, die gut ankommen, auf Dauer
wenig variiert zu wiederholen, eher zur Routine wird. Notenkenntnisse sind
spätestens mit dem Einzug des Jazz in den New Yorker Harlem-District
zumindest für größere Arrangements von Vorteil. Die meisten Tanzmusiker
in Deutschland, die sich dem Jazz zuwenden, sind von Hause aus sowieso
Notisten, die die vom Bandleader vorgelegten Partituren werkgetreu zu
interpretieren haben. Ohne Noten und sichtbaren Dirigenten scheinen
dagegen die bodenständigen Hot Jazz- und Dixieland-Bands aus den USA
auszukommen, was ihnen das Flair einer freien, demokratisch strukturierten
Truppe verleiht. Indessen haben natürlich alle Formationen im Norden
und Süden der USA ihre Bandleader, die meist künstlerische Leiter und

Arbeitgeber in einer Person sind. Mitbestimmung gibt es diesseits und jenseits des Atlantiks daher in kaum einer Band.

Viele Tanzmusiker, die sich als Jazzmusiker in Deutschland in den zwanziger und dreißiger Jahren profilieren können, spielen zwar eine afroamerikanische Musik nach, aber sind sie deswegen schon Jazzmusiker? Einige von ihnen bleiben zeitlebens Tanz-/Unterhaltungsmusiker, die mit Jazz-affinen Arrangements einen Publikumsgeschmack bedienen, ohne jemals selbst in das Wesen des Jazz eingetaucht zu sein. Nicht umsonst sagt der Tänzer Louis Douglas 1926: „Die besten Orchester sind wohl Negerkapellen, da ihre Mitglieder niemals schauspielern."[8] Marek Weber, einem der führenden Bandleader dieser Zeit, wird nachgesagt, Jazz nicht zu mögen und sich bei Improvisationen seiner Musiker unwohl zu fühlen. Auf damaligen Jazzplatten wird auch selten improvisiert, wofür die begrenzte Spieldauer der Schellack-Platten ohnehin keinen Raum lässt. Dennoch lassen wenige erhaltene Aufnahmen auch noch nach den Maßstäben späterer Jahre Eric Borchard und Stefan Weintraub als Jazzmusiker gelten. Der Begriff ‚Jazzband' wird in den zwanziger Jahren noch viel weiter als nur als ein Label für eine bestimmte, aber nicht ausschließliche Musikrichtung eines Tanzorchesters gefasst werden. Für spezielle Musikwünsche müssen auch die Streicher in den Salonorchestern zu Blasinstrumenten greifen und so tun, als ob sie Jazz spielen würden, und wenn es auch nur ein bekannter Schlager im Foxtrott-Rhythmus ist, den sie vorwiegend mit Mimik und rhythmischer Bewegung der Instrumente präsentieren. Die typische, aber oft variierte Besetzung sieht Trompete oder Kornett, Klarinette, Posaune, Banjo, Klavier und Schlagzeug vor. Vereinzelt kommt eine Tuba ins Spiel, aber deren Bass-Funktion ersetzen bald Kontrabässe. Tanzorchester lassen auch ihre Geigen mitspielen, die sonst auch als „Tisch- und Schmusegeiger à la Brüssel" zum Einsatz kommen. Es gibt sogar eine neue „Jazz-Violine" mit aufgesetztem Schalltrichter. Das Saxophon ergänzt den typischen Hot Jazz-Bläsersatz in den zwanziger Jahren. Und „Refrains werden mitgesungen". In der Etikettierung mit dem modischen Jazz Band-Label unterscheiden sich deutsche Unterhaltungsorchester kaum von ihren zeitgenössischen Kollegen in Süd- und Zentralafrika, Haiti, Martinique, Rio, Lima und Buenos Aires. Bei Heribert Schröder findet man eine ergötzliche Sammlung von Inseraten deutscher Kapellen mit „stetem Eingang aller amerikanischen Neuheiten und Tänze" und ihren „dezent! rassigen" Trapp-Drummern.[9]

Seit dem „Tiger Rag" der „Berliner Original Excentric Band" im Jahr 1920[10], in dessen Komposition sich sogar harmonische Elemente von „La Paloma" und Quadrille verbergen sollen, gibt es auch Tonaufnahmen deutscher Jazzbands. In vielen spürt man den Geist geradliniger Marsch- und

Tanzmusik, aber noch nicht das Wesen des Jazz. Es *swingt* nicht. Statt konstant swingend zu pulsieren, hoppelt der Rhythmus meist mit vier auf der Bass-Drum durchgeschlagenen Vierteln vor sich hin. Nur wenige Musiker fühlen sich in der Sprache des Jazz zu Hause oder können sich in ihr ausdrücken. Wirklich gute Jazzmusiker gehören daher bald zu den meistbeschäftigten Arrangeuren und Studiomusikern der Unterhaltungsmusik. Nach 1921 boomen die durch nordamerikanische Jazzbands eingeführten neuen Modetänze aus den USA. Deren Musiker kommen gern gleich mit über den Atlantik, denn die Jobs in Europa dauern länger und sind meist besser bezahlt. Außerdem scheinen sich daheim Jazz und Prohibition nicht miteinander zu vertragen. „Amerika hat, so sagt man wenigstens, keinen Alkohol mehr. Es hat auch keinen nötig. Es hat Jazz-Bands. Das sind Musikkapellen, die ohne Alkohol besoffen machen."[11] Alkoholprobleme dürften indes viele Jazzmusiker haben, und auch Bernard Ettés Erkenntnis von seiner ersten USA-Reise 1924 trifft nicht zu, dass die in Deutschland mit Klamauk und Lärm auftretenden amerikanischen Bands wohl aus den „billigsten amerikanischen Vergnügungs-stätten"[12] kämen. Ist da seine Marsch-Polka „Ein Jazz am Weihnachtsabend" 1928 stilsicherer?

Will man Insidern Glauben schenken, rentiert sich sogar das Spielen in einer europäischen Jazzband. Der holländische Musikbuchautor Jaap Kool ist ein Musiker, der es wissen müsste. Nach seinen Worten „verdienen [...] unsere ersten Jazzband-Kapellen als normales tägliches Gehalt 1000 Goldmark[13]. Dazu kommt noch das Grammophonplattenspielen und die daraus erwachsenden Tantiemen."[14] Wenn das das Finanzamt liest! Wahrscheinlich ist, dass der Bandleader die meisten Goldtaler und Tantiemen einstreicht, denn Bernhard Etté verpflichtet z. B. den US-Musiker John Dixon im Dezember 1928 für täglich sieben Stunden Spielzeit zu einem Tagessatz von (nur) 55 Mark. Für Reise und Proben gibt es gar nichts.[15] Es geht bei weitem nicht allen Musikern gut, so auch nicht Julian Fuhs, dem „Amerikaner in Berlin". Fuhs (1891–1975) war 1910 in die USA emigriert, kommt 1924 wieder zurück und prägt mit seiner „Follies"-Band und dreistimmigen Saxophonsätzen den deutschen *Symphonic Jazz*-Stil; Hans Siemsen lobt die Band 1925 in der „Weltbühne" als „eine der besten Jazzbands der Welt". Aber „die Berliner liefen zu den Jazzband-Imitationen zweiten und dritten Ranges. Und die herrliche, unbezahlbare Fuhs-Band musste aufgelöst und nach Amerika verfrachtet werden."[16] Später, an einem frühen Morgen im März 1933 dringen spätnachts vier Männer in SA-Uniform und zwei in Zivil in Fuhs' Bar in der Nürnberger Straße ein und verlangen, bedient zu werden. Als Fuhs ihnen erklärt, die Bar sei jetzt nur noch für Mitglieder geöffnet, beschimpfen sie ihn als ‚dreckigen Juden‘ und schlagen ihn zusammen. Angeklagt wird im August dann nur einer der Täter. Er ist ein Konkurrent von Fuhs, das NSDAP-Mitglied Oskar Joost, ein bekannter Kapellmeister aus dem Eden-Hotel. Der Prozess, beobachtet und dokumentiert vom amerikanischen Konsul in Berlin, zeigt deutlich antisemitische Züge. Am Ende wird Joost nur zu einer Geldstrafe von 50 Mark verurteilt.

Das Radio spielt in seinen Tanzmusik-Sendungen ab 1924 auch Schellack-Produktionen deutscher Ensembles

Es sind gute Zeiten für versatile Musiker. In den Kinos laufen noch Stummfilme, die musikalisch live untermalt werden müssen.[17] Auch die zahlreichen Revuen in den über 40 neuen und alten Theatern und Varietés brauchen Orchester, ebenso wie die Hotelbars und die Tonstudios, und weitere Jobs gibt es ab 1923 im Radio. Solange man dort nicht über ausreichende Tonkonserven für die Sendungen verfügt, wird live vor Mikrophonen gespielt. Die Schallplatte ist im Begriff, ein Massenmedium zu werden, nachdem die Mitte der zwanziger Jahre auch in Deutschland entwickelte elektrische Aufnahmetechnik eine wesentlich bessere Klangqualität ermöglicht (s. Kap. 3). Dennoch werden in diesen Jahren relativ wenig Platten mit echtem Jazz aufgenommen. In den neu entdeckten Möglichkeiten von Synergien zwischen Revuetheater, Film und Rundfunk werden reine Jazzaufnahmen schon bald als wenig lukrativer Randbereich klassifiziert. Mit Symphonic Jazz wird sich das ändern.

Deutsche Jazzer

Zu den führenden Jazzmusikern jener Tage gehören Eric Borchard, Stefan Weintraub, Fred Ross und Julian Fuhs. Gleich nach Kriegsende war Klarinettist und Altsaxophonist Eric Borchard (1886–1934, Abb. 1) über London (1914) an die Quellen des Jazz in die USA gereist, wo er vermutlich mit seiner Frau an den Bühnen des Broadway jobbte, bis Uncle Sam ihn 1918 zur Musterung rief. Als Musiker kam er zunächst in die Soldatenclubs der Wiesbadener Region, die auch nach dem zweiten Weltkrieg noch als „Einfallstore des Jazz in Deutschland"[18] gelten und ist Ende 1920 in seine Heimatstadt Berlin zurückgekehrt, wohin es nach seinem Kriegsdienst auch den gebürtigen Breslauer Stefan Weintraub verschlagen hatte.

Borchard gilt mit seiner 1919 gegründeten „Eric Concerto's Yankee Jazz Band" als erster deutscher Leiter einer Jazzband im Hot Jazz - Stil, fast zeitgleich mit der mit zwei Geigen und dem Pianisten Fred Ross in

Abb. 1 Eric Borchard

der Berliner Scala auftretenden „Piccadilly Four Jazzband"[19]. Ab 1922
heißt sie „Eric Borchards Atlantic Jazz Band" und besteht aus deutschen
und amerikanischen Musikern, wie dem Gitarristen der ODJB (Original
Dixieland Jazz Band) Emile Christian. Sie ist das Sprungbrett für den
Gitarristen Mike Danzi (ab 1924), den Saxophonisten Billy Bartholomew
(ab 1924) und den im Jahr 1926 erst 19-jährigen Franz Grothe, der später
als Komponist von Unterhaltungsmusik sehr erfolgreich wird. Nach Sex-
und Drogen-Exzessen, einem Leben gleichsam „immer auf der Flucht",
kommt – vermutlich durch Drogen-Überdosis – Borchard 1934 während
einer Auslandstournee in Amsterdam ums Leben.

> Borchard ist ein Saxophante
> Mit Humoren, aus Jazzoren
> Steffens mimt die Niggertante
> Die den Anschluß fast verloren
>
> Die schwarze Lyrik- ach wie süß!
> Das Publikum benimmt sich mies,
> Es spart die bess're Horchart
> Für Borchard.
>
> (Leo Hirsch)[20]

Nach 1924 wird der Pianist Stefan Weintraub (1897–1981) mit seinen Syncopators bekannt (Abb. 2). Die Weintraubs sind exzellente Musiker, die wirklich guten Hot Jazz spielen können. Und sie haben enge Verbindungen zur Berliner Revue- und Theaterszene. Weintraubs Musiker Ansco Bruinier (Trompete und Bass) ist der Bruder von Bertolt Brechts erstem Komponisten Franz Bruinier. 1927 stößt der Pianist, Komponist und Autor Friedrich Hollaender (1896–1976) zu ihnen, in England geborener Sohn des Operettenkomponisten Victor Hollaender, und Weintraub wechselt zum Schlagzeug. Hollaender hatte um 1914 Jazz in New York erleben können und ist als Inhaber des Tingel-Tangel-Theaters eine Größe in der Berliner Kabarett- und Revue-Szene, in die er die Weintraubs kurzerhand mitnimmt. So spielen sie bei Max Reinhardt, Rudolf Nelson und Walter Mehring und begleiten Josephine Baker in der Revue „Bitte Einsteigen". 1927/28 lässt sie Hollaender auch seine Musik für den Film „Der Blaue Engel" (mit Marlene Dietrich) einspielen, in dem die Weintraubs (wie in vielen anderen Filmen) auch zu sehen oder zu hören sind. Wie fast alle Mitglieder der Syncopators muss auch Hollaender als Jude die Verfolgung durch die Nazis fürchten, die er 1931 nicht zum ersten Mal mit einer neuen Textversion zu einer Habanera Iradiers (s. Kap. 1), bekannt aus Bizets Oper „Carmen", ver-

Abb. 2　Die Weintraub Syncopators

höhnt: „An allem sind [...] die Juden schuld"[21]. Hollaender geht über Paris ins Exil nach Hollywood, die Weintraubs kompensieren ihr Auftrittsverbot mit ausgedehnten Europatourneen. Von ihrer letzten kehren sie 1933 nicht nach Deutschland zurück und reisen über Japan und China nach Australien (1937) und bleiben dort. Wie bei einem früheren Versuch, in den USA zu gastieren, verhindern aber Vorbehalte der australischen Musikergewerkschaft und Internierungen nach Kriegsausbruch ein Fortbestehen dieser Band.[22]

Der afroamerikanische Jazz-Trompeter Arthur Briggs, der einst mit Will Marion Cooks Syncopated Orchestra nach Europa kam (s. Kap. 4), geht 1923 nach Österreich und Deutschland. In Wien bleibt Briggs anlässlich der Eröffnung der Weihburg-Bar einige Monate und geht dann nach Berlin, wo er als Solist in mehreren Bands spielt und mit seinem Savoy Syncop's Orchestra 1927 Foxtrotts im Hot Jazz-Stil aufnimmt.

Machen wir einen Streifzug durch die Berliner Hotelbars- und Tanzsäle an einem Winterabend im Jahr 1927: Im *Adlon* spielt Marek Weber, im *Esplanade* Barnabás von Géczy, im *Eden* die Manuel Romero Tango-Kapelle und die Fred Ross Jazzband, in der *Barberina* Bernard Etté, im *Kakadu* das Trio Günther, im *Columbia* das Enoch Light Columbia Orchester, im *Palais am Zoo* Jean Dinicu und Kapelle Faconi, im *Pierrot* die Mellrosz Band, in der *Libelle* Erno Walter und im *Admirals-Kasino* Eric Borchard – jeweils mit ihren Orchestern[23]. Eduard Duisberg, der Direktor der Scala glaubt an eine „Apotheose des Jazz": „Jazz ist dieser Jugend Stimulus und Betäubung zugleich. Sie will nicht nur intensiv arbeiten, sondern auch intensiv leben! Ihr straffer, hochtouriger Seelenmotor will kein Verweilen mehr, nicht die müden Schmalzereien so mancher Kaffeehausorchester mit ihren anämischen Ouvertüren und verstaubten Potpourris. Tempi passati!"[24]

Gute Kontakte zu Tanzschulen und Tanzklubs und deren Verbänden sind für Jazzmusiker überlebenswichtig. Bernard Etté, der für sich in Anspruch nimmt, „in Deutschland die melodiös-dezente Art einer musikalischen Jazz-Darbietung eingeführt zu haben", wird mit seinen Musikern offizielle Turnierkapelle des Reichsverbandes zur Pflege des Gesellschaftstanzes.

Nut Jazz

„Eine streng rhythmisch daherbrausende Gegenwart, die sich Jazzband nennt"[25] ist in den zwanziger Jahren mit Geigen-Besetzung, wie bei den amerikanischen „Original Pically Four" oder verstärkt mit Celli, Bratsche und Streichbass in Ettés Orchester, völlig normal. Eine Jazzband ohne Schlagzeug und Saxophon wäre allerdings undenkbar. Jazz ist für viele eine laute und gelegentlich erotische Angelegenheit. Vor allem die Weintraubs verleihen ihm auch eine humoristische, oft alberne Variante. Mit Pfeifen, Rasseln, Autohupen, singenden Geigen und allerlei zu Perkussion und Klangerzeugung umfunktioniertem Gerät und mit Gesangsparts nach Art der Comedian Harmonists bringen die Jazzkomiker den musikalischen Slapstick nach dem amerikanischen Vorbild „Nut Jazz" auf die Bühnen. Humorlos nennt sie Darius Milhaud minderwertig: „Sie spielen mit verkehrt dosierten Tonstärken mit ungebildeten Schlagzeugern ohne Geschmack."[26] Spike Jones wird solchen Spaß in den USA ab 1940 mit seinen City Slickers perfektionieren. Nach ihm wird ihn die „Assoziation Hagaw" aus Warschau in den Siebzigern wieder aufleben lassen, denen Les Luthiers in Argentinien eine latinisierte Variante folgen lassen.

Klamauk-Jazz klingt ein bisschen gaga, steht aber keineswegs in der Nähe zu Dada, jener Bewegung, die 1916 von Zürich ausgehend zu einer wichtigen Kunstrichtung wird und sich 1922 schon wieder ihrem Ende nähert, als es die Weintraubs z. B. noch gar nicht gibt. Das anarchische Prinzip des Dada mit seinen willkürlichen, oft dem Zufall überlassenen Sinnlosigkeiten, ist in Konzept und Wesen des Jazz nicht unterzubringen. In seiner künstlerischen Freiheit unterwirft sich der Jazzmusiker nur kollektiven Strukturen von Rhythmus, Harmonie und Arrangement und gewinnt daraus eine noch größere Freiheit improvisatorischen Spiels. Die Affinität mancher Dada-Künstler zum Jazz beruht, neben einer Überbewertung der Synkope, womöglich auf der Sehnsucht des Anarchisten nach dem Chaos, an das ein Schlagzeug-Solo und kollektive Improvisationen, wie sie im Hot Jazz der zwanziger Jahre üblich sind, erinnern mögen. Ganz ohne hörbare Jazzmusik kommt aber das Stimmfilmszenario „Der PleiteJAZZ" aus, das der Holländer Literat Paul van Ostaijen als Dada-Groteske in Berlin nach November-Revolution und Spartakus-Aufstand ansiedelt. „Vibrierende Großstadtdichtung, witzig, frech, respektlos, voller Tempo, erfüllt vom Rhythmus futuristischer Lärmmusik und amerikanischer Jazzbands".[27] Es gibt nur ein Drehbuch, keinen Film, aber diese Story: „Alt-Moabit, Berlin. In der Kneipe ‚Kabarett Dada' entsteht der Jazz, die evolutionäre Kraft im PleiteJAZZ. Er breitet sich über die Stadt aus, besiegt Klerus und Militär und macht schließlich ganz Europa zur Dadarepublik. Die Menschen sind vom neuen Leben begeistert, kaufen Staatsanleihen auf Anraten des hinterhältigen Finanzministers, trinken Wein und gehen tanzen. Alles freut sich auf das versprochene Rentierdasein. Allein, es kommt ganz anders. In der allgemeinen Katerstimmung erscheint Charlie Chaplin! Als neuer

Finanzminister hat er vielleicht die Lösung parat, auf die das Volk so sehr hofft. Wird der Jazz siegen oder die Pleite?"[28]

Jazz & Dichtung

> Was hängen nun die Girlanden
> Was strömt nun das Klavier,
> Was zischen die Jazz und die Banden,
> Wenn alle Abende landen
> So abgebrochen in dir?[29]
>
> (Gottfried Benn)

Während sich auch Kurt Tucholsky als „Peter Panter" mit dem Jazz auseinandersetzt, erscheinen fast gleichzeitig zwei Romane, in denen der Jazz eine Rolle spielt. Der aus Österreich stammende Hans Janowitz, der das Drehbuch zum „Cabinet des Dr. Caligari" schrieb, legt 1926 den Roman „Jazz" vor, 2001 wiederentdeckt und in der „FAZ" so rezensiert: „Der ‚Jazz-Roman' gewinnt permanent an Fahrt, neue Figuren – Tänzer, Künstler, Snobs – kommen hinzu, der Erzähler lässt sie wie ein Bandleader nach der ‚synkopischen Struktur' des Textes tanzen, er variiert Leitmotive und improvisiert über das Thema. So entsteht eine schwungvoll-verschlungene Partitur, die alle Solisten am Ende in einem aberwitzigen Finale zum großen Paukenschlag zusammenführt."[30] Der andere Roman, René Schickeles *„Symphonie für Jazz"*, spielt in den Jahren nach dem Ersten Weltkrieg, in denen sich vor allem junge Menschen neu orientieren müssen. Der neue Jazz kommt da wie eine Droge, als kreative und soziale Spielwiese und autodestruktives Potential gerade recht:

> „Er spielte in den Häusern, wo er eingeladen war, und nachher in den Hallen des Hotels und in Cafés und wo er sonst mit seinem Anhang herumzog. Und wenn er müde wurde, trank er. Er trank weiter, wenn er nicht mehr spielte. Dann kam die Jazzband. / Jede Nacht konnte man an diesem oder jenem öffentlichen Ort John van Maray sich unter die Mitglieder einer Jazzband niederlassen und die zwei, drei letzten Stücke unter einem Hagel von Einfällen dirigieren sehn. Scharen von Nachtbummlern fuhren durch die Stadt, bis sie den ›verrückten Maray‹ bei seinem privaten Schlußkonzert ausfindig gemacht hatten. Erst trieb er nur Spaß mit der Jazzmusik, behandelte sie als Gegenstand seines musikalischen Ingrimms, wobei er sich mühte, die Niggerei ins Maßlose zu übertreiben. Er hoffte, schließlich werde dem Publikum der Skandal klar werden, den er meinte. Das Publikum merkte nichts dergleichen,

und John begann sich mit dem tönenden Unsinn aus Radau und Singsang zu befreunden. Denn der Jazz ist so verwandt mit dem Alkohol, daß er ihn fast ersetzen kann. / In England, wo er so weiterjuckte, kam er darauf, den Negerstimmen einen eigenen, ernsthaften Text unterzulegen. Es gelang. Tut! bäbä.“[31] (René Schickele: Symphonie für Jazz)

Nasale Klänge: laut und sexy

Als Domäne der Tanzmusiker bleibt der Jazz reine Instrumentalmusik oder typisierte instrumentale Begleitung von deutschen Schlagern und Unterhaltungsmusik. Der Blues- und Jazzgesang von Bessie Smith, Billie Holiday oder Ella Fitzgerald, mitsamt ihren Liedtexten aus den USA, bleibt den Deutschen bis nach dem Zweiten Weltkrieg verborgen. Nur wenige Fans besitzen deren Schallplatten.

„Der Rhythmus unserer Zeit ist der Blues“, schreibt Louis Douglas, der als Tänzer und Choreograph mit der Baker-Revue 1925 nach Berlin kommt (s. Kap. 4/5), im Jahr darauf in der Zeitschrift „Revue des Monats“. Als archaische, ursprünglich ländliche Liedform der Schwarzen wurde der urbane Blues in den USA zwar auch kommerzialisiert, er ist aber mit dem Hot Jazz der Zwanziger, den der Afroamerikaner Douglas beschreibt, kaum identisch. Für ihn ist der Klang einer Jazzband die realistische Musik des Maschinenzeitalters, wo die Zeit posaunt, die Saxophone weinen und die Große Trommel die maschinelle Hast des Tages einfängt. Schwarze Musiker hätten diese Töne der Technik nachempfunden, denn „die weißen technischen Menschen besitzen den Sinn nicht, als Schöpfer aus den kochenden Maschinen die Klänge hervorzuziehen, im tobenden Rhythmus der malmenden Kräfte die süße Klage, das leise Weinen herauszulesen, und es dem Ohr verstärkt durch sensible Nervenmikrophone klangreich und verstehend darzubieten.“[32]

> „Das Saxophon überschlägt sich in den Synkopen, es scheint den Taktstrich vergessen zu haben, und wie eine Meereswelle sich durch das zurückfließende Wasser überschlägt, so wird die Synkope des Saxophons durch das Schlagzeug zur Entladung gebracht. Bum! da platzt es, und wie Schaum und Gischt sprudelt es durch die anderen Instrumente.“ (Jaap Kool, 1924)[33]

Der Musiker Jaap Kool, der sich auch als Musikwissenschaftler betätigt und als Erster auf die Bedeutung „exotischer“ Ausdrucksweisen im Jazz wie Glissandi und nasale Klänge hinweist, sieht auch „Unterschiede im

Rhythmusempfinden zwischen „exotischen Völkern […] gegenüber dem unseren".[34] Danach empfinden exotische Völker die europäische Einteilung nach ganzen, halben, Viertel- und Achtelnoten in anderer Weise. Eine ganze (lange) Note ist, so Kool, für sie ein Additionspunkt von vielen kleinen Notenwerten und entspricht etwa einer Achtelnote. „Daher empfindet ein Exote bei unserer langen Note nicht Ruhe, sondern gehäufte Unruhe; während er etwa diese ganze Note spielt, empfindet er innerlich die Stimme der Achtel." Frage ist: welchen „Exoten" meint er?

„Vielleicht ist Jazz uns wirklich geworden, was daraus gemacht wird?", fragt der Komponist und Musikkritiker Klaus Pringsheim. Der Zwillingsbruder Katia Manns spekuliert weiter: „Aber diese Zeit, ob existierend oder nicht, denkt ja nicht daran, sowas zu ihrem Rhythmus zu haben. Erstens, soweit ein Rhythmus, ist Jazz der Rhythmus afrikanischer Negertänze; wann, wieso, wodurch genötigt sind wir ein einzig Volk von Negern geworden? Zweitens ist Jazz nur noch in zweiter Linie Negerrhythmus, In erster Linie überhaupt nicht Rhythmus, sondern Klang: ein Klang, in dessen Mischung Saxophon, Trompeten- und Posaunendämpfer, Schlagzeug eine neue Rolle spielen."[35]

Der Rhythmus des Jazz entsteht nicht allein aus Notenwerten in den Melodieführungen, sondern auch aus dem Zusammenspiel der Rhythmusinstrumente. Die Anordnung von Bass-Trommel, Tom-Toms, Snare-Drum, Becken und Hi-Hat Maschine wird der deutsche Volksmund spätestens nach 1947[36] „Schießbude" nennen. Vorher sagt man *Jazzband* zum Drum-Set, die Schlagzeuger sind die *Trapp Drummer*. Sie sitzen anfangs noch hinter einer riesigen Pauke, auf der neben einer angesteckten kleinen Trommel ein Becken, eine Kuhglocke und ein Holzblock befestigt sind. Erfunden wurde das Schlagzeug *(drum set)* in den USA der Vaudeville-Zeit, als Tamburins, Banjos und Trommeln nicht ausreichten, um die auch von europäischer Musik geprägten Shows zu instrumentieren. Die Basspauken der Marschorchester erhielten Pedale, damit man, statt mit den Händen, den Grundbeat mit den Füßen schlagen konnte. Aus der Marschtrommel wurde die Snare-Drum, die anfangs, statt mit auf dem unteren Trommelfell gespannten Saiten, gelegentlich mit aufgelegtem Sandpapier gespielt wurde, um einen schnarrenden Klang zu erzeugen. Die Becken wanderten auf Ständer. Das alles, um einen Sitz herum gruppiert, hatte zuerst ab 1909 die Familie Ludwig in den USA gebaut – bis heute eine der führenden Schlagzeughersteller in der Welt. Der Beatle Ringo Starr wird auch einmal ein Ludwig Drum Kit spielen. Ihn wird man wenigstens auf den Aufnahmen der Beatles hören, während die empfindliche Aufnahmetechnik der zwanziger Jahre von den Drummern äußerste Zurückhaltung in den

Tonstudios verlangt. Die Amerikaner scheinen da schon technisch versierter oder mutiger zu sein, denn bei vielen amerikanischen Jazzplatten klingt das Schlagzeug viel präsenter als auf deutschen Platten. Seit den zwanziger Jahren ergänzt die Charleston-Maschine (Hi-Hat) das Drum-Set: zwei kleine Becken werden mit den konkaven Öffnungen zueinander auf einem Ständer mit einem Fußpedal rhythmisch (wie Arme oder Beine im Charleston-Tanz) geschlossen und geöffnet, im *Two-Beat* auf die Taktteile 2 und 4, während die Bassdrum durchschlägt oder auf 1 und 3 betont. Das Schlagzeug der Brassbands ist nicht das einzige europäische Instrument der frühen Jazzbands. Bis auf das vielleicht auf westafrikanische Lauten zurückgehende nordamerikanische Banjo stammen alle Instrumente aus Europa. Schlagzeug und Saxophon sind dabei Markenzeichen der Jazzbands und anfangs Exoten auch auf den Bühnen Deutschlands.

Gleich ihren Pariser Kollegen, haben auch manche deutsche Maler einen Hang zur Exotik. Nolde ist auf die Südsee bezogen, Kirchner dekoriert seine Berliner Wohnung wie Picasso mit Masken, nackten Afrikanern und allerlei ethnischen Fundsachen. Wassily Kandinskys Werk zeigt sich immer stärker vom Jazz beeinflusst, er nennt seine sehr rhythmisch angelegten Bilder „Improvisation" und „Komposition". Otto Dix ist Stammgast im Romanischen Café, wo sich neben der Berliner Gedächtniskirche die Szene trifft. Dix ist Jazzfan und gibt sich in seinem Selbstportrait „An die Schönheit" (1922) einen dunkelhäutigen Schlagzeuger an die Seite, der den linken Arm grinsend hochhebt und damit den Blick auf einen Fetzen amerikanischer Flagge freigibt, der ihm aus der Brusttasche hängt. Mit der Rechten tippt er auf ein Becken, wo üblicherweise die kleine Trommel steht. Das Fell der Bass-Trommel ziert das Portrait eines Indianers im vollen Kopfschmuck. Zwei Pärchen und eine Dame wirken wie erstarrt, nur Dix selbst zeigt böse Miene zum Grinsespiel des Drummers. Fünf Jahre später entsteht sein Tryptichon „Großstadt", als wäre es eine Illustration eines Nachtleben-Reports von Hans Ostwalds „Großstadt-Dokumenten". Raumfüllend sind hier die Jazzband und die Shimmy-Tänzer, dominierend die beiden Saxophonisten, von denen nur einer ein Gesicht hat, nämlich das des Leiters der sächsischen Staatskanzlei, der großen Einfluss auf die Berufungen zur Kunstakademie Dresdens haben soll. Das andere Saxophon wird als Allegorie einer lautsprachlichen Ähnlichkeit *(Sachsen)* gedeutet.[37]

Der Belgier Adolphe Sax hat zuerst das Sopran-Saxophon (um 1840) erfunden, später baute er Variationen in den üblichen Stimmlagen, unter denen besonders das Tenorsaxophon ein Sinnbild des Jazz wurde. Die amerikanischen Jazzbands hatten es schnell adaptiert. Sidney Bechet tauschte in Europa seine Klarinette gegen das Sopransaxophon, der

Brasilianer Pixinguinha erweiterte sein Querflötenspiel anlässlich seines Paris Gastspiels 1922 mit dem Tenorsaxophon. Auch Borchard ist Saxophonist und sein Kollege Marek Weber intoniert 1928 „Die Susi bläst das Saxophon…“. Saxophon-Fabrikant Benisch wirbt für sein Produkt, das jedermann schnell erlernen könne: „Vater, Mutter, Tochter, Sohn – alle blasen Saxophon.“[38]

Aber Schlagzeug und Saxophon stehen ganz oben auf der Hass-Liste der deutschnationalen Musikwächter. In der Deutschen Tonkünstlerzeitung wird 1929 das Verbot der Saxophone („Negerpfeife“) gefordert, und der Deutsche Frauenkampfbund legt noch einen drauf: Negertänze und Saxophone seien zu verbieten.

Jonny E und Jonny U

Das Plakat zur Ausstellung über „Entartete Musik“ („Eine Abrechnung von Staatsrat Dr. H.S. Ziegler“[39]), die zuerst 1938 in Düsseldorf und danach in mehreren deutschen Städten gezeigt wird, zeigt einen Saxophonisten. Er ist schwarz und er ist durch den Stern als Jude gekennzeichnet. Sein Name könnte Jonny gewesen sein, wie jener Jonny, der Geiger, dessen Geburtstag sich Marlene Dietrich im gleichlautenden Lied seit 1931 täglich herbeisehnt. Und dabei meint sie wohl schon nicht mehr den Geliebten, sondern das Kind, das sie von ihm erwartet und das seinen Namen tragen wird.[40] „In einer kleinen Pony Bar, ist der Neger Johnny Star, der hat wildes Blut in seiner braunen Haut, oh…“ Die Dietrich singt aber nur den Refrain eines Liedes von Friedrich Hollaender, das dessen Frau Blandine Ebinger bereits 1920 im Berliner Café Größenwahn vorgestellt hat: „In Wirklichkeit wurde aus Johnny – als wir den Text entwickelten – endlich mein Sarotti-Mohr. Jonny, der weiße Mädchen verführte und sitzen ließ. Er war nicht aus Schokolade, er war nur lecker wie Schokolade.“[41] Und „stark wie Negerstamm“, der „manch kleine weiße Hand“ im Schmerz zurückließ.

Jonny und Jazz seien dasselbe, vermutet Eckhard John in seiner Analyse der „Rolle des schwarzen Musikers auf der Bühne der Zwanziger Jahre“: „Sie verschmolzen unmittelbar zu einer Symbiose hochgradig erotisch aufgeladener Lust- und Angst-Phantasien.“[42] Die Liebesgeschichte eines freien, unabhängigen, unangepassten schwarzen Jazzmusikers und einer *Femme* der zwanziger Jahre mag Ernst Krenek dazu animiert haben, dieses Motiv für seine 1927 entstandene „Jazz“-Oper „Jonny spielt auf“ zu übernehmen. In Kreneks „Zeitoper“ (Dorothea Redepenning) als Klang und Kulturcollage der neuen Metropolis ist Jonny ein Saxophonspieler, der auf der Bühne mit dem unvermeidlichen *Blackface*-Makeup dargestellt wird. Aber zeittypische Kostüme und hinter einem Paravent Charleston-Schritte imitierende, schwarz geschminkte Tänzerinnen, wie in einer Aufführung zu sehen, sowie wenige Zitate aktueller Tanzmusik machen aus dem Werk noch lange keine Jazz-Oper. Am wenigsten hatte Krenek selbst dies beabsichtigt. „Wir haben eben damals irgendetwas aufgenommen, was uns so aus der amerikanischen Musik zugeflogen ist. Unterhaltungsmusik oder Jazz, *oder was es eben war*", sagt er 1968 dem Österreicher Erich Schenk.[43] „Vorbeigeflogen" trifft es besser. „Unsere Staatsoper ist einer frechen jüdisch-negerischen Besudelung zum Opfer gefallen", plakatiert die NSDAP in Wien 1928. Es ist nur eine von zahllosen antisemitischen und rassistischen Reaktionen auf Kreneks Aufführung (Abb. 3).

Jahrzehnte später wird Gunther Schuller in seiner „Jazz-Oper" „The Visitation" (1966) Free-Jazz-Musiker wie Manfred Schoof und Albert Mangelsdorff frei improvisieren lassen. Kool sagt bereits 1924 voraus, dass, wenn erst einmal die modernen Komponisten den Jazz innerlich erlebt und erfasst hätten, ihre Kompositionen von hochentwickelten Jazzbands gespielt werden könnten. Bei Schuller sind es natürlich keine Hot Jazz-Musiker aus der Zeit Kools, sondern zeitgenössische, spontan komponierende Jazz-musiker der Free-Jazz-Szene.

Spätestens seit den venezianischen Maskenbällen des 18. Jahrhunderts versteckt man sich und seine Hemmungen gern hinter Augenverkleidungen

Abb. 3 Kammersänger Alfred Jerger als Jonny (Noten-Cover)

und Abbildern von Phantasiegestalten. In einer früheren Komischen Oper (1924) mit Slapstick-artigen Verwicklungen betont Krenek ein neues Selbstbewusstsein im Schlepptau ekstatischer amerikanischer Tänze. Ein Chor begleitet den „singenden Niggerboy" mit:

Heißer Rhythmus zucke wieder;
Jazzband spiele tolle Lieder auf!
Im freien Land Amerika
Lebt' einst ein schwarzer Nigger-Boy
Der tanzte…
Bis ihm mit der Zeit
Gehirn und Herz verkrampfte.[44]

(Aus: Ernst Krenek: Der Sprung über den Schatten. Universal Edition Wien)

Aber als der mit der schönen Maximie steppt, begegnet Krenek aktuellem Rassismus mit den Verszeilen: „ward die schwarze Schmach ein Graus. Erlöst durch Weibesliebe ohne Schuld…" So „dürfte Jonny als Ikone des nazistisch Verfemten im allgemeinen Bewusstsein ungleich präsenter sein, als von seiner vitalen Seite auf der Opernbühne"[44], folgert Eckhart John. Die Wiener Uraufführung „Jonny spielt auf" wurde trotz Beifall des Publikums als Skandal empfunden, sein Werk wird später von den Nazis in die Liste „entarteter Musik" eingereiht.

Verschmelzungen von Musik aus der neuen Welt mit europäischer Klassik hatten im vorigen Jahrhundert z. B. mit der Habanera nicht zu schlechten Ergebnissen geführt. Klassik und Jazz, auch Moderne Musik und Jazz versuchen, sich seit dem Beginn der Moderne anzunähern. Für den tschechischen Pianisten Erwin Schulhoff (1894–1942) beginnt diese Phase nach Kriegsende mit Entlassung aus dem österreichischen Heer. Er geht nach Berlin, wo er schon 1910 als Knirps Klavierabende gegeben hatte, und Saarbrücken, dann nach Dresden, wo er in den Dada-Kreis um George Grosz gerät. Im noch von den Franzosen besetzten Saarland hatte er Jazzbands gehört und gleichzeitig in sein Tagebuch geschrieben: „Kunst ist: Kunst nicht zur Kunst zu machen!"[45] Auch Jazz begeistert ihn, er gibt eine Klavierschule für Jazz heraus. Zwischen 1919 und 1931 komponiert er viele jazzbeeinflusste Werke, vorwiegend für Piano: „Partita" für Klavier mit Satztiteln wie „Tempo di Fox", „Jazz-like", „Tango-Rag", „Tempo di Fox à la Hawaii", „Boston", „Shimmy-Jazz" (1922). „Cinq Ètudes du Jazz" (1926) beginnen mit einem Charleston (einem amerikanischen Ragtime-Pianisten gewidmet), gefolgt von Blues (für Paul Whiteman), Chanson (für Robert Stolz), Tango (für Eduard Künneke) und eine Toccata (für den Jazz-Publizisten Alfred Baresel). 1930 erscheint seine „Hot Sonate" für Altsaxophon und Klavier in vier Sätzen. Zuletzt die

„Suite dansante en Jazz" (1931) mit sechs aktuellen Tänzen, vom Stomp über Strait, Waltz, Tango und Slow zum Foxtrott. Anders als Strawinsky oder Hindemith, die ebenfalls interessiert auf den Jazz hören, ist Schulhoff – der in der Internationalen Gesellschaft für Neue Musik aktiv ist – auch aktiver Jazzpianist. Dann kommt die Kehrtwende. Schulhoff engagiert sich in der kommunistischen Bewegung, schreibt in sein Tagebuch, dass er keine „zeitgenössische Musik der internationalen Schablone wie einst, keine formalistischen Spielereien oder Klangtändeleien" mehr schreiben werde. Die Musik seiner dritten Schaffensperiode, seiner reifsten, sei jetzt „hart, unerbittlich und kompromisslos".[46] Er komponiert „Das Manifest", eine Kantate nach Texten von Karl Marx und Friedrich Engels (1932). Schulhoff wird 1941, inzwischen sowjetischer Staatsbürger, als Jude in einem mittelfränkischen KZ interniert, wo er im Jahr darauf einer schweren Krankheit erliegt.

Schulhoff ist eine Ausnahme. Man darf nicht vergessen, dass sich den ,ernsten' Komponisten jener Zeit der Jazz ja nicht als reiner Blues eines John-Lee Hooker oder in den modernen Spielarten der 1970er Jahre präsentiert, sondern eher als fröhlicher Klamauk und selten in original Hot Jazz-Form. Entsprechend ungenau klingen die Jazz-Zitate auch bei Krenek oder in Dmitri Schostakowitschs „Jazz Suites". Aber wer würde schon später, in den 1960er Jahren, darauf kommen, den Dixieland (Revival) Jazz eines Chris Barber in klassische Werke einzuarbeiten?

1928 wird an Dr. Hochs Konservatorium in Frankfurt eine Jazzklasse eingerichtet, die unter den Nazis schon 1933 wieder geschlossen wird. Große Würfe sind im deutschen Jazz bis dahin nicht entstanden. Der *duende*, der im Flamenco gitano ersehnte Moment des Entrücktseins, entsteht im Jazz in einem Moment, indem spontan komponiert, d. h. improvisiert wird, und nicht in den Partituren der Orchester von E und U Musik.

In Zeiten moderner Klänge bietet sich der Generation zwischen den Kriegen eine goldene Brücke zum Jazz allenfalls im symphonischen Jazz, wie ihn Paul Whiteman perfekt mit Gershwins Werken orchestral umsetzt, und der von deutschen Orchestern kopiert und auch von Komponisten wie Kurt Weill übernommen wird.

Aus Jonny wird 1930 Jim, ebenfalls Jazzmusiker und ,Nigger', in der „Ballade vom Nigger Jim" von Hanns Eisler und Robert Gilbert, als Kritik an der nordamerikanischen Rassentrennung „auf den Straßen zu singen für gemischten Chor und kleine Trommel(n)".

> Ob die Herrschaften mit der helleren Haut
> Am Ende auch den Himmel gebaut,
>   Denn ach, das wäre schlimm

Unterdessen spielen sich noch andere *Johnnies* weiter durch deutsche Schlager- und Operettentexte, in Kurt Weill/Bertolt Brechts „Surabaya Johnny" *(Nimm die Pfeife aus dem Maul, du Hund!)*, gesungen von Weills Frau Lotte Lenya, oder Peter Kreuders „Goodbye Johnny" *(Du warst mein bester Freund)* in der Version von Hans Albers (1939).

In Paul Abrahams Operette „Blume von Hawaii" steht 1931 wieder ein schwarzer Jonny auf der Bühne. Es ist die (erfundene) Liebesgeschichte der Tochter der letzten Hawaiianischen Königin Lili'uokalani mit dem afro-amerikanischen Sänger Jim-Boy, der „nur ein Nigger" ist, aber dafür ein Sex-objekt für weiße Ladies:

> Schwarzes Gesicht, wolliges Haar, großes Saxophon,
> Kennt ihr mich nicht dort aus der Bar?
> Applaus ist mein (Leben) Lohn…
> Bin nur ein Jonny, zieh' durch die Welt,
> singe for money, tanze für Geld
> Bin nur ein Nigger und kein weißer Mann reicht mir die Hand
> Aber die Ladie s finden mich pikant, interessant.[47]

> (Bin nur ein Jonny, Text: Franz Löhner-Beda)

All diese *Jo(h)nnies* sagen mehr aus über ihre Zeit und ihre Menschen und deren Sehnsüchte, Projektionen und Vorurteile als über die Jazzmusik und ihre afroamerikanischen Musiker.

Wegen ihres speziellen Humors erschließen sich viele solcher Liedtexte aus der Feder satirischer und zeitkritischer Autoren nicht sofort dem Leser späterer Generationen. Auch der erschreckende Gebrauch von Worten wie ‚Nigger' wird selbst in einer Satire dann nicht mehr ‚politisch korrekt' sein. Hollaender und Abraham geht es tatsächlich darum, die Situation schwarzer Musiker zu ihrer Zeit in Deutschland kritisch darzustellen und dabei der Gesellschaft einen Spiegel vorzuhalten. In der Mehrzahl deutscher Schlagertexte allerdings zeigen deren Autoren bis Kriegsbeginn ein naiv-rassistisches Gesicht. Karl Mays „Bimbambulla"-Lied von 1929 gehört ebenso dazu wie Walter Kollos „Das kleine Niggergirl" (1908) – eine „Schöne Maid" der 1980er Jahre nach Kolonialistenart: „Komm' mein feines, reines, kleines Niggergirl…"

Im November 1922 stellt die Schokoladenfabrik Sarotti in der Berliner Mohrenstraße ihr neues, von Prof. Julius Gipkens entworfenes Marken-zeichen vor. Der *Sarotti-Mohr* löst das Logo mit den bisherigen drei Mohren ab. Als dessen Modell sieht sich der Musiker und Schauspieler Willie Panzer aka. Willi MacAllen. Panzer (1909–1969) ist Kind der Liebe eines somalischen Banjospielers zur deutschen Varietékünstlerin Emmy Panzer. In

Stummfilmen wie „Wenn die Liebe nicht wär" spielte er in der Tat kleine ‚Mohrenjungs', auch den „Kleinen Muck" und den kindlichen Kronprinz von Dahomey. Mit 13 Jahren sattelte er um und wurde Jazz-Schlagzeuger. Als MacAllen hält er sich vom Naziregime durch Auslandsgigs fern und lebt bis nach Kriegsende in der Türkei, deren 1001-Nacht-Flair vermutlich Gipkens zum Kostüm des Sarotti-Mohren inspiriert hatte.

Rettungslos im Irrenhaus: die Erforschung des Jazz

Kaum ist der Jazz in Deutschland angekommen, ranken sich auch schon Geschichten um seine Herkunft. Wer hat den Jazz oder diesen Begriff erfunden? Noch sprechen viele von „die" Jazz. Einige glauben es zu wissen. Tanzpapst F.W. Koebner, der noch von ‚Neger und Niggerbands' spricht (s. Zitat am Kapitelanfang), reicht die Information eines amerikanischen Verlegers weiter: „Das Wort ‚Jazz' entstamme dem amerikanischen Neger-dialekt und bedeutet irgendetwas Exotisches. So wird beispielsweise ein Bild in futuristischem Stile oder eine planlose Farbenzusammenstellung in den Vereinigten Staaten kurzweg mit ‚Jazz' bezeichnet.[48] Ein Spezialtanz ist der Jazz, wie man hierzulande zuerst annahm, niemals gewesen, jedoch kann man ein exzentrisches Tanzen, gleichviel ob es Foxtrott, Onestep oder Walzer ist, kurzweg mit ‚jazzing' bezeichnen."[49] Louis Gruenberg aus New York dagegen setzt auf eine „Zusammenziehung des Satzes ‚Jazz [hetzt, *chase?* d. A.] sie auf Burschen', den „man in gewöhnlichen Tanzlokalen" hören würde.

Oft gleichen sich die Anekdoten: Der in Deutschland als Musiker sehr vielseitig tätige Holländer Jaap Kool erzählt[50] die Geschichte vom schwarzen Drummer Jack aus Philadelphia, den seine Kollegen bei seinen Schlag-zeugsoli mit ‚Jack! Jack!" angefeuert hätten, woraus sich dann für Jack der Spitzname „Jazz" ergeben hätte. Bert Kelly aus Chicago habe den Namen Jazzband erfunden, schreibt Paul Whiteman 1926 im Wiener Magazin „Die Bühne", und der Scala-Direktor Eduard Duisberg kolportiert eine andere Geschichte, die ihm ebenfalls Paul Whiteman erzählt habe. Danach machte 1915 in einer Bar in Chicago ein schwarzer Musiker Furore, der als Allein-unterhalter seine „Niggersongs" mit Schlagzeug, Trompete und Klarinette synkopiert vortrug. Der Mann hieß *Jasbo* Brown. Keine der Geschichten stimmt. Auch einige diesbezügliche Details und Sichtweisen im kurz darauf von Alfred Baresel vorgelegten und in wenigen Jahren über 10.000 Mal verkauftem „Jazzbuch" (1926) werden später korrigiert. In „Jazz. Eine musikalische Zeitfrage" driftet Autor Paul Bernhard 1927 aus mangelnder Sachkenntnis in verquaste Theorien ab, denn er vermutet Verwandtschaften des Blues zum deutschen Begriff ‚blau machen'. Es erscheinen ein 47-seitiges Jazz-Fremdwörterbuch und zahlreiche Aufsätze in Tagespresse und Fachzeitschriften, darunter auch ein Artikel des Musikethnologen Curt Sachs über Jazzbands.

Die in Wien erscheinenden „Musikblätter des Anbruch" widmen sich in der Regel dem klassischen Konzert- und Opernbetrieb und setzen ihren Schwerpunkt auf die Neue Musik. Im April 1925 widmet Herausgeber Paul Stefan dem Jazz eine Sondernummer. In seinem Vorwort weiß er sich mit seinen Lesern einig, „dass dieses böse Etwas, der Jazz, der Anfang einer Revolution sein kann" und man vergebe sich nichts, „dass uns ein wilder Jazz, in irgendeiner Bar gespielt, ja meinetwegen selbst nur von der Schallplatte her bekannt, wichtiger scheint, als ein halbes Dutzend Dutzendabende im Konzertsaal. Und auch ernsthafter."[51] Musikwissenschaftler, Komponisten und Kritiker, unter ihnen Alexander Jemnitz, Darius Milhaud, Louis Gruenberg und Cesar Saerchinger, zeigen in ihren Aufsätzen ganz unterschiedliche Kenntnisse über und widersprüchliche Positionen zum Jazz, die beispielhaft sind für den hilflosen Umgang der „ernsten" Musik mit dem Jazz. Die Kritik am Jazz und die oftmals damit verbundene Diskriminierung seiner Musiker, seien sie jüdisch oder schwarz, beziehen sich mit Vorliebe auf solche ‚Expertisen'. Der Londoner Komponist Cesar Saerchinger stellt bereits antisemitische Zusammenhänge her: „Woher die Tänze und die ersten Melodien kamen muss den Forschern überlassen werden, aber die verlorenen Stämme Israels, die auf dem New Yorker Broadway herumirren, haben bald für die rentable Fortpflanzung gesorgt." Ähnlich sieht es auch Mário de Andrade in Brasilien (s. Kap. 10).

Das rhythmische Element des Jazz, das Jemnitz aus Budapest als „zusammenschweißende, bindende Kraft" einer „universellen Formidee" bedeutsamer als ein „spezifisches Klangkolorit" einschätzt, führt dieser – „wie als allgemein bekannt vorausgesetzt werden dürfte" – auf die „Gemütswallungen der Negerstämme, die erotisch, kriegerischen Seelenregungen ihrer afrikanischen Urheimat" zurück.[52] Der Melodik im Jazz bescheinigt er „Unprägnanz", da der Rhythmus sich von der Melodie emanzipiert habe und zum vorherrschenden Prinzip erwachsen sei. Den Schwerpunkt des Jazz im Rhythmus sieht ebenfalls der aus Russland in die USA emigrierte Pianist Louis Gruenberg. Einerseits lobt er den Jazz als „wichtigstes Element in der heutigen Musik Amerikas", andererseits findet er keinen Genuss daran, obwohl die Aufführungen oft „sinnbetörend" wirkten. Schuld daran ist nach Gruenberg die Tatsache, dass Jazz von Leuten gemacht würde, die seine Möglichkeiten nicht voll ausnützen könnten, was nur ausgebildeten Musikern vergönnt sei. Gruenberg nennt keine Namen, und da nicht anzunehmen ist, dass er auf einen studierten und derzeit erfolgreichen Musiker wie Paul Whiteman abzielt, spricht er wohl den in Harlem aktiven Musikern wie Duke Ellington jede Qualifikation ab – auch europäischen „Jazz"-Komponisten, denn die „neue Musik wird schreiben können – einer, der dem Blute, der Erziehung und dem Herzen nach Amerikaner ist." Afroamerikaner gehören offenbar nicht dazu. Joseph Rodenstock, aus Polen stammender Dirigent, thematisiert ethnische Elemente der ‚Neger' und ihre improvisatorischen Fähigkeiten, die er im stundenlangen Gesang einer ‚Negerin' an der Lennox Avenue als Variationen erlebt haben will, die „fast die breite Wucht einer Sinfonie annehmen". Ganz anders erfährt der über eine Studienzeit in Frankfurt in die USA ausgewanderte Australier Percy Aldridge Grainger den Jazz als „weit weniger sinnlich, leidenschaftlich oder hingebungsvoll als vieles andere." Der Pianist und Komponist Grainger urteilt wie Gruenberg von einer eurozentristischen und rassistischen Position: „In einem weiteren Sinne ist der Neger nicht schon von Geburt aus melodisch veranlagt. Seine Melodien sind vielfach nur eine Entwicklung der Weißen, die er von seiner weißen Umgebung aufgenommen hat." Aber auch diese haben offenbar, laut Saerchinger, ein Problem mit Jazzkompositionen aus der E-Musik-Abteilung: „Ersteht dem Jazz nicht sein Messias, so ist er durch die tödliche Monotonie seiner Literatur verdammt und der zukünftige Amerikaner, wenn er allabendlich seinen Hörer aufsetzt, wandert rettungslos ins Irrenhaus."[53]

Dass der Jazz eine afroamerikanische Errungenschaft sei, darin stimmen die meisten Autoren überein, nur wenige sehen direkte Quellen in Afrika, aber auch der Orient und Fernost (bei Grainger) werden bemüht. Nur in der Zumessung des Anteils der weißen Bevölkerung Nordamerikas und dem Grad der Verschmelzung schwarzer und weißer Kultur in dieser Musik gehen die Meinungen je nach Stärke rassistischer Vorurteile auseinander. Baresel, der zeit seines Lebens der Jazzmusik als Lehrer und Autor verhaftet sein wird, erkennt im Jazz auch eine „neue Kunst und Lebensauffassung", die nicht nur die Unterhaltungsmusik, sondern auch die moderne Musik schon nachhaltig beeinflusst habe. Ob Beispiele Strawinskys oder Hindemiths dafür ausreichende Belege sind? Bemerkenswerter scheint die fast angstvolle Beschäftigung mit dem Jazz in Kreisen der modernen Musik zu sein. Die Nazis strafen Baresel ob seiner Beurteilungen nach 1933 sofort mit Publikationsverbot ab und machen sich die unsachliche und rassistische Polemik von Rosenberg, Pfitzner und Konsorten zu Eigen, die die Verurteilung der ‚Niggermusik' mit ihrer Judenhetze verbinden (s. Kap. 16).

Baresel lenkt ein, spricht sich 1936 „gegen negerischen Trommelrhythmus aus"[54] und tritt ein Jahr später der NSDAP bei. Wie auch der 33-jährige Wilhelm Twittenhoff aus Westfalen, der an der Hochschule für Musik in Weimar Lehrgänge für Jugendmusikerziehung und Volksmusikleitung durchführt. Er ist bis 1944 auch für die Musikerziehung der Hitler-Jugend zuständig, für die er Lieder nach NS-Geschmack und Gedankengut zur rhythmischen Erziehung der Jugend nach Jaques-Dalcrozes Vorstellungen (s. Kap. 7) beisteuert. Nach Schule und kaufmännischer Lehre war Twittenhoff 1924/25 vor Beginn des Musikstudiums 18 Monate in Brasilien. Dort spielte der Pianist Twittenhoff mit zwei Deutsch-Brasilianern als erstem und zweitem Geiger, einem Italiener als Trompeter und einem Afrobrasilianer am Schlagzeug bei Tanzveranstaltungen in der Hafenstadt São Francisco do Sul. Sie spielten *Maxixes*, und zwar „Originale, keine Klischee-Sambas, Tangos und Foxtrotts (Twittenhoff)"[55], nannten sich „Ba-ta-clan" und sagten, sie seien eine „Jazzband". Das war im lateinamerikanischen Raum damals durchaus üblich. Romeu Silva spielte mit seiner „*Jazz Band* Sul Americano" leicht jazzig klingende Sambas und Maxixes (s. Kap. 10) und auf Martinique und den Nachbarinseln nennt sich Jazzband, was wie Ernest Léardée eigentlich Tangos und Biguines spielt (s. Kap. 14). Auch im Kongo firmieren afrikanische Rumba-Bands jetzt ebenfalls gern als Jazzband. Twittenhoff hatte da noch keine Ahnung davon, was Jazz eigentlich ist, aber auf der Rückreise bei einem Stopp seines Schiffs in Bahia hatte er sein Schlüsselerlebnis: „Ich ging mit einem Fahrtgenossen in ein kleines Café und sah, wie ein junger Neger auf einen winzigen mit einer Marmorplatte gedeckten Tisch sprang und zum aufmunternden Klatschen seiner Kameraden zu tanzen begann. Erst sehr viel später wusste ich, daß es ‚Steppen' war, was er da vollführte. Alle diese Eindrücke blieben haften, verbanden sich mit den starken Erlebnissen von Negerchören und Negerbands, die ich in verschiedenen Ländern Westeuropas hörte, verbanden sich auch mit neuerworbenen Kenntnissen aus den Vergleichenden Musikwissenschaften oder Einsichten, die sich aus Gesprächen mit praktischen Musikern und vielen Pädagogen ergaben. Selbst über Zeiten, in denen der Jazz verfemt war, rettete ich einen Teil der inzwischen erworbenen Platten und unterließ keine Gelegenheit, sie im Freundeskreis zur Diskussion zu stellen."[56] Twittenhoff beschäftigt sich nach seinem Brasilien-Aufenthalt intensiv mit dem Jazz, aber erst nach dem Krieg publiziert er darüber mit „Jugend und Jazz. Ein Beitrag zur Klärung", einer Mischung aus musikpädagogischer Anleitung und überholten Sichtweisen, und streut alte rassistische Vorurteile: „Wer vom Jazz sagt, er verbinde die ursprüngliche Vitalität des Negers mit dem Intellekt des Weißen, behauptet damit gewiß nichts Unrichtiges."[57]

1914 hatten der Musikwissenschaftler Curt Sachs und der eigentlich als Student von Robert W. Bunsen in der Organischen Chemie promovierte Musikethnologe Erich Moritz von Hornbostel (1877–1935) in Berlin ihr System zur Klassifizierung von Musikinstrumenten aus aller Welt[58] vorgestellt. Zwar fehlten darin noch typische Instrumente des Jazz – wie das Schlagzeug als eine neuartige Kombination von Idiophonen und Membranophonen -, aber von Hornbostel ist ein Jazzfan, der damals schon weite Reisen auch für Jazzkonzerte auf sich nimmt. Als ehemaliger Assistent des Psychologen Carl Stumpf ist er von 1905 bis 1933 Leiter des Berliner Phonogramm-Archivs, dem Zentrum für vergleichende Musikwissenschaft und ethnographische Dokumentation und Erforschung der Musik der Kontinente. Von Hornbostel ist weitläufig mit der jüdischen Familie Borneman verwandt, die in Berlin ein Geschäft für Kinderbekleidung betreibt. Deren Spross Ernst Wilhelm Julius Borneman (1915–1995) konnte Musiker aus dem Kongo schon als Zehnjähriger bei der Weltausstellung in Paris erleben und sitzt nun als Teenager nach der Schule in den Vorlesungen von Hornbostels über indische und afrikanische Musik. An Wochenenden darf er Tonaufnahmen machen und im Archiv helfen. „Als ich bei Hornbostel zum ersten Male afroamerikanische Musik hörte, Spirituals, Arbeitslieder [...], vor allem aber den Blues, da war mir sofort klar, dass dies meine Musik war."[59] Die Musik, die von Hornbostel „Jatzmusik" nannte (wie die Jazzinsider nach dem Zweiten Weltkrieg) und die er dem jungen Borneman auf Schellackplatten und live in einem Konzert im Haus Vaterland mit Sidney Bechet 1930 vorstellt, lässt Borneman nie wieder los.

In Frankfurt am Main studiert derweil der Magdeburger Swingfan Dietrich Schulz (1912–1999) die Fächer Posaune, Jazz und Ökonomie. Nachdem die Jazzklasse 1933 geschlossen wird, tritt Schulz in die SA ein[60] und geht einige Monate nach England. KP-Mitglied Borneman entzieht sich derweil dem Zugriff der Nazis durch Flucht nach London, wo inzwischen auch Theodor W. Adorno lebt, der den Jazz ablehnt und mit Hitlers Machtübernahme dessen baldiges Ende in Deutschland erwartet.[61] Inzwischen (1934) ist mit „Le Jazz Hot" ein bemerkenswertes Jazzbuch des Franzosen Hugues Panassié erschienen, das Dietrich Schulz in Deutsche übersetzen will. Daraus wird nichts, aber Schulz wird Mitglied des Hot Club du France und avanciert schnell zum gefragten Fachberater der Plattenfirmen, wird Jazz-Referent und Kritiker. Von Paris aus verschickt er „Mitteilungen" über Neuerscheinungen von Büchern und Platten. Wenn „unreife Jünglinge wüste Platten von [der britischen Jazzband] Nat Conellas und ähnlichen musikalischen Nullen spielen"[62], findet er es aber okay, wenn deren Plattenspieler und Platten kassiert würden. Damit ist die Geschmackspolizei im Jazz erfunden.

In England schreibt Borneman – inzwischen nennt er sich Ernest – Romane, jobbt als Tellerwäscher, treibt sich aber meist in den Jazzclubs rum, in denen die Stars der amerikanischen Jazzszene von Armstrong bis Gillespie auftreten, und gibt sich genussvoll, so wird er später gern erzählen[63], den Verführungskünsten afroamerikanischer Frauen hin. Borneman beginnt, selber Jazz zu spielen, besucht wieder Vorlesungen des inzwischen nach Cambridge emigrierten ,Halbjuden' von Hornbostel, wird Jazzkritiker, schreibt ein erstes Buch über „Swing Music. An Encyclopedia of Jazz". Die Liste der nachfolgenden Publikationen Bornemans über Jazz und besonders über kreolische Musik der Karibik[64] ist so lang wie die Zahl der Berufe, die Borneman im Laufe seines weiteren Lebens ausüben wird. Beinahe wird er erster Intendant des ZDF, das um 1960 als *Adenauer-Fernsehen* im Gespräch ist. Stattdessen etabliert er sich als Sexualwissenschaftler. Bornemans unerschöpflicher Neugier verdankt die Jazzforschung eine Fülle von empirischem Material, das er auf Reisen und immer wieder aus Begegnungen mit Musikern zusammengetragen hat. Davon bekommt die deutsche Jazzszene zwischen 1933 und 1945 nichts mit, während sich für Borneman seine Internierung als feindlicher Ausländer nach Kanada als Glücksfall erweist. Er gerät in den Kreis der amerikanischen Jazzkritiker und Musikethnologen um Leonard Feather und Melville J. Herskovits. In dieser Zeit kommt auch der in München geborene und in Wien aufgewachsene Dan Morgenstern (*1929) nach der Flucht vor den Nazis in den USA an und wird als Jazzkritiker und Jazz-Historiker eine der wichtigen publizistischen Säulen der Nachkriegsszene.

Mit internationalen Musikzeitschriften pflegt auch Dietrich Schulz Kontakte, der sich seit 1938 Schulz-Köhn nennt und Parteimitglied ist. Jazz und Faschismus scheinen für ihn, im Gegensatz zu Borneman, kein Widerspruch zu sein. Vermutlich verschließt er die Augen vor den Verbrechen des Regimes, ist er Idealist und Nationalist, vor allem aber beseelt von seinem messianischen Willen zur Verbreitung des Jazz. Politisch ist Schulz da kein Einzelfall. Als Soldat im besetzten Frankreich ist Schulz-Köhn dann auch in Paris stationiert, wo er die Jazzclubs frequentiert. Nach Kriegsende wird er als ,Dr. Jazz' zu einer der publizistischen Säulen der Jazzszene.

Alfred Baresels 1926 in Deutschland erschienenes, sehr theoretisch geschriebenes und ohne eigene Feldstudien in den USA entstandenes Buch über den Jazz[65] wird von den Nazis verboten. Wie die Jazzfans von Hornbostel und Borneman, zeigt auch ein Jazzmusiker Interesse an kulturethnologischen Themen. Der holländische Saxophonist Jaap Kool veröffentlicht 1921 einen „Deutungsversuch primitiver Tanzkulte und Kultgebräuche" in seinem Buch „Tanz der Naturvölker" (Berlin 1921).

Der Pfarrerssohn Joachim-Ernst Berendt (1922–2000) betritt praktisch konkurrenzlos die Szene, als er 1953 „Das Jazzbuch" vorlegt. Denn Borneman, inzwischen kanadischer Staatsbürger, lebt in England und den USA, Baresel ist Musikkritiker in der Provinz und schreibt Bücher über die Praxis des Jazzspielens, und nur Schulz-Köhn schreibt und erzählt bisher in den Medien über die Geschichte und die Szene des Jazz (s. Bd. 2, Kap. 9). Erst mit den sechziger Jahren gewinnt die Jazzpublizistik in Deutschland deutlich an Meinungsvielfalt durch jüngere Autoren.

Zirka achtzig Kilo Manuskripte von Ernest Borneman zum Thema Jazz warten nach seinem Tod im Musikarchiv der Berliner Stiftung Akademie der Künste auf ihre Auswertung. Deren Leiter Werner Grünzweig vermutet: "Wäre Borneman…bald nach Kriegsende nach Deutschland zurückgekehrt, hätte er die Jazzpublizistik nach Belieben beherrscht und in der Neuordnung des Musiklebens eine gewichtige Rolle spielen können."[66]

Schokoladenkinder und Hot Jazz mit Geigen

Viele deutsche Tanzmusiker, die auch als Jazzmusiker in Deutschland in den zwanziger und dreißiger Jahren erfolgreich sind, sind Juden, die schwarze Musik spielen. Selten sieht man unter ihnen schwarze Musiker, nur gelegentlich Profis aus den USA wie Michael „Papa" Danzi, der als Multi-Saiteninstrumentalist in sechzehn Jahren rund siebzehntausend Musiktitel[67] in europäischen Studios aufnimmt und dabei mit fast allen Bands und Orchestern spielt.

Währenddessen machen in den USA weiße Jazzmusiker (Bix Beiderbecke, Jimmy & Thommy Dorsey, Benny Goodman, Jack Teagarden) ihren afroamerikanischen Kollegen das Terrain streitig. Der Franzose Darius Milhaud, ein schon früh an mediterraner und brasilianischer Musik interessierter Komponist, kehrt von einem New Yorker Aufenthalt 1922 voller überschwänglicher Eindrücke zurück und lobt: „Die Stärke der Jazz-Band liegt in der Neuartigkeit ihrer Technik auf allen Gebieten."[68] Er schwärmt für das perfekt abgestimmte Spiel der Bands von Billy Arnold und Paul Whiteman, die er die „Jazz's" nennt. „Neben dieser mechanisierten, dank ihrer sauberen Komposition, sowie der Ausführung durch absolut einheitliche Ensembles, mit der Präzision einer Maschine sich gebenden Musik, gibt es eine andere, die obgleich aus derselben Quelle stammend, sich in ganz anderer Art entwickelt hat, – ich meine die Musik der nordamerikanischen Neger." Milhaud bemerkt, dass sich die Schwarzen die Improvisation als besonderes Merkmal ihrer Musik bewahrt hätten, sie habe sich ihren „afrikanischen, wilden Charakter" bewahrt, und praktiziert damit bereits eine gewisse *Négritude,* wie sie in den dreißiger Jahren von Paris ausgehend bekannt wird. Milhaud, der seine Liebe zum Jazz mit seiner Ballettmusik „La Création du Monde" 1923 verarbeitete, war auch dem Blues begegnet, der als Influencer von Jazz, Soul, Rock und Pop selten im Programm amerikanischer Musiker nach Europa gelangte. Es wäre auch zu dieser Zeit nicht denkbar gewesen, dass amerikanische Manager eine schwarze Bluessängerin oder einen Gitarristen auf Europatournee schickten. Sie kommen erst 1962.

Milhauds Trennung zwischen Jazzband und ‚Negermusik' findet bei den Deutschen zunächst nicht statt. Die Nation spaltet sich stattdessen in ein Für und Wider die ‚Niggermusik' aus den USA, zu der selbst die weißen Amerikaner ein schizoides Verhältnis haben, nachdem es die Musik ihrer ehemaligen Sklaven ist, die die Welt erobert, weil sie etwas können, das ihnen bisher unbekannt war, wie z. B. ihre eigene Persönlichkeit in Improvisation und Blues-Gesang einzubringen. Sie sind irritiert wie George Antheil (1900–2002), ein Sohn deutscher Einwanderer aus New Jersey und Pianist und Komponist zeitgenössischer Musik, der 1922 in Berlin studiert und anschließend in Paris in die Szene der Cocteaus, Picassos und Joyces eintaucht. Er ist eine schillernde Persönlichkeit, der aus der rue de l'Odeon in Paris an eine Freundin in den USA schreibt, wie man die afrikanische Musik ‚verbessern' könnte: „Ich glaube nicht an eine Kunstmusik, aber ich glaube auch nicht an eine modische Nigger-Musik. Ich war in Afrika, um eine Ahnung davon zu bekommen. Wilde Musik, schrecklich interessant, aber es ist nichts wie Jazz, wie all die Jungs vom Musical Courier [US Musikzeitschrift, d. A.], die hier unten waren, einmal sagten. Gott! Der amerikanische Jazz muss der Einfluss Amerikas auf die Nigger sein, denkst du nicht auch…" Antheil war schon in Osteuropa und begegnete Roma-Musikern, die „viel zu angefüllt" mit improvisierter Musik seien, um sie niederschreiben, komponieren zu können. „Die Nigger werden sich wie die Zigeuner […] als Komponisten herausstellen."[69]

Um 1924 wird es eng für die deutschen Jazzbands, als mitten im Winter mit „The Ohio Lido Venice Band" eine weiße und mit der „Nigger-Jazz-Band" eine schwarze Jazzgruppe in Berlin auftreten. Ein Jahr später folgt im Berliner Admiralspalast und danach in anderen Städten die Elf-Mann-Band des Afroamerikaners Sam Wooding mit der Revue *Chocolate Kiddies,* für die Duke Ellington einige Arrangements beisteuerte. Zum ersten Male verkaufen sich in Berlin (von der Deutschen Vox aufgenommene) Schellack-Platten mit Jazz hervorragend – allerdings nur, solange Wooding immer wieder in Deutschland gastiert. Wooding hat seinen afroamerikanischen Hot Jazz-Wurzeln bereits eine Geschmacksanpassung verordnet: Statt Trompete gibt es Geige zu hören. Folgerichtig wird 1931 für Woodings Gastspiel in Wuppertal geworben: „Was Paul Whiteman unter den Weißen ist Sam Wooding unter den Schwarzen." Rudolf Nelson und Ko-Autoren platzieren 1925 diesen Song in ihrer Revue „Confetti":

> [...]
> Ein bisschen Blues,
> ein bisschen Schmus,
> ein bisschen Jazzband
> macht uns konfus!
> [...]
> das ist heut schick
> das ist der Trick,
> das ist der Schlüssel, der Schlüssel zum Glück!
>
> (aus „Chocolate Kiddies", T: Arthur Rebner/R. Nelson)

1925 nehmen die Klagen über den ‚Bazillus' Jazz oder ‚Niggerjazz' in Deutschland deutlich zu. Schwarze US-amerikanische Künstler werden in der Presse und von Besuchern der Konzerte und Shows angepöbelt. Im Fachorgan „Der Artist" schüren Funktionäre der Musikerverbände nationalistische Töne gegen angeblich besser verdienende und deutschen Musikern Jobs stehlende ausländische Musiker schwarzer Hautfarbe. Und deutsche Schlagertexter flankieren das weiter mit rassistischen Texten, wie:

> Der Neger hat sein Kind gebissen
>
> Im dunkelsten Landes düsterstem Urwald liegt Jumbo, der Neger, ermattet vom Streit.
> Die Frauen des Negers schimpften und zankten, weil Jumbo verletzt ihre Eitelkeit.
> Er hatte zehn Schöne gefreit nach dem Brauch, doch liebt er ein anderes Mägdelein auch -
> die küßt er stets heimlich und küßt sie so wild -
> bis rot ihr das Blut aus der Lippe quillt;
> das haben die Weiber des Jumbo geseh´n und wütend schreien nun alle zehn:

Der Neger hat sein Kind gebissen - o-o-ho,
warum nur tat er uns nicht küssen - o-o-ho!
Denn wenn man nennt zehn Weiber sein,
wollen auch geküsst sie sein,
wollen auch geküsst sie sein.

(Schlager von 1926)[70]

Im Parkett des Admiralpalastes gibt sich 1925 der 16-jährige Alfred Loew aus Berlin-Schöneberg dem frühen Swing von Sam Wooding & The Chocolate Kiddies hin. Drei Jahre später besucht er die angesagten Jazzclubs in New York. Tagsüber jobbt er in den Hafen-Docks. Er weiß noch nicht, dass er in einigen Jahren, nach vielen Reisen und Aufenthalten in Südamerika, ganz in den USA bleiben und 1939 das legendäre Jazz-Label „Blue Note" ins Leben rufen wird.[71] Dabei ist ihm Ruth Mason, Harlemer Disc Jockey und Tochter der Begründerin der ersten afroamerikanischen Musikschule in Michigan behilflich. Ihre Mutter Bertha Hansbury hatte 1908 in Berlin studiert. Der Fotograf Frank Wolff stößt als jüdischer Emigrant Ende 1939 in New York dazu. Er ist ein Jugendfreund Loews, der jetzt Lion heißt, mit dem er im Hot Club Berlin und dessen konspirativen Treffpunkten wie dem Uhlandeck und dem Café Hilbrich am Kurfürstendamm unter Swingfreunden anzutreffen war. Wolff, inzwischen Francis, führt die gemeinsame Firma weiter, als Alfred Lion zum Militär einberufen wird. Sie sind nicht die einzigen jüdischen Emigranten, die durch die Rassendiskriminierung in den USA an ihre Verfolgung unter dem NS-Regime erinnert werden. Ihr inzwischen als Melodie-Klub organisierter Stammtreff schließt seit 1935 nicht-arische Bürger von der Mitgliedschaft in diesem Jazzclub aus.

Sinfonischer Jazz für Bürgerstuben

Der Amerikaner Paul Whiteman (Nomen est Omen, 1890–1967), kommt mit seinem „saccharine and popular' symphonic jazz"[72] im richtigen Moment, um einen weißen, sehr cremigen Jazz in Deutschland zu etablieren. Von vielen als König oder Erfinder des Jazz gefeiert, gibt Whiteman im Juni 1926 mit einer 35-köpfigen Band ausverkaufte Konzerte in Deutschland. Er ist aber gleichzeitig auch in den USA, denn als Paul Whiteman Orchestra lässt er inzwischen vermutlich 27 weitere Kapellen unter demselben Namen an der US-Ostküste tingeln. Das Erfolgsrezept des dreihundert Pfund schweren Kapellmeisters aus Denver ist: Er arrangiert u.a. Klassische Musik für Jazzorchester, wozu sich anfangs kaum jemand zu tanzen traut. Aber das kennt Whiteman aus früheren Tagen schon: „Die Jazz spielte, aber kein Mensch tanzte."

Im gleichen Jahr gibt der Brite Jack Hylton mit seiner Big Band sein Debut in der Scala von Berlin. Der Jazz ist tot, schreiben jetzt die Kritiker – sie meinen den schwarzen Hot Jazz – und begrüßen die großorchestralen jazzigen New York-Style-Versionen bekannter Melodien aus Oper, Konzert und Schlager. Überall im Land entstehen Jazz-Symphonie-Orchester, unter den bekanntesten ist das des ursprünglich von der Klassik kommenden Pianisten Mitja Nikisch. Außerdem präsentiert sich zunehmend auch die moderne sinfonische Musik Amerikas in deutschen Konzertsälen – nicht ohne Vorurteilen zu begegnen. „Außer dem Yankee Doodle und der Washingtonpost und ein paar Niggerliedern liegt bisher nichts vor: also kann das nur ein Bluff sein" – damit ironisiert Musikkritiker Hans Heinz Stuckenschmidt den Blick durch die „europäische Brille auf Harmonie, Melodie und Orchesterklang", der die Ohren für exzellente „jung-amerikanische" Komponisten und Dirigenten verschließen würde.[73]

Während der Olympischen Spiele 1936 hat der Schweizer Bandleader Teddy Stauffer (1909–1991) mit seinen „Original Teddies" ein volles Haus im Ballhaus Femina am Berliner Tauentzien. Bei schönem Wetter wird hier die Glasdecke geöffnet und feinster Swing Jazz dringt in die Wohnstuben der Nachbarschaft. In Stauffers Band finden sich zeitweise noch die meisten und besten Jazzmusiker der Metropole wie der Trompeter Kurt Hohenberger, der Klarinettist Ernst Höllerhagen und der Saxophonist Teddy Kleindin. Drei Jahre später gibt es die Band unter Stauffer nicht mehr. Der Reichsmusik-kammer war der Swing des Schweizers dann doch zu jazzig. Nach einem Umweg über Hollywood ist Stauffer 1944 im Fischerdorf Acapulco in Mexiko gelandet, das durch die Anziehungskraft des Swingkönigs zu einem weltbekannten Badeort und Treffpunkt des internationalen Jetsets wird.

Swingtanzen bleibt auch ohne Stauffer und selbst während des Krieges einer der Lieblingstänze in den angesagten Treffs der Großstädte, zu denen in Berlin das Delphi und die beiden Berliner Moka Eftis gehören. Das erste Haus an der Friedrichstraße ist bekannt für seine große Rolltreppe, auf der man in ein luxuriöses Kaffeehaus gelangt, wo Tag für Tag 25.000 Tassen Kaffee ausgeschenkt werden und in der Nacht ein „Babylon" mit Sex, Drugs und Swing entsteht, ein Berghain dieser Epoche. In Hamburg bietet das Café Heinze gegenüber der U-Bahnstation St. Pauli den Swingfans wechselnde Orchestergastspiele an.

Der um 1918 begonnene Einzug des Jazz in Deutschland hat bis 1945 im Wesentlichen großen Einfluss auf Stilistik und Qualität der Unter-haltungsmusik. Bis zu einem gewissen Grad standardisiert der Jazz deren

Rhythmen und Arrangements, zu denen längst auch Lateinamerikanisches wie Tango, Samba und Rumba zählt. Die Bläser der großen Orchester spielen besonders gern die Riffs amerikanischer Vorbilder nach, aber bis 1933 hat sich keine eigene Jazzsprache, wohl aber eine deutsche Jazzszene entwickelt, und bis Kriegsbeginn sind viele deutsche Jazzmusiker schon nicht mehr im Lande. Auch Musiker anderer Nationalitäten haben längst begonnen, Deutschland zu verlassen.

Die Swingheinis bleiben. Dieser Typus löst mit dem Aufkommen des Swing in Deutschland den des schillernden ‚Jonny' ab. Peter Kreuder ist einer, Hans-Jürgen Massaquoi, der afrodeutsche Junge aus Hamburg (s. Kap. 2) ebenfalls. (Beide konnten aber im politischen und kulturellen Denken nicht unterschiedlicher sein.) Swingheinis geben sich nahezu uniformiert mit Schlapphüten auf längerem Haircut, in weiten Hosen unter langen Mänteln und immer mit einer Kippe im Mundwinkel. Jahrzehnte später gibt es mit den „Sapeurs" in Zentralafrika ein ähnliches Styling (s. Bd. 3, Kap. 1). Besonders in Hamburg geraten die Swingheinis schnell ins Visier von Polizei und SS, nicht wenige werden verhaftet und für längere Zeit in Lagern inhaftiert (s. Kap. 16).

Nach dem Vorbild amerikanischer und britischer Jazzclub-Verbände und dem Pariser Hot Club du France versuchen Swingfans, ähnliche Strukturen in deutschen Städten zu realisieren. Am 13. Oktober 1934 avisieren die Initiatoren des Berliner Melodie-Klub in der Öffentlichkeit ihre offizielle Clubgründung, der eine ordnungsgemäße Eintragung folgen werde. In Königsberg verteilt ein Melody Club 1935 – auch dieser mit Unterstützung von SA-Mitglied „Swing Doc" Dietrich Schulz nach dessen Londoner Aufenthalt als „Rhythmusclub" mitbegründet – Handzettel mit seinen Zielen, „das Verständnis für moderne rhythmische Musik zu erweitern und zu vertiefen". Zum Programm werden vor allem Schallplattenabende, Vorträge und Konzerte gehören. Bei der Satzung tut man sich schwer, denn Mitglied des Klubs kann nur derjenige werden, der „arischer Abstammung" ist, aber „Ausländer können als Mitglieder aufgenommen werden". Auch schwarze Jazzmusiker? In der wenige Monate zuvor für den Berliner Melodie-Klub beschlossenen Satzung steht zusätzlich, dass die Jazzfans in der Klubleitung Mitglieder in der NSDAP sein müssen.[74]

Die Verbote des Nazi-Regimes bewirken aber auch, dass sich in vielen Städten die Jazzfans in einer verschworenen Gemeinschaft ohne offiziellen Vereinsstatus zum Hören ausländischer Radiosender oder auf Umwegen neu erworbener Platten zusammenschließen. An vielen Orten wird auch Live-Musik gemacht, wie in der Frankfurter Rokoko-Diele in der Kaiserstraße, wo Emil Mangelsdorff mit seinen Swingmusikern spielt, während draußen Schmiereposten stehen, die vor HJ-Streifen warnen. Im Altonaer Kaiserhof bietet sich am 8. Februar 1940 dem HJ-Streifendienst ein „erschütternder" Anblick: 500 junge Leute wie „in Hysterie geratene Neger bei Kriegstänzen". Es sind „ausschließlich vollendete Tangoboys" anwesend und es wird „in übelster und vollendetster Form geswingt".[75] Nach Kriegsende gibt es damit zumindest eine kleine Keimzelle für eine Jazzszene, in der sich viele junge Musiker wie Albert Mangelsdorff entfalten und bereits etablierte Größen wie Willy Berking oder Kurt Edelhagen wieder zum Jazz zurückkehren können. Davon leben können sie aber erst mal nicht, und so entstehen in Deutschland überwiegend unter dem Dach der Rundfunkanstalten Big Bands, die Jazzmusikern Arbeitsmöglichkeiten in Jazz & Swing-orientierten Orchestern bieten: Willy Berking, Erwin Lehn, Helmut Zacharias, Paul Kuhn… (s. Bd. 2, Kap. 1 und 9).

Der Jazz hat sich bis Kriegsende in den USA zwar von seinen ursprünglichen afroamerikanisch-afrokaribischen Anfängen zu einer globalen und vielseitigen musikalischen Ausdrucksform entwickelt, die Vorurteile bei Musikkritikern, Kulturmanagern und breiten Bevölkerungsschichten sind aber auch nach dem Krieg noch fest verankert.[76] Schwarze Sängerinnen müssen in New York manchmal noch einen anderen Bühneneingang benutzen als ihre weißen Kolleginnen. In den USA bleibt man dem Jazz die kulturelle und gesellschaftliche Anerkennung schuldig und auch in Deutschland ist der Jazz nicht ‚gesellschaftsfähig'. Unter der Überschrift „Musik aus Onkel Toms Hütte" erklärt „Der Spiegel" im Januar 1947 seinen Lesern anlässlich eines Treffens der Jazz-Legenden Django Reinhardt und Paul Whiteman in Paris, dass „der echte Jazz-Musiker, der keine Noten vor sich hat" nur dann große Leistungen vollbringen könne, wenn er „in einem tranceähnlichen Zustand" sei.[77] Darauf lässt der Autor eine Anekdote zum Marihuana-Konsum Leon Ropollos und sein Ende in geistiger Verwirrung folgen. So sehr im weiteren Artikel der Autor verworrene Details der Jazzmusik und Sex & Drugs verbreitet, so wenig kann dieser Artikel helfen, seit der Jahrhundertwende existierende Vorurteile gegenüber afroamerikanischer Musik und ihren Künstlern zu korrigieren.

Weiterlesen über Jazz und Jazzverwandtes in Deutschland

Kap. 15: Aloha 'Oe (Die letzten Exoten erreichen Nazi-Deutschland, u. a. Jazz-musiker Lateinamerikas)
Kap. 16: Braune Töne (Jazz im NS-Staat)

Band 2
Kap. 1: Nachkriegszeiten
Kap. 3: Wirtschaftswunder und Latin Feelings
Kap. 7: Die Bossa Nova, die Amerikaner und wir
Kap. 9: Begegnungen im Jazz

Anmerkungen

1. F.W. Koebner: Jazz und Shimmy. Brevier der neuesten Tänze. Berlin 1921, https://archive.org/details/Biblio-1921-D-1921-04-00-FW-Koebner-Jazz-und-Shimmy/ (11.3.2020).
2. Marc A. Weiner: "*Urwaldmusic* and the Borders of German Identity: Jazz in Literature of the Weimar Republic", in: The German Quarterly 64, 4 (Autumn 1991).
3. Laut Aussage des Saxophonisten Garvin Bushell, zit. nach: Christine Naumann: „African American Performers and Culture in Weimar Germany", in: David McBride/LeroyHopkins/C. Aisha Blackshire-Belay: Crosscurrents. African Americans, Africa, and Germany in the Modern World. Columbia/USA 1998.
4. Günther Huesmann: „Rhythmuswechsel", in: Kalenderblatt/Archiv. Deutschlandfunk, Beitrag vom 15.1.2010. deutschlandfunkkultur.de/rhythmen-wechsel.932.de.html?dram:article_id=130.688(20.4.2019).
5. Koebner (Anm. 1), S. 53 f.
6. Zit. nach: Koebner (Anm. 1), S. 3.
7. Koebner (Anm. 1), S. 22.
8. Luis Douglas: "Blues", in: Revue des Monats 1, 1926/27 H. 1, November.
9. Heribert Schröder: Tanz- und Unterhaltungsmusik in Deutschland 1918–1933. Bonn 1990.
10. Bandleader: F. Groundzell, Label Homokord.
11. Koebner (Anm. 1), S. 14.
12. Bernard Etté: „Jazz von gestern und heute", in: Der Tanz 2/1927, November, S. 11.
13. 4,20 Goldmark = 1 Dollar (1.12.1923–15.1.1924).

14. Jaap Kool: „Vom Negerdorf zur Philharmonie", in: UHU, November 1924.
15. Faksimile des Vertrages in: Schröder (Anm. 9), S. 230.
16. Hans Siemsen: „Ich liebe Berlin", in: Die Weltbühne 1925, 2. Hj., S. 63.
17. Mitte 1925 holt die UFA den Amerikaner Sam Rachmann, um den Ufa-Palast am Zoo ein Flair von Hollywood und Broadway zu verleihen. Zur Wiedereröffnung spielt ein Orchester unter dem aus New York kommenden Ungar Ernö Rappé.
18. Vgl. grammophon-platten.de/page.php?447 (26.5.2019).
19. Vgl. Horst H. Lange: Jazz in Deutschland – die deutsche Jazzchronik 1900–1960. Berlin 1966, 2., verbesserte Aufl. Hildesheim 1996.
20. „Jazzmatinee" im Theater am Kurfürstendamm, 1925.
21. In: Revue „Spuk in der Villa Stern", 1931.
22. Jörg Süßenbach und Klaus Sander haben die Geschichte der Weintraubs in einem Dokumentarfilm festgehalten. „Weintraub Syncopators – Bis ans Ende der Welt". Cine Impuls Berlin, 2000.
23. In: Der Tanz 2/1927, S. 31.
24. Eduard Duisberg: „Jazz Band", in: Das Magazin 4, 1927, Nr. 45, Mai, S. 2264.
25. Hermann von Wedderkop: „Shimmi greift ein", in: Der Querschnitt 1/1921.
26. Darius Milhaud in: Der Querschnitt 4/1924, S. 125.
27. Jeanpaul Goergen, zit. nach: www.friedenauer-presse.de/buecher/titel/54.html (28.6.2019). Paul von Ostaijen: Der Pleitejazz. Ein Filmszenario. Berlin 1996.
28. Info zur Hörspielversion von Alexis Krüger, 2010, pleitejazz.de (4.7.2019).
29. Gottfried Benn: Auszug aus „Du übersiehst dich nicht mehr", in: Ders.: Fragmente: Gedichte. Wiesbaden 1951.
30. Ulrich Rüdenauer: „Wiederentdeckte Avantgarde: ‚Jazz' von Hans Janowitz", in: FAZ Feuilleton, 22.5.2001.
31. René Schickele: Symphonie für Jazz, München, S. 12, https://www.projekt-gutenberg.org/schickel/jazz/chap002.html (28.6.2019).
32. Louis Douglas: "Blues ", in: Revue des Monats 1, 1926/27, H. 1, November, S. 23.
33. Jaap Kool: „Vom Negerdorf zur Philharmonie", in: UHU, November 1924.
34. Kool (Anm. 33), S. 34.
35. Klaus Pringsheim: „Jazz", in: Die Weltbühne 22/II, Nr. 46, 16.11.1926, S. 793.
36. Cabaret Revue „Schwarzer Jahrmarkt" im Cabaret Ulenspiegel in Berlin 1946/47, vgl. Klaus Budzinski: So weit die scharfe Zunge reicht. München 1964, S. 424, 508.
37. Wikipedia, Art. „Großstadt (Otto Dix)".
38. Ernst Benisch: „Ich hab zu Haus ein Saxophon", in: Das Magazin 2, 1928/29, S. 3731.

39. Hans Severus Ziegler, Generalintendant am Nationaltheater Weimar, NS Funktionär: Thüringer Erlass gegen Negerkultur.
40. Michael J. Budds (Hg.): Jazz and the Germans. Hillsdale/NY 2002, S. 28 f.
41. Blandine Ebinger: „Blandine…": Erinnerungen der Schauspielerin und Diseuse. Hamburg 1992, S. 175 f.
42. Eckhard John: „Jonny und Jazz", in: Nils Grosch (Hg.): Aspekte des modernen Musiktheaters in der Weimarer Republik. Münster 2004, S. 101.
43. Zit. nach: Andreas Merighi: Wandel des Musikgeschmacks der österreichischen Jugend. München 2007.
44. John (Anm. 42), S. 102.
45. Zit. nach: Tobias Widmayer „In meinen Eingeweiden kräuseln süße Kakophonien", in: Gottfried Eberle (Hg.): Erwin Schulhoff. Die Referate des Kolloquiums Köln 1992. Kölner Gesellschaft für Neue Musik und Musica Reanimata, Hamburg 1993, S. 78.
46. Zit. nach: Tobias Widmayer: „Dadaist mit Wolkenpumpe", in: Neue Zeitschrift für Musik 152, Nr. 11, 1991.
47. Udo Lindenberg hat dieses Lied mit Helge Schneider und teils geändertem Text 2002 aufgenommen.
48. Interessanter, unbewusster Hinweis auf Arbeiten Kandinskys, z. B. dessen Buch „Jazz".
49. F.W. Koebner (Anm. 1).
50. Kool (Anm. 32), S. 33 f.
51. Paul Stefan: „Jazz?", in: Musikblätter des Anbruch, Jg. 7/1925, Nr. 4, April, S. 187.
52. Alexander Jemnitz: „Der Jazz als Form und Inhalt", in: Musikblätter des Anbruch (Anm. 52), S. 511 ff.
53. Alle Zitate: Musikblätter des Anbruch (Anm. 52).
54. Michael H. Kater: Gewagtes Spiel. Jazz und Nationalsozialismus. Köln 1995, S. 72.
55. Wilhelm Twittenhoff: Jugend und Jazz. Ein Beitrag zur Klärung. Mainz 1953, S. 131.
56. Twittenhoff (Anm. 56), S. 131.
57. Twittenhoff (Anm. 56), S. 17.
58. Erich von Hornbostel/Curt Sachs: „Systematik der Musikinstrumente. Ein Versuch", in: Zeitschrift für Ethnologie 46, 1914.
59. Ernest Borneman: Die Ur-Szene. Frankfurt a.M. 1977, S. 356.
60. Vgl. Kater (Anm. 54), S. 197.
61. Vgl. Kater (Anm. 54), S. 72.
62. Peter Martin/Christine Alonzo (Hg.): Zwischen Charleston und Stechschritt. Hamburg 2004, S. 253 (Abb. einer Mitteilung).
63. U. a. dem Autor.

64. Ernest Borneman: „Jazz and the Creole Tradition", in: Jazzforschung Graz, No.1, 1969.

65. Alfred Baresel: Das Jazz-Buch. Leipzig 1926. Ders.: Das Neue Jazzbuch. Leipzig 1929.

66. Zit. nach: Hans-Jürgen Schaal: „Der Vergessene Jazzkritiker", in: Jazz-Zeitung 12/2003–1/2004, S. 22, www.jazzzeitung.de/jazz/2003/12/dossier-borne-mann.shtml.

67. Nach seinen eigenen Angaben gegenüber Rainer Lotz.

68. Darius Milhaud: „Die Entwicklung der Jazz-Band und die Musik der Neger Nord-Amerikas", in: Der Querschnitt 4/1924, H. 2/3, Sommer, Reprint in Jazzthetik 1988.

69. George Antheil: „Sample of American", in: Der Querschnitt 4/1924, H. 2/3, Sommer, S. 133.

70. M: Max Urban, T: M.C. Krüger (um 1926).

71. Zu Blue Note vgl. Hans-Jürgen Schaal: 60 Jahre Blue Note. Eine Passion und ihre Folgen, www.hjs-jazz.de/?p=00016 sowie der Dokumentarfilm „It Must Schwing" von Eric Fiedler (D 2018).

72. Richard M. Juang/Noelle Morrissette (Hg.): Africa and the Americas. Culture, Politics and History. Bd. 1. Santa Barbara 2008.

73. Hans Heinz Stuckenschmidt: „Panamerika komponiert", in: Der Querschnitt 12/1932, S. 574.

74. „Der Melody Club – Jazz in Königsberg", kultur-in-ostpreussen.de/anmelodyclub (1.7.2019).

75. K.-Inspekteur des HJ-Streifendienstes. Hamburg, 8.2.1940, in: Franz Ritter (Hg.): Heinrich Himmler und die Liebe zum Swing. Leipzig 1994, S. 100 ff.

76. Siehe auch: Ralf-Peter Fuchs: „Synkopen am laufenden Band", in: PopScriptum 8, Afroamerikanische Musik in Deutschland, Humboldt-Universität Berlin, www.popscriptum.hu-berlin.de/themen/pst08/index.htm.

77. Der Spiegel 11.1.1947, S. 18.

Kapitel 9 (… 1910–1945 …)
Paris: Zentrum transatlantischer Zuwanderer

Exotische Welten beflügeln seit dem 19. Jahrhundert in besonderem Maße die Fantasien von schöpferisch tätigen Europäern. Mit dem Übergang der nord- und südamerikanischen Kolonien zu Nationalstaaten entstehen neue transatlantische Netzwerke. In ihnen fließen nicht nur die Migrantenströme von Ost nach West. Der brasilianische Kaiser besucht Wagner in Bayreuth, deutsche Forscher gleiten den Orinoko flussaufwärts auf der Suche nach ethnologischen Sensationen. Wirtschaft, Wissenschaft und Kultur werden miteinander verknüpft. Die Welt rückt nicht zusammen, aber winzige Teile von ihr werden von Europäern erkundet und in Europa inszeniert. Man ist nicht weltoffen, aber man sieht Paris oder Berlin nicht mehr nur als Metropole, sondern auch als ‚Weltstadt‘, in der sich das Bürgertum Phantasien aus dem Orient hingibt und Afrikaner und Asiaten in Völkerschauen inszeniert werden. Der Gedanke von „Eine Welt“, wie er in den 1960er Jahren im Umfeld von kirchlichen „Dritte Welt“-Diskussionen aufkommen wird, ist nur in wenigen Ansätzen vorhanden. Die Europäer bestimmen, was sie ihrer ‚Welt‘ hinzufügen und wie sie es präsentieren. Über Jahrzehnte wird der Eurozentrismus auch die Sicht auf die übrige Welt bestimmen. Dabei wird scheinbar Krummes gerade gebogen, aus dem Tango Criollo wird ein zahmer Dielenschieber. Wie man tanzt, ist in volkstümlichen Kneipen nicht mehr ein Ergebnis von Prozessen der Nachahmung und Variation, sondern Folge europaweiter Standardisierungen durch die wachsende Macht der Tanzschulen und deren Synergien mit einer ebenfalls wachsenden Musik- und Unterhaltungsindustrie.

© Springer-Verlag GmbH Deutschland, ein Teil von Springer Nature 2022
Claus Schreiner, *Schöner fremder Klang – Wie exotische Musik nach Deutschland kam*,
https://doi.org/10.1007/978-3-476-05695-5_10

Bald umfasst dieses Netzwerk weitere Kontinente, seine europäischen Schaltstellen sind London, Berlin, Wien und ganz besonders: Paris.

Das Tor zu Europa

Der Siegeszug der lateinamerikanischen Musik in Europa wurde von Sebastián Iradier und Louis Moreau Gottschalk in den 1840er Jahren in Paris vorbereitet (s. Kap. 1). Die Klaviermusik des Basken und des Amerikaners brachte mit Habanera und kreolischer Musik erste zarte Sprösslinge einer neuen musikalischen Hybridkultur aus afrikanischer und europäischer Musik an die Seine. Viele junge Musiker und Komponisten kamen in der Folgezeit aus Lateinamerika, um am Pariser Konservatorium oder später auch bei Nadia Boulanger im Ambiente der Elite der europäischen Klassik zu lernen. Einige studierten auch in Berlin, Leipzig und Hamburg.

Weder Madrid noch Lissabon erlangten die Bedeutung, die die „Ciudad de Luz" in den nächsten 150 Jahren für die populäre Musik aus ehemals spanischen und portugiesischen Kolonien zwischen Kuba und Feuerland, später auch aus Afrika, bekommen wird. Dabei waren regional verschiedene Derivate aus dieser Ursuppe von Habanera-Verbindungen, die Jürgen Torp „Alte atlantische Tangos"[1] nennt, vermutlich zuerst in den Kneipen der Hafenstädte Cádiz oder Marseille zu hören. Oder auch in einer Hafenkneipe auf den Kapverden, wo die Schiffe auf ihrer Fahrt nach Brasilien vor Anker gehen und wo lusitanische mit afrikanischer Kultur eine eigene kreolische Musik mit brasilianischen Elementen hervorbringt. Gottschalks „Ojos Criollos" (1859) sind wohl der bekannteste erste Versuch, Wesenszüge von Tango, Choro und karibischer Musik in einer Komposition zu vereinen. Mit ihren Kompositionen unterhielten die Pianisten Iradier und Gottschalk das gehobene Bürgertum, dem sie selber angehörten. Ihre Nachfolger kommen nun aber auch aus den Randzonen der Metropolen der Neuen Welt, aus den Vierteln ehemaliger afrikanischer Sklaven und gestrandeter Einwanderer. Sie sind schwarz, milchkaffeebraun oder weiß, und mindestens genauso kreativ wie Iradier oder Gottschalk, in Einzelfällen wahrscheinlich sogar nahezu genial. Viele von ihnen haben Musikunterricht bei ihren Vätern oder Verwandten genossen, manche auch bei professionellen Lehrern, in deren Haus ein Klavier stand, das neben leichter zugänglichen Instrumenten wie Percussion, Flöte, Gitarre, Fidel oder Banjo nun auch Bestandteil ihrer Musik im Übergang von folkloristisch-traditioneller zu populärer Musik der Städte wird.

Sowohl die Musikinstrumente als auch die Lieder und Tänze, die europäische Auswanderer einst nach Nord- und Südamerika mitgenommen hatten, kehren nun in der ersten Hälfte des 20. Jahrhunderts zurück. Aber sie haben sich verändert. Das Akkordeon heißt jetzt Sanfona. Miniaturgitarren wie Machete oder Timple haben einen neuen Korpus aus dem Panzer eines Gürteltiers und werden Charango genannt. Das Menuett nennt man Danza oder Tumba, die Polka ist eine Maxixe und „La Paloma" ist ein Tango. Deren Melodik folgt europäischen Vorlagen, aber Sing- und Spielweisen haben sich verändert, wie die Liedtexte, die einerseits gefühlvoller und andererseits frecher als früher sind.

Unter den Rückwanderern sind auch die Enkel und Urenkel ganzer Musikerdynastien aus dem italienischen Viertel von Buenos Aires oder baskischer Musiker aus Santiago auf Kuba. Sie bringen den Tango, den Maxixe, die Rumba und die Biguine nach Europa, aber die wenigsten bleiben selber dort. Bekannt werden fast immer nur die Instrumentalisten unter ihnen. Selten steht ganz oben auf den Plakaten der Name einer Sängerin oder eines Sängers wie Carlos Gardel oder Carmen Miranda. Aber Gardel ist gebürtiger Franzose und die Miranda stammt ursprünglich aus Portugal. Beide kommen interessanterweise nie nach Deutschland.

Kaum ein Musiker hat die Mittel, seine Reise nach Europa selbst zu finanzieren. Aus Buenos Aires kommen Tangomusiker mit Unterstützung eines Kaufhauses und Plattenlabels, in Rio de Janeiro sponsert eine reiche Carioca-Familie den Paris-Trip des „Conjunto Oito Batutas". Wohlhabende Familien in Paris subventionieren die Musiker mit Hauskonzerten und Bällen. Auch für offizielle Anlässe bezahlt man ihre Schiffspassagen zu Kolonialausstellungen oder Jubiläumsfeierlichkeiten. Unbekannt ist aber die Zahl der Musiker, die versuchen, als blinde Passagiere oder illegal nach Europa zu gelangen, und wieder zurückgeschickt oder auf halber Strecke irgendwo an Land gesetzt werden. Wer den europäischen Kontinent zwischen November und März in Marseille, Lissabon, Bremen oder Le Havre erreicht, friert in vielen Fällen erst einmal fürchterlich. Alle haben auch Heimweh, aber nicht alle sehnen sich zurück. In ihre alte Umgebung schon, aber selten in das Gesellschaftssystem, die Armut und die Chancenlosigkeit dort. „Ich liebe Martinique sehr, das Land, in dem ich geboren wurde und in dem ich dreiunddreißig Jahre lang lebte. Aber ich bin klar und objektiv: Mein Land hat nichts für mich getan. Alles, was ich in meinem Leben erreicht habe, habe ich durch meine Arbeit, durch Hartnäckigkeit verdient" (Ernest Léardée).[2]

Die meisten Musiker kommen zwischen 1910 und 1935, in einer Zeit, als ihre eigene, neue Musik daheim noch in Phasen der Konsolidierung steht und mit Vorurteilen und Verboten konfrontiert ist. Viele von ihnen werden später aber zu Legenden und bekommen einen Ehrenplatz im Kreis der Alten Garde ihrer Musik, der Guardia Vieja und Guarda Velha.

Diese Musiker sind fast immer multiethnischer Herkunft wie die in ihren Heimatländern entstehende neue Gesellschaft, die meisten sind Kreolen unterschiedlichster Hautfarben. Selten ist einer von ihnen nur der traditionellen und oder nur der rituellen Musik verhaftet und Musiker der afroamerikanischen Kulte, die durch Nachahmung europäischer Vorlagen erst die aufregenden Neuerungen in Gang gesetzt hatten, betreten kaum die Gangway der Dampfer nach Osten; die begehrten Tickets bekommen überwiegend ausgebildete Musiker aus der Mittelschicht. Es sind Musiker, die fast immer ihren Lebensunterhalt irgendwie in Stummfilm-Kinos verdienten und nebenher an den Wochenenden mit ihren Bands in ihren Wohnvierteln ihre neue Musik spielten. Beziehungen sind dabei genauso wichtig wie vertragliche Bindungen, die oft nur auf den ersten Blick lukrativ erscheinen, aber als Knebelverträge oder ‚buyouts' für ungleiche Verhältnisse zwischen Künstlern und der jungen Verlags- und Tonträgerindustrie Lateinamerikas und deren Verflechtungen mit der nordamerikanischen Tin Pan Alley sorgen.

Den Musikern aus Brasilien und der Karibik begegnet man in Europa mehrheitlich mit rassistischen Vorurteilen. Den Argentiniern, in deren Tango-Geschichte auch schwarze Musiker und Sänger eine Rolle spielen, stellt sich diese Problematik in Europa nicht. Stattdessen werden jüdische Tangomusiker vom NS-Regime verfolgt. Je mehr die neuen Klänge und Rhythmen aus Lateinamerika durch Afrolatiner nach Europa gebracht werden, desto geringer sind ihre Chancen, selbst dauerhaft außerhalb von Frankreich auch in Deutschland arbeiten zu können. Die Verbreitung von Rumba und Biguine geschieht daher weitgehend durch in Deutschland ansässige Kapellen und Künstler in Versionen, die meist weit entfernt von dem sind, was erstmals in Paris angeboten wurde. Dabei hat die Rumba einen nicht unwesentlichen „Vorteil": Während die Musiker der Biguine durchweg Schwarze sind, befinden sich unter den Kubanern viele weißhäutige Musiker. Die Brasilianer hingegen sind nahezu chancenlos in Deutschland, nachdem ein kurzes Gastspiel einer Samba-Choro-Gruppe in Paris ohne Wirkung bleibt und der Maxixe schnell vom Charleston verdrängt wird. Die brasilianische Musik wird fortan vorerst im Programm von Stars wie Josephine Baker überleben, die die Sambas von Gastspielen am Zuckerhut mitbringen.

In Europa können lateinamerikanische Musiker – solche aus Afrika trifft man jetzt kaum an – ihren Lebensstandard und ihre Arbeitsbedingungen

verbessern – zumal die französische Musikergewerkschaft schon früh nach
Einführung einer Quotenregelung ruft. Für den europäischen und nordamerikanischen Markt schlüpfen sie in Ponchos und Boleros, tragen
Sombreros und Halstücher. Man passt sich den Erwartungen der Konsu-
menten an, aber die wenigsten kennen ihre Rechte als Urheber von
Kompositionen und Texten. Viele hat man schon in der Heimat darum
betrogen und einige lernen erst mit Hilfe europäischer Gesellschaften wie
der Sacem, ihre Rechte auch vor kopierfreudigen Kollegen unter den
Zuhörern zu schützen. Oft genug übernehmen sie auch ‚Inspirationen‘
aus der eigenen oder benachbarten Kultur in eigene Werke. Die Melodie
eines kollektiven Karnevalsliedes wird zum Mittelpunkt einer eigenen
Komposition, folkloristische Lieder melden sie nicht als Bearbeitungen,
sondern als eigene Kompositionen an – in vielen Fällen werden sie auch von
Verlagen dazu getrieben, denn ihre Folklore ist ungeschützt.

Ob aus der Karibik oder Südamerika – die meisten Musiker zieht es
früher oder später nach Paris. Hier gibt es die meisten Jobs und die besten
Kontakte. Mit Ausnahme der Musiker der französischen Antillen mit
Guyana spricht kaum einer die Landessprache, sondern Spanisch und
Portugiesisch. Daher werden Kontakte zu Landsleuten in der Stadt lebens-
wichtig, die man ausgiebig in Cafés und Kneipen pflegt. Je mehr man von
ihnen kennenlernt und vielleicht von ihnen weitervermittelt wird, desto
größer werden die beruflichen Überlebenschancen.

Als romanische Sprache ist das Französisch Argentiniern wie Kubanern
vertrauter als Deutsch. Was könnte einen Musiker aus Brasilien oder
Kuba daher dazu bewegen, sich in Deutschland niederzulassen? Claude
McKays Roman „Banjo" spielt im Marseille der 1920er Jahre und erzählt
die Geschichte einer Band schwarzer Seeleute verschiedener Nationalitäten. Der Jamaikaner McKay, in den USA lebendes Enfant terrible der
Harlem Renaissance, ist selbst viel in Europa herumgereist und lässt seine
Romanfigur auf dem Höhepunkt der Inflation auch nach Berlin kommen,
wo er „etwas ganz anderes [fühlte] als alles, was mich in anderen weißen
Ländern beeindruckte. Ich fühlte eine schreckliche Ehrlichkeit, die man
moralisch, religiös oder national nennen könnte […] und mit ihr fühlte
ich eine selbstbewusste, blinde Stumpfheit im Charakter des Volkes, die
hart und deutlich wie eine Steinmauer war."[3] Es ist aber keine Feindseligkeit. Der Roman preist, im Gegenteil, die Herzlichkeit, die dem Musiker
in allen deutschen Städten, die er besuchte, begegnet sei. Es habe sich
nirgendwo sichererer gefühlt als dort. „Dennoch mochte ich Deutschland nie. Es war ein Land, dessen Temperament zu stark organisiert war.
Ich habe etwas Amerikanisches daran gefunden, aber ohne die dynamische

Unordnung Amerikas."[4] „Banjo" wird 1937 als „Big Fella" vom Briten J. Elder Wills mit Paul Robeson verfilmt, kann aber wie auch die beiden Josephine Baker-Filme „Zou-Zou" (1934) und „Princess Tam Tam" (1935) auf dem europäischen Markt allein nicht finanziell bestehen, wenn die US-Amerikaner die Filme nicht in ihre Kinos übernehmen. Doch in den USA sind Romanzen mit schwarzen Darstellern ebenso unerwünscht wie im faschistischen Deutschland und Italien. Alexander Kordas britische Produktion „Der Dieb von Bagdad" mit dem Inder-Jungen Sabu in der Hauptrolle kommt daher erst nach dem Krieg in die deutschen Kinos.

Die Musiker aus der karibischen Inselwelt kooperieren schneller miteinander als Tangomusiker mit Brasilianern. Das liegt einerseits daran, dass es in den zwanziger und dreißiger Jahren in Paris weitaus mehr Künstler aus Kuba, Haiti, den Antillen und anderen Inseln gibt. Andererseits kommen Kubaner und Antillaner schnell über gemeinsame afrokaribische musikalische Wurzeln wie auch sprachlich durch ähnliche Patois-Dialekte, manchmal sogar durch verwandtschaftliche Beziehungen zu gemeinsamem Musizieren. Dagegen verhindert die traditionelle kulturelle Distanz zwischen Rio de Janeiro, mit einer großen afrobrasilianischen Bevölkerung, und dem von europäischen Immigranten geprägten Buenos Aires solche Kooperationen zwischen Tango- und Samba-Musikern auch in Paris. Gleichwohl können Tango- und Maxixe-Tänzer in Paris mit beiden Modetänzen Erfolge feiern.

Für (nur) fünfzehn Millionen Dollar hatte Napoleon I. New Orleans mitsamt dem Louisiana-Territorium 1803 an die USA verscherbelt. Er brauchte das Geld, denn die Briten hatten Frankreich schon wieder den Krieg erklärt. Ein Teil des besonderen Flairs von New Orleans mit seinem berühmten French Quarter lebt in Paris nach 1910 weiter. Im Laufe der Jahre kommen nicht nur Musiker aus Argentinien und Brasilien, sondern auch solche aus Kuba, den Französischen Antillen und den USA in die Vergnügungsviertel der Seine-Metropole. Hier entstehen keine neuen Musikformen wie der Jazz, die Rumba oder die Biguine, aber Paris bietet der Musikkultur dieser Zuwanderer ein besonderes (Schutz-)Klima. Paris ist dabei der Savoir Vivre-Atmosphäre von New Orleans näher als dem Barrio der Latinos in New York.

Die amerikanische Entertainerin Josephine Baker (s. Kap. 6) erkennt früh, welches reiche Potential kreativer und lernbegieriger junger Musiker mit Treibsätzen neuer Ideen an der Seine zur Verfügung steht. Sie holt viele in ihre Orchester und Bands, stiftet Freundschaften und Kooperationen und auch Konkurrenzen, wie sie im Kap. 15 beispielhaft beschrieben sind.

Mit Ausbruch des Zweiten Weltkriegs endet für viele Musiker aus Lateinamerika das europäische Abenteuer. Um deutschen Internierungslagern zu entgehen, kehren sie zurück in ihre Heimat. Wenige bleiben auf Dauer, überleben und kommen nach dem Krieg in die Clubs am linken Seine-Ufer zurück. Bemerkenswert groß ist die Zahl derer, die ihr Leben in ihrer Heimat in Armut und Vergessenheit beenden. Nur wenige hatten genug verdient, um sich zur Ruhe setzen zu können. Die meisten haben auch Probleme, sich in ihrer ‚alten‘ Welt wieder zurechtzufinden, denn „der Schwarze, der eine Zeitlang in Frankreich gelebt hat, kehrt völlig verändert zurück" (Frantz Fanon).[5]

Pariser Nächte

Auf das europäische Festland kamen nordamerikanische Minstrel und Musical Shows erst zum Ende des 19. Jahrhunderts. Aber Berlin konnte damals noch nicht mithalten. Aus den erst 1884 von Bismarck in Afrika und in der Südsee annektierten Kolonien kamen Kolonialwaren, aber keine Klänge, Rhythmen und Tänze, die in Paris oder London Furore gemacht hätten. Deutschland sollte sich ohnehin spätestens 1933 für ein Dutzend Jahre von fast allen internationalen musikalischen Entwicklungen isolieren, bis dahin saugt man durstig die Stimulantien des Nachtlebens von London und vor allem Paris auf.

Was in den Ursprungsregionen aus Diskulturation und Akkulturation afrikanischer Sklaven und indigener Stämme, aus Nachahmung und Parodie und letztlich als Folge des Eindringens in vormals exklusive Bereiche der Europäer, in Musik und Tanz unterprivilegierter Schichten entstanden war, findet in den europäischen Kulturmetropolen zunächst das Interesse der Bourgeoisie und adliger Kreise. Oft auch durch renommierte Komponisten ‚geadelt‘, die sich davon inspirieren lassen, erfahren die musikalisch-tänzerischen ‚Bastarde‘ aus den Kaschemmen auch rückwirkend in ihren Ursprungsländern gesellschaftliche Aufwertung. Dabei spielt es eine Rolle, dass die ersten Multiplikatoren der neuen Tänze vor allem in Paris lebende Landsleute – Emigranten und temporär Anwesende – sind. Wer sich ein Leben in „La Ville Lumière" leisten kann, gehört zur Oberklasse, zumindest, wenn er in den besseren Stadtvierteln leben kann. Argentinier, Brasilianer und Kubaner haben ihre spezifischen gesellschaftlichen Treffpunkte in Kneipen und Salons, in denen die Gastgeber Künstler präsentieren. Mit wachsender Popularität der neuen Tänze verlagert man die Gesellschaften in größere Räume der Tanzhallen, zu denen nun auch bürgerliche Kreise

Zutritt bekommen. Von da aus führt der Weg in die Theater, wenn Stars der Unterhaltungsszene wie die Mistinguett z. B. Tango-Darbietungen in ihre Shows einbauen.

„Durch diese Salons geht aber seit alters her ein solcher Strom von Fremden aller Kontinente, daß die Gewohnheit die Neugier auch dann getötet hätte, wenn sie vorhanden wäre. Sie ist nicht vorhanden", beklagt Kurt Tucholsky anlässlich seines Besuchs der Deutschen Woche in Paris 1926. „Der Franzose hält es heute noch für durchaus natürlich, daß die Vertreter fremder Völker von ihm etwas annehmen, er will bei ihnen nichts lernen. Er spricht ihre Sprachen nicht, er kennt ihre Kulturen nicht, denn er reist nicht. Die wirklich internationale Schicht schwimmt wie Öl auf dem Wasser."[6] Vielleicht ist ,lernen' nicht das richtige Wort, wenn die Franzosen aus exotischer Tanzmusik das annehmen und übernehmen, was ihnen gefällt.

Die kubanische Habanera kam mit Gottschalk und Iradier als Instrumentalstück und als Gesangsinterpretation mit Klavierbegleitung an die Seine. Die Choreographie der Danza Habanera blieb daheim. Seit der Jahrhundertwende sind es nun aber immer zuerst die Tänze aus Lateinamerika, die in Paris Furore machen. Es ist das Jahrhundert der Befreiung von höfischen Tanzzeremonien. Da ist jeder neue Tanz willkommen. Zuerst um 1905 der Tango aus Argentinien, kurz darauf der Maxixe aus Brasilien.

Um 1928 singt die Mistinguett „Paris, c'est une blonde…", in Wien hat Kreneks Oper „Jonny spielt auf" Premiere, die „Dreigroschenoper" in Berlin, und Ernest Hemingway verlässt nach sieben Jahren Paris. An der Seine tanzt man jetzt natürlich Charleston und Shimmy, aber inzwischen auch Rumba (Kap. 13), und Biguine (Kap. 14). Nach dem Krieg folgen Mambo und Chachachá (Bd. 2, Kap. 3). In den sechziger und siebziger Jahren wird Paris Zentrum der andinen Neo-Folklorewelle (Bd. 2, Kap. 12–14) in Europa sein, gefolgt u. a. von Zouk, Rai und kapverdischer Musik (Bd. 3, Kap. 2, 10 u. a.). Erst danach kommen vermehrt Musiker aus den ehemals französischen Kolonien Afrikas nach Paris (s. Bd. 3, Kap. 2). Afrikanische Musik, traditionelle und moderne Popmusik, wird zuerst von Frankreich aus in Europa bekannt.

Die Franzosen sind seit ihren ersten exotischen Kontakten seit 1889 auf den Weltausstellungen in Paris den fremden Einflüssen gegenüber keineswegs einheitlich positiv aufgeschlossen. „Tango und Fandango, Tarantella und Saltarelle, Jig, Bamboula und Pilou-Pilou, das ist das Erbe von fünf Weltausstellungen! Werden die französischen Tänze, deren Eleganz die Zierde aller Klassen war, dieser Invasion der Barbaren erliegen?", fragt noch 1911 besorgt die Zeitschrift „La Vie Parisienne".[7]

Die Apachen sind da, und Karl May ist nicht dabei

Aus sehr vagen, und auch mitunter von Ort zu Ort eines latein-amerikanischen Landes unterschiedlichen Choreographien machen die Europäer rasch standardisierte Produkte, die überall Verwendung finden können. Sehr schnell kastrieren sie jeden Ansatz von Spontaneität oder Improvisation. Sittlichkeit und Geschäftsinteresse greifen Hand in Hand. Weil als obszön empfundene Schritte oder Hüftbewegungen ohnehin der Korrektur bedürfen, um behördliche Verbote zu umgehen, reglementieren die Tanzlehrer und ihre Verbände in Paris, London und Berlin gleich den gesamten Tanzablauf. Somit kann der legendäre Monsieur Pierre[8] in allen Ländern unter gleichen Bedingungen Tanzkurse abhalten. Und so können die Preisrichter der Tanzwettbewerbe nach einheitlichen Kriterien werten. Mit einem ursprünglichen Tanz aus Lateinamerika hat das alles nichts mehr zu tun. Und doch gilt ein Tanzlehrer wie Pierre J. Phillip Zurcher-Margolle als ‚Vater' der „Lateinamerikanischen Tänze".

Aber vor Ankunft des Tango vom Rio de la Plata (s. Kap. 11) fällt Paris in die Hände der Apachen (Abb. 1). Eines ihrer Opfer wird der amerikanische Tänzer und Tanzlehrer Maurice Mouvet, als es ihn um 1907 in der Nähe der Pariser Hallen in die Kneipe „Caveau des Innocents" verschlägt, der

Abb. 1 Ernst Ludwig Kirchner: „Apachentanz", 1911

Stammkneipe der gleichnamigen bewaffneten Gang. Er beobachtet eine merkwürdige Mischung aus Aggression und Erotik zu Walzerklängen (Valse Chaloupée) mit pantomimischen Elementen: Mann greift Frau, Frau will nicht, Mann schlägt auf ihre Wange und Frau beginnt mit ihm einen „eigentümlich bösartigen und wilden Tanz"[9], in dessen Verlauf der Mann die Frau zu Boden zwingt, um dann eng verschlungen weiterzutanzen. Manchmal blitzen Messerklingen im Dunkel auf. Mouvet beobachtet genau und präsentiert kurz darauf eine Choreographie dieses Danse Apache auch in New York. In Louis Feuillades Stummfilm „Les Vampires" von 1915 wirkt der Apachentanz[10] wie ein Dauer-Ehekrach mit Versöhnungen: Zuerst kommt der übliche Schnipser an den Kopf der Tanzpartnerin, dann wirft sie sich seitwärts in den Arm des Schiebermütze tragenden Macho, eng an einander macht man ein paar Promenadenschritte nach vorn, er schiebt sie in einer Drehbewegung wie beim späteren Rock 'n' Roll von sich weg, holt sie wieder zu sich heran. Es folgen ein paar wippende Schritte in seitlicher Haltung nach vorn, dann eine Drehung der Frau am ausgestreckten Arm, sie lässt sich nach hinten fallen, kommt wieder hoch, schlingt ihre Arme um seinen Hals und er packt sie beidseits an ihren kurzen Haaren. So verkeilt, tanzen sie in Halbkreisen ihre Walzerfiguren, dann hebt er sie und schleudert sie mit gestreckten Beinen mehrmals um seine eigene Achse, stoppt, setzt sie ab und stößt sie mit einer bestimmenden Handgeste zurück an die Tische. Ab dafür! Den Frauen gefällt's wohl, denn Männer aus den Apache-Gangs kann man auch mieten. Für einen Tanz oder eine Stunde. Apachen wie „Raoul der Schlachter" haben schnell herausgefunden, dass die Damen der besseren Gesellschaft für dieses Vergnügen mehr Geld ausgeben, als sie selber durch Kriminalität verdienen konnten.

Um 1911 ist der Apachentanz als Mitbringsel britischer Touristen in London angekommen. Er wird dann bereits von Tangomusik begleitet. Letztlich aber setzt sich überall auch die Ästhetik des Tangotanzes durch und verdrängt den sowieso schon immer mehr als „unecht" kritisierten Apache vom Parkett. Rudolph Valentino sagt man nach, er habe in seinen berühmten Filmsequenzen nur einen angepassten Apachen getanzt, den er viel besser beherrschte als den Tango.

Der Künstler Max Beckmann hat vermutlich 1938 eine der letzten Aufführungen des Apachentanzes in Paris erlebt und gemalt. Er hätte ihn auch schon vor 1910 in Berlin oder Hamburg auf Varietébühnen und Tanzlokalen erleben können, bis der „Verein der Saalbesitzer Berlins und Umgebung" ein Verbot der Apachentänze – trotz massiver Proteste des Publikums – nur mit Polizeigewalt durchsetzen konnte. Nach den bereits geächteten Schiebe-und Wackeltänzen will das bürgerliche Feuilleton am liebsten auch dieser „Kultursumpfblüte des Nachtlebens"[11] den Garaus machen. Das Wort Apache als romantisierender Platzhalter für Verruchtsein, Unterwelt, Machismo und Anarchismus wird dennoch für kurze Zeit zum Label für unterschiedlichste Darbietungen und Nachahmungen in Film und Bühne. „Zille sein Milljöh" ist aber mit einer Zille-Ball-Version näher am Berliner dran. 1912 geht mit Karl May der Erfinder des ebenfalls nicht ganz authentischen Apachen Winnetou in die ewigen Jagdgründe ein.

Paris Musette

Bevor der Tango in Paris ankommt, gibt es dort die traditionellen „bal musette"-Kneipen, in denen Walzer und Pasodoble zu Akkordeonklängen und bald auch Tango-Musette getanzt wird. Musette hieß eigentlich der Dudelsack, der vom Akkordeon als ein Import italienischer Einwanderer verdrängt und auch nach Veränderungen der Musik für das Genre beibehalten wurde. Mit dem Bau der Basilika Sacré-Coeur haben sich zum Ende des 19. Jahrhunderts viele Künstler etwas abseits des Zentrums auf dem Hügel des Montmartre angesiedelt. Dort gibt es Tanzkneipen und Kabaretts. Das Moulin Rouge eröffnet 1889. Die Komponisten Hector Berlioz und Erik Satie, die Maler Edgar Degas und Paul Cézanne, die Schriftsteller Èmile Zola und Pierre Mac Orlan leben hier unter vielen anderen, später berühmten Kollegen. Der Regisseur Jean Renoir (*1894) und der Maler Maurice Utrillo (*1883) wurden hier geboren. Im Chat Noir singt der Freidenker und Anarchist Aristide Bruant Chansons über die Pariser Subkultur, bis dieses wahrscheinlich erste Pariser Kabarett des Fin de siecle 1897 schließen muss.

Als der Tango zum ersten Mal in Paris zu hören ist (s. Kap. 11), ist die Boheme vom Montmartre schon auf den etwas flacheren Hügel des Montparnasse gewechselt. Dort, in den Cafés Le Dome, La Rotonde oder La Coupoule treffen sich spätestens seit Kriegsende 1918 Picasso und Matisse mit anderen Künstlern und Schriftstellern aus aller Welt: Ernest Hemingway, James Joyce, Gertrude Stein, Kurt Tucholsky. Auf dem Montmartre wechseln viele Kneipen unterdessen ins Rotlichtmilieu.

Die Franzosen hatten schon immer ein Faible für mediterrane Musik, das sich nicht zuletzt durch Elemente von Bolero, Zarabanda, Flamenco und Habanera in zeitgenössischen Kompositionen niederschlug. Die Wiener Startänzerin Fanny Elßler begeisterte hier wie in vielen Weltstädten schon 1836 mit ihrer Interpretation des boleroartigen Kastagnetten-Tanzes Cachucha.

Jetzt hört man auf dem Montparnasse auch Chansons, experimentelle Klänge Erik Saties, Musik aus Argentinien, Kuba und den französischen Antillen.

Paris nègre

> Ich, ein guter schwarzer Neger, schwarz
> Von Kopf bis Fuß, wie du siehst,
> Kam nach Paris und dachte, dass ich lachen würde.
> Aber ich lag falsch, war immer gelangweilt,
> Von großer Trauer, sage ich dir,
> Ich möchte nach Hause zurück.
> À la cabane bambou bambou,
> À la cabane bambou you!

(À la cabane bambou, 1899)[12]

Wie an anderer Stelle dargestellt, ist das Interesse an ‚primitiver‘ Kunst im Paris der zwanziger Jahre außerordentlich groß. In einer Art Negrophilie spielen afrikanische Kunst und Kunsthandwerk eine besondere Rolle. Völkerschauen und Kolonialausstellungen sind hier genauso beliebt wie in Deutschland. Interessanterweise bleibt die Präsenz tausender aus Indochina und China für die Kriegsindustrie angeworbener Arbeiter ohne vergleichbare Wirkung. Künstler wie Picasso und Braque umgeben sich mit afrikanischen Masken und Plastiken. Und mit lebendigen Figuren, wie ein Kollege in Deutschland: „Negertanz" betitelt Ernst Ludwig Kirchner 1911 sein Gemälde, das nach dem Besuch eines Varietés entsteht. Auch Kirchner, ein praktizierender Nudist, hat sich mit schwarzen Menschen, darunter Tänzerinnen, Musiker, Artisten, beschäftigt. Ein berühmtes Foto zeigt Sam and Milly aus dem Zirkus Schumann um 1919 in Kirchners Dresdener Studio. Sam steht nackt vor einem chaotisch wirkenden, teils mit Vorhängen verdeckten Hintergrund, den rechten Arm auf den mit piktogrammartigen Zeichnungen versehenen Rahmen eines Bildes gestützt. Seine Augen scheinen zu fragen „was soll ich hier". Milly sieht man verhuscht aus dem linken unteren Bildrand verschwinden.

Auch Man Ray portraitiert Afrikaner. Nancy, die Erbin der britischen Cunard-Reederei, lebt mit einem schwarzen Pianisten zusammen und legt mit „Negro" die erste Anthologie vor, in der sich diverse Autoren mit ‚den Schwarzen‘ befassen. Der afroamerikanische Maler Henry Ossawa Tanner

(1859–1937) war schon 1891 in Paris, studierte an der Académie Julian und wurde Mitglied im Pariser American Arts Students Club. Mit „The Banjo Lesson" entstand kurz darauf eines seiner berühmtesten Bilder aus dem Leben der Afroamerikaner in seiner Heimatstadt Philadelphia. Seit 1895 wieder in Paris, malt er Ansichten der Stadt und wendet sich überwiegend biblischen Themen zu. Tanner wählte Paris als Studienort auch wegen des Rufs, den die Stadt unter den Afroamerikanern als relativ freundlich gegenüber Schwarzen genießt. Nach dem Ersten Weltkrieg bleiben deswegen auch einige der afroamerikanischen Soldaten und Armee-Hilfskräfte in der City of Light und treffen dort auf Musiker aus amerikanischen Militärorchestern, die ebenfalls nicht zurückgingen. Jetzt sind es die Amerikaner, die engeren Kontakt ihrer schwarzen Soldaten zu den Franzosen reglementieren: „Vor allem versuchte die amerikanische Armee, die Kontakte zwischen schwarzen Soldaten und der französischen Bevölkerung so weit wie möglich einzuschränken."[13] Die Army gibt sogar Richtlinien dafür heraus und warnt vor Intimitäten zwischen Schwarzen und Französinnen.

Bei weitem nicht alle Franzosen zeigen sich freundlich - sie sind vor allem die Besucher der Völkerschauen - und viele gehen weiter von Unterschieden zwischen schwarz und schwarz aus. Kannibalismus gäbe es aber nur bei den Schwarzen in ihren afrikanischen Kolonien. Auch auf ihrer Seite des Rheins verknüpft sich der Anblick schwarzer Haut eher mit erotischen Phantasien als mit schwarzer Kultur (Abb. 2).

Abb. 2 Gegensätze: Paris ‚negert' – 1920er Jahre (links). Nostalgie de Nègres. Notencover 1906

Nachdem Darius Milhaud (1892–1974) in New York und Rio afrikanisch beeinflusste Musik erlebte und diese bis dahin u. a. in der Ballett-Fantasie „Le Boeuf sur le toit" (1916, s. Kap. 10) umsetzte, sollen ihm afrikanische Klänge und Mythen eine Inspiration für sein1923 uraufgeführtes Ballet Nègre mit der sechsteiligen modernen Komposition „La Création du Monde" gewesen sein.

Konkreter geht es 1925 in der „Revue Nègre" mit Josephine Baker (s. Kap. 6) zu. Ihr lebensfroher und hemmungsloser Charleston lässt den Tango, als die bisherige Nummer Eins in den Salons und Tanzhallen, auf einmal wie gestrig wirken. Es öffnen Cabarets, Bars und Restaurants für die neuen Tänze aus Kuba und von den Antillen, für Emigranten und Immigranten, Philosophen und Schriftsteller. Im „Boule Blanche", einem zentralen Auftrittsort der Musiker aus Martinique und Guadeloupe in der rue Varin, stellt Georges Simenon 1931 mit einem skurrilen „Bal anthropométrique" zwei neue Maigret-Romane vor. 1952 verewigt er sich mit dem Gipsabdruck seiner Hände an der Wand dieses Cabarets. Gertrude Stein versammelt in Cafés die amerikanischen Literaten der „Lost Generation" unter den 30.000 in Paris lebenden Amerikanern um sich. Am Pigalle tanzt man im „Cabane Bambou" zu afrokaribischer Musik. Zahlreiche Tanzschulen eröffnen, in denen es nach Chanel No. 5 duftet, das Ernest Beaux 1921 kreiert – als Konkurrenz zum eher exotischen ‚Golliwog'-Parfum, dessen Markenzeichen eines schwarzen Kindes mit fülligem Kraushaar sein Pendant im deutschen Sarotti-Mohr (1918) hat. Es gibt Exotik satt auf vielen kleinen regionalen Messen, bei denen koloniale Produkte präsentiert werden: u. a. 1924 in Straßburg und 1922 in Marseille, wo schon 1906 ein senegalesisches ‚Negerhüttendorf' bei einer Kolonialschau zu sehen war.

Es ist nicht zu übersehen: Man ‚negert' in Paris und bald auch in anderen Metropolen. Schwarz ist schick in vielen Formen: Kunst, Kunsthandwerk, Mode, Tanzvergnügen, und selbst die Kinder bekommen schwarze Puppen wie die Golliwogs. Vielleicht entsteht hier eine europäische Adaptation der Blackface-Darstellung als immerwährender Wunsch nach gebräunter Gesichtsfarbe. Bei der ersten „Art Nègre"-Kunstausstellung 1919 lädt der Galerist Paul Guillaume zu einer Kostümparty im Theatre du Champs Elysees, auf der der Star-Couturier Paul Poiret mit schwarz bemaltem Gesicht und gekleidet wie ein afrikanischer Stammesfürst den Vogel abschießt. Er wird vermutlich aber keinen afrikanischen Dialekt gesprochen haben, nicht einmal das Petit-Nègre, mit dem sich die Afrikaner in Frankreich sprachlich durchschlagen. Dabei gehen die meisten Franzosen noch davon aus, dass der Afrikaner mangels der Fähigkeit zu abstraktem Denken nicht in der Lage sei, Französisch zu lernen. Und die Afrikaner verzeihen ihnen solche Ansichten, weil bei ihnen die zivilisierten Franzosen als gut und überlegen gelten.[14] Doch dieses Verhältnis bleibt ambivalent. Wie tausende afrikanischer Soldaten in Englands Armee kämpften auch zahllose Afrikaner im Ersten Weltkrieg für Frankreich. Unter ihnen war der Senegalese Lamine Senghor (1889–1927). Er blieb mit anderen Kameraden im Land und kämpft, unterstützt von den Kommunisten, in der Hauptstadt gegen Kolonialismus und für die Unabhängigkeit afrikanischer Regionen. Ein Jahr nach der Premiere von Josephine Bakers „Revue Nègre" gründet sich das Comité de Dèfense de la Race Nègre, und 1927 erscheint mit „La Race Nègre" eine sowohl in Paris als auch in den Kolonien viel gelesene Zeitung.

Schwarze Kultur

1924 eröffnet der Musiker Jean Rézard des Wouves aus Martinique auf dem Montparnasse noch eine Tanzkneipe für die schwarzen Antillaner, das „Bal Nègre", das bald auch zum Treffpunkt für Afrikaner aus den französischen Kolonien wird. Pariser und Touristen, Menschen aus aller Welt tanzen hier die Biguine als „Panaché"[15]. Zu einem großen „Bal Nègre", den der durch seine Plakate und eine Affäre mit der Baker bekannte Paul Colin 1927 im Théâtre des Champs-Élysées für alle Pariser organisiert, kommen dreitausend Gäste. Der antillanische Musiker Ernest Léardée berichtet in seinen Erinnerungen, dass in der rue Blomet vor dem Bal Nègre regelmäßig Luxusautos parkten – wie es im Buenos Aires der frühen Tangozeit üblich war, nach dem Opernbesuch noch einmal in die Tanzbordelle abzutauchen. Oder wie es in Rio de Janeiro besonders seit den 1970er Jahren beobachtet werden kann, dass sich wohlhabende Geschäftsleute und deutsche Touristen an den Wochenenden bei den Proben der Sambaschulen unters Volk mischen. „Die Franzosen auf der Tanzfläche des Bal Nègre – vor allem diejenigen, die es wagten, die ‚Farbgrenze' zu überschreiten – bildeten sich ein, hier das Numinose entdecken und sich exotische sexuelle Fantasien erfüllen zu können."[16]

In der weltweiten Wirtschaftskrise ermattet auch der Glanz der Seine-Metropole. Wie in Deutschland polarisieren sich linke und rechte politische Lager. Es gibt Streiks und der Montparnasse wird zunehmend ein intellektuelles Zentrum, während viele Künstler das Viertel verlassen. Vorbei sind auch die Glanzlichter der Ballets Russes und der Sensationen von Strawinsky-Uraufführungen. Das Paris der dreißiger Jahre ist scheinbar weniger aufregend, aber nicht unbedingt weniger erotisch. Das Charleston-Gezappel ist den komplizierteren Schrittfolgen der Rumba gewichen, es gibt mehr Musik zum Zuhören wie den Jazz und jazzende Karibik-Musiker.

Liedtexte bekommen eine größere Bedeutung und das ist die Chance für das Chanson und seine großen Künstler, vor allem Frauen, dieser Zeit. Ihre Geschichte wird vor dem Zweiten Weltkrieg am Montparnasse geschrieben. Für ein paar Sous kann man 1935 in seinen engen Gassen Édith Piaf singen hören.

Aber Paris ist nicht so weltoffen und antirassistisch wie es den Anschein hat. Sechs Monate lang besuchen 1931 dreiunddreißig Millionen Schaulustige die Exposition Coloniale Internationale. Um die Nachbildung des von Europäern ein Jahrhundert zuvor im kambodschanischen Urwald völlig überwuchert wiederentdeckten Angkor Wat scharen sich Pavillons und „Restaurants Exotiques" aus allen französischen Kolonien. La Plus Grande France präsentiert sich als polychromes, weltumfassendes Empire. Fünfzehnhundert Menschen sind als „Indigènes" aus den Kolonien nach Paris gebracht worden. Wie im Menschenzoo der Völkerschauen präsentieren französische Kollegen der Hagenbecks & Co.[17] Gruppen u. a. aus dem Senegal und Neu Kaledonien. Schon bei den vorangegangenen Kolonialausstellungen war u. a. ein senegalesisches Hüttendorf mitsamt seiner Bewohner präsentiert worden, während „Senegalesen", wie man gemeinhin Arbeiter aus Westafrika nennt, in den Docks von Marseille schufteten. Brett Berliner berichtet andererseits auch über Afrikaner, die man nach Abbruch ihrer Tournee schutzlos in Städten zurückließ. Es gibt jetzt auch ein didaktisches Konzept für das Hüttendorf: Die „Indigènes" können und sollen angesprochen werden, Auskunft geben. Dialoge sind erwünscht, solange sie nicht auf der Ebene der die Ausstellung begleitenden antikolonialistischen Proteste, besonders in Verbindung mit Ereignissen in Indochina und Nordafrika, geführt werden.[18]

1931 sind verschiedene Nationen Europas, Asiens und die USA an dieser Ausstellung beteiligt, mit der die Franzosen auch ein positives Bild ihrer Kolonialpolitik zeigen wollen, nach der Devise: exotische Kulturen sind durchaus interessant, aber primitiver und bedürfen daher europäischer (kolonialer) Hilfe. Die als Kannibalen dargestellten Kanaken (Neu Kaledonien) leiht man anschließend zum Oktoberfest nach München aus und der „Simplizissimus" lästert: „Die Pariser Kolonialausstellung ist geschlossen worden, nachdem von ihr fast nichts mehr übrig war. Die Andenkenjäger, besonders aus Amerika, haben nicht nur Götzen und Schmucksachen, sondern auch Hüte und Sandalen, Kleider und Tücher, ausgestopfte Schlangen und Affen mitgenommen […]. Die Kolonialausstellung war am Ende völlig ausgeplündert. Sie teilte damit das Schicksal aller Kolonialreiche."[19] Nach der Ausstellung gehen die schwarzen ‚Wilden' zurück nach Afrika. Die schwarzen ‚Entertainer', wie die in Paris lebende

US-Amerikanerin Josephine Baker, die bei der Ausstellung als – unechte -„Queen of the Colonies" auftrat, dürfen bleiben. Sie nehmen ihren französischen Kollegen, wie die nordamerikanischen Jazzmusiker und die Musiker aus Kuba und den Antillen, keine Jobs weg. Im Gegenteil: sie werden dringend als Lehrmeister gebraucht. Noch überlässt man Rumba und Beguine mit ihrer komplizierten Rhythmik gern den Musikern aus der Karibik.

Ernest Léardée, der schwarze Geiger und Klarinettist aus Martinique (s. Kap. 14) und mit seiner Creol's Band Hausband des „Bal Nègre" von 1930 bis 1932, erzählt später freimütig von erotischen Abenteuern mit Damen der Pariser Society.[20] Einmal habe ihn eine Herzogin zu einer Party mitgenommen. Kaum angekommen, habe man ihn gebeten sich im Foyer splitternackt auszuziehen, sich zu duschen, und er sei dann in einen Salon geführt worden, in dem alle anderen fünfzig Anwesenden auch nackt waren. Die Damen hätten nur noch ihre Juwelen getragen, aber er sei der einzige Schwarze gewesen, der besorgt war, „der Anblick dieser nackten Schönheiten würde eine physiologische Reaktion meiner Anatomie hervorrufen, gegen die es für mich unmöglich war anzukämpfen." Léardée ist ein exotisch-erotisches Vorzeigeobjekt, aber auch ein womanizer, den sein Biograph und Freund Jean-Pierre Meunier einen „Casanova antillais" nennt.[21]

Später wird Léardée mit seiner schwarzen Haut auch Werbung machen. In den 1970er Jahren lächelt sein Gesicht in Frankreich auf Packungen und in Filmen mit Uncle Bens Reis und steht damit in der Tradition von Golliwog und einer französischen Auto-Öl-Reklame von 1910, die mit einem schwarzen Gesicht mit weißen Kulleraugen und dicken roten Lippen für „Bougie Oléo" wirbt.

In Paris diskutiert man um 1939 die Négritude, die afro-amerikanische Identität, eines Aimé Césaire (Martinique) und Léopold Sédar Senghor (Senegal) und den Antikolonialismus eines Frantz Fanon (Martinique), alle mit schwarzer Hautfarbe, während in Deutschland der Rassismus durch die Propagierung einer „Schwarzen Schande" weiter aufgeheizt wird – so nennt man die Kinder, die nach dem Ersten Weltkrieg am Rhein stationierte nord-afrikanische Soldaten der französischen Besatzung mit deutschen Frauen in die Welt setzten.

Bei der Pariser Weltausstellung, die 1937 Kunst und Technik in den Vordergrund stellt, sind bereits erste Früchte eines vorangegangenen Jahr-zehnts praller afrokaribischer und afroamerikanischer Präsenz in den Musik-hallen an der Seine, von Négritude, Harlem Renaissance und Afrocubanismo in den literarischen Cafés zu erleben. Afrikanische Schriftsteller präsentieren ihre Erstlinge und üben dabei auch Kritik an den vorangegangenen Kolonialausstellungen.[22] Auch die Anthropologie nähert sich den Objekten ihrer Neugier mit neuen Sichtweisen, die in dieser Zeit auch in Paris von Michel Leiris und Claude Lévi-Strauss entwickelt werden. Leiris (1901–1990) kam von Jazz und Literatur zur Ethnologie und befindet sich von 1931 bis 1933 auf einer Expedition unter Marcel Griaule in Westafrika. Lévi-Strauss (1908–2009) ist von Karl Marx beeinflusster Präsident des sozialistischen Studentenbundes, als man ihn von 1934 bis 1937 als Gastprofessor für Soziologie an die Universität von São Paulo entsendet. Mit seiner Frau Dina, einer Ethnologin, unternimmt er bis 1939 mehrere ethnographische Forschungsreisen in den Mato Grosso und ins Amazonasgebiet. Sein 1955 erscheinendes Buch „Traurige Tropen" widmet er dem Verschwinden der indigenen Urwaldvölker, dem ‚großen Sterben', dem bald auch der Schwund der Amazonaswälder folgen wird. Von Leiris erscheint nach seiner Afrika-Reise das Buch „L'Afrique fantôme" (Phantom Afrika). Bei beiden Wissenschaftlern spielt die Sprache eine besondere Rolle, die besonders bei schriftlosen Völkern die Welt in Mythen erklärt. Lévi-Strauss zieht Vergleiche zu ‚zivilisierten' Kulturen, in denen er ähnliche Ansätze, aber unterschiedliche Umsetzungen des ‚Wilden Denkens' erkennt.

> „Im Ballsaal Martinique hatte er hübsche junge Mädchen zu Dutzenden kennengelernt, weiße, braune, gelbe, Künstlerinnen, Studentinnen, Tänzerinnen, Modelle und Touristen. Harry kannte alle Welt. Und alle Welt war fröhlich und liebenswürdig. In Paris bei Musik und Cocktails vergaß man die Probleme der Hautfarbe, ja man vergaß seine eigene. Hier endlich einmal spielte die Farbe keine Rolle" (Langston Hughes: „Armes schwarzes Kerlchen"[23])

Ein Bindeglied zwischen schwarzen Intellektuellen und Künstlern der Karibik und Afrikas ist der literarische Salon von Paulette Nardal. Sie stammt aus einer der ersten schwarzen Mittelklasse-Familien Martiniques, und kam 1920 mit Jane, einer ihrer sechs Schwestern, zum Studium nach Paris. Paulettes Zeitschrift „La Revue du Monde Noir" erschien nur kurze Zeit, nachdem der Innenminister an Nardals Vorstellungen einer schwarzen Kultur in Paris Anstoß genommen hatte. Vielleicht ist er Stammgast in Josephine Baker's „Revue Nègre" – dort findet man Exotik und Erotik pur, aber Schwarz ist keine offizielle Farbe in der Pariser Hochkultur. Die Nardal-Schwestern sind auch der Musik verbunden. Paulette besucht regelmäßig den „Bal Nègre" im Montparnasse und beschreibt sein Interieur. „Durch die mattierten Glasfenster sehen wir eine Plattform mit grünen Dekorationen, auf der ein schwarzes Orchester steht, das die Toten mit einem Biguine aufweckt. Nichts in diesem Raum erinnert uns an Frankreich."[24] Schwarzes Martinique im Herzen Frankreichs! Für Nardal sind es Anzeichen einer von der Kolonialmacht unabhängigen kulturellen Autonomie.[25] Die Schwestern sehen sich mit ihrem Konzept des Black Internationalism als Vorläufer der Négritude, sie sind es aber eher für spätere ‚Black Pride'- und ‚Back to African Roots'-Bewegungen, allerdings ohne deren kritische Untertöne gegenüber Verbindungen mit Weißen und einer Anpassung an deren Gesellschaft. Claude McKay, amerikanischer Schriftsteller der Harlem Renaissance, knüpft für sie Kontakte mit seinen Kollegen und den Aktivisten des Pan-African Movement von W.E.B. Du Bois und dem afroamerikanischen Philosophen Alain Locke, den McKay zuvor in Berlin kennengelernt hat. Locke vertritt die Ansicht, Rassendiskriminierungen könnten durch die Kunst überwunden werden, und als Referenzen für das Interesse an schwarzer Kunst in Europa nennt er Max Reinhardt und Paul Guillaume.[26] In Deutschland veröffentlicht die österreichische Romanistin, Frauenrechtlerin und Übersetzerin Anna Nussbaum (1887–1931) die Gedichtsammlung „Afrika singt"[27]. Unter diesem irreführenden Obertitel stellt sie 1929 eine „Auslese neuer afroamerikanischer Lyrik" in Übersetzungen vor. „Ein schönes Buch", urteilt Kurt Tucholsky.

Paris – Berlin

Plan ! Plan ! Plan ! Plan ! Plan rataplan !
Quand un boche est blessé en guerre
Plan ! Plan ! Plan ! Plan ! Plan rataplan !
On lui colle la croix d' fer ! […]
{Parlé:}
Pas de parade ! Boche ! Moche ! Boche !
Doktor Schwib, natif de Francfort
A une kolossale voix d' ténor
Le kronprinz l'invite très souvent
À lui chanter l'hymne allemand !
En poussant ses notes kolossales
Il s'est cassé deux cordes vocales
Ya ! […]

(La Croix de Fer du Kaiser, 1914, Ausschnitt)[28].

Trotz aller Ressentiments aus grausamen Kriegstagen wie dieses antideutsche Lied des Sängers Mayol ist die kulturelle Achse Paris – Berlin auch nach dem Ersten Weltkrieg noch intakt. Trotz heftiger Diskussionen um französische

Besetzungen im Ruhrgebiet, dem Gejammer um Reparationszahlungen, Schmach und Niederlage sind Verlage und Impresarios an Spree, Elbe und Seine miteinander in Netzwerken verknüpft. In Deutschland gegründete Musikverlage wie Schott und hier ansässige internationale Schallplatten- firmen sind über ihre Dependancen und Partnerfirmen in New York, London und Paris bestens über neue Trends informiert. In den neuen Medien Schall- platte und Tonfilm, die durch französische und deutsche Innovationen noch auf dem Weltmarkt führend sind, entstehen gemeinsame Projekte, die jeweils durch nationale Künstler und die Landessprache ausgetauscht werden: Der Film „Paris-Mediterranée" (1932) heißt in Deutschland „Zwei in einem Auto". Magda Schneider spielt anstelle der Französin Annabella. Den Tango „Ich leg mein Herz in deine Händchen" singt M. Adrien Lamy als "Dans tes mains blanches". Bis zum Einmarsch der Deutschen in Paris erscheinen dort noch deutsche Schlager in französischer Sprache.

Aus eigener Schuld unterbricht Deutschland mehrfach den kreativen Fluss zwischen beiden Ländern. Zuerst durch den Ersten Weltkrieg und vor dem Zweiten durch seine Rassen- und Kulturgesetze, die vielen Künstlern den Weg von Paris nach Deutschland erschweren oder unmöglich machen. Für verfolgte deutsche Künstler ist dagegen Paris oft nur Durchgangstation auf dem Weg nach Nord- oder Südamerika, wie für Kurt Weill, der, 1933 in Paris angekommen, mit seinen „Sieben Todsünden" einen Reinfall erlebt und in die USA weiterreist.

Mit Beginn des Krieges werden viele lateinamerikanische Staats- angehörige, darunter auch Musiker wie Don Barreto, von den Besatzern im Camp de Royallieu à Compiegne interniert, wo sie bis zur Befreiung auch für die Lagerinsassen und die Deutschen spielen. Vermutlich sind dabei die deutschen Bewacher mehr mit nahezu originärer Musik aus Kuba und den französischen Antillen in Berührung gekommen als ihre Landsleute daheim. Paulette Nardal befindet sich 1939 auf der Flucht vor den deutschen Rassisten auf dem Weg zurück nach Martinique, als ihr Schiff von der deutschen Marine angegriffen wird. Beim Sprung in ein Rettungsboot bricht sie sich beide Fußgelenke und wird ein Leben lang an den Folgen leiden.

Aus dem besetzten Frankreich zeigen Fotos der NS-Propaganda ein normales, nahezu unbeschwertes Leben. Auf den Champs-Elysées flanieren Franzosen und ihre uniformierten Besatzer. Während Bomber Städte in Deutschland und England zerstören, bleibt Paris unversehrt. Das kulturelle Leben geht weiter, wenn auch unter deutscher Kontrolle. Edith Piaf singt für die Besatzer, die Revuen sind ausverkauft. Jazz ist in Deutschland offiziell geächtet, wenn auch nicht verschwunden, aber hier in Paris können die Deutschen ihn live erleben. Nachdem viele schwarze karibische Musiker vor den NS-Rassisten geflüchtet sind, schwenken ihre traditionellen Clubs wie das „Cigale" und „Bal Colonial" mit Unterstützung des Hot Club du France unter Führung des Jazz-Promoters Charles Delaunay auf Jazz um. Unter den Stammgästen ist auch der Offizier Dietrich Schulz-Köhn, der nach dem Krieg als ‚Dr. Jazz' Jazzsendungen beim Westdeutschen Rundfunk aufnehmen wird (s. Kap. 8). Auf einem Foto vermerkt er: „Hier stehe ich zusammen mit einem Zigeuner, vier Negern und einem Juden."[29] Der Zigeuner ist der Gitarrist Django Reinhardt, dem das Lager erspart bleibt, in das man auch in Frankreich Sinti und Roma (Manouches) sperrt. Sein kongenialer Violinen-Partner Stéphane Grappelli ist vor den Nazis geflüchtet. Zu den schwarzen Musikern, die Schulz-Koehn in Paris hört, gehört auch der Kameruner Freddy Jumbo. Er ist Schlagzeuger, ein mittelmäßiger wie man sagt, aber ein mutiger. „Er marschiert zum Chef der deutschen Propagandastaffel und ersucht – in schönstem Kolonialdeutsch – um Auftrittserlaubnis im verwaisten Club ‚La Cigale'. Er bekommt sie, und seine Truppe mit farbigen Musikern spielt plötzlich für begeistert applaudierende Nazi-Offiziere, die sich als die größten Fans der ‚Negermusik' entpuppen."[30] Auf Polydor[31] erscheinen ab 1942 diverse Jazztitel in Frankreich mit Fredy Jumbo als knarzende Scat-Vokal-Inkarnation eines Popeye wie „Dog Swing" aus der Abteilung ‚Happy Jazz', begleitet von Musikern wie Henri Godissard, Claude Martial und Al Lirvat von den französischen Antillen sowie Robert Mavounzy aus Panama.

In den vierziger Jahren gibt Paris vorübergehend seine Führungsposition an London ab, wo sich durch Zuwanderer von britischen Kolonien in der Karibik und aus westafrikanischen Kolonien erste europäische Calypso-Bands gebildet haben (s. Bd. 2, Kap. 4). Ende August 1944 feiert man in Paris die Befreiung durch die Alliierten, und im Dezember soll Glen Miller mit seinem Army Air Force Orchestra im Olympia-Theater auftreten. Doch das Flugzeug, das ihn aus London nach Paris bringen soll, kommt nie dort an und bleibt verschollen. Vermutlich wurde es von britischen Bomben getroffen, die die Air Force-Piloten auf dem Rückweg von Deutschland über dem Ärmelkanal entsorgten. Für die Franzosen sind Glen Miller und sein Swing-Orchester mit „In The Mood" ein Symbol der wiedergewonnenen Freiheit. Für viele junge Deutsche war der Swing Jazz ein Stück Freiheit in der NS-Diktatur. Mit der Musik Glen Millers swingt man sich beidseits des Rheins in die Nachkriegszeit.

Nach dem Zweiten Weltkrieg werden sich Deutsche und Franzosen durch die Aussöhnungsbereitschaft beider Seiten wieder annähern; im kulturellen Bereich besonders durch die Zusammenarbeit deutscher und französischer

Jazzmusiker und die neue Liebe der Deutschen zum Chanson (s. Bd. 2, Kap. 5 und 8).

Weiterlesen über Tänze und Musik, die über Paris nach Deutschland kamen

Kap. 10: Brasilien: O Maxixe
Kap. 11: Tango rioplatense
Kap. 12: Tango in Deutschland
Kap. 13: Kuba: Kulte und Kulturen
Kap. 14: Antillen: Musik auf Lavaströmen

Band 2
Kap. 2: Wiederaufbau und exotische Träume (Samba u. a.)
Kap. 5: Schaulust und Tanzkunst – Tanz- und Folklore-Ensembles
Kap. 12: Im Reich des Kondors: Musik der Anden
Kap. 14: Der Klang der Cordilleren

Band 3
Kap. 2: Exodus und Globalität (Afrika in Europa)
Kap. 3: Die Deutschen und Afrika
Kap. 8: Die Erneuerung des Tango
Kap. 10: Von Konpa (Haiti) bis Zouk (Antillen)

Anmerkungen

1. Jürgen Torp: Alte Atlantische Tangos. Münster 2007.
2. Jean-Pierre Meunier/Brigitte Léardée: La Biguine de l'Oncle Bens. Paris 1989, S. 272.
3. Claude McKay: Banjo. A Story Without a Plot. New York 1929, S. 153.
4. Diese Einschätzung findet sich fast identisch in: Oscar Hijuelos: A Simple Havana Melody. New York 2002.
5. Frantz Fanon: Schwarze Haut, weiße Masken. Frankfurt a.M. 1980, S. 15.
6. Ignaz Wrobel [d.i. Kurt Tucholsky]: „Deutsche Woche in Paris", in: Die Weltbühne 22/I, Nr. 6, 6.2.1926, S. 207.
7. „Vingt Siecles d'Entrechats: De Bacchanales aux Ballets Russes. Dessin de Léonce Burret", in: La Vie Parisienne 19, 1911. Zit. nach: Kerstin Lange: Tango in Paris und Berlin. Göttingen 2015, S. 101.
8. Pierre Jean Phillipe Zurcher-Margolle.

9. Maurice Mouvet: Maurice's Art of Dancing. New York 1915.

10. Tanz der „Les Vampires" genannten Apachen-Gang.

11. Willy Rath: „Tanz und Gegenwartskultur", in: Hamburger Correspondent 110, 1.2.1913. Zit. nach: Peter A. Gosewisch, „Varietékultur", in: www.ludersocke.wordpress.com (17.7.2019).

12. Lied von Mayol, T: Paul Marinier.

13. Tyler Stovall: "Paris Noir", in: The Washington Post o. D. 1996.

14. Vgl. Brett A. Berliner: Ambivalent Desire. The Exotic Black Other in Jazz-Age France. Amherst/MA, 2002, S. 30 f.

15. Ausdruck für ‚gemischte/mehrfarbige' Tanzpaare.

16. Berliner (Anm. 14), S. 206.

17. Z. B. Fleury Tourniers Firma „Villages Exotiques", s. Berliner (Anm. 14), S. 114 f.

18. Näheres siehe Brigitta Kuster: „Zur internationalen Kolonialausstellung von 1931 in Paris", in: Europäisches Institut für progressive Kulturpolitik, eipcp. net/transversal/1007/kuster/de (17.7.2019).

19. Teha: „Vom Tage", in: Simplizissimus 1931.

20. Jean-Pierre Meunier/Brigitte Léardée: La Biguine de l'Oncle Bens (Anm. 2). S. 12, S. 176.

21. Meunier/ Léardée (Anm. 2), S. 30.

22. Klaus P. Hansen: Kulturbegriff und Methode. Tübingen 1993, S. 92.

23. Zit. nach: Rolf Italiaander (Hg.): Pariser Cocktail. Hamburg 1963, S. 227.

24. Paulette Nardal: „Le nouveau bal nègre de la glacière", in: La Dépêche africaine, May 30, 1929, S. 3 f.

25. Siehe auch: Maryse Condé: "Body and Soul", in: S&F Online, www.barnard. edu/sfonline/baker (17.7.2019).

26. Wayne F.Cooper: Claude McKay. Rebel Sojourner in the Harlem Renaissance. Baton Rouge/USA 1996.

27. Anna Nußbaum: Afrika singt. Eine Auslese neuer afro-amerikanischer Lyrik. Wien/Leipzig 1929.

28. Antideutsches Lied von Mayol als Parodie auf die deutsche National-hymne,1914. T/M: Louis Beaufaux.

29. Zit. nach: Peter Martin/Christine Alonzo (Hg.): Zwischen Charleston und Stechschritt, Schwarze im Nationalsozialismus. Hamburg/München 2004, S. 254.

30. Katharina Eickhoff im SWR, 27.11.2008 „Schatten über Paris – La Ville Lumière vor und nach der Okkupation", Folge 4.

31. 590.115 J-Swing.

Kapitel 10 (… 1880–1931 …)
Brasilien: O Maxixe

Schon die karibischen Inselvölker zeigten sich eher neugierig und gast-
freundlich als feindselig, als die Schiffe von Kolumbus und Co. mit den
trotz Hitze völlig zugeknöpft bekleideten Fremden in ihre Buchten einliefen.
Die Tupí-Stämme an der Ostküste Südamerikas verhalten sich kaum anders.
Nachdem Pedro Álvares Cabral mit seinen 13 Schiffen und rd. 1000 Mann
Besatzung nördlich des späteren Salvador da Bahia am 22. April 1500 vor
Anker geht und sich den – nicht unumstrittenen, schließlich soll ja lange
vorher der malische Regent Abubakari schon aus Afrika dort gelandet sein –
Ruf als Entdecker Brasiliens sichert, will der Kommandant eine Abordnung
der Tupí empfangen. Mit allem Pomp und Prunk, den man aufbieten kann.
Doch das, so berichtet Cabrals Sekretär[1], beeindruckt die nackt herum-
laufenden Inselbewohner und ihre Kaziken überhaupt nicht, sie nehmen
den Kommandanten kaum wahr und tanzen lieber am Strand zum Flöten-
spiel eines portugiesischen Matrosen. Im Glauben, die vermeintliche Insel
hinreichend für die Krone erobert zu haben, sticht Cabral schon wenige
Tage später in See in Richtung Indien und schickt seinen Sekretär zum
Rapport nach Lissabon (Abb. 1).

In Frankreich ist man natürlich empört darüber, dass der Papst die
neuen Welten nur zwischen Portugiesen und Spaniern aufgeteilt hat[2] und
damit auch alles in den Einflussbereich der katholischen Kirche geraten
soll. Frankreichs Franz I. widerspricht dem vehement, aber erst sein Nachfolger Heinrich II. handelt und schickt 1555 den Admiral Nicolas Durand
de Villegaignon, ein Freund und Studiengenosse Calvins, nach Brasilien, um
unter dem Protektorat des Hugenottenführers Admiral Gaspard de Coligny

© Springer-Verlag GmbH Deutschland, ein Teil von Springer Nature 2022
Claus Schreiner, *Schöner fremder Klang – Wie exotische Musik nach Deutschland kam*,
https://doi.org/10.1007/978-3-476-05695-5_11

Abb. 1   Tanzfest der Caramanis. Lithographie von Friedrich W. Goedsche, um 1840

Siedlungsraum für französische Hugenotten zu erschließen. In der Bucht vom Guanabara errichtet er das Fort Coligny.

„Ich, Hans Staden aus Homberg in Hessen, nahm mir vor, wenn es Gott gefiele, Indien kennenzulernen…", beginnt die 1556 in Frankfurt und 1557 in Marburg gedruckte „wahrhaftige Historia und Beschreibung einer Landschaft der wilden, nacketen grimmigen Menschenfresser Leuten"[3]. Die erste Schiffsreise bringt Staden als Büchsenschütze an Bord eines portugiesischen Schiffes, das Strafgefangene in die neuen Kolonien bringen soll, an die brasilianische Nordküste von Pernambuco, die zweite 1550 nach São Vicente, nahe dem heutigen São Paulo. Spanier, Holländer, Franzosen und Portugiesen und in ihrem Tross stets Priester und Kaufleute segeln entlang der Küsten auf der Suche nach noch nicht besetzten Landstreifen. Die einen bringen denen, die die Söldner am Leben lassen, das Evangelium. Die anderen legen die Grundsteine für Pflanzungen, vor allem von Zuckerrohr und den Export des rötlichen Brasil-Holzes. In Rouen begrüßt man 1550 das französische Königspaar mit einer Inszenierung in diesen Farben (s. Kap. 2).

Staden hatte ursprünglich als Bordschütze angeheuert und wird nun auch bei Landgängen eingesetzt. Kurz bevor er in die Hände der Tupinambas fällt und „Nun helfe Gott meiner Seele" ausstößt, bekommt er Besuch aus der hessischen Heimat mit dem Marburger Professoren-Sohn Helioduros

Hessus, der auf einer Zuckerplantage in der Nähe von São Vicente als Verwalter arbeitet. Während Staden bis 1555 weiter versucht, den Kochtöpfen der Tupínambas zu entgehen, haben die Franzosen in der nördlich von São Vicente gelegenen Bucht von Guanabara unter Vizeadmiral Villegaignon ihren Gebietsanspruch auf diesen Küstenstrich und ein künftiges France Antarctique militärisch unterstrichen. Zwei Jahre nach der ersten Besiedelung trifft dort auch der Hugenotten-Priester Jean de Léry ein. In seinem Bericht einer „Voyage fait en la terre du Bresil, autrement dite Amérique"[4] berichtet der Mittzwanziger wie Staden über Sitten und Gebräuche der „Wilden Amerikas" und die Erlebnisse seiner 20-monatigen Schiffsreise. Vom Verhältnis der Franzosen zu den Tupi-Guaraní Stämmen erzählt er nichts Gutes, die Missionare empören sich über Misshandlungen der Eingeborenen. Nur die Tupí-Tamoio-Stämme kommen mit den Franzosen klar und überlassen ihnen für eine Gegenleistung ihre eigenen Kriegsgefangenen als Sklaven.

Die Franzosen haben aber nicht mit den Jesuiten unter Manuel da Nobrega und José Anchieta gerechnet, die entlang der Küste schon einige Missionen (Salvador und São Vicente) errichten konnten und nun mit Mitgliedern indigener Stämme aus São Vicente an Bord eines portugiesischen Schiffes sind, das unter Estacio de Sá, dem Neffen des Generalgouverneurs von Bahia, im Februar 1565 vor dem Zuckerhut vor Anker geht.

Als man das kleine Fort der Franzosen Anfang März stürmt, ist auch Hesse als Kommandeur einer kleinen Armada mit Tupí-Kämpfern aus São Vicente dabei. Sein Sohn befehligt eine kleinere Mannschaft. Hesse Sr. nennt sich inzwischen Heliodoro Eobano und geht als einer der Gründer der Stadt São Sebastiao do Rio de Janeiro in die Geschichtsbücher ein, die auf dem Morro do Castelo errichtet wird.[5]

In dieser Bucht von Guanabara geht am Morgen des 1. November 1825 der Russisch-Kaiserliche Flotten-Kapitän Ritter Otto von Kotzebue vor Anker. In Reichweite liegen zwei andere Schiffe ebenfalls auf Reede. Es sind Sklaventransporter und Kotzebue empört sich: „Der Menschenhandel, dieser Schandfleck civilisierter Staaten, dessen die meisten sich doch noch schämen, steht hier noch in vollem, scheuslichen Flor, und wird mit aller Unmenschlichkeit der Habgier, unter dem Schutze der Gesetze, getrieben."[6] Auf den Decks der Sklavenschiffe beobachtet er Massen dicht gedrängter, nackter, teils kranker Afrikaner. Erst 1830 wird die Einfuhr afrikanischer Sklaven auf Betreiben der Engländer für illegal erklärt, de facto wird sie aber erst 1851 beendet, nicht aber die Sklavenhaltung. Sie wird unter dem Druck der auch in Brasilien aktiven Abolitionisten ab 1871 etappenweise abgeschafft, bis das ‚Goldene Gesetz' 1888 auch noch den Rest der

in Brasilien lebenden Menschen mit afrikanischen Wurzeln in eine Freiheit entlässt, die oft nur ein Wechsel in neue Abhängigkeiten und kein
sozialer Aufstieg ist. Während im Nachbarland Argentinien unter geringer
Beteiligung afrikanischer Sklaven eine kreolische Mischkultur vorwiegend
europäischer Herkunft entsteht, ist in Brasilien – wie auch in Kolumbien,
Venezuela und der Karibik – die Entwicklung städtischer und ländlicher
populärer Musik ohne afrikanische Beteiligung überhaupt nicht denkbar.
„Überall ist man von Schwarzen umgeben, sodaß man glauben könnte,
in Afrika zu sein", resümiert Kotzebue in Rio, der dort schwarze Musiker
beim Spiel des *Balafon* (auch *sanzá*) und Singen rhythmischer Arbeitslieder
beobachtet. Besonders Menschen mit Eltern verschiedener Ethnien begegnet
er indes mit Argwohn und offenem Rassismus: „Diese, die Mulatten und
die freien Neger, bilden die eigentliche Classe der Bürger, unter denen sich
nur wenige Weiße befinden, und sind in der Regel vom verworfensten
Charakter, höchst unwissend und lasterhaft. Ihr widerliches Äußere trägt
ganz das Gepräge des Inneren."[7] Da liegt es für den deutschen Reisenden
nahe, diesen Menschen auch den Hauptanteil am Sklavenhandel zuzu-
schreiben. Diese ambivalente Haltung zwischen Humanismus und Rassismus prägt auf Dauer die Begegnungen Deutscher mit dem afrikanischen,
unfreiwilligen ‚Mitkolonisator' Brasiliens.

Die Música Popular Brasileira, deren Anfänge sich bis in das letzte
Drittel des 19. Jahrhunderts zurückverfolgen lassen, ist wie Brasilien selbst
ein Gesang der „Tres Raças", eine musikalische Schöpfung von Menschen
mit unterschiedlichen familiären Wurzeln, die nur diffus und oft belastend
Schwarzen, Mulatten, Pardos, Caboclos, Indios, Weißen, Mestizen,
Criollos auf unterschiedlichen sozialen Ebenen, zwischen Arm und Reich
zugerechnet werden, in denen der gesellschaftliche und ökonomische Aufstieg durch Musik meist nur innerhalb ihrer Gruppen, aber selten als *crossover* gelingt.

Was Kotzebue nicht erwähnt, sind die Schiffe mit ‚weißen Sklaven', die
in denselben Jahren nach ähnlichen Strapazen der Überfahrt aus Hamburg
kommen.[8] Neben besitzlosen Auswanderern sind es überwiegend ehemalige
Zuchthäusler, die mit dem Versprechen angeworben wurden, dass sie nach
ein paar Jahren Militärdienst in der kaiserlichen Fremdenarmee ein sorgen-
freies Leben als Einwanderer genießen würden. Aber es geht den deutschen
Söldnern nicht besser als den afrikanischen Sklaven. Der Sold bleibt meist
aus, sie verrohen und verwahrlosen, ihr christlicher Glaube bietet ihnen
keinen vergleichbaren Schutz, wie ihn die Afrikaner in ihren heimlich
abgehaltenen Riten finden. In Rio gelten „die fremden Söldner als ver-
soffenes, disziplinloses Gesindel, auf das selbst die Negersklaven mit einer

Mischung aus Abscheu und Verachtung herabblicken."[9] Wer überlebte und nicht vorher desertierte oder in Rio sesshaft wird, geht in die deutschen Siedlungen in Rio Grande do Sul, wo sich nach verstärktem Anwerben schon viele Aussiedler aus Deutschland befinden.

1869 steht Europa am Vorabend des Deutsch-Französischen Krieges, während im Triple Allianz Krieg die südamerikanischen Nachbarn Argentinien, Brasilien und Uruguay schon seit fünf Jahren gemeinsam gegen Paraguay ins Feld ziehen. Die politischen Verhältnisse in den ehemaligen Kolonialreichen der Iberer sind meistens alles andere als stabil. Nach der spanischen Kolonialmacht wurde Argentinien bis 1852 von Diktatoren regiert und erlebte zehn Jahre später erste landesweite Präsidentschaftswahlen. 1808 war der portugiesische König João VI. vor den napoleonischen Truppen nach Brasilien geflüchtet, zuerst in die frühere Hauptstadt Salvador, dann nach Rio. Über Jahrhunderte hatten die aus der Kolonie Brasilien verschifften Produkte Krone und Kaufleute Portugals reich gemacht. Brasilien selbst blieb dabei „arm, bedrückt, wenig bevölkert und für alle Geistescultur unzugänglich" (Kotzebue). Das änderte sich spätestens 1841, als Dom Pedro II., der Enkel des Königs, den Thron seines Vaters Dom Pedro I. bestieg. Unter seiner Regentschaft (*Segundo Império do Brasil*) erlebt das seit 1822 unabhängige Brasilien durch neue Einwanderungs- und Außenhandelsbestimmungen nicht nur einen wirtschaftlichen Aufschwung. Auch Kultur und Bildung bekommen, zumindest in der europäischstämmigen Bevölkerung, neuen Stellenwert.

Deutsche Forscher

„Auf Befehl Sr. Majestät Maximilian Joseph I. Königs von Baiern" durchstreifen die Forscher Johann von Spix und Carl Friedrich von Martius zwischen 1817 und 1820 Brasilien und veröffentlichen als Beilage ihres Berichtes „Reise in Brasilien" Lieder aus Brasilien inklusive der bei Indianerstämmen aufgeschriebenen Melodien.[10] Nach einer Aufführung des alten portugiesischen Spektakels Christen vs. Mauren bei Bahia, das mit dem „Tanz Landum" beendet wurde, erleben sie auf der Fazenda dos Negros bei Retiro ein Fest der afrikanischen Sklaven, empfinden aber das „Getöse ihrer Atabaque, einer Art Trommel, und des Ganzá [gemeint ist der Reco-Reco, d. A.], eines mit eisernen Querleisten versehenen dicken Rohres, auf dem sie durch Hin- und Herfahren mit einem Stocke einen schnarrenden Ton hervorbringen" als ebenso störend wie den einsetzenden Platzregen (Abb. 2). Bei den Tubirava-Indianern erleben sie einen Kriegstanz: „Dieser

Abb. 2 Jean-Baptiste Debret: Marimba. Passeio de domingo à tarde, 1826 (mit Daumenklavier, Reco-Reco Holzschraper)

Tanz vereinigte die gesamte wilde und furchtbare Plastik, welche der rohe Naturmensch Amerikas an seinem gedrungenen Körper darstellt. Die schnellen drohenden Wendungen dieser nackten Krieger, deren mit Thran bestrichene, Musculatur wie Erz glänzt, die abscheulichen Grimassen der tätowirten, von Urucú gerötheten Gesichter, das plötzliche Aufschreien beim Wurf oder Stoß, und das hämische Grinsen, wenn sich der Gegner hinter seinem Schild verbergen muß, welch' gräßliches Bild der Rohheit!"[11] Erst Mario de Andrade[12] wird einhundert Jahre später darauf hinweisen, dass die nasalen Klänge in den Gesängen der Guaraní-Sprache und Gesang der Brasilianer beeinflusst haben. Im portugiesischen *ão* wie in *coração* (Herz) hört der Journalist Austregésilo de Athayde zudem den „Ausklang der Metalle, wie im Klingen der Glocken, wie im Seufzen der Saiten des Cellos oder der Gitarre, wie in der sanften Kadenz der Harfenbässe, und den tiefen Tönen der Orgel."[13]

Eine wichtige Anlaufstelle für Forscher und Reisende aus Europa ist der aus Rheinhessen stammende Baron Georg Heinrich von Langsdorff. Er ist Arzt und Naturforscher und seit 1913 auch russischer Generalkonsul in Rio. Auf seine Einladung kommt 1821 der junge Augsburger Künstler Johann Moritz Rugendas (1802–1858) nach Brasilien, um mit seinem Skizzenbuch eine vom russischen Zaren entsandte Expedition in das ‚Innere Brasiliens' zu begleiten. Die dabei entstehenden 100 Bilder werden mit Hilfe Alexander von Humboldts Jahre später als Lithographien im Band *Voyage pittoresque dans le Brésil* in Paris veröffentlicht. Sie zeigen unter anderem detaillierte Darstellungen von Szenen mit brasilianischen *Lundú-* und *Batuque*-Tänzen. Rugendas bereist ab 1831 auch Mexiko, bleibt acht Jahre in Chile und kommt über Peru, Argentinien und Uruguay 1847 wieder nach Brasilien. Sein Blick vom Aquädukt auf Rio de Janeiro wird 1997 die stolze Summe von 450.000 US$ einbringen. Von einer Zuckerpflanzung berichtet er: „Größere Kirchenfeste werden mit vielem Aufwand gefeiert, mit Feuerwerken, Tanz und Schauspielen, die freilich sehr an die ersten Anfange der mimischen Kunst erinnern, aber wobei es dem derben Witz der Schauspieler meistens vollkommen gelingt, ihre Zuschauer zu befriedigen."[14]

Brasilien profitiert in seinen Metropolen Salvador, Rio und Santos/ São Paulo vom Glanz des Kaiserhofs in Rio, der viele Künstler aus Europa anzieht wie den Salzburger Dirigenten und Organisten Sigismund Ritter von Neukomm (1778–1858), einen Schüler Joseph Haydns und selbst Cembalo-Lehrer von Mozarts Sohn Carl Thomas. Er kommt im Mai 1816 anlässlich der Krönungsfeierlichkeiten von João VI. nach Rio und bleibt länger als vorgesehen mit einer Professur und als Musiklehrer der Familie des Prinzen D. Pedro und dessen Frau Leopoldine, ihrerseits Tochter des Habsburgers Kaiser Franz Joseph, der sich durch die Heirat 1817 im Sinne seines Beraters Metternich schon eine Einverleibung Brasiliens und damit Portugals vorstellt. Wie später herauskommen wird, ist Pedro I. eher den Freuden des Lebens und seinen zahlreichen Mätressen schamlos zugetan, während die Österreicherin schon vor des Gatten Krönung zum Kaiser politisch und kulturell überaus aktiv ist und auch den kulturellen Austausch mit Europa kräftig fördert. Sie stirbt 1826 mit nur 30 Jahren nach der Geburt von sieben Kindern durch eine gewalttätige Attacke des Kaiser-Gatten, vier Jahre nachdem sie an der Unabhängigkeit Brasiliens mitgewirkt hatte. Neukomm kehrt bereits 1821 nach Europa zurück. Mit Bearbeitungen von *Modinha* (für Piano und Flöte) und *Lundú*[15] (für Piano) wird er der erste Komponist der Klassik, der brasilianische populäre Liedformen der Zeit aufgreift. In dieser Zeit bekommt die brasilianische Nationalflagge ihre Farben: gelb für das Haus Lothringen-Habsburg und grün für das Haus Bragança.

Unter den Besuchern ist auch Adolph Maersch von der Berliner Musikhochschule und Philharmonie, der 1849 in Rio eintrifft und ein „sehr geachteter Name in den Musikkreisen des Kaiserreichs"[16] wird. Maersch schreibt auch Klaviervariationen über brasilianische Versionen portugiesischer Modinhas. Jahre später folgt ihm der Organist und Pianist Hugo Bussmeyer aus Braunschweig nach Rio. Bussmeyer zieht es danach weiter nach Paris und New York, er kommt aber 1879 nach Rio zurück, um seine Opera Sacra „São Pedro" in Gegenwart des Kaisers aufzuführen. Der Kaiser Dom Pedro II. selbst – einzig überlebender Sohn der Leopoldine – pflegt gute Kontakte mit Deutschland, das er 1876 anlässlich der ersten Bayreuther Festspiele als Gast Kaiser Wilhelms I. besucht. Richard Wagner sucht seine Nähe und lässt den Architekten Gottfried Semper sogar Pläne für ein Konzerthaus in Rio de Janeiro entwerfen, das allerdings nie gebaut werden wird, obwohl es Semper interessierte, „ein Opernhaus für schwarze Menschen zu bauen".[17] Dom Pedro ist auch Förderer von Expeditionen, die deutsche Ethnologen und Anthropologen unternehmen, wie z. B. Karl von den Steinen vom Berliner Museum für Völkerkunde, der 1884 und 1887 mit einem bedrohlich wirkenden Tross von achtzig Mann die Xingú-Indianer besucht und glaubt, „dass der Untergang der geringgeschätzten Naturvölker den Verlust unersetzlicher Urkunden für die Geschichte des menschlichen Geistes bedeutet".[18] Von Steinen beschreibt Musik und Tanz der indigenen Stämme detaillierter als Forschungsreisende zuvor, er geht auch auf Distanz zu Martius, der die Indianer auf rhythmische Fähigkeiten beschränkte und ihnen Harmonik und Melodik absprach, „weil ich nicht sicher bin, ob die Indianer nicht musikalischer sind als ich selbst". Von Steinen erkennt die vielschichtige Bedeutung indigener Rasseln und Klappern, die über Rhythmus und Takt hinaus mit Gesang und dem Spiel der Flöten besonders in ritueller Musik eine Einheit bilden. Studenten des Marburger Ethnologen Mark Münzel beurteilen im Jahre 1991 die Arbeit des Forschers überwiegend als reaktionär.[19]

Theodor Koch (1872–1924) aus Grünberg in Hessen bereist Brasilien als Fotograf bei einer wenig erfolgreichen Xingú- Expedition Herman Meyers (1899). Danach kommt er mehrfach zu eigenen Forschungsreisen[20] zu den Indianern in Nordwestbrasilien und Venezuela. Koch-Grünberg stellt die dabei entstehenden ethnographischen Film- und Musikaufnahmen auch den Berliner Ethnologen um Erich von Hornbostel zur Verfügung. Auch er zeigt sich, anders als Spix und Martius, gegenüber den Naturvölkern respektvoller: „Wir Europäer haben, besonders nach diesem Krieg, am allerwenigsten das Recht, ein anderes Volk ‚wild' zu nennen."[21]

O Som da Rua (Der Klang der Straße)

In den Konzertsälen Rios, Salvadors und São Paulos erklingt vorwiegend europäische Klassik, darunter natürlich auch Wagner, Liszt und andere Romantiker, die von deutschstämmigen Musikliebhabern und

Chorvereinigungen gefördert werden. Bei Hofe tanzt man Quadrillen und Menuette, in den Gesellschaftsclubs die neuen Polkas, Walzer und Mazurkas. Nur beim portugiesischen Carnaval, dem *Entrudo*, vergisst man für ein paar Tage die Etikette. Aus nach alter Sitte in die Menge geworfenen Beuteln mit parfümiertem Wasser werden im Laufe der Zeit kleine Bomben mit stinkenden und spritzenden Inhalten, bis 1857 ein Verbot diesem Treiben ein Ende setzt. Und in den Hütten der Hüterinnen der afrobahianischen Kulte, der Tias, Priesterinnen des Candomblé, gibt es zum Ausklang der wöchentlichen Rituale Lundú-Lieder und Batuque-Tänze. Noch leben in den Städten nur wenige freigelassene Sklaven, im Hinterland gibt es mit den Quilombos ein paar Siedlungen entlaufener Sklaven, und in die Randzonen der Städte kommen immer mehr Landflüchtlinge aus dem immer wieder von großen Dürreperioden gebeutelten Nordosten, wo Großgrundbesitzer ihre Viehhirten und Landarbeiter, die *Caboclos Nordestinos* indianisch-europäisch-afrikanischen Blutes, wie Sklaven halten.

Mit der Abschaffung der Sklaverei 1888 ergießt sich ein reiches, kreatives Potential afrobrasilianischer Kultur in die Randzonen der Großstädte und sorgt dort – in Santiago auf Kuba, Buenos Aires in Argentinien oder New Orleans in Missouri – für ein ideales Klima, in dem eine städtische brasilianische Popularmusik wie Maxixe, Choro und Samba im sozialen und kreativen Spannungsfeld zwischen der Musik der Salons und den zahlreichen Bands der Vereine und Vorstädte entstehen kann.

Es ist dies auch der Beginn einer Zeit, in der mit Maxixe, Danzón und Milonga (Tango) Tänze entstehen, die „wie viele Finger an derselben Hand, Variationen eines einzigen Phänomens" sind, das John Charles Chasteen den „transgressive close embrace"[22] nennt, also (sittliche) Grenzen überschreitende Umarmungen in der Tanzhaltung bei Tänzen, die als Verbindungen weißer und schwarzer Kulturen im Umfeld gemischter Ethnien entstehen.

Gleichzeitig aber beweisen die Großgrundbesitzer mit Hilfe des Militärs, wie wenig sie von der Sklavenbefreiung halten. Ein Jahr nur nach der Abolição befindet sich das Kaiserhaus nach einem Militär-Putsch bereits im Pariser Exil. 1891 stirbt Dom Pedro II. und es wird die erste brasilianische Republik ausgerufen. Bald werden erste Künstler aus Brasilien ebenfalls in Paris eintreffen.

Música Popular Brasileira – Die Anfänge

Als Louis Moreau Gottschalk 1869 einmal wieder, aus dem von der Cholera heimgesuchten Rio de La Plata kommend, in Brasilien weilt, hat er vermutlich sehr viel weniger Kontakt mit afrobrasilianischer Musik als mit afrokubanischer

Musik bei seinen zahlreichen Aufenthalten auf Kuba. Dort ist man den süd-amerikanischen Nachbarn auf dem Weg zu eigenständigen Musikformen schon weit voraus. Aus der *Habanera* und deren Nachfolgerin *Danza* entwickelt sich gerade um 1870 der *Danzón* – zusammen mit der aus afrokubanischer ritueller Musik entstandenen *Rumba* und deren Derivaten wird er eine der Keimzellen der nachfolgenden kubanischen Entwicklungen (s. Kap. 1, 13 und Bd. 3, Kap. 11).

Neben Gottschalk sorgt zur selben Zeit eine Minstrel-Truppe aus den USA für Aufregung in Rio. Dass der musikalische Leiter der Christy's Minstrels der Deutsche Karl Toelle[23] sein soll, wäre nichts Ungewöhnliches. Viele deutsche Musiker, die in die USA emigrierten, finden gute Jobs bei den Minstrelshows, und nicht selten bringen sie neben den üblichen Coon-Songs auch deutsche Lieder auf die Bühne. Auch in Buenos Aires sind schwarz bemalte Gesichter (Blackface) bei den Comparsas des Carnaval und häufigen Minstrelshows-Tourneen nichts Ungewöhnliches (s. Kap. 11). Auf die Idee, sich als Schwarzer auf einer Bühne mit nachgemachten Liedern und Tänzen der Afrobrasilianer zu präsentieren, war man in Brasilien bislang aber nicht gekommen, und so schreiben die Zeitungen zu Recht, dass man so etwas wie die Minstrels in Rio noch nicht gesehen habe.

Spätere akribische Spurensuchen[24] von Gottschalks Tagen in Brasilien erwähnen keine Begegnungen mit Volksmusikanten oder Klassik-Musikern in der schwarzen Bevölkerung, aber viel von seiner Zusammenarbeit und Freundschaft mit dem in Rio lebenden portugiesischen Pianisten Arthur Napoleão. Gottschalk ist der Liebling der besseren Gesellschaft Rios, mit Kontakten zum Kaiser Pedro II, dessen Vater bekannt dafür war, viele Musikinstrumente zu beherrschen. Aber Gottschalk ist sehr krank und stirbt, nur 40 Jahre alt, am 18. Dezember 1869 in seinem Hotel da Tijuca im Viertel Alto de Boa Vista. Im Monat zuvor hat er noch einmal seine Vor-liebe für extravagante, megalomane Aufführungen beweisen dürfen: 650 Musiker, zusammengestellt aus zahlreichen Militärkapellen, Amateur- und Musikhochschulorchestern, wirkten an der Uraufführung seines dem Kaiser gewidmeten Triumphmarsches „Brasileira" mit. Noch lange nach seinem Tod halten sich hartnäckig Gerüchte, dass Gottschalk vergiftet wurde oder ihm in einer dunklen Gasse von einem eifersüchtigen Europäer drei Finger abgehackt wurden.[25]

1869 haben wohlhabende Bürger Wochenendhäuser (*sitios*) am Praia de Botafogo außerhalb der Stadt. Die Copacabana heißt noch Sacopenapá („Der Weg der Soco-Vögel" – einer Reiherart) und ist ein hügeliger, unbebauter Strand südlich vom Zentrum Rios gelegen, mit ein paar Fischer-hütten, Opossums und Gürteltieren, denen man vielleicht bei sonntäglichen

Picknickausflügen begegnet. Erst 1906 ermöglichen Tunnels leichtere Zugänge von der nördlichen City. 1923 entsteht das Copacabana Palace Hotel – ein noch einsamer, wenn auch imposanter Art-Deco-Bau an diesem Strand, der seinen Namen zuvor durch eine Muttergottes-Statue bekommen hatte, die Händler von der Halbinsel Copacabana im Titicacasee (zwischen Peru und Bolivien) mitgebracht und in einer kleinen Kapelle aufgestellt hatten. Die Bar dieses Copacabana Palace und die danach in seinem Umfeld zahlreich entstehenden Kneipen (Boates) werden in der späteren Entwicklung der städtischen populären Musik Rios eine große Rolle spielen.

Es wäre durchaus denkbar, dass Gottschalk, wenn man ihm vielleicht von einem Besuch der Musikkneipen in den Armutsvierteln abgeraten hatte, wenigstens bei Streifzügen durch die Straßen von Rios Altstadt kleinen Instrumentalgruppen begegnet ist, die mit Flöte, Gitarre und dem aus einer kleinen portugiesischen Gitarre namens Machete entwickelten *Cavaquinho* die Tanz-Lieder jener Zeit spielen. Natürlich hört man von ihnen auch die romantischen *Serenatas* und *Modinha*-Lieder, wie sie in den Cafés der Boheme und auf den öffentlichen Plätzen Rios zur Gitarre gesungen werden, aber die Favoriten dieser Jahre sind Schottisch und Polka. Bei den Soireen in den Salons, zwischen dicken Gobelins an den Wänden und schweren Möbeln aus dunkelrotem Brasilholz, gibt es dasselbe als Klaviermusik: Mazurkas, Polka, Schottisch, aber auch Edles von Chopin.

Vor seinem Tod gab der Pianist Gottschalk einige Konzerte[26], bei denen er von 31 Pianisten begleitet wurde – nacheinander wohl, denn 31 Flügel hätte man in Rio für diesen Anlass nur schwer auftreiben können, obwohl Gottschalk schon zwei Konzertflügel selbst mitgebracht hatte. Zwei der Pianisten waren Charles-Lucién Lambert und sein Sohn aus New Orleans. Lambert Sr. kannte Gottschalk aus Pariser Zeiten, in denen dort auch der „La Paloma"-Komponist Iradier (s. Kap. 1) zugegen war, und betrieb schon einige Jahre ein Musikalien- und Pianohaus in Rio. 1881 wird er für einige Monate den jungen Ernesto Nazareth unterrichten. Lambert hat wie Gottschalk und Iradier Habaneras in seinem Programm, auch seine Chopin-Interpretationen beeindrucken den jungen Nazareth nachhaltig. Es ist auch nicht auszuschließen, dass Nazareths spätere Spielweise der ohnehin von der Habanera-Synkope geprägten Choros von den Interpretationen Lamberts beeinflusst wurde. Immerhin ist zu dieser Zeit der Ragtime schon im Cakewalk der USA bekannt (s. Kap. 4).

Einer dieser Pianisten in Gottschalks Konzert hätte durchaus aber auch eine Frau sein können, eine selbstbewusste, 22 Jahre junge außergewöhnliche Frau namens Francisca Edwiges Neves Gonzaga (1847–1935). Sie ist die uneheliche Tochter eines Offiziers mit einer mittellosen

Mulata und hatte das Glück, dass ihr Vater ihr eine bürgerliche Erziehung und Ausbildung ermöglichte. Wie andere ‚höhere Töchter' durfte auch sie Klavierstunden nehmen und Musik wurde ihre große Leidenschaft, die sie aber immer mehr unterdrücken musste, nachdem sie mit nur 16 Jahren in eine Ehe gedrängt wurde. Als sie, statt sich mit Musik zu beschäftigen, ihren Mann, einen Kapitän und Schiffsanteilseigner, auf einer Reise begleiten soll, mit der Sklaven, Soldaten und Waffen in die Kriegsgebiete gen Paraguay transportiert werden, hat die neunzehnjährige Francisca bereits zwei Kinder und schon keine Lust mehr auf eine Fortsetzung dieser Ehe. Ein Jahr später bringt sie ihr drittes Kind zu Welt und verlässt ihren Mann 1869 mit ihrem ältesten Sohn. Womöglich hat sie von Gottschalks Pianisten-Projekt gar nichts erfahren. Und Gottschalk nichts von ihr. Schicksalhafte Nicht-Begegnungen: Zu einer Begegnung Gottschalks mit Sebastian Iradier war es vermutlich zuvor in Paris auch nicht gekommen (s. Kap. 1).

Gonzaga zieht sich für einige Zeit nach Minas Gerais zurück, wo sie noch eine Tochter bekommt, die sie bei deren Vater zurücklässt, um wieder als Pianistin und Komponistin in Rio zu arbeiten. Von ihrem leiblichen Vater inzwischen enterbt, vom Kapitän und dessen Familie unversorgt und verteufelt und in den Kaffeekränzchen der Gesellschaft verachtet, findet sie ihre Zukunft in der Bohème Rios, und einen Freund im fast gleichaltrigen Flötisten Joaquím da Silva Calado, dessen erste Komposition gerade gedruckt wird, als Gottschalk in Rio ist. Es ist eine *Polca*, und er widmet sie Francisca, die man jetzt nur noch Chiquinha nennt. Sie wird Pianistin in seinem Quartett „O Choro do Calado".

Solche Polcas und auch die Klaviermusik der Salons werden um 1870 von kleinen Ensembles so gespielt, dass die Flöte die Melodie spielt, das Cavaquinho den Grundrhythmus und die Harmonien und die Gitarre die Basslinien. Dies ist ein Prinzip, das man auch bei den *conjuntos* (stringbands) der iberischen Halbinsel und auf den Kanarischen Inseln kennt, wo der Gesang der Folias, Seguidillhas, Isas und der Tajaraste von fünfsaitigem, dem Cavaquinho ähnlichem Timple, Gitarre und mandonlinenartiger Bandola so begleitet wird. Man findet es überall dort, wo iberische Musik in Lateinamerika Fuß fasste, aber auch in der *Cajun Music* in Louisiana, den *Sones* von Mexiko und im frühen Tango Argentiniens. Chiquinhas Kollege, der Afrobrasilianer Calado (1848–1880), ist der bekannteste Flötist dieser neuen Spielart, die man bald *Choro* nennt, die Musiker sind die Chorões. Sie sind Cariocas (Einwohner Rios), Brasilianer, Schwarze, bald auch weiße Mittelschicht-Komponisten mit dem gewissen „jeitinho" (Etwas), das seither in alle Kreationen brasilianischer Musik eingeflossen ist.

Es ist vielleicht nur eine kleine Synkope, die man in Choro, Maxixe und Samba als Gefühl eines wiederkehrenden winzigen Schluckaufs empfindet, wie ein kurzes Hochzucken des Körpers im Fluss des Rhythmus. Man nennt es *Lundú* und meint eigentlich damit ein Synonym für eine Liedform, einen Tanz und Rhythmus afrikanischer Herkunft. Seit Ankunft der ersten Sklaven aus Afrika im frühen 16. Jahrhundert kamen Millionen Afrikaner unterschiedlichster Stämme, Regionen und Religionen Afrikas nach Brasilien. *Batuque, Jongo, Coco* und *Samba* sind nur wenige der im ganzen Land bekannten afrobrasilianischen Tänze, die oft Gemeinsamkeiten in Rhythmen, Musikinstrumenten, rituellen Bedeutungen und Tanzelementen haben wie z. B. in der *Umbigada*, das Bauch und Hüften betonende Tanzen und die Berührung des nächsten Tänzers am Gürtel oder Bauch, wenn der eigene Solotanz beendet ist. Aus dem großen Bereich der dabei erklingenden Lieder hat der Lundú schon um 1764 den Gefallen der Portugiesen gefunden, als der Mulatte Domingos Caldas Barbosa am Hof Lissabons seine Lundús und die portugiesischen Vorläufer der *Modinha*, die *Modas* vortrug, die eine der Quellen des portugiesischen *Fado* sein könnten. Deutsche Leser erfahren 1837: „Dieser Tanz, worin sich Liebe, Eifersucht, Zuneigen und Abstoßen, Schmollen und Versöhnung, Sinnlichkeit und Wollust abwechselnd die Hand bieten, ist, von einem schönen Paare getanzt, einer der anziehendsten für den Südländer, zudem sich aber gewiß kein deutsches Mädchen verstehen würde. Die Sittlichkeit würde erröthen, denn noch so fein getanzt, und die Bewegung des Körpers noch so gemildert, sticht doch immer eine grobe Sinnlichkeit hervor. Hier findet man weder etwas Unanständiges noch Augenbeleidigendes in diesem Tanze und den Bewegungen der Tänzer, vor denen selbst ein nordmännischer Mann in Gegenwart von Damen die Augen niederschlägt. … Eine taktvolle, ganz einfache Musik der Gitarre, in welcher später allerhand Variationen verflochten werden, beginnt in langsamem Tempo, bald erhebt sie sich, bald sinkt sie und daraus wird der Tanz gemodelt, gleichsam improvisirt…"[27]

Als *Fado* kennen die Brasilianer in dieser Zeit nur einen Solotanz für Mann oder Frau, dessen Beschreibung eher an Strukturen des *Baile Flamenco* erinnert: „indem man die schwierigsten Schritte macht und die elegantesten Haltungen einnimmt, all das begleitet von Fingerschnipsen, und geht dann nach und nach zu Gefälligem, macht einige Negadas, Drehungen und klatscht am Ende mit den Händen."[28]

„Der Lundu ist stets ein Negerlied" schreibt Albert Friedenthal[29] weiter. Er bemerkt besonders den „komischen" Charakter des Lundú mit „oft krausen Gedanken der Neger". In der Tat dienen die Lundús, wie ihre afrokaribischen Verwandten *Plena* oder *Calypso* mit mehrdeutigen Texten oft als Spottlieder über Tagesereignisse und Menschen (s. Bd. 2, Kap. 4).

> Was für ein schlimmer Tag
> wird das für die Weißen sein
> wenn wir Neger einmal Minister werden[30]

Die musikalische Begleitung des Lundú rückt Friedenthal nach seinem Besuch Brasiliens Ende des 19. Jahrhunderts in die Nähe des Fado, in der Melodik bemerkt er verschobene, synkopierende Taktteile. Es gibt in Lissabon in dieser Zeit einen Fado-Tanz, der sich – vergleichbar dem Weg des Milonga-Lieds zum Milonga-Tanz in den Rotlichtvierteln am Rio de la Plata – aus dem Fado-Lied mit seinen lasziv-provokanten Vierzeilern in Lissabon entwickelte. Wahrscheinlich hat er die re-importierte Lundú-Version dieses Paartanzes zum Klang einer Geige beobachtet.

Die Musik der Chorões gerät somit automatisch unter denn den Einfluss des Lundú (beider Versionen) und den einer Reisenden aus Havanna, der Habanera, die bis hinunter nach Argentinien gekommen ist und als Gastgeschenk überall ihre typische Cinquillo-Synkopierung (s. Kap. 1) hinterlassen hat, an der man nun einen typischen Choro erkennt. Wenn, wie der berühmte Tango-Komponist Enrique Santos Discépolo sagt, der Tango ein trauriger Gedanke ist, den man tanzen kann, dann ist der Choro eine mit halb lachendem, halb weinendem Auge gefühlte Geschichte, die man auf einem Instrument erzählen kann. Und der *Chorinho* ihre Kurzversion in schnellem Tempo. Im Gegensatz zum Jazz (4/4) ist der Choro ein Zweitakt-Rhythmus (2/4), dessen Synkopierung (aus Lundú oder Habanera) oft auch mit einem nachgezogenen Hinkefuß verglichen wird.

Es hinkt auch der besonders von brasilianischen Musikern gern angestellte Vergleich, der Choro sei der Jazz Brasiliens. Trotz gemeinsamer ferner Wurzeln fehlen dem Choro z. B. die für den Jazz typischen *blue notes* und die modernen Harmonien. Der Choro ist der europäischen Klassik wie Debussy, Chopin oder Ravel näher als dem Jazz. Wo der Jazz durch Intonierung und Phrasierung, Improvisation und Harmonik spontanes Komponieren ermöglicht, gewinnt der Choro seine Schönheit und tief-innere Gefühlsebene durch die Interpretationskunst seiner Musiker und deren Virtuosität. Das Besondere am brasilianischen Choro ist das Gitarren-spiel, die *baixaria*. Vergleichbar dem *walking bass* in der Popmusik, entwickelt sie eine Gegenmelodie bzw. kurze melodische Phrase im Basston-bereich, gelegentlich hat sie sogar kurze Soloparts. Im Grunde entscheidet ihr Rhythmus oft schon in den Einleitungen über den Charakter des Stücks, was recht praktisch ist, wenn der Gitarrist damit seinen Kollegen signalisiert, was als Nächstes an der Reihe sein wird. Der brasilianische Komponist Guerra Peixe (1914–1993) vermutet, dass dieses Prinzip bald von Posaune, Bombardon und Tuba übernommen und beherrschendes Rhythmuselement bei Rios Pianisten gegen Ende des 19. Jahrhunderts wurde.[31]

Die Rhythmen einer Perkussionsgruppe (Batucada) des Samba und des Choro sind einander bedingt ähnlich, aber nicht identisch. Der Choro ist in Rio entstandene afrokreolische Musik, der Samba schon in seinen Ursprüngen afrobrasilianisch. Der Choro swingt mit einer hörbaren, durchgängigen Synkopierung, der Samba-Groove entsteht durch eine Kombination von durchgehender Perkussion auf Basstrommeln (Surdos) und Marschtrommeln (Caixas) mit dem Spiel z. B. auf Agogô oder Tamburim unter Weglassen von Schlägen, innerhalb einer gefühlten Time-Line wie sie auch im Clave (s. Kap. 13) der afrokubanischen Musik üblich ist.

Carnaval

Entsprechend den Zutaten, die die Musiker mit ihren individuellen Wurzeln und Präferenzen einbringen, gibt es im letzten Viertel des 19. Jahrhunderts in Rio ausreichend neues Musikmaterial für ein hungriges Publikum. Handwerker, Straßenzüge, Stadtviertel, Bruderschaften der Kirchen, religiöse Gemeinden, Vereine des portugiesischen Entrudo-Karneval nach venezianischem Vorbild, die schon von Mauren auf der iberischen Halbinsel begründeten Cofradías der Schwarzen, die Terreiros der Macumba und des Candomblé in den Häusern der Tias in Rios Arbeiterviertel Cidade Nova – sie alle pflegen ihre Gemeinschaft in besonderen Veranstaltungen. Noch ist die Mitwirkung schwarzer Karnevalsgruppen an den Umzügen nicht offiziell erlaubt, aber sie drängen beim Carnaval und an kirchlichen Feiertagen immer stärker auf die Straßen der Vorstädte. Denn sie wollen an dieser Domäne der weißen Brasilianer teilhaben, ihre eigene Kultur zeigen und die andere kopieren – und beweisen, dass sie es besser können. Vom portugiesischen Entrudo kopieren sie u. a. die Figuren *Porta Bandeira* (Porta Estandarte) und *Mestre Sala*, Fahnenträgerin der Gruppe und Zeremonienmeister der Quadrillen und Kontertänze aus Europa. In Rios Zentrum dominieren noch weitgehend die europäischen Gruppen mit ihren Märschen, Kostümen und Themen aus Oper und Theaterwelt. Das geschieht alles ziemlich unkoordiniert in einer Mischung verschiedenster Rhythmen und Melodien, sodass um 1850[32] ein wahrhaftiger Paukenschlag einen aus Portugal eingewanderten Schuhmacher unsterblich macht, als er mit einer Gruppe, die umgehängten Bombo-Trommeln schlagend, und „Zé Pereira" schreiend, den Carnaval rhythmisch auf Vordermann bringt. Ab 1870 gehören solche Trommelgruppen als Zé Pereiras zum festen Bestand der Straßenumzüge. In Gottschalks 650-Musiker-Mega-Event werden auch Lieder aus der Operetten-Parodie „O Zé Perreira Carnavalesco" gespielt, und Gottschalk kennt natürlich die Bedeutung der Perkussionsgruppen im afrolatinischen Carnival durch seine Projekte auf Kuba, wo die Schwarzen mit ihren Cabildos und afrokubanischen Trommeln schon am Karneval teilnehmen können. In Brasilien dauert es damit noch, bis 1888 mit der Abschaffung der Sklaverei die perkussive Dominanz von den Gruppen übernommen wird, die das Geschehen des Carnaval bestimmen. Unter ihnen gibt es die *Cordões*, die afrobrasilianischen Gruppen (auch: *Cucumbis*), die auf die weltlichen Abteilungen der religiösen Bruderschaften zurückgehen, die die Priester zu Ehren katholischer Heiliger mit den Sklaven ins Leben gerufen hatten. Sie sind Sammelbecken für breite Bevölkerungsschichten, denn hier braucht man keine unerschwinglichen Musikinstrumente, irgendetwas zum Klappern tut es auch. Die von afrobahianischen Zuwanderern mitgebrachten Cucumbis fallen besonders auf, weil sie manchmal kostümiert und mit bunten Federn dekoriert als die „Afrikanischen Indios" auftreten, ob als Referenz an die ebenfalls unterdrückten und versklavten indigenen Stämme, oder nur aus einer ur-afrikanischen Lust an Kostümen und Masken, bleibt unklar. Deutlich ist aber, dass tropische Federkostüme im berühmten Carnaval von Rio eine sehr lange Tradition haben. Die Mitglieder der Cucumbis gehen auch in den Tempeln (Terreiros) der Candomblé-Priesterinnen wie Tia Ciata ein und aus und werden teilweise auch von dort zentral gesteuert (Abb. 3).

Dann gibt es die *Ranchos* mit ihren Prozessionen, in denen nach portugiesischer Tradition z. B. die Nossa Senhora de la Penha gefeiert wird. Auch ehemalige Sklaven aus Bahia bringen nach Rio ihre afrikanisierten Ranchos mit. Den katholischen Ranchos nahe stehen die europäisch verwurzelten Karnevalsvereine (Sociedades) mit Nonsens-Namen wie *Democráticos* oder *Tenentes do Diabo* und *Estudantes de Heidelberg*. Diese Gesellschaften residieren mit festen Vereinsstrukturen in Vereinsheimen. Erst in den 1920er Jahren entstehen aus Cordões, Cucumbis und afrobahianischen Ranchos am Hügel der Mangueira im Viertel Estacio de Sá erste schwarze Karnevalsvereine und bald kopieren sie in ihren Vierteln als *Escola de Samba* (Sambaschule) die Vereinsstrukturen der Sociedades. Am Ende wird man nur noch von ihrem Carnaval (in Rio) sprechen.

Bei den Festen der Gruppen und Vereine gibt es natürlich auch Musik. Cordões und Ranchos haben ihre eigenen Tanz- und Rhythmusgruppen, die

Abb. 3   Rio, Carnaval 1930

Sociedades sogar eigene Orchester. Auch die Feuerwehrleute und Friseure spielen mit eigenen *Bandas* auf, das Militär sowieso. Wer jetzt Musiker ist, hat seine Jobs am besten überall und bei allen gesellschaftlichen Gruppen. Dabei kommt man herum und die Musik entwickelt sich unentwegt aus vielen Quellen weiter. Friedenthal spricht von Musik, „die aus der Neger-gasse geboren zu sein scheint".[33] Zum Ende des Jahrhunderts haben manche Ranchos und Cordões schon eigene Lieder, mit denen sie auf die Straßen gehen, einige davon hat Chiquinha Gonzaga geschrieben. Mit einem aber wird sie unsterblich. Es ist ein Lied in leicht synkopiertem Marsch-Rhyth-mus (*Marcha Rancho*), das sie vom Cordão „Rosa de Ouro" aus ihrer Nach-barschaft 1899 singen lässt:

O abre alas
Que eu quero passar (bis)
Rosa de Ouro
É que vai ganhar (bis)

Öffnet die Reihen
Damit ich vorwärts komme
Es ist Rosa de Ouro
Die gewinnen wird.

Dieses hymnische Lied „bestätigt den Carnaval als volkstümliches Fest und befördert seine Verschmelzung mit der urbanen Musik".[34] Das Lied ist wie

Chiquinha: selbstbewusst, kämpferisch, fröhlich. Im gleichen Jahr geht sie eine neue Beziehung ein, sie ist jetzt 52 und der Musiker João Batista gerade 16 Jahre alt. Sie sagt allen, er sei ihr Sohn und sie bleiben bis zu ihrem Tod 36 Jahre lang zusammen.

Musik von unten – Maxixe

Um 1880 ist auf einmal der *Maxixe* da: o Machiche oder Matchiche, der erste in Brasilien entstandene städtische Tanz. Für den Musikwissenschaftler Renato Almeida ist er der „charakteristischste unserer Tänze. … Er ist der sinnlichste brasilianische Tanz."[35] Als lebhaftes Paar-Tanzvergnügen ist er ein Bewegungstanz mit Schrittelementen der Polka und einem von zwei synkopierten Achtelnotenpaaren geprägten binären Rhythmus, zwischen Habanera, Polka und Lundú. Niemand weiß genau, woher er kam, irgendwo nördlich des Zentrums aus dem Milieu der Cabarets und Bars von Lapa und Cidade Nova, aus Kneipen wie denen von Buenos Aires, in denen der Tango entstand, in denen betuchte Herren nach dem Hochkultur-Genuss nach Sex und Alkohol verlangen. Der Maxixe ist einfach da und ist sofort als „dança prohibida" verpönt. Beim Sambatanzen im Anschluß an eine Capoeira oder in einer Favela-Kneipe steht sich das Paar ohne Berührung gegenüber, im Maxixe tanzt es jetzt mehr oder weniger eng umschlungen. Und es gibt eine Choreographie. Erstmals erwähnt eine Tageszeitung 1880 in Rio die „machicheiros", in einer anderen wirbt eine Anzeige für eine Karnevalsveranstaltung 1883 mit „maxixe" und man singt „Caia tudo no maxixe, na folgança – Diesem Maxixe und Spaß verfällt jeder"[36]

Oft zitiert wird später die Vermutung von Brasiliens großem Komponisten Heitor Villa-Lobos (1887–1959), dass ein Tänzer gleichen Namens (Dr. Maxixe) erstmals im Carnaval des Vereins Estudantes de Heidelberg einen Lundú in dieser neuen Form getanzt habe. Einleuchtender ist da wohl die Zuordnung des Namens zu den, auch umgangssprachlich manchmal Maxixe genannten, Tanzkneipen Rios, die man sonst als *Gafieras* mit Salon-Charakter für die Mittelklasse und als *Forró* im Tanzscheunen-Ambiente für untere Schichten kennt. Rein biologisch ist Maxixe allerdings ein gurkenähnliches, eiergroßes Gemüse (bur gherkin), das Sklaven aus Afrika mitgebracht haben sollen.

Mit der Synthese aus Habanera (Rhythmus), Lundú (afrobrasilianische Tanzelemente) und Polka (Tanzhaltung, Bewegung) lässt sich, wie die markante *Baixaria* des Choro, vermutlich auch die Choreographie des

Maxixe erklären. Es ist ein flotter Bewegungs-Paartanz in Figuren wie *Parafuso* (Schraube), *Saca-Rolho* (Korkenzieher), *Balão* (sinkender Ballon), *Carrapeta* (Kreisel/Stöpsel) und *Corta-Capim* (Figur der Capoeira, Sensenschnitt). Die Arme werden seitwärts gestreckt wie beim argentinischen Tango gehalten. Das Paar bewegt sich mit Schiebeschritten auf und ab, dann drückt der Mann die Arme nach oben und dreht sie zusammen mit der Partnerin in einer schlingernden Rollenbewegung der Körper um die senkrechte Achse. Man geht auseinander, steht sich Hände reichend gegenüber, hüpft, die Arme gehen zur Seite, der Mann umkreist, mit der Hand einen Hut wedelnd, die Partnerin, man trifft sich wieder und wirft synchron die Beine mehrfach nach links und rechts hin und her. In vielen Nachtclubs der Metropole werden in Wettbewerben die besten *maxixeiros* ermittelt. Während die Tänzer Duque und Gaby um 1914 den Maxixe in Europa populär machen (s. S. 333 ff.), heißt in Rio der Campeão des Maxixe Tolosa, und im Cafe-Cantante „Maison Moderne" am Praça Tiradentes ist die Sängerin Bugrinha der Star des neuen Tanzes.

Der von den Tanzsportverbänden erst seit 1959 in Europa standardisierte Samba hat ein paar Elemente des Maxixe aufgenommen, wie die ellipsenförmige 45°-Drehung. Und sonst eigentlich gar keine des Samba, jedenfalls nicht desjenigen Samba, den man als Solotanz perfekt getanzt von den *passistas* (Solotänzerinnen) der Sambaschulen sehen kann. Selbst dabei muss man davon ausgehen, dass „Samba" seit Dongas berühmtem Samba Carnavalesco „Pelo Telefone" im Jahr 1917 auch in Brasilien im 20. Jahrhundert ein Synonym für ein unterhaltsames und tanzbares Massenphänomen ohne verbriefte Wurzeln ausschließlich in afrikanischer Musik ist.

Zum Ende des 19. Jahrhunderts wissen die brasilianischen Komponisten oft nicht, wie sie ihre neue Musik nennen sollten. Statt Choro sagt man Polca, Polca-Choro oder Polka-Lundú. Ernesto Nazareth ist neben Chicquinha Gonzaga ein anderer bedeutender Pianist (1863–1934) und Komponist der frühen brasilianischen Música Erudita, dieser typisch brasilianischen Abteilung „gelehrter" Musik, die durchaus etwas populär sein darf. Er spricht meist von (seinen) Tangos, bzw. *tangos brasileiros*, selbst wenn er einen Maxixe spielt, wobei die Verbindung zum Tango nur in der gemeinsamen Patenschaft der Habanera zu finden ist. Denn dem Maxixe haftet als *dança proibida* noch ein Hautgout an und Klavier-Soirees in den Salons werden besser bezahlt. Dabei will Nazareth auch gar nicht, dass sein Werk, das er stets im semiklassischen Bereich sieht, mit Musik in Verbindung gebracht würde, zu der man auch tanzen kann. Er ist ein fast schüchterner Mann, der sich aber mit Artur Rubinstein und anderen internationalen Piano-Virtuosen auf Durchreise in Rio trifft. Vermutlich sind sich Gonzaga und Nazareth nie begegnet[37], sie sind einfach zu unterschiedlich in Herkunft und Umfeld, und auch musikalisch, denn Nazareth schreibt ausschließlich für Piano – er ist auch nie bei den Sessions der Choromusiker an den Wochenenden am Fuße der Treppen zur Penha-Kirche auf einem Hügel in Rios Norden dabei – während die Dirigentin Gonzaga auch an unterschiedliche Orchester-Besetzungen denkt und ihr die Familie und Freundschaften sehr wichtig sind. Am Ende wird sie im Kreise ihrer Familie sterben und Nazareth unter einem Wasserfall in geistiger Umnachtung.

Den Begriff Tango haben die Argentinier oder Uruguayer nicht erfunden, er ist uralt (s. Kap. 11). Vermutlich kam die Habanera schon als Tango aus Kuba nach Brasilien, denn den Namen Habanera trägt sie eigentlich nur in Spanien, während sie auf Kuba schnell nur noch La Danza genannt wurde. Und selbst vor ihrer Ankunft in Rio oder Salvador gab es dort im ländlich folkloristischen Bereich schon den Begriff *tango,* aus afrikanischer oder iberischer Herkunft. „O tango era samba – Der Tango war Samba", sagt Orestes Barbosa[38] in seiner 1933 veröffentlichten Geschichte des Samba und meint damit: eigentlich ist alles Samba: Polca, Choro, Maxixe, Lundú oder Tango Brasileiro. „Samba" war bis zu Beginn des 20. Jahrhunderts nur ein Synonym für eine Vielzahl afrobrasilianischer Tänze wie Batuque oder Jongo. Nach Guerra Peixe sind die im letzten Viertel des 19. Jahrhunderts üblichen Doppelnamen wie eine Spielanweisung, vornehmlich an die Baixaria, zu verstehen: ein Polka-Lundú gibt an, dass diese Polca wie ein Lundú zu spielen sei, ein Tango-Maxixe ist somit ein Tango (Choro) nach Maxixe-Art.

Eines ist sicher: Maxixe und argentinischer Tango sind vielleicht Vettern, aber nicht direkt miteinander verwandt.

Dafür sind allein die Stimmungen beider Tänze zwischen Tristesse und Ausgelassenheit zu unterschiedlich. Und doch versucht man in Europa, den Maxixe als neue Tango-Variante zu verkaufen. Es dauert aber nicht lange, bis Musiker den Maxixe in Rio auch in typischer Jazzband-Besetzung spielen. Chiquinha Gonzaga fühlt sich von der „Explosion der barbarischen Krachinstrumente und der Hingebung zu amerikanischen Stilen" genervt, wie sie ihrer Biographin später anvertraut. „Das soll Musik sein?" fragt sie und bekennt sich zum ‚göttlichen' „Liebestraum" von Liszt.[39] (Abb. 4).

Chiquinha Gonzaga gehört zur Creme der Choro-Musiker. Als Pianistin schafft sie auch den Crossover ihrer Musik in die Salons. Sie schreibt zahlreiche Kompositionen, dirigiert erfolgreich musikalische Komödien, gibt nebenher Klavierunterricht und bekennt weiterhin Farbe. Das ist wörtlich zu nehmen, denn ihre Mutter war eine *mulata* und Chiquinha engagiert sich

Abb. 4   Chiquinha Gonzaga (um 1932)

in vielen politischen Aktionen wie in der Bewegung zur Abschaffung der Sklaverei. Aus dem Verkauf ihrer Noten spendet sie Geld, um den Musiker José da Flauta aus der Sklaverei frei zu kaufen.

Am Schluss ihrer Oper „A Corte na Roça" lässt Chiquinha Gonzaga 1885 einen Maxixe erklingen. Um 1900 ist der Maxixe fest im Programm von Blas- und Brass-Orchestern, 1902 nimmt die Hausband der Casa Edison (Odeon) den ersten Maxixe auf Tonwalze auf („Sempre Contigo"), 1905 hat man auch in „besseren Kreisen" Brasiliens die Scheu vor dem Kind aus der Gosse überwunden und schon gibt es den ersten „Hit": „Maxixe Aristocrático"[40]:

O maxixe aristocrático	Der aristokratische Maxixe
Ei-lo que desbancará	wird sie alle übertreffen
Valsas, polcas e quadrilhas	Walzer, Polkas und Quadrillen
Quantas outras danças há!	und was für Tänze es noch gibt!
Nas salas de um pólo ao outro	In den Sälen von Wand zu Wand
Quem em dançar bem capriche,	Wer beim Tanzen gut ist, hat Phantasie,
dentro em pouco dengoso	Mit ein paar kniffligen Tricks.
Só dançará o maxixe!	wird er nur noch den Maxixe tanzen!
Nobres, plebeus e burgueses	Adlige, Plebs und Bourgeoisie
Caso é verem-no dançar!	Alle wirst du sie tanzen sehen
Tudo acabará em breve	bald wird alles vorbei sein.
Por, cum fúria, maxixar!	Deswegen und mit Schmackes: tanzt Maxixe!

Die Casa Edison wurde 1900 mitten im Zentrum Rios, in der lebhaften Rua do Ouvidor, vom tschechischen Immigranten Frederico Figner (1866–1947) als erstes Tonaufnahmestudio in Brasilien installiert. Figner hatte sich dafür aus den USA, in die er zuvor emigriert war, die neuen von Emil Berliner entwickelten Geräte schicken lassen, beließ aber Edison in seinem Firmennamen, weil er mit den Importen von dessen Aufnahmegeräten sein Geschäft in Brasilien aufgezogen hatte. Auch Musiker von Choro und Samba gehen seither in ein Hinterzimmer in Figners Geschäft, wo sie dann ihren Namen und ihren Musiktitel in ein Trichtermikrophon sagen und vokal solo oder mit Gitarre loslegen. Aus der Casa Edison wird 1913 die brasilianische Plattenfirma Odeon.[41]

Das an stramme *Dobrados* und *Marchas* im Exerzierschritt gewöhnte Militär verbietet seinen Orchestern 1907 das Spielen der wilden Maxixe-Musik, mit dem Ergebnis, dass man die Stücke einfach wieder Chorinho oder Polca nennt.

Unbemerkt von Tanzfreunden in aller Welt findet um 1907 im brasilianischen Nordosten, in Recife, eine folgenschwere Begegnung statt: Beim Umzug des Carnaval marschieren Marschorchester und Capoeira-Gruppen in bunter Reihenfolge durch die Straßen. Die Gesänge der Capoeiristas können zwar mit dem Krach der Bläser der Orchester nicht mithalten, wohl aber ihre Berimbaus und Atabaque-Trommeln. So kommt es, dass die Maxixes der Marschorchester irgendwann mit einer rhythmischen Figur (*toque*) der Capoeira infiziert sind und zu einem sehr schnellen und lebhaften Rhythmus übergehen, den man *Frevo* nennen wird, ein Tanz, der „Feuer unter die Füße" macht. Bis zu seiner vollendeten Choreographie im *Frevo da Rua* vergehen noch rund 10 Jahre, aber dann zeigt sich der Frevo als eine der interessantesten brasilianischen Tanz-Schöpfungen. Auf den Straßen wird er üblicherweise solistisch mit einem bunten, auf und ab bewegten Schirm in der Hand und aus Samba und Capoeira entlehnten Schritten mit artistischen Bewegungen getanzt.[42]

Im gleichen Jahr, so berichtet der Chronist Jota Efegé [43] aus Rio, darf ein Baron von Reichau mit seinem Adjutanten Helmut von Auer als Gast des brasilianischen Militärs den Maxixe („Vem çá Mulata") doch noch kennenlernen. Das Spiel einer Militärkapelle war ihnen doch zu beliebig erschienen, und sie baten darum, ob sie man etwas typisch Brasilianisches spielen könnte. Eigentlich hätten die Gastgeber auch eine der Marsch-kapellen aufspielen lassen können, die den Cariocas als „Banda Alemã" ein Begriff sind, seit um 1860 eine Kapelle deutscher Einwanderer Walzer, „Marchas Nissianas" und Operettenmelodien schmetternd durch Rios Straßen gezogen war. Besonders berühmt wurden sie durch ihr Walzer-

Repertoire aus Léhars Operette „Die Lustige Witwe", die erstmals 1907 in Rio aufgeführt wurde. Mit dem Ersten Weltkrieg reduziert sich die Beliebtheit deutscher Musik, und wie in Europa kommen Ragtime, Foxtrott, Charleston und Swing nach Brasilien. Die Bandas Alemãs verschwinden.[44]

Warum Paris?

Schon um 1889 – noch vor dem argentinischen Tango – ist der Maxixe in Paris angekommen. Im selben Jahr kommt der entmachtete brasilianische Kaiser Dom Pedro II. hierher, als Mitbegründer des Institut Louis Pasteur ist er den Franzosen willkommen. Die Habanera hatte um 1860 den Weg nach Paris über die Häfen und das Zentrum des spanischen Kolonialreiches genommen. Aber warum landen die musikalischen Innovationen aus Brasilien nicht zuerst in Lissabon, der Tango und später die Rumba nicht in Madrid?

Portugal ist eher der arme Bruder Brasiliens. Die Verbindungen Frankreichs zu Brasilien sind zudem traditionell auch mit kultureller Präsenz der Franzosen in Brasilien wie dem *Salon Paris* und dem *Alcazar* recht gut. In Brasilien erzählt man sich die Anekdote[45], dass Frankreichs kurz zuvor zurückgetretener Premierminister Georges Clemenceau 1910 bei einem Festbankett in Rio die lebhaften Maxixe-Klänge einer auf der Straße muszierenden Choro-Gruppe (z. B. Flor de Lira) wahrgenommen habe und, ans Fenster eilend, mit glänzenden Augen und Zucken in den Beinen ausgerufen habe: „Oh, la belle musique!" (Abb. 5). In Spanien, das 1898 seine letzten amerikanischen Kolonien verlor, sieht es wirtschaftlich auch nicht besser aus als in Portugal. Also Paris: die weltoffenen, gutsituierten Reisenden aus Argentinien schätzen Esprit und Kultur Frankreichs ebenso wie diejenigen aus Brasilien, und die Franzosen werden sich über das Geld, das die mit Rinderzucht, Agrarprodukten und Bodenschätzen reich gewordenen Oligarchen Südamerikas nach Paris mitbringen, auch nicht beklagen.

Deutschland ist bei beiden Ländern als Handelspartner und Lieferant von Chemieprodukten, Waffen, Maschinen und auch Schallplatten beliebt, steht aber nicht für den Dernier Cri in Musik, Mode, Theater, Literatur oder das Savoir Vivre mit allem Luxus als Vorbild für ein gehobenes Bürgertum aus Rio oder aus Buenos Aires.

Selbst, als dann im 20. Jahrhundert die neuen Tänze und Lieder Lateinamerikas wie Calypso, Chachachá, Mambo, Salsa, Reggae und Bossa Nova zuerst auf dem Umweg über Nordamerika nach Europa kommen, sind dort

Abb. 5   Maxixe: Quem Muito Abraça – Wer sich zu sehr umarmt... (Notenblatt)

London und Paris erste Anlaufstellen. Berlin kann nicht mithalten, denn in der kurzen Kolonialzeit des Kaiserreichs ist aus der Begegnung afrikanischer Musik mit der Musik der Preußen in den deutschen Kolonien nicht im Ansatz Vergleichbares entstanden. Als später, nach der Mitte des 20. Jahrhunderts, in Südafrika, Ghana und Nigeria mit Kwela, Jùjú und Highlife musikalische Exportprodukte über die Landesgrenzen hinaus bekannt werden, teilen sich die ehemaligen Kolonialmächte deren Vermarktung von Paris und London aus. Auch für das neue lateinamerikanische Lied und die Neo-Folklore der Anden und Brasiliens wird Paris wichtigste Anlaufstation der lateinamerikanischen Künstler, mit Ausnahme politischer Flüchtlinge, die das Honecker-Regime gerne in der DDR aufnimmt. Den Italienern ergeht es ähnlich wie den Deutschen. In ihren afrikanischen Kolonien wie Abessinien kommt es zu keinen bemerkenswerten musikalischen Begegnungen. Selbst für Lateinamerikaner steht Rom selten an erster Stelle ihrer Reisepläne, obwohl das italienische Musikbusiness im 19. Jahrhundert u. a. in Havanna und Rio durch Daueranmietung von Opernhäusern, zahlreiche Tourneen italienischer Opernensembles und nicht zuletzt durch Traditionen der italienischen Einwanderer bestens etabliert ist.

Schon um die Jahrhundertwende arbeiten in den Pariser Tanzensembles auch Brasilianerinnen, die dort ideale Vermittler ihrer eigenen Kultur sind. Auch brasilianische Solo-Künstler sind gelegentlich in Paris zu Gast, wie die Schauspielerin und Sängerin Plácida dos Santos, die 1889 in den Folies Bergère vermutlich auch schon den einen oder anderen Maxixe gesungen hat. Es gibt noch keinen Rundfunk und nur wenig Tonkonserven, aber was *en vogue* ist, verbreitet sich doch in Windeseile. Der aus Rio kommende quirlige Maxixe ist für Varieté-Tänzer als Bühnenshow zunächst interessanter als der argentinische Tango, und so präsentieren ihn 1905 die Tanzpaare Derminy und Paule Morly im Alcazar d'Éte und Rieuse & Nichette im Marigny an den Champs Elysees. Als *La Machicha* lernen ihn auch die Argentinier kennen, in Mexiko und Kuba nimmt er Züge des dort gerade sehr populären *Danzón* an. Irgendwie ist der Maxixe dann auch in Spanien angekommen, wo er besonders als Schlussnummer der Zarzuelas für Begeisterung sorgt. Als „Machiche" spielt man ihn in der zackigen, nur leicht synkopierten Version brasilianischer Marschorchester. Der französische Komiker Felix Mayol nimmt einen solchen 1905 in Paris auf:

C'est la danse nouvelle
Mademoiselle
Prenez un air canaille
Cambrez la taille
Ça s'appelle la matchiche…

(La Matchiche, T: Paul E.G. Briollet / Leo F. Lelieve)

Als „La Matchitche" (auch: Mattchiche) wird der Song ein Evergreen der französischen populären Musik, musikalisch ist er aber ein mittelschneller Pasodoble-ähnlicher Marsch[46] – zitiert aus einer Zarzuela, die sich ihrerseits, so wird vermutet, eines Liedes der Oper „O Guarani" des Brasilianers Carlos Gomes bediente. Tatsächlich aber stammen wohl Teile der Originalkomposition vom uruguayischen Komponisten Agustín Barrios Mangoré. Der brasilianische Tanz Maxixe kann seine Popularität in Europa nur rund fünf Jahre halten (mit Ausnahmen: Delirio & Luis zeigen sich im Palais de Danse noch 1912 mit einem „Parisian Maxixe" von Ernesto Nazareth).

Aus Bahia nach Europa

Am Anfang kommen mit „Os Irmãos Martins", zwei afrobrasilianische Brüder aus Brasilien nach Europa. Alfredo ist Geiger und João Cellist. Zwischen 1908 und 1912 geben sie Klassik-Konzerte in verschiedenen Ländern, darunter, José R. Tinhorão[47] zufolge, auch in Deutschland. Angeregt durch die Erfolge ihres Landsmanns und Tänzers Duque treten sie zum Ende ihres Europa-Aufenthalts als „nègres du Gibout" in der Damenkapelle Gibout auch mit Klassikern des Carnaval von Rio auf. Ihnen folgen 1908 mit „Os Geraldos" ebenfalls zwei Afrobrasilianer (*mulatos gaúchos*), nämlich der Bariton Geraldo Magalhães (1878–1970) und Nina Teixeira, die mit Tanz und gefühlvollem Gesang (Lundús, Chulas, Modinhas) auch den Maxixe mit Hits wie „Vem çá Mulata" in verschiedenen europäischen Ländern vorstellen und sich am Ende in einem Pariser Nachtclub mit einem Programm brasilianischer Musik etablieren. Der Onestep „Caraboo", den Geraldo danach als Mitbringsel mit seiner neuen portugiesischen Partnerin Alda Soares in Rio vorstellt, wird 1916 in einer Marschversion der Hit des Carnaval in Rio.

Ohne die afrobahianische Kultur aus City und Umland von Salvador da Bahia de Todos os Santos ist die populäre brasilianische Musik nicht denkbar. Das auch das „schwarze Rom" genannte Zentrum des brasilianischen Candomblé-Kultes verlor 1763 seinen Status als Hauptstadt Brasiliens an Rio de Janeiro, und Millionen Bahianer folgtem dem Königshof und möglichen Arbeitsplätzen dorthin. Als Arbeiter, Hausmädchen, Tagelöhner, Angestellte, Priesterinnen und Musiker siedelten sie am Rande des Zentrums und auf den Hügeln (*morros*) inmitten der Stadt.

Salvador blieb Schmelztiegel der Kulturen und Tor zum Nordosten des Landes mit einer Mischbevölkerung aus Indigenen Völkern, Europäern und Afrikanern, den „caboclos nordestinos", die unter sengender Sonne auf den unendlichen Viehweiden schuften, die nur wenigen Großgrundbesitzern gehören. Hier konnte sich die afrobahianische Kultur besonders in Küstenregionen über Jahrhunderte nahezu ungestört entfalten. Dennoch muss nach Rio oder São Paulo gehen, wer in Bahia keine Karrieremöglichkeiten sieht oder von der Präsenz europäischer Kultur und Wirtschaft in den südlicheren Metropolen angelockt wird. In den 1930er Jahren geht der bahianische

Volkssänger Dorival Caymmi in die „cidade maravilhosa", durch ihn kommt Carmen Miranda zu ihrem in den 1940er Jahren stilisierten Outfit der weißen Tracht der bahianischen Frauen, in der man schon um die Jahrhundertwende Bahianerinnen, wie die Priesterin Tia Ciata, im Nebenwerb in Dendé-Öl ausgebackene Köstlichkeiten im Zentrum Rios verkaufen sah. Bei Prozessionen sieht man sie ähnlich gekleidet in bahianischen Ranchos und am Dreikönigstag die Cucumbi-Gruppen mit ihrem schwarzen Königspaar in „wilden" Maskierungen.

Aus Bahia kommen viel später auch noch João Gilberto, die Baianos mit Gilberto Gil und Caetano Veloso, Olodum oder Carlinhos Brown (s. Bde. 2 und 3).

Auch die ersten beiden weißhäutigen brasilianischen Künstler auf deutschen Bühnen kommen aus Bahia. Ihre Besuche sind kurz und bleiben teils unbemerkt. Beide sind bürgerlicher brasilianischer Abstammung. Der eine, Antonio Lopes de Amorim Diniz, geboren 1884, arbeitete in einer Zahnarztpraxis, die er aber schon 1906 verlässt, um sich im Bohème-Klima Rios zunächst als Amateurschauspieler und dann als Tänzer auszuprobieren. Irgendwie hatte er schon vorher Geld auftreiben können, um sich 1900 eine Reise zur Weltausstellung in Paris zu gönnen. Im Reisegepäck hatte er ein Lehrbuch über Zahnmedizin beim Militär, obwohl er schon damals für das Tanzen und den Tango geschwärmt hat, wie er einem französischen Tanzlehrer anvertraute.

Der andere, Josué de Barros, geboren 1888, im Jahr der von Prinzessin Isabel durchgesetzten Sklavenbefreiung, kam 1904 mit seinem Bruder Otaviano nach Rio, um mit ihm als Gitarren-Cavaquinho-Duo Karriere zu machen. Das geht schief, und die Brüder gehen zurück nach Bahia, aber mit frischen Kontakten und Eindrücken der Szene der *Serenata*- und *Modinha*-Sänger um Catulo da Paixão Cearense.

De Barros wird später Entdecker von Carmen Miranda.

Aus dem ‚Zahnarzt' ist inzwischen der „Duque" (Herzog) geworden, er ist ein Geheimtipp des nächtlichen Rio, wo er in Nachtclubs mit atemberaubenden Tanz-Interpretationen des Maxixe auftritt. Os Geraldos stellen in Paris vor ihrer Abreise nach Lissabon 1909 noch den Hit des Carnaval Carioca von 1906, die Tango-Chula „Vem çá Mulata!" als Maxixe vor, den Verleger Francis Salabert rasch als eigene Komposition „La célèbre véritable maxixe Brésilienne" mit dem Zusatz „sur des motifs de A. de Oliveira" auf dem Markt bringt. Dann reist Duque als Vertreter eines brasilianischen pharmazeutischen Unternehmens nach Paris. Es zieht ihn dort mehr auf die Bühnen als in die Arztpraxen, denn schon ist er auch in Paris *en vogue*, zuerst als Tanzlehrer für den „tango brésilien" im „Tango Duque Cabaret" in der rue Fontaine[48] und seit 1913 als Tanz-Star durch Auftritte auf allen wichtigen Pariser Bühnen.

Match-Cheese please!

Im Luna Park in Port Mallot eröffnet Duque 1914 eine große Tanzschule und wird dabei kurioserweise von einem hawaiianischen Orchester begleitet. Hula-Melodien und eiernde Stahlsaitenklänge sind von Amerika aus auf dem Vormarsch. Ein Jahr nach dem polizeilichen Verbot (1913) der „Schiebe- und Wackeltänze" in Deutschland bereichert Duque als Tango-Schautänzer mit Partnerin Maria Lina in Berlin einen Städte-Tanzwettbewerb zwischen Berlin und Paris.[49] Bald danach wird die französische Tänzerin Gaby de Fleur seine neue Partnerin und Ehefrau. Mit ihr will er 1915 in Rio eine neue Tanz-schule eröffnen. Bei einem Zwischenstopp in New York begrüßt ihn die Presse als Schöpfer des Maxixe, und die Monopolstellung des dortigen Star-Instrukteurs von Tango-, Maxixe- und Apachentanz gerät ins Wanken. Jener amerikanische Tanzlehrer Maurice (Morris) Mouvet hat den Maxixe schon vor Duques New-York-Debut in den USA vorgestellt und befindet, dass man den brasilianischen Maxixe zu jedem Two Step tanzen kann, den Tango aber nur zu Tango-Musik."[50] Er wiederholt damit, was im Jahr zuvor schon die Kinneys in ihrem Buch „*Social Dancing of To-Day*" zu erkennen glaubten, dass der Maxixe eine Wiederbelebung des Two Step mit bestimmten Tango-Schritten und Abfolgen sei.

Mouvet war nach eigenen Angaben schon mit elf Jahren nach Paris gekommen, arbeitete als Hotelpage und war mit Fünfzehn Tänzer in einem Pariser Vaudeville. Er hatte auch Auftritte in Wien und London und ist jetzt wieder mit seiner Tanzpartnerin Florence Walton in New York.

In den USA ist der Maxixe nur einer der exotischen Highlights, die spätestens seit der Chicagoer Weltausstellung von Ost- zu Westküste wandern. Ägypten ist mit dem „Hootchy Kootchy"-Bauchtanz und dem Pharaonen-Hype nach Entdeckung des Tut-ench-Amun-Grabs gleich zweimal in diesem Ranking vertreten. Hawaii ist seit der Jahrhundert-wende neuester US-Bundesstaat und bedarf besonderer Aufmerksam-keit der Administration in Washington. Durch deren Förderung gewinnt die hawaiianische Musik an Terrain und verdrängt den Maxixe. Vieles im exotischen Bereich steht in den USA dem Vaudeville so nahe wie Burlesque, Exentrique, indische Fakire und Mumienfilme. Der Maxixe bietet ein bisschen Erotik, aber zu wenig Exotik. Er ist zwar ein erster Import aus Brasilien, aber schon in Rio entfernte man seine schwarzen Herkunftslabels für den Export. Die bekanntesten Tänzer wie Duque und Mouvet, später auch die Castles, haben weiße Hautfarbe, und dann wird der Maxixe auch meist mit Pariser Chic mit einem schon bekannten Etikett als „Le Vrai Tango Brésilien" verkauft, aber nicht authentisch geliefert: „Ein wenig entstellt von den französischen Musikern, denen es nicht gelingt, ihm die gewünschte Textur zu verleihen und die keine Ahnung haben, wie man eine Chocalho, einen Reco-Reco und eine Cuíca verwendet" (Luís Edmundo, 1913).[51]

Auch in den USA ist das Interesse am Maxixe nur von kurzer Dauer. James Reese Europe's Orchester spielt neben Ragtime- und Tango-Titeln 1913 auch einen Maxixe (Le Vrai Tango Brésilien– „Amapa" von Juca Storoni) ein.

Die amerikanischen Tanzgötter Vernon und Irene Castle, häufige Gäste in der Seine-Metropole, präsentieren 1914 Duque auf der Bühne im Musical „Watch Your Step", dessen erste Version Irving Berlin, der erst 26-jährige Erfolgsautor von „Alexanders Ragtime Band", den Castles auf den Leib geschrieben hat. Bekannt ist daraus das Ragtime Opera Medley mit Anspielungen auf Gounods Faust-Oper (um 1920) und Tango-Habanera-Elemente in Bizets „Carmen":

[Algy:]
Because it's melody makes a dreamy Maxixe
Op'ra lovers if you do not approve of what we remove of Faust
Just „roust" and occupy back seats while we maxixe
To the Flower song from Faust

[Birdie:]
Everybody's doing it so we'll do the tango
To the strains of Carmen

(T: Irving Berlin, Vlg. Chappell)

„Dies ist praktisch eine Wiederbelebung des Two Step-Systems, sowie bestimmter Tangoschritte und -verzahnungen. Anstelle des Touch-and-Turn-In des Fußes beim Tango ruht die Ferse auf dem Boden, wobei der Fuß nach oben zeigt, während der Körper eine nicht besonders attraktive, gebeugte Haltung einnimmt", urteilt auch Troy Kinney in seinem *American Ballroom Companion*.[52]

In den neuesten Tanzbüchern der Castles verlangt ihr *Max-Cheese* „a considerable amount of grace", und anderswo werden Tanzanleitungen für den Maxixe von Tänzern gegeben, die den Maxixe in Brasilien ebenfalls nie erlebt haben. Dass das zwangsläufig zu Vergröberungen von bereits vorhandenen Fehlern führen kann, zeigt sich noch 1936 im Hollywood Film *A Tribute to Vernon & Irene Castle*, wo Ginger Rodgers und Fred Astaire eine nicht sehr authentische Maxixe-Version zur Musik von Ernesto Nazareths „Dengozo" zeigen.

1916 ist der Maxixe von den Showbühnen der USA nahezu verschwunden. George Gershwin soll beim Schlendern über die Champs-Èlysées Inspirationen zu seiner Rhapsodie „Ein Amerikaner in Paris"[53] empfangen haben, als er aus einem Café den von einem Posaunen gespielten „Matchiche" Mayols gehört haben soll. Brasilien ist aber bald am Broadway zurück, als sich im Vorfeld eines neuen Weltkrieges die USA eine gute Nachbarschaft mit südamerikanischen Diktaturen sichern und Carmen Miranda als „The Brazilian Bombshell" mit Bahia-Outfit, Samba und Bananen gegen die Hula-Hula-Palmenkultur ins Rennen geht, bevor 1953 der „Boogie-Woogie-Maxixe"[54] eher rein theoretisch an Ähnlichkeiten im Klavierspiel von Choro, Maxixe und (Ragtime-)Boogie erinnert. *Come a rockin' to the boogie woogie maxixe…*

In Konkurrenz zum Tango?

Der Duque ist ein gutaussehender und smarter Geschäftsmann. Mit den Einnahmen aus Shows und Kursen in New York eröffnet er 1915 eine Tanzschule in Paris und dann auch in Rio und ist nach Tourneen in Südamerika erst 1921 wieder in Paris. Maxixe allein ist dort nicht mehr attraktiv genug, und so versucht er es mit einem inzwischen daraus in Europa entwickelten Gesellschaftstanz namens *Samba*, scheitert aber und annonciert seine Shows in den Danse-Halls am Montmartre als neue Tango-Sensation.

Bei einer Rückkehr nach Brasilien war Duque dem Gitarristen Josué de Barros begegnet, der inzwischen als Begleitmusiker für Sänger wie den Bahianer Artur Castro Budd tätig ist. Duque lädt die beiden ein, mit ihm nach Paris zu gehen, wo er einen Nachtclub eröffnen will. Aus dem Club wird nichts, aber De Barros und Budd stechen dennoch in Richtung Lissabon in See, treten dort mit Erfolg auf und befinden sich dann 1913 auch in Berlin. Für die Beka Grand Company, ein zum Carl-Lindström-Imperium gehörendes britisch-deutsches Unternehmen, das Aufnahmen u. a. für den russischen und portugiesischen Markt produziert, nehmen sie vermutlich rund 140 Titel verschiedenster Musikgenres auf, die über Portugal auch nach Brasilien gelangen.[55] In Berlin hinterlassen die brasilianischen Künstler sonst keine Spuren und auch ein späteres erneutes Gastspiel von Duque gerät im Strudel von Charleston und Co. in Vergessenheit.

Zurück in Brasilien, erfährt Josué de Barros Leben 1928 noch eine entscheidende Wende. Er trifft Carmen Miranda, wird ihr Entdecker und Gitarrenlehrer und schreibt die Songs für ihre erste Schallplatte, die auf sein Betreiben 1930 beim kanadischen Brunswick-Label herauskommt.

Als Duque mit seiner Gaby 1922 im Assirio-Club im Teatro Municipal von Rio gastierte, wurde er von einer Band begleitet, die spätestens seit 1917, dem Geburtsjahr des städtischen *Samba Carnavalesco Carioca,* Musikgeschichte in Brasilien geschrieben hat. Diese „Oito Batutas" (Acht Tüchtigen) um ihren Bandleader und Flötisten Pixinguinha (Alfredo da Rocha Vianna, 1897–1973) und Banjospieler Donga (Ernesto dos Santos, 1890–1974) sind Schwarze aus der Cidade Nova (Neustadt) und Stammgäste und Sessionmusiker im Haus der Candomblé-Priesterin Tia Ciata in der rua Visconde de Itaúna. Sie spielen Choros, Lundús, Jongos, Maxixes – was immer von ihnen verlangt wird. Bald werden sie in Paris sein. Das musikalische Bild des Carnaval wird – bis zu den treibenden Samba-Batucada-Beats in der zweiten Hälfte des Jahrhunderts – von den Sambaschulen weiterentwickelt, die ab 1928 zwischen Praça Onze in der Cidade Nova und benachbarten Morros entstehen.

Ohne Chance in Deutschland

Die Deutschen folgen überwiegend dem Vorschlag Mouvets und tanzen zum Maxixe den guten alten Two Step, obwohl auch hier nahezu jeder Tanz-Autor eigene Instruktionen veröffentlicht. Originalmusik dazu gibt es kaum, und daher hat der Maxixe nicht einmal unter dem Etikett *Brasilianischer Tango* (Tango brésilien) eine Überlebenschance in Deutschland. Der erst zwanzigjährige Magdeburger Textilkaufmann Wilhelm Julius Rosenbaum (1894–1944) bringt seine Komposition „Tabarin - Maxixe bresilienne"[56] auf den Markt, bevor er 1915 an die Ostfront muss und dort schwer verwundet wird. (Als Willy Rosen von den Nazis mit Berufsverbot belegt, flieht er nach Holland, wo Invasions-Truppen 1942 seine Flucht in die USA vereiteln. Er wird 1944 in Theresienstadt ermordet.)

Eine Bearbeitung von „Vem çá Mulata" wird von C.M. Roehr[57] in Berlin als Bearbeitung für Kavalleriemusik gedruckt. Der Marsch-Pasodoble „La Matchiche" von Felix Mayol bringt den Maxixe in Deutschland auch nicht voran, wird aber zu einem mit immer wieder neuen Texten versehenen Gassenhauer:[58]

Wenn meine Frau sich auszieht
wie die dann aussieht
dann hat sie krumme Beene
und falsche Zähne

Laß mich an deinem Busen
noch einmal schmusen
da sprach sie unter Tränen
ich hab ja keenen

Was ich gestern hatte
das war aus Watte
Und jeden Tag n neuer
das kommt zu teuer

Auch Originalwerke von Brasilianern werden 1914 vermehrt in deutschen Musikalienhandlungen als Notenausgaben, zum Teil mit Tanzanleitungen, angeboten wie das „Palais du Danse-Tanzalbum II" mit aktuellen Tanzstilen, u. a. von Chiquinha Gonzaga, von der „Brazileira" als „Maxixe bresilienne" bei C.M. Roehr gedruckt wird. Dort kommen auch Nunes' „Cá e Lá" („M. Aristocratico"), die Maxixes „Vatapá" (P. de Sacramento), Amapa (J. Storoni), „Samba" (A. Costa jun.) „Bayo-Baya" (Budd A. C.), und zwei Maxixes von Duque und E. Costa „Não Faça Isso - So etwas macht man nicht" 1914 auf den Markt. Der Otto Junne Verlag in Leipzig veröffentlicht im Heft „Pavillon Mascotte - Modernes Ball Album" ebenfalls Maxixes. Selbst Tangomeister Ángel G. Villoldo steuert mit „El Camambú" einen Maxixe brésilien (mit Text von Willy Groh) bei. Mit Ausbruch des Ersten Weltkriegs verschwinden die Maxixe-Noten zunehmend aus den Regalen; spätestens bei seinem Ende ist der Maxixe Vergangenheit.

Ein brasilianischer Ochse auf Pariser Dächern

In Europa herrscht Krieg, aber der französische Komponist Darius Milhaud (1892–1974) war dienstuntauglich befunden worden und trifft in einer äußerst kreativen Phase der noch jungen urbanen Música Popular Brasileira im Februar 1917 in Rio ein. Der Carnaval geht gerade seinem Höhepunkt entgegen. Milhaud soll als Assistent des Dramatikers und Dichters Paul Claudel arbeiten, den die Franzosen als ihren Botschafter nach Brasilien entsandt haben. Ausgiebig erkundet Milhaud nicht nur die Schönheiten der Cidade Maravilhosa zwischen dem noch nahezu unbebauten Strand der Copacabana, der lebhaften Rua Ouvidor im Zentrum und den Wäldern von Tijuca. Im Carnaval ist in diesem Jahr Dongas *Samba Carnavalesco* „Pelo Telefone" ein Hit, der erstmals quer durch alle Blocos und Cordões ein Massenpublikum begeistert. „Die zwei Jahre, die ich mit Claudel in Brasilien verbracht habe, waren herrlich. Erstens hatte ich die Freiheit, die Folklore dieses Landes zu studieren, mich auf die Rhythmen der Tangos, Maxixe und Sambas, auf die Melancholie der portugiesischen Fados einzustellen. Ich konnte die Karnevalsbälle der Neger beobachten und allmählich die Kurven dieser Rhythmen aufnehmen, die so geschmeidig sind, wie die riesigen Blätter der königlichen Palmen, die auf einer Höhe von sechzig Metern schwanken."[59]

Monate später tritt mit dem Diplomaten Henri Hoppenot ein weiterer Verehrer des Literaten Claudel seinen Dienst in der Botschaft an. „Was war das für eine merkwürdige Gesandtschaft, mit zwei Schriftstellern und einem Musiker", erinnert sich Milhaud später.[60] Milhaud hatte schon vorher Gedichte von Claudel vertont. Hoppenot wird später Librettos für Milhauds Kurzopern schreiben. In dieser Zeit verändert sich die Opern- und Konzertmusik in Brasilien. Carlos Gomes (1836–1896), der Schöpfer der romantischen Oper *O Guarani*, war noch ganz dem Vorbild der italienischen Oper verhaftet. Mit Alberto Nepomuceno (1864–1920) gibt es nun einen ersten Komponisten, der mit Elementen aus traditioneller Musik und Folklore verschiedener Landesteile Brasiliens eine nationale Musiksprache entwickelt, die Heitor Villa-Lobos und viele andere fortsetzen werden. Dabei ist auch bei seinen Kompositionen manchmal nicht deutlich, ob es sich um Zitate oder eigene Schöpfungen handelt.

Milhaud kehrt 1919 nach Paris zurück und schließt sich einem Künstlerkreis an, den Jean Cocteau allwöchentlich samstags um sich in seinem Haus versammelt. Nach dem Essen geht man meistens noch zu den Fratelli-Brüdern in den Medrano-Zirkus, und dort entsteht wohl auch die Idee einer Ballett-Farce Cocteaus, für die Raoul Dufy das Bühnenbild schaffen und Milhaud die Musik komponieren soll, die er schon 1919 in „Littérature" ankündigte: „Vielleicht schreibe ich ein Ballett über den Karneval in Rio, das ‚Le Boeuf sur le toit' heißen wird, aus dem Namen dieses Samba (Dongas: „Boi no telhado"), den sie heute Abend spielten, während die blau gekleideten Negerinnen tanzten." So hat „Le Boef sur le toit" (Der Ochs auf dem Dach) im Februar 1920 in der Comédie des Champs Elysees Premiere.

Eigentlich wollte Milhaud sein „Boeuf"-Werk lieber als musikalische Untermalung eines Chaplin-Stummfilms anbieten. Er bot es auch Sergei Djaghilev für seine *Ballets Russes* an. Doch als dieser fragte, ob es sich um Originalwerke handelte und Milhaud „praktisch alle" antwortete, winkte der ab, weil er fürchtete, zu viel Geld für die Aufführungsrechte zahlen zu müssen. Spätestens jetzt hätte Milhaud einräumen können, dass er in „seinem" Werk eine Vielzahl brasilianischer Kompositionen „collagierte", die er mit eigenen Rondos miteinander verband. Die maximal 20 Minuten dauernde „Fantasie für Orchester" besteht aus 21 Zitaten von Musikstücken, die Milhaud in seiner Zeit in Brasilien zu Ohren kamen. Es handelt sich meist um bekannte Werke aus Choro, Tango Brasileiro, Samba, Maxixe und Polca der Autoren Ernesto Nazareth, Chicquinha Gonzaga, Marcelo Tupinambá, Catulo da Paixão Cearense, Eduardo Souto und anderen.[61]

Der Ochs auf dem Dach wird zur Kuh, die nicht vom Eis kommt. Die Resonanz von Publikum und Kritik ist eher mäßig, das Werk gerät bald in Vergessenheit, und Milhaud legt weitere Aufarbeitungen seiner Brasilien-Zeit vor, so die zwölf 1920 unter dem Titel „Saudades do Brasil" erscheinenden Tänze für Piano, denen Milhaud jeweils den Namen eines Stadtviertels von Rio, São Paulo oder in Minas Gerais gegeben hat. Er widmet die Tänze auch brasilianischen und anderen Freunden, darunter Artur Rubinstein, den er 1918 in Rio kennengelernt hatte.

Erfolgreicher wird „Le Boeuf sur le toit" als Kneipe, die 1921 in der rue Boissy d'Anglas öffnet und als *Bardancing* ein angesagter Szene-Treffpunkt in Paris wird. Dort trifft man sie alle, von Cocteau über Stravinsky und Breton, Brancusi bis zu Satie und Gide. Jean Wiener spielt dort afroamerikanische Musik am Klavier. Vielleicht schaut auch der Tänzer Duque vorbei, wenn er mal wieder aus Rio zurück ist. Der Schriftsteller Maurice Sachs beschreibt diese Szenerie in einem Buch[62], das ein paar Jahre vor jenem Bruch in seiner Biographie[63] erscheint, die ihn ab 1942 als Gestapo-Spitzel gegen in Hamburg lebende Franzosen und Nazi-Gegner sieht.

Wem gehört ein Samba?

Milhaud wird später in Interviews und Artikeln zugeben, von bekannten brasilianischen Kompositionen „inspiriert" worden zu sein. Aber er nennt die Urheber nicht, deren Werke er zitiert – auch nicht in seinem späteren Werk „Scaramouche". Milhaud spricht als Vorlage von „Volksliedern", deren Bearbeitung weltweit gemeinfrei ist. In Brasilien wird man erst

Jahrzehnte später von Diebstahl und Plagiat sprechen, lang nach dem Tod der ,zitierten' Brasilianer, von denen einige in großer Armut sterben. Bizet und andere haben schon früher gezeigt, wie man sich der Musik besonders ferner Länder bedienen kann (s. Kap. 1). Am Ende bleibt, wie in Daniella Thompsons Internet-Story, die Frage: Hat Milhaud die fremden Werke als huldvolle Hommage freizügig zitiert oder einfach nur abgeschrieben?

Unter den brasilianischen Musikern sind nur wenige mit dem Urheberrecht vertraut. Wie ihre Kollegen in den Anden oder in der Karibik, können viele sich nicht vorstellen, ja nicht einmal daran denken, dass eine Melodie oder ein Text Eigentum einer Person sein könnte. Sie erzählen sich Anekdoten, wie berühmte weißhäutige Sänger in die Favelas kamen und einem ihrer Kumpels einen Sack Feijão (Bohnen) und ein Huhn dafür gaben, dass sie sein Lied singen durften. Dass sie mit ihrer Unterschrift auch alle ihre Autorenrechte verkauften, blieb den meisten Autoren der Morros verborgen. Wenn die Sambistas in Rio oder die Xote-Musiker in Ceará abends zusammensitzen, dann entstehen oft Melodien und Texte in gemeinsamer Arbeit. Niemand schreibt sie auf, keiner kommt auf die Idee einer alleinigen Urheberschaft. „Damals", erinnert sich der große Luiz Gonzaga aus dem Nordosten, „hat sich niemand darum gesorgt, zu wissen, wer eine Musik erfunden hat, man wusste nicht mal, ob es Folklore ist. Ich habe Lieder von anderen gesungen, und die anderen sangen meine, niemand kümmerte sich um Autorenrechte."[64] Chiquinha Gonzaga in Rio tut es, aber erst nachdem sie während der ersten ihrer drei Europareisen (1902) bei einem Schaufensterbummel in Berlin nicht-autorisierte Noten aus ihrer Feder in einer Musikalienhandlung entdeckte.[65] Es stellt sich heraus, dass der Besitzer der Casa Edison, Frederico Figner, dahintersteckt, der inzwischen auch einen Musikverlag besitzt.

Chiquinha Gonzaga hat zwar schon früh Verlagsverträge für ihre Werke abgeschlossen, kennt aber auch das Dilemma ihrer Kollegen. Ein Verlagsvertrag bedeutet in dieser Zeit meistens eine pauschale Abfindung aller Rechte für alle Zeiten – so geschehen bei Zequinha de Abreu, der, um seine Familie ernähren zu können, dem Verleger Vitale mehr als einhundert Kompositionen verkauft, darunter auch den späteren Chorinho-Welterfolg „Tico Tico no Fubá". Nur sehr selten räumen die Verleger den Komponisten weitergehende Anteile ein. Gonzaga ist daher 1917 eine der Mitbegründerinnen der ersten brasilianischen Gesellschaft zum Schutz des Urheberrechts (SBAT). Im Dezember des Vorjahres ließ Donga den späteren Karnevalshit „Pelo Telefone" bei der Biblioteca Nacional offiziell als sein Werk registrieren. Dabei war auch er sicher nicht allein Schöpfer oder Erfinder dieses modifizierten Maxixe, der in der von Baiano für die Casa

Edison 1917 aufgenommenen Vokalversion eigentlich noch recht wenig nach Samba klingt und dem Vernehmen nach schon vorher als „O Roceiro" bei den Sessions der im Terreiro der Mae de Santo Tia Ciata gespielt worden war. Und auch Einspielungen jener Zeit mit den Oito Batutas oder großen Orchestern zeigen: das war noch nicht ausgereift. Es ist Pixinguinha, der als genialer Arrangeur und Komponist den Samba immer wieder verfeinert, während ihn der Komponist Sinhô (1888–1930), *O Fixador, O Principe do Samba,* in zahlreichen Kompositionen zu einer dauerhaften Form führt. Sinhô ist wie Pixinguinha ein schwarzer Musiker und Stammgast bei Tia Ciata, aber über viele Jahre ein Rivale der Donga-Pixinguinha-Clique. Besonders in den Anfangsjahren des städtischen Samba gibt es immer wieder auch rivalisierende Polaritäten zwischen schwarzen Musikern Rios mit und ohne Background in der bahianischen Kultur, die über die Terreiros des Candomblé und auch in den Rancho-Prozessionen der Cariocas im Carnaval einflussreiche Musiker stellte.

Erst 1928 entsteht aus einem *bloco carnavalesco* eine erste reine Samba-gruppe des Carnaval in Rios Viertel Estácio de Sá. Sie nennt sich „Deixa Falar" („Lass sie doch reden") und präsentiert sich mit ihrem „cortejo"-Hofstaat, der ohne jede Bläsergruppen allein zur Trommel-Batucada Samba tanzt und als Besonderheit die Gruppe der Bahianerinnen in ihren typischen weißen Trachten einführt (*ala das baianas*). Erst in den frühen dreißiger Jahren gründen sich die heute als Sambaschulen bekannten „Gremios Recreativos Escola de Samba". Von diesen Sambaschulen erfahren über Jahrzehnte nur deutsche Touristen in Rio etwas, von gelegentlichen Bildern in deutschen Medien abgesehen. Für die Rezeption brasilianischer Musik in Deutschland spielen sie daher vorerst keine Rolle – bis es mit den achtziger Jahren in Deutschland Mode wird, lokale Samba-Batucada-Gruppen zu bilden, die von der Öffentlichkeit in der Regel in Demonstrationszügen wahrgenommen werden (s. Bd. 3, Kap. 9).

Es ist wichtig darauf hinzuweisen, dass mit den ab 1917 entwickelten Sambas Carnavalescos, die wie „Pelo Telefone", und die Sambas von Ary Barroso („Aquarelas do Brasil", 1939) oder von Carmen Miranda als Samba-Canção, Samba da Exaltação oder Samba-Carnavalesco weltweit bekannt wurden, ein neues Genre entwickelt war, das fortan neben Märschen die Lieder des Carnaval und die Programme der brasilianischen Radios beherrscht und von gut vernetzten brasilianischen Verlegern international vermarktet wird. Den traditionellen Samba in seinen vielfältigen Formen zwischen Jongo und Partido-Alto lösen sie nicht ab, drängen ihn aber in sein ursprüngliches soziales Umfeld auf die Hügel Rios, die Morros zurück.

Der Samba kam, wie der Maxixe, von den Morros und aus den Vorstädten in die Stadt. Als Kind von afrikanischem Lundú und Batuque mit Polka, Marsch und Habanera ist er so brasilianisch wie das Ideal der *Morenidade,* das über dennoch vorhandenen Rassismus nicht hinwegtäuschen kann. Sinhô schreibt zahllose Samba-Hits, Pixinguinha steht bei vielen Samba-Stars als Arrangeur und Musiker auf den Bühnen und vor den Studio-Mikrophonen. Die Stars dieses neuen Samba sind aber weiße Sänger wie Mario Reis, Silvio Caldas und Carmen Miranda. Das bürgerliche städtische Publikum will seine eigenen Stars. Es hat auch das Geld für Plattenspieler, Platten, Konzerte, Verlage, Produktionen.

Hier kommt mit Arnaldo Guinle (1884–1963) das Mitglied einer Familie ins Spiel, die mit Immobiliengeschäften sehr vermögend wurde und später durch den Playboy Jorginho Guinle und dessen Affären mit US-Schönheiten bis nach Hollywood bekannt werden wird. Guinle ist Sportdirektor des Fußballclubs Fluminense, für den er auch das erste große Stadion Rios mit französischen Vitrais und Art-Nouveau-Malereien bauen ließ. Er und sein Bruder Carlos gelten als Philanthropen und Kulturmäzene. 1919 und 1921 finanzieren sie Reisen von Musikern (u. a. Pixinguinha) unter der Leitung von Heitor Villa-Lobos in das brasilianische Hinterland, bei denen die reichhaltige Folklore in Notenbildern und Texten dokumentiert werden soll. Vorher hatte der deutsche Pianist und Autor Albert Friedenthal schon um die Jahrhundertwende seine Konzertreisen u. a. nach Südamerika für spontane, sehr subjektive Recherchen und Publikationen über Musik und Tanz der Kreolen auch in Brasilien genutzt. Ihm waren deutsche Forscher wie Theodor Koch-Grünberg gefolgt. Koch-Grünberg war Mitarbeiter des Berliner Phonogram-Archivs und Anthropologie-Professor in Freiburg und besuchte, bewaffnet mit Aufnahmegeräten, nach vorangegangenen Reisen zu den Indianern des Xingú, um 1911 Nord-Brasilien. Während Details der Publikationen des deutschen Forschers, wie der Name eines Häuptlings, dem Dichter und Musikforscher Mario de Andrade – einem der Stammväter des brasilianischen Modernismo – als Vorlage für sein 1928 erscheinendes Poem *Macunaíma – der Held ohne jeden Charakter* dienen[66], ist diese spätere Reise für den jungen Komponisten Villa-Lobos eine großartige Gelegenheit, sich von der schier unerschöpflichen *materia prima* der Volkssänger, Volksspiele, Tänze und rituellen Darbietungen inspirieren zu lassen. Mehr Anregungen findet Villa-Lobos in den Büchern von Spix und Martius, Koch-Grünberg et al., denn den brasilianischen Urwald und die darin lebenden Naturvölker besucht er nicht. Das Ergebnis bezeichnet de Andrade allerdings schlicht als „pseudo-música indígena“[67]. Der Autor zahlreicher Bücher (u. a. über brasilianische Musik) befürchtet, dass damit nur eine typisch europäische Gier nach unterhaltsamen exotischen Elementen bedient werde.

Acht Tüchtige in Paris

1922 wird der Morro do Castelo, auf dem Estacio de Sá die erste Siedlung Rios errichtet hatte, vollständig abgetragen. Das moderne Rio entsteht auf dem Boden früherer Slums. Bis zur Eröffnung des für 200.000 Zuschauer gebauten Maracanã-Stadions 1948 verändert Rio de Janeiro sein städtebauliches Gesicht.

Als schon die Baugrube für das nach dem Vorbild südfranzösischer Hotelpaläste von Cannes und Nizza im Art-Deco-Stil geplante Copacabana-Palace seines Onkels ausgehoben ist, finanziert Arnaldo Guinle im gleichen Jahr anlässlich des 100. Jahrestages der Unabhängigkeit Brasiliens ein Gastspiel von Pixinguinhas Band im Pariser Club Shéhérazade. Duque soll sie begleiten und alles organisieren. Manche Brasilianer sahen es dabei wohl lieber, wenn in das kulturelle Zentrum der Welt Klaviervirtuosen wie Chiquinha Gonzaga oder Ernesto Nazareth geschickt würden. Die Presse mokiert sich auch, warum denn ausgerechnet schwarze Musiker Brasilien im Ausland vertreten müssten. Antwort des Journalisten Floresta Miranda aus Paris: „Die bedeutenden Orchester in Paris (und ich meine die Tanzorchester) sind die Jazzbands mit schwarzen Nordamerikanern, und ich kann nicht erkennen, dass das diesem großen Land geschadet hat."[68] Und er stellt fest: „Die Batutas stellen sich in Paris nicht als Beispiele der musikalischen Kunst Brasiliens vor (was idiotisch wäre), sondern als Spezialisten und Botschafter unseres Samba."[69] (Abb. 6)

A Europa curvou-se ante o Brasil
E clamou parabens em meio tom
Brilhou lá no céu mais uma estrela
Apareceu Santos Dumont

Europa verneigte sich vor Brasilien
Und rief Glückwunsch mit halbem Herzen
Und es erstrahlte ein neuer Stern am Himmel
Der von Santos Dumont

(aus „A Conquista do Ar", M/T: Eduardo das Neves)

Abb. 6   Os Oito Batutas 1919 (v. li.: Jacob Palmieri, Donga, José Alves, Nelson Alves, Raul Palmieri, Luiz de Oliveira, China und Pixinguinha)

Mit diesem Liedvers verlieh der schwarze Liedpoet Eduardo das Neves 1902 dem Nationalstolz Brasiliens auf die ‚Eroberung der Luft' durch Alberto Santos Dumont Ausdruck. Santos Dumont war gerade mit einem seiner Flugballons am Eiffelturm gelandet.

Sechs Monate lang, statt der geplanten vier Wochen, spielen 20 Jahre danach die sieben schwarzen Musiker aus Rio (einer der Oito Batutas war nicht mitgekommen) als „Les Batutas" ihre Choros, Sambas und Maxixes in einem Ambiente wie aus 1001 Nacht, in dem die Decken wie Beduinenzelte tiefgehängt und die Wände mit arabisch wirkenden Stoffen dekoriert sind. Guinle, der sich Gerüchten zufolge im „Shéhérazade" am Montmartre für viel Geld das ganze Jahr über einen reservierten Tisch hält, schenkt Pixinguinha ein Tenorsaxophon, nachdem dieser dafür nach Besuchen bei anderen Orchestern in Pariser Clubs wie im Chez Duque Interesse gezeigt hat. Binnen eines Monats kann er es spielen. Wahrscheinlich ist es dieser dem Publikum vertraute Saxophon-Klang, der der Band, zusammen mit den Ragtime-ähnlichen Rhythmen ihrer Choros und Maxixes, in Paris den Ruf einer Jazzband einbringt. Ernesto Nazareths Choro „Odeon" (1910) kann ja durchaus mit Scott Joplins Ragtime „The Entertainer" (1902) verwechselt werden.

> Nous sommes batutas
> Batutas, Batutas
> Venus du Brésil
> Ici tout droit
> Nous sommes batutas
> Batutas, batutas
> Nous faisons tout le monde
> Danser le samba.

> Le samba se danse
> Toujours en cadence
> Petit pas par cí
> Petit pas par lá…

(Batutas/Pixinguinha)

Selbst als die Batutas zurück in Rio sind und bei einer anschließenden Tournee in Argentinien mit Banjo, Saxophon und einem neu hinzugekommenen Schlagzeug auch Titel spielen, die von der Musik beeinflusst ist, die sie in Paris gehört hatten, wie nordamerikanischem Foxtrott, mutieren sie nicht zur Jazzband, wie gelegentlich behauptet wird. Sie sind Chorões und Sambistas geblieben. Pixinguinhas Banjospieler Donga kommt im Jahr darauf noch einmal in der Band „Carlitos et son Orchestre" nach Paris zurück. Abstecher nach Deutschland gibt es nicht.

Não Tem Tradução

> Mais tarde o malandro deixou de sambar, dando pinote
> Na gafieira dançar o Fox-Trote
> Essa gente hoje em dia que tem a mania da exibição
> Não entende que o samba não tem tradução no idioma francês
> Tudo aquilo que o malandro pronuncia
> Com voz macia é brasileiro, já passou de português
> Amor lá no morro é amor pra chuchu
> As rimas do samba não são I love you
> E esse negócio de alô, alô boy e alô Johnny
> Só pode ser conversa de telefone..

> Es gibt keine Tradition
> Der Spitzbube vergaß den Samba und

warf sich in der Gafieira in einen Fox-Trot.
Diese Leute heutzutage, die sich immer präsentieren müssen,
Verstehen nicht, dass es für Samba keine Übersetzung ins Französische gibt.
Alles, was der Spitzbube mit einer sanften brasilianischen Stimme ausspricht,
hat sich bereits vom Portugiesischen entfernt.
Die Liebe dort auf dem Morro ist die Liebe zu Chou Chou.
Die Reime des Samba sind nicht I love you.
Und dieses Hello, Hello, Boy und Hello, Johnny
taugt nur für ein Telefongespräch.

(Noel Rosa - O Poeta da Vila, 1933)[70]

In einer sehr lebhaften Pariser Szene dieser frühen zwanziger Jahre (Tango, Jazz, Charleston etc.) haben die Brasilianer tatsächlich nur wenig Spuren hinterlassen. Ihre Instrumentalmusik war entweder nicht spektakulär genug oder aber deren Rezeption litt unter einem großen Missverständnis. Schwarze Musik, wie sie Pixinguinha mit seinen Leuten sichtlich spielte, kennen die mit Kolonien in Afrika verbundenen Franzosen bis dato anlässlich der Pariser Weltausstellungen aus dem arabischen oder westafrikanischen Raum und von den Militärorchestern und nachfolgenden Jazzbands der Amerikaner. Die ersten schwarzen Biguine-Musiker kommen erst ein paar Jahre später von den französischen Antillen nach Frankreich. So haben 1922 eher die Franzosen ein Problem einer Annäherung an die brasilianische Musik als die Musiker Rios mit ihrem musikalischen Selbstverständnis. Die Band war zweifellos populär in Paris, der Erfolg aber war nicht nachhaltig. Der brasilianische Anthropologe Rafael J. de Menezes Bastos hat den Paris-Trip der Batutas recherchiert und weist darauf hin, dass ja der zeitgleich von weißen argentinischen Musikern eingeführte Tango und die Popularität Duques als König des auch „Tango Brasileiro" genannten Maxixe nun nicht gerade eine Band schwarzer Musiker aus Rio erwarten ließ. „Die Absicht der Assoziation von Maxixe mit Tango war auch im brasilianischen Raum während des untersuchten Zeitraums aktuell gewesen. Man versuchte damit, Vorurteile zu umgehen, die afrikanische Musikalität in Brasilien im Allgemeinen als lasziv und von geringer Qualität einstuften." Die Reise Pixinguinhas sei ein entscheidender Schritt in Hinblick auf die Ausformung der MPB (Música Popular Brasileira) gewesen, in der bis dahin Afrikanität als Problem gesehen wurde und nicht als Lösung."[71]

Bastos weist ferner darauf hin, dass von einheimischen Musikern „Eindringlinge" aus anderen Ländern – mit Ausnahme der Jazzmusiker aus den USA – wegen der Arbeitsplatzsituation gefürchtet waren und es schon damals eine offizielle Quotenregelung für Auftritte im Form einer Steuer für Restaurants und Nachtclubs gab, wie sie in der zweiten Hälfte des Jahr-

hunderts für den Anteil fremdsprachiger Musik in französischen Radio-
programmen eingeführt und später auch in Deutschland diskutiert werden
wird (s. Bd. 3, Kap. 5).

Der Samba wird wieder in den Shows von Josephine Baker zum Thema
(s. Kap. 6), die sie u. a. mit Sambas von Ary Barroso beendet. Zum Ende
der zwanziger Jahre erreicht mit der Biguine die Musik der französischen
Antillen das Mutterland und öffnet das Tor für andere afrolatinische Musik
wie die Rumba aus Kuba (s. Kap. 14).

Zu bemerkenswerten Begegnungen der Brasilianer mit zeitgleich in
Paris gastierenden (amerikanischen) Jazzmusikern kommt es nicht. Auf
späteren Plattenaufnahmen Pixinguinhas hört man von ihm auch keine
improvisatorischen Saxophon-Soli, eher das Spielen der Baixaria in
tiefen Saxophonlagen. Aber vielleicht haben ja die Brasilianer ein paar
Kompositionen in Paris gelassen, die später ihren Weg in die Programme
europäischer Künstler finden. Der Gitarrist Django Reinhardt spielt 1931
Pixinguinhas Choro „Carinhoso" – neben dessen „Lamento" eine der
schönsten Balladen brasilianischer Musik. Später auch Charlie Byrd, der
Reinhardt in Frankreich trifft, als er nach dem Krieg als Musiker in G.I.
Shows auftritt.

Die Guinles behalten wohl ihren Stammplatz im Shéhérazade und
schicken 1927 den jungen Komponisten Heitor Villa-Lobos für ein drei-
jähriges Stipendium an die Seine. In Rio ist man jetzt schon seit fünf Jahren
mit dem Bau der Christus-Statue auf dem Morro do Corcovado beschäftigt,
die der französische Bildhauer Paul Landowski nach einem brasilianischen
Entwurf mit einer Stahlgerüst-Konstruktion realisiert. Sie wird erst 1931
eingeweiht. Ein Jahr später kommen Rios Sambaschulen zum ersten Mal im
Carnaval zum gemeinsamen Desfile und Wettbewerb auf die quer durch Rio
neu gebaute Prachtstraße Avenida Central zusammen.

Kultur-Export

In Brasilien veröffentlicht indessen der Vordenker des brasilianischen
Modernismus, Mario de Andrade, streitbare Thesen über das Nationale in
der brasilianischen Musik und deren Rezeption im Ausland. Die Brasilianer
hätten bisher allen Besuchern gern stolz mit ‚ihrer' Musik auch Samba
und Choro präsentiert und erwarteten Bewunderung. Davon solle sich
Brasilien nicht abhängig machen, denn der Applaus im Ausland habe „keine
Bedeutung für die Música Popular Brasileira".[72] Die Verbreitung der Werke
des internationalisierten Carlos Gomes in Europa aber „beweist, dass Europa

dem Genie und dem Kulturgeist verpflichtet ist...". Gomes lebte einige Zeit in Mailand, war sehr beeinflusst von europäischer Klassik, besonders von Wagner, und brachte seine Oper „O Guarani" in Mailand 1870 zur Uraufführung. Bald wird man in Europa auch von Villa-Lobos sprechen, aber erst am Ende der 1960er Jahre über Musiker der MPB, denen, wie Pixinguinha, nach ihren Europa-Besuchen ein gewisser Prestige-Zuwachs in der Heimat zuteil wird, der der MPB aber keine wesentlichen Impulse und den Musikern keine wirtschaftlichen Vorteile bringt.

Mit der inoffiziellen Heiligsprechung ihres „São Pixinguinha" honorieren die Brasilianer erst nach dessen Tod, dass dieser Musiker bodenständig in der Música Popular Brasileira verwurzelt geblieben ist. Das mag seine Chancen auf eine internationale Karriere, die er vielleicht in Paris hätte anbahnen können, erheblich verringert haben. Fünfzehn Jahre danach gastiert wieder ein brasilianischer Saxophonspieler im Shéhérazade von Paris: Romeu Silva hat 1937 bereits einen guten Namen als Bandleader zwischen Berlin und New York. Und er ist vielseitig und von weißer Hautfarbe, „um gentleman, sympático, dedicado de fino trato, um artista de grande valor".[73] Silva leitet eine der vielen „Jazz"-Bands, die überall in Lateinamerika und Afrika wie Pilze aus dem Boden schießen, argwöhnisch beobachtet auch von Mario de Andrade, der mit rassistischem Unterton den Jazz eine „Erfindung der Neger und Juden der Yankees"[74] nennt. Silva (1893–1958) ist ein ehemaliger Postangestellter, der seit 1911 in seiner Freizeit im Orchester des Karnevalsvereins „O Ameno Reseda" spielte. Als die Oito Batutas 1923 nach Argentinien gehen, haben sie zwei Maxixes von Silva auf ihrem Programmzettel und Silva gründet in Rio seine „Jazz Band Sul Americano". Nach Meinung seines ehemaligen Pianisten – und späteren Komponisten von Welthits – Ary Barroso ist sie ein „High-Society-Orchester" für die feinen Jockey und Country Clubs der Stadt. Barroso liegt aber die Hot Jazz-Orientierung der Band nicht und er steigt aus, bevor die Band 1926 zu einer ausgedehnten, vom Staat geförderten Europatournee zuerst nach Lissabon und anschließend nach Paris aufbricht. Bis 1932 dauert die Tournee, bei der man auch in Deutschland gastiert. Ihr Mittelpunkt aber wird immer wieder Paris, wo Teile der Band in einem Ensemble mitwirken, das zum Besten seiner Art zählt: Als Josephine Bakers „Melodic-Jazz du Casino de Paris" und schlicht als die „16 Baker Boys" begleiten sie die Baker bei ihren Auftritten und nehmen 1930 und 1931 diverse Schallplatten für die Columbia in Paris auf. Das Interessante an dieser Band ist die Begegnung der Brasilianer (Romeu und sein Bruder, der Trompeter Mario Silva, der Schlagzeuger Bibi Miranda und der Bass-Saxophonist Luis López da Silva) in den Baker-Orchestern mit dem argentinischen Gitarristen Oscar Alemán

(s. Kap. 15). Für Bibi(ano) Miranda wird es das Sprungbrett in andere
Formationen zwischen Latin und Jazz. Romeu Silva kehrt nach weiteren
Gastspielen – u. a. zu den Olympischen Spielen in Los Angeles (1932) und
der Weltausstellung in New York (1939) und Europa – ins Cassino Atlantico
in der Urca nach Rio zurück. Das Kasino ist die Stammbühne der Carmen
Miranda vor ihrem Sprung nach Hollywood und vor ihrem letzten 1939 in
Brasilien gedrehten Film „Banana da Terra", in dem auch Romeu Silva mit
seinem Orchester zu sehen ist. Vielleicht ist Silva damals seiner ehemaligen
Chefin Josephine Baker begegnet, die im gleichen Jahr zum zweiten Mal im
Cassino gastiert. Romeu Silva stirbt 1958, vergessen von den Cariocas, in
einer Zeit, in der in der Bar des Copacabana Palace Jazz-Adepten wie der
Sänger Dick Farney den Jazz nach Rio zurückholen.

In Nazi-Deutschland hat man den Maxixe vergessen, der brasilianische
Samba-Tanz war nie ein Thema. Das NS-Regime fühlt schon 1934 bei
Präsident Vargas vor, ob sich denn die wirtschaftlichen Beziehungen vertiefen ließen. Die Amerikaner aber wollen das verhindern. Vargas notiert am
21. Mai 1940 in sein Tagebuch: „Die amerikanische Regierung bat mich,
Mussolini zu telegraphieren und an ihn zu appellieren, zu verhindern, dass
sich der Krieg ausbreitet. Ich habe mich entschuldigt. Ich würde dabei
bleiben, nicht in die europäische Politik einzugreifen, und außerdem
glaube ich nicht an die Wirksamkeit dieser Vorgehensweise."[75] Unter dem
Druck der Amerikaner und nach dem Bombardement von Frachtschiffen
erklärt Brasilien dann doch noch 1942 Deutschland den Krieg. Zuvor hatte
man den Amerikanern erlaubt, Stützpunkte im Norden zu errichten. Die
weißhäutige Carmen Miranda wäre sonst womöglich als Ersatz für die 1943
geflüchtete Chilenin Rosita Serrano im NS-Staat willkommen gewesen (s.
Kap. 16).

Im zerbombten Nachkriegsdeutschland sorgt Ende der vierziger Jahre
eine gewisse, von französischen Musikproduzenten erfundene „Maria aus
Bahia" für eine kurze Samba-Euphorie (s. Bd. 2, Kap. 2). Die Tanzschulen
haben mit Elementen des Maxixe einen Gesellschaftstanz namens Samba
entwickelt, der erst in den späten fünfziger Jahren zu Turnieren zugelassen
wird, als der Film „Orfeu Negro" in den Kinos läuft (s. Bd. 2, Kap. 2) und
die ersten Bossa Nova von Caterina Valente aufgenommen werden (s. Bd. 2,
Kap. 7). Ein Comeback erlebt der Samba zusammen mit afrobahianischer
Musik vor allem in den neunziger Jahren (s. Bd. 3, Kap. 9).

Weiterlesen über Brasilianische Musik

Band 2

Band 3

Anmerkungen

1. Das Schreiben über die Entdeckung Brasiliens (1500). Das Schreiben des Pêro Vaz de Caminha an König Manuel von Portugal. Hg., übers. und komm. von Robert Wallisch. Frankfurt a.M. 2001.
2. Zwischen Spanien und Portugal vereinbart auch im Vertrag von Tordesillas im Jahr 1494.
3. Hans Staden: Zwei Reisen nach Brasilien. 1548–1555. Marburg 1970.
4. Jean de Léry: Unter Menschenfressern am Amazonas. Brasilianisches Tagebuch 1556–1558. Tübingen 1967.
5. Vgl. Helmut Andrä: Heliodor Eoban Hesse o co-fundador do Rio de Janeiro, in: Revista Humboldt 1966. Genealogie unter: www.geni.com/people/ Heliodoros-Eobanos-Hessus/6000000019376218679 (23.12.2018).
6. Otto von Kotzebue: Neue Reise um die Welt in den Jahren 1823, 1824, 1825 und 1826. Weimar 1830, S. 18 f.
7. Kotzebue (Anm. 6), S. 28.
8. Frank Westenfelder: „Für Dom Pedro", www.kriegsreisende.de/imperialismus/ dompedro.htm (3.9.2019).
9. Westenfelder (Anm. 8).
10. Johann Baptist von Spix/Carl Friedrich von Martius: Reise in Brasilien in den Jahren 1817–1820. München 1823.
11. Spix/Martius (Anm. 10), S. 248; auch in der digitalen Sammlung der Bayerischen Staatsbibliothek: reader.digitale-sammlungen.de/de/fs1/object/ display/bsb10715674_00097.html.
12. Mario Andrade: Pequenha Historia da Música. São Paulo 1977, S. 182.
13. Zit. nach: Erwin Zach: Brasilianische Skizzen. Rio d. J. 1941, S. 266.

14. Johann Moritz Rugendas: Malerische Reise in Brasilien. Paris/Mülhausen 1835, in: Hans Joachim Wulschner (Hg.): Vom Rio Grande zum La Plata. Tübingen 1975.
15. „L'Amoreux" nach Modinha, „La Mélancholie" von Joaquim Manuel; „O Amor Brasileiro", Lundu.
16. Ary Vasconsellos: Raizes da Música Popular Brasileira. S. Paulo 1977, S. 137.
17. Zit. nach: Pascal Morché: „Wagner von Bayreuth bis Beirut", in: Crescendo, www.crescendo.de/wagner-von-bayreuth-bis-beirut-79 (16.6.2014).
18. Karl von den Steinen: Unter den Naturvölkern Zentral-Brasiliens. Reiseschilderung und Ergebnisse der Zweiten Schingú-Expedition 1887–1888. Berlin 1894, S. vi.
19. Oberhessische Presse Marburg, 6.6.1991.
20. (1903–1905, 1911–1913, 1924). Theodor Koch-Grünberg: Vom Roroima zum Orinoko. 5 Bde. Berlin/Stuttgart 1916–1928.
21. Koch-Grünberg (Anm. 22), 1922; zit. nach: www.miradas-alemanas.de/Koch-Gruenberg.98.0.html (3.9.2019).
22. John Charles Chasteen: National Rhythms African Roots. Albuquerque 2004, S. 31.
23. Francisco Curt Lange: Vida y muerte de L.M.Gottschalk. Mendoza 1954.
24. Lange (Anm. 23), S. 65.
25. Orestes Barbosa: Samba 1933, Reprint Rio 1978, S. 100.
26. U.a. mit „O Zé Perreira Carnavalesco", Juli 1869, lt. F.C. Lange (Anm. 23).
27. „Portugiesische Lebensbilder: Der Londun", in: Das Ausland, eine Wochenschrift des geistigen und sittlichen Lebens der Völker, Bd. 10, August, S. 91–181, 5. Juni 1837.
28. „Memorias de um Sargento de Milicias", zit. nach: Baptista Siqueira: Ficcao e música. Rio 1980, S. 230.
29. Albert Friedenthal war u. a. Schüler von Theodor Kullak in Berlin, begann eine Laufbahn als Pianist und konzertierte seit 1882 erfolgreich in Europa, Nord- und Südamerika, Afrika, Australien und Ostasien. „Daneben wirkte er als Musikpädagoge und veröffentlichte eine Reihe von musikwissenschaftlichen Schriften (u. a. ‚Stimmen der Völker', 5 Hefte). 1911 erschien sein zweibändiges ethnographisches Werk ‚Das Weib im Leben der Völker'.", in: Albert Friedenthal: Musik, Tanz und Dichtung bei den Kreolen Amerikas. Berlin-Wilmersdorf 1913, S. 312.
30. Friedenthal (Anm. 29), S. 308. 2003–2008 war der Popmusiker Gilberto Gil erster schwarzer (Kultur-) Minister Brasiliens.
31. Guerra Peixe: „Variations on the Maxixe", in: O Tempo São Paulo, 26.9.1954.
32. Jahreszahl in der Forschung schwankend zwischen1846 und 1852.
33. Friedenthal (Anm. 29), S. 306.
34. Edinha Diniz: „Chiquinha Gonzaga", in: chiquinhagonzaga.com/wp/o-abre-alas-o-hino-carnavalesco/ (3.9.2019).

35. Renato de Almeida: Historia da Música Brasileira. Rio 1926, S. 45.
36. Cuadra des Carnaval 1883/Folgança de Momo, aus: „Enciclopedia da Música Popular Brasileira", Art Ed. Publifolha.
37. Marcelo Verzoni: Chiquinha Gonzaga e Ernesto Nazareth: duas mentalidades e dois percursos. Rio 2010, in: Revista de Musica Brasileira 2011, S. 155 und chiquinhagonzaga.com/wp/chiquinha-gonzaga-e-ernesto-nazareth-duas-mentalidades-e-dois-percursos/ (3.9.2019).
38. Orestes Barbosa: Samba. 1933, Reprint Rio 1978, S. 18.
39. Mariza Lira: Chiquinha Gonzaga. 1939. Rio 1978, S. 132.
40. M/T: José Nunes, geschrieben 1905 für das Duo Pepa Delgado und Alfredo Silva, veröffentlicht in der Illustrierten „Cá e Lá".
41. Später von der britischen EMI übernommen, dann von Universal Music.
42. 2012 von der UNESCO zum Immateriellen Kulturerbe der Menschheit erklärt.
43. Jota Efegé: Figuras e Coisas. Vol. 2. Rio 1980.
44. Siehe hierzu: José Ramos Tinhorão: Os Soms que vem da rua. Rio 1976, S. 52, 83 ff.
45. Efegé (Anm. 43).
46. M: Trad. (span.), T: Léo Lelièvre et Paul Briollet.
47. José Ramos Tinhorão: O Samba Agora Vai. São Paulo 1969, S. 21.
48. Ariane Wittkowski: „De la Matchitche a la Lambada", in: Cahiers du Brésil Contemporain 1990, Nr. 12.
49. Fr. Ernst von Garnier: Bernhold, Beat und Bossa Nova. München 1972.
50. Maurice Mouvet: Maurice's Art of Dancing. New York 1915
51. Zit. nach: Daniella Thompson, daniv.blogspot.com/ (3.9.2019).
52. Troy Kinney: "Social dancing of to-day", in: An American Ballroom Companion: Dance Instruction Manuals, www.loc.gov/resource/musdi.202.0/?sp=2 (3.9.2019).
53. Veröffentlicht 1928.
54. Von The Ames Brothers, auch Bob Crosby Orchestra.
55. Der brasilianische Musikpublizist José Ramos Tinhorão (*1928) besitzt eines der seltenen nur einseitig bespielten Exemplare mit der Matrizen-Nummer 48.465.
56. Schlesinger'sche Buch- und Musikhandlung Rob. Lienau, Berlin.
57. Der Verlag Roehr AG ist bis zu seinem Konkurs 1932 einer der größten Deutschlands im Unterhaltungssektor. Er verfügt über weitverzweigte internationale Verbindungen, die ihm auch die (Sub-)Verlagsrechte für die brasilianischen Titel von Salabert/Paris bringen.
58. Variation von „Wenn meine Frau sich auszieht", aufgenommen u. a. von Gustav Schönwald (Voc.) 1907 mit dem Favorite Orchester Berlin auf Favorite Record I-17156.

59. Darius Milhaud: "Influence of Latin-American Music on my work", 1944, Mills college, unveröffentlicht, zit. nach: Thompson, "The Boeuf Chronicles"., Pt. 30, daniellathompson.com/Texts/Le_Boeuf/boeuf_chronicles.htm (3.9.2019).

60. Daniella Thompson, "Notes without Music", zit. nach: The Boeuf Chronicles, Pt.30 (Anm. 59).

61. Daniella Thompson, amerikanische MPB-Kolumnistin (www.daniellathompson. com) hat eine umfangreiche Dokumentation „The Boeuf chronicles" ins Internet gestellt, in der der Herkunft jeden einzelnen Zitats nachgegangen wird (s. Anm. 59). Siehe auch Manoel Aranha Correa do Lagos' Analyse in Latin American Music Review, Frühjahr/Sommer 2002.

62. Maurice Sachs: Au temps du boeuf sur le toit. Paris 1939.

63. Etienne Gueland/Henri Perrin: „Le Fin de Maurice Sachs"; Vorwort in: Maurice Sachs: Derrière cinq barreau. Paris 1952, S. 7–11.

64. Luiz Gonzaga, Interview in InTerValo, ca. 1968, zit. nach: www.reidobaiao. com.br/os-beatles-gravaram-asa-branca (1.1.2015).

65. Ob sie in Berlin auch aufgetreten ist, ist unbekannt. Vgl. Edinha Diniz: Chiquinha Gonzaga, uma história de Vida, hg. von Jorge Zahar. Rio de Janeiro 2009. Quelle auch bei Djalma Bittencourt, in: Revista do Teatro 1960.

66. Theodor Koch-Grünberg: Vom Roroima zum Orinoco. Stuttgart 1911–1913. Siehe auch: Zita Nunes: Cannibal Democracy: Race and Representation in the Literature of the Americas. Minneapolis 2008, S. 48.

67. Mario de Andrade: Ensaio sobre a Música Brasileira. 1928. Reprint Brasília 1972, S. 14 f.

68. Zit. nach: M.T. Barboza da Silva/A.L. de Oliveira Filho: Filho de Ogum Bexiguento. Rio 1979, S. 70.

69. Zit. nach: Jota Efegé: Figuras e coisas da MPB. Vol. 2. Rio 1980, S. 143.

70. Maxixe. Liedtext von Duque, zit. nach: Tinhorao/Almirante: No tempo de Noel Rosa. Rio 1963.

71. Rafael José de Menezes Bastos: Les Batutas in Paris 1922. Santa Catarina 2004; www.scielo.br/scielo.php?script=sci_arttext&pid=S0102-69092005000200009 (3.9.2019).

72. Andrade (Anm. 67), S. 14 f.

73. Alexandre Goncalves Pinto: O Choro. 1936, Rio 1978.

74. Andrade (Anm. 12), S. 209.

75. Auszüge veröffentlicht im brasilianischen Wochenmagazin Veja, 13.12.1995, S. 130.

Kapitel 11 (… 1870–1946 …)
Tango rioplatense

Wo der aus Brasilien kommende Rio Paraná und der Rio Uruguay im gemeinsamen, fast 300 km langen Mündungstrichter des Rio de la Plata in den Süd-Atlantik fließen, liegen sich zwei Provinzen und mit Buenos Aires und Montevideo zwei Metropolen des ehemaligen spanischen Vizekönigreichs vom Rio de la Plata in einer Entfernung von zweihundert Kilometern gegenüber. Im Herbst 2009, mehr als einhundert Jahre nach Eintreffen der ersten Tangomusiker und Tänzer in Europa, definiert die UNESCO Argentinien und Uruguay zu gleichen Teilen als Heimat des Tango (Rioplatense), als sie dem Tango den „Weltkulturerbe"-Status zuerkennt. Buenos Aires sah sich bis dahin immer gern als Zentrum eines Tango (Argentino), das es in Hinblick auf dessen Vermarktung und Live-Szene besonders in der zweiten Hälfte des 20. Jahrhundertes auch war. Gleichzeitig erhebt die UNESCO den Candombe afro-uruguayischen Ursprungs in den Kulturerbe-Status. Den Candombe hatte es auch einmal in Argentinien gegeben. Während er dort verschwunden ist, dominieren heute weiße Uruguayer die einst von afrikanischen Candombe-Gruppen gestellten Comparsas des Carnaval. Auch bei ihnen, und nicht nur in den Hafenkneipen von Buenos Aires muss man Wurzeln des Tango suchen.

Jesuiten, Vizekönige und Diktatoren

Buenos Aires ist heute zehnmal größer als der nordöstliche Nachbar und war nach seiner Entstehung (1536) Montevideo schon immer ein bisschen voraus, das man um 1724 gründete, um portugiesische Siedler aus

© Springer-Verlag GmbH Deutschland, ein Teil von Springer Nature 2022
Claus Schreiner, *Schöner fremder Klang – Wie exotische Musik nach Deutschland kam*,
https://doi.org/10.1007/978-3-476-05695-5_12

dem Süden Brasiliens auf Distanz zu halten und im Gegenzug afrikanische Sklaven von dort zu beziehen. Hauptstadt des neuen Vizekönigreiches Río de la Plata wurde 1776 Buenos Aires. Sechs Jahre, nachdem sich die „Provincias Unidas del Rio de la Plata" durch ihre Unabhängigkeits-erklärung im Jahr 1810 des letzten spanischen Vizekönigs entledigt hatten, spaltete sich das kleinere Uruguay ab und erlangte seine Souveränität zehn Jahre später nach einem brasilianisch-portugiesischen Invasionsversuch. Argentinien entschied sich 1853 mit seiner Verfassung für eine föderale Republik. Uruguay schon 1830. Diktaturen waren dadurch nicht aus-geschlossen. ‚A sad celebrity of a bandit' nennt Louis Moreau Gottschalk den Sohn des Diktators Venancio Flores in seinen Erinnerungen an seine Konzerte in Montevideo 1867, bei denen er, wie später in Buenos Aires, eine eigene Version andalusischer und kubanischer *tangos* vorgestellt hatte.

Am La Plata, und noch weiter südlich in Patagonien und Feuerland, künden keine Legenden von indigenen Heroen mit der Popularität eines Moctezuma der Azteken oder eines Atahualpa der Inka, die nur den Norden der heutigen argentinischen Provinz Mendoza besiedelt hatten. Kirche und Konquista hatten die Steppen und Bergregionen in Besitz genommen und die amerindischen Ureinwohner vernichtet oder vertrieben. Nur wenige gerieten zeitweilig unter den Schutz der Jesuiten. In deren Reduktionen lernten sie Choräle singen und Orgel oder Trompete spielen. Zum Beispiel beim Pater Sepp[1] aus Tirol, der als Jesuitenpriester und als kreatives Multi-talent schon seit Ende des 17. Jahrhunderts in Paraguay, Brasilien und Argentinien den Guarany-Indianern auch den Bau von Musikinstrumenten beibrachte.

Nachdem um 1768 die Jesuiten vertrieben wurden, blieben nur wenige Kollas, Toba und Mapuche-Stämme in ihren alten Siedlungsräumen. Die meisten zog es, wie in anderen Teilen Südamerikas, in die Peripherie der Städte, wo sie die unterste soziale Schicht bildeten. Im ersten argentinischen Zensus[2] wurde die amerindische Bevölkerung nur geschätzt. In einem ungefähr halb so großen Gebiet wie das heutige Argentinien vermutete 1869 man nur noch rd. 94.000 Personen.

Sklaven aus Afrika

Für das Vaterland sind wir frei,
und in großer Dankbarkeit
haben wir die heilige Pflicht,
ihm unser Leben und Gesundheit zu geben.

Das Vaterland ist bedroht.
[…]
Lasst uns dem Angriff entgegentreten,
Brust an Brust,
vereint als *Negritos*,
lasst uns loslegen, um es zu retten.

(Periódico La Negrita N° 1, Buenos Aires, 21 de julio de 1833)

In Brasilien und auf karibischen Inseln hatte man die durch Verfolgung, Auszehrung und eingeschleppte Krankheiten verlorenen indianischen Arbeitskräfte ‚erfolgreich' durch afrikanische Sklaven ersetzt. Am La Plata funktionierte das nur bedingt, denn in Argentinien gab es in den Pflanzungen und Verarbeitungsbetrieben kaum Bedarf an Sklaven. Dennoch war Buenos Aires ein bedeutender Hafen für Importe afrikanischer Sklaven, die teils auch aus Brasilien kamen, und war Durchgangsstation für Sklaventransporte in nördliche Landesteile bis in die Andenregionen Chiles, Perus und Boliviens. 1778 zählte man im nördlichen Santiago del Estero 54 % afrikanische Bevölkerungsanteile, in Buenos Aires nur 30 %.[3]

Zur Jahreswende 1806/07 kam man in Buenos Aires auf 15.708 Europäer, 347 Indígenas und ‚Mestizen' und 6650 Afrikaner und ‚Mulatten', letztere besonders in den Stadtvierteln San Telmo und Monserrat (Barrio del Tambor). Von rund 30 % schrumpfte der Anteil schwarzer Bevölkerung Argentiniens auf nur 1,8 % bis 1887. Allgemein wurde das bisher immer mit der Gelbfieber-Epidemie von 1871 und dem verlustreichen Einsatz zahlreicher Afrikaner in den Unabhängigkeits- und Nachbarschaftskriegen begründet. Erste Deutungen der Untersuchungen der Universität von Buenos Aires in 2005 und des Zensus von 2010 lassen jedoch den Schluss zu, dass die Afro-Argentinier dadurch nicht einfach verschwunden sind. „They just faded into the mixed-race populace and became lost to demography."[4] Mit „in Argentinien…haben wir keine Schwarzen."[5] verkündete 1993 der ehemalige Staatspräsidenten Carlos Menem, was man außerhalb Argentiniens ohnehin irrtümlich vermutete. Aufgrund von 500 DNA-Tests nimmt man aber an, dass bis zu 10 Prozent[6] der Einwohner von Buenos Aires zumindest teilweise afrikanische Wurzeln haben – ohne, dass sich viele dessen bewusst seien. Im Zensus 2010 wurde dann innerhalb einer Kampagne gegen Diskriminierung, Fremdenangst und Rassismus[7] direkt nach afrikanischen Vorfahren gefragt. Nur noch drei Prozent bestätigten das.

„Würde es dich erschrecken, einen Schwarzen als Präsidenten der Republik zu sehen…, nur weil das Blut in seinen Adern unter der afrikanischen Sonne auf der Stirn seiner Großväter dunkel wurde? Wenn du so denkst, schäme ich mich meines Landes und beklage seine Ignoranz"[8], schrieb Horacio Mendizábal Ende der 1860er Jahre, als die schwarze Bevölkerung Argentiniens und Uruguays schon ihre eigenen Tageszeitungen auflegte und Präsident Domingo F. Sarmientos Sichtweise der Schwarzen, Gauchos und Indígenas als Barbaren nicht von allen Teilen der Bevölkerung geteilt wurde. Der aufgrund väterlichen Erbes wohlhabende Afro-Argentinier Mendizábal (1847–1871) schrieb emphatische Gedichte und Lieder gegen Rassismus und Diskriminierung. Als er jung mit 24 Jahren an Gelbfieber starb, hinterließ er ein umfangreiches Oeuvre, das sich immer wieder auch der schwarzen Bevölkerung, ihrer Kultur und ihren Heroen widmet, die in den Kriegen für Argentinien gekämpft hatten. Der Anteil der Schwarzen an der Gesamtbevölkerung Uruguays ist 2010 mit 6–9 Prozent[9] deutlich größer als der Argentiniens.

Wie überall in Lateinamerika, organisierten sich die Afrikaner, mit und ohne Mitwirkung der Kirche und trotz zahlreicher Verbote, in lockeren Gemeinschaften nach Herkunftsnationen aus überwiegend westafrikanischen Stämmen. Das erleichterte ihnen zum einen die sprachliche Kommunikation in einer Diaspora mit sehr vielen afrikanischen Sprachen und Dialekten. Andererseits gaben sie damit ihren kultisch-religiösen Gemeinschaften (Cabildos / Cofradías) afrikanischer Wurzeln eine Organisationsstruktur, ohne die ein Ziel unerreichbar bleiben würde: Der Einbruch in die soziokulturellen Domänen der Argentinier mit europäischen Wurzeln. Deren katholische Heilige hatten sie sich ohnehin bereits ausgeliehen. Nach dem panlateinamerikanischen Prinzip des religiösen Synkretismus belegten sie ihre Götter und Spirits gleichzeitig mit einer Auswahl von Heiligen zwischen Georg und Balthazar. Unter dem Synonym *Candombe* sind am La Plata vorwiegend aus den Kulturen der Bantu-Sprachen stammende und mit dem Katholizismus synkretisierte Kulte mit ähnlichen Tänzen zusammengefasst, wie sie Gottschalk auf dem Congo Square in New Orleans erlebte: Calenda, Chica und Bambula (s. Kap. 1).

„Que dicha a las Congas/ Les cabe, señora/ Teneros por reina/ Y fiel protectora! Chor: Al son del candombe/ Las congas bailemos/ Y nuestra gran reina/ Canción entonemos.[10]
Was für eine Freude an den Congas/ Es steht ihnen gut, ihr Damen/ euch als Königin zu haben/ und als treue Beschützerin!
Chor: Zum Klang des Candombe/ Lasst uns die Congas tanzen/ Und unsere großartige Königin/ Lasst uns das Lied anstimmen." (1848)

Schwarzer Tango?

Schon 1760 nahmen in einem *Cabildo* zusammengeschlossene Afrikaner an einer Fronleichnamsprozession in Montevideo teil. In Uruguay wie Argentinien hatte es immer wieder Versuche gegeben, solche öffentlichen Auftritte zu verbieten. Mit der Abschaffung der Sklaverei in Uruguay, 1842, bleiben kulturelle Interaktionen zwischen afrikanischer Kultur und der der Weißen und Criollos weitgehend aus. Man hatte auf beiden Seiten mehr Spaß an Imitation und Verspottung. Indem die Schwarzen am europäischen Karneval teilnahmen, stellten sie dessen Alleingültigkeit für die Weißen infrage und sich auf Augenhöhe – aber nur scheinbar, denn die soziale Unterlegenheit blieb. Daran änderten auch die nach afrikanischem Ritus inthronisierten schwarzen Potentaten ohne jede Macht nichts, die schwarzen *Reys* und *Reinas,* Könige und Königinnen, zu finden auch bei Brasiliens *Reis* und *Rainhas de Maracatú* bis weiter nördlich beim noch heute – wenn auch anders – zelebrierten *King of the Zulus* in New Orleans. In diesem Prozess sind viele Entstehungsprozesse städtischer populärer Musik zwischen Buenos Aires und Havanna verwurzelt. Die Beteiligung der Schwarzen am anfangs nach europäischen Vorbildern mit venezianischen Masken und fliegenden Wassereiern gefeierten Carnaval Argentiniens erreichte erste Höhepunkte unter dem Staatspräsidenten Juan Manuel de Rosas (1793–1877), der Sympathie für die afroargentinische Kultur durch Besuche von Candombe-Zeremonien (u. a. 1838) zeigte. Unter seiner Regierung wurden schrittweise Verkauf und Handel von Sklaven (1837/40) und schließlich die Sklaverei selbst abgeschafft (1853/60). Nun konnten sich die Comparsas auch offiziell registrieren lassen, wie auch 1867 die „Raza Africana" in Montevideo. Als im späten 19. Jahrhundert in den aus diesen Cabildos (auch Ranchos, afro-katholischen Cofradías und afrikanischen Naciones) entstandenen *Comparsas* des Candombe zumindest rein optisch die schwarze Beteiligung spürbar zurückging, sah man stattdessen zunehmend erst Menschen von milchkaffeebrauner Haut und Weiße mit Blackface-Bemalung und später fast nur noch weiße Gesichter. Auch die Musik zeigte sich unterwandert. Neben Candombe-Gruppen hört man bis heute bei den Umzügen auch solche mit *Pericones* und anderen eher ländlichen, kreolischen Volkstänzen. Es dauerte nur ein paar Jahre, bis sich auch die Nachahmer, weiße Jungs aus der Oberschicht mit schwarz bemalten Gesichtern in Gruppen wie „Los Negros Lubolos" als Konkurrenz im Carnaval Uruguays mit Milonga-Tango-Candombes und Songs präsentierten, in denen sie lautmalerisch den Rhythmus ihres Candombe skandierten:

Borocotó, borocotó, chás, chás,
Tango negro, tango negro,
Borocotó, borocotó, chás, chás,
Schwarzer Tango, schwarzer Tango, du gingst ohne Vorwarnung, die Gringos
haben deinen Tanzstil verändert.
Schwarzer Tango, schwarzer Tango, der Herr ging auf See, die Candombes
endeten im Viertel von Monserrat.
Später gingen sie in Karnevalstruppen aus, aber der Ritus ging verloren, als
Baltasar starb.
Mandingas, Congos und Minas wiederholen im Rhythmus die Berührungen
ihrer Abuelos.[11]

Blackfaces waren zumindest den Menschen iberischer Herkunft nicht
unbekannt. Wenn auf der iberischen Halbinsel traditionell der Vertreibung
der Mauren in jährlichen Zeremonienspielen gedacht wurde, sah man die
Cristianos gegen schwarz bemalte Moros (*Baile de los Morenos, Christianos
vs. Moros*) antreten. Weiße Künstler mit schwarz bemalten Gesichtern
hatten die Einwohner von Buenos Aires, die Porteños, auch schon Mitte
des 19. Jahrhunderts kennengelernt, als in einer spanischen Version von
Onkel Toms Hütte („La cabaña del tío Tom") ein schwarz geschminkter
Chor andalusische Tangos des spanischen Sängers Santiago Ramos begleitete
(1856). Oder bei Gastspielen US-amerikanischer Minstrel-Gruppen mit
ihren Coon-Songs (1868/69) – lange bevor diese Minstrelshows auch
Deutschland erreichten (s. Kap. 4).

Es war zeitweise eine Modeerscheinung, sich *negro* zu geben, Kleidung,
Slang und Musik der schwarzen Bevölkerung zu imitieren. Oft zum Nach-
teil der zurückgezogen lebenden Afro-Argentinier, die „keine andere
Wahl hatten, als in unseren Häusern zu bleiben, weil wir arm waren und
uns schämten".[12] John Charles Chasteen, der uns diese Quelle in seinem
spannenden Buch über die Wurzeln lateinamerikanischer Tänze übermittelt,
stellt intensiv die Frage nach möglichen Ergebnissen dieser Imitiermode
in Musik und Tanz und weist darauf hin, dass es um 1876 sogar schwarze
Candomberos gegeben habe, die ihrerseits mit schwarz bemalten Gesichtern
die Blackface-Imitatoren nachgeahmt haben. Und mit Blick auf den Tango
fragt er: Kann aus diesen schwarzen Originalen und Imitaten eine Musik
und ein Tanz entstanden sein, die sichtlich und hörbar „weiß" sind? Bei
den Candombe-Umzügen wurden nicht im Ansatz ‚archaische' Tangos
gespielt wie sie um 1880 in Kneipen auftauchten, als Buenos Aires Hauptstadt Argentiniens wurde. Könnte man denn eng umschlungen in einer
Parade tanzen? Von der Straße kam er also nicht, der Tango, wohl aber sein

weißes Schatten-Dasein: „From the 1860 s until the 1890 s, tango meant above all a caricature of black identity. Most ‚tangos' were blackface tangos." (Chasteen[13]).

Zum Ende des 20. Jahrhunderts sind Reste afrikanischer Elemente des Candombe (Abb. 1), neben immer wieder neuen Variationen in lokaler Pop-, Jazz- und Rockmusik, nur noch Bestandteil der Festlichkeiten am Dreikönigstag und im Karneval in Montevideo, an denen in den *Llamadas* (comparsas negras), den Straßenparaden, zwar nicht mehr die schwarzen Könige und Königinnen der einstigen ‚Nationen' teilnehmen, wo mit *Mama Vieja, El Gramillero* (Medizinmann) und *Escobero* (Besenschwinger) aber dennoch Persönlichkeiten aus deren Umfeld, vermischt mit Traditionen des iberischen Karneval wie auch in Brasilien, erhalten blieben. „Für uns ist die *Mama Vieja* die weiseste Frau in der afrikanischen Nation, die Frau, die die Nation spirituell leitet."[14] Beim Carnaval defilieren als *Negros* und *Lubolos* nur noch wenige Afro-Uruguayer. Erst 1962 gründete sich in Uruguay ein Dachverband der Carnaval-Gruppen, zu dem seit 1905 auch die nach iberischem Vorbild gegründeten Murgas gehören. Aber auch rheinische Karnevalskultur kam Mitte des 19. Jahrhunderts mit Einwanderern an den Rio de La Plata, „wo sie mit der Musik der ehemaligen schwarzen Sklaven zu einer eigenständigen Volkskultur verschmolzen. Mit Stöcken auf Dosen und Kübel einschlagend und ‚bewaffnet' mit Mehl, Eiern und Farbe, zogen die Karnevalisten durch die Straßen, laut singend und tanzend und mit anzüglichen Sprüchen Obrigkeit und feine Gesellschaft durch den Kakao ziehend."[15] Unter diktatorischer Herrschaft wurden die aufmüpfigen

Abb. 1   Afroargentinischer Candombe, Buenos Aires 1938

Murgas verboten, zuletzt unter der Militärdiktatur von Jorge Rafael Videla (1976–1983). Ganz unterdrücken ließen sie sich jedoch nie. Der Shimmy Club in Buenos Aires ist bis 1980 die wohl letzte Bastion afrikanischer Kultur in Argentinien.

Europäischer Tango?

Am unteren Ende der sozialen Hierarchie befinden sich um 1870 in den La Plata-Staaten nicht nur die indigenen Einwohner und ehemalige afrikanischen Sklaven, sondern auch Europäer, die den spanischen Kolonialisten nachgefolgt sind und im Hinterland und den Randbezirken der Städte oft ein entbehrungsreicheres Leben führen als manche, zumindest im Einklang mit der Natur lebenden Reste indigener Bevölkerung. Noch schlimmer ergeht es den unzähligen Frauen, die als „weiße Sklavinnen" besonders aus osteuropäischen Ländern zur Arbeit in die Bordelle (als „cuartos des las chinas" umschrieben: Dienstmädchenzimmer) auf Schiffen auch deutscher Reeder herantransportiert werden.

Zwischen 1895 und 1946 wandern rd. 1,5 Mio. Italiener und nur geringfügig weniger Spanier ein, gefolgt von Polen, Russen und Franzosen. Der Anteil deutscher Einwanderer liegt mit fast 60.000 weit darunter. „Der Tango am Rio de la Plata", behauptet Daniel Vidart, „wurde von den Italienern und ihren Nachfahren gekocht, gewürzt und serviert".[16] Tatsächlich begegnet man in der Geschichte des Tango immer wieder zahlreichen italienischen Namen unter Musikern, Textern, Komponisten und Vermarktern. Die Zutaten allerdings stammten von einheimischen Märkten mit einem multikulturellen Angebot, zu dem auch der Gemüsehändler sizilianischer Herkunft mit seinen Liedern der Taverne beitrug.

Während in Bolivien oder Peru die autochthone Musik durch die Nachfahren der kulturell hochentwickelten Inka-Völker teilweise nur wenig verändert erhalten ist, begegnen die europäischen Einwanderer auch außerhalb der Städte nur selten der Kultur der Ureinwohner (s. Bd. 2, Kap. 12, 14, 15).

Noch am deutlichsten ist die Nähe und Verwandtschaft zu ehemals andinen Hochkulturen im Gran Chaco-Hochland. Quena- und Zampoña-Flöte, Trommeln und allerlei Perkussion fanden Verwendung in Variationen des iberischen Fandango mit Menuett und Quadrille, bei denen es fast immer um gespreiztes Anbaggern, Sich-Zieren und Erobern geht. Einflüsse kamen auch aus den benachbarten Andenstaaten. Aus peruanisch-chilenischer *Cueca* wurde am La Plata die *Zamacueca*, daraus die argentinische Zamba, bei der in gedrosseltem, leicht synkopiertem langsamem Marsch-Tempo der Galan seiner „China" hinterherstelzt, die ihn mit ihrer zitternden Fußspitze und Streifen ihres Schals an seinem Körper heiß macht. Der ähnlich getanzte, von Fingerschnipsen und Kastagnetten begleitete *Gato* stammt vermutlich aus Peru und stand Pate für den *Escondido* in schnellerem Tempo. Auch die Familie der Kontertänze brachte in der Gaucho-Kultur eigene Variationen hervor. Darunter sind der um 1820 populär gewordene *Pericón* mit bis zu 34 vom Bastonero aufgerufenen Tanzfiguren, die *Media-Cana* und ab 1830 auch der *Cielito*, der als Lied in den Unabhängigkeitskriegen patriotische Kampftexte transportierte.

Wer zu Beginn des 19. Jahrhunderts durch die La Plata-Staaten reisen und sich überall den regionalen Bräuchen anpassen wollte, musste schon ein sehr genaues Wissen um die zahlreichen Tanzabschnitte, Schrittfolgen und Gesten, Tempi, Liedformen und Texte haben. Schon von einem Dorf zum anderen gab es mitunter große Unterschiede. Manche Liedformen und Tanzabschnitte entwickelten auch ein von ihren Ursprüngen losgelöstes Eigenleben. Aus einer stereotypen rhythmischen Brücke zwischen Liedversen oder Tanzteilen oder aus nur einer Refrainzeile können sich neue Genres entwickeln. Und zahlreiche Zuwanderer aus nördlichen Nachbarstaaten wie Bolivien brachten ihre Lieder, Tänze, Rhythmen und Instrumente mit.

Gauchos: Poeten der Pampa

In den Weiten der argentinischen Pampa ist der von der Gitarre begleitete Gesang eines Gaucho eine kreolisierte iberische Tradition. Die Gitarre ist dem Viehhirten Gefährtin und vertraute Gesprächspartnerin. Mit dem Gesang verscheucht man schon immer sprichwörtlich seine Sorgen – auch die der Zuhörer, die entweder bestätigende Refrainzeilen mitsingen oder mit Händeklatschen Zustimmung akzentuieren. Oder nur ein ‚Ay! Ja so ist es!" einwerfen. Dort am La Plata ist die Figur des *Payador* entstanden und seine Lieder, die *Bagualas* (por salta), die *Vidalas* und *Vidalitas, Cifras, Tristes* und *Payadas de Contrapunto*. In der Gaucho-Kultur sind sie die Schmiede (*Plateros*) von Versen in Dezimen oder Vierzeilern, lebensberatende Wegweiser (*Baquianos*) und moralische Institution. Wie in Chile erinnert man sich noch ein Jahrhundert später auch in Argentinien und Uruguay legendärer Gesangswettstreite (*de Contrapunto*) berühmter Payadores, wie der vom Juni 1896 zwischen den Afro-Argentiniern Higinio Cazón (1866–1914) und Gabino Ezeiza (1858–1916) im Doria-Theater in Buenos Aires. Aus manchem improvisierenden ländlichen Volkssänger (payar = improvisiert reimen) wurde in der Metropole ein *Trovador* von Liedern (wie *Milongas*) und Arien, nachdem er sich in der Kulturszene der Großstadt ebenso unbeachtet und unerwünscht wiederfand, wie andere vom Land in die Armutsviertel der größeren Städte zurückgeworfenen Einwanderer. Fernab der Pampa hielten sie als Troubadoure in Pumphosen (*Bombacho)* und mit breitkrempigem Gaucho-Hut bis ins späte 20. Jahrhundert ein romantisierendes Bild des argentinischen Hinterlandes in ihren Liedern lebendig, das der Wirklichkeit nicht mehr entsprach. Als mit der Neo-Folklorebewegung Nuevo Cancionero Argentino und dem ersten Festival in Cosquín, 1962, die alten Zambas, Vidalas und Milongas auch mit neuen, gegenwartsbezogenen Texten auftauchen, folgt dem Payador der Pampa der *Cantautor,* ein Liedermacher, der sich gegen Diktatur und Malvinenkrieg engagiert, wie Atahualpa Yupanqui, dem verfolgten Payador („El Payador Perseguido"), der sich in einem Versteck in den Bergen im „Krieg der Ungerechtigkeiten… Lieder für mein Land ausdenken" muss. (s. Bd. 2, Kap. 13/14; Abb. 2).

Es ist kein Zufall, dass viele bekannte Payadores afrikanische Wurzeln haben. Gitarrenbegleitung, Melodie und Versform sind aber deutlich

Abb. 2 Gaucho Payador. Aus dem Buch „Glimpses of South America, or The Land of the Pampas" von Mary Hield (1882)

iberischer Tradition. Vielleicht können die Schwarzen aus der afrikanischen Griot-Kultur heraus oft einfach besser singend erzählen und Gitarre spielen. Oder sie müssen es einfach, um überleben zu können. In ihrem Gesang fehlen die vor allem in spanischer Vokalmusik üblichen ausgiebigen Melismen an den Versenden – ein Payador polnischer oder italienischer Abstammung hätte sie zwangsläufig weggelassen –, während der Afrikaner eher singend palavert und sich dies mit einem Chor im Vers/Refrain-Wechsel teilt. Das Prinzip des singenden, auch improvisiert dichtenden, sich selbst auf einer Harfen- oder Lautenart begleitenden Poeten ist in Afrika u. a. bei den Griots mit ihren Kora-Harfen bekannt (s. Bd. 3, Kap. 1). Von den Calypsonians auf Trinidad, den Decimistas auf Kuba mit ihren Puntos de Guajira und den Guaguancó-Vers-Duellen bis hin zu den Vallenatos Kolumbiens und Sambas-do-Partido-Alto Brasiliens – in allen afrolatinischen Kulturen gehören improvisierte, oft witzig-ironische Verse zu überlieferten Gesangsformen, die in regionale populäre Musik eingeflossen sind. Der gesungene Tango aber ist anders. Er ist – neben Einflüssen der Migranten – Produkt der Verschmelzung urbanisierter Milonga-Lieder der Payadores mit dem von der Habanera beeinflussten Canción Criollo am La Plata.

So viele Tango-Quellen

Was zuvor beschrieben wurde, war der ländliche, folkloristische Hintergrund der musikalischen Ereignisse in den beiden Metropolen zur Mitte des 19. Jahrhunderts. Sehnsüchtige Lieder am Lagerfeuer sind in Buenos Aires und Montevideo allenfalls auf Theaterbühnen zu erleben. Das kulturelle Angebot in den Städten richtet sich nach bürgerlichen Bedürfnissen: Theater, Oper, Konzert in den Zentren und Entertainment jeder Art in den Rotlichtbezirken der Orillas und Arrabales. Wanderer zwischen beiden Zonen ist nicht nur der Bürger, den es nach dem Opernbesuch in eine Bar zieht. Es sind auch die Künstler, die Musiker, die Tänzerinnen, die auf Bühnen beider Bereiche auftreten oder sich nur mal Kollegen aus Europa anschauen wollen. Nach dem Sturz des Diktator Juan Manuel de Rosas, der das Land zugunsten nationaler Theaterkultur nach außen abgeschottet hatte, kommen ab 1852 in größerem Umfang Künstler aus aller Welt: mit den italienischen Opernensembles, mit Solokonzerten von Pianisten wie Gottschalk und besonders mit *Zarzuela*-Ensembles aus Spanien oder Kuba. Mit ihrer Mischung aus Sketchen und Musiknummern ist die spanische Zarzuela, seit dem Ende des 17. Jahrhunderts und ihrem ersten

Dramatiker Calderón de la Barca, eine frühe Form des Revuetheaters, das mit bekannten Volksliedern und Gassenhauern die „Hitparaden" jener Zeit im Programm hat. Um 1854 erreicht die Zarzuela Buenos Aires, und in ihrem Programm ist eine Lied-Spezies namens *Tango,* über deren Ursprünge man zwischen Madrid und Havanna noch einhundertfünfzig Jahre später ebenso kontrovers diskutieren wird wie über seine Etymologie. Eine seiner frühen Erwähnungen ist ein Auftritt der afrokubanischen Sängerin Maria Martínez, die in Madrid im August 1850 mit einem kubanischen ‚Tango' Begeisterungsstürme entfacht.[17] Es könnte sich dabei um eines jener neuen Lieder gehandelt haben, die 1841 im Café „La Lonja" Havannas Premiere hatten: „Zum ersten Male sang man eine Contradanza mit deutlich im Rhythmus der Musik geschriebenen Versen."[18] Im Jahr darauf veröffentlichte die Literaturzeitschrift „La Prensa" die Verse eines solchen Habanera-Liedes („El Amor en el Baile")[19]. Es ist für Gesang und Klavierbegleitung im gleichen Stil geschrieben, in dem der Baske Sebastián Iradier fast zeitgleich seine ersten Habaneras in Spanien vorstellt (s. Kap. 1).

Die kubanische Foscherin Zoila Lapique Becali bringt die ewige Frage nach der Herkunft des Habanera-Rhythmus auf die einfache Formel, dass die Habanera sich als Begleitrhythmus des Tango-Schemas bedient habe, das bis dahin den Contradanzas des Landes vorbehalten war, die man bald Danzas Habaneras nannte.[20] Unter Berücksichtigung afrokubanischer Mitwirkung könnte man sie auch *Contradanzas amulatadas* nennen. Nahezu identisch ist bei Habanera, Milonga und Tango andaluz das rhythmische Prinzip des *Cinquillo bzw. Tresillo.* Ein Cinquillo besteht aus Achtel- und Sechzehntel-Noten. Deren Anordnung und Punktierung einzelner Noten erzeugen in einem 2/4-Takt einen stark synkopischen Charakter durch die ausgehaltene Note, die eine betonte Note auf dem ersten Viertel des zweiten Schlags ersetzt. (Für uns Europäer am ehesten verständlich im Rhythmus dieser Zeile der „Carmen"-Arie: „Die Liebe vom Zigeuner stammt.") Das Prinzip stammt nachweislich aus dem Kongo-Gebiet. Während die Contradanza/Habanera eine Verbindung aus Tresillo und durchgehend akzentuiertem Grundbeat ist, so hat die Milonga ein schnelleres, fast walzerähnliches Tempo mit unterschiedlicher Akzentuierung der Schläge. Allein durch melodische Akzentuierungen entstehen hier Unterschiede.

In Spanien nennt man den Bereich der Wechselbeziehungen zwischen Lateinamerika und Spanien die „Cantes de ida y vuelta", Lieder vom Kommen und Gehen. Dazu gehören mit den Milongas und Vidalitas auch andere Lieder der Gauchos, die von den Gitanos in Andalusien übernommen und spezifiziert wurden.

Es gibt einen Hinweis auf diesbezügliche, direkte Verbindungen zwischen Kuba und der La Plata-Region. Auch auf Kuba gab es im 19. Jahrhundert

Blackface-Gruppen, die am Dreikönigstag afrokubanische Musik und Tanzgruppen der Sklaven und deren Tänze imitierten und parodierten, die sie „Tango-Congos" nannten. Mangels Spielfertigkeit wurde dafür der Rhythmus simplifiziert. Mit dem *teatro vernáculo* (volkstümlichen Aufführungen mit Musik und zeitbezogenen Inhalten) kamen diese Tango-Congo-Imitationen mit Blackface-Künstlern (als Darsteller des „Negrito") nach Spanien und vermutlich auch nach Südamerika. Von ihren afrokubanischen Vorbildern blieb außer den einfachen rhythmischen Elementen in der von Klarinetten und Blechblasinstrumenten dominierten Musik und der Tänze aus der Kontertanz- und Walzer-Abteilung kaum noch eine Spur.[21]

Die ersten Musikaufnahmen entstehen in Lateinamerika erst gegen Ende des 19. Jahrhunderts. Allein vorherige Beschreibungen potentieller Tango-Quellen von Forschern und Reisenden, selbst aus spanischen Gefilden, sind daher wenig verlässliche Quellen, wenn es um Hintergründe geht. 1862 beschreibt der französische Schriftsteller Charles Davillier schon in seinen Reiseerinnerungen aus Spanien und Portugal: „Es dauerte nicht lange bis es wieder zum Tanz kam, und eine junge Frau mit kupferfarbener Gesichtshaut, krausen Haaren und Augen aus schwarzem Bernstein, tanzte einen *tango americano* mit außerordentlicher Grazie. Der Tango ist ein Tanz der Schwarzen, der einen sehr markanten stark betonten Rhythmus hat…"[22] *Americano* bezieht sich hierbei auf Kuba, denn auch Iradier nannte seine Habaneras gelegentlich *americanas,* wie „La Paloma " (*canción americana*).

Schier endlos ist die Zahl der etymologischen Tango-Spurensucher, die diese Quelle auf unbestätigte Fährten geführt hat. Historische Erwähnungen des Wortes Tango „sind wie schlechte Freunde, die uns ständig narren", kommentiert Francisco Hidalgo Aznar kritisch eine Studie zum Ursprung des Wortes Tango.[23] Aus einer Chronologie des argentinischen Wissenschaftlers Eduardo Giorlandini[24] über Quellen zu Tango in der Literatur kann man eine deutliche Häufung zugunsten afrikanischer Sprachherkunft erkennen. Damit wäre aber noch lange nicht das fast Unmögliche bewiesen, dass Tangomusik und Tangotanz afrikanische Wurzeln haben. Es kommt auch darauf an, wie lang man die Beweiskette anlegen will. Das „Schema Tango" hat auch Jürgen Torp in seinem Buch „Alte Atlantische Tangos"[25] gründlichst untersucht. Dabei spielt die stets wiederkehrende kleine Synkope aus drei plus zwei (*Cinquillo*) oder drei (*Tresillo*) Notenwerten eine Rolle, die in Tango, Ragtime, Habanera und Choro in unterschiedlichen Abhängigkeiten zueinander stehen. Vielleicht sollte man bei dieser Spur bleiben.

Synkopen kennt man in fast jeder Musik, aber dieses *cinquillo*-Modul lässt sich in einer bestimmten Zeitachse in vielen Musikformen Lateinamerikas und auch auf der iberischen Halbinsel nachweisen. Erinnern wir uns: Spanier und Portugiesen hatten vor der Konquista Lateinamerikas afrikanische Sklaven auf die iberische Halbinsel gebracht, die mehr als 700 Jahre unter maurischer Herrschaft gestanden und dabei auch eine große islamische kulturelle Blüte erfahren hatte. Ausgerechnet in Cádiz, dem wichtigsten Verbindungshafen zu den Eroberungen der Neuen Welt, kannte man auch schon im 19. Jahrhundert den Begriff Tango als *Tango andaluz, Tanguillo de Cádiz, Tango flamenco*. Cádiz liegt im Zentrum der andalusischen Kultur des *Flamenco gitano* mit seinen schier endlosen Wurzeln in indischen, Balkan- und arabischen Kulturen. Mehr als zwölf Prozent der Einwohner Andalusiens waren im 18. Jahrhundert (nord-) afrikanischer Herkunft. Es mag sein, dass die Gitanos oder Africanos musikalische Mitbringsel der Matrosen aus Kuba ähnlich aufgegriffen haben, wie im 19. Jahrhundert die *Rumba Flamenca* Teil der andalusischen Musik und als *Rumba catalana* lebhafter Teil nordspanischer Juergas (Flamenco-Abende) wurde. Für diese Art Re-Import sind wahrscheinlich aber weniger vereinzelte Rückkehrer verantwortlich, als jene Scharen von Flüchtlingen, die während der kubanischen Unabhängigkeitskriege seit 1868, und besonders ab 1898 nach dem Ende des spanisch-amerikanischen Krieges, von dieser letzten spanischen Kolonie nach Spanien zurückkehren.

1856 veröffentlichte der Amerikaner Charles Durang in seinem „Ballroom Instructor"[26] für „Dancing, Etiquette, Deportment, and the Toilet" Schrittanweisungen eines „originally South American Dance" im 2/4-Takt namens Tango (Le Tango Valse). Der zweiteilige Tanz ist jedoch eher ein Walzer mit *Echappé* genanntem Armrudern zu Beginn des Tanzes. Die Choreographie (und wohl auch der Name) stammt vom polnischen Tanzmeister M. Markowski, der um 1850 in Paris arbeitete, als der Rund-tanz Schottisch bzw. Rheinländer *en vogue* war und solche Etikette: „The ball-room is not the proper place for making love, but for general and agreeable association."

Man kann wahrscheinlich davon ausgehen, dass die Worte *Tango* und *Milonga* afrolatinischer Herkunft sind. Wenn man aber weiß, mit welcher Fülle an Varianten sich Wortklänge aus dem Ketschua, dem Japanischen oder afrikanischen Dialekten in lateinische Schrift umsetzen lassen, sollte man eher – mit Vorsicht – schauen, in welchen Zusammenhängen miteinander vergleichbare Bezeichnungen benutzt wurden. Nach Aznar[27] ist „tango" in den Cabildos der Bruderschaften des Candombe der Afro-Uruguayer, oder in den Comparsas der Afrocubaner und den Comparsas Carnavalescas Gaditanas (von Cádiz), ein Synonym für die jeweils daran teilnehmenden Gruppen einer bestimmten (afrikanischen) Nation. Früher nannte man so auch die Plätze, wo die Sklaven in den Häfen Afrikas gesammelt wurden oder die Bruderschaft freier Sklaven in Buenos Aires (Chasteen). In Kolonialzeiten schien man daher mit „tango" einen für Afrolatiner gemeinschaftlichen Ort oder Zusammenschluss zu bezeichnen. Das Wort taucht daher auch für afrolatinische Gruppen im Karneval auf. Wegen zeitweiliger Verbote der Teilnahme afroargentinischer und afrouruguayischer Comparsas am Straßenkarneval zogen sich diese Gruppen in feste Quartiere zurück. Es ist nicht ungewöhnlich, Treffpunkten bestimmter Bevölkerungsgruppen Namen von dort gepflegten Musikstilen zu geben, oder umgekehrt. In den *Milongas* tanzt man Milonga, Vals Criollo und später Tango. Im *Sambão* Rios den Samba, im *Forró* des brasilianischen Nordestinos den Forró und Xaxado. Eine Milonguera arbeitet als Tänzerin in Vergnügungsbetrieben, solange bis sie danach, oft von Drogen und Schnaps gezeichnet, als Milonguita ein erbärmliches Leben fristet.

Sich den Tangotanz in direkter Linie als afrikanisches Produkt vorzustellen, fällt schwer. Dafür bieten seine Choreographie, Melodik und sein Rhythmus zu wenige Ansätze. Einzelne Figuren der Milonga deuten schon eher auf afrikanische Verwandtschaften.

Vermutlich ist die kubanische Habanera als „Tango (americano)"-Lied, und – wer weiß – vielleicht auch Iradiers „La Paloma", in der Mitte des 19. Jahrhunderts mit Zarzuela-Gruppen aus Kuba oder Spanien nach Südamerika gekommen.[28]

Der Tango-Tanz, seine instrumentale und vokale Begleitung und das Tango-Lied des 20. Jahrhunderts haben aber nicht dasselbe Geburtsdatum. Sie sind wie Geschwister einer multikulturellen Patchwork-Familie, in der Großmutter Habanera allen Kindern zwar die oft zum Tresillo mutierte Cinquillo-Synkope vererbt hat, deren Väter aber das Standesamt nie aufgesucht haben. Dabei gehen Melodie und Texte des Tango-Liedes weitgehend auf die ländlichen Milongas im Programm der Payadores zurück. Der Tango-Tanz entstand im Umfeld des Candombe im Milieu der städtischen Milonga-Tanzkneipen.

Neben den Zarzuelas sehr beliebt ist die mit ihnen verwandte, ebenfalls aus Spanien stammende humorvolle Einakter-Posse *Sainete*, in der als *Sainete Criollo* am La Plata vor der Kulisse eines Patio verschiedene gesellschaftliche Protagonisten unterhaltsam aufs Korn genommen und moralisierend Themen und Konflikte des Lebens in Texten und Liedern erörtert werden. Auch die besonderen Probleme der Einwanderer werden in Form andalusischer (Tango-) Lieder und später in Milongas (Canciones Criollos) auch im Gaunerslang *Lunfardo* ironisch reflektiert. Zu Beginn des 20. Jahrhunderts erobern die Lieder des späteren Tango Argentiniens und Uruguays diese Bühnen der Sainetes.

Das erste der als „Tango Criollo" definierten und dokumentierten Musik-
stücke entsteht 1886 in Montevideo. Autor der weltweit berühmten „La
Cumparsita" ist der Montevideaner Gerardo Matos Rodríguez. Die
Komposition erlebt ihre Uraufführung aber erst 1917 im afrouruguayischen
Viertel von Montevideo.

Das Leben – ein Lied im Circus

Die *Sainetes Criollos* liegen um 1890 in der Publikumsgunst ganz vorne.
Man kann sie auch im Zirkus erleben, wie in dem des britischen Clowns
Frank Brown, der sich 1888 mit seinem Zelt in Buenos Aires nieder-
gelassen hat und 1910 erleben muss, wie es der Brandstiftung zum Opfer
fällt. Aber der *Circo Criollo* erlebt zum Ende des 19. Jahrhunderts am La
Plata eine große Blüte. Selbst der weltberühmte US-amerikanische *Cooper,
Bailey & Co. Allied Shows Circus* macht im September und Oktober 1878
auf seiner Südamerika-Tournee Station in Buenos Aires und Montevideo.
Im Programm sind vermutlich, wie bei anderen Welttourneen dieses
Barnum-Circus-Nachfolgers, auch schwarze und weiße Minstrelsänger.
Neben Artistik und Dressur gibt es im Circo Criollo auch kleine Theater-
szenen mit Musik. Die italienischstämmigen Podestá-Brüder bringen 1889
ein Melodram („drama criollo") über den 1874 ums Leben gekommenen
argentinischen Gaucho, Volkshelden und Banditen Juan Moreira zuerst in
Montevideo, dann in Buenos Aires auf die Bühne ihres Zirkusses.[29] (Die
Brasilianer des Sertão würden in ihm Züge ihres Volkshelden Lampião,
1898–1938, wiedererkennen.) Die Musik der dabei erstmals auf einer
Bühne getanzten Milonga wird von zwei schwarzen Musikern gespielt.
    Ein Porteño-Leben zwischen Circus, Comparsas und Café „Las Flores"
führt ein junger Musiker namens Ángel Gregorio Villoldo (1861–1919,
Abb. 3), den man später als ‚Vater des Tango' ehren wird. Aus kleinen Ver-

Abb. 3 Ángel Villoldo

hältnissen im Süden von Buenos Aires stammend, muss er hart zupacken, um sich seinen Unterricht in Geige und Gitarre zu ermöglichen. Er muss Kutschen und Fuhrwerke auf schlammigen und schwierigen Straßen bremsen und über Anhöhen auf den Weg bringen. Er treibt Vieh in Schlachthöfe und bringt als Clown die Leute im Circo Rafetto zu Lachen. Er arbeitet auch als Drucker und schreibt Verse für eine Comparsa des Carnaval, und vor allem für sich selbst Lieder im Payada- und Milonga-Stil, die er zuerst als Straßenmusiker und in Kneipen des von Italienern gegründeten Hafenviertels La Boca vorträgt, wo 1882 allein das Hissen der genuesischen Flagge eine erhoffte Rebellion nicht auslösen kann. Gelegentlich bissig und pointiert, orientieren sich die Texte Villoldos an Themen und Situationen seines Umfelds. Er ist ein urbaner Volkssänger, der seine Nähe zu den Payadores in einem gemeinsamen Konzert 1898 im Circo Anselmi beweist (mit Arturo de Nava, José Madariaga und Higinio Cazón). Auch der Zirkuswelt im Viertel La Recoleta ist er immer verbunden und schreibt Tangos für die Tanzveranstaltungen in den Zelten von La Recoleta. Zutreffend gilt die Komposition „Andate a la Recoleta" (Geht nach Recoleta) im Stil eines Tango Andaluz aus dem Jahr 1800 als früher Tango-Vorläufer.

Als musikalischer Parodist schnuppert auch sein Freund, der Uruguayer Alfredo Eusebio Gobbi (1877–1938), schon in jungen Jahren Manegenluft. Mit achtzehn Jahren kommt er nach Buenos Aires und tritt zuerst im Circo der Anselmi-Brüder mit akrobatischen Nummern auf, bis er als Sänger mit der „Juan Moreira"-Produktion 1900 nach Spanien geht. Seine spätere chilenische Frau Flora Rodríguez besitzt ebenfalls ein komisches Talent. Als sie 1906 in New York im Studio sind, nehmen Los Gobbi neben frühen Tangos und Volksliedartigem auch Humoristisches auf Tonwalzen auf.

Lieder der Entwurzelten

Él anda siempre juyendo,
siempre pobre y perseguido,
no tiene cueva ni nido,
como si juera maldito,
porque el ser gaucho... barajo!
el ser gaucho es un delito.

Er macht immer Witze,
immer arm und verfolgt,
hat keine Höhle oder Nest,
wie in einem verfickten Spiel,

denn das Gauchosein … Barajo!
Gaucho zu sein ist ein Übel.

(aus: José Hernández, Martín Fierro[30])

Ein Zehntel der 1,8 Mio. Einwohner, die man 1860 beim ersten Zensus der argentinischen Geschichte zählt, lebt in der Hauptstadt Buenos Aires.[31] Weite Flächen des Hinterlandes, wie die Provinzen Santa Fé und Catamarca, kommen zusammen gerade auf eine so große Einwohnerzahl wie 150 Jahre später die hessische Universitätsstadt Marburg mit rd. 80.000 Köpfen. Einwanderungspolitik ist daher schon 1853 ein Thema in der Verfassung und bleibt es bis zum Ersten Weltkrieg. „Wer regieren will, muss bevölkern" (gobernar es poblar[32]). Die Kriege gegen Paraguay haben bis 1876 viele Opfer gefordert. Also wirbt man Einwanderer an, und es kommen überwiegend Italiener und Spanier, ferner Polen, Portugiesen und andere Europäer. Die meisten sind Männer (70 %) und viele davon mit Berufen, wenn sie überhaupt welche haben, die hier noch nicht gefragt sind. Wer keine Arbeit auf Farmen, Plantagen und Viehzuchtbetrieben im Hinterland findet, bleibt gleich in der Hafen-Gegend, wo er an Land gegangen ist. Dorthin verschlägt es zunehmend auch Gauchos, die Opfer einer Landreform zugunsten der zunehmenden Immigration aus Europa und fortschreitender Technisierung werden, in deren Folge die einst grenzenlose Pampa zunehmend von Zäunen durchschnitten wird. Den Kampf der Gauchos gegen ihre Entwurzelung und ihren Ausschluss aus der Gesellschaft symbolisiert die Helden-Figur im Nationalepos *Martín Fierro* (1872). Zur Zweischichten-Gesellschaft der Kolonialzeit kommt jetzt eine neue Unterschicht aus Landflüchtigen und gestrandeten Einwanderern. In ihr finden sich die *Compadres,* eine „Mischung aus Gaucho, Missetäter und sizilianischem Verbrecher … der beneidenswerte Archetyp einer neuen Gesellschaft" (Ernesto Sabato).[33]Unter ihnen sind auch Arbeiter, ehemalige Peones (Landarbeiter) und Gauchos, die mit Machismo und Stolz ihre soziale Situation überspielen und kompensieren. Ihre jugendlichen Nachahmer sind die *Compadritos* aus den Armenvierteln. Ein Halstuch und ein Messer tragen oft beide.

Von den Einwanderern erwartet man, dass sie sich assimilieren. Eine aus vielen Quellen kompilierte Sprachschöpfung wie das *Lunfardo* ermöglicht eine alternative Kommunikation neben dem Spanischen innerhalb der verschiedenen Einwanderungsgruppen, wobei die zahlenmäßig starken Italiener bereits mit ihrem *Cocoliche* eine spanisch-italienische Sprachmischung entwickelt haben. Viele Bordelle und Kneipen nahe den Kasernen sind in italienischer Hand.

Tänze der Vorstädte: Candombe, Milonga und Tango

Die Lieder der Payadores ‚de contrapunto' (spontan, auch im Wettstreit, erdachte Verse) verbinden sich um 1870[34] am La Plata mit dem La
Paloma-Gesang der Milongueros zur städtischen Milonga, die man bald
auch *Canción Criolla* nennt. Die Klavierbegleitung, mit der Gottschalk
und Iradier diese aus der Habanera entwickelte Liedform begleiteten, wird
mit ihrer typischen rhythmischen Figur auf die Gitarre als Instrument
der Payadores übertragen. Milonga ist ein Begriff aus der afrikanischen
Kimbundu-Sprache für Palaver. Die Afro-Argentinier nennen die Payadores
folglich Milongas.

> Gott machte den Weißen und Schwarzen
> ohne welche für besser zu erklären;
> Er übertrug ihnen gleichermaßen Schmerzen
> unter demselben Kreuz;
> Auch machte er das Licht
> um die Farben zu unterscheiden
> So wird niemand geschädigt;
> Es geht nicht um Beleidigungen;
> Alles sollte man so benennen,
> wie es heißt,
> und niemandem nimmt er die Bedeutung weg,
> die er bei der Geburt erhielt.
> Und so mag ich wirklich den Sänger
> der durcheinander kommt oder sich irrt;
> und wenn in seinem Wissen sich einschließt
> einer der tiefsinnigen Weisen,
> sag mir welcher auf der Welt
> ist der Gesang der Erde.
> (aus: José Hernández, Martín Fierro)[35]

Zum Gesang kommt um 1872, zuerst in Montevideo, ein Milonga-Tanz
(wie die „Milongas" genannten Tanzkneipen), nachdem gegen 1860 die
Habanera am La Plata eingetroffen ist und rhythmische Verwandtschaft
aus Afrika in der *Tresillo*-Synkope der Candombe-Tänze der Kaschemmen
und Bordelle vorgefunden hat. In Afrika tanzt man solo, in Kreisen oder
in Reihen. Daher sind Paartänze im afrolatinischem Umfeld immer Ergebnisse von Imitation und Aneignung. Candombe-Tänzer müssen zumindest

ihre Tanzhaltung von den damals neuen europäischen Paartänzen wie Polka und Walzer abgeschaut haben. Vielleicht auch von italienischen Volkstänzen, oder allen.

Vermutlich entsteht der argentinische Milonga-Tanz im Milieu der Compadritos, die man in Anspielung an die Pariser Szene ‚argentinische Apachen‘ (s. Kap. 9) nennen könnte, als Mischung aus aktuellen Mode-tänzen mit Elementen der ländlichen Tanzformen Argentiniens (wie *Gato* und *Zamba*), wobei typische Bewegungen der afroargentinischen Candombe-Tanzfamilie mit Hüften und Hintern allenfalls imitiert werden. Das könnte das einzige afrikanische Erbe in der Milonga sein, die wie der spätere Tangotanz u. a. von der Kombination *Corte* und *Quebrada* gekenn-zeichnet ist, einem plötzlichen Richtungswechsel des Tanzpaares, eingeleitet durch ein Innehalten über einige Takte, ein Verweilen, ein sich im Rhyth-mus Vor- und Zurückbewegen.

Die Milonga ist ein schneller Bewegungs-Paartanz im 2/4-oder 4/4-Takt, dessen Figuren und Schritte schon den aus ihr später hervorgehenden Tangotanz andeuten. Aber sie ist fröhlicher, hat nichts von Verzweiflung und traurigen Gedanken. Im Gegenteil: Die enge Tanzhaltung ist pure Erotik, die man bei der kubanischen Habanera allenfalls in offener Tanzhaltung durch Gesten und Körperbewegungen zeigt und die mit dem Danzón wiederbelebt wird. Was in den Werbetänzen des Hinterlands wie dem Gato durch Mimik des *Varón* und verschämte Ziergebärden der *Chicas* noch züchtig angedeutet wird, wird in den Milongas eindeutiger, wenn der Mann sein Knie zwischen die Beine der Tanzpartnerin schiebt – ein erotischer Moment, der später den Papst, den deutschen Kaiser und alle Moralwächter Europas und Nordamerikas entrüsten wird. Auch in Argentinien sind diese Schritte 1862 noch verboten; wer erwischt wird, muss mit Strafe rechnen. Ist das vielleicht das Ergebnis einer Imitationssucht afrikanischer Vorbilder durch das Bürgertum, die auch Phantasien über eine vermeintlich trieb-haftere Sexualität der Schwarzen implizierte? Es erstaunt nicht, dass Moral-instanzen in Staat und Kirche zuerst hier ihre Ächtung des Tangotanzes ansetzen.

Es sind solche choreographischen Einschnitte, die aus der kontinuier-lichen Melodie einer Milonga im gleichnamigen Tanz letztlich den von Figuren unterbrochenen Tangotanz entstehen lassen. Später kommen weitere Figuren wie *Media Luna* (Halbmond), *Promenade* oder *Rueda* (Drehung um die Frau herum) dazu. Auch im Tangotanz kommt der Synkope eine besondere Bedeutung als bewusste Gestaltung zu, um „im übertragenen Sinne die Brüche innerhalb des Lebensweges auszuhalten, sie auszugestalten und in Stillstand würdevoll zu verharren.“[36] Sie sei, so Vicky Kämpfe, „folglich eine Metapher für die Krisen der Gesellschaft als auch im persönlichen Lebensweg der Tanzenden“.

Der unwesentlich später in Rio aufkommende Maxixe (s. Kap. 10) ist vom Milonga-Tanz beeinflusst, während auf Kuba die tänzerische Weiterentwicklung der Habanera mit dem Danzón einen Vorläufer des langsamen, eher figurenarmen, in Europa fälschlich „Rumba“ genannten Gesellschaftstanzes hervorbringt. Diesem frühen Milonga-Tanz fehlt eine eigene Musik. Man tanzt ihn mit Cortes und Quebradas noch zu Melodien der Canción Criolla wie in kreolisierten Formen der Quadrillen, Mazurkas oder Polkas, selbst zu den neuen kubanischen Habaneras. Ein charakteristischer Ausschnitt aus einer Erzählung der Zeit: „Giacumina nutzte die Gelegenheit, um zum Maskentanz im Politeama-Theater zu gehen. Auf dem Weg dorthin kaufte sie sich eine grüne Maske, um ins Theater zu gelangen. Schon als sie drin war, wurde sie mit einer Gruppe langhaariger Compadritos konfrontiert, die mit ihr tanzen wollten. Einige von ihnen versuchten, ihren Rock zu greifen, als sie vorbeikam, und sie verteidigte sich, indem sie sie mit ihrem Fächer schlug. Nur damit sie sie in Ruhe lassen konnten, stimmte sie zu, mit einem von ihnen zu tanzen. Aber dieser wilde Compadron machte so starke Quebradas und legte seine Beine zwischen ihre, dass die Beine des armen Mädchens anschwollen. Nachdem sie mit dem Tanzen der Milonga fertig waren, nahm der langhaarige Compadrito sie mit der Hand in den Lagerraum, der direkt dort im Theater existiert… Sobald sie drin waren, begannen sie, eine ‚cuadrilla cancaniera‘ zu tanzen [eine Quadrille mit einem Can-Can Rhythmus]. Der Compadrito legte sich ein weißes Tuch um den Hals an, richtete seinen Hut und fing an zu tanzen. Giacumina wollte wie eine kleine Dame tanzen, aber was ihr Partner wollte, viel Shimmy tanzen, ihre Beine hochheben, sie mit seinen Händen und Gesten berühren, sie kräftig drücken und sein Gesicht an ihr reiben. Giacumina wollte gehen, aber die anderen Compadritos griffen sie und hoben ihre Röcke hoch, so dass der Rest von ihnen ihre fetten Beine sehen konnte.“[37]

Als sich die Milonga in Buenos Aires um 1890 zum Tango Criollo (Tanz) entwickelt, kennt man sie zuerst unter den Namen der Varianten ihres *Barrio* (Viertels), wie den sehr eng getanzten langsamen *Canyengue*-Stil und seinen Pendants im *Tango Orillero* mit schnell getanzten, auch sprungartigen Schritten, und im *Arrabalero*. Ihre Choreographie besteht u. a. aus dem obligatorischen *Cortes, Quebradas* und *Ochos* (eine mit den Füßen beschriebene Acht bei Rückkehr aus der Sprungdrehung), Gehschritt-Kombinationen (*Caminatas*), und kleinen Laufschritten (*Corridas*). Bis 1880 ist es durchaus üblich, dass auch alleinstehende Männer

(Compadritos) miteinander aufs Parkett gehen. Die zuvor in der Milonga bereits angelegten erotischen Komponenten der Choreographie kehren erst in der Mann/Frau-Kombination zurück.

In den Amüsierbetrieben des La Plata, wie dem Moulin Rouge, arbeiten auch Tänzerinnen und Dirnen aus Paris. Das Cabaret der Seine wird daher Vorbild ähnlicher Etablissements. Und so gesellt sich zum Compadrito die Figur des Pariser Apachentanzes der Unterwelt, die den Uruguayer Manuel Aróztegui 1913 zum *Tango Compadrito* „El Apache Argentino" inspiriert.

Tango Instrumental

Auch beim Tango sind es zuerst die Musiker, die – fast zeitgleich mit ihren Kollegen in Rio de Janeiro – in kleinen Instrumentalensembles, *Conjuntos,* bestehend aus Geige, Flöte, Gitarre oder Harfe, und ab 1880 auch mit Bandoneón, durch die Straßen und Kneipen des Hafenviertels (wie La Boca), der Slums (*Arrabales*) und der Vorstädte (*Orillas*) ziehen und vor allem das spielen, was den Leuten gefällt und von ihnen gewünscht wird. Hier einen Walzer, da eine Milonga und dort eine Polka. Es ist nur eine Frage der Zeit, dass diese Musikgruppen zwischen den *Academías* (Tanz-schuppen der schwarzen Bevölkerung), den Bordellen (*cuartos de las chinas*) und den spanischen Tanzkneipen (*romerías*) in einem Milieu florierender Prostitution, Zuhälterei und Kriminalität, den instrumentalen Tango als eine spielerische Synthese aus akustischen Vorlagen jener Zeit entwickeln. Wie beim Tangotanz, gibt es für diese frühe Tangomusik keine Beweise für Einflüsse afrikanischer Musik. Aber durch Immigranten, durch Gastspiele von Ensembles aus Europa, Nordamerika, Kuba und Brasilien in Theater, Varieté, Zirkus und Kaschemmen ist die europäische Musik in den frühen Tango- und Milonga-Jahren um 1880 in weitaus größerer Vielfalt präsent als die überschaubaren noch vorhandenen musikalischen Mitbringsel west- und zentralafrikanischer Sklaven. Es ist daher schwer vorstellbar, dass die Kreation des instrumentalen Tangos angesichts dieses Angebots aus-gerechnet mit Hilfe afrikanischer Zutaten erfolgt sein könnte. Bedeut-sam ist allerdings, dass auch in Buenos Aires und Montevideo, wie in Rio de Janeiro, viele ehemalige Sklaven, über ihre Mitwirkung in den Straßen-Comparsas und Candombe-Ritualen hinaus, auch im Spielen europäischer Musikinstrumente eine rasche Auffassungsgabe an den Tag legen, auch ohne Notenkenntnisse, aber mit umso mehr Improvisations- und Innovations-freude. Das verschafft Vorteile in Tanzsälen, in denen man schnell auf

Stimmungen und Wünsche des Publikums reagieren muss. Frühe Tango-musiker übernehmen auch Spieltechniken, mit denen die Payadores ihre Lieder auf der Gitarre begleiten, in ihr Spiel von Geige, Piano und später Bandoneón.

Als Insider-Treffpunkte der frühen Tango-Aficionados (Liebhaber) dienen zahlreiche Cafés, die abends zur „Catedral Nocturna del Tango" werden wie die Cafés Royal und Marina im La Boca-Viertel, wie später das Garten-lokal-Kabarett Armenonville oder das zeitweilig von Musikern wegen Rattenbefalls boykottierte La Paloma. Das Café des deutschen Migranten Juan Hansen („Lo de Hansen") hat im Buenos Aires-Stadtviertel Palermo, fast mitten im Grünen in Sichtweite des Rio de la Plata, von 1877 bis 1892 geöffnet, nach seinem Tod firmiert es bis 1908 unter neuem Namen als „Tarana". Hier serviert man ganz normal Frühstück, Mittagstisch und Abendessen und anschließend kommen die Milonga- und Tango-Fans und mit ihnen Musiker und Komponisten, die ihre neuesten Werke vorstellen und ausprobieren wollen. Getanzt werden darf (den meisten Quellen und üblichen Polizeiverordnungen zufolge) in solchen öffentlichen Kneipen nicht. Jedenfalls nicht offiziell. Man darf bezweifeln, dass sich die Porteños daran halten. Zumindest nicht an jenem Abend des Jahres 1903, als die Zuhörer das Sextett des Pianisten Suárez Campos bei Ángel Villoldos Milonga-Komposition „El Esquinazo" mit Händen, Löffeln und Gläsern so lautstark unterstützen, dass man aus Angst, das Lokal werde demoliert, das Spielen dieser Komposition verbietet. Im gleichen Jahr war das Publikum schon einmal im Varieté Parisiana bei Dorita Miramars Interpretation von Villoldos „El Porteñito" ausgerastet.

Soy hijo de Buenos Aires, por apodo 'El porteñito', el criollo más compadrito que en esta tierra nació.	Ich bin Sohn von Buenos Aires, mit dem Spitznamen ‚El Porteñito', der großspurigste Compadrito Criollo, der in diesem Land geboren wurde.
Cuando un tango en la vigüela rasguea algún compañero no hay nadie en el mundo entero que baile mejor que yo.	Wenn ein Kamerad einen Tango auf der Vigüela anschlägt, gibt es niemanden auf der ganzen Welt, der besser tanzt als ich.

Die Tango-Szene trifft sich im Hansen und in anderen Bars und Cafés der Stadt. Das Hansen hat sogar inoffiziell einen eigenen Tangotanzlehrer, und hier kommt es zum einem historischen Tanzduell zwischen El Pardo (dem braunen) Santillán aus dem Palermo-Viertel, Liebling der Ganoven-szene, und El Cachafaz aus Montevideos Viertel Abasto, das der Autor und

Tango-Historiker Francisco García Jiménez (1899–1983) beschreibt: „Auf der Tanzfläche bei Hansen war der Teufel los. Einen filigranartigen Lauf von Santillán erwiderte das Paar mit Figuren, die El Cachafaz sich ausdachte und auf der Stelle tanzte, und die die fremde Partnerin auch sogleich übernahm. Santillán, stets übertrumpft, verlor an Terrain. Wahrhaftig, El Cachafaz glich eher einem Zauberer als einem Tänzer! Seine ‚getanzten Schritte' (Cortes) erlangten nachmalig legendären Ruhm."[38]

Fast unbemerkt hat 1903 im Restaurant „El Americano" auch ein anderes Werk Villoldos Premiere. José Luis Roncallo spielt hier mit seinem Sextett neben gepflegter internationaler Tanzmusik auch Tangos und darunter eine instrumentale „Danza Criolla", deren Noten Villoldo 1905 als „El Choclo" drucken lässt. Villoldo ist nicht notenkundig und lässt seine Komposition von Roncallo aufschreiben. 1911 erscheint es als „Le Vrai Tango Argentino" als Instrumentalstück beim Pariser Verleger Edouard Salabert. Unter vielen später hinzugefügten Versen sind die von Enrique Santos Discépolo aus dem Jahr 1947 die bekanntesten.

> „Ein geschickter Tangotänzer machte sich auf übers Meer mit Deiner Flagge
> und mischte in einem Pernod Paris und Alsinabrücke.
> Du warst Kumpel des Verführers und der Geliebten
> und sogar Kupplerin des Loddels [Zuhälters] und des jungen Mädchens.
> Durch dich wurden Dandy, Polizist, Ganove und Elend
> zu Stimmen, die mit deinem Schicksal geboren wurden…
> Eine Messe aus Röcken, Petroleum, Schnitt und Messer,
> die in den Mietskasernen und in meinem Herzen entbrannte."[39]

„El Choclo" im Milonga-Rhythmus wird einer der bekanntesten Tangos aller Zeiten. Und wieder einmal gehen US-amerikanische Produzenten davon aus, dass es sich bei Werken, die nicht aus Europa oder Nordamerika stammen, um Freiwild handeln müsse. Mit einiger Verzögerung erscheint es 1952 als „Kiss of Fire" in leicht veränderter Form in den USA. Als „Autoren" zeichnen zunächst Allen und Robert Hill, und erst als Louis Armstrong den Titel 1955 für die Decca aufnimmt, stimmt die Copyright-Angabe wieder. Als hätte Villoldo es vorausgeahnt, schließt er sich schon in Paris Anfang des Jahrhunderts der französischen Urheberrechtsgesellschaft SACEM an. Später wird er mit Gobbi und anderen Kollegen ihr argentinisches Pendant, die heutige SADAIC, mitbegründen. Villoldo selbst profitiert nicht mehr davon. 1919 kommt der erste Scheck der SACEM. Zu spät. Der Autor von Welthits starb im selben Jahr, in Armut und vergessen.

Villoldo verwandelte Milongas, Tanguillos und andere Kinder der Habanera in neue instrumentale frühe Tangos. Selbst beim Musizieren schien er damals schon seiner Zeit weit voraus, denn, so beschreibt sein Kollege Francisco Canaro in seinen Memoiren, Villoldo montierte sich eine Mundharmonika vor die Brust auf ein Gestell, um seinen Gesang so mit Gitarre und Mundharmonika begleiten zu können (sechzig Jahre vor Bob Dylan). Villoldo erkannte auch früh die Bedeutung der Verbreitung der Musik durch Notendruck und Tonträger.

Das Hansen wird 1912 abgerissen. An Weihnachten 2008 werden Archäologen bei Ausgrabungen noch Gläser, Tassen, Bier und Gin in den Fundamenten einer der Wiegen des argentinischen Tangos finden.

Als Tribut an den zunehmenden Einfluss bürgerlicher Tango-Komponisten hält das Piano Einzug in die kleinen Instrumentalensembles. Zu diesem Kreis zählt auch Rosendo Mendizábal (1868–1913) in Buenos Aires. Er ist ein Sohn des schwarzen Poeten Horacio Mendizábal, der ihm ein beträchtliches Vermögen hinterlassen hatte, das Rosendo schon bald durch die Finger geronnen war. Als Klavierlehrer und Pianist kann er überleben und seine sieben Kinder ernähren. Er spielt in Tanzkneipen für armes und reiches Publikum, in City und Vorstadt. Ist der Gig gut bezahlt, engagiert er auch mal einen Geiger und Flötisten dazu. Zum Beispiel im Z Club, dessen Mitglieder einmal im Monat ein ganzes Tanzlokal für 3 Pesos pro Person und Stunde anmieten. Um 1898 erscheint sein (nur instrumentaler) *Tango para Piano* „El Entrerriano" (Der Mann aus Entre Rios) im Druck, den er zuvor in der Tanzhalle eines Bordells vorgestellt hatte.[40] Dieser erste gedruckte und dokumentierte Tango wird bald ein Klassiker, in dessen ursprünglich dreiteiliger Komposition (16-32-16 Takte) sich erstmals jene kompositorische Strukturen des Tango nachweisen lassen, die man später der ‚Alten Garde' zuschreibt. Aber es gibt noch ältere wie „La Cumparsita" und den *Tango criollo* „El Porteñito", den der gebürtige Spanier Gabriel Diez 1880 vorstellte – namensgleich, aber nicht identisch mit dem 1903 von Villoldo veröffentlichten Tango.

Kompositionen wie „El Queco" (Der Puff) von 1874, Juan Pérez' „Dame la lata" (Dame zum Mieten, oder: Gib mir die Blechmarke – das ist das Zahlmittel im Bordell) und „Andate a la Recoleta", beide um 1888, gelten als Beispiele für diese Übergangsphase, in der die sentimentale Melodik der Habanera mit dem Pathos payadesker Lieder verschmolz und ihr Milonga-Rhythmus vereinheitlicht wurde. Die Synkopierung des in mittlerem Tempo gespielten nachfolgenden Tangos geschieht daher vor allem in der Melodieführung.

Seele aus Deutschland

Die Seele, das Herz, der Atem des Tangos kommt im letzten Viertel des 19. Jahrhunderts mit dem Bandoneón aus Deutschland in die La Plata-Region. Das Balgenzuginstrument ist eine Weiterentwicklung der besonders in angelsächsischen Regionen verbreiteten Concertina, ist aber kleiner als ein Akkordeon und hat ein viereckiges Holzgehäuse mit Knöpfen statt einer Klaviertastatur. Die erste wechseltönige deutsche Concertina, bei der mit Druck auf einen der Knöpfe beim Schließen und beim Zug des Balgens unterschiedliche Töne erzeugt werden, wird 1834 in Chemnitz gebaut und seit 1840 von Carl Friedrich Zimmermann in Carlsfeld im Dreiländereck Böhmen, Vogtland und Erzgebirge hergestellt. Der Musiklehrer Heinrich Band betreibt zu dieser Zeit ein Geschäft mit Musikalien und Instrumenten in Krefeld. Da ihn der geringe Tonumfang der Concertina stört, und je nach Hersteller die Anordnung der Knöpfe und damit der Töne variieren, entwickelt er ein eigenes Modell in der „Rheinischen Tonlage" zuerst mit 56, dann Modelle mit 110 bis 142 Tönen, das um 1855 den Namen „Bandonion" erhält und vorwiegend in Carlsberg von Zimmermann und seinem Nachfolger Ernst Louis Arnold hergestellt wird. Vermutlich haben Einwanderer dieses Bandonion Jahre später nach Argentinien, vielleicht sogar auf dem Umweg über Brasilien, mitgebracht. Legenden von Matrosen, die dieses Instrument im Bordell in Buenos Aires versetzen mussten, klingen zu sehr nach Seemannsromantik und „La Paloma". Unbekannt ist das Prinzip des Balgenzuginstruments ohnehin nicht. Überall in Lateinamerika hat sich das Akkordeon, besonders in ländlichen Regionen, in Mischformen sowohl afrolatinischer wie auch andiner Musik etabliert. In Kolumbien ist es das Instrument der Vallenato-Sänger, im Süden Brasiliens und in den Pampas Argentiniens begleiten neben der Gitarre auch Acordión bzw. Sanfona die *Cifras* und Milongas der Payadores. Als das Bandonion dort ankommt, spielt es zuerst einmal die Musik seiner Einwanderer: Walzer, Polka und *Chamamé;* auch zusammen mit Geigen, Gitarren und Flöten, oder was gerade vorhanden und üblich ist.

Das nun hispanisierte *Bandoneón* scheint die ideale Ergänzung der noch jungen Tangomusik zu sein. Sein Klang ist variationsreicher als der von Akkordeon oder Gitarre, seine Spielweise erlaubt Tonüberschneidungen, es kann weinen – sagt man -, schluchzen und schmutzig klingen. Und es atmet, wenn der Spieler die Luft im Balg hörbar einbezieht, und seine Spielweise verlangsamt den sprunghaften und temporeichen 2/4-Takt-Rhythmus des (frühen) *Tango Porteño.* Als Soloinstrument setzt es auch – mitunter dramatische – rhythmische Akzente durch jähes Ziehen oder Pressen des Balgs. Die Gitarre ist den Payadores eine Gefährtin und Geliebte, mit der sie sprechen und die für sie spricht. Mit dem Bandoneón kann sein Spieler verschmelzen. Um 1905 wird es Soloinstrument im Tango, besonders die Serie „Doble A" (Doppel-A) aus Arnolds Produktion. Als „El tigre del Bandoneón" wird mit Eduardo Arolas (1892–1924) nach 1911, neben Gabriel Clausi einer der führenden Bandeonistas und innovativen Komponisten Argentiniens, auch in Europa bekannt.

Mit dem Einzug des Bandoneón in die frühe Tango-Szene scheint der Übergang von der Milonga zum Tango um 1890 vorerst abgeschlossen, als die Musiker der später respektvoll als Alte Garde (*Guardia Vieja*, 1880–1917) bezeichneten Generation erste Tangos präsentieren wie der schon vorgestellte Sänger, Mundharmonikaspieler und Gitarrist Angel Gregorio Villoldo (1868/69–1919), den die Bewohner von Buenos Aires, die Porteños, „El Papa del Tango Criollo" nennen. In dieser Zeit etablieren sich erste Bandoneón-Virtuosen mit Eusebio Aspaziu, Rupert „El Ciego" und Sebastian und Antonio Chappe. Das Bandoneónspiel lernen viele beim deutschstämmigen Brasilianer Arturo „El Alemán" Bernstein (1882–1935). Zum engeren Kreis der Alten Garde gehören der Pianist Roberto Firpo, der Bahnarbeiter Agustín und der Tango-‚Kaiser' Francisco Canaro.

Die erste typische Tango-Besetzung nimmt als *Orquesta Típica* Gestalt an und wird bis 1920 stilprägend mit Piano, Bandoneón, Geige und Bassgeige. Die Flöte ist weitgehend verschwunden.

Wenn die Seele singt

> „Der Tango verkörpert die wesentlichsten Charakterzüge des Landes, wie wir sie damals zu entwickeln begannen: Unausgeglichenheit, Heimweh, Traurigkeit, Frustration, Sinn fürs Dramatische, Unzufriedenheit, Ressentiment und Kompliziertheit." (Ernesto Sábato)[41]

Tangomusik und Tangotanz gehen von Anfang an voneinander weitgehend unabhängige Wege. Die Entwicklung des Tanzstils hat keinen direkten Einfluss auf die musikalische Entwicklung des Tangos. Das Tango-Lied wird erst mit Carlos Gardel um 1918 ein eigenständiges Genre, als dieser in einer Sainete „Mi Noche Triste" singt. Bis dahin singen die Tango-Sänger im Stile der Habaneras, andalusischen Tangos, Milongas und Payadas. Der Tango ist ein Paartanz, aber tonangebend bei den Interpreten sind in jeder Form fast nur Männer. Frauen sind auch als Sängerinnen des Tangos eher eine Ausnahme, das wird sich bis zum Ende des 20. Jahrhunderts kaum ändern. „Wenn Frauen Lieder von Männern sangen, trugen sie oft glamouröse Smokings, und durch die Kleidung als Elite-Männer beanspruchten sie das Recht, Männerlieder zu singen."[42] Aber mit dem Aufkommen von Film, Radio und Schallplatte steigen die Chancen für Sängerinnen in der Unterhaltungsmusik.

Während der Glanzzeit der *Guardia Vieja* des frühen Tango genießen auch die Payada-Lieder in einer *Época de Oro* (1890–1915) größte Beliebtheit. Die Grenzen sind dabei fließend, denn auch Payadores wie Cazón stellen mitunter Tangos vor (1905). Diese Nähe zur literarisch-musikalischen Payada-Szene und die soziale Herkunft der meisten Komponisten und Texter der frühen Tangos lassen auch Liedtexte mit sozialkritischen Themen entstehen. In Versform sinniert man oft über Schicksalswege und deren scheinbare Unabwendbarkeit, über Selbstmitleid und Stolz der Macho-Seele, erhebt Klagen über das scheinbar Unveränderbare – auch in gesellschaftlichen Strukturen.

Die Schellack-Connection

Schon um 1905 entsteht eine wichtige La Plata-Berlin-Connection. Wer Schellack-Platten auf den Markt bringen will, der kann in Buenos Aires mit transportablen Phonographen Musik aufnehmen und davon eine bestimmte Mindest-Stückzahl gegen Vorauskasse in einer von Carl Lindströms Polyphon-Fabriken in Deutschland herstellen lassen. Auf Lindströms Labels wie Zonophone, Fonotipia und Odeon (Deutschland) und unter eigenen argentinischen Marken erscheinen bis 1915 Aufnahmen für den argentinischen Markt von Payadores (Gabino Ezeiza) und Tangomusikern (Alfredo Gobbi und Angel Villoldo). Manche Aufnahmen entstehen sogar in Berlin. Der Erste Weltkrieg unterbricht solche Lieferungen nach Argentinien und Uruguay und verhindert, dass der italo-argentinische Inhaber des Labels Atlanta, Alfredo Améndola, zur Ausweitung seiner Geschäftsbeziehungen in die Heimat seines deutschen Tontechnikers reisen kann. Als ein Torpedo auch noch das Schiff mit der letzten Lieferung aus Hamburg versenkt, geht seine hoch verschuldete Firma in Konkurs.[43] Stattdessen kommen künftig die meisten Plattenpressungen aus Porto Alegre im Süden Brasiliens. Als Marktführer etabliert sich der aus Czernowitz im damaligen Österreich 1890 eingewanderte Max Glücksmann (1875–

1946). Als Importeur der Odeon-Geräte und -Tonträger gründet er sein Label Discos Glücksmann, das später in die EMI Odeon Argentina übergehen wird. Glücksmann setzt mit seinen Aufnahmen früh auf den jungen Tango-Markt, deren Autoren und Interpreten er auch mit eigenem Musikverlag und mit Auftritten in seinen 70 Kinos an sich binden kann. Das Gesangsduo Gardel und Razzano, Roberto Firpo und Francisco Canaro bringen ihre ersten Platten bei Glücksmann heraus, der den Markt über Jahrzehnte auch dadurch beherrscht, dass er Autoren und Interpreten durch langfristige Exklusivverträge an sich bindet und erstmals Lizenzzahlungen (Royalties) statt einmaliger Abfindungen für die Kreativen einführt. „Gramophone" und „Elektromophone" sowie „größtes Lager an deutschen Schallplatten" findet man in dieser Zeit bei Erich Müller in der c. Paraguay 1326 in Buenos Aires.

Die Musiker und Komponisten sind aber nicht immer mit der Qualität der Aufnahmen zufrieden. Die argentinische Dependance der Victor Talking Machine, Konkurrentin von Glücksmanns Firmen, schickt daher Alfredo und Flora Gobbi 1905 zu Tonwalzenaufnahmen nach Philadelphia, die allerdings erst 1906 in New York produziert werden. Im gleichen Jahr geht eine hübsche *Criollita* namens „La Morocha" auf eine lange Reise an Bord des Clippers „Sarmiento". Ausgerechnet an Bord eines Schiffes mit dem Namen eines rassistischen Staatspräsidenten stapeln sich eintausend Notendrucke dieses Tango Criollo, den der Uruguayer Enrique Saborido mit einem Text von Villoldo zuvor mit großem Erfolg an Weihnachten herausgebracht hat. Vermutlich befinden sich auch Druckausgaben von „El Choclo" im Laderaum. Die Sarmiento ist auf dem Weg nach Europa, und es geht die Legende, dass die Klavierausgaben schon in jedem angelaufenen Hafen ihre Abnehmer finden. Wahrscheinlich haben schon vorher einige Tangos und Milongas mit vereinzelten Notenausgaben Europa im Gepäck von Reisenden erreicht. Oder mit deren Erinnerungen an Kneipenbesuche am La Plata. Oder auch mit Künstlern, die vor Gobbi & Villoldo in Paris waren. Zum Beispiel der Pianist Alberto López Buchardo, Autor des unsterblichen *Tango Parisien* „Germaine" und Bruder eines bekannten Komponisten argentinischer Klassik. Er kommt 1903 an die Seine, um Malerei zu studieren und wird später wichtiger Protagonist des Tangos in Paris. Auch der Geiger Pierre Boetz, der regelmäßig an Bord der Schiffe spielt, die zwischen Le Havre und Buenos Aires verkehren, bringt Noten aus Argentinien mit, und gründet später in Paris einen Musikverlag für Tangos, in dem er später auch Gobbi Jr. verlegt.

Der erste Tango in Paris

Wie die Cariocas, so haben auch die Porteños daheim ihre Etablissements mit französischem Flair wie das *Parisiana* und das *Cabaret L'Abbaye'* in der Calle Esmeralda oder das *Montmartre* in der Calle Corrientes. Wer am La Plata oder in Rio de Janeiro über ausreichend *Plata* (Geld) verfügt, sehnt sich aber in die leuchtende Stadt, nach Paris. Dorthin muss auch, wer künstlerische Ambitionen hat und Europa erobern und sein nationales Renommee dadurch veredeln will. So treffen sie sich in Paris, die reichen Rinderzüchter und die Musiker, die vom großen Geld träumen.

In Buenos Aires tritt abends der gebürtige Uruguayer, Pianist und Komponist Manuel O. Campoamor in der Kneipe *Maria „La Vasca"* auf und hat tagsüber einen Job im großen Warenhaus Gath & Chaves, das sich schon früh, als es vorwiegend Herrenbekleidung aus feinem englischen Tuch verkaufte, auch als Musikverlag und Schallplattenlabel betätigte. Ein Tango aus der Feder von Campoamor ist daher unter den Aufnahmen der Banda de la Guardia Republicana de Paris, die Gath & Chaves 1907 in Paris produzieren. Neben Angel Villoldo sind Alfredo Gobbi Sr. und dessen Frau, die Sängerin Flora Hortensia mit an der Seine. Als Los Gobbi präsentieren sie mehrere Jahre den *Tango Criollo* mit Gesang und in sehr effektvollen Tanzvorführungen auf vielen europäischen Bühnen. 1912 wird ihr Sohn, der spätere Tangostar Alfredo Gobbi in Paris geboren, Villoldo wird sein Pate.

Im Jahr, in dem Gobbi & Co. in Paris eintreffen, wird der Tänzer und Impresario Camille de Rhynal im feinen Imperial Country Club von Nizza gebeten, den neuen Tanz aus Argentinien in Gegenwart der Zarentochter Anastasia vorzuführen. Mit dem großen Applaus dieser Präsentation im Rücken, eröffnet er eine Tango-Schule für die bessere Gesellschaft von Paris, für die er den Tanz etwas entschärft und vereinfacht. De Rhynal organisiert im gleichen Jahr in Nizza mit dem „Tango Tournament" einen ersten europäischen Tanzwettbewerb, der danach auch in Paris stattfindet und 1909 in eine erste Weltmeisterschaft der Gesellschaftstänze übergeht.

Wie in Kap. 9 dargestellt, ist Paris in den ersten dreißig Jahren des 20. Jahrhunderts auch weiterhin ein bedeutendes Zentrum europäischer Kultur und auf dem europäischen Festland tonangebend in Musik, Malerei, Ballett, Oper und Vaudeville. Mit den *Apache*-Tänzen geben sich die Pariser ihrerseits einem im Zwielicht von Unterwelt und Cabaret entstandenen Tanzgenre hin. Um 1925 kommen auch die *wilden* Tänze und Klänge aus der Neuen Welt in die Cafés und Cabarets der Seine-Stadt, und mit ihnen die Stars der neuen Entertainmentwelt wie Josephine Baker. Die Argentinier sind nicht die einzigen Lateinamerikaner vor Ort: Musiker aus Brasilien und von den französischen Antillen ergänzen die Szene mit Maxixes (s. Kap. 10) und später mit Beguines (s. Kap. 14). Während die spanischen Nachbarn den gesungenen Tango bevorzugen, der ja irgendwie auch Wurzeln auf ihrer Halbinsel hat, schlägt die Tangomusik zum Tanz alle Konkurrenten um Fracklängen an Beliebtheit an der Seine. Eine Zeitlang jedenfalls (Abb. 4).

Für die wohlhabenden Argentinier, die im Café de Paris regelmäßig Heimweh und Francs im Pernod versenken, scheint es zuerst peinlich zu sein, dass ausgerechnet die Musik aus den Bordellvierteln mit skandalösen Texten und Tanzbewegungen die argentinische Kultur in der „Ciudad de Luz" repräsentieren soll. Ein paar Jahre später (1922) wird sich die brasilianische Gesellschaft darüber aufregen, dass aus Rio ein Ensemble mit schwarzen Musikern zur 100-Jahrfeier der brasilianischen Unabhängigkeit nach Paris geschickt wird. In der Tat könnte man anhand mancher Texte und der Geschichten der Herkunft des Tangos auf den Gedanken kommen, ganz Buenos Aires sei ein Bordell. Aber kein Franzose an der Seine versteht die spanischen, teils auch lunfardischen Texte. Die in Paris verweilenden Söhne der argentinischen Oligarchen können es natürlich, wie sie auch den Tangotanz kennen, den sie (ohne Kenntnis ihrer Eltern) im Rotlichtmilieu kennengelernt haben und bei ihren Besuchen in Paris vorstellen. Ex-Präsident J.A. Rocas nobler Schwiegersohn Baron Antonio de Marchi, Begründer der Sociedad Sportiva Argentina und der argentinischen Pfadfinder, adelt 1912 seinerseits – entgegen aller gesellschaftlichen Ächtung –

Abb. 4　Postkarten mit Tango-Tanzpaaren (europäischer Stil)

den Tango mit Tango-Abenden im exclusiven Palais de Glace (Eispalast) von
Buenos Aires.

Schon bei Ankunft von Villoldo und Gobbi ist in Form des Maxixe eine
musikalische Verwandtschaft des Tangos aus Brasilien an der Seine. Tänzer
wie Duque haben volle Terminbücher für ihre Tanzkurse. Der Maxixe (s.
Kap. 10) erinnert an die frühere, fröhlich getanzte argentinische Milonga.
Beide haben ähnliche Wurzeln in Habanera, Polka und Walzer, haben sich
aber regional differenziert entwickelt. Trotzdem können die Pariser zunächst
nicht zwischen Maxixe, Milonga und Tango unterscheiden, und die Tanzschulen wissen oft selbst nicht genau, wie stilrein ihre jeweiligen Kurse aus-
fallen. Einige lateinamerikanische Tanzmeister bieten oft alle drei Tänze
an, und vermutlich geht bereits jetzt der europäische Tango auf Distanz
zum Tango Criollo. Rund einhundert Tanzlehrer sollen in Paris tätig sein.
Darunter, neben dem Brasilianer Duque, auch der in Buenos Aires lebende
Uruguayer Enrique Saborido oder auch Bernabé Simarra, der 1911 nach
Paris kommt und sich bald „King of Tango" nennen lässt. Als führende
Tanzschulen gelten die von Mme. Pampillon und die Academy von Camille
de Rhynal. Wichtigste Auftrittsorte der Tangoszene sind Manuel Pizarros
Cabaret El Garrón, wo sich die Argentinier treffen, das Fémina Theatre, die
Tanzhalle Magic Foliates, das Restaurant Abbeye und natürlich das Café de
Paris. Die berühmte Mistinguett, Star der Shows des Casino de Paris, der
Folies Bergère und des Moulin Rouge, nutzt ihre Verbindungen, um den
Tango aus den Bars auf die Bühnen zu bringen. Der Rest spielt sich in den
Salons der Gesellschaft ab, wie bei der Frau des polnischen Tenors Jean de
Reszké. Die betagte und noch sehr unternehmungslustige Marquise Reszké
(aus der Wein-Dynastie Marquis Goulaine) wird in späteren Chroniken
als glühende Tangoverehrerin beschrieben, die den Musiker und Tänzer
Enrique Saborido, den Pianisten Buchardo und den Schriftsteller Ricardo
Güiraldes 1911 zu Tango-Soirees in ihr Haus einlädt. Saborido zufolge[44]
werden bei der Marquise aber auch argentinische Pericones und italienische
Furlanas[45] getanzt. Das Haus der Reszkés befindet sich in der rue de la
Faisanderie, in der der Katalane José Sentis seit 1911 eine Tangoschule
unterhält, bis die argentinische Botschaft in das Haus einzieht, und mit
ihr als Botschafter der kommunistische Schriftsteller Enrique Larreta, den
der Tango-Forscher Blas Matamoro einen Feind, „el enemigo del tango"[46],
nennt. Die Straße liegt im Einzugsbereich der Metrostation Obligado, die
1900 in Erinnerung an die Schlacht von Obligado eröffnet wurde, in der
sich Argentinien verlustreich gegen eine britisch-französische Blockade des
La Plata zu Wehr setzte. (Als Eva Perón bei einem ihrer geheimnisvollen

Besuche in Europa 1948 in Paris eintrifft, wird die Station in „Argentine" umbenannt.) Schon in Frankreich wandelt sich der Tango Criollo zu einem eher fröhlichen Tanz – schon hier beginnt seine Verwandlung in ein Kolonialwarenprodukt, das von jedermann beliebig zubereitet werden kann. Obwohl authentische Musiker und Tänzer aus Argentinien und Uruguay vor Ort sind, hat der Tango keine Chance, in seiner reinen Form in Europa zu überleben. Den international organisierten Tanzprofis war's nur recht. Zu viele spanisch sprechende Tangolehrer besetzen ein Geschäft, das eigentlich ihnen gehört. Bei ihrem 12. Welttanzkongress setzen sie 1913 den argentinischen Tango erst einmal auf die schwarze Liste. Später erfinden sie neue Schritte für eine von den Ursprüngen des Tangos genauso weit entfernte Schickeria wie es Tango-Schnipsel in Operetten und simplifizierte Tangorhythmen in Schlagern sind.

In der europäischen und besonders der amerikanischen Spielart des Tangotanzes tanzen zwar Mann und Frau noch miteinander, aber von spannungsreichen, knisternden Rollenspielen zwischen den Geschlechtern erzählen allemal noch einige Liedtexte. Der Mann spielt zwar noch deutlich, überdeutlich, den Macho; aber er ist es nicht in Europa, wo die Kellner auch nicht wie in Buenos Aires die Tabletts mit viril nach oben angewinkeltem Arm auf den Fingerspitzen balancieren. Die Frau zu beschützen und zu führen, damit sie sich ihm im Tanz unterwirft, seiner Führung folgt und ihn dabei glänzen lässt – das lässt sich am Vorabend der Frauenemanzipation in Europa allenfalls nur noch vorspielen. Die Amerikaner schaffen nicht einmal das.

Der Tango Boom

Wie bei Ragtime und Cakewalk, werden in Paris lebende Komponisten der modernen Klassik auch auf den Tango als Lieferant neuer *materia prima* aufmerksam, wie Erik Saties „Tango perpetuel" in „Sports et Divertissements" für Klavier (1914), Igor Strawinskys „Pesante (Tempo de Tango)" in „Les cinq doigts" für Klavier (1921) oder Darius Milhaud mit Tango-Inspirationen in seinem Ballett nach Jean Cocteau op. 58 (1919): „Le Boeuf sur le toit" (s. Kap. 10).

Während in Deutschland noch die Schiebe- und Wackeltänze als Onestep und Cakewalk *en vogue* sind und der Charleston mitsamt seinen modischen Begleiterscheinungen noch auf sich warten lässt, wird im „Tanguinópolis", so heißt Paris in einem Groschenroman des Spaniers Agustín R. Bonnat von

1914, der Tango und nicht der Maxixe ein einträgliches Label für Produkte aller Art, von Mode bis Parfüm. Rot/Orange sind die Trendfarben, man trägt pludrige Hosenröcke nach Gaucho-Art, wie es einigen argentinischen Musiker für ihre Auftritte in Europa und den USA von Traditionalisten angeraten wurde, die damit versuchen, dem aus dem Rotlichtmilieu kommenden Tango eine Herkunft aus den Pampas anzudichten. Außerhalb der City, im Umfeld der Vorstadtkneipen und im französischen Hinterland ist der Tango weitgehend unbekannt.

Ihr Aufenthalt in Europa macht den argentinischen Musikern einen anderen Aspekt ihrer Musik bewusst, als sie lernen, was es bedeutet, Rechte am eigenen Werk zu besitzen. Bis dahin hat mancher einen späteren Welthit für 100 Pesos verkauft und muss dann lange um seine Tantiemen prozessieren. Viel zu wenig haben sie sich bisher um ordentliche Verlags- und Tonträgerverträge gekümmert. Es folgen endlose Auseinandersetzungen um Copyrights, die entweder zu wenig abgerechnet oder für ein paar Pesos oder ein Klavier für immer abgetreten worden waren. Von „La Morocha" werden damals immerhin 280.000 Noten-Drucke allein in Argentinien verkauft.

1913 kommt mit La Murga Argentina das erste Orchester vom La Plata, finanziert von einem der López Buchardo-Brüder, mit dem Tänzer Casimiro Aín nach Paris. Es wird begleitet vom Bandoneonisten Vicente Loduca, dem Pianisten Celestino Ferrer und dem Geiger Eduardo Monelos. Die Prinzessin Murat, Mme. Jean de Reszké und eine inkognito bleibende königliche Prinzessin mieten an den Champs-Élysées ein Haus für die Kurse des nicht näher bekannten jungen und fashionablen Tangotanzlehrers an. Zur Eröffnungsparty im Februar 1913 werden blaue Tickets für die Damen der exklusiven Gesellschaft, pinke für andere Damen und weiße für Herren ausgegeben. Der argentinische Botschafter depeschiert an den französischen Staatspräsidenten: „Der Tango ist bei uns in Buenos Aires ausschließlich ein Tanz der Freudenhäuser und der Zuhälterkneipen. Hier in Paris wird er sogar in den Tanzschulen gelehrt, aber anständige Leute machen so was nur im Bett!"

Aus der Ferne meldet die New York Times am 16. November 1913: „Das Tango-Fieber hat London hart erwischt!" Der Tango hat sich auch dort, wie in Berlin und Wien, überwiegend in luxuriösen Nachtclubs etabliert und wird von Damen der High Society gefördert. Es gibt Tangoshows zum Tea oder Supper in Restaurants und Hotels, für die man sich Tänzer aus Paris holt. In Frankreich hat der Tango mit dem unangepassten Literaten Jean Richepin (1849–1926) einen seiner größten Bewunderer und Fürsprecher. In seiner Komödie „Le Tango"[47] lässt er im Dezember 1913 vor einem Bühnenbild des

Allround-Designers Paul Poiret eine Liebesgeschichte ihren Lauf nehmen, in der der Tangotanz der Liebenden eine schicksalhafte Rolle spielt.

Der Tango und die Amerikaner werden nie wirkliche Freunde. Noch vor Ausbruch des Weltkrieges wollen einige Musiker über New York in die Heimat am La Plata zurückkehren. Doch New York hat nicht auf sie und nicht auf den Tango gewartet. Die Presse begrüßt ihre Ankunft um 1911 als „Tod der Moral, Ausdruck und Manifestierung der Barbarei."[48] Tango ist hier noch kein großes Thema, denn der in Frankreich lebende Amerikaner Maurice Mouvet und das international bekannte Tanzlehrerehepaar Irene & Vernon Castle stellen, neben Apache- und Maxixe-Versionen, erst kurz darauf ihre Tangointerpretation aus Paris den Amerikanern vor. „Nach wenigen Versuchen", schreibt die New York Times über den Versuch, im August 1911 nach den Modetänzen *Double Boston* und *Triple Boston* den Tango einzuführen, „wurde es aufgegeben, da die Mehrzahl der Tänzer ihn ein bisschen riskant und besser geeignet für die Montmartre-Tanz-Säle fanden als für private Salons".[49]

Einer alten Sitte zufolge, nach der „der Mann nur die Fingerspitzen seiner Partnerin berühren" sollte, erfinden die Castles den fast berührungs-losen Tango. Amerika ist gerettet! Aber Europa muss noch von dem Übel erlöst werden und so ächtet Papst Pius X.. Ende 1913 in einem Hirten-brief den die Seele verderbenden Tangotanz: „Der Tango, der bereits von bedeutenden Bischöfen verurteilt wurde und sogar in protestantischen Ländern verboten ist, muss am Sitz des römischen Pontifex, dem Zentrum der katholischen Religion absolut verboten werden." Französische und italienische Erzbischöfe ziehen gleich, nur der einflussreiche kalifornische Rabbi Jacob Nieto findet warme Worte: „Was wir brauchen, ist mehr Gemeinsinn und weniger Theologie. Der Tango, von kultivierten Leuten getanzt, ist wunderbar gefällig. Durch das Unbeholfene, erscheint er vulgär. Du kannst eine religiöse Zeremonie nehmen und sie zur Farce machen."[50] Soweit dachte nicht einmal der Papst und empfahl seinen Gläubigen im darauffolgenden Jahr, sich doch lieber der quadrillenartigen venezianischen Furlana zu besinnen. Besonders in Paris griff man das auch kurzzeitig auf und präsentierte als *La Popette* (Papst-Tanz) eine Mischung aus Tango, Maxixe und Polka mit ein paar Schrittfolgen der Furlana, die es 1914 unter der Choreographie der Wienerin Albertina Rasch sogar bis an den öster-reichischen Kaiserhof gebracht haben soll.[51] Auch der Brasilianer Duque muss, dem Deckblatt einer Partitur[52] zufolge, eine Furlana in seinem Repertoire gehabt haben.

In New York finden die meisten Tänzer keine Auftrittsmöglichkeiten und können sich, anders als zuvor in Paris und Rom, mit Spanisch kaum verständigen. Wenn sie im Big Apple bleiben, hausen sie beengt zusammen in einem Zimmer wie der Tänzer Casimiro Aín, der 1914 mit seinen zwei Kollegen ein Zimmer mit einem jungen Italiener teilen muss, der damals noch „El Tano" heißt und bald als Rudolph Valentino auch mit Tangos (u. a. im Film „The Four Horsemen of the Apocalypse", 1921) weltberühmt wird. Die Grundbegriffe hat ihm vermutlich Aín nach dem Frühstück beigebracht.[53] Aín kehrt im Ensemble von Francisco Canaro mit seiner deutschen Partnerin Edith Peggy 1926 noch einmal nach New York zurück. „Canaro is for the Tango what Paul Whiteman is for Jazz"[54], verspricht die Werbung. Canaro und sein Orchester treten im Club Mirador wie üblich in Gaucho-Kostümierung auf, angeblich war das eine Bedingung der US-Musikergewerkschaft, die nur eine Folklore-Truppe zulassen wollte. Als halbnackter Indianer muss Enrique Delfino, der schon 1920 in New York ankommt, an einem Fuß seines Flügels angebunden, „Argentine Indians from the Pampas" darstellen.[55] Verglichen mit den Europäern, hält sich die Begeisterung der Amerikaner in Grenzen. Es gibt hier einfach zu viele Angebote im Tanzsektor. Neben Hot Jazz und frühem Swing Jazz eines Paul Whiteman florieren die Walks, Trots und Charlestons. Das amerikanische Tanzlehrbuch „The Tango and other up-to-date Dances" von J. S. Hopkins stellt die (Pariser) Choreographie des Tango 1914 mit Fotos von Mouvet und dem Ehepaar Castle vor. Präsident Woodrow Wilson lässt ihn im selben Jahr im Weißen Haus zu, obwohl sich die High Society über einen Tango bei der Hochzeit seiner ältesten Tochter aufgeregt hatte.

Maurice Mouvet, der mit Apache, Maxixe und Tango 1910 von Paris nach New York gekommen war und sich deshalb bereits unsterblich wähnt, findet seinen Meister und Konkurrenten in Casimiro Aín, bei dem die lernwilligen Damen der Gesellschaft bald in längeren Schlangen anstehen als vor seiner Tanzstudiotür. Der Argentinier Aín ist Sohn eines aus Spanien immigrierten Milchhändlers und einer Genuesin, und hatte seine Karriere als vierzehnjähriger Tänzer im Zirkus von Frank Brown begonnen. Mit Neunzehn ging er 1901 (oder 1903) mit zwei Kumpels nach Europa. Sein Tanzen kann, dem Hörensagen nach, so nachhaltig nicht gewesen sein, aber 1920 gewinnt er in Paris mit seiner Tanzpartnerin Jazmín das Campeonato Mundial de Danzas Modernas im Teatre Marigny. Nun ist er der Tango-König und neben Bernabé Simarra mit einer eigenen Schule am Montmartre einer der begehrtesten Tango-Lehrer. Nur der Legende nach soll es Casimiro 1924 gelungen sein, vor Papst Pius XI. zum Klang des «Ave Maria» von Francisco und Juan Canaro einen Tango tanzen zu dürfen, um ihn dazu zu bewegen, den päpstlichen Bann vom Tango zu nehmen.

Die seit 1901 in einem Verband organisierten französischen Tanzlehrer wollen sich aber den Tango nicht durch Kollegen aus Südamerika vom Baguette nehmen lassen. Von ihnen hängt es ab, so Kerstin Lange, „ob der Transfer des Tango aus Buenos Aires gelingen"[56] kann. Eine ähnliche Bedeutung kam ihnen schon mit Cakewalk und Ragtime zu, Charleston und die ganze Palette der *Trots* aus den USA werden sie erneut darin bestärken, aus den Fremdimporten eine nationale Version zu formen, die von allen Franzosen getanzt werden kann. Sie stehen dabei in engem Verbund mit den Tanzlehrerverbänden in Berlin und London. Zunächst bieten die Tanzlehrer an der Seine noch unterschiedliche Choreographien an. Nicht mehr so ‚authentisch‘ wie bei den Vorführungen der Südamerikaner, aber auch noch nicht so, dass man daraus einen „Gesellschafts"-Tanz zaubern könnte.

Zwei Jahre nach Ausbruch des Ersten Weltkriegs beginnt die Ausdruckstänzerin Isadora Duncan (s. Kap. 7) eine Südamerika-Tournee in Buenos Aires und begegnet dort dem Tango. In ihren Memoiren berichtet sie treffsicher: „Ich hatte diesen Tanz noch niemals versucht, aber der junge Argentinier, der den Cicerone abgab, veranlaßte mich, eine Probe zu wagen. Kaum hatte ich die ersten zaghaften Schritte gemacht, als schon meine Pulse den verführerischen, schmachtenden Rhythmen dieses wollüstigen Tanzes verfallen waren: Süß wie eine nicht enden wollende Liebkosung, berauschend wie die Liebe unter einem südlichen Himmel, grausam und gefährlich wie die Verlockungen des tropischen Urwalds nahm dieser Zaubertanz mein ganzes Wesen gefangen. Ein Wonneschauer rieselte durch meinen ganzen Körper, als der Arm eines schwarzäugigen Jünglings mich mit vertraulichem Druck umfaßte."[57] Als sie sich dann aber am Nationalfeiertag die argentinische Flagge um den freiluftigen Körper bindet und zur Nationalhymne tanzt, finden das die Studenten zwar toll, aber die bessere Gesellschaft am La Plata gerät über diese Frivolität in Rage. Die Gruppe reist schnell weiter nach Montevideo.

Während des Krieges herrschen in Deutschland allgemeine Tanzverbote. Als sie Sylvester 1918 aufgehoben werden, hat der Tango als Tanz bereits an Popularität verloren. Wenn er ‚ein trauriger Gedanke ist, den man tanzen kann‘ (Discépolo), tendiert das Unterhaltungsbarometer der besiegten Deutschen nach dem Krieg eher zu einem dem Wahnsinn nahe getanztem Frohsinn, wie er spätestens mit dem Charleston Realität wird. Der simplifizierte Tango-Rhythmus prägt aber weiterhin zahllose Schlager, deren oft skurrile Texte den Nachkriegsalltag mit Arbeitslosigkeit, Inflation und politischer Instabilität aufheitern wollen (s. Kap. 12).

Aufwertung am La Plata

Erst nachdem man in der Heimat des Tangos bemerkt, wie sehr viele Europäer und ein bisschen auch die Amerikaner auf den Tango abfahren, wird der Tangotanz trotz gleichzeitig bleibender hochnäsiger Kritik in Europa und Argentinien um 1912 auch in Buenos Aires salonfähig. Allerdings in einer entsprechend gestutzten Salon-Version, die bereits die europäischen Veränderungen einbringt. Zwei Jahre nach seiner Eröffnung als gesellschaftliches Highlight der Belle Epoche sponsert 1912 der lokale *bon vivant* Antonio de Marchi im nach französischem Vorbild erbauten Palais de Glace in Buenos Aires einen ersten großen Tangoabend mit dem Orquesta Típica von Genaro Espósito (Abb. 5) und dem Tänzer Enrique Saborido. Kurz darauf ist der Tango auch in den Salons der Hauptstadt *en mode*. Man tanzt ihn überwiegend mit einer von Saborido eingeführten vereinfachten Schrittfolge. Das Tempo wechselt vom 2/4-Takt des Habanera-Erbes in einen langsameren, nicht mehr durchgehend gleich synkopierten 4/8-Takt. Man spielt zwei Instrumental-Versionen: den rhythmisch akzentuierten „de corte milonga" und den glatteren melodischeren „de corte romanza".

Mit der Wahl von Hipólito Yrigoyen zum Präsidenten Argentiniens beginnt 1916 nicht nur eine neue Phase sozialer und politischer Reformbereitschaft, auch der Tango geht neue Wege. Mit Carlos Gardels erster Solo-Schallplatte „Mi Noche Triste" tritt der gesungene Tango 1917 als

Abb. 5 Im Gaucho-Kostüm: Tango-Orchester Genaro Espósito in Paris

solistisches Genre in den Vordergrund. Man kann den ‚traurigen Gedanken‘ einer leidenschaftlich verletzten Machoseele nun auch als Tango-Lied ganz ohne den Tanz auf Schallplatten bringen.

La guitarra, en el ropero
todavía está colgada:
nadie en ella canta nada
ni hace sus cuerdas vibrar.
Y la lâmpara del cuarto
tambián tu ausencia ha sentido
porque su luz no ha querido
mi noche triste alumbrar.[58]

Die Gitarre hängt
immer noch im Schrank:
niemand singt etwas mit ihr
noch lässt er ihre Saiten klingen.
Und die Lampe im Raum hat
auch deine Abwesenheit gespürt
denn ihr Licht wollte,
meine traurige Nacht erleuchten.

(Mi Noche Triste, M: S. Castriota, T: Pascual Contursi)

Die Neue Garde (*Guardia Nueva*) setzt neue Akzente und prägt den Tango in eine Form, die bis zu den Innovationen eines Astor Piazzolla Bestand haben wird. Der frühere Tango Criollo ist jetzt als Tango Argentino sowohl instrumentale Musik als auch Lied und Tanz in standardisierter Form. Die Tangomusiker haben dadurch mehr Einsatzmöglichkeiten und viele können sogar hauptberuflich als Musiker und Musiklehrer arbeiten. Derart besser abgesichert und vielseitiger gefordert, können sie den Tango auf ein noch höheres musikalisches Niveau bringen.

Um 1930 putscht wieder einmal das Militär in Argentinien, es beginnt die „década infame" mit Wahlbetrug, wirtschaftlichen Problemen und Arbeitslosigkeit. Kurz zuvor bereiste der Mediziner Wilhelm Müller Lateinamerika und schildert seine Beobachtungen in Buenos Aires: „Der argentinische Mensch ist noch jung, er hat noch nicht das homerische Antlitz des alten Europäers und ist in seiner Denkweise einfacher. Der Mann ist noch kindlich, liebt Schmuck und schöne Kleider, er duldet keine Abstraktion. Die materiellen Güter stehen ihm über den geistigen.

Die Kunst ist im Anfangsstadium. Was man an guter Musik zu hören bekommt, ist meistens europäischer Herkunft. Argentinische Volksmelodien gehören jedoch zum Schönsten, was ich gehört habe. Die Schaufenster der Musikalienhandlungen sind voll von Partituren europäischer Meister: Beethoven wird auch in Argentinien vergöttert."[59] Ob sich angesichts solcher Betrachtungsweise Fans des Tango in Deutschland auch nur ansatzweise jemals mit seiner Herkunft und den Menschen am La Plata beschäftigt haben, muss bezweifelt werden.

In der internationalen Szene gewinnt vor allem der gesungene Tango bald an Bedeutung, nachdem das Gesangsduo Gardel-Razzano 1923 in Madrid auftritt und Gardel zwei Jahre später als Solosänger zurückkehrt, weil José Razzano wegen Stimmbandproblemen nicht mehr auftreten kann. Mit Gardel und jungen Musikern, die um die Jahrhundertwende geboren wurden, trifft 1925 die *Guardia Nueva* des Tango Rioplatense in Europa (Madrid) ein. Im New Yorker Greenwich Village arbeitet Vicente ‚Nonino‘ Piazzolla in diesem Jahr in einem Barbershop. Er ist mit seiner Familie aus Buenos Aires gekommen, um hier sein Glück zu machen. Das lässt auf sich warten, es sind harte Zeiten. Mit dabei ist sein vierjähriger Sohn, dem seine besondere Fürsorge gilt, denn Astor Pantaleón hat Probleme mit den Beinen und muss operiert werden. Vicente schenkt ihm ein Bandoneón und sorgt für regelmäßigen Unterricht in klassischer Musikliteratur. Nebenher schickt er seinen Sohn zum Boxen.

> Im Cabaret gelt ich als traurige Fratze
> und keiner tanzt mehr den Tango mit mir,
> jene Liebe verging wie ein Traumbild
> und meine einstige Illusion
> ist gestorben.
> Verfluchter Tango, der mit seiner Süße
> wenn er erklingt, vergiftet;
> verfluchter Tango, der mich so
> mit Gallenbitterkeit erfüllt.
> Er war der Grund meines Ruins,
> verfluchter Tango, der in Bann schlägt.
> Oh, Tango, du tötest und bezwingst.
> verflucht seist du in Ewigkeit!
>
> (Maldito Tango)[60]

Carlos Gardel war 1893 als Dreijähriger mit seiner Mutter aus seiner Geburtsstadt Toulouse nach Buenos Aires ausgewandert. Seine Karriere begann 1911 mit der Begegnung mit dem uruguayischen Barden José Razzano in einer Bar in Buenos Aires. Aus ihrem spontanen Tango-Singwettstreit entstand eine jahrelange Duo-Arbeit, in der sie Milongas, Zambas, Cifras und gelegentlich auch Tangos sangen. Gardels Weltkarriere beginnt in dem Moment, als er sich von Razzano trennt und zusammen mit dem Texter Alfredo Le Pera zahlreiche große Erfolge schreibt.

Die von Gardel und Le Pera vollendete Liedform des Tangos eröffnet dem Tango-Genre neue Märkte und ist gleichzeitig die Endstation des 1907 in Europa angekommenen authentischen Tangos. Das Tango-Lied mit seiner ewigen Macho-Weinerlichkeit, mit Klagen über Frauengeschichten, selten mit Kritik oder Satire, rückt in den Vordergrund und überlässt den europäischen Tanzlehrern und ihren Verbänden nun ganz die Zukunft des Tanzes in Europa. Der rein instrumental gespielte Tango in der Besetzung einer Gobbi/Villoldo-Truppe verschwindet für Jahrzehnte in Liebhaberarchiven am La Plata, bis er in den 1970er Jahren mit Piazzolla zu neuem Leben erweckt wird und der Tangotanz bald darauf ein Comeback hat, wenn auch der veränderten Art. Dann wird auch die Milonga in vielen Tango-Spots Deutschlands heimisch (s. Bd. 3, Kap. 8).

Die *Orquestas Típicas* der Neuen Garde vergrößern ihre Klangkörper mit mehrfacher Besetzung der Geigen und Bandoneons. 1925 kommt Francisco Canaro mit seinem Orchester in das „Florida" am Montmartre in Paris, wiederum sind sie als Gauchos verkleidet. In gleicher Kluft präsentiert sich auch das Orchester von Lucio Demare bei seiner bei einer Spanien-Tournee 1928. Anschließend bleiben einige seiner Musiker in Europa (Minotto Di Cicco, Juan und Rafael Canaro).

Zu den wichtigen Erneuerern des Tango gehört der Geiger Júlio de Caro (1898–1980). Mit Francisco Canaro, Emilio de Caro, Pedro Maffia, Luis Petrucelli und Leopoldo Thompson gründet er 1923 ein legendäres Orchester, dessen Klang er später mit einer Erfindung bereichert, die als *Violin Corneta* einen Metalltrichter als Resonanzkörper unter dem Steg einer Geige besitzt. De Caros Tangos entstehen aus dem Porteño-Myzel der Musik der Guardia Vieja, das er mit seinen neuartigen Arrangements und Phrasierungen zur Melodie einer Großstadt formt, die von vielen Kollegen übernommen wird. 1931 trifft er in Nizza ein, begegnet dort Gardel und erlebt, wie Charlie Chaplin einen Tango tanzt. Bei seiner anschließenden Tournee tritt sein Orchester im Smoking auf. Der Gaucho-Look hat ausgedient. Osvaldo Pugliese (1905–1995) ist ein Pianist, der zuerst mit Alfredo Gobbi und Roberto Firpo spielt und sich in der noch jungen Tradition der Tango-Erneuerer De Caro, Juan Carlos Cobian, Agustin Bardi und Enrique Delfino sieht, zu seinen Vorbildern zählen auch Pedro Maffia und Pedro Laurenz.

Unter den zahlreichen Verbindungen des Tango mit anderen Tanz- und Musikformen bieten Francisco Canaro und Texter Ivo Pelay 1935 einen Tangón an:

> Die Jungs baten mich um einen originellen Tanz,
> von launischen Gestalten und nationalem Takt.
> Man verknotete einen milongaartigen Danzón
> mit einem Tango um den Jungs einen originellen Tanz zu geben…

Aber anders als der Tango Criollo sei er „schnarchend, schwingend, und brummig in seinem Takt" geworden.[61]

Nur wenige französische Tangomusiker werden in dieser Zeit bekannt, wie der Bandoneonist Auguste-Jean Pesenti. Mit seinem Orquesta Típica tritt er Anfang 1931 in der „La Revue Argentine" an der Seite von argentinischen Künstlern in Madrid und Paris auf. Carlos Gardel dreht derweil für die amerikanische Paramount in den Joinville-le Pont-Filmstudios nördlich von Paris seinen ersten internationalen Musikfilm „Las Luces de Buenos Aires"[62]. Manuel Romero, der Produzent der Revue, präsentiert Gardel anschließend mit Künstlern aus diesem Film und dem französischen Chansonnier Jean Sablon mit Tangos in einer zweiten Revue. Während Gardel weitere Filme in den USA dreht, geht in Argentinien der Tango, der einst auch ein Kind des Zirkus und der Possen (Sainetes) war, eine enge Liaison mit der leichten Unterhaltung ein. Tangos gehören nun zum festen Repertoire von Revuen und Schwänken.

1935 kommen Gardel und sein Texter Le Pera bei einem Flugzeugabsturz über Medellín in Kolumbien ums Leben. Kurz zuvor hatte er noch ein Telegramm nach New York geschickt, um den 14jährigen Piazzolla für die kommende Tournee in sein Orchester einzuladen. Astor hatte Gardel Wochen vorher eine von seinem Vater geschnitzte Figur Gardels überreicht, durfte ihm vorspielen und in einer kurzen Szene in einem Gardel-Film mitwirken. Zum Glück erreicht die Depesche die Piazzollas erst nach dem Unglück. Mit Argentinien trauert die Welt des Tangos und der gesungene Tango zieht sich weitgehend aus der Internationalität zurück. Als Tango Argentino überlebt er nur dem Namen nach außerhalb der La

Plata-Region. Mit Gardels Todesjahr beginnt aber das rund zwanzig Jahre andauernde „Goldene Zeitalter" des Tango am Rio de la Plata, in dem aus kleineren Ensembles viele neue *Orquestas Típicas* in großen Besetzungen entstehen, die in den zahlreichen Tanzhallen und Radiosendungen auftreten. An verspielten Instrumental-Arrangements ist hier kein Bedarf mehr und daher werden die Tangotänzer nun auch am La Plata von einer durchgehend schärferen melodischen und rhythmischen Akzentuierung über das Parkett getrieben. Astor Piazzolla ist 16 Jahre alt, als er nach Buenos Aires zurückkehrt und noch davon träumt, Konzertpianist zu werden. Artur Rubinstein rät ihm zu einem Studium bei Alberto Ginastera und Piazzolla nutzt die neuen Fertigkeiten, um für die klassischen Tango-Orchester Arrangements zu schreiben. Dann spielt er auch bei Aníbal Troilo, verlässt dessen Orchester aber, nachdem dieser zu viel aus seinen Partituren herausstreicht, und gründet 1946 sein erstes eigenes Orquesta Típica (mehr s. Bd. 3, Kap. 8).

Nicht zuletzt wegen seiner Exporte von Fleisch und Getreide in das kriegführende Europa erlebt Argentinien in diesen Jahren einen wirtschaftlichen Aufschwung, in dem es auch unter Hitler-Freund und Präsident Juan Perón zunehmend jüdische Musiker als Flüchtlinge vor dem NS-Regime aufnehmen wird (s. Kap. 12, 16 und Bd. 2, Kap. 1).

Weiterlesen über Tango

Kap. 12: Tango in Deutschland
Kap. 16: Braune Töne (Tango im NS-Staat u. a.)

Band 3
Kap. 8: Die Erneuerung des Tango

Anmerkungen

1. Anton Sepp von Rechegg, 1655–1733.
2. Luis Soler Cañas: Negros, gauchos y compadres en el cancionero de la Federación (1830–1848). Buenos Aires 1958; in es.wikipedia.org, Art. "Población negra en Argentina"(11.3.2020).
3. periodicotribuna.com.ar/11.437-otro-pifie-de-cfk-segun-el-censo-de-1778-la-mitad-de-la-poblacion-eran-negros.html (11.3.2020).

4. Bericht von Monte Reel in Washington Post, 5.5.2005. Siehe auch edant.clarin. com/diario/2005/04/02/sociedad/s-04815.htm und www.servicios.clarin.com/ notas/jsp/clarin/v8/notas/imprimir.jsp?pagid=1211612 (11.3.2020).
5. Carlos Menem in „La Nacion", 26.12.1993.
6. Weniger als ein Prozent nach anderen Quellen, siehe Anm. 7.
7. „Soy afroargentino/a". Instituto Nacional contra la Discriminación, la INADI) sobre los afrodescendientes y el Censo 2010 cdn.educ.ar/repositorio/Download/file?file_id=3c8441c4-b471-4aaf-a04b-ca235688c764 (15.9.2019) und es.wikipedia.org, Art. "Población negra en Argentina" (11.3.2020).
8. Zit. nach: Leslie B. Rout: The African experience in Spanish America. Cambridge 1976, S. 195.
9. Georg Reid Andrews: Blackness in the White Nation. Chapel Hill 2010.
10. ar.geocities.com/lunfa2000, Himno 1848, gesammelt von Rodolfo Trostiné; www.curiosamonserrat.com.ar/candombe.html (6.9.2019).
11. Tango Negro, M/T: Juan Carlos Caceres (*1936).
12. Canas y Caretas, 1902. Erinnerungen einer schwarzen Großmutter. Zit. nach: John Charles Chasteen: National Rhythms, African Roots. The Deep History of Latin American Popular Dance (Dialogos). Mexiko City 2004, S. 62.
13. Chasteen (Anm. 12), S. 65.
14. laconexionusa.com/noticias/20180208874512_lc87451208.asp (16.12.2018).
15. Wikipedia, Art. "Murga".
16. Daniel Vidart: „Der Italiener und der Tango", in: Melancholie der Vorstadt: Tango, hg. vom Künstlerhaus Bethanien. Berlin 1982, S. 22.
17. Diario de La Marina, 15.8.1850, in: Luis Ortiz Nuevo: „Acariciando a Cádiz y a La Habana", revistalafactoria.org/articulos/2018/5/8/acariciando-a-cadiz-y-a-la-habana (15.9.2019).
18. Zoila Lapique Becali: Cuba Colonial. Musica, compositores e Interpretes, 1570–1902. Havana 2010, S. 132.
19. Maya Roy: Músicas cubanas. Madrid 2003, S. 111.
20. Lapique Becali (Anm. 18), S. 133.
21. Vgl. Robin Moore: Nationalizing blackness: Afrocubanismo and artistic revolution in Havana, 1920–1940. Pittsburg 2015.
22. Charles Davillier „Viaje por España y Portugal", 1862, zit. nach: Luis Ortiz Nuevo: Bienal del Arte Flamenco, Sevilla, Programmheft 1988.
23. Francisco Hidalgo Aznar: „Tan Insospechado Origen", www. ramongomezdelaserna.net/bR4.TanInsOrigen(FHA).htm (9.9.2019).
24. Eduardo Giorlandini: „Las Raíces del Tango. Cronologia", de.scribd.com/ document/60.973.170/Raices-Del-Tango-Cronologia (9.9.2019).
25. Jürgen Torp: Alte atlantische Tangos. Hamburg 2007, S. 137 ff.
26. Charles Durang: Fashionable Dancer's Casket or The Ball-Room Instructor. Philadelphia 1856, S. 151 ff.

27. Vgl. F.H. Aznar (Anm. 23), auch bei Lauro Ayestaran (Uruguay), Fernando Ortiz (Cuba) u. a.

28. Chasteen (Anm. 12). Hier findet sich der Hinweis, dass sogar Blackface-Minstrels aus Havanna in Buenos Aires gastiert haben sollen.

29. Chasteen (Anm. 12), S. 51.

30. José Hernández: „El Gaucho Martín Fierro", „Vuelta de Martín Fierro" 1872/1879, Vers 1320, S. 157, es.wikisource.org, Art. „Martín Fierro".

31. es.wikipedia.org, Art. „Censo argentine de 1869".

32. Juan Bautista Alberdi (1810–1884), argentinischer Politiker und Schriftsteller.

33. Ernesto Sabato: „Das Bandoneon", in: Melancholie der Vorstadt (Anm. 16), S. 100.

34. 1855 laut Giorlandini (Anm. 24).

35. José Hernández: Martín Fierro. Madrid 1979, S. 328.

36. Vicky Kämpfe: Tango der Metropolen. Hamburg 2007, S. 54.

37. Ramon Romero: Los Amores De Giacumina. Buenos Aires 1886. Übersetzung von Ruddy Zelaya in: „Quebrada and Corte in Tango", www.virtuar.com/tango/articles/2006/quebrada.htm (15.9.2019).

38. Francisco García Jiménez: „Tanzduell", in: „Melancholie der Vorstadt" (Anm. 16), S. 91 f.

39. Übers.: Eckart Haerter, www.salzburg-tango.com/el_choclo.html (11.3.2020).

40. Edition E.E. Prelat Buenos Aires.

41. Ernesto Sábato: „Tango, Discusión y clave", in: du 11/1997. Übers.: Anna Jonas.

42. Donna J. Guy: Sex and Danger in Buenos Aires. Prostitution, Family, and Nation in Argentina. Lincoln/NE 1991, S. 155.

43. Vgl. Héctor Lucci: „Discos Atlanta", www.todotango.com.

44. Interview „Caras y Caretas", zit. nach: Juan Silbido: Evocación del Tango. Buenos Aires 1964.

45. Aus Venetien, im Rhythmus der Tarantella, paarweise oder in Gruppen getanzt.

46. Blas Matamoro: La Ciudad del Tango. Buenos Aires 1969, S. 81.

47. Co-Autorin ist seine Frau Cora Maparcerie. Uraufführung im Theatre de l'Athénée Paris.

48. The Gentlewoman Magazin.

49. New York Times, 20.8.1911.

50. New York Times 26.1.1914.

51. 1914 auf Einladung des Kaisers Franz Joseph.

52. Ed. Salabert.

53. Laut Enrique Cadícamo: La Historia del Tango en París. Buenos Aires 1975.

54. Werbung, zit. nach: Carlos G. Groppa: The Tango in the United States. Jefferson 2018, S. 113.

55. La Nación Buenos Aires, 14.9.1961.

56. Kerstin Lange: Tango in Paris und Berlin. Eine transnationale Geschichte der Metropolenkultur um 1900. Göttingen 2015, S. 69.

57. Isadora Duncan: Memoiren. Zürich 1928, S. 205.

58. Mi Noche Triste. M: Samuel Castriota, T: Pascual Contursi, 1916.

59. Wilhelm Müller: Das schöne Südamerika. Berlin 1928, S. 79.

60. T: Luis Roldán, M: Osmán Perez Freire, zwischen 1920 und 1925. Übersetzung: Dieter Reichardt, in: Ders.: Tango. Verweigerung und Trauer. Frankfurt a. M. 1981.

61. Tangón. M: Francisco Canaro, T: Ivo Pelay.

62. Regie: Adelqui Migliar.

Kapitel 12 (… 1912–1945 …)

Tango in Deutschland. Ein Missverständnis

„Das Geburtsjahr des Tangos für Deutschland war 1912, das Todesjahr 1914."
(F.W. Koebner, 1921)[1]

Nach ihrer Ankunft in Paris könnten Ángel Villoldo und Alfredo Gobbi um 1907 auch zu Plattenaufnahmen in Deutschland gewesen sein, wie einige Künstler aus Südamerika, Asien oder Afrika (man erinnere sich an den jungen Abessinier, der im Jahr darauf seine Volkslieder in die Grammphon-Trichter der Lindström-Company einsingt, (s. Kap. 3). Außer diskographischen Hinweisen verliert sich darüber aber jede Spur. Zehn Jahre später sind es vor allem deutsche Plattenfirmen, die Tango-Aufnahmen für den argentinischen Markt herstellen.[2] Mit Sicherheit ist der Tangotanz schon kurze Zeit nach Ankunft der Argentinier in Paris auch in Deutschland angekommen. Im Dezember 1912 wird beim ersten deutschen Tanzturnier im Berliner Admiralspalast neben Onestep und Boston auch Tango getanzt. Monate zuvor war mit der *RMS Titanic* ein Symbol der Belle Epoque untergegangen. Zahlreiche Verfilmungen dieser Tragödie werden in den nachfolgenden Jahrzehnten immer wieder auch Tangotänzer im glanzvollen Ballroom des Ozeanriesen zeigen. Tango steht im Februar des folgenden Jahres weiter auf dem Programm der „Tanzmeisterschaft von Groß-Berlin" und bald danach messen sich im Admiralspalast auch mit Tango-Schritten wieder Tanzpaare im Städtekampf Paris-Berlin. Die Pariser lassen sich durch den Brasilianer Duque repräsentieren (s. Kap. 10). Der Tango macht an der Spree so viel Furore, dass Königin Victoria um die Moral des Volkes und Kaiser Wilhelm II. um die Existenz seiner heißgeliebten Marschmusik fürchten und dieses ‚Rinnsteinkind' Tango per Dekret vom 20.11.1913 für

© Springer-Verlag GmbH Deutschland, ein Teil von Springer Nature 2022
Claus Schreiner, *Schöner fremder Klang – Wie exotische Musik nach Deutschland kam*,
https://doi.org/10.1007/978-3-476-05695-5_13

das preußische Militär verbieten (Abb. 1). Anlass war angeblich eine Tango-Soiree, die die Frau des preußischen Landtagspräsidenten für Militärs und Diplomaten organisiert hatte. Ein Jahr nach dem Verbot des Schieber-tanzens der Two Steps erlässt das Päpstliche Vikariat im Januar 1914 ein Rundschreiben an die Pfarrer, in dem daraufhin gewiesen wird, dass der neue Tanz schamverletzend sei und deshalb verboten werden müsse. Nur Tage später nimmt man im Karnevalsverein Fürther Kleeblatt dennoch eine Prämierung des besten Tangotanzpaares vor.

Wo der Tango aber längst in allen europäischen Adelshäusern, selbst beim Kronprinzen, bis zum russischen Zarenhof sein Feuer entfacht und man nachts sogar im Berliner Strandbad Wannsee Tangotänzer beobachtet hat, nimmt man das Verbot wohl ebenso wenig zur Kenntnis wie das der Polizei-behörden Dresdens und Münchens (1914): „Diese Tänze verletzen das Sitt-lichkeitsgefühl, weil die Tänzerin dabei häufig die Beine seitwärts abspreizt, sodass man die Unterkleider und die Strümpfe sieht."[3]

Für solche Aussichten reicht vielleicht, neben Tango-Vorführungen und Wettbewerben, auch ein Kinobesuch. Allein im Jahr 1913 entstehen mindestens fünf Stumm-Kurzfilme mit Tangotanz: Ein Messter-Film „Tango", der „Tangozauber" von Nunek Danuky, „Toto lernt Tango tanzen" von einem unbekannten Regisseur und „Tangofieber" von Carl Wilhelm mit Ernst Matrey in der Hauptrolle. Hanni Weisse spielt in der ebenfalls 1913 entstandenen Verwechslungskomödie „Die Tango-Königin" von Max Mack eine junge Frau aus dem Berliner Hinterhofmilieu, die von einem ehr-geizigen Tänzer entdeckt und für den Wettbewerb um Preisgeld und Titel als ˮTango-Königin" ausgebildet wird.

Bekanntmachung

Die sogenannten

Wackel- und Schiebetänze

und der **Tangotanz** sind **polizeilich verboten.**

Zuwiderhandlungen werden gemäß § 360, 11 des Reichs-Strafgesetzbuches mit Geldstrafe bis 150 Mk. oder Haft bis zu 6 Wochen bestraft.

Uetersen, den 26. September 1913

Die Polizei-Verwaltung

Muus

Abb. 1 Per Zeitungsanzeige werden „Wackel- und Schiebetänze" und „der Tango-tanz" 1913 in Uetersen polizeilich verboten

Max Reinhardt allerdings fürchtet um seine Einnahmen. Gegenüber der New York Times äußert er Bedenken, das Tango-Fieber könnte ein noch größerer Konkurrent des Theaters werden als die neuen Kinos. Überall würden die Leute Tango-Unterricht nehmen, die Tanzschulen seien überfüllt und es wäre abzusehen, dass da dann auch weder Zeit noch Geld für den Theaterbesuch übrig bleibe.[4]

In einigen Operettenhäusern hört man Tangos bereits im Jahr 1913. Zwei Premieren finden am 4. Oktober zeitgleich in Berlin statt: Im Berliner Theater, für das Carl Meinhard und Rudolf Bernauer mit der traditionellen Berliner Posse ein Gegenstück zur Wiener Operette schufen, erklingen in Walter Kollos „Wie einst im Mai" gleich drei spätere Evergreens[5], und zwischendrin ein getanztes Instrumental-Intermezzo namens „El Sabo" – ein „Hahnentanz", der wohl ein „Tango Argentino" sein soll, aber wie ein früher brasilianischer Choro Ernesto Nazareths klingt und in einer Zonophon-Aufnahme aus dem gleichen Jahr sogar noch mit Kastagnetten-Geklapper iberisiert wird.

Ein paar Häuser weiter feiert Jean Gilbert am Thalia-Theater mit „Die Tango-Prinzessin"[6] schon seine zweite Premiere in diesem Jahr. Auch dies ist eine Posse frechen Berliner Zuschnitts, die in den folgenden Jahren in 160 deutschen Städten aufgeführt wird.[7] Aus ihr stammt der Evergreen „Ich tanz so gern den Tango". Am meisten wird in der Posse aber Walzer getanzt.

Als einer der Kulturwächter rümpft die Zeitschrift „Kunstwart" die Nase und empfiehlt, „die Majestät deutschen Worts und deutscher Art nicht allzu sehr durch die Kino-Königin und die Tango-Prinzessin repräsentieren zulassen".[8] An der Musik kann es nicht liegen. Die kommt jetzt schon in einer Tango-Light-Version mit simplifiziertem Rhythmus im üblichen Schlagerkorsett jener Zeit daher. Der Tanz auf der Bühne kann nur eine Stilisierung des Originals sein.

Besonders die Operetten-Komponisten scheinen immer am Ball zu sein. Als der Cakewalk mit den Minstrel-Gruppen über den Atlantik kam, fand er sich 1903 in der Operette „Der Prinzregent" des Hamburgers Jean Gilbert wieder, wie schon im Jahr vorher in der Hamburger Urauf-führung von Franz Léhars „Der Rastelbinder". Seine Operette „Der Götter-gatte" bringt Léhar 1913 in Wien als Remake „Die ideale Gattin", in dem jetzt die angebetete Carola zu einem Tangotanz aufgefordert wird. Im Jahr darauf erscheint sein Tango „La Plata" (ohne Text), und Léhar greift das Tango-Thema 1921 noch einmal im zweiten Remake als „Die Tango-königin" auf. Statt Spanien sind nun Argentinien und Brasilien Herkunfts-länder seiner Hauptakteure. Ein Librettist vieler Operetten von Léhar ist, neben Julius Brammer und Alfred Grünwald, auch Fritz Löhner-Beda, der in den dreißiger Jahren viele bekannte Schlager-Tangos wie „Du schwarzer Zigeuner" oder „O Donna Clara" textet. In der unvollendeten, aber doch aufgeführten Operette „Clo-Clo" setzt Léhar 1924 auch die neuen Instrumente des Jazz zu seinen Adaptionen aktueller Modetänze wie Tango, Onestep, Shimmy und Foxtrott ein.

Auch Kreative in der ‚Ernsten' Musik haben erste Berührungen mit dem Tango, einige sogar vor Ort, wie der österreichische Dirigent und Komponist Felix Weingartner. Er ist einer von zahlreichen deutschsprachigen Künstlern, Literaten und Schauspielern, die in den zwanziger und dreißiger Jahren Südamerika bereisen. Er dirigiert 1920 im Teatro Coliseo ein Werk des Argentiniers Carlos López Buchardo. Vom Geiger Júlio de Caro lässt sich Weingartner in dieser Zeit zu einem Tango („El Ranti") inspirieren.

Tango im Stummfilm

Nach einer Leserumfrage der „Kino Woche" gehört der französische Komiker Max Linder 1914 zu den beliebtesten Schauspielern in Deutschland. Linder ist dem Tango so sehr verfallen, dass er sogar in Russlands Adelskreisen Tango-Unterricht gibt und unter seinen Hunderten Kurzfilmen einige dem Tango widmet. Den bekanntesten dreht er an nur einem Tag im Januar 1914 in Berlin: „Max Professeur du Tango" (Max als Tangolehrer in Berlin). Die Produktionszeiten sind damals unvergleichlich kurz, und schon am 27. Februar wird der Film in Paris, am 20. März im Berliner U.T. (Union Theater) am Moritzplatz uraufgeführt. Neben einzigartigen Außenaufnahmen in Berlin sieht man Linder, bzw. seine in vielen Filmen vorgestellte Kunstfigur Max, als Tangotänzer, der von einem Kommerzienrat engagiert wird, um seiner Familie das Tangotanzen beizubringen. Max wäre nicht Linders Alter Ego, wenn es dabei nicht zu komischen Verwicklungen und Situationen kommen würde. Eine große Ballsaalszene zeigt vermutlich einen Tangotanz, wie man ihn zu dieser Zeit in Paris tanzt. Zumindest in der Armhaltung (links steil nach oben, rechts steil nach unten) sind es eher Einarbeitungen aus Walzer und Maxixe.

Bei seinen Pariser Gastspielen kommt mit Charlie Chaplin um 1910 ein Bewunderer Max Linders mit dem Tango in Berührung. Chaplin wird begeisterter Tangotänzer und Tangokomponist, wie mit dem Stück „Beautiful Wonderful Eyes" in seinem Tonfilm „City Lights", zu dessen Deutschlandpremiere er im März 1931 in Berlin eintrifft.

Im Film „Tillie's Punctured Romance" (1914) sieht man Chaplin auch in einer Tanzszene mit einer großen, korpulenten Dame und, als Steinzeitmensch verkleidet, in „His Prehistoric Past" aus demselben Jahr mit einer Mischung aus Ballroom-Tango und Tango andaluz.[9] Chaplins Tangos sind fast immer komische, nie authentische Tangos. Bis Nizza im Jahr 1931. Júlio de Caro erinnert sich: „Unser Auftritt war für eine halbe Stunde vorgesehen, wurde aber um eine halbe Stunde verlängert und am Ende wollte Charlie Chaplin, der anwesend war, den Tango ‚El Monito' tanzen und das Publikum wollte mehrfach eine Zugabe. Obwohl man unser Orchester für ein Konzert engagiert hatte, ließ mich dieses Beharren des britischen Schauspielers das ändern, was ich vorgeschlagen hatte, und plötzlich, als die Tische weggeräumt wurden, begann das faszinierte Publikum, begeistert von der brillanten Idee des Schauspielers, ihm zu folgen."[10].

Weder die deutschen Stummfilme, noch die von Chaplin, Linder und Dutzende Filme mit „Tango"-Titelbezug aus England, USA und Frankreich, sind als Lehrstunden des authentischen *Tango Criollo* gedacht. Wenn man Glück hat, fallen den Pianisten zu ihnen in den Kinos einigermaßen kompatible Untermalungen ein. Die Darstellung des Tangos gerät besonders bei Linder und Chaplin trotz ihrer großen Liebe zum Tanz in den Bereich des Grotesken.

Währenddessen ist es in den großen Filmtheatern von Buenos Aires üblich, vor den Vorführungen und zwischen den Filmakten Tangosolisten oder Orchester spielen zu lassen. Im Kino Select Lavalle ist 1926 der Geiger Júlio de Caro unter den ersten, danach der erst elfjährige Aníbal Troilo im Petit Colón und der neunzehnjährige Osvaldo Pugliese, der im Universal-Kino Stummfilme von Max Linder und Chaplin authentischer als seine Kollegen in den deutschen Kinos musikalisch begleitet. Die besten und größten Kinos gehören dem Max Glücksmann (s. u. und Kap. 11), der gleichzeitig eine Plattenfirma besitzt.

Mit der Einführung des Tonfilms verlieren zwar die Musiker ihre Jobs in den Kinos, aber dafür floriert die argentinische Filmproduktion. Hollywood-Filme mit Untertiteln werden vom „Publikum als lästig empfunden, und auch spanisch gesprochene Versionen werden zuerst nicht akzeptiert, weil dem iberischen Castellano der argentinische Akzent fehlt. Also holt man sich populäre Stars aus Argentinien wie den berühmten Tangosänger Carlos Gardel und dreht mit ihnen in französischen und nordamerikanischen Studios Filme wie ‚Cuesta Abajo' (1934) mit argentinischem Ambiente sowie argentinischer Musik."[11] Auch argentinische Filme mit Tangomusik entstehen und bieten den Südamerikanern weit mehr Vertrautes als Hollywood-Verzerrungen wie „Down Argentine Way" (1940).

Von einer Südamerikatournee 1910 bringen die Wiener Hoch- und Deutschmeister unter Wilhelm Wacek den Tango als „den neuen Klang des Jahrhunderts"[12] an die Donau und entfachen einen als „Tangokrieg" bekannten Schmäh innerhalb der Wiener Society, die sich dem Ragtime und Cakewalk nur zaghaft geöffnet hatte, nun aber erst recht um Sitte und Anstand fürchtet.

Wie tanzt man Tango?

Im Winter 1912 begegnet der Berliner Tanzlehrer F. W. Koebner dem Tango in Paris und stellt fest: „Tanzen konnte ihn so recht eigentlich niemand." Koebner „bemerkte die gespannte Neugierde der Herumsitzenden, hörte die sattsame Musik. Man kaufte damals Noten wie toll, nur der Musik wegen; der Tanz war mir noch nicht völlig aufgegangen. Die Noten wurden dann lanciert; gute Freunde halfen. Man kannte alle Kapellen, alle Verleger. Vom Auslande kamen regelmäßige Bulletins vom Schauplatz des Tango; das Publikum fing an aufzuhorchen."[13] Wenn schon die Pariser Probleme damit haben, wie sollen die Deutschen Tango tanzen lernen? Echte Tanzpaare vom La Plata bekommen die Wenigsten zu Gesicht, denn die ersten aus Paris anreisenden Tangotanzgruppen könnten nicht ganz Deutschland bereisen, und mit Ausbruch des Weltkrieges kommen auch sie nicht mehr. Viele gehen vorübergehend nach Argentinien zurück, denn auch in Frankreich werden öffentliche Tanzveranstaltungen während des Krieges verboten. Trotzdem wird weiter auch der Tango getanzt, den die Deutschen schon seit 1911 in zahlreichen Tanzschulen erlernen; vorwiegend in bereits standardisierter Form, denn schon die Franzosen hatten erkannt, dass der Tango gegenüber den bisherigen, einfach strukturierten Gesellschaftstänzen nicht nur komplizierter und bedeutend schwieriger zu erlernen ist, sondern auch ein neues Geschäftsfeld bedeutet, das man in den Griff bekommen sollte (Abb. 2).

Tangolehrer schießen in Deutschlands Metropolen wie Pilze aus dem gewienerten Parkett der Tanz-Institute. Nach 1912 finden in immer größerer Zahl Tanzturniere statt, um mit ihnen und den besten (Schau-) Tanzpaaren für die jeweils aktuellen Neuerungen des modernen Gesellschaftstanzes in den Tanzschulen zu werben. Die Tanzlehrer sind seit 1898 in einem international vernetzten und einflussreichen Verband organisiert. In ihren Tanzschulen werden nicht nur die Füße, sondern auch die Köpfe junger Menschen mit Benimmregeln und Anstandsetikette gedrillt. Sie sind auch Kontaktbörse für Eheanbahnungen und Geschäfte.

Abb. 2   Tangomanie. Karikatur aus dem „Tanz-Brevier" 1919

Einige Tanzlehrer beherrschen sogar das Mediengeschäft recht gut. Wer sich im Tango weiter verbessern will, findet Tanzanleitungen in ihren zahlreich erscheinenden Lehrbüchern. Oder im Kino mit dem Tanzlehrer Walter Carlos und seinem Kurzfilm: „Müller lernt Tango" (1932). Heinrich Alfred Kaiser beherrscht ihn da schon einige Zeit. Kaiser malt nicht nur Porträts der Oberschicht-Eliten und entwirft preisgekrönte Bauten in Berlin, er ist auch begeisterter Tänzer und Tangolehrer. Als Josephine Baker anlässlich ihres Gastspiels im Nelson-Theater 1926 in die Berliner Szene eintaucht, führt er sie zum Tango aufs Parkett.[14] 1941 wird er seine Wohnung dem Widerstand zur Verfügung stellen, in dem seine beiden Brüder aktiv sind.

Der beste Lehrer, befindet R.L. Leonard 1913, sei immer noch das Grammophon, zu dem man „immer wieder probieren" muss, „um die Verbindungen der einzelnen Figuren logisch und musikalisch zu erreichen". Denn das Neue am Tango sei, dass er in verschiedenen Figuren getanzt werde, „dass die Damen oft ganz andere Schritte machen als der Herr, und dass er wirklich gut nur von musikalischen Tänzern beherrscht werden kann".[15] Die aus Paris anreisenden Tangostars bieten auf der Bühne sowieso eine unerreichbare Show-Version des Tango, „der bei uns in veredelster Art eingeführt ist. Der ursprüngliche Tango wird an seiner Geburtsstätte nur von wildestem, niedrigstem Volk getanzt", liest man in einer Tanz-anleitung um 1913, die für den Hausgebrauch in besseren Kreisen zu einer Reduzierung auf fünf Figuren rät: Einleitung, Promenade, Heranholen, Halbmond und Kreuzen. Ein anderer Tanzlehrer erfindet sogar spezielle Tango-Choreographien für Nord-, Süd-, West- und Ost-Deutschland. Wilhelm Kreis erkennt im „Tanz Brevier" schon 1913 die Problematik: „Es ist gewiss richtig, dass der Tango nur von musikalischen Leuten und nur als Tango getanzt werden kann. Aber leider schützt uns das nicht vor Leuten, die nach Tangomusik tangoähnliche Bewegungen ausführen, die noch nicht einmal das erste Stadium des Lehrpensums erreichen."[16]

Der Tango wird eingedeutscht

Schon 1914 regt sich unter Tanzlehrern Widerstand gegen die französische Führungsrolle im Import von Tänzen aus Nord- und Südamerika. Auch hört man schon deutsch-nationale Töne, die Tango & Co. als ‚undeutsch' abwerten.[17]

In dieser Zeit findet die Entdeckung des Körpers ihren Ausdruck neben dem sinnlichen Tanz auch auf einer breiten leiblichen Aktionsebene mit Sport, Gymnastik und rhythmischer Erziehung bis hin zu Ausdruckstanz (s. Kap. 7) und Ballett. Der Tango gehört in manchen Kreisen zu dieser neuen Kultur der Körperlichkeit. Nur selten begegnen sich diese Ebenen, wie bei Albert Burger und Elsa Hölzel, die Solotänzer der Stuttgarter Hof-oper sind und schon 1903 eine Tanzschule für Gesellschaftstanz gründen. In der Bildungsanstalt für Musik und Rhythmus in Hellerau bei Dresden entsteht 1911 ein einflussreiches Zentrum für rhythmische Gymnastik, das gleichzeitig ein von internationalem Publikum besuchtes ‚Laboratorium der Moderne' als Inspirationsquelle für die Architektur, den zeitgenössischen Ausdruckstanz, moderne Designformen und Wiege der Rhythmik-Ausbildung wird (s. Kap. 7). Mary Wigman, Paul Claudel, Vaslav Nijinski und Tänzer der Ballets Russes kommen hierher, auch Hölzel und Burger (1912), die Oscar Schlemmer erste Anregungen für dessen 1922 uraufgeführtes „Triadisches Ballett" geben. Zuvor darf Albert Burger 1911 den Tango mit einer Vorstellung für den Württembergischen König Wilhelm II. in Stuttgart einführen und bekommt dafür das Charlottenkreuz verliehen.

Schon der mitunter hautnah getanzte Schieber erregte den Unmut von Priestern und Obrigkeit, die damals noch nicht ahnten, wie viel mehr Erotik und Körperlust die neuen afroamerikanischen Modetänze nach dem Krieg bringen sollten, während der bald zu Englischem Stil standardisierte Tango mit eckigen Bewegungen und strammen Schritten die Erotik seiner *Cortes* und *Quebradas* verlieren wird. Die Briten greifen dabei seit ihrer zweiten „Great Conference" 1920 auf Figuren des Tango-Vorläufers Milonga zurück, die in geringerer Figurenzahl weniger Probleme bietet. Zwei Jahre danach setzen drei Pariser Tango-Experten – Camille de Rhynal, Monsieur Pierre (Pierre Jean Phillipe Zurcher-Margolle) und Carlos Cruz – in London Maßstäbe für den künftigen europäischen Tango. Vorbei sind „flimmernde Erotik oder auch sinnliche Laszivität, wie sie sich im Gegenspiel von Melodie, Text und Rhythmus offenbart".[18] Im deutschen Tango gibt es diese Spannungen bald nicht mehr, nur noch auf den Schellackplatten und in Konzerten argentinischer Künstler kommt auch ohne Textverständnis Tango-Feeling auf. Die Mehrzahl der deutschsprachigen Tango-Sänger, vor allem der Tenöre glaubt, durch unmännlich schmalzige und hochgelagerte Stimmen die südamerikanischen Vorbilder erreichen zu können. Das klingt oft ‚betörend' und verstrahlt, versprüht aber – einhundert Jahre danach gehört – eher die Erotik eines Kastraten. Der Deutschen liebster Tango zum Sonnenuntergang über dem Meer ist sowieso bald „La Paloma". Gardel ist etwas Anderes. Und wie zuvor schon die Franzosen, fliegen die Deutschen bereitwillig auf alles, was mit dem Label Tango etikettiert ist und Exotik, Schwüle, Erotik verspricht und in den Modefarben „tango", giftgrün und orange erstrahlt.

Der Wiener Literat Peter Altenberg, der 1897 von der Schönheit weiblicher afrikanischer Körper in der Ashantee-Völkerschau in Wien schwärmte (s. Kap. 2), gehört zu einer Minderheit, die den Leidensdruck der Frau der Dominanz des Tangotänzers gegenüberstellen: „Der Tango ist eine ethische Angelegenheit: Er ist der Ausgleich für alles, was der Mann der

Frau schuldig geblieben ist! Ihre Verzweiflung heißt: Tango! Irgendwo muß sie sich ‚anständig‘ austoben."[19] Indessen spielen Frauen in der Welt des Tangos in Deutschland keine Rolle. Seine Komponisten, Texter, Sänger, Musiker sind Männer. Frauen kommen nur in den Liedtexten vor, z. B. in der Filmversion des „Weißen Rössl" (1930) in merkwürdigen Andeutungen im Tango-Rhythmus, die Kevin Clarke als „Oralsex-Witz"[20] bezeichnet: „Sie war schüchtern noch bis April…/*Refrain:* Und als der Herrgott Mai gemacht/Da hab ich es ihr beigebracht."[21]

Fünfzig Jahre danach wird die Journalistin Stefanie Flamm in der Berliner Tangoszene 1980 beobachten: „Beim Tango dagegen sind die Fronten in der Geschlechterfrage wieder klar. Frauen in engen, hochgeschlitzten Kleidern hängen innig an der Schulter des Partners, als könnten sie nicht alleine stehen. Wange an Wange lassen sie sich von Männern, die wissen, wo es lang geht, über die Tanzfläche tragen, während ihr Unterkörper in seinem Rhythmus kreist. Ihr Aufbegehren ist nicht prinzipiell und in jedem Fall kalkulierbar."[22] Der Münchner Autor und Tangolehrer Ralf Sartori nennt den Tango „die einende Kraft des tanzenden Eros", mit der eine Polarisierung der Geschlechter aufgehoben werden könne. „Auf der Paarebene ist der Mann vordergründig sehr männlich und die Frau vordergründig sehr weiblich. Doch auf der inneren Ebene nimmt er die Inspiration für die Führung aus der Hingabe an sie. Ebenso ist ihre Empfänglichkeit ein höchst aktiver Zustand."[23]

Am 1. August 1914 tritt Deutschland in den Krieg ein. Aus den Kriegsjahren bleiben nur Tango-Anekdoten wie diese: Im Februar 1916 befindet sich der argentinische Tangofan, Journalist und Diplomat Tito Livio Foppa an der deutsch-russischen Front. An einem Abend wollen die deutschen Offiziere ihre ausländischen Pressegäste durch das Abspielen der jeweiligen Nationalhymnen ehren, nur die von Argentinien hat man nicht parat und spielt stattdessen Villoldos Tango „El Choclo".[24]

Bald nach Kriegsende melden sich die schon vor der Mobilmachung aus Nordamerika eingetroffenen Modetänze in der Öffentlichkeit zurück: Ragtime, Onestep, Two Step, Boston und andere (s. Kap. 6). Der Ausgang des Krieges und Millionen in ihm umgekommene Menschen sind jetzt ausreichend Stoff für traurige Gedanken, die man, Discépolos berühmter Metapher zufolge, auch in einem Tango tanzen könnte. Doch davon sind die Deutschen weit entfernt. „Es wurde auch immer offensichtlicher, dass die Orientierungslosigkeit und Angst, die so pathetisch in den Romanen von Erich Maria Remarque zum Ausdruck kommen, sich auf eine überstürzte Flucht zubewegen mussten, die in einem gewissen organisierten Wahnsinn mündete. Tänze, Modetänze, Moden, Frisuren, Dadaismus,

Kubismus und andere künstlerische Tendenzen, die eine ausgesprochene Wichtigkeit in der zeitgenössischen Welt erlangen sollten.“[25]

Auf einen besonderen Unterschied zwischen Paris und Berlin schon in der Tangoszene um 1900 weist Kerstin Lange in ihrer historischen Analyse hin. In Berlin leben in dieser Zeit anders als in Paris kaum Argentinier, auch keine Brasilianer oder Kubaner. „Die Vorstellung von Buenos Aires war in Berlin vage und auch die Anwesenheit von Argentiniern zeigte sich in Berlin in keiner Weise im Stadtbild so präsent wie in Paris. Dadurch unterschied sich die Wahrnehmung von Argentinien in Berlin grundsätzlich, sie war vor allem durch die Abwesenheit von Assoziationen und Bildwelten geprägt. Es lag also nahe, den argentinischen Tango zunächst unter die neuen Tänze im Allgemeinen zu subsumieren, ähnelten doch auch die Vorbehalte stark den nordamerikanischen Äquivalenten.“[26] Damit sind Musik und Tanz afroamerikanischer und somit inakzeptabler Herkunft gemeint. „Die tatsächliche Herkunft des Tangos aus Argentinien spielte in Berlin nur eine zweitrangige Rolle. Die Tangogegner verurteilten eine französische Dominanz sowie den spürbar steigenden Einfluss US-amerikanischer populärer Kultur. Die Herausforderung durch das Fremde wurde durch die Tangogegner zu einer Bedrohung inszeniert. Dabei zeigte sich gerade für Berlin, dass die globalen Dimensionen der populären Kultur auch innereuropäische Machtverhältnisse spiegelten. Den Tangogegnern ging es weniger um die Kritik an der Welt in der Stadt als um die Vormachtstellung der französischen Metropole.“[27] Die Komponisten und Texter deutschsprachiger Tangos zeigen nach dem Krieg diese immense Distanz zum echten Tango Uruguays und Argentiniens im Charakter ihrer Schlager.

Als die neuen Vokal-Tangos mit argentinischen Musikern in Paris auf Schallplatten aufgenommen werden und zusammen mit Produktionen aus Buenos Aires und Carlos Gardels Erfolg von 1917 („Mi Noche Triste“) auf den Markt kommen, kommt das den Leuten spanisch vor, denn sie verstehen kein Wort. Bald gibt es auch genug Tangos in deutscher Sprache, aber selbst die aus Paris und London kommenden, vereinfachten Tanzschritte sind für sie immer noch komplizierter als ihre gewohnten Walzer und Schiebertänze.

Die Kulturwissenschaftlerin Vicky Kämpfe vermutet außerdem: „Der Schieber war proletarisch, jedoch fehlte ihm die innere Leere der Enttäuschung der Immigranten am Rio de la Plata.“[28] Hermann Keyserling empfindet die europäische Tangotanzweise um 1935 als „wollüstig“, brachte aber von seinem Besuch in Südamerika 1911/12 die Erkenntnis mit: „Richtig ausgeführt, bringt der Tango nicht losgelassene, sondern suspendierte Leidenschaft zum Ausdruck, so wie der Rio de la Plata den roten Sand suspendiert dem Meere zuführt. Am meisten ähnelt der echte Tango dem Menuett; nur dass dieses Ausdruck einer Melancholie des Herbstes ist, und jener der Schwermut des Frühlings."[29]

Damit man das Tangotanzen lernen kann, helfen die neuen Medien mit Radio und Schallplatte als Multiplikatoren und Informanten. Ebenso die Tanzschulen mit ihren Verbänden und die neuen Varietés und Kabaretts mit ihren Tango Shows. Zur Erleichterung wird, was nicht passend ist, passend gemacht!

Die neuen wilden, oft nur in Nuancen zu unterscheidenden Modetänze aus Nordamerika verwirren zusätzlich, und mancher Tanzlehrer greift in seiner Not zu experimentellen Schritt-Kombinationen. Sich gegen die vielen Neuerungen zu sperren, macht keinen Sinn. Der verruchte Tango setzt sich trotzdem durch, und nach dem Zweiten Weltkrieg wird auch der Rock'n' Roll gegen alle Widerstände Einzug in die sterile Welt der Nachkriegstanzschulen halten. Was unterscheidet Tango von Maxixe und Milonga? Das weiß auch der Tanzlehrer nicht, der den ‚echten' Tango Criollo nicht kennt. Nur kurze Zeit gibt es einen Tango-Boston, Tango-Walzer und Tango-Foxtrotts. Und 1922 präsentiert Tanzlehrer Reinhold Sommer eine Tango-Quadrille als Formationstanz.

Britische Tanzlehrer sind die ersten, die allgemeingültige Regeln für einige der neuen Ballroom-Tänze aufstellen, um für Unterricht und Wettbewerb verbindliche Standards zu schaffen. Ihre erste Grundregel von 1924 besagt, dass die Tanzschritte ein Gehen simulieren und keine ballettüblichen Bewegungen imitieren sollten. 1929 trifft man sich noch einmal und legt für die vier Standardtänze Walzer, Foxtrott, One-/Quickstep und Tango Grundfiguren und Tempi fest. Diese Standards des Englischen Tanzstils sind auf Dauer im Tango weltweit prägend: *English progressive side step*, Promenade, Linksdrehung, Habanera, Wiegeschritt und *back corté*, der Tangoschritt rückwärts.[30] Weil er wie die anderen Standardtänze geschlossen getanzt wird, kommt der Tango aber nicht in die Sparte „Lateinamerikanisch" – was nicht bedeutet, dass in anderen, streckenweise offen getanzten „Latein"-Tänzen noch echtes lateinamerikanisches Leben stecken würde.

F.W. Koebner beschreibt es so: Es ergab sich also ein Tango, der statt des ‚media in lune' seitliche Foxtrott- und runde Bostonschritte enthielt, die nicht etwa künstlich hineingetragen wurden, sondern sich vollkommen logisch aus den einzelnen Sätzen der Melodie ergaben („Mitternachtstango")[31].

Die europäischen Tanzeleven interessieren sich kaum für die Schrittkombinationen und Bewegungsabläufe des authentischen Tangos. „Natürlich kann man auch Tangoschritte zum Onestep machen – man kann auch

Fisch mit dem Messer essen."[32] Aber man hat so seine Vorstellungen. Der vermeintliche Geruch von Hafenkneipe und die Phantasien lasziver Tanzerlebnisse in einem exotischen Bordell-Ambiente verleiten den europäischen Tangotänzer, und erst recht den Turniertänzer, zu einer Überbetonung von Gestik und Mimik. Damit ließe sich nicht nur manche Unsicherheit im Tanz selbst vertuschen, auch gesellschaftlich nicht akzeptierte Elemente des originären Tango werden damit kaschiert. Stattdessen ist Konversation angesagt. Die argentinische Anthropologin Marta Savigliano[33] interpretiert diese aufgesetzte Emotionalität als Kopie ursprünglicher Leidenschaft, als eine Form von kulturellem Imperialismus. Banaler sieht das der Tanzlehrer Fritz Conradi: „Die sentimentalen Weisen, um nicht Kußhymnen zu sagen, lassen auch den Naturtänzer aus seinen allzumenschlichen Gefühlsregungen jene registrieren, die anzeigt, daß bei allem Selbstzweck, bei aller Freude am Bewegungsmäßigen *Eros* in begreifliche Nähe gerückt ist. – So ist das Leben…Wir können uns trösten, daß das Minnespiel mit den Füßchen, dieses Entweichen und Verfolgen immer schon Inhalt jeden Tangos war."[34] Conradi bestätigt in seiner Tangotanzanleitung „für die Allgemeinheit" auch, dass der „Allgemeintango […] dem Foxtrott ziemlich angeglichen" ist, und schätzt „die Reminiszenz an den argentinischen Papa, die sich im Tangoschritt, den leichten Beugen in den Drehungen sowie im Rückwärtsschritt (Habanera) widerspiegelt".[35]

In England und Deutschland erscheinen Bücher mit Anleitungen zum Tangotanz. Keine lehrt den authentischen Tango. Zu viele Nicht-Argentinier mischen inzwischen im Tango-Geschäft mit. Man will die Schüler, die bisher allenfalls einfache Tänze wie Walzer, Polka oder Schieber im Repertoire haben, nicht mit komplizierten Schrittfolgen und Figuren aus den Tanzkursen vergraulen. Zur Ballsaison 1929/30 nennt man die europäische Version schon den ‚eleganten Tango' mit langen, etwas gezogenen Schritten. „Die Touren sind passé und auch beim eleganten Tango kommt es nur noch auf den Stil, nicht mehr auf die ‚pas' an", berichtet Tanzlehrerin Rathaus vom Pariser Tanzkongress.[36]

Seinen letzten Schliff erhält der europäische Standard-Tango 1935 beim britischen Blackpool Dance Festival, als der deutsche Tänzer Freddy Camp mit seiner Partnerin Alida Pasqual die Bewegungen in einem stakkatoartigen Tempo absolviert. Zur Krönung werfen beide im Moment innovativer Bewegungslosigkeit ihre Köpfe zackig nach links und rechts. „Not suitable!", befinden die Briten. Dennoch verabschiedet sich damit der Tango der Tanzschulen und Tanzprofis endgültig von seinem südamerikanischen Original. Etwa zeitgleich lässt der britische Tanzlehrer und erste Tanz-Weltmeister (1922) Victor Silvester, der in den zwanziger Jahren den Langsamen Walzer als Alternative zum Wiener Walzer und Boston in Deutschland populär machte, den Tango-Rhythmus erstmals vom schnarrenden Beat einer Snare Drum im Orchester unterstützen. Die English-Style-Turniertänzer brauchen einen konstanten und möglichst auch gut hörbaren Beat, den man in London mit 30 Beats pro Minute festlegt. In den ersten Orquestas Típicas und den frühen Tangobands gab es kein Schlagzeug oder Perkussions-instrumente. Man klopfte allenfalls mit den Fingern auf Geigenkorpus und Bandoneón oder schlug mit der Rückseite des Geigen- und Kontrabass-Bogens auf die Saiten (rhythmischer „Canyengue-Effekt"). Mit Romualdo Lomoro kommt 1925 im Orchester von Francisco Canaro auch einer der ersten und wenigen argentinischen Schlagzeuger des Tangos nach Paris.

Eine Annäherung der Deutschen an den originären Tango Criollo wird erstmals ab den 1970er Jahren erfolgen (s. Bd. 3, Kap. 8).

Schlager im Tango-Stil

Wie der Jazz und die afroamerikanischen Modetänze, erweckt auch der Tango das Interesse von deutschen Komponisten der modernen Klassik. So z. B. Ernst Krenek in seinen Opern „Jonny spielt auf" (1925/26), „Das geheime Königreich" (1928) und „Schwergewicht oder Die Ehre der Nation" (1928) oder Kurt Weill 1927 mit dem „Tango Angéle" in der Opera Buffa „Der Zar lässt sich photographieren", der Zuhälter-Ballade in der „Dreigroschenoper" (1928) sowie der Tango Habanera „Youkali" von 1934. In Erwin Schulhoffs „Suite für Kammerorchester" von 1921 ist der dritte Satz ein Tango.

Tango Live-Musik überlässt man zunächst noch den aus Paris anreisenden Orquestas Típicas. Doch die singen weiterhin in spanischer Sprache, und so stürzten sich schon vor dem Krieg deutsche Komponisten und Texter auf dieses Genre.

Nach dem kurzen Vorkriegs-Intermezzo der Operetten-Schreiber ent-decken auch die Hauskomponisten der Varietés den Tango. Fast alle nam-haften Orchesterleiter von Adalbert Lutter und Ben Berlins (aka: Hermann Biek) Tanz-Orchester, von Otto Dobrindts „Saxophon-Orchester Dobbri" bis Marek Weber, Paul Godwin und Barnabás von Géczy arrangieren und produzieren vielfach selbstgeschriebene Tangos. Unter ihnen auch Robert Gaden (aka: Robert Gaedecke) mit seinem Tango-Orchester. Schallplatte und Radio und bald zahlreiche Tonfilme machen die Orchester populär. Tango-Hits entstehen auch in den immer noch zahlreich erscheinenden

Operetten wie der „Tango Marina" in „Melodie einer Nacht" und „Es muss was Wunderbares sein" in Ralph Benatzkys „Weißem Rössl".

Während das Tangotanzen in den neuen Standards nach dem Krieg vorwiegend Tanzschulabsolventen vorbehalten bleibt, entdeckt ein viel größeres Publikum den ‚Tango' ab 1925 als Schlager im Programm der großen Tanzorchester mit Liedern aus Kabarett, Operette und südamerikanischen Titeln mit deutschen Texten. Marek Weber nimmt eine Instrumentalversion von Edgardo Donatos Tango-Milonga „A Media Luz" (1929) auf. Zwischen die Melodieteile platziert er einen Offbeat-Zwischenschlag und im B-Teil folgt die typische synkopierte Akzentuierung des Tangos. Später findet die Melodie von Donato in sehr ähnlicher Form Verwendung in Claire Waldoffs Gassenhauer „Wer schmeißt denn da mit Lehm", allerdings ohne Nennung des Komponisten.[37] Noch lieber verzichten die meisten Kapellmeister zugunsten ihrer GEMA-Einkünfte aus eigenen deutschsprachigen Kompositionen darauf, Original-Tangos zu spielen. Und wenn, dann werden solche von Berliner Studiomusikern für das Niedrigpreis-Label Derby auch als „Argentinische Tango-Kapelle mit deutschem Refraingesang" aufgenommen.

Insgesamt verpassen deutsche Komponisten und Texter den Lebensadern des Tango Criollo eine wirksame Infusion deutschen Gemüts. Statt mehrteiliger Komposition gibt es nur noch A- und B-Teil, Strophe und Refrain. Die Texte der Gaucho-Lyrik, der Einwanderer und sich verzehrender Machos werden ersetzt durch deutsche „Liebesschwulst-, ironisch-kritische Spott- und melancholische Alltagsfrust-Tangos"[38] Der Rhythmus wird reduziert und marschiert entweder im Gleichschritt stramm über zwei Takte mit stereotyper Synkopen-Betonung oder aber hoppelt in leichter Habanera-Akzentuierung über die Violinensaiten. Die Geigen in den Arrangements vervielfachen sich, Schlagzeug kommt dazu. Das Tempo ist allgemein langsamer als das der noch mehr dem Milongastil verhafteten französischen Orchester. In Paris ist man eben nicht so sehr am Tanzsport orientiert.

Das Bandoneón fehlt in den meisten Bands, obwohl man das aus Deutschland in mehr als 30.000 Stück nach Argentinien gelieferte Instrument als den kleinen Bruder des Schifferklaviers kennt, als Bandonion, als ‚Klavier des kleinen Mannes', als „Bergmannsklavier" und „Concertina". Der erste Concertina-Verein gründete sich 1874 in Chemnitz. Seit der Jahrhundertwende gibt es in vielen deutschen Städten Bandonion-Orchester und Vereine; manche schon früher, als man in einem Musizierclub auch ungestört debattieren konnte und sich damit den Reglementierungen des sog. Sozialistengesetzes entzog, mit dem u. a. den Arbeitern verboten wurde, politische Versammlungen abzuhalten. Viele Bandonion-Orchester entstanden daher in Arbeitervierteln. Im Ruhrgebiet „gab es in jeder Stadt [...] ein gutes Dutzend. Das Bandonion gehörte zur Kultur des Reviers wie Schrebergarten und Taubenschlag."[39] Solche Orchester bestehen aus mehreren Bandonions verschiedener Tonlagen, oft kommen Geigen und Gitarre, später auch Schlagzeug hinzu. Man spielt Polkas, Märsche und regionale volkstümliche Musik, manchmal auch Klassisches als Prestige- und Paradenummer wie das auch bei Steelbands auf Trinidad und Tobago zum Pflichtprogramm in Wettbewerben gehört.

Das Bandonion muss man nicht vom Notenblatt spielen können. Jeder Verein hat einen Notisten, der die Musik in ‚Griffschrift‘ übersetzt, also jeder Note eine bestimmte Zahl und Buchstaben analog zu den Knöpfen des Bandonions zuordnet. Das macht das Instrument vor allem für Hobbymusiker attraktiv, die sich keinen Instrumentalunterricht leisten können. (Im Jahr 2010 werden von den mehr als eintausend Orchestern nur noch acht übrig sein. Dann gibt es auch Arnolds Fabrik in Carlsfeld nicht mehr, die, 1948 von der DDR enteignet, als VEB Klingenthaler Harmonikawerke bis 1964 weitergeführt wird. Die besonders in der Tangowelt hochgeschätzten Baumodelle ‚Doble A‘ aus dem Erzgebirge werden nicht mehr hergestellt.)

Während Carlos Gardel in Buenos Aires 1923–27 seine ersten Tangos und Milongas nach dem Vorbild Villoldos nur zur Gitarrenbegleitung singt und dem bis dahin überwiegend instrumentalen Tango eine massenwirksame gesangliche Erweiterung verleiht, kompensieren die deutschen Tango-Sänger die ihnen fehlende Seele des Tango ganz pragmatisch. In den ersten Jahren unterstützt z. B. eine deutlich rhythmische Sprache den konstanten und durch wenig Brücken oder Zwischenteile unterbrochenen Rhythmus: Fred Raymonds „In einer kleinen Konditorei, da sah'n wir uns zwei" (1929) oder „Fräulein Pardon, ich glaub wir kennen uns schon" (1928), „Schöner Gigolo, armer Gigolo, denkst du noch an die Zeiten" (1929), „O Donna Clara, ich hab dich tanzen gesehn" (1930) oder „Es muss was Wunderbares sein." (1931). Die Synkopen-Akzentuierung geschieht in Worten wie „sah'n wir", „ich glaub wir", „tanzen" und „Wunderbares". Curt Bois' Sprechgesang des Hits „Guck doch nicht immer nach dem Tango-Geiger hin" ist 1930 eine andere Option. Eigentlich könnten die deutschen Komponisten ihr Tango-Wissen problemlos durch eine Reise nach Bremen erweitern. Dort ist der Komponist des Welterfolgs „La Cumparsita" Gerardo Matos Rodríguez nach einem Paris-Aufenthalt für kurze Zeit „en una misión delicada y histórica" unerkannt als Honorar-Konsul Uruguays tätig.[40]

Die deutschen Tangotexte haben aber nichts vom Rotlicht-Milieu des La Plata. Anstatt von leidenschaftlicher Verzehrung und Rivalität singt man vorwiegend Humorvolles, manchmal Doppeldeutiges, gelegentlich auch Sozialkritisches wie Fritz Löhner-Bedas „O Donna Clara"-Text über einen bürgerlichen „Genießer aus Posen", der eine Tänzerin anschmachtet, von einem Abenteuer mit ihr träumt und sich dann doch feige an den heimischen Tisch mit Gänsebraten und viel Petersilie setzt.

Ab Mitte der dreißiger Jahre lösen sich die Tango-Texte vom musikalischen Marsch-Rhythmus, der dann schon fast wie eine Habanera klingt und auf jede hörbare Synkopierung verzichtet. Silben werden länger gehalten wie in Rosita Serranos „Roter Mohn" (1938), Zarah Leanders „Der Wind hat mir ein Lied erzählt" (1938) und Pola Negris „Hörst du den Tango, den Tango Notturno" (1937). Schließlich gibt es auch Tangos, die das Original nur noch in homöopathischen Dosierungen erahnen lassen, wie Willy Rosens *Japanischer Tango* „Kleine Mitsu", gespielt von Marek Weber.

Rosen schreibt Tangos mit exotischem Touch. Nach „Doch in Hawaii" veröffentlicht er vor seiner Flucht vor dem NS-Regime das „Negerbübchen", das im von den Nazis gleichgeschalteten „Fachblatt" kritisiert wird: „Die Sucht, alles Schwarze zu verherrlichen und nach Niggersongs wie die Affen herumzuspringen, teilen wir nicht. Uns ist die Erkenntnis des rassischen Gedankens aufgegangen, als Sie von uns gingen, und sich nach der Schweiz verdufteten."[41]

Negerbübchen
Schlaf mein kleines Negerbübchen, schlafe bitte gleich
träum mein kleines Negerbübchen, dass du groß und reich
Hoch der Mississippi singt ein Wiegenlied, so süß
auch für kleine Negerbübchen gibt's ein Paradies.

Der gleiche Kritiker führt als lobenswerten ‚Volkssong' einen Slowfox von Walter Jaeger mit diesem Text ins Feld:

Bleibe immer brav, ich sing dir zum Schlaf
jetzt ein Liedchen und dann schläfst du schön.
schließ deine lieben blauen Äuglein zu.
Schlaf wohl und träume süß, mein Liebling du.

Es ist bemerkenswert, wie viele Schlager in dieser Zeit als Tangos geschrieben und noch im Jahr 2000 populär sein werden. Eine vom Oldenburger Forscher Fred Ritzel erstellte Statistik[42] zeigt für die Zeit nach der

Weltwirtschaftskrise 1928 bis 1938 eine Verzehnfachung der Tango-Notenausgaben im Musikalienhandel. Interessanterweise erhöht sich die Titelzahl von 1933 bis 1938 noch einmal um 60 Titel.

Anfangs verbindet sich mit den bekannten Tango-Titeln nur eine Erinnerung an ein Orchester, selten an die Sänger, die vor den Orchestern stehen. Sie sind oft stimmgewaltige Baritons und Tenöre, wie Leo Monosson (1897–1967), der nach seiner Flucht aus Moskau über Warschau, Paris und Wien 1923 nach Berlin kommt. In den folgenden zehn Jahren nimmt er unter zahlreichen Künstlernamen (u. a. Leo Frey, Leo Frank) über 1400 Lieder auf, darunter auch viele Tangos, von denen er manche auch in Filmen singt. Andere Sänger sind der Wiener Ludwig Bernhuber, auch bekannt als Luigi Bernauer („Fräulein Pardon") oder Fred Lustig, und Wilfried Sommer („Es muss was Wunderbares sein"), Max Mensing („Oh Donna Clara") und Max Hansen („Und als der Herrgott Mai gemacht").

Tango-Paläste

Berlin muss sich mit seinen Ende des vergangenen Jahrhunderts errichteten Varietés und anderen Vergnügungsstätten nicht hinter denen von Paris oder London verstecken. Im Oktober 1928 beginnen unweit der Gedächtniskirche die Bauarbeiten für den Femina-Palast, ein anderer ist mit dem Gourmenia-Palast nach Entwürfen von Leo Nachtlicht bereits in der Hardenbergstraße im Bau. Ab 1929 werden dort auch Tango-Orchester wie das von Manuel Romero auftreten.

Der Femina-Palast öffnet im neuen, 185 m langen Gebäudekomplex in der Nürnberger Straße als „Das Ballhaus Berlins" mit Travertin-Fassade und einem Stilmix aus Art Deco, Neuer Sachlichkeit und Bauhaus. Mehrere Bars und ein großer Tanzsaal mit zwei Rängen warten auf 2000 Besucher. Überall spielen Kapellen, es gibt Tischtelefone und eine Rohrpost für eilige Flirtaktionen. Bei Bedarf öffnet sich ein gläsernes Dach über den Tänzern. In das Grand Café im Erdgeschoss zieht 1931 Willi Schaeffers` „Cabaret für alle" ein. Trotz allem macht die Femina 1933 erst mal dicht und feiert mit Teddy Stauffer und anderen Swing-Größen Ende 1935 ein Comeback. Während des Kriegs wird der Komplex weitgehend zerstört werden. Im noch nutzbaren Vorderhaus werden sich das Kabarett „Ulenspiegel", Kinos und die berühmte Jazzkneipe „Badewanne" von Helmut Brandt (1948) in diesem später nach dem angrenzenden Gebäude ‚Tauentzienpalast' genannten Komplex einrichten. Das Gourmenia-Haus wird von den Nazis in Haus Germania umbenannt und später durch Bomben zerstört. Zur

Eröffnung der Femina spielt 1929 ein „Original spanisch-argentinisches
Tango-Orchester" unter der Leitung von Juan Llossas (Abb. 3). Llossas
(1900–1957) ist Katalane und Mitglied der spanischen Faschistenbewegung
‚Falange'. Er war Klosterschüler in Barcelona mit Klavier- und Orgelunter-
richt, bis er mit 16 Jahren unerlaubt den Padres den Rücken kehrte, um
sein Glück in Südamerika zu finden. Doch er kam zuerst nur bis Teneriffa
und wurde als Erziehungsmaßnahme zu Verwandten nach Kuba verschifft,
wo er seine erste eigene Band gründete. Weiter als Mexiko ist er bei diesem
Ausflug nicht gekommen, auch in Argentinien war der spätere Tango-König
nie. Von der Akademie für Tonkunst in Darmstadt führte ihn sein späterer
Weg 1923 an die Musikhochschule in Berlin. Llossas spielte in Clubs,
schrieb erste Tangos und Kompositionen anderer Genres. Sein „Original
argentinisches Tango-Orchester" hat mit dem Schlager „Oh Fräulein
Grete"(1930) erste Erfolge: „Oh Fräulein Grete, wenn mich mit Ihnen tanz'
/ Oh Fräulein Grete, gehör' ich Ihnen ganz." – Viele Orchester übernehmen
das Lied im gleichen Jahr, als Greta Garbo ihren ersten Tonfilm dreht. Es
wird bald das Hauslied im Café Esplanade, einem beliebten Treffpunkt für
Lesben, der bald von den Nazis geschlossen wird.

Bei der Eröffnung der Femina trat Llossas gegen die Orchester von Julian
Fuhs und Ernö Geiger an. Auch das international besetzte Orchester von
Bernard Alemany und Theó Bayo gehört bald zu den Attraktionen der
Femina. Als ersten deutschen Tango-König feiert man aber Llossas, nach-
dem erste Schallplatten von ihm mit Tangos, Foxtrotts und exotischen

Abb. 3 Orchester Juan Llossas (rechts außen)

Kongo-Phantasien („Nachts am Kongo") erschienen sind. Er tourt in ganz Europa, ist auch häufig in Hamburg zu Gast. Llossas schreibt Latin-Hits („Tango Bolero", „Penny Serenade", „Darf ich um den nächsten Tango bitten") nicht nur für seine eigenen Orchester und für Sänger wie Rudi Schuricke. Der Geiger Barnabás von Géczy inszeniert Llossas' „Tango Bolero" 1939 mit Kastagnetten-Klang in einem dramatischen Ravelschen Boléro-Intro als ein fast symphonisches Werk.

Llossas kommt gut durch die Nazi-Wirren, denn seine Musik wird auch von Nazi-Größen geschätzt. Den Jazz soll er selbst einmal einmal als „Urwaldgeheule" bezeichnet haben.[43] Im Krieg leitet Llossas 1942–1944 ein Orchester für die Unterhaltung deutscher Soldaten an der Ostfront. Danach bekommt er ein eigenes Radioprogramm (Tango Time) bei BFN/British Forces Network in Hamburg, für das er vier Jahre lang fast jede Woche einen neuen Tango in der Musikhalle für Sendungen der BBC aufnimmt. Ebenfalls in Hamburg übernimmt 1948 der Geiger und Kapellmeister Alfred Hause (1920–2005) die Leitung des Tanz- und Unterhaltungs-orchesters des MWDR (später: NDR). Hause wird nach Juan Llossas der nächste deutsche Tango-König.

Tango-Blüten

Bereits im April 1930 wird der Erlass „Gegen die Negerkultur – Für deutsches Volkstum" des thüringischen Ministers Wilhelm Frick zum Vor-boten rassistischer Säuberungsaktionen in der Kunst und insbesondere in ,entarteter' Musik, zu der der Tango allerdings noch nicht gezählt wird. Dafür aber alle Arten schwarzer Musik. Als Jahre später für eine Rückkehr zu traditionellen deutschen Tänzen eine „deutsche Spielweise" für Fox-trott und Pasodoble gefordert wird, haben deutsche Tango-Orchester den Rhythmus des Tango schon auf eine marschähnliche Schablone mit dem 4/8-Schlag und der stoischen Synkopierung auf 4-*und* oder 8-*und* ein-gedampft. Man tanzt ihn inzwischen allgemein etwas schneller und ohne Figuren des Originals als „French Tango".

Mit „La Ranchera" präsentiert Anfang der dreißiger Jahre das französische Profi-Tanzpaar Lyett & Ronald bei einem Tanzwettbewerb in Bad Nauheim[44] einen angeblich neuen argentinischen Tanz. Dieser Tanz kann sich weder in der Turnierwelt noch in den Ballhäusern durchsetzen.

Ähnlich erfolglos bleibt um 1933 auch *La Tanganilla*, die keine Hybrid-frucht aus Tangerine und Vanille ist, sondern vom Österreicher Franz Lukas „unter Mitarbeit des Fachkomitees des Gremiums der Tanzmeister für

Wien" als neue Tango-Variation und „erster moderner Dreivierteltakt"[45] mit ausgeprägter Achtelnote vorgestellt wird. Man tanzt sie in der Abfolge *Tanganilla,* Jageschritt (*Cazar*), Eisschritt (*Patinar*), Wechselseitschritt (*Muda el Lado*) und Wendeschritt (*Volver*). Einen passenden Schlager im Foxtrott-Rhythmus und mit Poetry-Slam auf Kita-Niveau gibt es auch dazu:

> Spiel mir eine Tanganilla
> auf deiner Gitarrilla
> mit süßer Melodie
> Spiel für deine Dona Grata
> die schöne Serenata
> voll Glut und Fantasie
> Komm in meine Kammerilla
> wir tanzen Tanganilla...[46]

Ganz in weiß: Was Paul Whiteman für den Swing der dreißiger Jahre in Deutschland ist, wird der Komponist, Bandleader und Geiger Eduardo Bianco (1892–1959) für den Tango. Bianco genießt zwischen 1926 und 1944 den Ruhm eines „authentischen" Tangokönigs in Europa. Seine Sympathie für Faschisten-Führer ist bekannt und scheint niemanden zu stören. Bianco stammt aus einer musikalischen Familie aus Rosario in der Provinz von Santa Fé, die nach Buenos Aires zog, wo der Vater im Viertel Abasto als Gesangslehrer unterrichtet und Biancos Bruder Francisco ein Jugendfreund von Carlos Gardel ist. Mit dem Bandeonisten José Schumacher und dem Pianisten Luis Cosenza kommt Bianco 1922 im Pariser Capitol unter. Nächste Station ist Manuel Pizarros argentinisches Restaurant El Garrón. Pizarro ist neben Eduardo Arolas der bekannteste in Europa auftretende Bandoneonist vom La Plata. In Zusammenarbeit mit Roberto Firpos Bandoneonspieler Juan Bautista Deambroggio, genannt ‚Bachicha', entsteht 1926 das Orquesta Típica Bianco-Bachicha, dem neben argentinischen auch europäische Musiker angehören. Man spielt mitunter mit vier Bandoneóns, und auch sie präsentieren sich mit Halstuch, Bombacho-Hosen und Bolero-Jacken. Sie nehmen einige Platten auf und gastieren fast überall in Europa. Als die Band auseinandergeht, ruft Bianco 1928 neue Musiker aus Buenos Aires nach Paris.

Biancos Orchester etabliert sich an den besten Adressen Europas, spielt für gekrönte Häupter und Diktatoren. Monatelang tourt er 1935 durch Russland und lässt sich nach dem Moskauer Konzert von Stalin beglückwünschen. Auch Spaniens Faschist José Antonio Primo de Rivera, Mustafa Kemal Atatürk, Mussolini und König Vittorio Emmanuelle und

Kommandeure der französischen Fremdenlegion laden ihn ein. Dann kommt er 1939 für vier Wochen nach Berlin. Das Gastspiel Francisco Canaros mit seinem Tango Orchester in der Scala[47] ist jetzt schon drei Jahre her und Emil Roósz spielt in diesen Tagen mit seinem Orchester Tangos im Hotel Excelsior am Anhalter Bahnhof. Die deutsche Wehrmacht hat gerade Polen überfallen, und Bianco gibt mit seinem inzwischen multinational besetzten Orchester ein Konzert in der Scala, dem einer (sehr zweifelhaften) Legende nach auch u. a. Hitler, Bormann und Hess beiwohnen. Fortan bleibt Bianco mit seinen Musikern in Deutschland. Er spielt in den Rundfunkstudios und für die Truppen in den von den Deutschen besetzten Gebieten. Auch für Gäste des NS-Regimes bei einer typischen Asado-Grillparty im Garten der Argentinischen Botschaft. In Deutschland hat Bianco sein Repertoire längst dem allgemeinen Tango-Geschmack angepasst. Seinen Tango („Destino") widmet er dem „Duce", aber groteskerweise wird „Plegaria" einer seiner wenigen großen Tango-Erfolge, der als ‚Tango des Todes' im Pflichtprogramm der KZ-Orchester traurige Berühmtheit erlangt. Er inspiriert Paul Celan zu seinem zunächst „Todestango" genannten Gedicht „Todesfuge".

Nach einem Bombenangriff beschließt Bianco 1944, Deutschland zu verlassen. Der Dichter Enrique Cadicamo, Autor des Buches „Historia del Tango in Paris" und Zeitzeuge der *Época de Oro* des Tango an Seine und La Plata, vermutet, Bianco sei ein Agent der Gestapo gewesen.[48] In den fünfziger Jahren kehrt Bianco noch einmal mit Julian Plaza, Carlos Marcucci, Jorge Frigola und Attilio Stampone nach Europa zurück.

Einer von Biancos Musikern ist der Bandoneonist Hector Gentile, der 1936 auf Veranlassung von Bernardo Alemany nach Paris gekommen war und während des Krieges das Cuarteto Argentino leitet, das für den Reichs-propagandasender und dessen Kurzwellenprogramme Musik für Süd-amerika aufnimmt. Vermutlich spielte er auch im Quartett des Geigers José Cacopardo, das im Oktober/November 1941 für den Berliner Kurzwellensender diverse lateinamerikanische Titel mit Trompete, Geige, Akkordeon und Klavier einspielt.

Bei Ausbruch des Krieges bleibt Argentinien zunächst neutral und weigert sich bis 1944, die Beziehungen zu den Achsenmächten abzubrechen. Dann aber übernehmen Militärs die Macht, und auf Druck der USA erklärt auch Argentinien noch 1945 Nazi-Deutschland den Krieg. Ein Jahr später kommt der am Putsch beteiligte Juan Perón an die Macht und im Juni 1947 bereist Evita Perón Europa, um für den Peronismus Argentiniens zu werben. Vermutlich steht sie dabei auch in Diensten der ‚Rattenlinie', die flüchtigen Nazis zur Flucht nach Argentinien verhilft. In der Schweiz lernt sie den deutschen Komponisten Peter Kreuder kennen, der ihr – in seiner Darstellung[49] – nach einer heißen Liebesnacht nach Argentinien nachfolgt (s. Bd. 2, Kap. 1).

Nazi-Tango

Aus dem Tango-Viertel San Telmo reist Magdalena Nile del Río 1924 mit ihren Eltern nach Spanien, in die Heimat ihres Vaters, eines Gitarristen, und ihrer Mutter, einer Tänzerin. Sie wurde während einer Tournee ihrer Eltern in Buenos Aires geboren und kehrte später aus Malaga dorthin zurück. Magdalena ist mit 14 Jahren jetzt doppelt so alt wie bei ihrem ersten Auftritt in Buenos Aires, als sie im Teatro Romea auftrat und sich dabei den beiden Diven La Argentina (in Buenos Aires geborene spanische Ballett-Tänzerin und Choreographin, 1890–1936) und Pastora Imperio (1889–1979) als ebenbürtig erwiesen haben soll. Die Imperio ist ihre Mentorin und nennt sie ihre ‚Petit Imperio'. Zurück in Spanien, wählt Magdalena als Schauspielerin, Tänzerin und Sängerin künftig den Künstlernamen Imperio Argentina (1910–2003). Ihr Vorbild La Argentina wurde durch selbst choreographierte Tänze zu Kompositionen zeitgenössischer spanischer Komponisten berühmt, die neben Flamenco auch lateinamerikanische Elemente enthalten. (s. Kap. 7) 1926 trat sie in Berlin auf. Zwei Jahre später steht ihr ‚Patenkind' Imperio Argentina für den deutsch-spanischen Stummfilm „Herzen ohne Ziel" vor der Kamera. und singt in anderen Filmen wie „La Cosa es Seria" und „Melodía de Arrabal" Tangos im Duo mit Gardel. Um 1937 soll Hitler ihre Tonfilme gesehen und Goebbels gebeten haben, Imperio Argentina die Hauptrolle in einer Verfilmung der Lola-Montez-Biographie anzubieten. Daraus wird nichts, sie macht aber neben spanischen Filmen, die während des Bürgerkriegs in Berlin hergestellt werden, zwei andere Filme in Deutschland: „Andalusische Nächte" (1938) und „Hinter Haremsgittern" (1940). Imperio Argentina wird später behaupten, dass sie die Ereignisse der Pogromnacht im November 1938 schockiert hätten. Sie arbeitet jedoch weiterhin für die Ufa, und ihre Affinität zu den Nazis und zu Generalísimo Franco wird ihr Boykottaufrufe und Proteste vor Theatern in Buenos Aires, Mexiko und New York einbringen.[50] Gerüchten über eine Liebelei mit Hitler (und Goebbels) tritt sie in ihren Memoiren mit entlarvender Offenheit entgegen: „In meinem Leben hat es viele Männer gegeben, aber es war immer Liebe im Spiel und von diesen spreche ich ausführlich in diesem Buch. Wenn Hitler mich gemocht hätte, wäre ich auch mit ihm ins Bett gegangen"[51]

Irgendwie vergleicht man in Deutschland lateinamerikanische Künstler immer wieder mit einer Nachtigall, ganz egal wie kunstvoll deren Gesang nun ist. Vor der „chilenischen Nachtigall" (Rosita Serrano) war es eine „Nachtigall der Pampa" im schwarzen Anzug, den legendären Hut mit breiter Krempe über geölten Haaren: Carlos Gardel, ein Künstler, der seine französische Herkunft bis zu seinem Tod durch allerlei Schachzüge verbergen wollte und seinen Namen verändert hatte, was noch Jahrzehnte später Argentinier veranlasst, Vergleiche seiner DNA mit der seiner Mutter und Toulouser Verwandtschaft zu fordern. Wie seine in Portugal geborene brasilianische Kollegin und Star des bürgerlichen städtischen Samba, Carmen Miranda, tritt Gardel, der Star des Salon-Tangos, nie in deutschsprachigen Ländern auf. Aber es gibt hier seine Platten.

> Gardel war damals bereits stark übergewichtig und hatte einem Kollegen gegenüber die Absicht geäußert, er wolle nicht mehr auftreten, weil das Publikum ihn nervös mache. In Wirklichkeit waren die Säle nicht mehr ausverkauft und sein Rennstall und die häufigen Pferdewetten schienen auch eher Verluste einzufahren. [52]

Das Zimmer auf der Leinwand ist fast dunkel. Man hört vordergründig Carlos Gardel mit „Por una Cabeza". Ein Mann wirft sich in Schale, steckt sich am Ende das NS-Parteiabzeichen an und begibt sich in eine Party-Gesellschaft von SS-Schergen. Auf der Bühne spielt eine Kapelle, aber man hört sie nicht. Nur wenige tanzen[53].

Zum Zeitpunkt dieser Szene des Filmes „Schindlers Liste", ist Gardel bereits tot, 1935 bei einem Zusammenstoß zweier Flugzeuge verbrannt über dem Flugplatz von Medellín in Kolumbien. Ein tragisches Ende des nur 44-jährigen Weltstars, das seither Gerüchteküche und Verschwörungstheorien beflügelt, weil sein Flugzeug von einem gleichzeitig – aus welchem Grund auch immer – startenden Flugzeug mit deutschen Piloten einer deutsch-kolumbianischen Fluggesellschaft (SCADTA) gerammt wurde, hinter der man die NS-Regierung vermutet. Diese Fluggesellschaft wird später als Versuch der Nazis gedeutet, unter Umgehung der Bedingungen des Versailler Vertrags heimlich eine Luftwaffe aufzubauen.[54] Wahr ist wohl, dass die nationale Fluglinie und das deutsch-kolumbianische Joint Venture in einem harten Konkurrenzkampf standen und das NS-Regime alle Mitarbeiter dieser Fluglinie, die von den Südamerikanern argwöhnisch als Mitglieder einer 5. Kolonne gesehen wurden, über Japan nach Deutschland bringen ließ – von der Gestapo, mutmaßt die New York Times.[55] Grund genug auch für Gardel-Fans, in Gardel ein Opfer des Nazi-Regimes zu sehen. Die beiden Airlines fusionieren später zur Avianca.

„Die Geschichte tanzt Tango
Kluge: Du sagst, die Geschichte tanzt Tango. Tango ist ja ein Schleichtanz.
Müller: Nein, nein, ein Tanz, der vor- und zurückgeht. Und der eigentlich
Bewegung vortäuscht. Aber das Zentrum bleibt gleich."
(Alexander Kluge und Heiner Müller im Gespräch)[56]

So sehr der Tango Criollo als Musik, Tanz und Lied über Jahrzehnte in
Deutschland verändert wurde, so dauerhaft ist Tango gleichzeitig ein beliebter
Terminus für die Umschreibung bestimmter Situationen. Man begegnet ihm
in Titeln von Kunstwerken und in der Literatur als Synonym für schwüle
Exotik und spannungsreiche Erotik. Auch steht er, wie Kluge und Müller im
Gespräch andeuten, für eine Situation, in der zwei Menschen oder Positionen
miteinander verbal um Wahrheit, Herrschaft oder Wirklichkeit ringen.
Wie in Slawomir Mrozeks 1964 geschriebenem Stück „Tango" zwischen
Revolution und Konterrevolution oder im berühmten „It Takes Two to
Tango"[57] als Antwort von Ronald Reagan 1982 auf die Frage, warum er denn
nicht mit dem russischen Aussenminister Andrei Gromyko sprechen wolle.

An den Tango der zwanziger Jahre erinnert man sich in Deutschland
nach dem Krieg besonders durch den Film „Some Like it Hot" (1959) des
jüdischen Emigranten Billy Wilder, in dem Jack Lemon als Daphne mit
dem verliebten Alt-Playboy Osgood „La Cumparsita" aufs Parkett legt.

Fünfzig Jahre später wird man in der TV Show „Let's Dance" (RTL) ganz
auf eine Musik verzichten, die auch nur entfernt nach Tango klingen würde.
Hauptsache, das Tempo stimmt. Ein gut informiertes Publikum aber kennt
sich durch die Renaissance des Tango Criollo in den 1980er Jahren sehr viel
besser in traditionellem Tango bis zum Tango Contemporáneo aus als die
Tango-Fans des frühen 20. Jahrhunderts (s. Bd. 3, Kap. 8).

„Yiddish" Tango

Der Tango vom La Plata wäre nicht ein Kulturgut mit multi-ethnischem
Migrationshintergrund, wenn nicht auch jüdische Einwanderer in ihm
ihre Spuren hinterlassen hätten. Im Vergleich zu denen italienischer oder
iberischer Migranten sind sie vielleicht geringer, aber es würde auch
niemand von italienischem oder spanischen oder gar christlichem Tango
sprechen. Und doch gibt es einen „Yiddish Tango". Seit Jahrhunderten
litten die Juden in Russland unter Diskriminierung und Verfolgung. Man
nutzte die Ermordung des russischen Zaren Alexander II. von 1881, um
den Hass gegen jüdische Mitbürger in der Bevölkerung noch zu vertiefen.

In einer ersten Pogromwelle wurden jüdische Siedlungen vernichtet, und bis zur Revolution von 1917 folgten weitere Aktionen, die von einer Reihe anti-jüdischer Gesetze flankiert waren, mit denen erhebliche Einschränkungen für die Ausübung bestimmter Berufe wirksam wurden. Vermutlich hat dies dazu geführt, dass sich mehr russische Juden als zuvor als Musiker durchs Leben schlagen mussten.

Philanthropische jüdische Geschäftsleute hatten seit dem Ende des 19. Jahrhunderts nach Möglichkeiten gesucht, verfolgte Juden aus Russland und anderen Ländern Ost- und Südosteuropas und Kleinasiens in andere Regionen, z. B. nach Argentinien, umzusiedeln. Russische Juden waren dort als Einwanderer besonders willkommen. Der Brite Sir Moses Montefiore (1784–1885), ein Vordenker der Besiedlung Israels, finanzierte jüdische Siedlungen wie die 1902 eröffnete „Colonia Montefiore". Maurice de Hirsch, eigentlich Moritz Freiherr von Hirsch auf Gereuth, ein in Paris und Brüssel lebender Bankkaufmann aus München, errichtete u. a. Lucienville in Entre Rios (1900) als erste „Sociedad Agrícola Israelita", und Moisés Ville in der Provinz Santá Fe (1889). Moisés Ville entstand nach der Ankunft des Schiffes Wessel mit 120 Familien (828 Menschen) aus Russland an Bord und wurde Heimat der *Gauchos Judíos*. Viele andere jüdische Immigranten ließen sich in den großen Städten nieder. Verzeichnete der argentinische Zensus 1887 gerade 336 Juden in Buenos Aires, stieg deren Zahl in ganz Argentinien infolge der von Hirsch 1891 gegründeten Jewish Colonisation Association sehr stark an. Mehr als 250.000 jüdische Einwanderer kommen zwischen 1900 und 1940.[58] Davon sind wahrscheinlich allein 45.000 auf der Flucht vor dem NS-Regime in Deutschland.

Am 25.4.1896 informierte das Vorarlberger Volksblatt über den Tod von Maurice de Hirsch. In derselben Rubrik warnt das Blatt vor einem jüdischen „Mädchenhändler" aus Buenos Aires.

Der ‚weiße Sklavenhandel' war eine Kehrseite der jüdischen Immigration aus Osteuropa. Zuerst getarnt als Hilfsorganisation (Varsovia Jewish Mutual Aid Society), und später nach einem ihrer Begründer Zwi Migdal genannt, war diese Organisation in mehreren Ländern Südamerikas aktiv. Mit der Attitude orthodoxer Gläubigkeit unterstützte sie lokale Kunst und Kultur wie das Jüdische Theater. Zwi Migdal kontrollierte gleichzeitig wesentliche Bereiche des Prostitutionsgeschäftes in Buenos Aires. Wenn es einen nach-weisbaren Anteil jüdischer Einwanderer an der Entwicklung des Tango geben sollte, sollte man ihn nicht im damaligen musikalisch-tänzerischen Bereich suchen, sondern im von Ostjuden mitgetragenen Milieu von Tanz-hallen und Prostitution. Denn zu seiner Entstehung vor der Ankunft der großen Einwandererströme können sie kaum beigetragen haben, weil die meisten Immigranten zuerst in Siedlungen des Hinterlands gelenkt wurden. Unter den Gauchos Judíos sind keine Payadores bekannt geworden. Möglicherweise lebten die jüdischen Siedler nicht sonderlich integriert, wie es im Drama „El Gaucho Judío" (1916)[59] in der Isolation eines Gauchos jüdischen Glaubens unter christlichen Kollegen gezeigt wurde.[60] Es gibt auch keine Hinweise auf eine überdurchschnittliche Zahl von Musikern unter allen jüdischen Immigranten des frühen 20. Jahrhunderts. Als sie in Scharen ankamen, spielten Villoldo und Gobbi bereits Tangos im Café Hansen und bald auch in Paris.

Tangomusiker finden sich auch unter späteren Ankömmlingen selten. Simon Bajour (1928–2005) stammt aus einem Dorf nahe Warschau in Polen. Er ist seit seinem fünften Lebensjahr vom Geigenspiel der Roma hingerissen und kam als ausgebildeter klassischer Geiger 1937 mit seinen Eltern nach Argentinien, wo ihn ein Konzert des jüdischen Tango-Violinisten Raul Kaplún für den Tango begeisterte. Später (1960) wird er erster Geiger in Piazzollas „Quinteto Nuevo Tango".

Es ist vor allem die Generation der in Argentinien geborenen Einwanderer-Kinder, die als Musiker neben Klassik und Varieté auch im Tango aktiv wird. Die meisten machen es nicht hauptberuflich. Manche sind Ärzte und Journalisten, viele arbeiten auch als Texter und Arrangeure: z. B. Samy Friedenthal (Geige), Isaac Rosofsky (aka Julio Jorge Nelson, Radiopromoter), Miguel Nijensohn (Piano), Bernardo Stalman, Mario Abramovich (Mitbegründer des Sexteto Mayor in 1973).

So auch der Schumacher Moti Rubinstein, der 1906 mit seiner Frau María Kaplán, einer Lehrerin, mit drei Töchtern aus der Ukraine nach Argentinien kam. In Buenos Aires bekamen sie sieben weitere Söhne. Elias Rubinstein (aka Elias Randal, geboren 1920) erinnert sich: „Es waren Zeiten großer Hungersnot, und weil ich selbst sehr klein war, verkauften mein Bruder Mauricio und ich zusammen Schnürsenkel und Schuhcreme in den Bars der Avenida De Mayo, und auch im Stadtteil von Boedo, das brachte uns jeden Tag ein paar Münzen ein, die wir unserer Mutter gaben, um etwas zu Essen zu kaufen."[61] Mit dem Tango kam zuerst sein Bruder Luis in Berührung. „Ob er nun die Schule beendet hat oder nicht, die Straße war seine beste Schule." Luis hatte 1935 eine Ahnung, dass bei den neuen Radiostationen ein großer Bedarf an guten Stimmen für Musikaufnahmen und Hörspiele entstanden war. Mit seinen Brüdern gründete er die Primera Academia Argentina de Interpretación, zu deren ersten Lehrern der für seine treibenden Tango-Rhythmen berühmte Orchesterleiter Osvaldo Pugliese gehörte, unter den Schülern waren die Komponistin Eliada Blazquez und der Bolero-Sänger Gregorio Barrios.

Arturo Bernstein wurde 1882 in Petropolis geboren, einem Zufluchtsort vieler jüdischer Immigranten aus Deutschland in den Bergen nahe Rio
de Janeiro, und siedelte jung nach Argentinien um, wo er 1903 im Café
Royal zum ersten Mal auftrat. Als „El Alemán" war er auch einer der ersten
Bandoneonspieler. Sein Geld aber verdiente er, wenn es Jobs gab, mit Klassik
und Oper. „Wenn du in das Café kommst, und die Jungs haben ein Blatt
Papier vor sich, kannst du sicher sein, dass es die Band von Alemán ist"[62],
erzählte man sich zu jener Zeit, als die meisten Tangomusiker nur nach
Gehör spielten. Gute musikalische Ausbildung erleichterte aber den Kindern
jüdischer Immigranten den Zugang in die Musikszene.

Ricardo Feierstein listet in seiner Geschichte der Juden in Argentinien
nur vier jüdische Tango-Pianisten auf, aber über 40 Geiger, darunter Israel
Kaflún (1910–1990), Sohn bessarabischer Einwanderer, die als fahrende
Händler von Hüten und Mützen ihr Geld verdienten. Musische Bildung
ist wichtig in jüdischen Familien und so schickten ihn seine Eltern zum
Geigenunterricht. Der deutschstämmige Edmund Weigand war einer seiner
Lehrer.

Je schwieriger die Situation des Tangos am La Plata in den dreißiger
Jahren wurde und das Publikum bei Laune gehalten werden musste, desto
größer wurden die Ansprüche der Komponisten und Bandleader des Tangos
an ihre Solisten. Aus Israel Kaflún war inzwischen Raúl Kaplun geworden,
der bald neue Maßstäbe in der Qualität des solistischen Geigenspiels im
Tango setzte, wie sie Júlio de Caro für den Tango insgesamt vorgegeben
hatte. Gut ausgebildete Musiker, wie die meisten jüdischer Herkunft, hatten
eindeutig bessere Chancen.

Die notwendige Hispanisierung der Namen der jüdischen Musiker war
auch der Tatsache geschuldet, dass die vermutete Verbindung der Juden zu
Prostitution und Menschenhandel antisemitische Einstellungen besonders
gegenüber sog. Ostjuden („rusos") in Argentinien förderte.

Auch im Musikgeschäft und in dessen Medienumfeld hatten jüdische
Geschäftsleute wesentlichen Anteil an der Popularisierung des Tangos: der
Kinomagnat, Produzent und Schallplattenlabel-Inhaber Max Glücksmann
oder der Verleger Julio Korn, der mit seinem Bruder u. a. die Zeitschrift „La
Canción Moderna" mit Tango-Liedtexten herausgab und einen der größten
Musikverlage Argentiniens gründete.

Jüdische Musiker kamen zwar in Tango-Ensembles aus Argentinien
nach Europa, sie spielten aber keinen *Yiddish Tango,* für dessen Existenz
als Beweis stets eine Seelenverwandtschaft des Tangos zur Klezmer-Musik
bemüht wird. Man geht sogar so weit anzunehmen, dass die Klezmer-Musik
eine der Quellen des Tangos sei.[63] „Die Juden haben einen *blood pact* mit

dem Tango geschlossen", behauptet gar José Judkovski. Tatsache ist, dass auch in Argentinien, wie später in Europa und Nordamerika, manche Musiker sowohl Klezmer-Musik als auch Tango spielten. Ein sehr vielseitiges Musik-Genre wie Klezmer definiert sich aber nicht durch ethnische oder religiöse Zuweisungen von exklusiven Gefühlswelten und menschlichen Erfahrungen, sondern aus deren individueller Umsetzung in einem bestimmten Zusammenhang und Kulturkreis. Die Gefühlswelt des Klezmer wird klischeehaft der jüdischen Kultur zugeordnet und ist doch universell und in einer Vielzahl anderer Musikformen der Menschheit verwurzelt: von den sephardischen Gesängen spanischer Juden über griechisch-kleinasiatischen *Rembetiko*, den iberischen *Fado* und *Cante Jondo* zum *Blues*.

Eher mag eine schicksalhafte Verflechtung osteuropäischer jüdischer Musiker mit der deutschen Unterhaltungsmusik und deren Tango-Hits einerseits und die Präsenz von Tangomusik in Ghettos und Konzentrationslagern andererseits zur Vorstellung eines ,Yiddish Tango' beigetragen zu haben.

Polnischer Tango

Ungefähr zeitgleich mit Deutschland kommt der Tango um 1913 auch nach Polen und Russland. Große Gebiete Polens stehen noch unter preußischer Herrschaft, den Rest teilen sich Österreich-Ungarn und Russland. Noch sind die Wege nach Berlin, Petersburg oder Wien offen. In den Osten kommen aber selten argentinische Musiker, gelegentlich mal Tangotanzlehrer, vor allem aber Schallplatten und Notenausgaben.

Drei Schicksale: Jerzy Petersburski, Sohn der renommierten Warschauer Melodysta-Familie (bekannt für ihre Klezmer-Musik) und Student am Konservatorium, ist damals 18 Jahre alt. Im weiter nördlich gelegenen russisch-lettischen Riga hat der zwanzigjährige Oskar Strock als ehemaliger musikalischer Wunderknabe schon sein Studium hinter sich, während der elfjährige Pinchas Goldfein aus Sosnowiecz Geigenstunden in Warschau nimmt. Diese drei Musiker mit exzellenter musikalischer Ausbildung sind unter den ersten in Polen und Russland, die den Tango für sich als eine neue Spielart ihrer Orchester in ihrem breiten Spektrum von Unterhaltungsmusik entdecken.

Alle drei werden Polen später verlassen, wo man auch Tangos in Operetten und Varietés hört und der Stummfilmstar Pola Negri (1897–1987) mit ihrem Tanzpartner Edward Kuryllo Tangoschritte auf Warschauer Kleinkunstbühnen zeigt. Kurz darauf wird sie nur noch als Schauspielerin arbeiten und nach Station in Deutschland in Filmen von Ernst Lubitsch in Hollywood auf sich aufmerksam machen. In Deutschland landet sie einen Hit mit dem „Tango Notturno" aus dem gleichnamigen Film von Fritz Kirchhoff (1937).[64]

Der Erste Weltkrieg bringt Polen mit einer engeren Bindung an die östlichen Nachbarn die Unabhängigkeit in neuen Grenzen. Dennoch bleiben die westlichen Einflüsse dominant. Der Jazz erobert polnische Städte, und die Brüder Henryk und Artur Gold gründen in Warschau das Gold-Orchestra. Auch der Tango erwacht in Polen zu neuer Nachkriegsblüte. Wie in Deutschland werden zunächst die argentinischen Vorbilder kopiert, bis sich der Tango zum Ende der zwanziger Jahre auch in Polen zu einem schlagerartigen Genre wandelt und einigen Musikern internationale Erfolge beschert. Dabei sind die polnischen Liedtexte selten so oberflächlich oder kabarettistisch wie in Deutschland. Oft entstehen sie mit eigener Thematik zu argentinischen Melodien. Vielleicht sind es diese schwermütigen, in langsamen Tempi gesungenen Texte, die dem Tango Polens ein besonderes Image verleihen. Es gibt auch Verschmelzungen von polnischem Tango und jüdischer Musiktradition wie Zygmunt Bialostockis Tango „Rebeka"[65] zum Vortrag in chassidischem Gesangsstil und Melodik. Nach dem Zweiten Weltkrieg erinnert man sich mit diesem Lied in Polen an die jüdischen Mitbürger vor dem Holocaust.

Der Pianist Petersburski, der inzwischen auch am Wiener Konservatorium studiert hat und mit seinem Cousin Artur Gold im Petersburski & Gold Orchestra im Nachtclub Adria in Warschau auftrat, schreibt 1928 für eine Warschauer Musikrevue und die damalige polnische Tango-Königin Stanislawa Nowicka die „Tango Milonga". Sie wird nach einem Gastspiel des Peterburski-Orchesters in Wien 1930 auf Initiative eines Wiener Musikverlegers[66] mit einem deutschen Text von Fritz Löhner-Beda (und einem englischen von Jimmy Kennedy) als „O Donna Clara" auch in Deutschland ein Evergreen. Viele Erfolge Petersburskis folgen, wie 1933 der Tango „To Ostatnia Niedziela" („The Last Sunday") über die Trennung eines Liebespaars, der besonders in Russland ein Massenhit und oft mit dem „Suicide Tango"[67] verwechselt wird, zu dessen Musik sich polnische Offiziere in einer hoffnungslosen Lage erschossen haben sollen. Der Häftling Arthur Gold muss ihn mit seinem Orchester vor den Gaskammern im KZ Treblinka spielen.

This is our last Sunday,
today we shall say goodbye,
today we shall separate

for all times.
This is our last Sunday,
so share these moments with me,
look more tenderly at me,
this very last time.

(aus: The Last Sunday, M/T: Jerzy Petersburski)

Es hat den Anschein, dass der Tango in Polen eine noch größere Präsenz in der Unterhaltungsmusik hatte als in Deutschland oder Frankreich. Vier von fünf Schallplatten der dreißiger Jahre, so fand Musikhistoriker Jerzy Placzkiewicz heraus, waren dort Tangos.[68]

Der Anteil jüdischer Musiker in Polen ist so bemerkenswert wie die Zahl der jüdischer Musiker, die bis 1933 aus Polen und Russland nach Deutschland kommen und sich hier an die Spitze der Unterhaltungsmusik spielen: Der polnische Tango-Stehgeiger Bernardo Alemany spielt in den angesagten Berliner, Düsseldorfer und europäischen City-Salons. Benno Bardi (Benno Poswiasnky) arbeitet als Kapellmeister für Max Reinhardt und als Musikwissenschaftler und Redakteur. Für Wilhelm Doegens Lautarchiv geht er zwischendurch nach Kairo, später nach Florenz und Paris. Ilja Livschakoff, Violinist und Kapellmeister aus Russland und seit 1927 in Berlin, spielt auf über 800 Schallplatten. Erik Charell (Erich Karl Löwenberg) feierte schon früh Erfolge als Balletttänzer in Berlin, arbeitete mit Friedrich Hollaender und Max Reinhardt, für den er 1924 seine erste Revue am Großen Schauspielhaus in Berlin inszeniert. Als zentrale Figur der Berliner Theater-, Operetten und Filmszene bringt Charell 1930 „Im Weißen Rössl" heraus. Mischa Spoliansky kam mit seiner Familie schon 1903 aus Bialystok nach Dresden. 1920 ist er Pianist bei politischen Kabaretts in Berlin, spielt in den Bands von Dajos Béla, Julian Fuhs und Stefan Weintraub. Dajos Béla kam als Leon Golzmann 1919 aus Kiew nach Berlin. Als Solist und mit seinen Orchestern ist er einer der Stars des Odeon-Labels, für das er auch viele Tangos einspielt. Der Geiger Pinchas Goldfein kommt 1920 nach Berlin, wo er zwei Jahre später bereits ein eigenes Orchester hat, das er später Tanz-Orchester Paul Godwin nennt und immer wieder umbesetzt. In seinem stets marktorientierten Repertoire befinden sich auch Tangos wie „Pod samowarem" von Fanny Gordon, einer in Polen aufgewachsenen Russin und Komponistin, und andere wie „Schöner Gigolo" (1929, Gesang: Leo Monosson), „Rosen und Frau'n", „Tango auf Tango", und „Kitsch-Tango" (Gesang: Curt Bois). Nur ein paar Monate befindet sich der polnische Musiker und Sänger Tadeusz Faliszewski um 1921 in Berlin, sammelt Erfahrungen in dortigen Tanzkapellen und wird dann ein überaus populärer

Künstler und Komponist in Polen. Aus Russland trifft 1923 der Bariton Leo Monosson in Berlin ein. Er ist auf vielen Tango-Schallplatten namhafter Orchester zu hören. Als stilbildend für den europäischen Tango der späten zwanziger Jahre gilt der lettische Produzent, Komponist und Sänger Oskar D. Strock. Er produziert 1931 in Berlin mit dem Tanzorchester von Marek Weber eine russisch gesungene Version seines Tango-Evergreens „Tschernye Glaza" („Schwarze Augen – Zwei dunkle Augen schau'n mich an"). Wie in der Originalaufnahme des Ukrainers Pjotr Leschtschenko[69] zitiert Strock im Mittelteil einige Takte der unsterblichen russischen Volkslied-„Zigeuner"-Romanze „Otchi tchernye" – „Schwarze Augen". „Seine Tangos haben … alles, was man von einem Tango erwarten kann, von der Leichtigkeit Sebastian Iradiers bis zur schmerzvoll-philosophischen Tiefe eines Astor Piazzolla."[70] Strock ist auch der Autor von „My Last Tango", das ebenfalls von Leschtschenko 1935 veröffentlicht wird.

König des russischen Tango in einem kommunistischen Staat ist der bereits erwähnte Pjotr Konstantinowitsch Leschtschenko (1898–1954). Das sollte kein Problem sein, wo doch in Argentinien Osvaldo Pugliese keinen Hehl aus seiner Sympathie für den Kommunismus macht und dafür mit zeitweiliger Haft und Radio-Boykott bestraft wird. Doch im kommunistischen Russland gilt der im Umkreis der Zarenfamilie früh in deren Wohnsitzen in Südfrankreich und Paris favorisierte und von dort importierte Tango als konterrevolutionär. Leschtschenkos Vita trägt die Male jener Zeit: Geboren bei Odessa, siedelt er mit der Familie nach Bessarabien über, wird dann durch die rumänische Besetzung Bessarabiens 1918 de facto russischer Emigrant, Bukarest wird ihm Heimat und zunächst auch Schutz vor Moskau. Als 1944 die Rote Armee in Bukarest einmarschiert, singt er für die russischen Soldaten, für die er noch eine Legende ist. Seine Schallplatten gibt es nur auf dunklen Importwegen oder in Schwarzpressungen auf alten Röntgenfilmen („Rippen"), er darf aber nie in Russland auftreten und verkörpert dennoch wie kein anderer mit seinen Liedern die Seele Russlands.

Leschtschenko war eigentlich Tänzer und ging mit seiner Frau Zinaida und einer Art Folklore-Ballett bis 1925 auf Tournee in Nahost und Deutschland. Sie gastierten im russischen Restaurant Tari Bari in Berlin-Charlottenburg, wo sich – wie im gleichnamigen Lokal in Paris, das Joseph Roth in den Dreißigern zum Schauplatz von Erzählungen[71] macht – die russische Emigrantenszene der Hauptstadt trifft. Dann erst tritt er als Sänger russischer Folklorestandards und „Zigeunerlieder" auf. Um 1930 kommt der Tango dazu und nimmt breiten Raum in seinem Repertoire ein. Er macht Plattenaufnahmen in Berlin (1931, Parlophon), Wien (Columbia) und

London (1935) und gibt Konzerte. 1935 eröffnet er in Bukarest ein eigenes Restaurant „Maxim des Ostens". Hier beginnt er seine Vorstellungen stets mit „Zigeunerliedern" und beschließt die Abende im Frack mit Seidentuch und angesteckter Chrysantheme mit seinen unsterblichen Tango-Interpretationen. 1942 singt er auch erstmals wieder in seiner Heimat Odessa, nachdem die Rumänen – noch als Verbündete der Deutschen – dort einmarschiert sind, und dann auch für die siegreichen Soldaten der Roten Armee. Ein General ist sein Fan und protegiert ihn, bis er um 1951 bei Stalin in Ungnade fällt und Leschtschenko seinen Schutzschirm verliert. Seine Arbeitsbedingen werden erschwert, das Restaurant muss schließen, Leschtschenko wird von der Bühne weg verhaftet und stirbt im Lazarett.

Die Karrieren der meisten jüdischen Musiker enden mit der Machtübertragung an Hitler 1933, spätestens aber mit der Pogromnacht von 1938. Dajos Béla erinnert sich: „Im März 1933 wurde mein Konzert im Excelsior-Hotel in brutaler Weise durch einige SA-Leute unterbrochen, die auf die Bühne kamen und mich unter rohen Beschimpfungen und mit Drohungen aufforderten, sofort die Bühne zu verlassen, da im Hotel sich der Reichsstatthalter Epp und andere prominente Mitglieder der NSDAP aufhielten, die es sich nicht gefallen ließen, dass eine Judensau unter ihnen musiziere. Ich war zu Tode erschrocken und ging sofort nach Hause. Da es sich zudem herumgesprochen hatte, dass man damals bereits daran ging, Juden die Pässe zu entziehen, fuhr ich noch in der gleichen Nacht mit meiner Frau nach Holland, unter Mitnahme des dürftigsten Reisegepäcks."[72]

Berufsverbote, Boykotte, Verfolgung und das Verschwinden zahlreicher Kollegen in Konzentrationslagern veranlassen viele jüdische Künstler zur Emigration. In ihren Heimatländern im Osten würden sie auch nicht sicher sein. In Warschau errichten die Deutschen 1940 das Ghetto, ab 1941 entstehen die Vernichtungslager. Viele jüdische Musiker finden sich dort und in anderen Konzentrationslagern wieder. Unterdessen spielt Juan Llossas an der Ostfront mit seinem Orchester Tangos für deutsche Soldaten. Im KZ Sachsenhausen wird auch der NS-regimekritische Kunstpfeifer und Liedermacher Aleksander Kulisiewicz gefangen gehalten. Er schreibt dort Dutzende von Liedern über den Lageralltag zwischen Hunger, Hinrichtung und Hoffnung, die er als Lagersänger auch selbst vorträgt und die später Teil einer Sammlung von „Musik und Gesang in faschistischen Konzentrationslagern 1933–45"[73] werden. 1948 veröffentlicht der Schriftsteller und Liedtexter Shmerke Kaczerginski seine Sammlung „Lider fun di getos und lagern" aus dem Wilnaer Ghetto, wo Avremi Brudno ebenfalls viele Lieder schreibt. Brudno wird im estnischen KZ Klooga ermordet. Zygmunt Bialostocki, Andrzej Wlast und Tadeusz Faliszewski kommen im Warschauer

Ghetto um. Artur Gold tritt im Ghetto-Café Nowoczesna auf und wird in Treblinka, der Autor des deutschen Textes von „Oh, Donna Clara", Fritz Löhner-Beda, in Buchenwald ermordet.

> „Spielt mir einen Tango in Jiddisch – den Tango eines vertriebenen und verstreuten Volkes, auf daß die Großmutter und die Kinder danach tanzen. Spielt mir einen Tango der nicht arisch und barbarisch ist, damit die Feinde sehen, daß ich noch tanze. Spielt mir einen Tango vom Frieden, der kein Traum bleiben soll, auf daß Hitler und sein Reich im Erdboden versinkt. Oh, wird das ein Tanz für euch!" (Jiddisches Lied aus der Sammlung Kaczerginski).[74]

In den meisten KZs und Vernichtungslagern gibt es sogenannte Lagerkapellen der Häftlinge. Ihr Repertoire umfasst Klassik und Unterhaltungsmusik, man singt auch Lieder in den Sprachen der Häftlinge, die das Leben, Leiden und Sterben in den Lagern zum Inhalt haben. Unter dem Einfluss jüdischer Musiker in Polen und Russland hatte sich der mehrteilige argentinische Tango zu einer zweiteiligen melancholischen Liedform im getragenen Tango-Rhythmus gewandelt – musikalisch ähnlich und seelenverwandt zu balladesken Liedern wie „Papirosn" des Russen Hermann Jablokoff über einen kleinen Jungen, der in verregneter und kalter Nacht auf der Straße Zündhölzer und Zigaretten (Papirosn) anbietet. Neben Jazz und Chanson wird dieses Liedgenre oft genutzt, um als *contrafactum* neue Texte zu Melodien von Vorkriegs-Schlagern zu schreiben. Aus dem polnischen „Niewolnicze tango" („Sklaventango") wird der Auschwitz-Tango (Der tango fun Oshvientshim) in Jiddisch.[75]

Todestango

Mir hobn tangos, fokstrotn un melodiyes
Gezungen un getantst nokh far dem krig.
Di tsarte lider, tseklungene, farbenkte
Hobn mit libe undz dem kop farvigt.
Un itst milkhome, keyner shaft keyn lider
Fun yene yunge yorn in der shtot.
Zing-oyf, o meydl, an ander lidl
Fun teg un nekht in lager hinter drot.

Undzer shklafn-tango - unter knut fun shleger
O der shklafn-tango fun dem Oshvientsimer lager.
Shtolene shpizn fun di vekhter-khayes

O, es ruft di frayhayt un di tsayt di fraye.
[…].

Wir haben Tangos, Foxtrott und Melodien
schon vor dem Krieg gesungen und getanzt.
Diese zärtlichen Lieder, klangvoll und voller Sehnsucht,
Ließen unsere Köpfe in Liebe wiegen.
Und jetzt, in Kriegszeiten, schreibt niemand irgendwelche Lieder
Über die Jahre der Jugend in der Stadt.
Sing, oh Mädchen, noch ein kleines Lied
Von Tagen und Nächten im Lager hinter Draht.

Unser Sklaventango - unter der Peitsche des Schlägers,
Oh, der Sklaventango aus dem Lager Auschwitz.
Speere aus Stahl von den Wachen, diesen Tieren,
Oh, der Ruf nach Befreiung und Freiheit!

Wenn von einem „Yiddish Tango" gesprochen werden kann, dann wohl in diesem Zusammenhang. In einigen Konzentrationslagern wird den Lagerkapellen befohlen, zu Hinrichtungen, Folterungen und Aushebungen der Massengräber aufzuspielen, häufig auch solche Tangos, die bald als *Todestango* („The Last Sunday", „Plegaria" u. a.) bekannt werden. Während Pjotr Leschtschenko in Bukarest noch Tangos für die Rote Armee singt, schreibt Paul Celan 1944 im benachbarten Czernowitz an seinem Gedicht „Todestango", das er später als „Todesfuge" veröffentlichen wird. Zuvor wurden seine Eltern in Konzentrationslagern ermordet und Celan war in einem rumänischen Arbeitslager inhaftiert. Es wird darin von einem Chor gesprochen, dem Chor der Opfer. Die Täter sind „Er".

Er ruft spielt süßer den Tod der Tod ist ein Meister aus Deutschland
er ruft streicht dunkler die Geigen dann steigt ihr als Rauch in die Luft
dann habt ihr ein Grab in den Wolken da liegt man nicht eng.
(aus Paul Celan „Todesfuge" 1944/45)

Mehr als 40.000 Juden fliehen vor den Nazis in die Emigration nach Argentinien. Dorthin verschlägt es auch einige Musiker, die einst für ihre Tangos berühmt waren. Das Orchester des Polen Alemany und des Argentiniers Gentile geht 1936 nach Oslo und Paris. Dort trennen sie sich und Gentile kommt mit Eduardo Bianco wieder nach Deutschland.
Ilja Livschakoff, Dajos Béla und Efim Schachmeister emigrieren nach Buenos Aires und können dort auftreten. Jerzy Petersburski verbringt den

Zweiten Weltkrieg im russisch besetzten Teil Polens und leitet dort das Belarusian Jazz Orchestra. 1941 geht er zurück in die polnische Armee, mit der er in den Iran evakuiert wird und über Kairo und Palästina 1947 nach Brasilien gelangt, um anschließend bis 1968 in Argentinien zu bleiben. Dort steht Dajos Béla schon seit 1935 in den Studios der Radiosender und auf den kleinen Bühnen einiger Caféhäuser. „Dank seiner Verbindungen und Positionen im argentinischen Musikleben soll er mit der Vergabe von Gastspiel- und Arbeitsverträgen an ausreisewillige deutsche Juden etlichen verfolgten Musikern bei der Erlangung von Visa und damit zur Emigration verholfen haben. Zudem soll er in Buenos Aires ein deutsches Kaffeehaus eröffnet haben, das zwischen 1936 und 1945 deutschen Emigranten als Treffpunkt und Anlaufstelle diente.“[76] In Bélas Rundfunkstudios nimmt Atahualpa Yupanqui seine ersten Gitarrenkompositionen auf (s. Bd. 2, Kap. 14).

1939 kommt auch der Operettenkönig Jean Gilbert (Max Winterfeld) in Buenos Aires an. Nur wenige emigrierte jüdische Musiker können in der Emigration ihren Beruf weiter ausüben, und nicht immer sind daran Behinderungen durch nationale Musikergewerkschaften schuld. Den russischen Sänger Leo Monosson verschlägt es über Paris, Spanien und New York bis nach Jamaika, wo er 1967 stirbt. In seinem Antrag auf Entschädigung beim zuständigen Berliner Landesamt gibt er 1952 an: „Es gelang mir nach 1933 nie mehr, durch Gesang Geld zu verdienen. Meine Vortragsart war durch deutsche Kultur entwickelt und woanders fremdartig und unpopulär.“[77].

Ebenso wenige jüdische Musiker kehren nach Deutschland oder in ihre osteuropäischen Heimatländer zurück. Die durch den Krieg und den Weggang und die Ermordung vieler Musiker entstandene Lücke in der Unterhaltungsmusik wird mit Musik der westlichen Besatzungsmächte gefüllt. In den Programmen des amerikanischen Soldatensenders AFN kommen Tangos nicht vor. Im britischen BFN besetzt Juan Llossas diese Sparte von seinem Hamburger Studio aus. Dajos Béla bleibt daher 1976 auf Einladung des Senats nur kurze Zeit in Berlin. Paul Godwin war 1933 nach Holland emigriert. Im Februar 1941 holt ihn mit der deutschen Besetzung die Verfolgung durch die Nazis ein. Die Juden werden in ihrem Viertel ghettoisiert und die Hollandsche Schouwburg wird als „Joodsche Schouwbourg“ exklusiver Ort für jüdische Künstler wie Godwin, der dort im Jüdischen Unterhaltungs- Orchester spielt. Im Jahr darauf wird das Theater zur zentralen Sammelstelle für die Transporte in die KZs.

Weiterlesen über Tango

Kap. 11: Tango rioplatense
Kap. 16: Braune Töne (Tango im NS-Staat u. a.)

Band 3
Kap. 8: Die Erneuerung des Tango

Anmerkungen

1. F.W. Koebner: Jazz und Shimmy. Brevier der neuesten Tänze. Berln 1921, S. 31. https://archive.org/details/Biblio-1921-D-1921-04-00-FW-Koebner-Jazz-und-Shimmy/ (11.3.2020).
2. www.todotango.com/historias/cronica/21/Alemania-la-guerra-el-disco-el-Tango/ (5.3.2016).
3. Laut Helmut Günther/Helmut Schäfer: Vom Schamanentanz zur Rumba. Stuttgart 1993, S. 202 bezog sich das Verbot auch auf den beliebten ‚Bärentanz‘ aus den USA.
4. New York Times, 28.9.1913.
5. „Es war in Schöneberg…“, „Die Männer sind alle Verbrecher“, „Untern Linden Untern Linden“.
6. Co-Autoren: Jean Kren, Kurt Kraatz.
7. Die Schaubühne, Bd. 9, S. 1002.
8. Georg D.W. Calwey, in: Der Kunstwart 1914, S. 278.
9. Vgl. Pedro Ochoa: Tango e Cine Mundial. Buenos Aires 2003.
10. Zit. von Carlos G. Groppa, www.tangoreporter.com/nota-chaplin.html (19.9.2019).
11. Peter B. Schumann: Handbuch des lateinamerikanischen Films. Frankfurt a.M. 1982, S. 20 f.
12. Dirigent Wilhelm Wacek, zit. nach: Andreas Merighi: Wandel des Musikgeschmacks der österreichischen Jugend von 1900–1960. Norderstedt 2004.
13. F.W. Koebner: Das neue Tanzbrevier. Berlin 1919, S. 103.
14. Wikipedia, Art. „Heinrich Alfred Kaiser“.
15. R.L. Leonard: „Tango“, 1913, in: grammophon-platten.de/page.php?244 (19.12.2018).
16. F.W. Koebner/R.L. Leonard: „Tanz Brevier. Berlin 1913, S. 45.
17. Kerstin Lange: Tango in Paris und Berlin. Göttingen 2015, S. 157.
18. Hans Jürgen Döpp: Musik und Eros. Frankfurt a.M. 2010, S. 114.
19. Peter Altenberg in: „Die Schaubühne“, 1.1.1914, S. 25.

20. Kevin Clarke: Zurück in die Zukunft. Aspekte der Aufführungspraxis des „Weißen Rössl": In: Ulrich Tadday (Hg.): Im weißen Rössl. Zwischen Kunst und Kommerz (Musik-Konzepte/N.F. 133/134). München 2006, 101–150.

21. M: Ralph Benatzky, T: Robert Gilbert.

22. Stefanie Flamm: „Berlin probt den Anstand". Szene auf den Wogen eines neu-alten Mythos, in: du 11/1997, S. 58.

23. Ralf Sartori: „Die Rollenbilder im Tango", in: https://tango-a-la-carte.de/tango-buecher (4.2.2020).

24. es.wikipedia.org, Art. „Ángel_Villoldo" nach Tito Livio Foppa: Diccionario teatral del Río de la Plata. Buenos Aires 1962.

25. Silvestre Byron: „Un Tango, s'il vous plait", in: Melancholie der Vorstadt: Tango, hg. vom Künstlerhaus Bethanien, S. 149.

26. Lange (Anm. 17), S. 164.

27. Lange (Anm. 17), S. 164.

28. Vicky Kämpfe: „Tango als Ausdruck der Melancholie in der modernen Gesell-schaft. Einblicke und Ausblicke aus melancholischen Welten. Hamburg 2008, S. 75.

29. Hermann Keyserling: Südamerikanische Meditationen. Stuttgart 1934, IV. Blut, schuledesrades.org/palme/schule/meditationen/ (12.3.2016).

30. Reinhold Sommer: Der Tanz 11/1930, S. 22.

31. Koebner: Jazz und Shimmy (Anm. 1), S. 34.

32. F.W. Koebner: Das neue Tanzbrevier. Berlin 1919, S. 11.

33. Marta E. Savigliano: *Tango and the Political Economy of Passion.* Boulder 1995.

34. Fritz Conradi: „Gesellschaftlicher Tanz", in: Der Tanz 3/1932, S. 20.

35. Conradi (Anm. 34).

36. Katharina Rathaus: „Was tanzt man im Winter", in: Scherls Magazin 4.1929/30, H. 1, November.

37. Laut GEMA-Datenbank steht für Komponist: Public Domain.

38. Fred Ritzel: „Schöne Welt, du gingst in Fransen!" – Auf der Suche nach dem authentischen deutschen Tango, https://docplayer.org/64870437-Fred-ritzel-oldenburg-schoene-welt-du-gingst-in-fransen-auf-der-suche-nach-dem-authentischen-deutschen-tango.html (12.3.2020).

39. Richard David Precht/Till Unkel: „Der letzte Tango im Revier", in: Matices, www.matices.de/13/13srevie.htm (21.4.2019).

40. Rosario Infantozzi Durán: Yo, Matos Rodríguez, el de la Cumparsita. Montevideo 1992, S. 36. Andere Quellen/Belege für diesen Aufenthalt in Bremen fanden sich nicht.

41. Karl Hösterey: „Wir schlagern uns durch", in: Die Unterhaltungsmusik, 10.9.1936, S. 1135.

42. Ritzel (Anm. 38).

43. Text: offizielle Website www.juanllossas.de/Lebenslauf.htm (12.3.2016).

44. M.G./J. Poigt: „La Ranchera", in: Der Tanz 8/1931, S. 18.

45. Victor Silvester: „Tanganilla", in: Der Tanz 1/1933, S. 17.

46. „Original-Tanganilla", T: Hanns Schachner, M: Karl G. Bazant. Diverse Aufnahmen u. a. Efim Schachmeister (Vokal: Ilja Livschakov) und Fred Bird Tanzorchester (Vokal: Robert Brake).

47. 16.-30.11.1936.

48. Zit. nach: Isidoro Gilbert: „El tango de la muerte", in: El Clarín, 17.11.2010.

49. Peter Kreuder: Nur Puppen haben keine Tränen. München/Percha 1971.

50. Wikipedia, Art. „Imperio Argentina".

51. Imperio Argentina – Melena Clara. Autobiografie mit P.M. Villora. Madrid 2001, S. 108 f. Der 1998 entstandene Film „La niña de tus ojos" mit Penelope Cruz ist ein fiktiver Bericht über Miss Argentina 1938 in Deutschland, in dem Goebbels versucht, ihre Gunst zu gewinnen (IMDb).

52. Vgl. Horacio Vázquez-Rial: Der Mann, der sich Carlos Gardel nannte. München 2006.

53. Weiterer Tango in Steven Spielbergs Film „Schindlers Liste": „Sus ojos se cerraron".

54. Eberhard Falcke in: „Buch der Woche", Deutschlandfunk, 13.8.2006.

55. The New York Times, 21.2.1945.

56. „Die Stimme des Dramatikers". Alexander Kluge und Heiner Müller im Gespräch (Transkript), kluge.library.cornell.edu/de/conversations/mueller/film/104/transcript (19.9.2019).

57. Titel eines Songs von 1952 von Al Hoffman und Dick Manning.

58. Vgl. Lloica Czackis: „Tangele – The history of Yiddish tango", lloicaczackis.com/documentation/The_history_of_Yiddish_Tango_by_Lloica_Czackis.pdf (17.9.2019).

59. Von Carlos Schaefer Gallo.

60. Ricardo Feierstein: Historia de los judíos argentinos. Buenos Aires 2006, S. 409.

61. Interview mit Oscar Mármol, www.elportaldeltango.com.

62. Ernesto Ponzio, zit. von Carlos de la Púa in: Juan Silbido: Evocación del Tango. Buenos Aires 1964, S. 64.

63. Vgl. den Film „Tango. A story with Jews" von Gabriel Pomeraniec sowie das Buch gleichen Titels von José Judkovski: El tango. Una historia con judíos. Fundación IWO, Buenos Aires 1998.

64. T: Hans-Fritz Beckman, M: Hans-Otto Borgmann. Vlg. Ed. Meisel.

65. T: Andrzeij Wlast.

66. Wiener Boheme-Verlag.

67. „Smutna niedziela" ("Gloomy Sunday") aus Ungarn.

68. Jerzy Placzkiewicz: "Tango in Poland", www.todotango.com.

69. https://www.youtube.com/watch?v=SBXdCoPUWDI (20.4.2021).

70. Dmitri Dragilew: "Something about Oskar Strock", web.archive.org (wie Anm. 69).

71. Joseph Roth: Die Legende vom heiligen Trinker (1939) und Beichte eines Mörders (1936).

72. Zit. nach: Matthias Pasdzierny: „Dajos Béla", in: Claudia Maurer Zenck/Peter Petersen (Hg.): Lexikon verfolgter Musiker und Musikerinnen der NS-Zeit. Hamburg 2008, www.lexm.uni-hamburg.de/object/lexm_lexmperson_00003100 (21.12.2018).

73. Bis heute unveröffentlichtes Manuskript. Quelle: „Lexikon verfolgter Musiker" (s. Anm. 72).

74. Schpil ssche mir a tango ojs in jidisch. Sammlung Shmerke Kaczerginski, auch: Schpil ssche mir a lidele in jidisch. Zit. nach: www.hagalil.com.

75. Unbekannter Autor. Aus dem Polnischen ins Jiddische übertragen von Shmerke Kaczerginski (1908–1954), in: Lider fun di getto un lagern: tekste un melodies gesamlt. New York 1948.

76. Zit. nach: Lexikon verfolgter Musiker (Anm. 72), nach Quellen von Günther Boas, in: Linernotes zu: Dajos Béla und sein Tanzorchester, LP DIS-295, o. J.

77. Zit. nach: Wikipedia, Art. „Leo Monosson".

Kapitel 13 (… 1850–1945 …)
Kuba: Kulte und Kulturen

Als Mitte des 19. Jahrhunderts die *Habanera* mit Seeleuten, Künstlern und Rückwanderern ihren Weg nach Europa und in fast alle Länder Lateinamerikas findet, leben auf Kuba rund 1,1 Mio. Menschen. Eine Hälfte ist afrikanischer Herkunft und rund 64 % dieser Afrokubaner sind 1860 noch Sklaven. Auf der anderen Seite gibt es schätzungsweise 1500 spanische Familien, die Zuckerrohrplantagen betreiben (s. Kap. 1). Erste Sklavenaufstände, eine größer werdende Zahl entlaufener Sklaven („cimarrones") und infolge der Ächtung der Sklaverei ausbleibende Sklaventransporte lassen einen Mangel an Arbeitskräften entstehen. Im Vergleich zu Angeboten im eher gemäßigten Südamerika, wie in Argentinien oder Süd-Brasilien, ließen sich europäische Auswanderer nicht in großer Zahl auf die tropischen Plantagen der Karibik-Insel locken. Als Kontraktarbeiter befinden sich daher bereits viele Mexikaner auf den Pflanzungen unter denselben sklavenähnlichen Bedingungen, zu denen nach 1853 auch 125.000 Chinesen angeworben werden, von denen 1877 nur noch ein Drittel am Leben sein wird.

Havanna platzt aus allen Nähten, alte Stadtmauern werden eingerissen, das neue – Ende des 20. Jahrhunderts marode – Havanna entsteht.[1] Kuba steht am Vorabend wichtiger Entwicklungen. Man will sowohl die spanische Regentschaft abschütteln, als auch sich territorialen Begehrlichkeiten der USA widersetzen. Erst zwanzig Jahre nach Beginn der Unabhängigkeitskriege, in denen auch Afrokubaner kämpfen, wird die Sklaverei 1886 offiziell abgeschafft. 1899 wird Kuba ein selbstständiger Staat, in dem die USA seit 1903 mit der Guantanamo Bay einen Stützpunkt unterhalten.

© Springer-Verlag GmbH Deutschland, ein Teil von Springer Nature 2022
Claus Schreiner, *Schöner fremder Klang – Wie exotische Musik nach Deutschland kam,*
https://doi.org/10.1007/978-3-476-05695-5_14

Kuba ist zentral gelegen. Zu den Nachbarinseln Hispaniola (Haiti/ Dominikanische Republik) und Jamaika, zu Florida, New Orleans und Mexiko beträgt die Entfernung nur zwischen 80 und 210 km. Kuba wird daher auch kulturell eine bedeutende Stellung in der Neuen Welt haben, als gut erreichbares Ziel für Künstler aus aller Welt und als Exporteur seiner eigenen Kultur.

Kulturelle Zentren der Afrokubaner sind hier wie in Brasilien, Argentinien und Uruguay die Hütten der Priesterinnen und Priester synkretistischer Santería-Kulte der Congo, Lucumí, Yoruba, Mayombé und Dahomey-Stämme in der Regla de Ocha und der Regla Conga. Sie sind nach ihren Herkunftsregionen in „Cabildos" organisiert, in denen unterschiedliche Kulte gepflegt werden. In manchen Details und Namen unterschiedlich, sind ihre Geister und Götter oft mit denen westafrikanischer und kongolesischer Kulte in anderen Regionen Lateinamerikas wie Brasilien oder Haiti nahezu identisch. In ihrem Kosmos gibt es weder Gut noch Böse, weder Himmel noch Hölle. Wenn die Balance zwischen sichtbarem und unsichtbarem Kosmos in der Umwelt oder im Menschen aus den Fugen gerät, muss man nach den Ursachen suchen und sie wiederherstellen durch Opfer, Orakel, Magie, Ritual – oft alles zusammen und von Priester oder Priesterin mit Musik und Tanz organisiert. Dann rufen die Bátá-Trommeln die angerufenen Orishas in den Kreis der Kultgemeinde, wo sie kurzeitig in Menschen einfahren, um die Wünsche der Menschen anhören zu können. Auch in der synkretistischen Santería haben die Orishas gleichzeitig Namen katholischer Heiliger. Die Priester lassen es geschehen. Damit bekommen auch ihre Kirchen und die synkretistischen Bruderschaften („Cofradías") Zulauf.

Eine Sonderstellung nehmen die „Potencias" (Bruderschaften/Logen) der Abakuá mit ihren Zentren in Havanna, Matanzas und Cardenas ein. Sie führen ihre Wurzeln auf die Efik- und Efo-Völker der Cross-River-Region Nigerias mit Calabar als Zentrum zurück. Es sind reine Männerbünde, deren Religion nicht mit dem katholischen Glauben synkretisiert ist.

Die rituelle Musik der Afrikaner auf Kuba wurzelt tief in der Verflechtung ihrer Zeremonien mit Musik, Tanz und Rhythmus. Keines dieser Elemente wird dabei zu bloßer Begleitung eines anderen genutzt, wie es die Orchester auf den Plantagen der Europäer tun, die ausschließlich dazu dienen, einem Tanz einen vorbestimmten Ablauf zu geben. Die ‚Anwesenheit' von Göttern und Geistern im Verlauf einer Zeremonie verlangt darstellerisches und tänzerisches Geschick in Pantomime und Imitation. Diese Mächte

werden durch die verbale Kraft gesungener und gesprochener Texte herbei-
gezogen. Die Trommeln sind heilig, ihre Zahl symbolhaft, ihr Spiel transportiert Botschaften und lenkt zeremonielle Abläufe. Kulte wie die Santería
sind Exklaven Afrikas auf Kuba mit eigenen Sprachdialekten und Speisen (s.
Bd. 3, Kap. 1).

Musizieren und Tanzen war den Sklaven vielfach erlaubt, es war sogar
erwünscht, glaubte doch schon mancher Sklavenhändler, dass Musik und
Tanz während der langen Schiffspassagen die Sklaven gesund erhielten.
Mitte des 19. Jahrhunderts entsteht mit der *Contradanza* in afrikanisierten
Versionen von Kontertanz und Quadrille durch Nachahmung und
Akkulturation erstmals ein Tanz außerhalb der rituellen Bereiche (s.
Kap. 1). Im Verlauf der folgenden einhundert Jahre werden aus dieser
Quelle perkussive Elemente wie Rhythmen, Offbeats und Synkopen,
Musikinstrumente wie Trommeln und diverse Idiophone, Singtechniken wie
Glissandi sowie Dichtkunst mit improvisierten (doppeldeutigen) Versen und
Tanz mit typischen Becken- und Armbewegungen die Musik Kubas ent-
scheidend entwickeln und prägen.

Motor dieses Prozesses ist wie in anderen afrolatinischen Regionen der
starke Wille der Afrokubaner, an den weltlichen und religiösen Festen der
Weißen und deren Prozessionen an Fronleichnam oder den Festen zwischen
Weihnachten und Dreikönigstag und Karneval teilzunehmen. Vereine
der *Tumba Francesa* in Santiago oder nach ihrem Hauptinstrument *Conga*
benannten Comparsa-Straßenumzüge gehen ohne besondere Choreographie
mit *Rumba*-Formationen in regionalen Ausprägungen auf die Straßen.
Afrikaner gleicher Herkunft organisieren sich in *Cabildos* (de nación), die
Maskenumzüge veranstalten, während die *Comparsas* als Tanzgruppen
bestimmter Viertel und Gemeinden nicht nur im Carnaval aktiv sind.

Beschleunigt wird die Entwicklung afrokubanischer Musik nicht nur
durch den Widerstand gegen immer wieder ausgesprochene Verbote,
sondern auch durch die weiße Bevölkerung. Denn auch auf Kuba, wie in
den USA, Argentinien oder Uruguay, gibt es die Nachahmung auf beiden
Seiten. Junge, weiße Bürgersöhne bilden eigene Comparsas, in denen sie
mit schwarz bemalten *Blackface*-Gesichtern Gang, Kleidung und Sprache
der Afrokubaner nachahmen. Ihre Musik bleiben die Contradanza und
der Walzer. Aber schon in den 1930er Jahren werden sich viele weiße
kubanische, vorwiegend jüngere Komponisten von afrokubanischer Musik
beeinflussen lassen.

Música Cubana: Die Anfänge

Um die Mitte des 19. Jahrhunderts werden die spanischen literarischen Sketchformen *Tonadilla* und *Sainete* mit Blackface-Nummern zu Geburtshelfern der afrokubanischen Musik, später auch der frühen Tango-Musik in Buenos Aires. „Blackface-Produktionen haben insofern eine Bedeutung, als sie die erste Form der kommerziellen Unterhaltung darstellen, in der stilisierte Versionen afrokubanischer Musik und Tanz nationale Popularität erlangten. Die Tatsache, dass die Rolle des komischen schwarzen Mannes (Negrito) immer von einem weißen Schauspieler in Schwarz gespielt wurde und dass solche Unterhaltung dazu neigte, Schwarze und schwarzen kulturellen Ausdruck zu verspotten, spiegelt jedoch erneut eine Ambivalenz gegenüber Afrokubanern wider"[2], schreibt der Ethnomusikologe Robin Moore. Er spricht die Bedeutung des *Teatro Vernáculo* (auch *Teatro Bufo*) an, das im späten 19. Jahrhundert als komödiantisches Varieté mit den Figuren des Negrito, Mulato und Gallego (Spanier) lokale und nationale Themen in Sketchen und Liedern aufs Korn nimmt. Dabei bedient man sich auch Vorlagen aus der noch jungen afrokubanischen Musik, wenn auch zunächst nur in parodistischer Manier. (In den USA ziehen Minstrelshows in ähnlicher Struktur durch die Lande; s. Kap. 4.)

Als satirische, doppelsinnige oder nur Ereignisse kommentierende Vierzeiler („Cuartetas") setzen sich in den Varietés die aus spanischen humorvollen Liedern entwickelten *Guarachas* im Bolero-Habanera-Rhythmus mit Refrains aus dem afrokubanischen Rumba-Genre durch. Ähnlich der Zarzuela, bieten die *Bufos* zunehmend ein breites Programm gängiger Lieder aus Stadt und Land, von schwarzer und weißer Bevölkerung.

Vierzeilig mit Refrain sind auch die *Puntos* der „Isleños" genannten spanisch-kanarischen Einwanderer auf Kuba, die sie mit der von der Kanareninsel Lanzarote stammenden Miniaturgitarre Tres (kanar. „Timple") begleiten. Mit ihnen wird das Leben auf dem Land, werden Themen von Liebe und Abschied besungen. Wie die Repentistas in Brasilien und die Payadores am La Plata kennen auch kubanische Volkssänger den improvisierten Reim in Dezimen und seinen Wettstreit in den „Controversas". Das in iberoamerikanischen Kulturen dazu gehörende Zwischenspiel auf der Gitarre heißt auf Kuba *Tonada*, und aus ihm entwickelt sich in Brasilien der Baião und auf Kuba die ländliche Liedform *Guajira*. Man singt spanisch oder in kreolischen Dialekten (Kreol), unter denen auf Kuba, das neben Spanien vor allem Mexikaner und Chinesen als Einwanderer kennt, das ibero-afrikanische Bozal der Afrokubaner dominiert. (Zur gleichen Zeit amüsieren sich die Porteños in Buenos Aires über Sketche, die in Lunfardo-Slang die Probleme von Einwanderern viel größerer europäischer Herkunftsbreite thematisieren.)

Als die Texte der Volkssänger auch die spanische Krone kritisieren, lässt der Gouverneur 1869 seine Soldaten bei einer Vorstellung in einem Theater wild um sich schießen. Spätestens seit diesem Ereignis und Edikten, die jede Kritik an den Spaniern in *Sainetes* verbieten, gibt es eine Verbindung zwischen dieser Theatersparte und der Unabhängigkeitsbewegung. Nach der Vertreibung der Spanier und dem Abzug der USA waren die Hoffnungen der schwarzen Bevölkerung auf gesellschaftliche Anerkennung gewachsen, denn sie war mit ihren Spezial-Trupps der „Mambises"[3] gegen die Spanier ins Feld gezogen. Sie werden vorerst enttäuscht, denn 1913 werden zum ersten Mal schwarze Comparsas und religiöse Feste der Schwarzen verboten. Sie sind nicht mehr dieselben, als sie dann 1937 auf die Straßen zurückkehren dürfen.

Die neue kubanische Gesellschaft will sich ‚barbarischer Überreste'[4]aus Kolonialzeiten schamvoll entledigen. Die weiße Bourgeoisie hätte dies vielleicht schon früher tun wollen, als sie begann, um ihre Besitzstände und vor allem das Privileg der Bildung zu fürchten. Die Kultur der Afrokubaner war dabei so wenig barbarisch zu nennen wie die der Spanier. Schulbildung, darunter auch musikalische Ausbildung nach europäischen Maßstäben, ermöglicht einigen den sozialen Aufstieg. Inzwischen sind auch unzählige Kinder afro-europäischer Verbindungen die Vorboten einer neuen kubanischen Gesellschaft.

Kubaner in Europa und Deutsche auf Kuba

Als Louis Moreau Gottschalk 1854 in Havanna ankommt, begrüßt ihn keine Hafenkapelle mit der Habanera „La Paloma", die angeblich gerade ihre Weltpremiere im Teatro Tacón hatte (s. Kap. 1). Durch seine aufwändigen Orchestrierungen begegnet er aber vielen sehr talentierten jungen Musikern, holt auch einmal Dutzende schwarzer Trommler auf die Konzertbühne und trifft vor allem Pianisten und Geiger wie den achtzehnjährigen Mulatten José Silvestre White Lafitte, der gerade in seinem Geburtsort Matanzas seinen ersten öffentlichen Auftritt mit Stücken aus Rossinis „Wilhelm Tell" hat. Lafittes Mutter ist Afrokubanerin, der Vater Spanier und Hobby-Geiger. Gottschalk, so wird erzählt[5], verwendet sich für den jungen Geiger und bringt die Kosten für die Reise nach Paris zusammen, wo Lafitte 1855 zum Musikstudium eintrifft und u. a. auch Rossini in seinen gefeierten

Konzerten begeistert. Später geht er in die USA und nach Brasilien. Er stirbt 1918 in Paris und hinterlässt zahlreiche Kompositionen, darunter die berühmte Habanera „La Bella Cubana".

Eres tú mi Cuba bella,
la tierra de inspiración,
donde bajo tus estrellas,
yo conocí el amor.
Y lejana estás hoy día,
¡Oh, bendita patria mía!,
los recuerdos de ayer día,
hoy evoco en mi canción,
¡AY!, en mi canción.

(Texter unbekannt)

Lafitte hat vermutlich keine Konzerte in Deutschland, Österreich oder in der Schweiz gegeben. Auch nicht sein Landsmann, der Pianist Ignacio Cervantes (1847–1905), der in Paris studierte. 1925 nimmt Alejandro García Caturla (1906–1940) Schallplatten in Paris auf. Caturla gehört zur literarisch-intellektuellen Bewegung der Minoristas auf Kuba und widmet sich besonders kreolischen und afrokubanischen Motiven. Caturla ist wahrscheinlich der erste einer langen Reihe lateinamerikanischer Musiker, die bei Nadia Boulanger in Paris lernen können. In Hamburg und Leipzig studieren nur wenige Kubaner, z. B. die Pianisten José Camellas und El Lico Jiménez.

Und umgekehrt? Deutschsprachige Kultur gibt es in diesen Zeiten in der Karibik eigentlich nur im Umfeld des europäischen Hochadels und dessen gesellschaftlich begrenzter Einflüsse, wie in der kurzzeitigen mexikanischen Regentschaft des Habsburgers Maximilian und den oft aus Österreich stammenden spanischen Regentinnen der Bourbonen. In Kolonialzeiten kamen aus Deutschland zuerst Forscher und Kaufleute, die vor allem in das Zuckergeschäft einsteigen wollten (s. Kap. 1), und Alexander von Humboldt (1802–1804), dem nicht aufgefallen sein dürfte, was das Tribunal Censorio (Art Zensurbehörde) in jenen Tagen als hässliches Gesicht Havannas bezeichnete: unschickliche Ausschreitungen bei den Tanzabenden mit Contradanza, Minuett, Zorongo und Fandangos.

Die österreichische Tänzerin Fanny Elßler gab 1841 ihr Kuba-Debut und begeisterte mit ihrer feurigen Kastagnetten- und Zapateo-Interpretation einer spanischen *Cachucha*, die sie 1836 zuerst in Paris getanzt hatte. Der Autor des „Hungerlieds", Georg Weerth, kam zunächst auf die Insel St. Thomas und starb 1856 in Havanna an Malaria. Die

Upmanns aus Bremen begründeten 1844 den Ruhm ihrer kubanischen Zigarrenproduktion. Der Altertumsforscher und Unternehmer Heinrich Schliemann, polyglotter Weltreisender und Multimillionär, kam 1865 und 1886 und investierte in das kubanische Eisenbahnnetz.

Kantstraße und Hallerstraße

Bis 1840 „bildeten Schwarze eine klare Mehrheit unter den Berufs-musikern"[6]. Die meisten von ihnen schrieben Contradanzas und viele von ihnen arbeiteten in Orchestern der Tonadillas und später in den Sainetes.

Ein gutes Auskommen hat auch ein Militärmusiker wie José Claudio Brindis de Salas (1800–1872), Sohn einer Sklavin vom Abakuá-Stamm und des Soldaten Luis Brindis aus dem Viertel Belén in Alt-Havanna. Mit seinem Orchester „La Concha de Oro" ist er als Bariton und Geiger mit einem Programm aus Walzern, Contradanzas und Minuetts oft in den Salons Havannas zu hören, bis er in die Unruhen der um 1812 von einem freien schwarzen Tischler initiierten Anti-Sklaverei Bewegung (Conspiración de La Escalera) gerät und Kuba 1844 verlassen muss. Nach seiner Rückkehr wirft man ihn in den Kerker, den er erst 1850 verlassen kann. Er wird Vater von zwei Söhnen, die er beide ebenfalls an der Geige ausbilden lässt: José del Rosario und Claudio José Domingo (1852–1911). Letzterer bekommt Unterricht beim Belgier José van der Gucht, schreibt schon mit acht Jahren seine erste Komposition und steht mit elf Jahren zusammen mit seinem Vater und seinem Bruder auf der Bühne des Liceo in Havanna. Brindis Sr. versucht unterdessen vergeblich, an seine alten Erfolge anzuknüpfen. Wohl weniger – wie eine Legende berichtet – mit dem Erlös des Goldes, das sein Vater angeblich in einer Lotterie gewonnen hat, sondern wahrscheinlich eher mit Hilfe seines Lehrers Van der Gucht reist Claudio Brindis de Salas 1869 über Mexiko nach Paris, um sich am dortigen Konservatorium von Lehrern wie Charles Dancla, Hubert Léonard und dem Genueser Paganini-Schüler Ernesto Camillo Sivori weiterbilden zu lassen. 1870 in einem Wettbewerb des Konservatoriums ausgezeichnet, geht er kurze Zeit als Geigenlehrer nach Haiti, kehrt 1880 über Kuba nach Europa zurück und beginnt in St. Petersburg erste kleinere Konzertreisen vorwiegend mit europäischer Klassik. Seine erste Deutschlandtournee beginnt der stets elegant gekleidete und aristokratischen Glanz ausstrahlende Geiger im Herbst 1882 in der Stuttgarter Liederhalle. Er nimmt danach von fast allen europäischen Königshäusern Medaillen und Ehrungen entgegen, denn er ist inzwischen als der „Schwarze Paganini" (*Paganini Negro*) bekannt und die Berliner Gazetten feiern ihn als den „König der Oktaven". Kaiser

Wilhelm II. überschüttet den schmächtigen kubanischen Geiger mit Gunst-bezeugungen: Brindis de Salas wird „Kaiserlicher Violinvirtuoso", erhält die preußische Staatsbürgerschaft, den Schwarzen-Adler-Orden[7] und wird in den Adelsstand eines Barons erhoben. Auch eine deutsche Adelige (Ulrike von Knaebel) darf er heiraten, dabei vergisst er aber offenbar, dass er schon 1878 auf Martinique eine Ehe mit Marguerite geschlossen hat. Berlin wird sein Zuhause. Er soll in der 1887 erstmals so benannten Kantstraße 56, wo einhundert Jahre später ein heruntergekommenes modernes Miets-haus stehen wird, gewohnt haben und Mitinhaber einer Pianomanufaktur[8] im ersten Stock gewesen sein. Zuvor hatte sich der Chevalier Brindis de Salas am 31. Oktober 1889 auf einer Tournee von seinem argentinischen Publikum mit einem Brief an die Zeitung „La Nación" verabschiedet, er werde morgen abreisen, um wieder mit seiner Familie in Berlin zusammen zu sein (Abb. 1). „Der Presse von Buenos Aires verdanke ich die wunder-vollsten Erfolge meiner Karriere" (La Nación, 2.11.1889).

Abb. 1 Chevalier Brindis de Salas mit seiner Stradivari und dem Preußischen Orden des Schwarzen Adlers, Berlin 1880

Ein zweiter Paganini zu sein, dem die Konzertwelt und die Adelshäuser ihre Tore weit öffnen, ein Weltstar, der viele Sprachen beherrscht, aber mit Geld nicht umgehen kann, der zu oft der realen Welt entrückt wird, das macht ihn wohl für die Ehe und ein geregeltes Familienleben untauglich. Seine deutsche Frau betreibt die Scheidung und de Salas verlässt schon 1895 Deutschland wieder in Richtung Kuba, wo die Unabhängigkeitskriege von José Martí und seinen Rebellen in die letzte heiße Phase geführt werden. De Salas' Karriere aber kühlt ab, selbst in den USA floppen seine Konzerte und er zieht sich zurück, gibt dann ein letztes Konzert in Spanien und taucht im Mai 1911 wieder in Argentinien auf. Er ist an Tuberkulose erkrankt, sein Geld ist aufgebraucht. Im Juni findet man ihn in armseliger Kleidung, fast erfroren auf der Straße. In einer seiner Taschen stecken alte Konzertkritiken und ein deutscher Pass für „Caballero de Brindis, Baron de Salas". Der „deutsche" schwarze Paganini, der der Legende nach hier in der Gosse von Buenos Aires endet und für lumpige 20 Pesos jene Stradivari im Pfandhaus versetzt haben soll, die ihm einst Argentinier zum Geschenk machten, stirbt am 2. Juni und wird erst 1930 nach Kuba überführt. Er hinterlässt drei Kinder mit seiner deutschen Frau. Von dieser deutschen Familie gibt es keine Spuren. In seiner 1954 veröffentlichten Anthologie afrikanischer Poesie „Schwarzer Orpheus"[9] stellt Janheinz Jahn die afrouruguayische Autorin Virginia Brindis de Salas (1908–1958) als eine vorgebliche Nichte des Geigenvirtuosen vor. Glücklicher verläuft die Karriere des schwarzen kubanischen Pianisten und Organisten José Manuel Jiménez Berroa (1855–1917), genannt „El Lico". Er stammt aus der Stadt Trinidad auf Kuba. Sein Großvater Francisco Nicasio leitete ein Tanzorchester und sein Vater José Julián Jiménez y Sánchez hat als Musiker ebenfalls ein gutes Auskommen. Bei ihm und seiner Tante Catalina bekommt Lico Klavierunterricht und begleitet den deutschen Cellisten Karl Werner 1866 bei dessen Konzert in Trinidad auf Kuba. Begeistert vom Talent des Jungen, überzeugt Werner den Vater, seine beiden Söhne (José und Nicasio) schon 1867 an die Konservatorien von Hamburg und Leipzig zu schicken. Nach Studienende tingelt der Senior mit seinen Söhnen als Trio de los Negros („Neger-Trio") mit von der Romantik geprägter Salonmusik durch Europa. Lico geht anschließend für weitere Studien nach Paris und trifft 1879 wieder für wenige Konzerte in Kuba ein, wo im August in der sog. Guerra Chiquita zum zweiten Mal versucht wird, die spanische Krone abzuschütteln. Ein Jahr später sind die kubanischen Rebellen besiegt, und nahezu zeitgleich kehrt Berroa aus Enttäuschung, auch über zunehmende Rassendiskriminierung seitens des kubanischen Bürgertums, nach Hamburg zurück. Am Konservatorium Krüß-Färber unterrichtet er in der Hallerstraße als Leiter der Ausländerklasse und seit 1892 als stellvertretender Direktor. Er ist mit Franz Liszt befreundet, dessen Musik er wie die Chopins bevorzugt. Er gilt als der erste kubanische Komponist, der sich des deutschen ‚Lied‘-Genres annimmt. 1899 heiratet er Emma Mina Filter, aus der Ehe gibt es drei Kinder. Mit Tochter Manuela und Sohn Adolfo gibt er 1913 ein gemeinsames Konzert.

Cuba nacional: Rumba und Danzón

Als Sebastián Iradiers Habaneras u. a. als „La Paloma" und in einer Arie der Carmen Bizets seit 1875 das Publikum in Europa erobern (s. Kap. 1), ist die kubanische Musik selbst dort weitgehend unbekannt. Es wird mehr als 50 Jahre dauern, bis ein Tanz und Rhythmus aus Kuba namens Rumba nach nord- und südamerikanischen Importen wie Tango, Maxixe, Cakewalk und Charleston in Europa heimisch wird.

Fast unbemerkt vom Ausland haben sich auf Kuba zwischen 1880 und 1920 erste Formen nationaler Unterhaltungsmusik nahezu zeitgleich zu ähnlichen Entwicklungen wie in urbanen Zentren zwischen New Orleans und Buenos Aires manifestiert. Die Habanera mit ihrer typischen Synkopierung in einer Kombination von Achtel- und Sechzehntel-Notenwerten im 2/4-Takt (*Cinquillo Cubano*, s. Kap. 1), war nur eines der auslösenden Momente. Innerhalb Kubas gärt der Akkulturationsprozess zwischen europäisch-iberischer und afrikanischer Musik schon seit Beginn des 19. Jahrhunderts und bringt nun eine Fülle von Mischformen hervor. Sie sind die Basis der kubanischen Musik. Über den Anteil afrikanischer Musik ist man sich unter Musikwissenschaftlern und Ethnologen auf Kuba noch in den 1930er Jahren nicht einig. Eliseo Grenets Bruder Emilio, ebenfalls Komponist, legt Wert darauf, dass nahezu alles Melodische auf Liedformen spanischer und anderer europäischer Einwanderer-Kulturen zurückgehe. Von Anfang an hätten aber die Rhythmen der Schwarzen einen bedeutenden Einfluss gehabt.[10]

Zu ihnen gehört die afrokubanische Rumba – nicht zu verwechseln mit der in den 1940er Jahren außerhalb Kubas populären Bolero-Son-artigen Rumba. Das Original wird in regional verschiedenen Ausprägungen in Stadt und Land getanzt. Rumba ist ein ganzes Fest, dessen Gesang, Trommelspiel und Tanz zweifellos tief in afrikanischen Traditionen verankert sind. Aus der Gegend von Matanzas stammt die überwiegend von Männern schnell und solistisch getanzte *Columbia*, aus Städten wie Santiago und Havanna der langsamere und paarweise getanzte *Yambú* und aus beiden entwickelte sich in den Vorstädten zum Ende des 19. Jahrhunderts der sehr dynamisch und schnell getanzte *Guaguancó*. Wie bei allen afroamerikanischen Tänzen wird die erotische Komponente der Rumba-Tänze durch angedeutete Beckenstöße des Mannes (Vacunao) betont, die die Partnerin durch Spiel mit ihren Rockzipfeln beantwortet.

Basis der meisten Rhythmen der Rumba-Familie ist die afrokubanische *Clave,* die nach dem Prinzip des Cinquillo aus fünf – jeweils 3 und 2 durchgehend gespielten – Schlägen (auf den gleichnamigen Hölzern) besteht, die innerhalb eines 2/4, 4/4 oder 12/8-Taktes in Pausen und Synkopierungen variieren. Nach Emilio Grenet geht der Name auf die Lieder von Sklaven zurück, die diese bei Straßenumzügen im Chor sangen. Diese *Cantos de Claves* nennt man später auch *Criolla.*[11]

Hauptinstrumente in Columbia und Guaguancó sind die *Tambores* (Trommeln) der afrokubanischen Riten, dazu kommen *Claves*-Klanghölzer, ferner mit Händen, Löffeln und Stöckchen bespielte Holzkisten (*Cajones*) und andere Perkussion. Der Gesang besteht aus kurzen, rufartigen Verszeilen, denen ein Chor mit gleicher Kürze im Wechsel antwortet. In anderen Spielarten kann der Vorsänger kurze spontane Texte innerhalb vorgegebener Takte ohne Rücksicht auf melodische Schönheit oder syllabische Akzentuierung singen oder improvisieren – eine Eigenart, die später die Verse (*Largos*) der *Soneros* von *Son* und *Salsa* auszeichnen wird, wie der Refrain als „Montuno" im 20. Jahrhundert stilbildend für Mambo und Salsa wird.

Während der Rhythmus pulsiert, absolvieren die Tänzer, solo oder paarweise offen tanzend, Fußbewegungen nach rechts und links, die Beine bilden ein O, dann ein X, Arme und Schultern bewegen sich gleichmäßig im Rhythmus nach vorn und hinten, nach oben und unten. Das Zentrum der Bewegungen in erotischem Kreisen, Zucken und Wackeln aber sitzt in Bauch und Hintern.

Wie die Columbia stammt der *Danzón* aus der Gegend von Matanzas, wo er schon um 1855 erwähnt[12] wird. Er ist eine Weiterentwicklung der *Contradanza,* jener Danza Habanera, die letztlich nur noch Danza genannt wurde und als Danzón ab 1870 massentauglich wie Milonga und Maxixe wird. Dem Danzón merkt man seine Herkunft aus alten Formations-Schreittänzen wie Quadrille und Contredanse an. Über Jahrzehnte erinnert sein in Abschnitte gegliederter Ablauf an die Befehle des Bastonero-Tanzmeisters, bis er unter dem Einfluss des Son auf wenige Teile reduziert wird. Wo die *Rumba de la calle* urwüchsig und ungebremst getanzt wird, zeigt der Danzón als Bewegungspaartanz eine gewisse Grazie mit gebremster Beinarbeit und nur angedeuteten gelegentlichen Beckenbewegungen der Frau.

Es gibt Drehungen und Öffnungen des Paares nach beiden Seiten, alles fast wie in der späteren Rumba der deutschen Tanzschulen. Anfangs begleiten die Orquestas Típicas den Danzón mit ihren typischen Klarinetten im 2/4-Takt-Habanera-Rhythmus. Danzones hört man in den Straßen vieler Städte auch aus monströsen Musikorgeln, später übernehmen diese Spezies die *Charanga*-Orchester und die Flöte tritt an die Stelle der Klarinette, dazu kommen Geigen, Piano, Bass, Güiro, Timbales und zwei Sänger (unisono). Die Danzones wurden im 19. Jahrhundert in schnelleren Tempi gespielt als heute. Mit Komponisten wie José Urfé verändert sich der Danzón erneut. Urfé bringt in seine Danzones Elemente des *Son Cubano* und bewirkt damit auch eine Modifizierung der Choreographie, die bis heute gültig ist.

Son vs. Bolero

Mit den Unabhängigkeitskriegen avanciert der Danzón zum National-tanz Kubas. Bis dahin wird er fast nur instrumental gespielt, und nun kommentieren seine Texte auch Ereignisse aus Politik und Gesellschaft.

Zu Beginn des 20. Jahrhunderts haben sich aus Gesängen, die als *Décimas* oder *Canciones* unterschiedlichster Art in ländlichen Gebieten bei semireligiösen Festen zu hören waren, oft auch ohne einen dazu-gehörenden Tanz regional typische Liedformen entwickelt. Lokale ethnische Zusammensetzungen nehmen dabei Einfluss auf Rhythmus, Musikinstrumente, Versform und Art des Gesangs. „In diesen Prozessen ist der afrikanische Kern – von Bantu- und Dahomey-Ursprung – der Beziehungen zu vier Grund-Patterns von allergrößter Bedeutung: zum Cinquillo, Tresillo, Tanguillo und zur Habanera-Figur. Jedes dieser Patterns besitzt rhythmisch-akzentuierende Eigenheiten, die alle auf reziproke Weise austauschbar und im Kontext einer afrokaribisch-afroamerikanischen Entwicklung veränderbar sind. Diesen Kern, der stets im Spiel der beiden Clave-Hölzer hörbar ist, könnte man als die wichtigste Quelle bezeichnen, und ihr Einfluss bringt in unterschied-lichen Zusammenhängen jeweils charakteristische Merkmale verschiedener Genres und Stile hervor." (Orozco)[13]

Mutter aller aus *Sones* und *Boleros* entstandenen Liedformen ist das iberische romantische Lied. Und selbst das ist bekanntlich auch ein Misch-Produkt jahrhundertelanger maurischer Präsenz auf der Halbinsel (711 bis 1615).

Als der um 1780 in der Gegend von Cádiz entstandene Bolero[14] im letzten Viertel des 18. Jahrhunderts nach Kuba kam, war er noch eine dreivierteltaktige spanische Kontertanz-Variante mit Elementen der andalusischen, dem Flamenco nahestehenden Sevillana. Zum Klang von Kastagnetten absolvierten die Paare eine Folge von Choreographien, unter denen der promenadenartige *Paseo,* ein abruptes Innehalten (*Bien Parado*) – wie im späteren Tango Criollo – und Luftsprünge in halber Drehung (*Cuarta*) typisch sind. Vermutlich haben die Sprünge dem Tanz zu seinem Namen verholfen, da im Spanischen ein v meist wie ein b gesprochen wird. Volar bedeutet fliegen. Maurice Ravel greift 1928 auf solche rhythmischen Vorlagen bei seinem „Boléro" zurück.

Auf Kuba verliert sich der spanische Bolero bald im Schmelztiegel afro-kubanischer Musik der Stadt Santiago. Metrik des kreolischen Bolero wird der binäre Rhythmus (2/4) mit dem afrikanischen Cinquillo, seine Melodik wird romantisch und seine Instrumentierung ist geprägt vom Zusammen-spiel von rhythmisch gespielter Gitarre und Klein-Perkussion wie den hölzernen Claves und Palitos. Die Unterschiede zu gleichzeitig populären Liedformen wie den *Trovas* in Santiago oder den *Sones* in Guantánamo sind mitunter nur sehr gering. Gemeinsam ist ihnen die von afrikanischer Musik übernommene Teilung des Gesangs in Vers und responsorischen Chorgesang, sofern er nicht durchgehend von Vokal-Duos gesungen wird. Als Paartanz erinnert der Bolero etwas an die gestelzten Tanzfiguren der Schwarzen in den Gafieras (Tanzbars) von Rio, seine kunstvollen Schritte und Drehungen an Figuren des Eiskunstlaufs.

Als Vater der kubanischen *Trova* (canción trovadoresca cubana) gilt der Gitarrist und Komponist José „Pepe" Sánchez (1856–1918) aus Santiago de Cuba. Man schreibt ihm die Entwicklung des *Bolero Cubano* aus jenem Trova-Troubadour-Gesangsstil zu, der später in den 1950er Jahren als vom Blues beeinflusster *Filín* Gefühle (Feelings) und nach Castros Revolution in der *Nueva Trova Cubana* politische und soziale Inhalte transportieren wird. Mit „Tristezas" legt Pepe Sánchez 1883 ein Grundgerüst des Bolero aus zweimal 16 Takten vor, d. h. mit zwei achtsilbigen Vierzeilern, die von einem Zwischenspiel auf oberen Gitarrensaiten, der *Pasacalle,* verbunden werden. Von der Habanera leiht man sich die Rhythmik.

Von Kuba aus erobert der auch „Canción Cubano" genannte neue Bolero zuerst seine karibische Nachbarschaft. In Mexiko schreiben Agustín Lara („Granada") und Consuelo Velázquez („Bésame Mucho"[15]) ebenso unsterb-liche Boleros wie Rafael Hernández („Lamento Borincano") auf Puerto Rico. Über Jahrzehnte verbinden Musiker immer wieder das Grundschema des Bolero mit neu aufkommenden Modetänzen: Mambo-Bolero, Bolero Montuno[16] und vor allem die von den französischen Antillen stammende *Biguine.* Was seit den dreißiger Jahren in den USA und Europa als *Rumba* verkauft wird, ist in Wahrheit eher eine *Bolero-Biguine* mit Tanzschritten des Danzón.

Neben der Trova Santiagos ist der *Son* aus dem Süden der Insel bis in unsere Gegenwart eine Quelle bedeutender musikalischer kubanischer Entwicklungen. Die Stars des Buena Vista Social Club machen ihn Ende des Jahrhunderts weltweit bekannt (s. Bd. 3, Kap. 11). Im Vergleich zur eher balladenartigen Trova scheint der Son Cubano als *música mulata* mehr afrikanische Elemente in sich zu vereinen. Gemäß seinem Namen wird hier mehr gerasselt (Sonajeros), geklappert und getrommelt. Son ist „klingender Rum, mit den Ohren zu trinken" (Nicolás Guillén).

Im Son bieten kleine Tres-Gitarren harmonisch-rhythmische Unterstützung für oft spontan ersonnene Vierzeiler und Dezimen mit witzigen oder zotigen Inhalten, die vom Refraingesang beantwortet werden. Der berühmteste und wohl auch älteste Son Kubas ist der „Son de Ma Teodora", einer berühmten schwarzen Volkssängerin aus dem 17. Jahrhundert, in den neben spanischen und afrikanischen Liedcharakteristika auch eventuell homöopathische Dosen des *Areyto* eingeflossen sind, den der Mönch de las Casas zu Beginn des 16. Jahrhunderts als Lied- und Tanzform der Kariben-Indianer beschrieben hat.

Donde esta la Ma' Teodora
Rajande la leña esta
Que donde esta que no la veo
Rajando la leña esta
Con su palo y su tambora
Rajando la leña esta
Donde esta la Ma' Teodora
Rajando la leña esta

Wo ist Ma' Teodora
Beim Holzhacken
Aber wo ist sie denn, ich kann sie nicht sehen
Beim Holzhacken
Mit ihrem Stock und ihrer Trommel
Beim Holzhacken
Wo ist La Ma' Teodora
Beim Holzhacken

Um 1909 soll der Son aus dem Osten Kubas im Gepäck von Soldaten nach Havanna gekommen sein[17]. Dort taucht er zuerst in Kompositionen des Danzón von José Urfé und anderen auf, bis um 1920 Ensembles wie das Sexteto Habanero (Abb. 2) und Septeto Nacional ihre Danzones durch Sones, Canciones und Boleros ersetzen.

Der Son verbindet fast alle bis dato entstandenen Formen kubanischer Musik miteinander, ist im Repertoire weißer und schwarzer Musiker und in den Herzen aller Kubaner. „Das große Verdienst des Son besteht darin, dass er durch die Gewährung der Freiheit für spontane und populäre musikalische Ausdrucksformen rhythmische Innovationen begünstigte. Die Noten wurden innerhalb jeder Takteinheit unterteilt und diversifiziert. Von einem bestimmten Moment an gab es eine wahre Schöpfung."[18]

Verschiedene, oft lokal ausgeprägte Son-Variationen kennt man schon im 19. Jahrhundert. Sie werden jetzt wiederbelebt wie der Changüi-Nachfolger *Son Montuno, Sucu-sucu, Bachata Oriental, Son Habanero, Guajira Son, Guaracha Son, Bolero Son, Pregón Son, Afro Son.* Selbst in Mambo und Chachachá der 1940er und 1950er Jahre finden sich Son-Elemente zusammen mit denen des Danzón der Charanga-Gruppen. Die Struktur des Son besteht in der Regel aus einem Wechsel zwischen einem achttaktigen wiederholten Chor-Refrain und gleich langem Solopart (largo). Der auch Montuno genannte, meist vierzeilige Refrain wird in der späteren Salsa eine dominantere Rolle spielen (s. Bd. 3, Kap. 11). Die Saiten von Gitarre oder Tres (drei Doppelsaiten) werden rhythmisch im *Rayado* (ein Schrappen mit halber Betonung) gespielt, Perkussion mit Bongo und Maracas verdoppeln

Abb. 2 Conjunto Sexteto Habanero, 1925

deren Schlagzahl und der Bass synkopiert durch leicht vorgezogenes Zupfen der Saiten. Das afrikanische Erbe des Son zeigt sich im komplexen poly-metrischen Rhythmus der verschiedenen Perkussionsinstrumente und in der besonderen Spannung, die entsteht, wenn der Solosänger innerhalb einer festen Taktanzahl und Metrik seinen nicht selten improvisieren Vers so rechtzeitig auf den Punkt bringt, dass die vom Chor ständig wieder-holte Textzeile für die Steigerung des Sonero wie Trance wirken und ihn Kraft für den nächsten Vers sammeln lässt. All dies und seine Rhythmik sind Musikern in Afrika so vertraut, dass afrokubanische Musik bald die populäre Musik dieses Kontinents nachhaltig prägen wird (s. Bd. 3, Kap. 1). Soneros sind keine Belcanto-Sänger. Wie die Repentistas im brasilianischen Sertão oder die Calypsonians auf Trinidad, in gewisser Weise sogar die west-afrikanischen Griots, sind sie der uralten narrativen Volkssänger-Tradition verpflichtet. In der Popmusik der 1980er Jahre werden Rap und Hip-Hop dem gleichen Prinzip folgen.

Als Musiker aus dem Volk sind die Soneros oft in afrokubanischen Kulten und ihren Cabildos und den Comparsas des Carnaval verwurzelt, die 1913 unter dem Vorwand krimineller Aktivitäten und nach Straßenkämpfen rivalisierender Gruppen verboten werden. Was die Soneros weiterhin nach traditionellen Vorlagen und eigenen Ideen, begleitet von ihren Sextetos oder Septetos, singen, kann in Straßen und Kneipen jeder hören und nach-spielen. Das ist fette Beute für Komponisten und Musiker aus den Kreisen, in denen man von Urheberrechten schon mal was gehört hat und wo man weiß, wie man seine oder die – noch ungeschriebenen – Noten der anderen registrieren lassen kann. Manchen kubanischen Musikern, die bei US-Firmen ihre Platten aufnehmen, geht es nicht besser (s. Bd. 3, Kap. 11). Sie sagen, sie hätten nie einen Dollar Royalties bekommen. Damit teilen sie das Schicksal lateinamerikanischer Kollegen in Buenos Aires oder Rio, die mit kaum nennenswerten Pauschalsummen abgefunden werden. (Tatsäch-lich sind darüber hinausgehende Umsatzbeteiligungen auch für heimische Komponisten in den USA in diesen Zeiten eher selten).

Damit ist Musik als Business in Kuba angekommen, und bald gehen auch die ersten kubanischen Musiker mit Danzones, Sones und Boleros in das nur hundert Kilometer entfernte Nordamerika: das Trío Matamoros (ab 1925), Ernesto Lecuona und die Havanna Cuban Boys. Schon 1913 spricht man von der „American Rumba", die man nun auch feinsinnig als Rhumba tituliert.

Die ersten kubanischen Musiker in Europa waren die bereits vorgestellten schwarzen Virtuosen, die überwiegend mit europäischer Klassik glänzten. Am internationalen Erfolg der kubanischen Musik sind diese Afrokubaner kaum beteiligt. Während in den 1930er und 40er Jahren weiße und schwarze Kubaner, lateinamerikanische Künstler und europäische Tanzorchester mit amerikanisierten „Rumbas de Salon" internationale Erfolge feiern, verdrängt auf der Insel das neue kubanische Musikbusiness die alte Garde der Trovas, Boleros und Sones in nostalgische Kneipen und Clubs, in denen sie erst in den neunziger Jahren durch den Hype um den Buena Vista Social Club wiederentdeckt werden (s. Bd. 3, Kap. 11).

Revolution, schwarze Kultur und die USA

Nur hundert Kilometer vor Florida gelegen, steht Kuba schon immer auf der Shoppingliste der USA. Nach der Hilfestellung im Kampf gegen die spanische Kolonialmacht und einem kurzen Krieg gegen Spanien (1898) bleiben die USA als Besatzer weitere vier Jahre und nochmals von 1906 bis 1909 auf kubanischem Boden. Die Soldaten der kubanischen Rebellenarmee unter General Máximo Gómez legten die Waffen erst nieder, nachdem die USA drei Millionen Dollar als Abfindung bezahlten. Den Kubanern traut man aber eine eigene Verwaltung in der neuen Unabhängigkeit nicht zu und die Amerikaner wissen vor allem mit der schwarzen Bevölkerung Kubas nichts anzufangen, es sei denn es sind Musiker, Sänger und Tänzerinnen. Überall auf der Insel werden den kubanischen Beamten Besatzer an die Seite gestellt. Im Gegenzug für den dann erwirkten Abzug der US-Truppen unterwirft sich Kuba mit dem Platt Amendment u. a. der Erlaubnis, dass die USA jederzeit auf Kuba intervenieren können und alle bisherigen Verfügungen der Besatzer uneingeschränkt weiter gültig sein sollen. Außerdem muss Kuba bei Bedarf Landstriche an die USA für militärische Stützpunkte verkaufen.[19]

In den kommenden sechzig Jahren zieht Washington somit an den Fäden der diktatorischen und korrupten Regime kubanischer Präsidenten. Mit Hilfe der USA werden aber auch Schulen und andere soziale Einrichtungen gebaut und gefördert. Der Tourismus wird wegen der Prohibition in den USA (1920–1933) angekurbelt. Für „Rum and Cola" kommen die Amerikaner gern zum Wochenende übers Meer, und das bringt wiederum einen kräftigen Schub in die Entwicklung der kubanischen populären Musik, denn Kneipen und Kabaretts haben jetzt größeren Bedarf an Musikern und Tänzerinnen, die manche Darbietungen auch dem Geschmack der Yankees anpassen müssen.

Selbst nach den Sezessionskriegen (bis 1865) bleibt der Rassismus zu Beginn des 20. Jahrhunderts eine hässliche Seite nordamerikanischer Realität. Auf Kuba ist er bis zur Abschaffung der Sklaverei (erst 1880) per se definiert. Unter neuer wirtschaftlicher und politischer Unabhängigkeit von den USA, besetzen die ehemaligen Sklaven danach weiterhin ihre bisherigen Arbeitsplätze gegen schmalen Lohn und in existentieller Unsicherheit. Ihre sozialen Aufstiegschancen sind so gering wie ihre Hoffnung auf Besserung. Selbst diejenigen, die in Armee und Polizei untergekommen sind, sehen sich dadurch in eigener politischer Tätigkeit behindert und versuchen mit dem Partido Independiente de Color eine eigene Partei zu etablieren, die als ‚rassistisch‘ verboten wird. In der Provinz Oriente kommt es 1912 zu einer Revolte dieser Cubanos de Color, in der 3000 Afrokubaner den Tod finden. Im Jahr darauf werden die Aktivitäten der Schwarzen beim Carnaval verboten. Erst 1937 werden die Conga-Comparsas wieder zum Karneval zugelassen.

Druck erzeugt natürlich Gegendruck. Und „Schwarze wollen den Weißen um jeden Preis den Reichtum ihrer Gedanken, die Ebenbürtigkeit ihrer Geisteskraft beweisen" (Frantz Fanon).[20] Auch in der Kultur. Als um 1925 die ersten kubanischen Musiker in den USA eintreffen, hat die Harlem Renaissance in New York seit 1920 ein neues Selbstbewusstsein schwarzer Kultur geschaffen, das auf Kuba erst im Entstehen ist. Als die Kubaner 1928 nach Paris kommen, haben dort Frantz Fanon (Martinique) und Léopold Sédar Senghor (Senegal) mit der Négritude ihre Forderung nach Gleichberechtigung afrikanischer Kultur und Lebensform innerhalb der Völkergemeinschaft aufgestellt.

Die Kubaner stehen zwar noch unter Kontrolle der USA, haben aber keine amerikanischen Bürgerrechte, wie beispielsweise die Puerto-Ricaner, deren Insel nach Besetzung im Spanisch-Amerikanischen Krieg 1917 offiziell assoziierter Freistaat der USA wird. Zuwanderer aus Puerto Rico siedeln sich zunehmend in ihren Barrios in Brooklyn und im Hafenviertel New Yorks an, unter ihnen viele Musiker wie der oben erwähnte Rafael Hernández. Für die Afrokubaner ist die Situation dort schwieriger. Weiße und kreolische Kubaner bleiben auch gleich im benachbarten Florida.

Mit dem Einfluss der USA kommen auch die Medien der modernen Massenkommunikation auf die karibischen Inseln. Allen voran, kurz nach der Jahrhundertwende, die drei großen Music Companies Victor Talking Machine, Edison National Phonograph und Columbia Phonograph. Sie öffnen Niederlassungen als Vertriebszentren für ihre Tonträger aus Europa und Nordamerika und als Label für nationale Musikproduktionen der Inseln. Schon früh werden damit Voraussetzungen geschaffen, den wachsenden Markt hispanoamerikanischer Popmusik in den USA aus eigenem Repertoire bedienen zu können. Solange aber die Studios auf den Inseln nicht den Standard New Yorker Klangschmieden erreichen, schickt man die Künstler, für deren Musik man sich auch im Norden einen Markt erhofft, nach Chicago oder New York. Musiker aus Kuba kommen auf diesem Weg in die USA, wie ihre Kollegen des Tango, des Calypso oder der Plena Puerto Ricos. Die ersten Tonwalzen mit Danzones werden 1904 von Antonio María Romeu bespielt.

Es ist durchaus vorstellbar, dass sich unter den amerikanischen Besatzern auf Kuba auch Musiker befinden. Sie gehen abends in die Kneipen und erleben im Karneval auf den Straßen die Comparsas mit ihren Rumbas. In jedem Fall kommen Musiker zur Truppenbetreuung und als Kulturbotschafter nach Kuba. Um die Jahrhundertwende gastieren dort Mahara's Colored Minstrels mit einem 26-jährigen Bluesmusiker aus Memphis namens W.C. Handy. Dessen „St. Louis Blues" von 1914 wird seither mit einer boleroartigen Einleitung gespielt, die wohl als Tango gedacht war: „Der Onestep und andere Tänze waren im Tempo des Memphis Blues gemacht worden. […] Als der St. Louis Blues geschrieben wurde, war der Tango in Mode. Ich täuschte die Tänzer, indem ich eine Tango-Einführung arrangierte, die abrupt in einen Low-Down-Blues überging. Meine Augen wanderten ängstlich über den Boden, dann sah ich plötzlich einen Blitzschlag. Die Tänzer schienen elektrisiert. Etwas in ihnen wurde plötzlich lebendig. Ein Instinkt, der so sehr nach Leben strebte, seine Arme schleuderte, um Freude zu verbreiten, packte sie an den Füßen."[21] (Auf die engen Verbindungen karibisch-kreolischer Musik mit dem frühen New Orleans Jazz wurde schon in Kap. 4 eingegangen. John Storm Roberts beschreibt sie ausführlich in seinem Buch „The Latin Tinge".[22])

Vom Tango König zum Rumba King

Der erste in den USA erfolgreiche Musiker aus Kuba ist gebürtiger Spanier und „King of The Tango" in Hollywood: Francisco de Asis Javier Cugat Mingall de Bru y Deulofeo, bekannt als Xavier Cugat (1900–1990) und geboren am ersten Tag des 20. Jahrhunderts im nordspanischen Gerona. Seine Karriere ist ein einziger Höhenflug voller Turbulenzen und Verwirbelungen, nicht einmal seine Autobiographie[23] ist davon verschont. Cugats Beziehung zur kubanischen Musik ist so zufällig wie seine Ankunft als Fünfjähriger in Havanna. Denn eigentlich ist seine Familie 1905 auf dem Weg nach Mexiko, als der Vater bei einem Zwischenstopp in Havanna wegen eines guten Jobangebots die Reise vorzeitig beendet. Xavier Cugat bekommt Geigenunterricht und spielt schon bald in einem kleinen Orchester in Stummfilmkinos und später im Symphonieorchester des Teatro

Nacional. 1913 trifft Enrico Caruso mit großer Entourage in Havanna ein. Leute wie die Cugats können sich die sündhaft teuren Eintrittskarten nicht leisten, aber der üppige Legendenfundus schafft einen märchenhaften Ausgleich: Caruso und Cugat sind leidenschaftliche Karikaturisten, und eines Tages entdeckt Cugat den Tenor, wie er in einem Caféhaus zeichnet, spricht ihn an und es entwickelt sich eine Freundschaft bis zu Carusos Tod. Wohl auf Carusos Empfehlung ziehen die Cugats 1915 nach New York, wo bereits Xaviers älterer Bruder lebt. Dass Xavier fortan als erster Geiger mit Caruso auf Tournee geht, ist ganz sicher eine Legende, denn Cugat hält sich tatsächlich mit Kneipenauftritten über Wasser, für die er die Klassik mit Unterhaltungsmusik tauscht und von einem Auftritt in der Carnegie Hall träumt, von dem Cugats aus Hamburg stammender Violinlehrer Henry Schradieck abrät. Doch Cugat setzt sich durch und seine Familie bringt das Geld für Saalmiete und andere Kosten auf. Die Kritiken des Konzerts sind eher lau und Schradieck ermutigt Cugat, sein Geigenspiel bei seinen Kollegen Carl Flesch und Willy Hess 1922 in Berlin zu vervollkommnen. Mit dem New Yorker Pianisten Willi Schaeffer gibt er dabei auch Konzerte in Deutschland, Frankreich und Italien. Cugat ist 25, als er aus Berlin auf die Bühne der Carnegie Hall zurückkehrt und die Kritiken jetzt zwar positiver, aber nicht überschwänglich sind. Cugat verzieht sich nach Los Angeles, wo er als Antiquitätenhändler und als Karikaturist bei der Los Angeles Times jobbt. Als er sich doch noch einmal in einem Solokonzert versucht, bleibt es bei harscher Kritik, nur ein Besucher meint, ein großes Talent zu entdecken: Charlie Chaplin, dessen große Leidenschaft der Tango ist, fördert den jungen Cugat und öffnet ihm die Tür nach Hollywood. Und die mexikanische Sängerin Carmen Castillo ermutigt ihn 1928, das erste Orchester mit lateinamerikanischer Musik in Hollywood zu gründen. Ein Jahr später wird sie seine erste Frau, drei weitere Ehen folgen. Inzwischen haben die Filmbilder Töne bekommen und Cugat damit sein Auskommen in der Filmmusik. So wie ihn der Zufall nach Kuba verschlagen hatte, lässt er sich künftig von dem treiben, was die Menschen von ihm hören wollen. Er setzt zuerst auf den amerikanischen „Tango Craze", lässt sich zum „King of the Tango" küren, engagiert sogar Tangotänzer als Gigolos für seine Auftritte im Cocoanut Grove in L.A.. Cugat & His Gigolos sind so erfolgreich, dass sogar das Waldorf Astoria in Manhattan um ihn wirbt und das Xavier Cugat Orchestra 1933 für die nächsten 16 Jahre Hausband und Attraktion des Waldorf wird. Cugats Metier ist noch immer der Tango, aber er kann die Rumba, die inzwischen Massengeschmack ist, nicht ignorieren. Bald „The Rumba King" genannt und von kubanischen Kollegen eher als unechter Imitator gesehen, erweitert er sein Repertoire um Congas, Rumbas, Sones,

Boleros und später Mambo und Chachachá. Authentizität interessiert ihn nicht. Er belebt Klänge der frühen Swingorchester und reduziert 2/4-taktige polymetrische Strukturen afrokubanischer Musik auf prägnante, leichter tanzbare Rhythmen im 4/4 Takt. Nur in diesem Metrum können sich seine Arrangements dem Swing der Jazzorchester annähern, weswegen man ihn auch den „Paul Whiteman der Latin Music" nennt. Er selbst bezeichnet seinen Tropical-Stil als „Rumba Abierta" (offene, d. h. für Tänzer frei gestaltbare Rumba).

Dieser Mann mit dem dünnen Oberlippenbart ist Stammgast in vielen Musikfilmen Hollywoods, ein charmanter, geschäftstüchtiger Entertainer mit seiner Geige oder an ihrer Stelle einem Chihuahua-Hündchen auf dem Arm, ein *womanizer,* den auch bald die Europäer lieben werden. Ein Mann, der es sich leisten kann, mehrere Orchester unter seinem Namen auf Tournee zu schicken, während er selber lieber im Waldorf Astoria vor der Band steht.

Unterdessen bringen die Scouts der nordamerikanischen Plattenfirmen und Verlage einige ihrer Entdeckungen aus der Karibik nach New York. Andere kubanische Musiker kommen über Freunde oder Verwandte zu Jobs in amerikanischen Bands, wie in der Big Band des afrokubanischen Trompeters Vicente Sigler, ein illegaler Einwanderer wie viele[24], der 1926 die erste Latin Band mit Musikern aus Kuba, Puerto Rico und Hispaniola in Downtown Manhattan und in den Barrios von New York vorstellt.

In den folgenden Jahren debütieren viele Musiker aus Kuba in den USA. Die meisten kommen aus der weißen und kreolischen bürgerlichen Mittelschicht, fast alle haben bei Privatlehrern und Instituten eine musikalische Ausbildung genossen und verdienten ihre ersten Pesos als Pianisten oder Geiger in kubanischen Stummfilmkinos: Eliseo Grenet, Moisés Simons und Ernesto Lecuona (Abb. 3).

Die vielseitige Sängerin Rita Montaner („La Unica", 1900–1958) steht 1926 mit Xavier Cugat auf der Bühne des New Yorker Apollo-Theaters. Die Tochter eines weißen Apothekers und einer Mulata stammt wie ihre Jugendfreunde, die Komponisten Ernesto Lecuona und Bola de Nieve, aus Havannas Viertel Guanabacoa. Ihr Metier sind Revuen und Zarzuelas. In Lecuonas und Grenets Zarzuela „La Nina Rita, o La Habana de 1830" tritt sie als *male drag* mit schwarzbemaltem Gesicht auf und singt neben Grenets „Ay Mamá Inéz" im zweiten Stück des Abends auch zum ersten Mal den Evergreen „Canto Siboney"[25], den Lecuona nach einem indigenen Stamm der Vor-Konquista benannte.

Abb. 3 Antonio Machín als „El Manisero" (links); Ernesto Lecuona (Autogramm-karte, ca. 1923)

Siboney yo te quiero yo me muero por tu amor
Siboney al arrullo de la palma pienso en ti
Ven a mi que te quiero y de todo tesoro eres tu para mi

Das Vokaltrio „Oriental" aus Santiago de Cuba kommt im Jahr seines ersten Auftritts in Havanna 1928 auch erstmals zu Tonaufnahmen nach New York. Miguel Matamoros, Rafael Cueto und Siro Rodríguez firmieren seitdem als Trío Matamoros und erobern Nord- und Südamerika und auch die iberische Halbinsel mit ihren balladesken Serenatas, Trovas, Boleros und Sones. Ab 1944 wird ihnen das mexikanisch/puertorikanische Trio Los Panchos in dieser Sparte Konkurrenz machen.

Auf Kuba nimmt Rita Montaner um 1928 ein Lied eines in Havanna lebenden Pianisten mit baskischen Wurzeln auf, das der Welt wieder einen Hit aus Kuba schenkt: „El Manisero" („Peanut Vendor") ist der Ruf des Erdnussverkäufers auf den Straßen, ein Son in der Art der „pregones" der Marktschreier.

Maní Maní Maní
Si te quieres por el pico divertir,
cómprame un cucuruchito de maní
Maní Maní Maní
Caserita no te acuestes a dormir
Sin comer un cucurucho de maní.
Qué sabrosito y rico está,
Ya no se puede pedir más.
Ay! caserita no me dejes ir,
Porque después te vas a arrepentir
Y va a ser muy tarde ya.

Erdnüsse Erdnüsse Erdnüsse!
Willst du Spaß im Mund haben,
kauf mir eine Erdnuss-Tüte ab
Erdnüsse Erdnüsse Erdnüsse!
Eine Caserita schläft nicht
ohne eine Tüte Erdnüsse zu essen.
Wie lecker und gut sie ist,
mehr kann man nicht verlangen.
Oh! kleine Hausfrau, lass mich nicht gehen,
denn du wirst es später bereuen,
und dann wird es schon zu spät sein.

(Textversion von Bola de Nieve)

Der Schöpfer dieses Liedes ist Moisés Simons (1889–1945) aus Havanna, musikalischer Leiter von Theatergruppen und seit 1924 Pianist und Bandleader einer Jazzband.

Ein anderer Pianist, Justo Angel „Don" Azpiazú (1893–1943) aus Cienfuegos und Bandleader im „Havanna Casino", kommt 1930 auf Anregung seines in den USA lebenden Bruders und dessen Frau, der Musical-Darstellerin Marion Sunshine, nach New York und stellt dort das erste Orchester mit rein kubanischer Instrumentierung und Repertoire zusammen. Bald stehen sie im RCA-Victor-Tonstudio und nehmen „El Manisero" mehrfach auf. Auch die englische Version von Sunshine wird vom Afrokubaner Antonio Machín gesungen. Als Rumba Fox Trot „The Peanut Vendor" schlägt sie die schon durch die Columbia-Veröffentlichung bekannten Versionen Rita Montaners (1927), Miguel de Grandys (1928) und des Trío Matamoros (1929) um Längen und wird der Hit des nun beginnenden *Rumba Craze* in den USA. „Antonio Machín, der Sänger von Aspiazu, kam mit einem Schubkarren heraus und begann, ‚Mani...'

zu singen und warf Erdnüsse auf die Leute im Publikum. Nun, es waren nicht so viele, sodass sie nur ein paar Erdnüsse bekamen. Aber es war eine satte Melodie. Was auch dein ethnischer Hintergrund war, es ist mir egal, es hat dich ergriffen. Es hat einfach dein Blut erhitzt... Deshalb hat jeder ‚The Peanut Vendor' aufgenommen. Man kann sagen, dass damals, 1930, als Don Aspiazu die Cuban Revue im RKO Theater präsentierte, die Salsa anfing. Das ist die Entstehungsgeschichte der Salsa" (Tito Puente)[26]

Als Stan Kenton 1947 eine Instrumentalversion von „El Manisero" nachreicht, die ebenfalls in die Charts kommt, haben US-amerikanische Jazzmusiker schon seit geraumer Zeit andere Vorlagen aus Kuba, Argentinien, Brasilien, Mexiko und anderen karibischen Inseln erfolgreich in eigenen Bearbeitungen vorgestellt. George Gershwin bringt von einem Urlaub in Havanna das symphonische Stück „Cuban Overture" mit, in dem besonders die Trompeten-Parts an einem Hit von Ignacio Piñeiros' Septeto Nacional („Echale Salsita") erinnern.

Es bleibt nicht aus, dass andere Autoren ihre Urheberschaftsansprüche an „El Manisero" anmelden, und selbst der kubanische Ethnologe und Historiker Fernando Ortiz steuert noch 1954 seine Vermutung bei, dass ein Erdnussverkäufer selbst das Lied gesungen habe, das schon vor langer Zeit von L.M. Gottschalk in einer Danza verarbeitet worden sei.[27]

Auch Eliseo Grenet (1893–1950), neben Lecuona und Simons wichtigster Komponist dieser Epoche, wird nachgesagt, sich von Vorlagen aus anderen Quellen bedient zu haben. Robin Moore: „Die Lieder von Eliseo Grenet veranschaulichen, wie Sones und verwandte Genres dazu neigten, die etablierten weißen Komponisten nach den 1930er Jahren stärker profitieren zu lassen als die Afrokubaner."[28]

Aqui estamo to´o los negro
que venimos a rogar
que nos concedan permiso
para cantar y bailar.

¡Ay, mama Ine!, ¡Ay, mama Ine!
Todo lo negro tomamo café,
¡Ay, mama Ine!, ¡Ay, mama Ine!
Todo lo negro tomamo café.

(Ay Mamá Inéz, Auszug Trad. Text)

Als Nachweis nennt Moore Grenets „Ay Mamá Inéz", ein Hybrid aus Tango-Congo und Son, das man schon vorher von einer afrokubanischen

Comparsa gehört habe. Oder „Papá Montero" und der spätere Sucu-sucu „Felipe Blanco". Grenet wäre nicht der erste und einzige lateinamerikanische Komponist, der musikalische Motive aus der traditionellen Musik übernommen und mit seinem Copyright versehen hätte. Dabei ist Eliseo Grenet eine ebenso zentrale Figur des Afrocubanismo in der populären Musik wie der 1900 in Paris geborene Amadeo Roldán in der kubanischen Klassik. Viele seiner Kompositionen sind in der schwarzen Musik Kubas angesiedelt, er fördert Auftritte ihrer Künstler (Show „Cubanacan") und vertont schwarze Poesie, wie die seines Freundes Nicolás Guillén, der seinerseits Grenet als einen kleinen Mann mit breiten Schultern beschreibt, auf denen ein kurzer Nacken einen kraftvollen Kopf trägt. Man habe immer das Bedürfnis gehabt, ihm ein paar Zentimeter mehr zu schenken.[29] Grenet hat zwei Brüder, die ebenfalls Musik machen und wegen desselben ‚E' im Vornamen häufig mit ihm verwechselt werden. So ist der Schlagzeuger Ernesto der Komponist des Wiegenliedes „Drume negrita" mit dem Text von Bola de Nieve, das in den 1970er Jahren in einer neuen Version des Chilenen Víctor Jara und auch durch Mercedes Sosa und viele andere lateinamerikanische Künstler zu neuem Leben erweckt wird.

Eliseo Grenet leitet 1925 eine Jazzband in Havanna, ein Jahr später das Orchester einer Blackface-Truppe und des Casino Nacional. Als er 1932 die Guajira de Salón „Lamento Cubano" mit dem Text von Teófilo Radillo in der Interpretation des Guajira-Sängers Guillermo Portabales veröffentlicht, raten ihm die Schergen des Diktators Machado, besser das Land zu verlassen. Er tut es.

¡Oh! Cuba hermosa, primorosa,
¿por qué sufres hoy
tanto quebranto?
¡Oh! Patria mía,
¡quién diría
que tu cielo azul
nublara el llanto!

Oh! Wunderschönes, großartiges Kuba,
Warum leidest du heute?
So viele Probleme?
Oh! Mein Land,
wer hätte gedacht.
dass deinen blauen Himmel
Tränen trüben werden!

Karrieren in Europa

Eliseo Grenet geht nach Spanien, wo er mit seinen operettengleichen kubanischen Zarzuelas großen Erfolg hat. In „La Virgen Morena" lässt er eine afrokubanische „Comparsa de los congos" auftreten, die normalerweise beim Carnaval, polymetrisch mit acht Conga-Trommeln gespielt, einen treibenden prägnanten Rhythmus hervorbringt. Europäische Orchester, das erkennt Grenet bald, können aber weder polymetrisch noch die in den jeweiligen Rhythmen vorkommenden Synkopen richtig spielen. Grenet reduziert daher die vielschichtige Comparsa-Rhythmik auf das Spiel der Tumbadora-Trommel und stellt das Ergebnis noch in Paris Mitte der dreißiger Jahre als *Conga* vor. Auf Kuba darf ein gleichnamiger Tanz afro-kubanischer Comparsas wegen seiner Massentauglichkeit, die in Diktatoren immer auch Angst vor Massenaufständen aufkommen lassen, nicht mehr auf den Straßen gezeigt werden. Weil die Conga von Musikern mit ihren umgehängten Trommeln und Tänzern in einer Reihe wie in einer Polonaise hintereinander getanzt wird, vermutete man lange ihre Herkunft in frühen Tänzen, die hintereinander an den Füßen angekettete Sklaven in Umsetzung traditioneller Tänze erfunden hätten. Dazu mag wohl eine rhythmische Eigenart der Conga geführt haben, die jeweils nach drei Schlägen (im binären Rhythmus) den vierten Schlag leicht vorzieht und die Tänzer dies mit dem Strecken diverser Körperteile betonen. Nachdem Fulgencio Batista 1940 den Diktator Machado abgelöst hat, dürfen Comparsas in Kubas Karneval auch wieder mit ihren Conga-Gruppen auf die Straßen gehen. Da ist die Conga bereits in Nordamerika populär und im Programm des Cugat-Orchesters und im gleichnamigen Nachtclub in Manhattan. Die berühmte *Conga-Line*-Choreographie taucht in zahlreichen Hollywood-Musikfilmen auf, es geht aber auch ohne Reihenformation wie „Conga Beso" in der 1941er Film-Produktion „Hellzapoppin" („In der Hölle ist der Teufel los"). (Abb. 4).

Grenets Operette kommt auch nach Paris, und 1935 singt Josephine Baker seine Conga im Film „Princess Tam Tam". Dieser Film spielt allerdings teilweise in Tunesien und ist ein abstruses Gemisch aus spät-kolonialer Märchenwelt und amerikanischem Revuefilm. Die Baker ver-kauft es später mit kleinen Fehlern so: „Eines der Dinge, die mir bei den Dreharbeiten zu Prinzessin Tam Tam besonders gefallen haben, war die Chance, die Conga in Frankreich vorzustellen. Nicht, dass die Conga etwas mit Tunesien zu tun hätte; es war ein Tanz, den die Sklaven nach getaner Arbeit genossen. Wir waren alle überzeugt, dass es in diesem Winter in

Abb. 4   Der Conga Line-Tanz

Paris der Hit sein würde. Gibt es eine bessere Möglichkeit, sich warm zu halten?"[30] Der Titel erscheint auch als Platte der Baker mit den Comedian Harmonists.[31] Josephine Baker spielt in dieser Zeit eine zentrale Rolle als Kreuzungspunkt, Katalysator und Entwicklungshelferin für in Paris ansässige Musiker aus Lateinamerika (s. Kap. 6).

Xavier Cugat verpackt, präsentiert und verkauft Hits, aber er schreibt keine. Ernesto Lecuona (1896–1963) gelingt alles in einem Maße, das ihn zu einem der bedeutendsten kubanischen Komponisten werden lässt. Wie die Montaner stammt er aus dem Viertel Guanabacoa, einem für traditionelle Santería und frühe afrokubanische Cabildos bekannten Viertel Havannas mit alten Kolonialbauten. Er ist eines von sieben Kindern eines Zeitungsredakteurs, die alle Musik machen. Zuerst unterrichtet ihn noch die ältere Schwester Ernestina am Piano, die ihn später auch bei Tourneen begleiten wird. Als der Vater sich von der Familie absetzt, ist Lecuona gerade sieben Jahre alt und trägt durch Klavierspielen in Stummfilmkinos zum Lebensunterhalt der Familie bei. Nebenher lernt er weiter an der Musikschule von Carlos Peyrellade, schreibt erste Musikstücke und wird 1910 Schüler am Nationalen Konservatorium, wo ihn Joaquín Nin y Castellanos und Hubert de Blanck unterrichten. Seinen Abschluss macht er schon 1913 mit Auszeichnung. Drei Jahre später ist er in New York, wo er eine Platte aufnimmt und sich 1917 mit einem ersten Konzert mit klassischer Musik in der New Yorker Aeolian Hall vorstellt. Inzwischen hat er auch die populäre Musik für sich entdeckt und tritt mit kleiner Band in Kinos und Kneipen auf. Es entstehen erste Werke im Operetten- und Zarzuela-Stil.

Als eine „schwergewichtige, melancholische Figur mit den berühmten dunklen Augen", der gern unter Freunden ist, sich aber großen Gesellschaften wie auch Flugreisen entzieht, der Holz- und Steinskulpturen der alten mittelamerikanischen Kulturen sammelt und tiefschwarzen kubanischen Kaffee, Blumen und das Pokerspiel liebt[32], wird der notorische Junggeselle Lecuona beschrieben. Er bewundert die moderne symphonische Musik der Pariser Szene, die Musik der späten Romantik, und registriert, wie europäische Orchester aus Ragtime- und Tango-Vorlagen sehr melodische und in Abläufen reduzierte Lieder machen. Er bewundert auch die Vielseitigkeit europäischer Musiker wie Stefan Weintraubs Syncopators, wo die meisten Musiker mehrere Instrumente spielen. Vor allem aber scheint ihn die traditionelle spanische Musik dazu anzuregen, ihre Melodik mit den afrokubanischen Rhythmen und dem Klang der Perkussionsinstrumente zu verschmelzen. Mit „Malagueña" präsentiert Lecuona seinen ersten Evergreen 1927 im New Yorker Roxy Theatre, 1929 folgt mit dem Re-Issue seines Zarzuela-Erfolges „Siboney" ein weiterer. 1931 stellt er ein Orquesta Cubana zusammen, aus dem 1934 die Lecuona Cuban Boys hervorgehen, mit denen er aber immer seltener selber auf der Bühne steht. Seine Arbeit als Dirigent (u. a. des Orquesta de la Habana) und als Komponist für eine Vielzahl von Hollywood-Filmen lassen dafür keine Zeit. Die Boys spielen zwar seine Musik, geleitet werden sie aber seit 1934 von Lecuonas langjährigem Pianisten Armando Orefice. Nach Meinungsverschiedenheiten in der Band gründet Orefice seine Havanna Cuban Boys und die Brüder Gerardo und Agustin Bruguera übernehmen die Lecuona Boys, mit denen sie bis in die siebziger Jahre auf Tournee sind.

Havanna wird zum Jahrhundertbeginn das ‚Paris Amerikas' genannt, doch als der „Peanut Vendor" die Welt erobert, wird Paris für kubanische Musiker fast wichtiger als Broadway und Hollywood. Komponist Moisés Simons, Spross jüdisch-baskischer Immigranten, trifft 1928 in Paris ein. Er wird länger bleiben als seine kubanischen Kollegen, die in diesem und den folgenden Jahren nach Paris kommen. Kneipen, Cafés und Theater können sich des Überangebots an exotischer Musik kaum erwehren. Noch sind Tango und Maxixe im Angebot, aber Hot Jazz und Charleston verlocken mit neuen Rhythmen und Tanzschritten. Und von den französischen Antillen kommen die ersten Musiker mit ihren Biguines und Mazurkas an die Seine (s. Kap. 14). Ab 1929 finden in Paris Festivals amerikanischer Musik statt, und diese starke Präsenz schwarzer amerikanischer Musik inspiriert Simons, afrokubanische Motive in Form der Sainete-Komödie in revueartigen Stücken neu aufleben zu lassen, die in Paris und Madrid sehr erfolgreich werden. Seinen Lebensunterhalt aber verdient er sich in Paris als

Pianist u. a. im Orchester des Sängers Antonio Machín, der seinen Hit „El Manisero" weltberühmt gemacht hatte.

Seit 1925 regiert auf Kuba noch mit eiserner Hand der Diktator Gerardo Machado. Schergen Machados ziehen – wie die Ton-Tons Duvaliers auf der Nachbarinsel Haiti – schießend durch die calle Zulueta, vorbei am Nachtclub Edén Concert. Drinnen singt Rita Montaner „Mejor que me calle, que no digas, que tu sabes lo que yo se!" („Besser ich halt die Klappe und sag nichts mehr, denn du weißt was ich weiß."[33]) Viele Kubaner flüchten ins Exil. Schwarze, die sich Machados Repressionen der afrokubanischen Kultur entziehen wollen, können sich das nicht leisten. Alicia Castro von der mit den Schwestern 1932 gegründeten Anacaona-Band erinnert sich: „In den dreißiger Jahren war der Son für die besseren Kreise von Havanna die vulgäre Musik des einfachen Volkes. Eine Musik von Schwarzen. Nur Männer spielten sie. Als wir junge Mädchen auf einmal die mitreißenden Klänge mit den doppeldeutigen Texten zum Besten gaben, da blieb auch so manchem braven Bürger die Luft weg."[34] Sie knüpfen damit an die afrokubanischen Liedtexte an, die bis zur Unabhängigkeit auch kritisch, ironisch und manchmal auch kämpferisch Bezug auf politische und soziale Ereignisse und Zustände nahmen. In den neuen Salon-Versionen transportieren sie nach Europa und Nordamerika aber nur noch Herz/Schmerz-Themen.

1928. Das Kuba-Jahr in Paris

Nach einer Inhaftierung wegen Beteiligung an einer Protestaktion gegen Machado verlässt der Schriftsteller und Musikforscher Alejo Carpentier Kuba im Jahr 1928 mit Hilfe des französischen Journalisten Robert Desnos. Von Desnos erscheinen viele Abhandlungen über Kuba, eine beschreibt „l'admirable musique cubaine" im „Le Soir". Carpentier (1904–1980) ist der in Lausanne geborene, aber in Havanna aufgewachsene Sohn eines französischen Architekten und einer russischen Professorin. Er wird nicht nur wegen seiner Vielsprachigkeit schnell ein wichtiges Bindeglied zwischen den Parisern und den dort lebenden Musikern, Schriftstellern und Künstlern aus Kuba und anderen lateinamerikanischen Ländern. Mit Desnos organisiert er Abende, an denen sie Schallplatten mit kubanischer Musik vorspielen. Der Club du Faubourg des Lettres, gegründet 1918 von Léo Poldés, ist Treffpunkt von Literaten, die sich für „freiheitlichen Ausdruck aller Ideen" einsetzen, aber auch Veranstaltungsort, in dem Alejo Carpentier ein Programm mit Moisés Simons (musikalische Leitung), ihm selbst (Präsentator als „Verteidiger" der Musik), Maricusa Cuadrado (Sängerin) und Heriberto Rico y su Orquesta Cubana auf die Beine stellt; dazu einige Tanzlehrer und Tanzpaare aus der kubanischen Kolonie der Seinestadt. Mehr als Zweitausend Besucher, darunter der Tänzer Harry Pilcer und die Tänzerin Rhana, sehen ein Programm, das von den Wurzeln der Rumba bis „El Manisero" reicht. „Die kubanische Musik ist die Essenz des Rhythmus, des Sonnenscheins, des Lebens, was können die alten Zivilisationen Europas von einem so wertvollen Beitrag fürchten?", schreibt Carpentier später in seinem Bericht über diesen Abend.[35] Ob denn die Erotik in diesem Tanz nicht besorgniserregend sei, will ein für seine konservative Haltung bekannter Stammgast wissen, und Carpentier verweist auf die Natürlichkeit, mit dem Körper dem Rhythmus folgen. Es seien „traurige Individuen, die die Synkopen eines Blues, den Rhythmus eines Son vergessen, um sich ihrem verrotteten Appetit zu ergeben!" Einige Jahre lang kann Carpentier die Musik seiner Heimat auch als Mitarbeiter in den Fonoric Studios promoten, die Musik für Schallplatte und Radio produzieren.

1928: Ernest Hemingway hat nach sieben Jahren sein Paris, sein „Fest fürs Leben"[36] verlassen. In New York singt die Französin Irene Bordoni „Let's Do It, Let's Fall in Love" in Cole Porters erstem Broadway-Erfolg, dem Musical „Paris". Sein Kollege George Gershwin ist in Paris, trifft dort auf Maurice Ravel und der kommt nach New York, als Gershwins „Ein Amerikaner in Paris" Premiere feiert.

1928: Kubaner in Paris treffen sich vor allem in der Melody's Bar am Montmartre, wo Simons mit seinem Orquesta Típica Cubana kubanische Sones, Guarachas oder Danzones als Salon-Rumbas spielt. In weißen oder beigen Seidenhemden mit buntem Halstuch zaubern ihre Arrangements mit zarter Melodieführung und dezenter Perkussion zu näselnden Tenor- und Baritonstimmen ein sehr europäisches Karibik-Feeling einer Cocktailparty mit Strohhüten und Chiffon-Kleidern, während Xavier Cugat jenseits des Atlantik seine eigenen Vorstellungen lateinamerikanischer Musik mit kraftvollen Arrangements und Effekten von Musikern mit buntgefächerten Rüschenärmeln („a la guarachera") intonieren lässt. Diese für die Rumba-Zeit der dreißiger Jahre typische Kleidung geht auf Blackface-Parodien über afrokubanische Gruppen im 19. Jahrhundert zurück, die sich so kleideten wie sie die ersten aus Spanien nach Kuba gebrachten Sklaven vermuteten: mit engen, gestreiften Hosen, Ringen in den Ohren, einem Federhut und Hemdsärmeln der Calé (‚Gitano')-Mode.[37] Hollywood prägt auch Cugats Bühnenshows, bei seinen kubanischen Kollegen sieht man revueartige Showelemente der Sainetes und Zarzuelas. Simons, Don Azpiazú und Lecuona lassen die Boleros Criollos mit gestopften Trompeten spielen; Klarinetten, Geigen und Pfeifen singen leise die Melodien, die von keiner

Polymetrik afrokubanischer Herkunft mehr gestört werden. Auch der Gesang wird standardisiert. Emotion pur gibt es nur noch auf Kuba, z. B. im Gesang des Afrokubaners Bola de Nieve.

Nach und nach erobern die neuen karibischen Klänge und Rhythmen auch andere Bühnen, vertreiben sogar vorübergehend die Jazzmusiker im Cabane Bambú am Montmartre, im Palermo im Pigalle, Bal Negre, Bal Colonial, Palace, L'empire, La Plantation, Le Cueva, La Coupole, La Rotonde, Jimmy's und anderen. „Was für eine einzigartige Atmosphäre, dieser ‚stimmungsvolle' Tanzsaal, in dem sich die schönsten Kleider von Paris befinden, in dem man die schönsten Juwelen zeigt, unter den schwarzen und trägen Rhythmen der neuesten exotischen Kreationen… Und ich möchte hinzufügen, dass die berühmte Tänzerin Rhana in der letzten Revue des Concert Mayol ein Gemälde des freimütigen Kreolismus nach dem Vorbild von Mamá Inés mit dem Titel: ‚Unter dem Himmel von Kuba' belebt."[38] – so ein Zeitungsbericht dieser Epoche.

Viele Kollegen schauen hier auf einen Schwatz vorbei, tauschen Neuigkeiten und Infos über Jobs und Frauen aus. Man spielt in mehreren Orchestern, auch Tango, Biguine und Jazz, in diversen Clubs gleichzeitig, wie der Kubaner Emilio „Don" Azpiazú mit seinen Brüdern, die mit ihrem Vater 1926 Kuba verlassen haben und seit 1927 in Paris leben. Simons' Saxophonist Filiberto Rico präsentiert 1930 im gleichen Club „Rico's Creole Band" mit Rumbas, Beguines und Boleros. Zwei Jahre später spielt er dort im Don Barreto Orchester auch Biguines (s. Kap. 14).

Rita Montaner ist gleich zweimal zwischen 1928 und 1930 in Paris. Beim ersten Mal wird sie vom 63-jährigen Trova-Sänger Sindo Garay, einem Tanzpaar und acht Musikprofessoren aus Havanna begleitet[39]. Sie tritt im Palais de Paris mit ihren Hits „Mama Inéz" und „El Manisero" auf. Eher klein gewachsen, mit dunklem Teint und schwarzer Kurzhaarfrisur, hat sie eine gewisse Ähnlichkeit mit Josephine Baker, die sie auf kubanischen Bühnen auch schon parodiert hat. Rita Montaner wird 1945 zusammen mit ihrem Jugendfreund Bola de Nieve das 1939 eröffnete und während des Krieges geschlossene Tropicana in Havanna wiedereröffnen.

1928: Auch Ernesto Lecuona ist in Paris. Als Schüler von Joaquín Nin wird er eingeladen, vor einem exklusiven Kreis der Musikwelt in der Salle Gaveau, dem Sitz des gleichnamigen Klavierbauers, einige seiner Ballettmusiken vorzustellen. Nin hat selbst von 1902 bis 1911 in Europa studiert, neben Paris auch in Berlin, wo auch einer seiner Söhne mit der Sängerin Rosa Culmell, der Konzertpianist Joaquín Nin-Culmell geboren wurde. Unter den Gästen in der Salle Gaveau ist auch Maurice Ravel, der noch im selben Jahr seinen „Boléro" uraufführen wird. Zu Lecuonas im Jahr zuvor vorgestellter „Malagueña" sollte er sich 1929 äußern, sie sei schöner und melodischer als sein Bolero. Lecuona wird für kurze Zeit Schüler Ravels. Mit „Conga" erobern seine Lecuona Cuban Boys nun auch ganz Europa, und auf der Bühne stehend zeigen sie die drei verschieden hohen Conga-Trommeln. In Paris ist er u. a. mit Maria Valente befreundet, der Mutter jener Caterina Valente, die seine „Malagueña" in den fünfziger Jahren überall auf der Welt zu einem Hit machen wird (s. Bd. 2, Kap. 7).

Als vermutlich erste kubanische Gruppe in Europa nehmen Musiker um den Saxophonisten Eduardo Castellanos im Januar 1930 Danzones und Sones für die französische Odeon auf.[40] Ein Jahr später steht Moisés Simons in Paris im Studio der Plattenfirma HMV. Sein „Peanut Vendor" in der Aufnahme von Don Azpiazú erscheint im gleichen Jahr in verschiedenen europäischen Ländern, nicht aber in Deutschland. 1932 treffen nun auch die drei Vokalisten des Trío Matamoros zusammen mit Alfredo Britos Orquesta Siboney in Spanien ein, bald darauf treten sie einen Monat lang im Teatro Empire, im Cabaret Embassy und im Casino de Paris auf.[41] Das Trio ist bis 1960 aktiv, kommt aber nicht mehr nach Europa.

Eliseo Grenets Ankunft in Paris am 12. Juni 1934 entfacht das Conga-Fieber. Grenet hilft ein bisschen nach, indem er den ursprünglichen, aus den lebhaften, perkussiven Straßenumzügen stammenden Charakter der beliebten Congas in eine europafähige, polonaisenartige Choreographie verwandelt: „Ordentlich reihten sich die Tänzer auf und machten alle gleichzeitig ihre Schritte, mal links, mal rechts, den rhythmischen Akzent auf den vierten Schlag setzend. So war es auch in unserer Show, die jeden Abend selbst die unterkühlten Europäer packte."[42]

Grenet und seine Freunde haben illustre Tänzer, Tanzlehrer und Leiter von Tanzschulen in das neu eröffnete und nach dem kubanischen Trompeter Julio Cueva benannte Cabaret La Cueva eingeladen, in dem Grenet als Pianist auftritt. „Ich habe meine Paare dazu gebracht, Rumba mit dieser Musik zu tanzen, so dass jeder von ihnen den Schritt wählte, der ihm am besten gefiel, um als Basis für den neuen Tanz zu dienen. Wann immer ein Schritt sie interessierte, unterbrachen sie den Tanz und schrieben ihn auf…"[43] Bald beobachtet Alejo Carpentier: „Englische und französische Leute tanzen es oder versuchen es zu tanzen. Die Mobilität und Dynamik dieser Musik zerstören alle Skrupel. Mädchen, die noch nie außerhalb von Paris waren, erfahren tropische Impulse und fordern Zugaben. Die russischen Erzherzöge verlieren ihre Monokel. Die Yankees rufen: ‚Oh, wonderful!'. Die blassen Töchter von Albion vergessen für eine Weile ihre präraphaelithische Pose, wenn sie dem Zauber der Musik aus den Antillen lauschen."[44]

In Wahrheit tanzen sie Danzón

Die Choreographie der Rumba ist den dort anwesenden Tanzlehrern und Tanzsportlern bereits vertraut. Sie glauben es zumindest, bis sie die kubanische Originalversion des Danzón erleben, für den die kubanischen Gastgeber offenbar die aus den USA eingeführte Bezeichnung Rumba beibehalten. In Nordamerika gibt man einige Jahre lang wenigstens durch die Schreibweise „Rhumba" einen Hinweis darauf, dass es sich hierbei nicht um die originäre afrokubanische Rumba handelt. Der Musikindustrie scheint dies weitgehend egal. Ob Son, Guaracha, Guajira, Danzón oder Bolero: sie geben allem das neue Markenzeichen „Rumba", solange nur mit den Hüften gewackelt wird. „Etwas uns Fremdes, ein oberflächlicher, falscher und unausdrucksvoller Tanz", schimpft der Musiker Grenet 1939.[45]

Die Tanzschritte und Körpersprache kommen weiterhin aus dem Danzón. Die Amerikaner nennen ihn „square rhumba" (= American Rumba), weil sich die Paare durch Seitschritt und Vor- und Rückschritt-Bewegungen eigentlich nur in einem Karree und nicht über die gesamte Tanzfläche bewegen. Dazu kommen die typischen „Butterfly"-Öffnungen der Paare mit ausgestreckten Armen nach den Seiten. Im britischen Ballroom-Stil unterrichtet ein französischer Tanzlehrer namens Monsieur Pierre[46] in seinem Studio in der Regent St. in London seit Mitte der zwanziger Jahre Pasodobles, Tangos und Maxixes, die er im Umfeld der lateinamerikanischen Clubszene in Paris kennengelernt hatte. Er sitzt im Publikum, als das französische Turniertanzpaar Marcel & Mme. Chapoul 1932 bei einer Veranstaltung der „Dancing Times" im Londoner Café de Paris ihre Versionen von Rumba und Biguine vorstellen. Die Rumba tanzen sie nach einer von Lucien David (Lyon) aus Square Rumba zu Rumba Bolero standardisierten Form. Monsieur Pierre geht zusammen mit seiner ehemaligen Schülerin und jetzigen Partnerin Doris Lavelle nach Paris zurück, zieht durch die Bars und Cabarets und schaut sich die Rumbatänzer an. Die Rumba wird ihn nicht mehr loslassen, aber es kommt reichlich zu Fehlinterpretationen. Er teilt die Schritte in *quicks* and *slows,* unterrichtet und reist erst 1947 zum ersten Mal nach Kuba. Dort beachtet Monsieur Pierre kaum die wirklichen afrokubanischen Rumba-Tänze, die er wegen ihres Tempos eher als untanzbar für Europäer hält. Er entdeckt aber im schnell getanzten Mambo-Danzón (-Bolero) etwas, das er als Chairman der Latin and American Section der Imperial Society of Teachers of Dancing erst nach vielen Jahren als „kubanische Rumba" (Cuban system of Ballroom Rumba) etablieren kann. In den sogenannten Rumba-Kriegen (1956–1959 und 1961–1963) werden sich britische und französische Rumba-Tanzlehrer darum streiten, welche der beiden Varianten in die Unterrichtsprogramme aufgenommen wird. Die schnellere ‚kubanische‘ Version wird Turniertanz, die langsamere ‚Square‘-Version wird Standard der Tanzschulen. Tatsächlich ist der Turniertanz zum Ende des 20. Jahrhunderts mit seinen ruckartigen Bewegungen und dem akrobatischem Drilltraining der Tänzerin durch ihren Partner in vermeintlich erotischem Werbespiel völlig überzeichnet und von kubanischen Ursprüngen weit entfernt. Und auch die Musik verzichtet dann auf jedes lateinamerikanische Feeling. Hauptsache die Zähleinheiten stimmen, dann passen auch Discoklänge, um die jugendlichen Tanzschüler bei der Stange zu halten.

Auch in den Zähleinheiten unterscheiden sich beide Rumba-Versionen voneinander. Die Amerikaner begannen nach Square Dance-Manier, den ersten Schritt auf die 1 zu setzen, Eins-Zwei-Wiegeschritt, während die Kubaner bei der 1 kurz Luft holen und dann mit der 2 beginnen, zwei schnelle Schritte machen und den vierten mit langsamer Hüftbewegung anschließen.

Als die elf Castro-Schwestern (Anacaona) als vorerst letzte Abgesandte kubanischer Musik kurz vor Kriegsausbruch 1939 um Mitternacht in Paris ankommen, ist ihr erster Eindruck ernüchternd. „Und das soll die Stadt der Lichter sein…Warum sind alle Fassaden grau und nicht angemalt? In Havanna waren die Häuser der Wohlhabenden immer frisch gestrichen und vom reichen Europa hatte ich einiges mehr erwartet.“[47] Die Musikerinnen, deren Vorfahren aus China und Afrika nach Kuba kamen, treten seit 1932 als „Anacaona" auf, zuerst mit sieben, dann mit elf Schwestern Castro in Havanna und später auch in anderen lateinamerikanischen Ländern und den USA. Sie sehen sich selber als eine Art Jazzband und stehen auch gelegentlich mit Jazzmusikern wie Django Reinhardt in Paris auf der Bühne. Einer Jazzband ähnlich ist indessen nur ihre Instrumentierung, mit der sie Sones, Rumbas und Congas spielen.

Zu einem Abstecher nach Nazi-Deutschland wäre es aufgrund ihrer Hautfarbe ohnehin nicht gekommen, in Spanien ist Bürgerkrieg, ein Engagement in London wird wegen eines Todesfalls in der Königlichen Familie abgesagt. Die Schwestern hören auch von Anfeindungen gegenüber Josephine Baker aus den faschistischen Ländern Italien und Deutschland und treten lieber die Heimreise nach Kuba an. Die Schlagzeugerin Argimira „Millo" Castro wird später einen Deutschen heiraten und bis kurz vor ihrem Tod in Deutschland leben. Nach Kuba kommt sie 1981 ein letztes Mal, allein, weil ihr Mann und ihre Tochter kein Einreisevisum bekommen, und stirbt dort. Rund dreißig Jahre später veröffentlicht ihre Tochter Ingrid

Kummels mit Manfred Schäfer Aufzeichnungen von Gesprächen mit Alicia Castro, die die Geschichte dieser bemerkenswerten Gruppe dokumentieren, die bis 1989 in der Originalbesetzung aktiv war.[48]

Wie viele kubanische Musiker haben Rico und Barreto schwarze Haut, und als 1940 die Nazis Paris besetzen, kann Rico rechtzeitig untertauchen. Barreto aber kommt zusammen mit anderen Lateinamerikanern in das Konzentrationslager *Royallieu* bei *Compiègne*. Dort spielt er für die Insassen und Besatzer. Andere Musiker verlassen Paris und Frankreich. Der Pianist Oscar Calle flüchtet nach Spanien und kommt nach 1945 zurück, und wird spätestens dann, wie Felix Valvert aus Guadeloupe, eine Art graue Eminenz der karibischen Musik in Paris.

Nachdem auch Kuba 1940 Deutschland den Krieg erklärt hat, gerät der erfolgreiche kubanische Komponist „Israel Levis" in Paris in Schwierigkeiten. In seinem Roman „A Simple Habana Melody"[49] erzählt Oscar Hijuelos die Geschichte dieses weißhäutigen kubanischen, katholischen, Musikers, der einen jüdischen Namen hat wie Moisés Simons, der in Paris tatsächlich in die Hände der deutschen Besatzer gerät und in ein Lager gesteckt wird. In Hijuelos' Fiktion wird Simons' Biographie, die bis dahin den Roman inspirierte, um die Begegnung mit dem Holocaust erweitert: Gestapo-Chef Helmut Knochen (sic!), ein Bewunderer von Levis' Musik schickt ihn nach Ettersberg/Buchenwald: „It's quite lovely there. Un lugar muy maravilloso… It's not something that I do for everyone – but I have much enjoyed your musicianship." Levis überlebt in Buchenwald als Musiker, den der Lagerkommandant als „Herr Sebastiano aus Paris" bei seinen Partys einführt. Moisés Simons wird auf Drängen der Franzosen mit angeschlagener Gesundheit aus dem Lager entlassen, kehrt 1942 nach Kuba zurück und stirbt 1945, erst 55-jährig, in Madrid.

Völlig unbemerkt von der westlichen Unterhaltungsindustrie katapultierte die karibische Musik – allen voran die (Son-Bolero) Rumba Kubas – binnen weniger Jahrzehnte die Musik Afrikas in das 20. Jahrhundert. Zwischen Atlantik und Pazifik, von Westafrika bis Ostafrika verbanden Musiker regionale Tanzmusik mit karibischen Rhythmen und Klängen, die sie von importierten Platten nachspielten. Nach und nach ersetzten und ergänzten sie dabei traditionelle Instrumente mit westlichem Instrumentarium, wobei besonders die Gitarre neben Bläsersätzen eine besondere Rolle spielte. Die Ergebnisse sind seit den 1940er Jahren u. a. als Highlife, Soukous und Jùjú bekannt (s. Bd. 3, Kap. 1).

Über Rumba in Deutschland siehe Kap. 15.

Weiterlesen über kubanische Musik

Kap. 1: Um 1850: Der erste Welthit entsteht (Habanera, La Paloma u. a.)
Kap. 15: Aloha 'Oe (Hawaii, Rumba und Verwandtes in Deutschland)
Kap. 16: Braune Töne (Verbote kubanischer Musik u. a.)

Band 2
Kap. 3: Wirtschaftswunder und Latin Feelings (u. a. Mambo, Chachachá, Latin Music)

Band 3
Kap. 11: Salsa & Buena Vista (Kuba nach der Revolution, Latin Music Scene New York)

Anmerkungen

1. Bis zum Jahr 2010 wird sich die Bevölkerung verzehnfachen, es wird dann 65 % Weiße, 10 % Schwarze und 25 % Mulatten und Mestizen geben (Wikipedia, Art. „Kuba").
2. Robin Moore: Nationalizing Blackness: Afrocubanismo and Artistic Revolution in Havana, 1920–1940. Pittsburgh 2015, S. 10.
3. Mambí ist ein afrokubanischer Kampftanz.
4. Alejo Carpentier: Music in Cuba (span. 1946). Minneapolis 2002.
5. Vgl. William J. Zick, chevalierdesaintgeorges.homestead.com/White.html (7.10.2019).
6. Alejo Carpentier: La Musica en Cuba. México 1946, S. 146.
7. In Liste aber nicht aufgeführt, Hohe Orden vom Schwarzen Adler. Nicht-Adelige wurden damit automatisch in den Adelsstand erhoben.
8. Josefia Ortega: „Fantasia de un violin", in: La Jiribilla (Online-Kulturmagazin), www.lajiribilla.cu/.
9. Janheinz Jahn: Dunkle Stimmen. Schwarzer Orpheus. Frankfurt a.M. 1963, S. 152.
10. Vgl. Emilio Grenet: Popular Cuban Music. Havanna 1939, S. XVIII u. a.
11. Grenet (Anm. 10), S. XL, XLVII.
12. Vgl. Radames Giro: „Kubanische Musik erobert die Welt", in: Torsten Eßer/Patrick Frölicher (Hg.): Alles in meinem Dasein ist Musik. Frankfurt a.M. 2004, S. 243 ff.
13. Danilo Orozco:„Die verschiedenen Formen des Son in der kubanischen Musik", in: Eßer/Frölicher (Anm. 12), S. 169.
14. Vgl. auch Gilbert Chase: The Music of Spain. Dover/NY 1959.

15. Nach einem Thema des spanischen Komponisten Enrique Granados von ca. 1911 („Quejas o La maja y el ruiseñor").

16. montuno = aus den Bergen.

17. Helio Orovio: Diccionário de la música cubana. Havanna 1981.

18. Alejo Carpentier (Anm. 6), S. 232.

19. The Platt Amendment vom 2.3.1901, benannt nach Senator Orville H. Platt, vgl. www.historicaltextarchive.com.

20. Frantz Fanon: Schwarze Haut, weiße Masken. Frankfurt a.M. 1980, S. 19.

21. W. Handy: Father of the Blues: An Autobiography. Edited by Arna Bontemps. New York 1941, S. 122.

22. New York 1979/1999.

23. Xavier Cugat: Rumba is my Life. New York 1948.

24. Vgl. Frank M. Figueroa: Encyclopedia of Latin American Music in New York. St. Petersburg Fla. 1994, S. 164.

25. Vgl. Wikipedia, Art. „Rita Montaner".

26. Max Salazar in: Steven Joseph Loza: Tito Puente and the Making of Latin Music. Urbana 1999, S. 53.

27. Vgl. es.wikipedia.org, Art. „Moisés Simons" (20.11.2018).

28. Robin Moore (Anm. 2), S. 108.

29. Zit. nach: Ciro Bianchi Ross: „Eliseo Grenet: Mama Inés", https://wwwcirobianchi.blogia.com/2006/042501-eliseo-grenet.php (8.10.2019).

30. Zit. nach: Claudine Raynaud: „Josephine Baker – A Century in the Spotlight", in: The Scholar & Feminist Online 6.1–6.2 (2007/08), sfonline.barnard.edu/baker/raynaud_01.htm (7.10.2019).

31. 1935 aufgenommen in Paris mit den 1934 aus Deutschland emigrierten Musikern Collin, Cycowski und Frommermann.

32. Gale Encyclopedia of Biography, zit. nach: www.answers.com/topic/lecuona-ernesto.

33. Zit. nach: Wikipedia.org, Art. „Rita Montaner".

34. Alicia Castro: Anacaona. München 2002.

35. Alejo Carpentier: Obras Completas 8. Mexiko 1985, S. 215.

36. Ernest Hemingway, A Moveable Feast. New York 1964 (postum). Deutsche Fassung: Paris – Ein Fest fürs Leben. Hamburg 1965.

37. Vgl. Moore (Anm. 2).

38. La Semaine à Paris, Febr. 1933.

39. www.maisonorange.fr.

40. John H.Cowley: "Recordings in London of African and West Indian music", in: Musical Traditions 12, Summer 1994.

41. Laut Walter G. Magana: „Matamoros y su musica", 2006, www.herencialatina.com/Matamoros/Matamoros.htm (12.3.2020).

42. Alicia Castro (Anm. 34), S. 181.

43. Zit. nach: Radamés Giro: Diccionario Enciclopédico de la Música en Cuba. La Habana 2009.

44. Zit. nach: Alejo Carpentier (Anm. 6), S. 4.

45. Grenet (Anm. 10), S. IX.

46. Pierre Jean Phillipe Zurcher-Margolle, ca. 1890–1963.

47. Castro (Anm. 34), S. 177.

48. Castro (Anm. 34). Ingrid Kummels: "Leben entlang der Achse Havanna-New York-Paris", in: Bernd Hausberger (Hg.): Globale Lebensläufe. Wien 2006, S. 257 ff.

49. Oscar Hijuelos: A Simple Habana Melody. New York 2002. Hijuelos betont, dass die Figur des Israel Levis nicht nur auf der Biographie von Moisés Simons beruht, sondern auch auf denen anderer kubanische Musiker, denen er begegnet ist: Mario Bauza, Chico O'Farrill u. a.

Kapitel 14 (… 1902–1943 …)
Die Antillen: Musik auf Lavaströmen

„Nun hat der Biguine-Taumel alle erfasst. Voodoo-Visionen drängen sich einem unwillkürlich auf. Wilde, die beim Tanz allmählich in Rausch und Raserei geraten. Schließt sich hier der Kreis von überzüchteter, extravaganter Kultur zu primitivster Tiermenschheit?" (Edward Cucuel-Offelsmeyer, 1931)[1]

Mit Schallgeschwindigkeit schießt am Himmelfahrtstag des Jahres 1902 eine Lawine aus glutheißer Lava und giftigen Gasen vom Gipfel des Montagne Pelée auf den Hafen Saint-Pierre der Antillen-Insel Martinique zu. Nach einer Minute liegt der Ort in Schutt und Asche. Der Vulkanausbruch vaporisiert, verbrennt und verschüttet alles. Nur drei Menschen überleben, ungefähr 30.000, sechsmal mehr, als man in den Ruinen von Pompeji vermutet, finden den Tod – zum Teil in den Kirchen, in die man sich aus Angst geflüchtet hat, nachdem der Vulkan schon tagelang unruhig war. Das vormals als ‚Paris der Karibik' gerühmte Städtchen war als kulturelles Zentrum „Madininas" auf Martinique Heimat und Arbeitsstätte vieler Musiker, die unter der Asche begraben werden. Der Feuersturm trennt auch die Musik der Insel in eine Zeit vor und nach dem Vulkanausbruch. Vorher sang Mann vorzugsweise vom Verlust einer Geliebten und nun schreibt sich der Verlust ganzer Familien, einer Stadt und ihrer Kultur in die Verse kreolischer Lieder, die fortan auch im Hafenstädtchen und bisherigen Geschäfts- und Verwaltungszentrum Fort-de-France als neuem kulturellem Mittelpunkt Martiniques gesungen werden.

Mit kleinen Unterbrechungen gehören die Antillen-Inseln Martinique und Guadeloupe (mit Grande-Terre und Basse-Terre) seit 1635 zu Frankreich. Das später von Spanien erworbene Haiti (Saint-Domingue) auf

© Springer-Verlag GmbH Deutschland, ein Teil von Springer Nature 2022
Claus Schreiner, *Schöner fremder Klang – Wie exotische Musik nach Deutschland kam*,
https://doi.org/10.1007/978-3-476-05695-5_15

der Insel Hispaniola ging nach Sklavenaufständen und Freiheitskriegen 1804 verloren. Die zwischen Martinique und Guadeloupe gelegene Insel Dominica überließen die Franzosen 1763 den Briten. An der südamerikanischen Nordostküste besitzen die Franzosen noch das als Strafkolonie berüchtigte und nach Cayenne-Pfeffer duftende Französisch-Guayana. Diese Kolonien, „Les Quatre Vieilles", zeigen ihre Solidarität mit den Opfern Saint-Pierres, viele nehmen Entwurzelte von dort auf.

Die französischen Kolonien in Amerika sind untereinander nicht nur durch kulturelle Netzwerke, die französische Sprache und verschiedene Patois-Dialekte bis nach Louisiana verbunden. Überall ersetzten afrikanische Sklaven noch vor Kontraktarbeitern aus Asien die von den Europäern ausgerotteten karibischen Ureinwohner. Ein dichtes Band vorwiegend westafrikanischer Kulturen windet sich durch die Karibik: Religionen, Rituale, Trommeln, Gesänge, Tänze und afrikanische Dialekte sowie deren Mischformen mit Spanisch, Englisch und Französisch. Auf Guadeloupe haben neunzig Prozent der Bewohner afrikanische Wurzeln, auf Martinique achtzig Prozent. Wie vielerorts in der Karibik, leben hier auch Asiaten und es gibt zahlreiche religiöse Sekten, die meist aus Nordamerika kommen und mit afrokaribischen Kulten Verbindungen eingehen.

Die Trommeln dieser Kulte afrikanischer Herkunft haben überall vergleichbare Bedeutungen und Funktionen. Sie werden auf Kuba Batá und Tumba, auf Haiti Boula, auf Martinique Tanbou Bèlè, in Guayana Tanbou Kasékò und auf Guadeloupe Gwoka oder nur Ká genannt. Mit den Trommeln werden die Spirits (Geister) in den Zeremonien der synkretistischen afrokatholischen Religionen Lateinamerikas angerufen, die auf Martinique und Guadeloupe vor allem im Quimbois-Kult präsent sind, wenn auch weniger stark als auf Haiti oder Kuba. Durch die Trommeln sprechen die Spirits und Götter, die Trommeln bestimmen die Abfolge des Rituals. Trommeln sind hier männlich und weiblich, deswegen werden sie meistens paarweise gespielt.

Gesänge und Tänze begleiten auch die Arbeit auf den Zuckerrohr- und Kakaoplantagen, bis man sich am Samstagabend zum Swaré léwoz-Fest trifft und Trommelbotschaften in den Nachthimmel sendet.

Auf Martinique und Guadeloupe dienen der Quimbois-Kult und seine Priester, die Quimboiseurs (schwarze Magie) und Séanciers (weiße Magie), mit den Gadèzafè-Hexern vor allem der Bewältigung praktischer Probleme im Diesseits. Schon der kreolische Name Quimbois deutet auf einen Wurzeltrank hin, und so liest man auf einer Visitenkarte des „Professeur X, Grand voyant médium":

„Löst Ihre Probleme: Liebe, Ehe, Glück, Prüfungen, Handel, familiäre Probleme, Schutz vor allen Gefahren, sexuelle Impotenz, unbekannte Krankheiten, bringt die geliebte Person schnell zurück. Spezialist, der Ihre Probleme löst, Ernsthafte Arbeit, EFFIZIENT, GARANTIE 100%."[2]

Werwölfe, Teufel, Zombies und Geister sind ein Teil der spirituellen Welt vieler Antillaner. Selbst Kreolen weißer Hautfarbe und aus Villen reicher Wohnbezirke (die Békés) suchen die Tempel der Kultchefs auf, in denen die Musik wie in den Houngans und Reglas der karibischen Nachbarinseln klingt. Auch auf Martinique und Guadeloupe begünstigte die Ambivalenz der schwarzen Musiker zwischen Kult und Unterhaltung die Entstehung afroantillanischer Musik und Tänze. Sie entsprangen aus der Begegnung von Schwarz und Weiß und wurden auch von Kindern dieser Verbindungen weiterentwickelt, deren Eltern auf eine musikalische Ausbildung Wert legten und ihnen damit Vorteile gegenüber den autodidaktischen Musikern der Kulte und Dorffeste verschafften.

Schon im 18. Jahrhundert erfuhr die Kultur Frankreichs Impulse durch Kinder, die Franzosen in der Karibik mit schwarzen Sklavinnen gezeugt hatten – wie Joseph Bologne (1745–1799), der 1749 seine Insel Guadeloupe mit seiner Mutter Richtung Frankreich verließ und als Komponist, Dirigent und Geiger als „Chevalier de Saint George" berühmt wurde. Saint George wurde sogar Colonel eines Regiments, in dem viele Schwarze aus den Kolonien dienten und gegen Österreich in den Kampf zogen. Sein Adjutant war ein Mischling wie er, er kam aus Haiti. Sein Name: Alexandre Dumas Sr., Vater des späteren Schriftstellers und in den Unruhen der Französischen Revolution als Kriegsheld gefeiert, dann verhaftet und 1794 wieder freigelassen. Im gleichen Jahr schickte man den ersten Ehemann der ebenfalls aus Martinique stammenden Marineoffizierstochter Joséphine de Beauharnais auf die Guillotine. Joséphine wurde zwei Jahre später Napoleons Frau. Der Korse ließ die zuvor (1789) nur per Dekret – das aber nicht umgesetzt wurde – abgeschaffte Sklaverei bald wieder zu, auch das war eine Folge rassistischer Gedanken des Aufklärers Voltaire, der die Schwarzen 1755 als unterlegen diskriminierte. Bis zur Gleichstellung mit den Festlandsfranzosen im Jahr 1946 müssen die Antillaner um ihre Bildungschancen und die Teilhabe an anderen soziokulturelle Einrichtungen kämpfen. An den Schulen darf man nicht kreolisch sprechen.

Auch auf den französischen Antillen zogen die Straßenumzüge der Kolonialisten im Karneval die Trommel-und Tanzgruppen der schwarzen Bevölkerung wie magisch an. Hier konnten sie sich in Gruppen von afrikanischen Herkunftsnationen und Kulten präsentieren, doch die

Gouverneure sahen darin nur eine Bedrohung und sittliche Verrohung. 1765 verbot man daher die Teilnahme schwarzer Gruppen am *kannaval* zum ersten Mal. Erst 1850 wurde das Verbot gelockert, Saint-Pierre wurde Zentrum des Straßenkarnevals auf Martinique unter der Herrschaft einer Pappmachée-Puppe namens „Roi Vaval", die auch die Inseln von „Gwada" bzw. „Gwadlup" (Guadeloupe) bis zu ihrer jährlichen symbolischen Verbrennung regiert. Im Umzug erinnern mit Zuckermelasse und Ruß beschmierte Gestalten in Ketten und Lendenschurz (Neg Gwo Siwo) an Sklavenzeiten.

Karibische Verwandtschaften

Familienbande: Ein schwarzer Musiker auf Kuba mag aus einer Familie stammen, die vor den Verfolgungen durch das Regime ehemaliger Sklaven von Haiti nach Kuba geflüchtet war. In den zwanziger Jahren wird er in Paris Kollegen aus Martinique und Haiti treffen, problemlos mit ihnen musizieren und auch Verwandtes in der Musik der in Paris spielenden Hot Jazz-Bands aus New Orleans entdecken. Was als Mix aus afrikanischer Yuba mit französischem Contredanse und Quadrille auf Haiti als *Tumba Francesa* reüssierte, nannte man auf Kuba *Danza Habanera*. Die Unterschiede liegen in regionalen klanglichen und inhaltlichen Ausprägungen, in Vorlieben für 2/4- oder 6/8- Beats. Der *Cinquillo* ist ihr gemeinsamer genetischer Rhythmusabdruck (s. Kap. 13). Auf den französischen Antillen heißt das Ergebnis *Biguine* und kommt aus einer afrokaribischen Familie von Liedern und Tänzen, die als *Bèlè* (Bel-air) und *Gwoka* seit dem 18. Jahrhundert auf den Antillen bekannt sind. In den Kneipen Saint-Pierres entstand eine weltliche Version des auf Bèlè-Trommeln sehr perkussiv mit Stöckchen gespielten und im Ruf- und Antwortschema von Solist und Chor gesungenen *bidgin bèlè* der ländlichen Regionen. Die Dominanz der Trommeln wich europäischen Instrumenten in einer typischen Orchestrierung der neuen Tango-, Choro-, Son- und Jazzmusik am Ende des 19. Jahrhunderts mit Solostimme, Harmonie- und Rhythmusinstrument, später noch einer kontrapunktischen Bassstimme: Erst Querflöte, dann Klarinette, Piano, Banjo und Perkussion und später Schlagzeug. Auch Posaune und Gitarre sind möglich, seit dem ersten Karneval nach dem Vulkanausbruch sogar eine Geige, die gezupft fast wie ein Banjo klingt, dazu mit Schrot gefüllte Zylinder aus Weißblech, die Tschachas. Ein Akkordeon der Musette-Musik sucht man in dieser französischen Kolonie vergeblich, obwohl die Biguine auch sehr von Polka und Mazurka beeinflusst ist. Manchmal erinnert der eckige Rhythmus der

Biguine sogar an die von Akkordeon (Sanfona) intonierten Xaxados beim samstäglichen Schwof der nordestinischen Landarbeiter Brasiliens, dem Forró. Die Lieder der Biguine können satirisch-ironisch Ereignisse und Probleme des Alltags kommentieren, oder sie produzieren immer ähnliche Verse zwischen Liebestraum und Liebesschmerz. Als die Biguines nach Frankreich kommen, können die Franzosen die Liedtexte trotzdem nicht verstehen, denn sie werden in kreolischem Patois gesungen. Harmonik und Rhythmik der Biguines verändern sich nach dem Vulkanausbruch ein weiteres Mal unter dem Einfluss der aus New Orleans kommenden Hot Jazz-Musik, in der auch ein paar Gene französischer Quadrillen schlummern könnten, die früher durchaus auch zum Standardrepertoire der Bands in Louisiana gehörten. Auch der Be-Bop-Stil nordamerikanischer Jazzbands verändert Mitte des Jahrhunderts die Biguine zum *Biguine Wabap* mit dissonanten Harmonien und polymetrischen Strukturen.

Nachdem der Mt. Pélée das Städtchen Saint-Pierre und seine Bewohner vernichtet hat, zögern katholische Priester nicht lange, das Ereignis als Strafe Gottes zu interpretieren. Schuld sind natürlich die Lieder und Tänze aus dem Umfeld von Bèlè und Quimbois, mit ihren respektlosen Texten und obzönen Hüftbewegungen. Die Biguine wird verboten, stattdessen Polka, Walzer und Mazurka empfohlen. Solche Verbote haben aber bis dato nirgendwo in Lateinamerika starke soziokulturelle Entwicklungen stoppen können. Vermutlich haben sie sie letztlich sogar in ihrer musikalischen und literarischen Qualität gefördert. Um als Musiker zu überleben und der eigenen Musik eine Überlebenschance durch Anpassung oder Verwandlung zu geben, müssen die Musiker neue Klänge, neue Formen und neue Spielmöglichkeiten erfinden.

Um 1920 kann man besonders im Straßenkarneval auf den Antillen Biguines (Biguine vidé/de rue) mit Tanz und afrokaribischen Chören und Kostümen sowie vielen Rhythmusinstrumenten aus Behältern aller Art wie Kunststoffrohren und Glocken neben der traditionellen Perkussion mit Tschacha, Tanbou, Mayké und Boula erleben – oder als Kneipenversion mit rustikaler musikalischer Begleitung von Calenda oder Belair (Biguine de bal) und in den Salons (Biguine de salon) mit Piano, Cello und Geige.

Die populäre Biguine ist ein Bewegungs-Paartanz, teils geschlossen, teils offen mit Zitaten alter europäischer Werbetänze der Kolonialzeit getanzt, wenn die Tanzpartnerin mit Hüftbewegungen und Armen zwischen Drehungen um die eigene Achse ihrem sich produzierendem Gegenüber dezent Avancen macht. Die Beine tanzen oft fast im Rhythmus der Trommelschläge, man tanzt eng mit wenigen Schritten, bewegt erst das

rechte Bein nach vorn und zurück und mit leichtem Schaukel-Wippen das
linke hinter die Ferse des rechten und wieder zurück.

Es ist daher keine rituelle, afrikanisch-kreolische Musik der Antillen, die
um 1930 im Gepäck von Musikern aus Martinique und Guadeloupe in
Paris eintrifft. Die Rumba bekommt Konkurrenz.

Geige & Klarinette: Die Musiker der Biguine

„Augenblicklich wohnen wir in einer Negerhütte. […] Den ganzen Tag
flanieren Neger und Negerinnen auf und ab und singen ihre kreolischen
Lieder. Das Schwatzen hört gar nicht auf. Du mußt nicht glauben, daß das
monoton klingt, im Gegenteil sehr abwechslungsreich. Ich kann Dir gar nicht
sagen, wie begeistert ich von dem Leben in den französischen Kolonien bin."

(Paul Gauguin an Mette, 20.6.1887)[3]

Im Süden Martiniques, in Anses d'Arlet, kommt im April 1885 Alexandre
Fructueux als Sohn ehemaliger Sklaven zur Welt, die jetzt ihren Lebensunterhalt mit dem Fischfang verdienen. Bald siedelt man nach Saint-Pierre
über, wo gute Geschäfte zu machen sind und man sich an den Wochenenden besser vergnügen kann. In Stadtnähe, am Strand von Anse Turin,
malt von Juni bis November 1887 der ehemalige Börsenmakler Paul
Gauguin Aussichten auf das Meer, bis ihn Malaria und Ruhr zur Rückkehr
nach Frankreich zwingen. „Das nackte Leben selber, befreit vom Milieu und
Wesen der Zeit"[4] fand er in der Karibik nicht, sondern erst später auf Tahiti.

Alexandre ist 13 als die Mutter mit ihm auch von Saint-Pierre wegzieht,
um in Guayana eine neue Existenz aufzubauen. Drei Jahre später explodiert
der Vulkan und Saint-Pierre ist ausgelöscht. Zwanzig Kilometer südlich, in
Fort de France, überlebt der sechsjährige Ernest Léardée (1896–1988) „cette
vision d'apocalypse"[5], die sich Wochen später mit einem zweiten Ausbruch
wiederholt. Léardées Mutter fertigte in Handarbeit kreolische Hauben,
die die Frauen auf Martinique auf dem Kopf tragen. Als die Nachbarn im
Dorf in Panik vor der aus dem Norden kommenden schwarzen Rauch-
wolke aus den Häusern rennen, ist sie krank und bettlägerig. Sie überlebt
diesen Schock nicht und stirbt wenige Tage später. Drei Jahre danach verliert Ernest Léardée auch seinen Vater. Seine Schwester Yaya jobbt als
Dienstmädchen, und als das nicht reicht, um auch für die drei jüngeren
Geschwister zu sorgen, fängt Ernest für einen französischen Händler
Kolibris für Hutdekorationen und sammelt Schalentiere. Der Zufall führt

ihn in die Werkstatt des Klarinettisten und Geigenbauers Marius Collat. Er wird sein Assistent und bald auch Geiger in dessen Orchester. Ein aus Guayana angereister brasilianischer Kornettist bietet Léardée 1909 an, mit ihm und dem Cellisten Duverger auf Tournee auf die Insel Dominica zu gehen. Seine Schwester und sein Arbeitgeber raten ab, er zieht trotzdem los und als er zurückkehrt, zerbricht die Freundschaft zu Collat und Léardée ist ohne Arbeit. Er wird Friseur.

Unterdessen lernte der junge Alexandre Stellio in Guayana Flöte und Klarinette spielen, verdient in Tanzlokalen wie dem „Petit Balcon" und in Stummfilmkinos der Metropole Cayenne etwas Geld. 1919 kehrt er nach Martinique zurück, wo die Biguine noch nicht wieder ihren früheren Popularitätsstand erreicht hat und wo die Klarinette noch kein Soloinstrument ist. Alexandre schreibt erste eigene Biguines, von denen einige lokale Evergreens werden, trifft den Friseur und Geiger Ernesto Léardée und spielt mit ihm und dem Cellisten Duverger zehn Jahre lang im neuen Stummfilmkino in Fort de France und im renommierten Tanz- orchester Léon Apanons, seinem späteren Rivalen, im „Le Sélect Tango". Noch gibt man Biguines vorsichtig als Tangos aus, nennt die Band einem internationalen Trend folgend ,Fanny Jazz' oder ,Thommy Jazz'. Hier ent- steht Stellios bekanntestes Werk „Serpent maigre", gemäß Léardée als kreolische Version eines Ragtime[6], den Stellio auf einer Platte hörte und als eine Hommage an den damals bekanntesten Klarinettisten Isambert schrieb.

Stellio gehört zu den Musikern Martiniques, die der Biguine ihre neue Form geben. Der Antillen-Musik-Experte Bagoé fand heraus: „Der Klarinettist kommt oft mit dem Friseur zusammen, um gemeinsam Musik aus Venezuela oder den Vereinigten Staaten zu hören und sie auf martiniquische Weise zu interpretieren (das erklärt ihre Mitschuld an den vielen Plagiaten ausländischer Werke und sogar aus Saint-Pierre). Auf einer Seite seines Buches rechtfertigt Léardée die Situation damit, dass dieser Missbrauch es ihnen ermöglichte, die traditionelle Musik der französischen Westindischen Inseln und Guayanas sowohl in Paris als auch im Rest der Welt voranzubringen und zu verbreiten, ich gebe es zu… aber trotz- dem! Gegen Ende 1928 hatte Léardée eine Idee, er wollte nach Frankreich gehen, um Biguine zu promoten, er sprach mit seinem Freund, der die Idee interessant fand, gab aber zu, dass das Geld für die Durchführung eines solchen Projekts fehlte."[7] Die dafür erhofften Einnahmen aus den Auftritten beim Karneval reichen nicht aus.

Bal Colonial

Am 12. September 1928 rast der Okeechobee-Hurrikan vom Atlantik über Guadeloupe in Richtung Florida und tötet dabei 1200 Menschen auf der Antillen-Insel. Im Femina-Theater von Paris treten u. a. Carlos Gardel und Josephine Baker in einer Wohltätigkeitsveranstaltung für die Opfer auf.

Auf Martinique pumpt Léardée (Abb. 1) seinen Schwiegervater an und schifft sich mit Stellio, Saint-Hilaire, Victor Collat (einem Sohn des Geigen-bauers) und Orphelien am 27. April 1929 nach Le Havre ein.

Als die Musiker in Paris eintreffen, sind Kollegen aus Kuba, Argentinien, Brasilien und die US-Jazzmusiker schon dort. Auch Musiker anderer französischen Besitzungen in der Karibik leben bereits an der Seine, wie der zwölfjährige Henri Salvador aus Guayana, der nach dem Hören von Armstrong- und Ellington-Platten beschlossen hatte, Jazzmusiker zu werden. Einige sind auch nach ihrem Dienst in der französischen Armee im Ersten Weltkrieg dort geblieben und halten sich als Musiker über Wasser, andere arbeiten hier in verschiedenen Berufen. Im Hinterzimmer eines Pariser Cafés trifft man sich regelmäßig zum „Bal colonial", unzählige weitere Kneipen für schwarze Musik wie das 1924 vom Martiniquen Jean Rezard-Desvouves eröffnete „Bal Nègre" in der 33 rue Blomet werden folgen. Die damit ver-bundenen Verdienst- und Karrierechancen locken viele weitere Musiker von den französischen Antillen bis 1937 an die Seine. In Paris liegt auch kein Bann über ihrer Musik. Von Guadeloupe kommen z. B. der Altsaxophonist

Abb. 1   Ernest Léardée (links) und Band

und Banjospieler Felix Valvert, Altsaxophonist Sylvio Siobud, Posaunist Albert Lirvat, Geiger und Multiinstrumentalist Roger Fanfant, Klarinettist Robert Mavounzy und Altsaxophonist Emilien Antile. Aus Martinique treffen u. a. ein: die Klarinettisten Sam Castendet, Honoré Coppet, Maurice Noiran und der Geiger Eugène Delouche. Maiotte Almaby, Léona Gabriel Soime und Moune de Rivel gehören zu den wenigen Sängerinnen, denn die Biguines wie auch die Mazurkas und westindischen Walzer werden überwiegend instrumental gespielt.

Die Eltern von Cécile Jean-Louis Baghio'o stammen aus Guadeloupe und leben 1918, als Cécile geboren wird, in Bordeaux. Die Mutter ist examinierte Musikpädagogin, sie gewann Preise als Geigerin und Pianistin. In ihrem Elternhaus trifft die kleine Cécile auf viele der in Frankreich tingelnden antillanischen Musiker und die Sängerin Léona Gabriel. Sie wird selbst Sängerin, begleitet sich mit Gitarre und Piano und stellt sich mit sechzehn Jahren unter ihrem Künstlernamen Moune de Rivel erstmals 1933 dem Publikum des Pariser Kabaretts Boule Blanche vor. In ihrer langen Karriere gelingt ihr ein Spagat zwischen kreolischer Musik und französischem Chanson. Als „Antillaise" entspricht sie damit noch mehr der Idealvorstellung der Franzosen von einer exotischen Schönheit: mit einer nicht ganz so schwarzen, eher hellbraunen Hautfarbe, erotisch und mit einem Hauch französischer Kultur in Sprache, Haartracht und Kleidung.

Fast alle Musiker der Antillen haben eine starke Affinität zum Hot Jazz, den sie in ihrer kreolischen Art schon auf den Antillen in kleinen Combos spielten. In der Grundbesetzung mit Klarinette oder Posaune, Klavier, Gitarre und Kontrabass passen sie ihre Biguines zeitgenössischen amerikanischen Jazzstrukturen an: einfache melodische Strukturen mit überschaubaren Harmoniewechseln zu einem konstanten Beat statt polymetrischer Perkussion, mit 2×32 Takten nach dem Schema ABAB und einem Chor/Refrain von jeweils 8 oder 16 Takten und mit Improvisationen der Soloinstrumente.[8] Protagonisten der Pariser Biguine sind neben Stellio vor allem Félix Valvert mit seiner Einbeziehung kubanischer Musik und Al Lirvat und Sam Castendet mit harmonischer Weiterentwicklung aufgrund ihrer Nähe zum Jazz der dreißiger Jahre. Die Grenzen zwischen Mazurka (6/8) und Biguine sind dabei oft fließend.

Nach einer unglücklichen Premiere im Bal Glaciere, wo vom ständigen Öffnen und Schließen der Türen zum lautstarken Innen des Clubs genervte Anwohner die Polizei riefen, geht Stellios Band 1929 ins Plattenstudio der Odeon. Zur Eröffnung des Cabarets La Boule Blanche (1930) spielt sie Biguines, Mazurken und kreolische Walzer u. a. mit dem Posaunisten

Archange Saint-Hilaire, dem Geiger und Klarinettisten Ernest Léardée und Cellisten Victor Collat.

Zur schon im Vorfeld von Menschenrechtlern, Antikolonialisten und Künstlern heftig kritisierten Kolonialausstellung (s. Kap. 2/9), deren Markenzeichen ein Nachbau des Angkor-Tempels wird, treffen 1931 weitere Musiker der Antillen in Paris ein, unter ihnen Stellios langjähriger Cellist Duverger, und treten neben Stellio im Guadeloupe-Pavillon auf. Im gleichen Jahr kommt der schwarze Antillaner Aimé Césaire (1913–2008) von Martinique nach Paris, um ein Stipendium an einer Eliteschule anzu-treten. Einer seiner Mitschüler ist Léopold Sédar Senghor aus dem Senegal. Mit ihm und Léon-Gontran Damas aus Cayenne gründet er die Gruppe „L'Etudiant noir" (*Der schwarze Student*), die sich mit Fragen des Rassis-mus und dem französischen Kolonialismus und dessen Folgen vor allem in Afrika kritisch auseinandersetzt (s. a. Kap. 9). In ihrer Zeitschrift erscheinen auch die ersten Aufsätze zur „Négritude", die u. a. die Andersartigkeit afrikanischer Kulturen als wertvoll und anderen ebenbürtig beschreiben. Césaire wird nach dem Krieg auf Martinique einer der Lehrer des Vor-denkers der Entkolonialisierung Frantz Fanon.

In Paris und in der Provinz eröffnen weitere Bars mit kreolischer Musik und bieten vielen Musikern Jobs bis zum Ausbruch des Krieges. Die Biguinemania ist um 1935 auf ihrem Höhepunkt, als Frankreich mit einer Gala in der Opéra in Gegenwart des Präsidenten *300 Jahre Kolonien* in der Karibik und Guayana feiert. Stellio ist auch dabei. Sein Orchester und das von Félix Valvert sind unter den vielen Orchestern des abschließenden Tanz-abends.

In der Cabane Bambou auf dem Pigalle spielt man Rumba und Biguine, und Sam Castendet trägt die musikalische Sensation der Kolonialausstellung anschließend auf einer Tournee in die Provinz. Zwei Jahre darauf öffnet die Pariser Weltausstellung, die Exposition Internationale des Arts et Techniques dans la Vie Moderne, ihre Pforten. Zwischen Nachbildungen von Freiheits-statue und Pont de Bir-Hakeim hört man auf der schmalen Ile aux Cygnes aus den Pavillons von Guadeloupe und des Couturiers Lavin Biguines von Stellio und Roger Fanfant mit ihren Orchestern.

Mit der Zeit entstehen pankaribische Ensembles, die bei den „Balles nègres" und Dutzenden Kneipen wie dem Les Antilles oder im La Coupole de Montparnasse auftreten. Félix Valvert, seit 1921 in Paris lebender Gitarrist und Saxophonist aus Guadeloupe, holt sich mit dem Pianisten Oscar Calle zuerst einen, später sogar mehrere Kubaner sowie Musiker aus Trinidad in seine Bands, die Biguines, Rumbas und Jazz spielen. Im Coupole versammelt 1932 der haitianische Orchesterchef Bertin Depestre

Musiker aus Guadeloupe, Kuba, Barbados und Martinique auf der Bühne. Ein Jahr später löst ihn dort der Kubaner Filiberto Rico mit seiner ebenfalls multinationalen Rico's Creole Band ab. Spätestens mit Kriegsbeginn werden solche Besetzungen die Bands mit Musikern gleicher regionaler Herkunft ablösen, denn die Abwanderung und Flucht vieler Kollegen lässt sie automatisch zusammenrücken und in Sessions zusammenkommen, die u. a. der Kameruner Drummer Freddy Jumbo in der Brasserie La Cigale organisiert. Darunter ist auch der Jazzmusiker Robert Mavounzy, gebürtiger Panamese und aufgewachsen auf Guadeloupe. Er wird zusammen mit Al Lirvat noch in den siebziger Jahren im Cigale auftreten.

Nach Jazz, Tango und Rumba erweckt auch die in Paris gespielte Biguine schnell das Interesse von Komponisten der europäischen und nordamerikanischen Unterhaltungsmusik. In Louis Mercantons Paramount-Operettenfilm „Il est charmant" (1932) singt Adrien Lamy, Star des Casino de Paris, „La Biguine", die Klarinettensoli spielt René Verney. Im gleichen Jahr macht sich im Film „Paris, je t'aime" der Entertainer Dranem mit gleicher Melodie in einem Chanson („La Biguine") in sehr reduziertem Biguine-Rhythmus lustig:

A chaque saison il faut quelques pas nouveaux
mais tous ces pas ne durent pas
Regardez le Black bottom
il est dans les pommes
le Shimmy aussi est fini
Le tango c'est rhum coco pour les gigolos
ils en ont assez d' réclamer
un danse très gentille qui vient des Antilles
a tout remplacé.
C'est la biguine
il n'y a rien de plus coquin...

Jede Saison gibt es ein paar neue Schritte.
Aber all diese Schritte passen nicht zusammen.
Sieh dir den Black Bottom an.
Er ist weggetreten.
Der Shimmy ist auch vorbei.
Tango ist Kokos-Rum für Gigolos
Man beklagt schon es gibt zu viel davon
Ein sehr schöner Tanz von den Westindischen Inseln.
hat alle ersetzt.
Es ist die Biguine.
es gibt nichts Unanständigeres...

Der Amerikaner Cole Porter war als Freiwilliger in einer US-amerikanischen Hilfsorganisation im Krieg 1918 zum ersten Mal in Paris, blieb anschließend zum Musikstudium dort und kehrte danach immer wieder in die City of Light zurück, der er mit dem Musical „Paris" (1928) ein Denkmal setzte. 1933 beobachtet er eine Biguine-Tanzveranstaltung: „Es gab einen speziellen Tanzsaal am linken Ufer, in dem französische Neger aus Martinique jede Nacht tanzten, und ich ging oft hin, um sie zu sehen."[9] Aus dieser Inspiration entsteht ein Welthit, der zum ersten Mal 1935 in Porters Musical „Jubilee" gesungen wird: „Begin the Beguine" ist mehr ein Wortspiel als eine exakte Typus-Bezeichnung dieses Liedes, das Porter in mittlerem Tempo und leichtem Bolero-Rhythmus nahezu sinfonisch orchestriert. Sogar tropisches Vogelgezwitscher fehlt nicht. Xavier Cugat nimmt es im gleichen Jahr als Fox-Rumba mit Perkussion auf, aber erst die Swingversion des Klarinettisten Artie Shaw bringt den Song 1938 sechs Wochen lang an die Spitze der US-Charts. In Deutschland stellt Peter Kreuder „Begin the Beguine" 1937 als leichtfüßigen Rumba-Foxtrott vor. Von der Rhythmik der Bands Stellios oder Delouches fehlt jede Spur. Auch in Deutschland wird der Porter-Song ein Hit und seitdem sagt man Beguine. In Holland hört ihn der dorthin emigrierte Künstler und Jazzfan Max Beckmann. Sein 1946 entstandenes Bild mit Porters Titel nimmt er mit, als er im Jahr darauf endlich in die USA einreisen darf. „Der Titel des Songs ist unten links zu sehen, und die Beschwörung der Raffinesse von Cole Porter steht in scharfem Kontrast zu den störenden visuellen Darstellungen innerhalb der Komposition. Verzerrter Raum, verstümmelte Gliedmaßen, eine aggressive Farbe vermitteln Beckmanns Ambivalenz gegenüber der amerikanischen Kultur sowie seine Faszination durch das Kabarett."[10]

In Paris macht derweil der Chansonnier Charles Trenet im Duo mit dem Schweizer Pianisten Johnny Hess Karriere mit den Chanson-Zeilen „A Paris aussi on sait faire, La biguine comme au pays, Et tout comme à la Martinique, Demoisell's ont le ventre gros."[11]

Zu dieser Zeit befindet sich die afroamerikanische Tänzerin und Choreographin Katherine Dunham (1909–2006) auf einer mehrjährigen Studienreise in der Karibik. Sie interessiert sich besonders für rituelle Tänze Jamaikas, Haitis, Trinidads und Martiniques, die sie auch filmt und gleich dem Anthropologen Melville J. Herskovits nach Evanston in Illinois schickt. Als er ihre Aufnahmen des *Ag'Ya*-Tanzes auf Martinique sieht, schreibt er zurück: „Ich denke, der Ag'Ya ist einer der vollendetsten und aufregendsten Tänze, die ich je gesehen habe, und du hast genug davon, so dass du keine Schwierigkeiten haben solltest, Leute auszubilden."[12] Ag'ya oder Ladja oder Danmye ist ein der Capoeira Brasiliens recht ähnlicher afrikanischer Kampftanz. Es ist kaum möglich, ihn anhand von Filmsequenzen zu erlernen. Insofern wirkt diese Einschätzung des amerikanischen Experten etwas geringschätzig. Aber Dunham wird mit ihrer Tanzkomposition „Ag'Ya" 1938 in Chicago sehr erfolgreich. Als sie in den vierziger Jahren ihre Katherine Dunham School of Arts and Research an der 42nd Street in New York eröffnet, veranstaltet sie „Boule Blanche"-Parties mit Musik und Tanz aus Martinique. Zu den Gästen und somit den Sponsoren ihrer Schule gehört auch der französische Kulturanthropologe Claude Lévi-Strauss, der vor den Nazis ins vorübergehende Exil flüchtete. In Europa wird Katherine Dunham erst nach dem Krieg gastieren.

Ohne Chancen im Nazi-Deutschland

In Berlin kündigte bereits 1926[13] „Deutschlands erste Negerbar" gegenüber der Scala mit Namen „Biguine" „Prämiierte Attraktionen von der Kolonialausstellung von Paris" an (Abb. 2). Es spielte eine nicht näher bezeichnete „Pouchés Exotic Band". Zu mehr als derart pauschalierter Exotik wird es die Musik der französischen Antillen im Vorkriegs-Deutschland nicht bringen. Die Londoner Imperial Society of Teachers of Dancing lehnt 1932 einen Antrag auf Aufnahme der Biguine als „Ballroom Dance" ab. Ihre Bewegungen erscheinen ihr offenbar mit dem English Style nicht vereinbar. Juliet McMains, eine amerikanische Tanzsportlerin und Professorin an der University of Washington, weist auf den in diesem Verband üblichen imperialistischen Zwang hin, Musik und Tänze der Menschen nicht nur in den Kolonien zu reglementieren, sondern auch schwarze Tänze einer Reinigung für den Ballroom-Gebrauch zu unterziehen.[14]

Die Biguine und ihre afrokaribischen Musiker haben sowieso kaum eine Chance, nach 1933 im NS-Deutschland aufzutreten und die Biguine populär zu machen. Vermutlich sind vorher gelegentlich Musiker der Kleinen Antillen mit in Paris zusammengestellten Ensembles in Deutschland unterwegs, wie Félix Valvert mit dem Kubaner Oscar Calle (um 1931).

Ernest Léardée ist im Februar 1938 mit seinem österreichischen Pianisten, einem amerikanischen Gitarristen, einem kubanischen Saxophonisten und einem Félix genannten Bassisten aus Martinique auf dem Weg nach Ungarn. Von Straßburg aus geht es zuerst für ein Konzert nach Berlin, am nächsten Tag ist man in Wien, bevor man in Budapest eintrifft, wo man die überwiegend aus schwarzen Musikern bestehende Band mit Neugier erwartet. „Der Nazismus hatte damals auch diesen Teil Europas im

Abb. 2   „Deutschlands erste Negerbar". Zeitungsanzeige 1926

Griff", erinnert sich Léardée, dessen Gastspiel nach zwei Wochen untersagt wird. Ohne Gage und entnervt von Schikanen der ungarischen Behörden treten die Musiker die Heimreise nach Paris an. Beim Grenzübergang Salzburg kontrollieren die Deutschen den Zug und Léardée schreit ihnen entgegen, was ihm eine zufällig wiedergetroffene Bekannte aus der Schweiz zuvor empfohlen hatte: „Heil Hitler!" „Ach! Gut, Schwarz! Gut, Schwarz!", sei die strahlende Antwort des Deutschen gewesen. Léardée kommt nach Paris zurück, spielt weiter in Orchestern und entzieht sich dem Zugriff der Nazis nach Kriegsbeginn auf dem Land, wo ihn später noch einmal ein deutscher Offizier angeblich mit „Schwarz!" anruft, wobei dieser ihn vermutlich ‚Neger' (= noir = schwarz) genannt hatte. Statt Arrest habe es aber eine Einladung zum Diner gegeben, nachdem der Deutsche herausgefunden habe, dass Léardée Musiker sei und seine Mandoline reparieren könnte. Über seine Erlebnisse bei den Abstechern nach Berlin und Wien verliert Ernest Léardée später in seinen Erinnerungen, die er seiner Frau Brigitte und dem Musiker Jean-Pierre Meunier zu Protokoll gibt,[15] kein Wort.

Sein Kollege Alexandre Stellio hat mehr als einhundert Biguines, Mazurken und Walzer aufgenommen, als ihn im Juli 1939 auf der Bühne eines Nachtclubs in Paris ein Herzinfarkt ereilt. Er erlebt es nicht mehr, dass Abel Beauregard, Trompeter aus Guadeloupe, angeregt durch das Festival „Le Hot Club colonial – Un Festival de Musique Nègre", präsentiert von Charles Delaunays Hot Club du France im Dezember 1943, den „Hot Club Colonial" mit überwiegend karibischen Kollegen gründet. In der Satzung werden als Ziel der Vereinigung die Stärkung der freundschaftlichen Bande unter den Mitgliedern und deren moralische Unterstützung bei ihrer musikalischen Entwicklung und Verteidigung beruflicher Interessen genannt. Der Club organisiert auch Konzerte für die Insassen von Gefangenenlagern in Frankreich. Mit der Befreiung von der deutschen Besatzung kommen dann viele schwarze Musiker nach Paris zurück, und neue Talente aus Guadeloupe und Martinique beleben die erstarkende Szenerie dieser besonderen Mischung aus kreolischer Musik und Jazz. Ernest Léardée kehrt nach dem Krieg auf die französischen Bühnen zurück und ist Anfang der Siebziger auch in Werbespots als „Oncle Ben" zu sehen und hören, weil die französischen Produzenten jemanden suchten, der so singt und aussieht wie Louis Armstrong. Léardée wird auch Ehrenmitglied der Urheberrechtsgesellschaft Sacem und stirbt 1988 mit 92 Jahren.

Erst in den späten achtziger Jahren erlebt die Musik der französischen Antillen ein Comeback in Paris mit Gruppen wie Kassav', Malavoi, Zouk Machine und vielen anderen – sie präsentierten Biguines und Wabaps ihrer Inseln mit Funk, Reggae, Merengue, Soca und Disco-Elementen (s. Bd. 3, Kap. 10).

Weiterlesen über antillane/karibische Musik

Kap. 15: Aloha 'Oe (Marimbas, Rumba und Jazz aus Lateinamerika)

Band 2
Kap. 4: Calypso Like Me

Band 3

Anmerkungen

1. Edward Cucuel-Offelsmeyer: „Tanz der Martinique-Neger, in Paris populär", in: Revue des Monats 6.1931/32.
2. guadeloupetraditions.free.fr/croyance.htm (21.11.2019).
3. In: Gerd Stein (Hg.): Europamüdigkeit und Verwilderungswünsche. Frankfurt a.M. 1984, S. 156.
4. Pola Gauguin: Mein Vater Paul Gauguin. Berlin 1957, S. 93.
5. Jean-Pierre Meunier/Ernest Léardée: La Biguine de L'Oncle Ben's. Paris 1989, S. 35.
6. Meunier/Léardée (Anm. 5), S. 119.
7. Aude Bagoé, alrmab.free.fr/ernestleardee.html (15.5.2012).
8. Jean-Pierre Meunier: „La Biguine a Paris", Vol.7. © Médiathèque Caraïbe/ Conseil Général de Guadeloupe, 2005, www.lameca.org.
9. Zit. nach: Charles Schwartz: Cole Porter. Boston 1979, S. 143.
10. Beschreibung des University of Michigan Museum of Modern Art, umich. edu/m/musart/x-1948-sl-1.103/1948_1.103___jpg (5.11.2019).
11. Biguine à Bango, M/T: Charles Trenet 1937. Budde Music Publ.
12. Zit. nach: Joyce Aschenbrenner: Katherine Dunham: Dancing a Life. Urbana 2002, S. 63.
13. Vossische Zeitung vom 6.6.1926, zit. nach: Peter Martin: Zwischen Charleston und Stechschritt. Schwarze im Nationalsozialismus. Hamburg/ München 2004, S. 366. Eine Pariser Kolonialausstellung gab es erst im Jahr 1931.
14. Juliet McMains: Glamour Addiction – Inside the American Ballroom Dance Industry. Middletown/CT 2008, S. 82 f.
15. Meunier/Léardée (Anm. 5).

Kapitel 15 (… 1920–1933 …)
Aloha 'Oe: Die letzten Exoten erreichen Nazi-Deutschland

Die zwanziger Jahre gehen zu Ende, und in den Metropolen an Spree und Seine gibt es Musiker und Orchester im Überfluss, die diese Epoche geprägt haben. Sie spielen Tango, Black Bottom, Foxtrott, Jazz, Biguine und Rumba. In Paris werden diese neuen Tänze überwiegend von Musikern bedient, die aus Argentinien, Brasilien, Kuba, den Antillen und Nordamerika angereist sind. Sie gehen von hier aus mit ihrer Musik auf Europatournee, vorwiegend nach England und Spanien. Die Musiker der Orchester Berlins und anderer deutscher Großstädte sind überwiegend Deutsche und Österreicher, gelegentlich Italiener, Polen oder Russen. Die Bars, Kabaretts und Tanzsäle bieten gute Jobs, in Deutschland aber muss man am besten vielseitig sein und mehrere Instrumente und Musikstile beherrschen. Schwarze Haut oder jüdischen Glauben sollte man nicht haben. Bis 1934 werden daher viele Musiker Deutschland bereits verlassen haben. Orchester aus Italien (Tullio Mobiglia, John Abriani) oder Belgien (Jean Omer) schließen danach vorübergehend die Lücken der Tanzmusiker, während große amerikanische Orchester wie Paul Whiteman noch auf Tournee gehen.

Nicht jede exotische Musik nimmt ihren Weg nach Deutschland über die Pariser Drehscheibe kreolischer Musik. Spätestens in den 1920er Jahren erwacht die Reiselust der Deutschen. Wer es sich leisten kann, überquert auf einem Luxusliner den Atlantik oder fährt mit der Dampfeisenbahn an die Seine, um das Neueste auf den Bühnen von Ballett, Theater, Konzert, Kabarett und in der Haute Couture auf den Champs-Élysées zu sehen. Früher verweilte man nach anstrengenden Reisen zu Pferde und mit der Kutsche Wochen oder Monate am Ziel, Goethe war nahezu zwei Monate

© Springer-Verlag GmbH Deutschland, ein Teil von Springer Nature 2022
Claus Schreiner, *Schöner fremder Klang – Wie exotische Musik nach Deutschland kam*,
https://doi.org/10.1007/978-3-476-05695-5_16

nach Rom unterwegs und blieb dort fast zwei Jahre. Mit Zeppelin, Bahn, Flugzeug und dem Auto reist man jetzt schneller. Bildungsreisen sind *en vogue*. Man watet durch den Sand der Pyramidenfelder von Gizeh und klettert durch die Ruinen der antiken Stätten Italiens und Griechenlands. „Es entstand eine freundliche Schimäre, die man Fremdenverkehr nennt", lästert 1935 Rudolf Fischer in seinem Essay „Hunger nach Welt".[1]

Marimba und Hawaiigitarre

Schlagzeug, Saxophon und Banjo brachten vor dem Ersten Weltkrieg frische und exotische Klänge in deutsche Unterhaltungsorchester (s. Kap. 8). Im Deutschland der zwanziger Jahre gehören zu den beliebten exotischen Musikinstrumenten auch Marimbaphone, wie sie hauptsächlich im ehemals aztekischen Kulturbereich Mittelamerikas, vor allem in Guatemala gespielt werden. Die Konzertreife für internationale Bühnen bekommen sie erst mit dem Marimba-Ensemble der Brüder Hurtado aus Guatemala, die Ende des 19. Jahrhunderts mit einer zweiten Reihe von Klangstäben den Tonumfang der Instrumente erheblich erweiterten. Schon 1918 schickt der Leiter der Marimba-Gruppe Tecún Umán ein Erinnerungsfoto der Band aus Deutschland nach Guatemala.[2]

In der „Discographie der ethnischen Aufnahmen"[3] findet man drei Ensembles, die zu Konzerten und Aufnahmen in Berlin sind, wo um 1922 auch der erst fünfzehnjährige guatemaltekische Pianist Salvador Ley, der spätere Direktor des Nationalen Musikkonservatoriums in Guatemala, zum Studium eingetroffen ist. Ebenfalls aus Guatemala kommen 1924/25 die Marimbas „Azul y Blanco" und „La Joya" der Hermanos Quiroz. Sie nehmen unter der Leitung eines Humberto Coronado[4] mit spektakulären sechs Marimbas 1925–30 zahlreiche Titel für Schallplatten in Berlin auf. Neben „La Paloma" und einigen lateinamerikanischen Titeln besteht ihr Repertoire überwiegend aus Walzern, Märschen und Foxtrotts, von den Hoch- und Deutschmeistern bis „O Donna Clara". Gleichzeitig sind mexikanische Kollegen mit der Marimba-Band „Las Aguilas…" oder „El Aguila de Mexiko" unter der Leitung von Domingo Gómez García von 1926 bis ca. 1937 im Land.[5] Der Marimba-Virtuose Abel Piedra Santa gastiert 1936 in Aachen. Als das Café Hoffmann am Berliner Nollendorfplatz im Oktober bei der Reichsmusikkammer eine Auftrittsgenehmigung für einen erneuten Besuch des Ensembles von Humberto Coronado beantragt, wird das wegen undeutschen Namens der „5 Coronados Mex. Marimba Kapelle" abgelehnt. Ein Jahr später darf der guatemaltekische Marimba-Virtuose José Bolanos aber doch als „Marimba Kapelle" auftreten – ein deutliches Beispiel für die widersprüchlichen Auslegungen der NS-Verordnungen durch die Behörden.[6] Da viele Marimba-Orchester vorübergehend feste Wohnsitze im europäischen Ausland haben, ist es denkbar, dass sie von dort stets neu zusammengestellte Besetzungen unter verschiedenen Namen nach Deutschland schicken.

Gelegentlich treten auch Vokalgruppen aus Mexiko in Deutschland auf. Exklusiv unter Vertrag bei der Deutschen Grammophon ist das Ehepaar „Los Herrera Vega", das in mexikanischer Tracht zwischen 1929 und 1935 in Köln, Berlin und anderen Städten gastiert. Ebenfalls mit einem Sombrero präsentiert sich im Oktober 1935 die mexikanische Sängerin und Schauspielerin Reva Reyes in der Scala. Sie soll eine Patentochter des Revolutionsführers Pancho Villa sein.

> Es hat der liebe Gott mit Frauen an jeden Mann gedacht!
> Er hat teils schwarz und braun die einen, die anderen blond gemacht!
> Die Nordchinesin… die Südfranzösin… die Frau aus Wien-Berlin:
> in welchen Zonen sie auch wohnen, mich reißt nur eine hin:
> Mein Typ ist das Honolulumädel,
> Honolulumädels sind so fein!

> (Auszug aus Honolulumädel, Schlager von 1926)[7]

Hawaiigitarren sind vor 1930 noch populärer als Rumba-Rasseln. Man ist fasziniert vom Klang dieser wie eine Brettzither vor dem Spieler liegenden Gitarre, deren Stahlsaiten der Musiker mittels Glas oder Eisen auf dem Bund gleitend (*slide*) in die gewünschte Tonhöhe bringt. Vermutlich haben mexikanische Vaqueros (Cowboys) die iberische Gitarre in der Mitte des 19. Jahrhunderts auf Hawaii bekannt gemacht. Die Hawaiianer spannen die tiefen Saiten etwas lockerer und können auf den oberen Saiten die Melodie und auf den unteren, leicht angezupft (*slack key*-Methode), die Basslinien für ihre lebhaften Tänze spielen. Die Idee des Slide wird mehreren Musikern zugeschrieben, unter ihnen Joseph Kekuku (1874–1932) von der Insel O'ahu, der seine Heimat 1904 für immer in Richtung USA verlässt. 1919 bringt er seine Broadway Show „The Bird of Paradise" nach Europa, und damit auch den Klang der Hawaiigitarre.

Den für Hawaii typischen mimetischen *Hula*-Tanz konnten die Europäer schon vorher durch das Ensemble von Jenny Wilson kennenlernen. Wilson war 14 Jahre alt, als sie der hawaiianische König Kalakaua, Komponist und Ehemann der berühmten Königin und „Aloha 'Oe"-Komponistin[8] Lili'uokalani, als Hoftänzerin verpflichtete. Die besten Tänzer (*kumu hula*) standen am Hof für die Ausbildung zur Verfügung. Mit drei Kolleginnen und zwei Musikern stellt Wilson 1892 bei der Weltausstellung in Chicago den Amerikanern erstmals den Hula-Tanz vor. Ein Jahr später wird ihre Königin auf Hawaii durch einen Putsch entmachtet. Ihr deutscher Hofkapellmeister Heinrich Berger (s. Kap. 2) bleibt im Amt. Nicht nur Kuba wird in dieser Zeit von den US-Amerikanern kassiert. Auch Hawaii ist Gegenstand der ‚Joint Resolution‘ am Ende des spanisch-amerikanischen Krieges. Hawaii wird danach stufenweise annektiert und zum 50. Bundesstaat der USA, aber erst 1959 erhalten die Hawaiianer alle Bürgerrechte. Auf den hawaiischen Inseln stellen Asiaten und darunter besonders die Japaner seit langem die größte Zuwanderungsgruppe gegenüber den polynesischen Ureinwohnern. Jetzt kommen verstärkt auch die Amerikaner und mit ihnen sowohl Country & Western Music als auch die junge afroamerikanische Unterhaltungsmusik, die die Hawaiianer schnell adaptieren. Eine „Halb-Weiße“ Musik Hawaiis, *hapa haole,* gewinnt an Bedeutung. Andererseits klagen auch viele Hawaiianer über die zunehmende Unterdrückung ihrer Kultur.

Vor diesem Hintergrund bleiben viele hawaiianische Künstler auf Tour zunächst ihren Inseln fern. Jenny Wilsons Ensemble geht von Chicago 1894 nach Europa, gastiert hier u. a. auch in England, Russland und Deutschland.

Kekukus „Birds of Paradise“ Show tourt bis 1927 durch Europa. Irgendwann steigt der Gitarrist Segis Luvaun aus, lässt sich zunächst in Dänemark nieder und spielt als „Mr. Fettini“ und „Juan Akoni“[9] zwischen 1921 und 1928 Hawaiigitarre in deutschen Tanzorchestern.[10] Ein anderes Duo, David S. Kanui und seine Frau Lula, macht um 1922 in Berlin als „Original Hawaiian Entertainers“ mit Gitarre und Ukulele Plattenaufnahmen[11] mit hawaiianischen Liedern zu Hawaiigitarrenbegleitung, die wie Folksongs klingen (Abb. 1). Eine ihrer Aufnahmen für die französische Odeon[12], das „Chanson Comique Hawaienne OUA OUA“ nimmt schon den Witz späterer Spike-Jones-Parodien vorweg und wird in einer Bearbeitung der Max Brothers wieder 2001 wochenlang an Platz 1 der Österreichischen Popcharts stehen.

Vor Kanui & Lula war 1919 eine Gruppe hawaiianischer, amerikanischer und philippinischer Musiker unter der Leitung von Joe Wilbur u. a. als „The Hawaiians“ aufgetreten.[13] In Essens Weinhaus Traube spielt Edy Dittkes Tanz-Turnier- und Hawaiian Orchester 1924 mit Hawaii-Geige und Swanee-Whistle. Irene Wests „Royal Hawaiians“ sind im Oktober 1935 in der Berliner Scala.

Abb. 1   „Kanui und Lulas Original Hawaian Entertainers", ca. 1923

Der aus Budapest stammende Komponist Paul Abraham bringt mit seinem Texter Fritz Löhner-Beda 1931 die „Blume von Hawaii" auf die Operetten-Bühne des Berliner Metropol-Theaters. Ungewöhnlich für eine Operette, spielt die Handlung in einem brisanten politischen Umfeld: Kurz vor der Jahrhundertwende gibt es auf Hawaii Bestrebungen, die abgesetzte Königin Lili'uokalani (bei Abraham ist es deren Tochter, die Prinzessin Laya) auf ihren Thron zurückzuholen und die amerikanische Besatzungsmacht abzuschütteln. Als Sängerin kehrt die Prinzessin in der Operette inkognito aus dem Exil zurück, begleitet von einem Blackface-Jazzsänger. Statt Johnny wie in anderen Schlagern und Bühnenstücken der Zeit, heißt er hier Jim-Boy. Am Ende einer ereignisreichen Liebesgeschichte unterschreibt sie für ihr Volk den Verzicht auf alle Souveränitätsansprüche, findet aber ihr Glück in der Liebe. Paul Abraham verleiht der Story auch moderne Klangfarben: Im Orchester spielen zwei Banjos und Schlagzeug flotte Foxtrotts mit leichtem Jazzfeeling. Obwohl dort keine Streicher und Bandoneonisten sitzen, gelingen Abraham auch Tangoklänge unterm Mangobaum. Der Titelsong wird vom Klang der Hawaiigitarre begleitet. Hula-Tänze und passende Kostümierung ergänzen diese Mixtur aus Wiener Operette und „exotischer couleur locale" wie sie Joachim Reisaus anlässlich einer Wiederaufführung in Leipzig 2004 bezeichnet. „Unter den Rhythmen aus Transozeanien erhob sich unverzüglich aus der Asche der Inflation das Ausstattungsstück, die Revueoperette und brachte ,Weltoffenheit' nach

Berlin-Mitte. Paul Abrahams ‚Blume von Hawaii' ist dafür ein profundes Beispiel.“[14]

Aloha 'Oe (Original ca. 1878)

Ha'aheo ka ua i nā pali
Ke nihi a'ela i ka nahele
E hahai (uhai) ana paha i ka liko
Pua 'āhihi lehua o uka

Aloha 'oe, aloha 'oe
E ke onaona noho i ka lipo
A fond embrace
A ho'i a'e au
Until we meet again

Stolz fegte der Regen durch die Klippen
Als er durch die Bäume glitt
Und immer noch der Knospe folgte,
Der 'Āhihi-lehua-Blüte im Tal [*myrtenähnliches Gewächs*]

Lebe wohl, du, lebe wohl
Du Entzückende/r, der/die in den schattigen Lauben [*oder: Tiefen*] wohnt
Eine herzliche Umarmung
Bevor ich aufbreche
Bis wir uns wieder sehen.

Bei Abraham wird daraus eine Seemannsromanze: „Aloha oe, Aloha oe, Leb wohl, mein braunes Mädchen von Hawaii. ...das Abschied nehmen müssen ist das Los unsereins von See.“[15]

Den dauerhaftesten Erfolg hawaiianischer Musik, die Koebner den „Kaviar aller Tanzfreunde“[16] nennt, kann in Deutschland die Tau Moe-Familie für sich verbuchen. Tau Moe (1908–2004) wird als Sohn eines Mormonen-Missionars auf Amerikanisch-Samoa (Pago Pago) geboren, das durch den Samoa-Vertrag (von 1899 in Berlin) in der Teilung der Samoa-Inseln zwischen Deutschland und den USA an die USA fiel. Mit elf Jahren kommt Tau nach La'ie an die Nordküste der Insel Hawaii, lernt das Gitarrenspiel, auch die „slack key and slide“-Methode und spielt zusammen mit seinen drei Onkeln (Pulu, Tauivi und Fuifui) in Honolulu als „Mme. Riviere's Hawaiians“ in einer Show der Sprachlehrerin Claude Riviere. Bevor die Gruppe Ende 1927 zu einer Asien-Tournee aufbricht, begegnet

Abb. 2   Die Tau Moe Family (Tau, Rose, Lani, Dorian)

er seiner künftigen Frau, der Sängerin und Tänzerin Rose. Sie werden erst 60 Jahre später nach Hawaii zurückkehren, wo sie in der ganzen Zeit nahezu unbekannt blieben (Abb. 2).

Um 1930 trennt sich die Tau-Großfamilie von Mme. Riviere. Steel-Gitarrist Pulu und seine Filipino-Frau Louisa präsentieren sich mit weiteren Tänzerinnen und Tänzern fortan als „Royal Samoan Dancers" mit einem polynesischen Potpourri. Im Palmen-Dekor geben sie überall Lieder und Tänze aus Hawaii und Polynesien, die sie als ‚Jazz, knife, war and bohemian dances' ankündigen. „Von den Ensemble-Nummern waren die einheimischen Tänze die besten und eine Ausführung, die als samoanische Interpretation einer amerikanischen Militärübung beschrieben wurde, musste zweimal durchgeführt werden", schreibt ein Kritiker in Singapur.[17] In Shanghai hört sie 1934 Curt W. Doorlay, der Pulu, Louisa und Pulu's Bruder Fuifui für seinen „Tropen-Express" verpflichtet (s. S. 517 ff.).

Tau Moe und seine Frau Rose setzen ihre Asien-Tournee mit dem 1929 in Japan geborenen Sohn Lani als „Tau Moe Family" fort und Moe erinnert sich: „Bei unserem ersten Auftritt durften wir nicht Englisch sprechen. Unserer Manager sagte uns, das sei nötig, damit die Leute denken, wir wären *Natives*."[18] Sie gastieren in vielen Ländern, unterwegs wird Tochter Dorian in Indien geboren, und bleiben manchmal ein ganzes Jahr in einem Land. Inzwischen sind Taus Onkel Pulu und Fuifui mit Doorlay's Tropen-Express um die halbe Welt gereist und kommen 1936 nach Deutschland, wo Fuifui in Nürnberg an einer Lungenentzündung stirbt. Er wird durch den javanesischen Gitarristen Kaili Segundo ersetzt.

1938 kommt die Tau Moe Family auch nach Deutschland[19], lebt aber wechselweise in Paris, Brüssel und Berlin. Moe spielt Steel Guitar und steppt, Rose singt und tanzt, Lani spielt Ukulele, später auch Tochter

Dorian die Gitarre. Wie die Marimbaspieler gibt man ein Gemisch aus einheimischer Folklore und in Deutschland bekannten Schlagern, das meiste als Walzer oder Foxtrott wie auf Hawaii. Man arrangiert sich auch sonst mit den Gastgebern: „We would get into their homes, eat their food and learn their language."[20] Sie treffen auf berühmte Leute wie Onassis, Josephine Baker, Maurice Chevalier, Mahatma Ghandi und Ägyptens König Faruk – es sind keine ungewöhnlichen Begegnungen von berühmten Künstlern in dieser Zeit. Aber diese Begegnung ist wohl eher eine Legende, die der hawaiianische Musikhistoriker Ishmael Stagner erzählt: „Lani, der 2002 im Alter von 73 Jahren starb, war so etwas wie ein Kinderstar und wurde in Deutschland so beliebt, dass er, als er durch seine Auftritte Tausende von Dollar für eine Waisenhaus-Stiftung sammelte, ausgewählt wurde, während einer Parade in Hitlers Auto zu fahren"[21] (s. a. Kap. 16).

Bemerkenswert ist auch, dass Tau Moe zumindest eine weitere Familie in Europa gründet. Er ist Mormone, wie viele Musiker der hawaiianischen Waikīkī-Szene, und Polygamie daher für ihn kein Vergehen. Mit einer Dänin erweitert er seinen Moe-Clan.

Mit Kriegsausbruch verlassen die vier Moes Deutschland, nachdem, ihren Schilderungen zufolge, die Gestapo ihnen auf den Fersen ist (s. Kap. 16). Über Nahost gelangen sie nach Indien, wo die britischen Behörden ihr Misstrauen wegen der Berliner Passeinträge und einem nur deutsch sprechenden Lani erst nach Intervention des amerikanischen Konsuls aufgeben. Auch Pulu hat nach der Teilung der Doorlay-Truppe mit seiner Frau und Sohn John „Josefa" Moe Deutschland verlassen. In England treffen sie auf Felix Bartholdy Mendelssohn (1911–1952). Mit dessen Sänger und Gitarrist Kealoha Life spielen sie ein Jahr lang als „Royal Hawaiians", bis sie dauerhaft bei Mendelssohns berühmten „Hawaiian Serenaders" bleiben. Mendelssohn ist Spross eines Londoner Bankers und hat nach einem Südseetrip als junger Handelsmarine-Soldat einen Nachtclub in London eröffnet, bis er sich 1938 den langgehegten Traum erfüllt, eine hawaiianische Band ins Leben zu rufen. (Seine „genealogische Verbindung mit Moses Mendelssohn liegt noch im Dunkeln", möglicherweise ist Moses' Bruder Saul einer seiner Vorfahren.)[22]

Die meisten Deutschen können es sich nach dem Ersten Weltkrieg aber gar nicht leisten, auf Reisen zu gehen. Das Versailler Abkommen macht die bisherigen Kriegsfeinde nicht automatisch zu Gastgebern, bei denen sich deutsche Touristen willkommen fühlen würden. Auch ein Urlaub in der Toskana oder an südlichen Palmenstränden bleibt nur eine Illusion wohlhabender Bürger. Der Sehnsucht nach der Ferne, raus aus diesem Trümmerfeld des Krieges, geben daher die Gastspiele von Musikern mit

„exotischen" Instrumenten und Rhythmen Nahrung. Die Unterhaltungsindustrie visualisiert die Lust an der Fremde in kitschigen Revuen wie dem
„Doorlays Tropen-Express" und in Film- und Operetten-Kulissen, in denen
hawaiianische Musik und Rumbas aus Kuba genauso wenig authentisch sind
wie die gezeigten Lieder, Tänze und Interpreten.

Volksinstrument Ukulele

In Curt Sachs' Handbuch der Musikinstrumentenkunde ist die Ukulele
auch in der zweiten Auflage von 1930 noch nicht verzeichnet. Es fehlt
auch ihr brasilianisches Pendant, das Cavaquinho. Beides sind viersaitige
Miniaturgitarren, deren Ursprünge in portugiesischen Instrumenten namens
Machête oder Machetinho, Braga oder Braguinha vermutet werden. Das
besonders im Samba und Choro verwendete Cavaquinho hat vier Metallsaiten und 17 Bünde. Die Ukulele nur vier. Sie kam 1897 mit einem
Immigranten-Schiff aus Portugal nach Hawaii.

In Deutschland bereits in den zwanziger und dreißiger Jahren hergestellt, ist die Ukulele ein beliebtes Volksinstrument – klein, handlich,
preiswert und mit einfacher Technik zu erlernen. Bereits 1927 erscheint
Ernst Hülsens „Volkstümliche Schule für die Ukulele". Hergestellt werden
die Kleinstgitarren vor allem im Vogtland in der Gegend von Markneukirchen in der Nähe zu Tschechien, die als „Musikwinkel" Weltgeltung im
Musikinstrumentenbau hat. Im Katalog des Herstellers Paul Stark wurden
Ukulelen spätestens schon 1893 angeboten. Eine „gangbare Qualität,
Ahorn, poliert" kostet um 1930 nur 7,50 Reichsmark. Für manchen sind sie
auch eine Alternative zum ähnlich klingenden, aber kostspieligeren Banjo.

‚Undeutsche' Rumba

Während von Paris aus Kubaner unterschiedlicher Hautfarben ganz Europa
mit dem Rumba-Fieber infizieren, bleibt den Deutschen kaum Zeit, ihretwegen Temperatur zu messen. Nach dem Frick-Erlass fällt die kubanische
Rumba 1933 bereits unter das Nazi-Verbot aller „undeutscher" Klänge und
Joseph Goebbels befiehlt, dass für Jazz, Shimmy, Slow-Fox, Rumba und
andere „Negertänze" im deutschen Rundfunk kein Platz sei. An deren Stelle
habe der deutsche „Rund- und Reihentanz" zu treten. Von einem anderen
politischen Standpunkt findet sich bei Hermann Glaser das Gedicht einer
Arbeiterin (von 1932) aus der Zeitschrift „Arbeitersender".

Ich möchte' einmal am Sender stehn
und sprechen dürfen. - Ohne Zensur
Ein einziges Mal. -Eine Stunde nur
„hetzen" - und Hass und Feuer säen.
Lasst einmal mich am Geräte stehn
Und nur einen Tag aus meinem Leben
Wahrhaft und nüchtern „zum Besten" geben
Nichts weiter. - Es würde ein Wunder geschehn
Ich möchte die wütenden Fratzen sehen,
Der satten Bürger und lächelnden Spießer,
Der Jazz- und Rumba-Radau-Genießer,
All derer, die an der Skala kauern,
Auf Hindenburg-Reden und ‚Funkbrettl' lauern
Wenn's hieße: Achtung! - Deutsche Welle!
Eine Arbeiterin spricht! –Thema: Die Hölle.[23]

Über die Rumba und Kuba weiß man in dieser Zeit nicht allzu viel. Aber in
Jugendgruppen singt man blutrünstige Verse vom „Negeraufstand in Kuba":

1. Negeraufstand ist in Kuba, Schüsse peitschen durch die Nacht,
In den Straßen von Havanna werden Weiber umgebracht.
Refrain: /: Hea humbassa, hea humbassa, hea hea ho.:/
2. In den Straßen fliegt der Eiter, der Verkehr geht nicht mehr weiter.
An den Ecken sitzen Knaben, die sich an dem Eiter laben. […]
6. In den Nächten gellen Schreie, Köpfe rollen hin und her;
Schwarze Negerhände greifen nach dem Goldzahn und noch mehr.
7. Im Gesträuch und im Gestrüppe hängen menschliche Gerippe;
Und die Negerlein, die kleinen, nagen noch an den Gebeinen.
8. In den Bäumen hängen Leiber, drunter stehen Negerweiber,
Und die denken wie besessen an das nächste Menschenfressen.[24]

Über Jahrzehnte werden die Verse immer wieder verändert. Noch 2012,
achtzig Jahre später, wird man bei YouTube dieses Lied von „Gigi & die
braunen Stadtmusikanten" in der Neonazi-Szene und im Liederheft von
Ministranten in Oberviechtach" in Österreich wiederfinden (s. Bd. 3,
Kap. 9).

Als die Comedian Harmonists 1932, zwei Jahre vor ihrer Trennung,
mit dem Text „Onkel Bumba aus Kalumba" eine vermutlich feinsinnige
Allegorie zwischen Tanzmode und aktueller politischer ‚Bewegung' veröffentlichen, bleibt die Musik dazu im üblichen Fox-Stil – ohne Rumba-
Zutaten.

Der Onkel Bumba aus Kalumba tanzt nur Rumba.
Die große Mode in Kalumba ist jetzt Rumba…
Was ist denn los in ganz Kolumba mit dem Rumba?[25]

Tanz-Papst und NSDAP-Mitglied Reinhold Sommer[26] bescheinigt diesem Text allerdings überraschenderweise Infantilität.[27] Das Original mit Musik und Text des mit „As Time Goes By" unsterblich gewordenen Amerikaners Herman Hupfeld war als „When Yuba Plays the Rhumba on the Tuba" vorher ein Hit in den USA, den auch das Vokal-Quartett The Revelers im Programm hat. Sie gehörten zweifellos zu den Vorbildern der Comedian Harmonists, nachdem sie 1928 auch in Deutschland aufgetreten waren.

Woher die Rumba kommt, erfährt man in Herman Hupfelds Originaltext mit einer Anspielung auf den ersten großen Rumba-Hit von 1930 („Peanut Vendor"):

Why, all Havana loves the funny-lookin' boob-a,
Who plays the rhumba on the tuba down in Cuba
I can't believe it but they tell us
Every *peanut vendor's* jealous…

(Vlg. Redwood Music)

In Deutschland hört man im selben Jahr:

Ben Akiba hat schon Kuba
ein Paradies genannt.
Fahr' mit mir nach Kuba, Schatz
in das Rumbaland[28]

Auch dieses Lied klingt und swingt nicht kubanisch. Vor lauter Unsicherheit, wie man mit dieser neuen Tanzmode aus Paris umgehen soll, verliert man sich in poetischen Spielereien und vorsichtigen musikalischen Experimenten.

Schon 1930 erscheinen erste Tonträger mit Rumba. Die meisten als „Foxtrott mit dem neuen Rumba-Rhythmus". Über dessen Metrik und Instrumentierung gibt es aber keine klaren Vorstellungen. Zwischen Hüpf-Rhythmus und Schieber ist alles möglich. Eric Helgar singt um 1930 mit dem Tanz-Orchester Hollywood auf dem Triumph-Label: „Die ganze Welt tanzt Rumba"

Die gnädige Frau tanzt Rumba
es tanzt der Hausfreund Rumba
nur der Gemahl steht stumm da
und er verflucht den Rumba[29]

Am Anfang herrscht Verwirrung. Der kubanische Klassiker „Peanut Vendor" wird mal als Fox und mal als Quickstep gespielt. Oskar Joost und sein Orchester aus dem Eden-Hotel in Berlin spielen „Fiesta Bianca" (um 1930) und „Siboneh" (Komm, laß uns einen kleinen Rumba tanzen) 1931 noch so, wie man sich die Rumbatänzer damals vorstellen mag: Foxtrott-Schritte mit ein bisschen Armeschlenkern und Hüftwackeln. „Das Publikum allerdings bemüht sich noch krampfhaft, den Rumba kniggemäßig zu tanzen."[30]

Nach seinem Eintritt in die NSDAP setzt sich Joost für ‚deutsche' Tanzmusik ein, denn „die allzustarken Synkopen, wie man sie in Amerika liebt, sind nichts für deutsche Ohren".[31] Auf rhythmische Rumba-Elemente verzichtet auch die Einspielung der „Fiesta Bianca" durch den schwergewichtigen Schauspieler Eric Harden (1930). Ein Jahr darauf versuchen sich die Phantombands „Fred Bird Rhythmicans" und das „John Brigs Jazzensemble" aus dem Küchenmeister-Konzern[32] mit diesem Titel als Rumba. Die dabei vordergründig gespielten Claves und Rasseln erzeugen ein heilloses Durcheinander. Polychaos statt Polymetrik. Wie soll man dazu tanzen können? Das gilt erst recht für Paul Godwins Einspielung von „Tanz' mit mir den Rumbaschritt", wo die Claves zwar konstant durchgeschlagen, aber von undifferenzierten Geräuschen eines Reib-Idiophons völlig zum Absturz gebracht werden.

Tanz' mit mir den Rumbaschritt
und es tanzt dein Herz gleich mit
auch Frau Meier kann den Schritt
mit dem Herrn Gemahl…
und sie zwickt ihn
und sie drückt ihn
und sie raunt ihm zu: ach du ach du
Tanz mit mir den Rumbaschritt…
Ich tanze täglich mit dir mit
weil ich eins gefunden hab
man nimmt täglich dabei ab.[33]

Allmählich einigen sich die meisten Orchester auf einen Grundrhythmus, wie das Ludwig Rüth (Lewis Ruth) Orchester mit dem Sänger Johannes Maximilian in „Ruth, tanze heut' mit mir kubanisch", einem Titel von Will Meisel und Willy Rosen von 1931. Der neue, synkopierte Rhythmus wird hier vom Banjo getragen, das aber regelmäßig mit den geraden Randschlägen auf der kleinen Trommel kollidiert. Solche Unsicherheiten spiegeln sich auch in der Bezeichnung „Rumba (Foxtrott)" auf dem Notenblatt.

Mit einem Wechsel zwischen Hot Jazz-Banjo-Rhythmen und einem kreolischen Bolerostil, wie er erstmals von W.C. Handy im ersten Teil seines „St. Louis Blues" vorgestellt wurde, nimmt das Jazz-Orchester Jack Presburg den kubanischen Klassiker „Mama Inéz" als „Oh, Don José" 1930 auf[34]. Moisés Simons Hit „The Peanut Vendor" aus demselben Jahr erscheint kurz darauf auch als deutscher Rumba-Fox von John Brigs und seinem Jazzensemble. Brigs ist einer der vielen Phantasienamen, die sich deutsche Labels für ihre Hausbands ausdenken.

Am meisten lieben die Deutschen Rafael Hernández' „Rumba Negra" (auch „Rumba Tambah", 1935), die nach den Lecuona Cuban Boys auch auf Schallplatten von den Comedian Harmonists (1936) und Rosita Serrano (1938) erscheint. Ralph M. Siegel lässt sie in einer Bearbeitung des Originaltextes singen: „Oh, schwarze Rumba meiner Heimat, im Rhythmus deiner Musik möchte ich sterben."

Niemand weiß, dass es im Original die Klage eines afrikanischen Sklaven auf Kuba ist. Bei Lecuonas Aufnahme sind noch vermeintliche Urwaldtrommeln zu hören, bei Serrano ein Rumba-Orchester mit ordentlichem Claves-Schlag. Auch im Münchner Haus der Familie Thomas Mann läuft sie:

> „'Rumba Negra - Rumba Negra.' Die jungen Leute heben die Arme, wie man es in Kulturfilmen über das Stammesleben der Schwarzen in Afrika gesehen hat. Den Vater vergnügt es, ihnen bei den Tänzen der Neuzeit zuzusehen und dieses Treiben so dicht an der Schwelle seines Arbeitszimmers zu erleben. Der Dschungel in der Poschingerstraße!"[35]

Echte kubanische Rumba werden die Deutschen wohl nie lernen, denn sie kennen nur die auf dem Weg über Paris eingeführte amerikanisch-europäische Salon-Variante des Danzón bzw. Son. Das mindert ihre Probleme nicht, neue Tanzschritte zu einer angeblich neuen Musik zu lernen, deren neues rhythmisches Gefühl sich nur durch die Schellackplatten internationaler Rumba-Stars wie Azpiazú und Cugat erschließt, obwohl im Falle Cugat die Kubaner entsetzt abwinken würden. Da helfen auch die vielen Schlagertexte nicht, die zum Rumba-Tanzen auffordern, denn „die Leute stehen wie dumm da, wissen nicht, wie tanzt man Rumba“.[36]

Die Berliner Tanzlehrerin Lucy Antoine weiß es. Die Schülerin von Mary Wigman gründete 1924 eine Schule für Gesellschaftstanz in Berlin. In der Zeitschrift „Der Tanz“ beschreibt sie 1931 eine Rumba-Choreographie mit dem Chasse-Schritt im Square-Rumba-Stil. Der Radio-Tanzlehrer Walter Carlos gibt in der September-Ausgabe der Radiozeitung „Funkwoche“ Instruktionen, wie man zur Rumba tanzen soll: Quick, Quick, Slow…[37]

Ihr Kollege Reinhold Sommer legt im Jahr darauf mit einer weiteren Choreographie nach. 1932 wird die Rumba erstmals auf einer deutschen Meisterschaft getanzt, und ist nun als sechster Standardtanz auch in das Turnierprogramm aufgenommen.[38] Erst 1936 beschließt die Imperial Society in England Standardschritte, doch da ist die Rumba durch Nazi-Erlasse längst offiziell verboten und bei den Deutschen Tanzmeisterschaften 1934 saßen die Preisrichter schon hinter einem mit Hakenkreuzfahne beflaggten Tisch. Die Weiterentwicklung der Rumba als Gesellschafts- und Turniertanz durch Tanzweltmeister wie das Ehepaar Chapoul aus Frankreich und den Tanzmeister Pierre geht daher an Deutschland vorbei. Erst nach dem Krieg wird die Rumba zusammen mit ihren Ablegern Mambo und Chachachá in das offizielle Tanzschulenprogramm zurückkehren.

Die Anden-Connection: *Rimac – Alemán – Silva*

Nicht alle Musiker, die in den dreißiger Jahren in Deutschland vorbeischauen, sind authentische Vertreter der Musikstile, die sie zum Besten geben. Aber viele von ihnen gehören zu den besten ihres Genres. Rumba-Bandleader Ciro Rimac ist gebürtiger Peruaner, der argentinische Gitarrist Oscar Alemán tritt als Hawaiigitarrensolist auf, und der brasilianische Schlagzeuger Bibi Miranda geht von Paris aus nicht nur mit Rimac und Alemán auf Europatournee.

Man weiß relativ wenig über die Biographie des Bandleaders und Sängers Ciro Campos Rimac, der 1885 in Peru zur Welt kommt und schon in den späten 1920er Jahren in den USA mit einer Latin-Band auftritt und von Cab Calloway protegiert wird, der 1929 mit seiner Revue „Hot Chocolates“ im Harlemer Cotton Club auftritt. Mit seinen „Rumbaland Muchachos“ taucht Rimac 1936 erstmals in Europa auf (Abb. 3).

Oscar Alemáns Mutter Marcela ist eine Toba-Indianerin aus dem nordargentinischen Chaco und Pianistin, der aus Uruguay stammende Vater

Abb. 3   Ciro Rimac (Mitte) und seine Latin Rhythm Revue

Jorge ist Gitarrist. Oscar wird 1909 im Toba-Viertel von Resistencia geboren. Die Stadt im Chaco erhielt ihren Namen wegen des langen Widerstands der Siedler gegen die Angriffe der Toba nach ihrer Gründung im Jahr 1750. Seither leben die Toba in ihrem Barrio am Rand der Stadt und ausgegrenzt von der europäischen Einwanderergesellschaft. Von dort aus zieht die Familie Alemán mit ihren sechs Kindern und mit einer kleinen folkloristischen Tanzschau durch die Lande, in der Oscar schon als kleiner Junge tanzt. Als die Mutter früh stirbt, begeht der Vater Selbstmord und Oscarzinho findet sich allein in der brasilianischen Hafenstadt Santos wieder. Er ist gerade mal elf Jahre alt und obdachlos. Der Junge zieht durch die Straßen, arbeitet als Pförtner und schießt herbei, wenn Autos vorfahren, um in Erwartung eines Trinkgelds den Wagenschlag aufzureißen. Oscar schlägt sich durch, spart sogar auf sein erstes Instrument, das ein Cavaquinho wird. Inzwischen hat er seine Ohren so trainiert, dass er Melodien ohne Noten schnell nachspielen kann. Alemán ist vierzehn, als er sich mit dem brasilianischen Gitarristen Gastão Bueno Lobo (1891–1939) zum Duo „Les Loups" zusammenschließt, in dem sie verschiedene Saiteninstrumente miteinander kombinieren, von der Hawaiigitarre bis zum Cavaquinho. Mit Lobo geht Oscar 1927 nach Buenos Aires, denn die argentinische Metropole ist jetzt schon doppelt so groß wie das nahe Santos wachsende São Paulo. Während sie in Bars, Plattenstudio und Radio die angesagten Tangos, Walzer und gelegentlich Foxtrotts spielen, wird eines

Tages der afroamerikanische Tap-Dancer, Abenteurer und Frauenheld Harry Fleming auf sie aufmerksam und engagiert sie für seine Show. Fleming war schon vorher im Moulin Rouge in Paris aufgetreten und hat selbst unter Flamenco-Aficionados in Spanien viele Bewunderer. Er stammt aus St. Croix auf den Virgin Islands, die noch zu Dänemark gehören, und in seiner Band spielen hervorragende Jazzmusiker wie Tommy Ladnier (Trompete), Roy Butler (Saxes) und Frank Ethridge (Piano). Von ihnen lernt Oscar die Harmonik des Jazz. Statt Melodien wie sein späteres großes Vorbild Garoto im brasilianischen Choro nur zu variieren, lernt er zu improvisieren.

Im Februar 1929 erreicht Flemings Truppe Europa und ist von Juli 1930 bis Januar 1931 auch in Deutschland.[39] Alemán und Lobo werden als „Les Loups, die berühmten Hawaian-Gitarrenspieler" in einer Variety Show angekündigt, in der neben „Neger-Dandy" Fleming mit seinem Orchester und Tänzern in einigen Städten auch Will Garland (s. Kap. 5) auftritt. Mit Blumengirlanden kostümiert, spielen Les Loups im Tivoli in Hannover, im Hansa in Hamburg, im Salamander in Elberfeld, auch in Dortmund, Berlin und Saarbrücken, Hula aus Buenos Aires. Tango auf besondere Art.

Als die Fleming Show 1931 in Spanien – vermutlich wegen finanzieller Probleme – aufgelöst wird, trennen sich Oscar und Lobo. Nach Rainer E. Lotz[40] bewirbt sich Lobo vergeblich um einen Job in Josephine Bakers Band, den letztlich aber Alemán bekommt, nachdem er bereits im Juli 1930 vor seiner Deutschland-Tournee mit Fleming die Songs ihrer Show „Paris Qui Remue" im Plattenstudio begleitet hatte. Lobo geht zurück nach Rio und arbeitet als Orchesterleiter u. a. mit Laurindo Almeida zusammen. Nach seinem Tod 1939 heißt es, er habe sich das Leben genommen, nachdem eine Krebserkrankung diagnostiziert worden war. Oscar Alemán wird erneut Gitarrist in Josephine Bakers Orchester. Unter verschiedenen Bandleadern geht er nun mit Baker auf Tournee und anfangs auch wieder in die Platten-studios. Manchmal tanzt er auch in den Shows. In Paris vertieft Oscar, den man später aufgrund seiner Größe und Zartheit für einen Bruder Baden Powells halten würde, seine Neigung zum Jazz, lernt Bill Coleman und andere Jazzmusiker kennen. Sogar Duke Ellington soll ihm 1933 einen Platz in seiner Band angeboten haben, aber am Widerstand der Baker gescheitert sein. Seine stärkste Prägung erfährt Alemán durch den Gitarristen Django Reinhardt, mit dem er viel zusammenhockt, in dessen Wohnwagen er nach langen Jamsessions übernachtet. Alemán spielt die Gitarre ohne Plektrum. „Es gibt Dinge, die du mit dem Plektrum nicht machen kannst. Man kann die hohen Saiten nicht mit zwei Fingern anschlagen und dabei etwas anderes auf der Basssaite spielen."[41] Er bleibt bei Josephines fabel-haften Baker-Boys bis 1939, spielt auch mit eigenen Bands in Pariser Clubs und nimmt anlässlich eines Gastspiels der Baker in Copenhagen 1938 mit dem Pianisten Leo Mathisen, dem Geiger Svend Asmussen und dem brasilianischen Schlagzeuger Bibi Miranda eine Reihe von Jazztiteln auf, die später Kultstatus erlangen werden – wie Oscar Alemán selbst, der 1940 Paris nach einem Zusammenstoß mit einer deutschen Soldatenpatrouille, ausgelöst durch seine dunkle Hautfarbe, verlässt. Er taucht in die Jazzszene von Buenos Aires ein, aber die ist – mit Ausnahme des späteren Mardel Jazz Festivals – über Jahrzehnte von der übrigen Jazzwelt weitgehend isoliert. Erst in den späten Siebzigern gelingt ihm ein nationales Comeback. Er stirbt 1980 in Buenos Aires und wird erst dreißig Jahre später von holländischen und dänischen Jazzkennern[42] wiederentdeckt (Abb. 4).

Der Schlagzeuger Bibi Miranda (Bibiana Miranda de Abreu) kam 1926 mit der „Jazz Band Sul Americano" von Romeu Silva (s. Kap. 10) nach Europa. In Lissabon, Paris und anderen europäischen Städten spielten Fernando (Gitarre), Mário Silva (Pistão), Bibi Miranda, Luís Lopes (Bass-Saxophon), All Pratt (Altsaxophon) und Silva (Tenorsax und Bandleader) Sambas, Maxixes und Rhythmen des brasilianischen Hinterlandes wie den Frevo Pernambucos mit satten und weichen Saxophonsätzen. Als Oscar Alemán 1930 in Paris eintrifft, ist auch das Romeu-Orchester in der Stadt. Im „Melodic-Jazz du Casino de Paris" spielen Alemán, die Silva Brüder, Lopes und Bibi Miranda 13 Titel mit Josephine Baker für die Columbia ein.

Im Herbst 1931 räumt Josephine Baker die Bühne ihrer Show im Casino de Paris für die nachfolgende Revue der Diva Mistinguett und muss daher

Abb. 4 Oscar Alemán

für ihre Tourneen ein eigenes Orchester auf die Beine stellen. Unter der Leitung von Edmond Mahleux sind die vier Brasilianer weiterhin in ihrer Band. Ein Jahr später wird Romeu Silva mit einer Brazilian Olympic Band zu den Olympischen Spielen nach Los Angeles geschickt und Bibi Miranda bleibt vorerst in Bakers Band in Paris. Irgendwann wird er Perkussionist bei den „Rumbaland Muchachos", mit denen Ciro Rimac 1936 in London eine mehrjährige Tourneezeit in Europa beginnt, die ihn u. a. auch nach Kopenhagen führt.

Zu einer temporären Wiederbelebung des Silva-Ensembles kommt es im Februar 1937. Anlässlich einer Weltausstellung für Kunst und Technik tritt im Shéhérazade in Paris das „Orchestre da Sylva" auf und Lopes, die Silva-Brüder und Bibi Miranda sind wieder dabei.[43] Und auch Filiberto Rico, der während der Rumba-Craze in Paris Rico's Creole Band geleitet hat.

Bibi Miranda sitzt auch am Schlagzeug, als Alemán mit dem dänischen Jazzgeiger Svend Asmussen 1938 eine Session in Kopenhagen aufnimmt. Die Baker hatte nur ihn und ihren Gitarristen Alemán aus Paris mitgebracht. Svend Asmussen kennt beide aus Tagen, in denen er mit der Baker-Band aufgetreten ist: „Da waren Oscar und ein brasilianischer Drummer, der hieß Bibi Miranda. da habe ich meine ersten Lehrstunden im brasilianischen Feeling bekommen."[44] Mit den dänischen Kollegen gehen sie zwei Wochen auf Tournee. Danach verliert sich vorerst jede Spur von Bibi Miranda. Er taucht wieder in den Memoiren des amerikanischen Jazzmusikers Bud Freeman auf, der berichtet, mit ihm 1947 im Midnight Room Club an der Copacabana aufgetreten zu sein. „Der berühmte schwarze Schlagzeuger aus Lissabon, Portugal, wurde uns sehr empfohlen. Wir hörten ihn eine Nummer spielen und heuerten ihn an. Wir haben ihn geliebt. Er benutzte keine Trommelstöcke. Er spielte alles mit den Händen."[45]

In 100 Bildern durch die Welt: Doorlay's Tropen-Express

München, Ende September 1938. Das Oktoberfest lockt Tausende auf die Wiesn, und die Innenstadt füllt sich mit Menschen, die vor dem „Führerbau" am Königsplatz einen Blick auf Neville Chamberlain oder Benito Mussolini erhaschen wollen. Adolf Hitler wird sie dort empfangen, um von ihnen mit dem Münchner Abkommen die Eingliederung des Sudetenlands absegnen zu lassen. Durch Münchens Straßen marschieren bereits große

Militäreinheiten in Richtung Tschechoslowakei. Schaulustige kommen in diesen Tagen in der bayerischen Metropole auf ihre Kosten. Nur der Chef einer internationalen Show-Truppe sitzt grübelnd im Hof eines Theaters und weiß nicht, wie es weitergehen soll, wenn es zum Krieg kommen sollte. Er heißt Curt William Doorlay Disselbach, er spricht ein Dutzend Sprachen, hat die Welt bereist und ist Chef einer fahrenden Truppe mit über siebzig Künstlern, Musikern, Sängern, Technikern und Tieren, bekannt als „Doorlay's Tropen-Express".[46] Es ist eine bunt zusammengewürfelte Revue-Gruppe verschiedenster Nationalitäten: Deutsche, Italiener, Ungarn, Spanier, Österreicher, Engländer, Brasilianer, Hawaiianer, Inder, Russen... Auch Künstler jüdischen Glaubens sind darunter. Einige sind seit der ersten Show-Tournee in den frühen zwanziger Jahren bei Doorlay und wurden in Berlin, Dresden und München gefeiert. Doorlay weiß, dass er im Kriegsfall als deutsche Show nicht mehr ins „feindliche" Ausland und auf die Bühnen seiner Stammtheater in Paris und London kann und einige Künstler Deutschland verlassen müssten.

Über Curt William Doorlay Disselbachs[47] (1891–1963) Kindheit und Wurzeln ist wenig bekannt. Sein Geburtsort ist zwar Königsberg, aber „Doorlay" und der Name seiner Mutter (Agnes) deuten für seine Enkelin Regina Schwarz auch auf schottische Verwandtschaften. Der aus Bayern stammende Vater war vermutlich Musiker in einem kaiserlichen Orchester und in die USA ausgewandert, es gelingt ihm aber nicht, seine Familie zu sich zu holen.[48] C.W. Doorlay studiert Musik, sie wird sein Leben, und er besitzt eine besondere Begabung: Man sagt, er könne in eine Operette oder ein Konzert gehen, und danach zuhause die gesamte gehörte Musik sofort am Klavier nachspielen. Der Redaktion des Berliner Scala-Programms erzählt er später, dass er seinem Vater in die USA gefolgt sei und in Chicago ein Konservatorium geleitet habe. Eine andere Version berichtet, er habe einen Brief von seinem Vater aus einem Krankenhaus in Ohio bekommen und sei dorthin aufgebrochen, habe ihn aber nicht gefunden. In jedem Fall kehrt Doorlay aus Amerika mit dem letzten Schiff zurück, das vor Kriegsausbruch in Richtung Deutschland ausläuft, und meldet sich freiwillig zum Kriegsdienst. Seine Familie erzählt, er habe in Baron von Richthofens Jagdstaffel fünf Flugzeuge abgeschossen und für einen heldenhaften Rettungseinsatz für seine Truppe das Eiserne Kreuz bekommen.

Nach Kriegsende stehen die Chancen schlecht, in den USA seine Träume von modernen Revuen mit Musik, Tanz und Akrobatik zu realisieren. In Berlin (oder Prag) lernt er die Tänzerin Sascha Morgowa (bürgerl. Maria Neuhaus) kennen. Sie wird seine Frau und Star seiner ersten Tanzrevue, die

1921 als „Ballet Sasha Morgowa" im Berliner „Schwarzer Kater" Premiere hat. Zur Musik von Grieg, Gounod, Schubert, Tschaikowski und anderen Komponisten tanzt sich darin die Morgowa mit ihrem Ensemble durch verschiedene Tanzepochen und endet mit dem Tableau „Jazz-Band" zur Musik Doorlays. Anschließend gastiert das Ensemble in europäischen Metropolen und trifft im Rahmen einer Südamerikatournee 1925 in Brasilien ein. Im neuen Fünfzehn-Nummern-Programm[49] sind neben Morgowa, die jetzt außer einem balinesischen auch einen Schlangentanz in ihrem Exotik-Repertoire hat, noch Musikclowns (Geaks and Geaks) dabei, ferner die bereits in Europa bekannten Hawaiianer Kanui & Lula, die spanische Tänzerin Lola Beltrán und, neben weiteren, auch Equilibristen, ein Damen-imitator und ein Tenor. Man könne dieses ‚Kolossal'-Programm nur mit denen der großen Theater in London, Berlin und New York vergleichen, schwärmt die lokale Presse.[50] Als musikalischer Direktor wird Doorlay schon bei der Premierenkritik erstmals als Professor vorgestellt. Später wird man sagen, dass der brasilianische Präsident[51] ihm diesen Ehrentitel als Dank für ein Lied über Brasilien verliehen habe.[52] Wahrscheinlicher ist, dass sich Doorlay sich den Titel als Teil seines Künstler-und Markennamens selbst zugelegt hat. Lieder über Brasilien hat er für seine späteren Shows wirklich geschrieben.

Ein knappes Jahr später, nach Gastspielen in Brasilien bis ins Opernhaus von Manaus, wird Doorlay brasilianischer Staatsbürger. In São Paulo entwickelt er seine Revue weiter, um sie von hier aus als „Brasilianisches Kaleidoskop" auf Welttournee zu schicken. Jetzt sind es schon 42 Bilder, die mit einer „Brasilianischen Ouvertüre" Doorlays eingeleitet werden. Sechsunddreißig Doorlay Girls, Mlle. Sascha Morgowa und ihr Ensemble und mehr als fünfzig Künstler aller Sparten verzaubern die Gäste Europas mit einem rasanten, neuen Showkonzept: Samba, Tango, Pasodoble, Bajazzo-Prolog, Cleopatra-Pantomime, Fakire, Schlangentanz, Humoristen, Casanovas Liebesleben, Gauchos, Stampede, Charleston, lebendige Marmorfiguren, ‚Negertänze', Musik aus Bolivien und am Ende Doorlays Hymne auf „Rio de Janeiro". Im Programmheft wird das Publikum aufgefordert, den Refrain mitzusingen:

Rio de Janeiro, schöne Tropenstadt
Unter Palmen und in den Alleen
Lässt es sich küssen, wunderschön
schwüle Tropennächte bei Guitarrenklang
bleibt Dir Rio de Janeiro
Unvergeßlich lebenslang

Die wenigsten Musiktitel, abwechselnd von Doorlay und Dimitrio Tschakaloff dirigiert, sind authentisch, die meisten hat Doorlay im Stil der genannten Herkunftsländer komponiert. Auch viele Interpreten kommen nicht wie angekündigt aus Brasilien, Argentinien, China oder Bolivien. In den dreißiger Jahren agieren als Samba-Tänzer aus Rio zwei Afrodeutsche (die Garber-Zwillinge), die schon in der Afrika-Schau (s. Kap. 2 und 16) mitwirkten. Als chinesischer Akrobat steht der Sohn eines in Gleiwitz lebenden Chinesen und seiner deutschen Frau auf der Bühne.[53] Anders als die rund 25 Jahre später von Miecio Askanasy in Brasilien produzierte Tanz-Revue „Brasiliana" (s. Bd. 2, Kap. 5), zählen für den Monokelträger Doorlay Effekte, die er mit schnellem Programm- und Dekorationswechsel, Bühnenlichtstimmungen, Vielfalt, Exotik und purem Entertainment erzielt. Vieles ist mehr und mehr ein Fake in den Programmen, die Doorlay bis 1939 zusammenstellt und so inszeniert wie in den Hollywood-Revue-Filmen, die Doorlay in den USA als Vorbild für seine Shows gewählt hatte, aber verbessern wollte. Nach dem deutschen Heimwerker-Motto ‚was nicht passend ist, wird passend gemacht' passt er Revue-Inhalte bis ins Detail dem Geschmack des jeweiligen Gastlandes an: „Der Tropen-Express vermittelt Ihnen einen lebendigeren Eindruck über die verschiedenen Völker der Erde als das Studium einer 300seitigen trockenen Reisebeschreibung." (Programmheft).

Allein in Deutschland kann die Truppe monatelang gastieren, und Doorlay baut „die berühmte exotische Super-Revue im Blitztempo in 52 Bildern" weiter aus. Eine der erfolgreichsten Tanz-Nummern ist „Casanova's Liebesleben" zur Musik von Mozart, Boieldieu, Boccerini und Offenbach. Sie scheint auch Programm für das Privatleben Doorlays zu sein, dem ein Ruf als Frauenheld vorauseilt. Doorlays Harfenistin in der Mitte der dreißiger Jahre ist Winifred Bambrick aus Ottawa, die 1920 in John Philip Sousas Band einstieg und 1930 in London eine Solo-Karriere mit ihrer Wurlitzer-Harp begann, mit der sie schließlich bei Doorlay landete. 1946 erscheint ihr Roman „Continental Revue", in der später die Familie Doorlay[54] in weiten Teilen C.W. Doorlay und Details aus seinen Unternehmungen wiedererkennen zu glaubt. „Er war in jeder Hinsicht ein großer Mann. Er war groß und schwer, mit breiten Schultern und einem beträchtlichen Umfang. [...] Er war gut gepflegt, seine Kleidung war in der Bond Street geschneidert, und seine Lieblingspose auf dem Kontinent war eine Version des englischen Landlords, mit Tweedjacke, gelber Weste, Peitschenschnur-Reiterhosen und hochpolierten Reitstiefeln, alles ein wenig zu neu."[55]

Sascha Morgowa trennt sich trotz aller Dandy-Eleganz von ihm und Doorlay präsentiert Anfang der dreißiger Jahre mit dem „Tropen-Express" eine neue Revue, die jetzt 99 Bilder hat und 1932 allein im Kolosseum-Varieté in München 127 Aufführungen erlebt. Im 180-Sekunden-Rhythmus düst der Express einmal um die Welt mit Stopps u. a. in Montevideo, Ungarn, Paris, Spanien, Atlantik, Arabien, Hawaii, Kuba, Bali, China und Tirol. Bei Brambrick liest man: „Argentinien… Blitze von Purpurrot und Gold, wirbelnde Tänzer, Schals und Fächer, Sombreros und klingelnde Glocken. Die Musik wuchs in Geschwindigkeit und Lautstärke, es gab ein Getöse, als drei weiße arabische Pferde auf die Bühne schossen und die Menge in alle Richtungen verteilten… Der Geist der alten Alhambra strömte bereits durch die Adern aller Mitglieder des Unternehmens, auch der Tiere. Albert und Elsa sprangen in ihrem Seilwurf-Act im Spot der Scheinwerfer in schneeweißem Gaucho-Kostüm in die Mitte der Bühne. Die Musik wurde immer lauter und schneller, als sie ihre Seile über die Köpfe des Publikums durch den halben Saal warfen. Rastellas Stimme erreichte den obersten Balkon. Der Tanz wirbelte in einem wahnsinnigen Tempo, und bevor sein Crescendo endete, fielen die Vorhänge herunter und öffneten sich leise wieder in einer sanften hawaiianischen Szene im Mondlicht, wobei Mundi und Hula mit ihren Gitarren klimperten, während Olivia alte Lieder der Inseln sang..“[56] Mundi, Hula und Olivia stehen in diesem Roman Bambricks für einen Zweig der hawaiianischen Moe Familie: Pulu und Louisa, Steelguitar und Gesang, und der Javanese Kaili (Keali'i) Segundo, der Pulus 1936 in Nürnberg gestorbenen Bruder Fuifui ersetzt. Das komplett neu zusammengestellte, internationale Ensemble ist jahrelang in Europa, Asien und Lateinamerika auf Tournee und hat seinen Sitz in London. Doorlay lässt mehrere Shows gleichzeitig auf Tournee gehen: Neben dem „Tropical Express" auch die „Non-Stop-Revue Brasiliano".[57] 1938 sind sie wieder in Deutschland, zuerst Hamburg, dann Berlin. Dort stößt ein weiterer Javaner zur Doorlay-Truppe. Er ist Lehrer für orientalische Sprachen an der Berliner Universität und verdient 42 Mark in der Woche, Doorlay engagiert ihn als Tänzer für 20 Mark pro Tag. Dann geht es nach Leipzig und München.

Wunder-Raketen

Der groß gewachsene Mann im Hof des Münchner Theaters, der seine Künstler ‚my children' nennt und die Revue ihre ‚Mutter', weiß, dass er im Kriegsfall mit seinem Programm nicht mehr an die Scala in Berlin zurückkehren kann, wo er im Vorjahr noch gefeiert wurde. Bis zu 300 Menschen arbeiten zeitweise in seinen Unternehmungen, darunter viele Deutsche wie der aktuelle Star der Truppe, die Akrobatin, Tänzerin und Musikvirtuosin Ruth Hassé aus Duisburg.

Curt W. Doorlay trifft eine Entscheidung und teilt die Gruppe. Ein Teil – vorwiegend britische Mitglieder, denn die Briten haben die Zahl der ‚permits' für Deutsche drastisch reduziert – geht als „Tropen-Express" nach England, der andere bleibt in Deutschland und soll als *Wunder-Rakete* (Abb. 5) in kleineren Städten auftreten, und, wenn es die Situation erlaubte, würde man sich für große Galas wie das Scala-Gastspiel im nächsten Jahr wieder vereinen. Doorlay muss sein Ensemble für Deutschland neu zusammenstellen, und das ist die Chance für die erst sechzehnjährige

Abb. 5   „Doorlays Wunder-Rakete" (Programmheft)

Gertrude Bauer aus Essen. Als Trudi Bora[58] debütiert sie im Sommer 1939 mit Schlangentanz und Leoparden-Dressur. Nach Bambricks Erzählung soll einmal Nazi-Boss Göring mit spanischen Generälen im Saal der Scala sein, als in einer Vorstellung der übliche Stierkampf-Kurzfilm mit typischer Musikbegleitung gezeigt wird, in dem der Torero vom Stier aufgespießt wird und plötzlich „nach Lichtwechsel" an seiner Stelle ein blutig geschminkter italienischer Tenor sein Sterbelied singt. Totenstille herrscht danach im Saal, und nur ein beherztes Einreiten der spanischen Tanzgruppe auf die Bühne rettet die Situation.[59] Am Ende der Show wippen sogar die Nazis im Saal mit den Füßen in swing time. Da aber ist das Ensemble bereits gespalten. Doorlay hatte offenbar schon vorher dem Druck des NS-Regimes nachgegeben, „certain acts" (Bambrick) in das nach England gehende Ensemble einzubauen. Jetzt war er aufgefordert worden, eine dreißig Mann starke Akrobatengruppe[60] ins Programm zu nehmen, denn man weiß von seinen Plänen, anschließend nach Indien auf Tournee zu gehen, und will vermutlich Spione innerhalb der Truppe und dadurch im Ausland platzieren. Doorlay braucht für seine Reisepläne aber Reisegenehmigungen, und so sieht man lt. Bambrick in der Scala das angestammte Ensemble und die NS-Akrobaten vorsorglich in getrennten Bereichen auf ihre Auftritte warten. Auch den musikalischen Leiter haben die Nazis inzwischen mit einem aus ihren Reihen ersetzt. Die Beziehungen Doorlays mit dem NS-Regime sind bis Kriegsbeginn vermutlich ambivalent. Doorlay braucht die NS-Behörden, damit er immer wieder Visa und Arbeitsgenehmigungen für seine ausländischen Mitarbeiter bekommt. Für die Nazis ist es anfangs, und besonders im Umfeld der Olympischen Spiele von 1936, ein internationalen Revuen ebenbürtiges Show-Unternehmen und ein demonstrativer Beweis für Deutschlands weltoffene Haltung. Man duldet ja auch Tänzer wie Uday Shankar in Theatern, auch Akrobaten und Musiker aus Asien und Lateinamerika im Wintergarten. Eine Doorlay-Revue allein mit stramm tanzenden Ballet-Riegen nach Ziegfeld oder Cancan-Vorbild würden die Nazis noch in ihre Propaganda einreihen, mit der sie Deutschland als führende Weltmacht verkaufen könnten. Wären da nicht ihre Rassengesetze, Verbote von ‚Negermusik' und Auftritten schwarzer Künstler. Allein das Wort „Revue" spielt ihnen jenen Rassismus wieder auf die Zunge, mit dem sie schon Josephine Bakers „Revue Nègre" und die vielen Revues mit Charleston, Ragtime, Stepptanz von Louis Douglas und anderen kritisierten (s. Kap. 5 und 6).

Als Doorlay mit seinen Shows gestartet war, so eine Untersuchung von Susann Lewerenz, hatte es aber Anwürfe aus dem antisemitischen Lager gegeben, in dem man davon ausging, dass die Unterhaltungsbranche in den USA und in Deutschland von jüdischen Impresarios, Musikern, Komponisten und Regisseuren beherrscht würde. So auch von Doorlay, der daraufhin häufig auf seine deutsche Herkunft hinwies. Die erwähnte Ambivalenz in seinem Umgang mit dem NS-Regime mag schon hier begründet sein. In einer Zeit, in der unter der Reichskulturkammer alle kulturellen Aktivitäten gleichgeschaltet sind, kann selbst ein Doorlay, dessen Firmensitz sich in London befindet, nicht völlig unkontrolliert auf deutschen Bühnen erscheinen. Es kommt vermutlich zu Zugeständnissen auf beiden Seiten, wie ein Szenenbild Ende 1933 in einer Aufführung des „Tropical Express" mit dem Titel „30. Januar 1933. Ein deutsches Bild".[61] Fünf Jahre später lässt man ihn fallen.

Doorlays „Wunder-Rakete" bringt ab 1938 die Besucher auf eine „Reise um die Welt in 3 Stunden". Es ist vielleicht nur ein Zufall: Seit 1934 werden Raketen in Peenemünde entwickelt, und ab 1939 wartet die NS Führung darauf, dass die V2 als „Wunderrakete" im Krieg zum Einsatz kommt. Doorlays neue Revue bleibt manchem Nazi im Halse stecken. Zuviel nackte Haut, zu wenig Deutschtum, keine Tiroler Tanzgruppen mehr vor der Tanzgirl-Riege in britischen Kostüm-Uniformen. Schließlich plant man auch Krieg gegen England. Man zwingt ihn zu Korrekturen. Erstaunlicherweise, denn so Lewerenz: „Nicht wegen seiner Fantasien vom ‚Exotischen' oder der Anwesenheit von Farbigen auf einer deutschen Bühne, sondern wegen seiner Umarmung der modernen westlichen Populärkultur und vor allem wegen seiner visuellen Darstellungen eines imaginären Großbritannien."[62]

Die Pläne für Asien platzen, mehrere Mitglieder verlassen trotz Bitten Doorlays die Truppe und kehren Deutschland den Rücken. Ein paar Wochen später überfallen Hitlers Armeen Polen. Als der Krieg schon an mehreren Fronten tobt, beantragt Doorlay 1940 noch einmal eine Auftrittsgenehmigung für Deutschland. Abgelehnt. Die Wunder-Rakete wird eingemottet und Doorlay bringt seine wertvollen Tiere in Holland unter. Er verlässt die ‚Villa Doorlay' am Starnberger See, die er noch im Programmheft 1938 stolz mit einem Motorboot präsentierte.

Mit einem Schweizer Partner stellt er eine kleinere Show zusammen, die auf dem Balkan, in Italien und Spanien als Compania de Curt Doorlay und wieder als „Tropical Express" firmiert. 1949 kommt noch einmal eine „Doorlay Revue" nach München und Hamburg, aber die Glanzzeiten sind Vergangenheit. Über die USA und Spanien kommt Doorlay mit seiner zweiten Frau, einer Spanierin, nach Marokko, wo er ein Hotel eröffnet und im März 1963 stirbt.

Weiterlesen über Musik aus Hawaii, Südsee und Kuba

Kap. 16: Braune Töne (u.a.über hawaiianische, karibische, chilenische Künster im NS-Staat)

Band 2
Kap. 1: Nachkriegszeiten (Hawaii, Exotica u. a.)
Kap. 3: Wirtschaftswunder und Latin Feelings (Mambo, Chachachá u. a.)

Band 3
Kap. 11: Kuba Salsa, Buena Vista

Anmerkungen

1. Der Querschnitt 15/1935, Juli, S. 229 f.
2. „Historia social de la marimba Guatemala". Universidad de San Carlos de Guatemala -USAC-. Dirección General de Investigación -DIGI-, 1996, S. 46.
3. Rainer E. Lotz/Andreas Masel/Susanne Ziegler: Discographie der ethnischen Aufnahmen (Deutsche National-Discographie, Serie 5), Bd. 1. Bonn 1998.
4. Laut digi.usac.edu.gt war Ricardo Quiroz der Leiter, Coronado der Bassist.
5. U.a. mit Maestro Javier Mandujano Pinto, Platten auf Artiphon, u. a.1930.
6. Robert Warren Bailey: Performing for the Nazis: Foreign Musicians in Germany, 1933–1939. Masterarbeit University of Calgary 2015, prism. ucalgary.ca/bitstream/11.023/2167/2/ucalgary_2015_bailey_robert.pdf (28.12.2018).
7. Original: Ukulele Lady, M: Richard M.Whiting, dt. T: Peter Herz.
8. Laut Wikipedia, Art. „Aloha 'Oe", war das kroatische Lied „Sidi mara na kamen studencu" ihre Vorlage.
9. Lotz (Anm. 3), S. 171 ff.
10. Feb. 1928 im Wintergarten
11. Lotz (Anm. 3), ebd.
12. Odeon Nr. 166.670.
13. Lotz (Anm. 3), S. 43.
14. Joachim Reisaus: „Die Wiederkehr der ‚Blume von Hawaii'". www.leipzig-almanach.de, 5.4.2004.
15. M/T: Queen Lili'oukalani. Bearb. H. Krome. Deutscher Text: Ludwig Andersen (Ludwig Strecker). Schott Musik Verlag.
16. F.W. Koebner: Das neue Tanzbrevier. Berlin 1919, S. 108.

17. The Singapore Free Press and Mercantile Advertiser, 10.1.1930, p. 10 eresources.nlb.gov.sg/newspapers/digitized (2.11.2016).

18. Tau Moe zit. nach: Richard Borreca: „All The World Was Their Stage". Honolulu Star Bulletin. June 3, 1996. S. B1, B3.

19. Juni 1938, Wintergarten Berlin.

20. Tau Moe, zit. nach: Lorene Ruymar: The Hawaiian Steel Guitar and its great Hawaiian musicians. Anaheim, CA 1996.

21. Zit. nach: Mary Vorsino: „Isle musician Tau Moe saved lives in Holocaust", in: Starbulletin.com Hawaii 26.1.2004, archives.starbulletin.com (10.3.2011). Diese und andere Erzählungen Stagners sind bisher nicht belegt. Gemeint ist vielleicht eine Aktion im Rahmen des NS-Winterhilfswerks.

22. Thomas Lackmann: Der Sohn meines Vaters: Abraham Mendelssohn Bartholdy und die Wege der Mendelssohns. Göttingen 2007, S. 527.

23. Hermann Glaser: Kleine Kulturgeschichte Deutschlands im 20. Jahrhundert. München 2002, S. 133.

24. Volkslied, eine von vielen Versionen, Text und Informationen: www.volks-liederarchiv.de/negeraufstand-ist-in-kuba/ (2.1.2017).

25. M/T: Herman Hupfeld, deutscher Text: Fritz Rotter. Auf der Rückseite der Aufnahme von Eddie Saxon befindet sich die deutsche Version des kubanischen Klassikers „Mama Inez".

26. Vgl. Akten der Partei-Kanzlei der NSDAP, bearb, v. Peter Longerich, Register Bd. 3/4. München 1992, S. 397.

27. R. Sommer: „Schallplatten zum Tanz", in: Der Tanz 3/1932, S. 23.

28. „Fahr' mit mir nach Kuba, Schatz". M: Andrés Moltó, T: Hans Hirsch. Liedtexter Hans Hirsch wagt – bewusst oder unbewusst? - ein Wortspiel mit der Stadt Kuba (Quba), die ein Zufluchtsort für Juden in Aserbaidschan (Kaspisches Meer) ist. Vgl. Liya Mikdash-Shamailov (Hg.): Mountain Jews. Customs and Daily Life in the Caucasus. The Israel Museum, Jersualem 2002, S. 65.

29. „Die ganze Welt tanzt Rumba", M: John Davis, T: Fritz Rotter, Rotter Tanz Orchester Hollywood, ca. 1931. Vlg. Brull Charles

30. Martin Maske: „Berliner Cocktail", in: Das Magazin 8, 1931.

31. Oscar Joost, Denkschrift zur Kultivierung der Tanzmusik in Deutschland. Berlin 16.11.1936.

32. 1925 wurde die Heinrich Küchenmeister Co KG gegründet. Bei ihr nehmen Musiker auch unter Pseudonymen auf.

33. T/M: O. Levant 1931.

34. 1930 bei Pallas in Berlin.

35. Heinrich Breloer/Horst Königstein: Die Manns. Frankfurt/M. 2002, S. 26. Da die Manns ihr Haus in der Poschingerstraße 1933 verließen, das Lied aber erst 1935 bekannt wurde, steht dieses Lied vermutlich stellvertretend für einen anderen Rumba-ähnlichen Song.

36. Helmut Günther/Helmut Schäfer: Vom Schamanentanz zur Rumba. Stuttgart ³1993, S. 295.

37. „Ruth, tanz heut' mit mir kubanisch", M: Will Meisel, T: Willy Rosen, in: Funkwoche Berlin 39, 1931.

38. Im Welttanzprogramm erst 1963.

39. Daten-Recherchen von Bergmeier/Lotz, unveröffentlichtes Manuskript.

40. Hinweis in Hans Koert: „Oscar Alemán 1930–31", oscar-aleman.blogspot. com (11.12.2019).

41. Oscar Alemán in einem Interview, zit. nach: Tómas Mooney: „Oscar Alemán: Swing Guitarist", in: Jazz Journal International, Vol. 35, No. 4+5 (1982), keepitswinging.blogspot.com/2013/11/django-reinhardt-versus-oscar-aleman. html (12.12.2019).

42. U.a. Hans Koert (www.people.zeelandnet.nl/koerthchkz) und Joergen Larsen.

43. Anthony Baldwin in: Daniella Thompson: „The globetrotting Romeu Silva", 17.11.2003, Musica Brasiliensis, daniellathompson.com (11.12.2019).

44. David Grisman: „Svend Asmussen: Europe's Swingin' Jazz Violin Giant", in: Frets 9/1 (1987).

45. Bud Freeman: Crazeology. Oxford 1989, S. 66.

46. In Winifred Bambricks Roman „Continental Revue" (London 1946) heißt die Show „Keller's Continental Revue". Der Roman basiert auf Erlebnissen der Autorin in Doorlays Show.

47. Laut Enkelin Regina Schwarz und laut Einbürgerungsmitteilung in „O Paiz", São Paulo, am 29.5.1926: Curt W. Doorlay Desselbach.

48. Laut Bambrick ist die Romanfigur Sohn einer Bayerin und einer Brasilianerin, die einen schottischen Vater hatte.

49. Künstlerischer Leiter: Chirry Safzky, Inszenierung: Maxim d'Albert.

50. O Paiz, São Paulo, 19.7.1925.

51. Artur da Silva Bernardes, bis 1926, danach Washington Luis Pereira de Sousa bis 1930.

52. Laut Auskunft seiner Enkelin Regina Schwarz, 2.2.2014.

53. Susann Lewerenz: „The Tropical Express in Nazi Germany", in: Len Platt/ Tobias Becker/David Linton (Hg.): Popular Musical Theatre in London and Berlin, 1890 to 1938. Cambridge 2014, S. 249.

54. Laut Auskunft der Enkelin Regina Schwarz, 2.2.2014.

55. Bambrick (Anm. 46), S. 11

56. Bambrick (Anm. 46), S. 81 f.

57. Lewerenz (Anm. 53), S. 242.

58. Sie wird nach 1944 in Spanien eine große Karriere als Schauspielerin und Sängerin machen.

59. Bambrick (Anm. 46), S. 391 f.
60. Bambrick (Anm. 46), S. 372. Im Programm der Scala vom Juni/Juli 1939 ist nur ein Teil des Programms gelistet, darunter keine größere deutsche Akrobatengruppe.
61. Das Programm 32/1619, April 1933, in: Lewerenz (Anm. 54), S. 246.
62. Lewerenz (Anm. 54), S. 253.

Kapitel 16 (… 1933–1945 …)
Braune Töne

„Es gibt nur ein gutes, ideales Theaterpublikum: Die Juden! Sind viele im Raum, so wird gelacht, geweint, ist Wärme und Dankbarkeit da, Verständnis und Anerkennung, und, sind viele Juden in einer Stadt, ist eben auch Publikum da. Die geistige Beweglichkeit dieser Rasse, die rasche Auffassung, die Kultur, der Sinn für die Pointe sind ideal für den Künstler, und nicht umsonst rekrutiert sich das Hauptkontingent der ausübenden und schaffenden Künstler aus dieser Nation."[1] (Ralph Benatzky, 1928)

In Wochenschauen und Riefenstahlfilmen der NS-Zeit lassen die musikalischen Umrahmungen der Massenaufmärsche und Kundgebungen kaum einen Zweifel an des „Führers" Vorliebe für emotionsgeladene, großchorale und volksnahe Umsetzungen Wagnerscher Operntheatralik. Hitler und Goebbels hätten sie nicht ausgewählt, wenn sie sich nicht ihrer Wirkung bewusst gewesen wären. Goebbels wusste aber auch, wie und wann er flotte Tanzmusik und sogar Jazz zielführend einsetzen musste.

Deutsche Standards über alles

Spätestens mit der Machtübertragung an Hitler wird 1933 deutlich, dass die „Gleichschaltung" auch Auswirkungen auf das haben wird, was die Deutschen gerne hören, sehen, lesen und tanzen möchten. Der Totalitarismus braucht die Kultur als Plattform seiner Propaganda. Zuerst werden Feindbilder aufgebaut und dann verknüpft man bedarfsweise mit ihnen Elemente

„fremdartiger" kultureller Äußerungen. Jahrelang ist man sich nicht sicher, ob man den schon seit langem von vielen Seiten bekämpften und doch noch vitalen Jazz insgesamt indizieren soll, oder nur den „verjudeten" „Niggerjazz". Oder das Saxophon oder das Schlagzeug. Die Nazis erkennen schnell, dass das so nicht geht. Saxophon darf dann doch gespielt werden – selbst in Görings Luftwaffen-Orchestern – wenn es schön rund und melodisch klingt und nicht wild synkopierte Improvisationen rußt. Und das Schlagzeug kann ein ordentlicher Deutscher ja auch artig und diszipliniert bearbeiten. Statt ,Niggerjazz' soll es nun 'Deutschen Jazz' geben. Jahrelang, während Jazz weiterhin vielfach live zu erleben ist, diskutiert man, wie man „die Veredelung des Jazz durch nationale Eigenheiten"[2] erreichen kann. Am Ende soll es wenigstens „Neue Deutsche Tanzmusik" anstatt Swing geben. Als das beim Publikum nicht ankommt, lassen Joseph Goebbels und sein völkischer Kulturwächter Hans Hinkel Anfang 1942 aus Teilen der aufgelösten Jazzband „Goldene Sieben" von Adalbert Luczkowski ein „Deutsches Tanz- und Unterhaltungsorchester" unter Franz Grothe und Georg Haentzschel entstehen, das auch amerikanischen Swing im Programm hat.

Überhaupt soll alles Fremdartige in deutsche Standards überführt werden, es sei denn, sagt 1933 der Kämpfer gegen alles Fremdartige und Fremdrassige in der Musik, der spätere SS-Untersturmführer und Komponist Hermann Blume: „Jenseits aller künstlich erdachten und erklügelten Formen wird sich ein Volk stets die Weisen zu eigen machen, die schlicht und wahrhaftig einem innersten Erleben entsprechen."[3]

Wohl nicht zuletzt, weil gerade der Jazz und Tänze wie Charleston und Rumba der Gefühlswelt einer ganzen Generation sehr nahe kommen, wird geächtet, verboten und ausgemerzt, was nicht den von den Nazis vorgegebenen Standards entspricht oder in sie umgearbeitet werden kann. Die Standards geben in erster Linie Reichspropagandaminister und Reichskulturkammerpräsident Goebbels und der Leiter des 1928 von ihm begründeten ,Kampfbundes' „gegen den Verfall der kulturellen Grundlagen" und NS-Vordenker Alfred Rosenberg und die Reichsmusikkammer unter ihren Präsidenten Richard Strauss (bis 1935) und Peter Raabe vor. Sie werden von ihnen auch aufgeweicht und verändert, je nachdem, wie die politische Lage es erfordert. Eine einheitliche Meinung der Nazis zur Unterhaltungsmusik hört man selten. Im Hass gegen Schwarze und Juden sind sie einer Meinung, aber bis zum Ende streiten Kritiker und Funktionäre in Aufsätzen in Tages- und Fachzeitschriften wie „Der Artist" und „Die Unterhaltungsmusik" um Begriffe und Definitionen.

Das schafft manchmal kurzfristige Überlebensräume nicht nur für wenige Künstler, sondern auch für deren Produkte. Es erzeugt auch Unsicherheiten, derentwegen viele Künstler Deutschland verlassen und andere erst gar nicht ins Land kommen. Aber vor allem ist es letztlich die Basis für Verfolgung, Inhaftierung und Ermordung.

Folgen der Kolonialzeit

Die Nationalsozialisten finden bereits Ende der zwanziger Jahre das Feld bestellt, auf dem Rassismus und Diskriminierung weiter gedeihen können. Ihr offener Antisemitismus trifft auf verborgene antisemitische Vorurteile in der Bevölkerung, wo auch der Rassismus besonders in Richtung Afrika und Afro-Amerika durch Völkerschauen und eine verunglückte kurze Kolonialepoche gefördert wurde. Als Deutschland im Versailler Vertrag seine Kolonien verloren hatte, kehrten die „Schutztruppen" ins Reich zurück und nährten mit ihrer in Afrika oder Asien geübten Rassendominanz Vorstellungen von „primitiven" Völkern. Wie im verliebten „Bimbambulla" von Karl M. May verbreiten unzählige Lieder (vgl. auch Kap. 2) seit Jahren Vorstellungen von Urwald-Idylle und sexueller Freizügigkeit:

Der verliebte Bimbambulla schreit
Am Abend ‚Hulla Hulla'
Und er rennt zu seiner Schwarzen Allala, huhu!
Wie verliebte Papageien küssen sie des Nachts im Freien,
dann verschwinden sie im Urwald, tralala, huhu!
Die Sterne leuchten silberhell,
die Nacht ist schwül und heiss,
es knistert das Bananenlaub, ein Stimmchen flüstert leis':
Mein geliebter Bimbambulla
Schrei noch einmal „Hulla Hulla"
Und er fletscht die weissen Zähne und sagt nur Du, Du!
Wir sind schrecklich kultiviert, eh' bei uns etwas passiert,
fragt man erst Mama, die fragt den Papa
leichter ist's in Afrika…[4]

Es leben relativ wenige Menschen schwarzer Hautfarbe zur Zeit der ‚Machtergreifung' in Deutschland.[5] Außer Künstlern (vorwiegend aus Nordamerika) sind es meist Kinder mit Vätern aus den verlorenen afrikanischen Kolonien oder mit afrikanischen Vätern als Folge der französischen Besatzung des Rheinlands. Die Nazis lassen diese als ‚schwarze Schmach' diskriminierten Kinder registrieren und 1937 zwangssterilisieren. Nach Übergriffen auf einen Kameruner Landsmann wehrte sich Louis Brody schon

1921 öffentlich gegen eine Gleichstellung der „deutschen Neger" mit den „Gelben und Schwarzen aus dem besetzten Gebiet". Immerhin habe man an der Seite von Paul von Lettow-Vorbeck den Krieg in Afrika geführt und sei wie jeder andere Deutsche keine „unmoralische und unkultivierte Rasse", wie behauptet werde.[6]

Die meisten Afrikaner, zumeist Männer, stammen aus gesellschaftlichen Führungsschichten Kameruns, anders hätte man ihnen die Einreise nach Deutschland nicht gestattet. In der postkolonialen Weimarer Republik finden einige von ihnen Jobs als Musiker und Film-Komparsen, andere sind auf Unterstützung durch das Auswärtige Amt angewiesen, das für sie zuständig wird. Am liebsten aber will man sie abschieben, was aber in einigen Fällen wegen deutscher Ehefrauen nicht geht, denn Mischehen würden Schaden für das Ansehen der Deutschen in Afrika anrichten. Einige Kameruner gründen 1929 unter der Leitung des Architekten und KPD-Mitglieds Josef Ekwe Bilé die deutsche Sektion der „Liga zur Verteidigung der Negerrasse" und fordern verbesserte wirtschaftliche und soziale Bedingungen für Afrikaner (auch als „Negerarbeiter") in Deutschland. Stattdessen ergibt sich Ende 1935, zwei Jahre nach Auflösung der Liga, für wenige die Mitarbeit an einem „Negerdorf"-Projekt von Alfred Hillerkus und dem Togoer Geschäftsmann Kwassi Bruce (s. Kap. 2)[7]. Auf Jahrmärkten und Messen will man Kunsthandwerk, Akrobatik und Tänze mit ‚exotischem' Touch, in Wahrheit aber ohne jeden Anspruch auf afrikanische Authentizität anbieten. Schon 1936 kommt das Unternehmen ins finanzielle Schleudern und das Auswärtige Amt – noch immer träumen viele Nazis und ehemalige Kolonisten von einem NS-Kolonialreich – springt als einer der künftigen Träger des Unternehmens ein. Es wird im Grunde ein reisendes Arbeitslager für in Deutschland lebende Schwarze, geleitet von einem SA-Mann und ohne Bezahlung für die Mitwirkenden, das ‚Müßiggang' und sexuellen Vermischungen vorbeugen soll. Aus Afrika muss keiner der Mitwirkenden anreisen, denn die Shows, die jetzt in Hallen stattfinden, bieten zwischen Artistik und Südseezauber Bekanntes aus bisherigen Revuen wie Doorlays Tropen-Express (s. Kap. 15) und dem Berliner Wintergarten. Das meiste kommt auch gar nicht aus Afrika: Fakire, Bauchtanz, Carioca-Tanz auf Glasscherben, Hula Hula-Tänze. Viele Künstler sind auch mit einer Deutschen verheiratet. Mit dieser „Deutschen Afrika-Schau" sind teilweise bis zu zwanzig Afrikaner mit „Afrika"-Nummern bis 1940 unterwegs (Abb. 1). Das im gleichen Jahr erlassene allgemeine Auftrittsverbot für „Farbige" trifft dann auch sie.[8]

Kwassi Bruce überlebt das Dritte Reich, andere aus der Afrika-Schau, der Kameruner Jonas Alexander N'doki und der auch in Filmen tätige Tansanier

Abb. 1 Mitglieder der „Deutschen Afrika-Schau", ca. 1938

Mohamed Bayume Hussein werden von den Nazis im KZ ermordet bzw. hingerichtet. Beide standen zuvor unter Anklage wegen angeblich sexueller Übergriffe gegen weiße deutsche Frauen vor Gericht, weil dem Angeklagten jedes Gefühl dafür fehle, „dass der deutsche Staat es ablehnen muss, die deutsche Frau dem hemmungslosen Triebleben eines Rassefremden auszuliefern."[9] Der Tansanier Hussein war ein ehemaliger Söldner (Askari) in deutschen Diensten in Ostafrika, der 1929 nach Deutschland gekommen war, um für sich und seinen Vater den ausstehenden Sold einzufordern. Er spielte in mehr als 20 Filmen, wie „Stern von Rio", kleine Chargen, und arbeitete nebenbei auch als Hilfskraft (Sprachgehilfe für Swahili) an der Universität. Bei Veranstaltungen des Kolonialkriegerbunds lässt er sich für Geld als „treuer Askari" präsentieren und wirkt auch bei „Deutschen Afrika-Schau" mit. Hussein hat eine deutsche Frau und Kinder und kommt nach einer Affäre mit einer Schauspielerin in einem Film, in dem er (ausgerechnet) den Adjutanten des zwielichtigen Rassisten und Kolonisten Carl Peters spielt, 1941 ins KZ Sachsenhausen, wo er im November 1944 stirbt.[10] Manche Mitglieder der Afrika-Schau und andere Deutsche mit dunkler Hautfarbe überleben den Hass auf jede ‚Niggerkultur' in der Unterhaltungsindustrie. Ausgerechnet in der von Goebbels besonders reglementierten Filmproduktion findet auch Louis Brody (aka. Ludwig M'bebe Mpessa aus Kamerun) als ‚Filmneger' Arbeit in zahlreichen Produktionen als stets den weißen Charakteren unterlegener Kleindarsteller.

‚Echte' Askari gibt es angesichts der NS-Rassenhetze immer weniger im Reich, dafür geistern die Erinnerungen an angebliche Heldentaten in den längst verlorenen Kolonien noch immer in vielen Köpfen. So kommt es zu grotesken Situationen, in denen sich Deutsche in Ermangelung echter Askari bei Traditionsfeiern der Kolonialisten noch 1934 selber kostümieren und schwarz anmalen.[11]

‚Neger'-Musik

Die Nachricht, dass das Kultusministerium des Freistaats Liberia in der afrikanischen Urheimat des Jazz die Pflege der „Negermusik und ihrer Originalinstrumente" in sein Erziehungsprogramm aufgenommen habe, glossiert der Musikkritiker und Komponist Dr. Fritz Stege (aka. Reinmar von Zweter) im Jahr 1932[12]: „Eigentlich seien diese Negerinstrumente ja ganz barbarische Tonwerkzeuge, meint der Herr Kultusminister von Liberia. Aber immerhin, die Weissen haben diese Instrumente ausdrücklich anerkannt und in ihre Orchester übernommen. Sollen wir uns von den Weissen beschämen lassen? Auf, rettet die heiligsten Güter des Negertums für die schwarze Republik Liberia! Und die neueste kultusministerielle Verordnung, dass nunmehr aus Gründen der Tradition der Jazz an Musikschulen Liberias gelehrt werden müsse, ergibt ein Kulturbild, wie man es sich grotesker gar nicht denken kann."[13] Der Wiesbadener Stege ist als NSDAP-Mitglied Leiter der „Arbeitsgemeinschaft Deutscher Musikkritiker" und kein Freund des Jazz, den er als „geistiges und seelisches Kampfmittel des Secret Service"[14] bezeichnet.

Schon um 1931/32 gibt es ein durch Reichsminister Franz von Papen verhängtes Auftrittsverbot für afroamerikanische Musiker in Deutschland. Tatsächlich verlassen 1931 zunehmend amerikanische und britische Musiker das Reichsgebiet. Dennoch klagen Musikfunktionäre weiterhin über ein Übermaß an ausländischen Musikern in Deutschland. Nur deutsche Orchester könnten schließlich deutsche Tanzmusik spielen und die Ausländer brächten eine „Überfremdung mit ausländischer Musik", so Fritz Seydaack[15], der auch staatliche Beschränkungen fordert, Kontrollen von Eignung, Mitgliedschaft in der Reichsmusikkammer und Verbot ausländisch klingender Kapellennamen, damit „allein die Leistung" und nicht der Name entscheide. „Die Reichsmusikkammer hat zu verhindern, daß politisch unzuverlässige oder nicht-arische Ausländer in Deutschland tätig werden." Die Verhältnisse in Österreich sind zwei Jahre vor dem Einmarsch

Hitlers, dem sogenannten „Anschluß", nicht anders. Dort klagt man über eine „Negerinvasion" durch „Durchstechereien jüdischer Theaterdirektoren und Unternehmen, die in Vorstadtvarietés Emigranten und sonstige Ausländer, aber möglichst keine Arier beschäftigen".[16]

Um die Auflagen und Verbote besser kontrollieren zu können, wird im November 1936 die ‚private' Arbeitsvermittlung von Musikern von der Reichsmusikkammer verboten. (Diese Praxis wird sich bis in die 1980er Jahre hinein behaupten, in denen bundesrepublikanische Arbeitsämter noch immer Verfahren gegen Musikagenten und Manager – z. B. von Jazz-, Folk- und Rock-Künstlern – wegen unerlaubter Arbeitsvermittlung anstrengen, obwohl die Künstlerdienste für diese im modernen Musikbusiness modifizierten Aufgaben gar nicht ausgebildet sind).

Die neuen Tänze und Rhythmen, die seit der Jahrhundertwende z. B. als Cakewalk, Ragtime, Jazz und Charleston nach Deutschland kamen, sind Produkte einer noch jungen afroamerikanischen Unterhaltungsmusik. Im wilhelminischen Reich hagelte es Verbote, die Kulturkritik feuerte heftige Salven gegen vorgeblich Sitte und Anstand verletzende obszöne Tänze. Zahlreiche Minstrel-Gruppen und Blackface-Revuen und zuletzt Josephine Baker etablierten dennoch afroamerikanische Kultur in Varieté und Theater. Im Leipziger Kristallpalast tritt die Baker 1929 zum letzten Mal in Deutschland auf.

Von 1892 bis 1894 hatte der afroamerikanische Philosoph, Wissenschaftler und Vorreiter der Bürgerrechtsbewegung W.E.B. Du Bois in Berlin und Heidelberg studiert. Besonders beeindruckten ihn Kraft und Entschlossenheit Bismarcks als Vorbild für den Kampf der Afroamerikaner. Seit dem Studium des Philosophen Alain LeRoy Locke in Berlin (1910) und dem Besuch des Schriftstellers Claude McKays (1925) zu Lesungen in Berlin und Hamburg trifft man auch noch Anfang der dreißiger Jahre Mitglieder afroamerikanischer und afrokaribischer Kulturbewegungen, wie aus Harlem Renaissance und Négritude. Die Romanistin und Übersetzerin Anna Nussbaum stellt 1929 in ihrer Anthologie „Afrika singt" Gedichte der Harlem Renaissance u. a. von Langston Hughes und McKay vor. Während man sich in Paris zwischen alten kolonialen Rassen-Ressentiments und dem neuen Interesse für schwarze Kultur in Musik, Literatur und Kunst im Multikulti-Umfeld zahlreicher schwarzer Musikkneipen, wie den Bal Nègres, zu positionieren versucht (s. Kap. 9), konfrontieren die Nazis in Deutschland lebende oder gastierende Schwarze mit jenem Rassismus, vor dem so viele Afroamerikaner nach Europa geflüchtet sind.

‚Entartete' Kulturwächter

Seit Kriegsende ist Deutschland durch wirtschaftliche, politische und gesellschaftliche Krisen gegangen. Die populäre Musik ging aus ihnen gestärkt hervor. Aber ohne die Einflüsse besonders der afroamerikanischen Künstler wäre die Unterhaltungskultur auf dem wilhelminischen Niveau stehen geblieben, das noch in den Köpfen vieler Reichskultur-Bonzen Maßstäbe setzt. Die 1834 von Robert Schumann gegründete „Neue Zeitschrift für Musik" erhält unter Schriftleiter Alfred Heuß schon 1923 den Untertitel „Kampfblatt für Deutsche Musik und Musikpflege", ab 1925 hat sie den Untertitel: „Monatsschrift für eine geistige Erneuerung der Musik". Das traditionsreiche Fachorgan für Musiker und Artisten „Der Artist" wird zunehmend von nationalsozialistischen Redakteuren redigiert, und seit 1935 haben faschistische Musiker in „Das Deutsche Podium" ihr eigenes „Kampfblatt für deutsche Musik". Herausgeber und Hauptschriftleiter ist ein erfolgloser Provinz-Operetten-Tenor, NSDAP-Mitglied, „Bewunderer des Nürnberger Gauleiters und Judenhassers Julius Streicher" und „erklärter Feind des Jazz, der Schwarzen und der Juden."[17]. Dieser Hans Brückner ist zusammen mit Christa Maria Rock, einer Vertrauten des ‚Stürmer'- Herausgebers Julius Streicher, auch Verfasser des 1935 erscheinenden Buches „Das Musikalische Juden-ABC", das den Nazis als Nachschlagewerk für die Verfolgung dieser Künstler dient.

Auch der Komponist Hans Pfitzner, „ein namhafter alter Tonsetzer in München, treudeutsch und bitterböse" (Thomas Mann)[18], wird nicht müde, gegen nahezu alle Neuerungen in populärer und klassischer Musik zu Felde zu ziehen. Im Oktober 1935 spricht der Reichsrundfunkleiter Eugen Hadamovsky ein „endgültiges Verbot des Nigger-Jazz für den gesamten Deutschen Rundfunk" aus und betont: „Dieses Verbot ist, auch wenn man es hundertmal im Ausland dazu umlügen sollte, kein Symptom für eine irgendwie geartete Auslandsfeindschaft des deutschen Rundfunks. Der deutsche Rundfunk reicht allen Völkern zum freundschaftlichen Kultur- und Kunstaustausch die Hand. [...] Der Niggertanz ist von heute ab im deutschen Rundfunk endgültig ausgeschaltet, gleichgültig, in welcher Verkleidung er uns dargeboten wird."[19] Um den Hörern zu demonstrieren, wie böse diese heiße (Hot Jazz-) Musik ist, hievt er gleichzeitig eine Sendereihe „Vom Cakewalk zum Hot" mit gern gehörten Demonstrationsbeispielen ins Programm. Weiche und melodische Töne finden sein Wohlgefallen und erfreuen die Swing-Freunde.

Inzwischen haben weiße Musiker in den USA den Hot Jazz vom einengenden Two-Beat Stomp-Rhythmus befreit und leichtfüßigere Melodien in einem fließenden Swing-Rhythmus verpackt: Man singt fingerschnipsend „A Flat Foot Floogie And a Floy Floy". Statt Trompete erklingen häufiger Klarinette und Saxophon, Gitarre statt Banjo, und die Schlagzeuger zingeln treibende Synkopen auf Becken und Hi-Hat-Maschinen. Die Deutschen lieben die symphonisch aufbereiteten Arrangements von Paul Whiteman und Kurt Widmann.

Noch aber erkennen nur die wirklichen Jazzfans, die importierte Platten kaufen und diese in ihren Jazzclubs nach dem Vorbild des Hot Club du France vorstellen, im Swing einen neuen Schritt in der Evolution der noch jungen Jazzmusik. Für die meisten Deutschen, also auch die Kultur-beamten, bleibt Jazz, was Goebbels später in seiner Bestätigung des Jazz-verbots im Rundfunk, als Musik „mit verzerrtem Rhythmus", „atonaler Melodieführung" und gestopften Hörnern beschreibt.[20] Das konnte genauso gut auf manche Foxtrotts oder Charlestons zutreffen. Die Nazis machen bzw. kennen da kaum einen Unterschied. Ein Tourneeagent aus Offen-bach inseriert im Fachblatt „Der Artist" und sucht „junge, elegante, arische Pianistinnen – Akkordeonistinnen, perf. modern elegante Jazzerin (Sängerin oder mit N.-I.) für erstklassige Kontrakte."

Der Tango gefällt den Nazis

In den Jahren des „Dritten Reichs" verfestigt sich zum deutschen Schlager, was vorher als Couplet, Operettenlied oder deutsche (Text-) Version von Foxtrott, Tango und Charleston entstanden war. Dabei geben neben Fox-trott, Jazz und Swing besonders auch Tango-Variationen dem Schlager ein bis weit in die Nachkriegszeit hinein prägendes Gerüst (s. Kap. 12 und Bd. 2, Kap. 1).

Der Tango der La-Plata-Staaten hat sich in Deutschland bereits in einer assimilierten Form etabliert. 1933/34 ist über ihn im Goebbels-Ministerium noch nicht entschieden. Er steht nicht auf der Index-Liste der Nazis. Einer-seits wird seine „Verankerung […] im deutschen Volksleben"[21] an der Seite von Foxtrott und Onestep kritisiert und andererseits wird er gelegentlich auch als ‚kultivierter' Tanz bezeichnet. Zum Beginn der 1930er Jahre sind zu viele Schlager im deutschen Tango-Stil populär, ein Verbot des Tango-tanzes wäre eine zu unpopuläre Maßnahme. Der Tango gehört ja auch zu den (erlaubten) Standardtänzen wie Walzer und Foxtrott und nicht zu den (verpönten) Lateinamerikanischen Tänzen wie Rumba und Samba. Es scheint sogar, dass der Tango dem Nazi-Regime besonders ‚nahe' steht. Wie hätte sonst ein Juan Llossas an der Ostfront Tangos für die Soldaten

spielen dürfen und hätten KZ-Orchester Tangos für Ihre Wächter und Mit-
gefangenen spielen müssen? (s.a. Kap. 12). Nur der Tango ist „unter allen
ausländischen Tänzen [...] ein besonderer Bestandteil deutscher Tanzmusik
geworden", befindet der NS-Linientreue Fritz Stege, denn „fremde Form hat
sich willig mit deutschem Gefühl verbunden."[22]

Nazi-Deutschland und Argentinien stehen sich auch nahe: Präsident
Ramón Castillo und sein Nachfolger Juan Perón sind Freunde der
Deutschen, die ihnen Waffen liefern, bis sich Perón gegen Ende des
Zweiten Weltkriegs einem Ultimatum der Alliierten unterwirft. In seiner
Umgebung etablieren sich die deutschstämmigen Ludwig Freude und sein
Sohn Rodolfo, die nach dem Krieg von Argentinien aus die Flucht von
Nazi-Größen auf der ‚Rattenlinie' nach Argentinien organisieren werden.
Vermutlich verschiebt Eva Perón bei ihren Reisen nach Europa dafür riesige
Geldmengen aus Nazibesitz nach Buenos Aires.

Exotische Musikunterhaltung

Anfang der dreißiger Jahre kommen mit Rumba und Biguine zwei afrokaribische Innovation via Paris nach Deutschland, deren Rhythmus etwas
völlig Neues ist. Mit verschmust-schöner Melodik, an der selbst Goebbels
nichts aussetzen konnte – wären da nicht die in leichtem Falsett gesungenen
Montuno-Refrains kubanischer Sones und die Hautfarbe vieler Musiker
störend. Die deutsche Unterhaltungsindustrie glaubt aber, eine Nachfrage
nach dieser neuen „iberoamerikanischen" Musik zu erkennen, und lässt
sie von eigenen Orchestern und Solisten sowie mit Künstlern aus Spanien,
Chile oder Argentinien produzieren. Die spanische Sprache der Original-
texte ist dabei noch kein Problem. Rosita Serrano darf 1938 „La Paloma"
und „Rumba Tambah" im Original singen, und sogar gestopft gespielte
Trompeten sind zu hören. Erst 1940 werden Lieder, die „in Titel oder
Text Entlehnungen aus fremden Sprachen aufweisen", untersagt.[23] Selbst
Gerhard Winkler, der Deutschland seit 1937 mit einer Welle von Italien-
Liedern überzieht, betitelt seine Hits trotz freundschaftlicher Beziehungen
der beiden faschistischen Staaten anstatt „O mia bella Napoli" nur noch
„Capri-Fischer" oder „Chianti-Lied". Als Ende 1943 Italien an der Seite der
Alliierten dem ehemaligen Bündnispartner den Krieg erklärt, werden die
Capri-Fischer erst einmal in den Rundfunkarchiven versenkt. Zur Chianti-
Melodie kann man auf der Bühne immer noch „Ja, der Tiroler Wein"
singen.[24] Winklers Suite „Klänge aus aller Welt" (1936) kommt (sicherheits-
halber?) musikalisch nicht über das Mittelmeer hinaus.

Abb. 2 „Entartete Musik". Ausstellungsbroschüre 1938

Dem nationalsozialistischen Idealbild fremdartiger Musik entspricht am ehesten noch der Klang hawaiianischer Musik. Deren Interpreten, die Deutschland zahlreich besuchen, passen sich mit ihrem Repertoire schnell einem breiten, erlaubten Publikumsgeschmack an (s. Kap. 15).

Asiatische Musik hört man selten. Gelegentlich mal Virtuosen der Klassik aus Japan und China oder in den Vorstellungen indonesischer und indischer Tanzensembles (s. Kap. 7).

Von aller außereuropäischen Musik – populär oder traditionell – wird nur der Jazz Gegenstand der am 24. Mai 1938 in Düsseldorf eröffneten Ausstellung „Entartete Musik". Der Schwerpunkt liegt indes, wie zu erwarten war, auf Komponisten der zeitgenössischen Klassik wie Ernst Krenek, Alban Berg und Hanns Eisler und „nicht-arischen" Komponisten (Abb. 2).

Expeditionen

Seit den zwanziger Jahren sind Berichte über abenteuerliche Expeditionen in allen Erdteilen beliebte Themen der neuen illustrierten Unterhaltungspresse. Ihr wissenschaftlicher Wert ist selten gegeben, dafür dominieren die üblichen Klischees und Vorurteile gegenüber fremden Kulturen. Der Tonfilm könnte die bisher nur mit Klavierbegleitung vorgeführten, kurzen Stummfilme ,exotischer' Sujets in eine Epoche authentischer

Dokumentationen in Bild und Ton überführen, worauf in Deutschland aber verzichtet wird: In den meisten Fällen denken sich anstelle der Pianisten deutsche Komponisten (un-)passende Musikbegleitungen zu indigenen Tanzszenen aus.

Einer der Schüler des Ethnologen Erich von Hornbostel ist der Musiker, Reiseschriftsteller und Fotograf Hans Helfritz. Er hat bereits musikethnologische Studien im Vorderen Orient betrieben und bricht 1935 nach Asien auf; 1938 ist er in Lateinamerika und schickt von dort aus kleine Stummfilme, die er mit seiner 16 mm-Kamera u. a. bei Volksfesten in Mexiko für die Berliner Ufa dreht. In der Hauptsache aber schreibt er Bücher über seine Reisen und über Land und Leute, deren Lieder und Tänze er beobachtet und in Noten dokumentiert. Die von Goebbels erlassene Vorgabe, fremde Völker als minderwertig darzustellen, interessiert ihn dabei nicht. Während Helfritz in Chile weilt, hat der Ufa-„Großfilm deutscher Forschung" mit dem Titel „Rätsel der Urwaldhölle" Premiere. Der Film ist der vorläufige Höhepunkt der Selbstvermarktung des Abenteurers, Geographen und Dokumentarfilmers Otto Schulz-Kampfhenkel aus Buckow bei Berlin, der von 1935 bis 1937 zusammen mit seinem Flieger-Kumpel Gerd Kahle, Flugzeug und schwerer Ausrüstung eine Expedition im brasilianischen Urwaldgebiet nahe Guayana unternahm. Mehr als siebzig Jahre danach wird der Südamerika-Korrespondent des „Spiegel", Jens Glüsing, dort auf Spurensuche gehen und feststellen: „Der junge Zoologe aus Berlin war kein unpolitischer Abenteurer und Draufgänger, wie er weismachen wollte. Er hatte seine Talente und Fähigkeiten in den Dienst der SS und der deutschen Abwehr gestellt." SS-Untersturmführer Schulz-Kampfhenkel sammelt bei Ureinwohnern am Amazonas kistenweise Artefakte ein, darunter hunderte von Schädeln, Knochen und Fellen, die er später unklassifiziert einem Berliner Museum überlässt, und belichtet zahlreiche Filmrollen mit Szenen aus dem Alltag und von Festtagen der Amazonas-Indianer, die er die „braunen Waldmenschen" nennt und beim gegenseitigen Lausen und beim Stillen von Hundewelpen an weiblicher Brust zeigt. Auch Tonaufzeichnungen wurden gemacht. Es ist aber alles distanziert und in vertikaler Werteordnung inszeniert, so wie sein Gewährsmann unter den Eingeborenen von ihm kurzerhand respektlos als „Winnetou" angesprochen wird. Eine Tanzszene erhält den Kommentar: „Mit ihren Maßkrügen in der Hand, bis in den Abend hinein, tanzen die Waldmenschen."[25] Schulz-Kampfhenkel ist von den „Ergebnissen" seiner „Deutsche Jary[26]-Expedition" auch in anderer Hinsicht offenbar restlos überzeugt, sodass er 1940 seinem Reichsführer-SS Himmler mit einem selbst erdachten Schlachtplan vorschlägt, das „Tausendjährige Reich" möge sich auch noch

Französisch-Guayana einverleiben – mit ihm als sachkundigem Begleiter. Der Zugriff solle von Brasilien aus erfolgen, wo Präsident Getúlio Vargas jetzt noch mit den Nazis sympathisiert, bevor er wenig später dem Druck der Amerikaner nachgibt und Deutschland den Krieg erklärt. Dass die USA bis dahin ihre Finanzhilfen weiter nachbessern mussten, hat Vargas wohl einkalkuliert. Nicht nur Schulz-Kampfhenkel spricht bei den Nazis mit der Idee einer Guayana-Invasion vor. Zur gleichen Zeit ist auch der Abenteuer-Schriftsteller Heinrich Peskoller (aka. Tex Harding) am Ball, dessen Exposé Schulz-Kampfhenkel von der SS zugespielt wird, der seinerseits sofort mit einem Exposé nachlegt, um Hitler Südamerika als Neuland für das „Volk ohne Raum" anzudienen. Vom Amazonas bis nach Kolumbien und Patagonien sei es ein für „die höheren Völker hervorragend bewohnbarer Erd-teil."[27] Er weiß offenbar nichts von den Überlegungen eines britischen Hilfskomitees unter Denis Cohen, im Rahmen eines British-Guayana-Projects jährlich zehntausenden deutschen Juden die Auswanderung nach British-Guayana zu ermöglichen.[28] Schon 1938 war dafür die Insel Madagaskar als jüdische „Strafkolonie" im Gespräch.

Was von allem bleibt, ist ein anderthalbstündiger Schwarz/Weiss-Film, der die deutsche Equipe als „Große Väter" und „Zauberer" inmitten der „Waldmenschen" bei der ihrer „triumphalen" Expedition zeigt, und an dessen Ende die Ureinwohner den Deutschen und ihren brasilianischen Helfern beim Abschied vom Ufer aus – so der Filmkommentar – „stumm und reglos zuschauen".

Exotik wird ‚passend gemacht'

Die Nazis verhängen nach dem Frick-Erlass „Wider die Negerkultur für deutsches Volkstum" vom April 1930[29] auch Verbote, indem sie z. B. 1933 zuerst den „Niggerjazz" aus dem Berliner Rundfunk verbannen und nur noch „melodiösen" Jazz erlauben. Diese und kommende Erlasse nennen nicht immer explizit den Jazz, zielen aber in den meisten Fällen darauf oder auf jüdische Musiker ab.

Die Nazis greifen zu einem neuen Mittel, um der neuen Einflüsse Herr zu werden, damit sich daraus nicht Freiräume entwickeln: Aufkeimendem Individualismus setzen sie Disziplinierung und Korrektur entgegen, am Ende steht wieder die Gleichschaltung durch gezielte Steuerung und Kontrolle. Das Wort vom „Ausmerzen", das Millionen von Juden und andere Verfolgte in die Gaskammern begleitet, findet sich auch in Äußerungen über „fremd-artige Musik": „Die aus der Jazzmusik übernommenen artfremden Elemente müssen ausgemerzt werden.“[30] Alles muss möglichst ‚deutsch' klingen, die Texte sowieso. Frühere Einflüsse aus europäischen Ländern wie Spanien oder Italien wertet man als gelungene Übernahmen in die deutsche Kultur. Einen Auftritt der in den dreißiger Jahren berühmten katalanischen Flamenco-tänzerin Carmen Amaya in Berlin hingegen hätte man wohl verhindert. Calé (‚Gitanos') gehören zu den Sinti und Roma, die von den Nationalsozialisten als „Zigeuner“ diskriminiert und verfolgt werden (vgl. Kap. 7).

Schon vor dem NS-Regime hat die Standardisierung der neuen Musik- und Tanzformen begonnen. Deutsche Orchester hatten mangels Gefühl und Erfahrung die Hot-Jazz- und Tango-Rhythmen vielfach zu Marschmusik-Variationen reduziert. Komponisten und Texter zwängten die im Original komplexen und mehrteiligen Strukturen in schlagerähnliche Fassungen, und die Tanzschulen einigten sich ab 1934 auch für Tango und Rumba auf genormte Tempi und Tanzfiguren.

Als die Nazis darüber nachdenken, was musikalisch und tänzerisch ihren Vorstellungen von ‚sauberer' deutscher Kultur ohne ‚Schund und verlogene Unnatürlichkeit' entsprechen könnte, haben sich somit die zur Auswahl stehenden Kandidaten in der Regel bereits weit von ihren Originalen in den USA, Argentinien, Kuba oder Brasilien entfernt. In bekannten Strukturen finden damit die von den Nazis gewünschten neuen Inhalte einen besseren Halt: Überlegenheit der arischen ‚Rasse', Kampflieder, Opferbereitschaft, Gute-Laune- und Schön-Wetter-Unterhaltung und am Ende Durchhalte-parolen. Musikfilme entführen die Zuschauer in einer Zeit extrem hoher Arbeitslosigkeit nach Rio und Hawaii. Es wird alles geboten und nichts ist authentisch.

> „Die ‚Gesellschaft' Berlins ist weg. Im Theater, in den Restaurants, in den Bars sieht man nicht einen jener Menschen, die seinerzeit zu sehen waren. Aber auch keine neuen ‚Arrivierten'; keine Umschichtung ist also ein-getreten, sondern eine Vernichtung. Die Geschmacklosigkeit hat unüberbiet-bare Formen angenommen, aber es ist nicht die des unerzogenen Proletariers, sondern die des entfesselten Frisöhrs, des Frisöhrs mit ‚öh', nicht mit ‚eu'!“ (Ralph Benatzky, Tagebuch 6.9.1934).[31]

Die Unterhaltungsindustrie ist zu dieser Zeit noch jung. Aber die Ver-netzung der neuen Medien Film (ab 1930 mit Ton), Funk, Schallplatte und ab 1936 dem Fernsehen funktioniert bereits. Goebbels spielt auf dieser Klaviatur, und weil er sie braucht, werden Technik und Programme des Rundfunks verbessert und das Fernsehen entwickelt. Deutschland ist nicht

nur wichtiger Absatzmarkt für Schallplatten. Seine Tonstudios und Presswerke produzieren auch für den internationalen Markt. Es kommt vor,
dass bekannte Künstler aus Lateinamerika nie in Deutschland auftreten,
aber unbemerkt zu Tonaufnahmen in Berlin weilen. Auch entstehen unter
den Nazis Bands, die nie – anders als die schon 1934 ebenfalls zusammengestellte „Goldene Sieben" – jemand live erlebt. So begeistert als „Charlie &
His Orchestra" ein rund zwanzigköpfiges Ensemble gestandener Jazzmusiker
mit Adalbert Lutter und Freddie Brocksieper[32] zwischen 1940 und 1944 die
Hörer des nach England ausgestrahlten Propaganda-Kurzwellensenders im
Programm „Germany Calling" mit Swingmusik, für die man die Strophen
mit Hetze und Propaganda in englische Sprache umtextete. Heimatbindung
betreibt das NS-Regime ab 1939 über Soldatensender aus verschiedenen
Städten besetzter Länder. Der Sender Belgrad beschließt seine abendliche
Sendung 1941 einmal mit Lale Andersens Aufnahme von „Lili Marleen".
Die Kurzwellen tragen es auch bis Nordafrika und auf Rommels Wunsch
soll es dann an jedem Abend gespielt werden. Selbst die Alliierten finden
Gefallen an diesem Lied, das man über die Schützengräben hinweg hört.
Die BBC und das Schweizer Radio Beromünster, sonst Pflichtsender der
Jazz- und Swingfreunde, senden das Lied der Sehnsucht nach dem Wieder-
sehen nach einem immer grausamer werdenden Krieg.

Olympiade 1936

Als die Völker der Welt 1936 zu den Olympischen Sommerspielen nach
Berlin gerufen werden, muss sich das NS-Regime für kurze Zeit fremd-
ländischen Besuchern und deren Kultur und Bedürfnissen öffnen. Das
angestrebte positive Image des Hitler-Reiches würde sonst auf dem Spiel
stehen. In vielen Hotels und Bars spielen ungehindert Jazzbands. Kurt
Widmann, Jack Hylton und Teddy Stauffer haben volle Säle. Der Spanier
Juan Llossas bedient im Delphi-Palast die iberoamerikanischen Gäste mit
seinen Tangos. Nicht nur in Berlin sind vor allem ausländische Kapellen
sehr gefragt, und das ruft die Hüter „deutschen Kulturgutes" und Verteidiger angestammter Arbeitsplätze deutscher Musiker auf den Plan.
Erwartungsgemäß spendet die in Berlin anwesende internationale Presse
großes Lob.

Es gibt viele Musik- und Tanzveranstaltungen in diesen Tagen. Die
größten sind gewaltige propagandistische Masseninszenierungen unter der
Regie von Carl Diem und Hanns Niedecken-Gebhard. Nach der Olympia-
Eröffnungszeremonie am Nachmittag und dem Einzug der Delegationen

zu Militärmärschen tanzen am Abend BDM-Formationen und Gymnastik-schulen Volkstänze zu Schallplattenaufnahmen der N.S. Gemeinschaft „Kraft durch Freude" (KdF). In diesem „Festspiel Olympische Jugend" treten auch Tanzstars wie Gret Palucca (Walzer), Mary Wigman (Toten-klage) und Harald Kreutzberg (Schwerter- und Siegestanz mit Werner Stammer) in fünf Bildern mit Titeln wie „Anmut der Mädchen" und „Heldenkampf" auf. Carl Orff und Werner Egk komponierten die Musik, Richard Strauss die Olympia-Hymne. Im Rahmen der Olympiade präsentieren sich 14 Ländergruppen in internationalen Tanzwettspielen und im Rundfunk läuft ein Tanzkapellenwettbewerb.

In der nahe gelegenen und neu errichteten Dietrich-Eckart-Bühne (später: Waldbühne) gibt man das Händel-Oratorium „Herakles". Im Olympiastadion präsentiert der KdF am 10. August das Programm „Musik und Tanz der Völker" als Schlussveranstaltung des Weltkongresses für Frei-zeit und Erholung, der Ende Juli in Hamburg und Berlin stattfindet. Man will mit „völkerverbindender Musik und dem Tanz"[33] in eine „bessere Zukunft" starten. Unter den „6000 Mitwirkenden" sind Fahnenschwinger, Baumstammwerfer, Handharmonikaspieler und „Volkstumsgruppen". Angeboten wird ein recht homogenes Spektrum überwiegend europäischer Volkstänze u. a. aus Schweden, Frankreich, Irland, wie man sie schon zuvor in Hamburg in kleinerem Rahmen präsentiert hatte.

Auch die Länder Argentinien, Uruguay und Brasilien, die zur neuen Tanzmusik des 20. Jahrhunderts mit Tango, Maxixe und Samba bereits Bei-träge geleistet haben, nehmen an den Spielen teil, aber ohne Tango, Maxixe und Samba in Rahmenprogrammen. Es fehlt auch Kuba, und aus Afrika sind nur Sportler der Südafrikanischen Union und aus Ägypten in Berlin. Das NS-Regime hatte sich gegenüber dem IOC verpflichtet, die Teilnahme aller Rassen und Konfessionen in den Olympiamannschaften zu erlauben, nachdem es im Vorfeld aus den USA Boykottdrohungen wegen Dis-kriminierung der Juden, nicht aber auch der Schwarzen gegeben hatte.

Goebbels und mit ihm die ganze NS-Prominenz sonnt sich im Schein-werferlicht der Weltöffentlichkeit. Der Propagandaminister lädt zu einem Sommerfest auf der Berliner Pfaueninsel bei swingender Tanzmusik mit den Kapellen von Oskar Joost, Eugen Wolff und Emanuel Rambour. Der amerikanische Botschafter notiert in sein Tagebuch: „Wir drückten dem Gastgeber die Hand, der am 30. Juni 1934 bei der Ermordung deutscher Bürger mitwirkte, denen man niemals eine andere Schuld als Opposition zum Naziregime nachgewiesen hat."[34] Nach dem Gala-Diner gibt es „Tanz-vorführungen wie wir sie bei dem Empfang Görings gesehen hatten – eine

Nachahmung griechischer und viktorianischer Darbietungen". Goebbels schreibt seinerseits in sein Tagebuch: „Nach der Olympiade werden wir rabiat. Dann wird geschossen."[35] Er meint den spanischen Bürgerkrieg, aber gleichzeitig entsteht auch das KZ Sachsenhausen und die SA pöbelt: „Wenn die Olympiade ist vorbei / schlagen wir die Juden zu Brei."[36]

Kaum ist die Olympiade Geschichte, da heizen NS-Propagandisten wie Karl Hösterey im Fachorgan „Die Unterhaltungsmusik" (vormals: „Der Artist") die rassistische und antisemitische Hetze wieder an. Im September 1936 zerfetzt er Schlagertexte im Exil lebender jüdischer Autoren, die dem Verlag zur Rezension zugesandt wurden.

Gleichschaltung der Musik

Das NS-Regime reglementiert auch die Musikindustrie, zu deren Bodentruppen ein Heer von Musikern gehört. Überall auf der Welt entlässt der Tonfilm die Orchester und Solisten der Kinos in die Arbeitslosigkeit und die Wirtschaftskrise ist auch an Verlagen und Plattenfirmen nicht spurlos vorübergegangen. Vermutlich liegt es da auch im Interesse nationaler Produktionen, wenn Verbote gegen ausländische Musik ausgesprochen werden.[37]

1937 richtet Reichsmusikkammerpräsident Peter Raabe eine Prüfstelle ein, der ausländische Musikalien vor dem Vertrieb vorzulegen sind. Der Verkauf „unerwünschter und schädlicher Musik" wird verboten. Als Anordnungen „zum Schutze musikalischen Kulturgutes" erscheinen ab 1938 mehrere Listen mit Aufstellungen „unerwünschter Musik". Ab 1942 dürfen „fremdländische" Schallplatten, alle Musik aus den USA und anderen Feindstaaten nicht mehr verkauft werden. Die Herstellung für den Export scheint indes kein Problem zu sein. „Echte, nicht nachgeahmte exotische Musik wird in Berlin hergestellt und gelangt zum Versand in den Orient"[38], stellt Fritz Stege fest und nennt Zahlen, die in der „Deutschen Allgemeinen Zeitung" veröffentlicht werden: „Allein der arabische Katalog dieser Firma umfasst 18.000 verschiedene, doppelseitige Platten [...]. Was für uns Zarah Leander bedeutet, ist den Arabern ihre Om Kalsoum [Umm Kulthum d. A.] [...]. In den letzten Jahren ist China vom ‚weißen' Schlager erobert worden [...]. Auf einer Platte, die in Madras aufgenommen wurde und von einem ‚Original' Eingeborenen-Orchester und Eingeborenensänger bespielt wurde, hören wir einen richtigen Rumba."[39]

1943, im Jahr darauf, werden die Arbeitsbedingungen für ausländische Musiker, besonders die „Negerinvasion"[40], per Erlass weiter erschwert.

Swingbands aus dem „besiegten, besetzten oder verbündeten Ausland" können dennoch in Deutschland auftreten. „Da man in diesen Ländern länger und ungehindert, meist bis zum Einmarsch deutscher Soldaten, im Kontakt zu US-Interpreten gestanden hatte, glichen deren Auftritte einer musikalischen Infusion, welche die Entwicklung des Jazz in Deutschland vorantrieb."[41]

Deutschland ist nun nahezu isoliert und dennoch ist die Unterhaltungsmusik nicht tot. Sie geht ihre eigenen Wege, wird erfinderisch, um überleben zu können. Nach Kriegsende wird man erkennen, dass viele hervorragende Künstler sich ein beachtliches Niveau erwerben konnten, während zahllose Kollegen emigrieren mussten oder verfolgt wurden.

Allerdings gehen die neueren Trends der Tanzmusik der vierziger Jahre wie Jitterbug (s. Bd. 2, Kap. 1), Mambo (Bd. 2, Kap. 3) oder Calypso (Bd. 2, Kap. 4) zunächst an Deutschland vorbei.

Wie tanzt man deutsch?

So sehr sie die mediale Verbreitung der Unterhaltungsmusik reglementieren können, so wenig Erfolg haben die Nazis darin mit dem Tanzen.

Sie fordern mehr deutsche Volkstänze und die Rückkehr zu Walzer und Quadrille, wie sie noch 1912 beim Ersten Deutschen Tanzturnier im Berliner Admiralspalast von der feinen Gesellschaft getanzt wurden. Am liebsten würden sie die modernen Gesellschaftstänze ganz durch Volkstänze ersetzen. Oder etwas wie den DETA, den *Deutschen Tanz,* den der Rundfunktanzlehrer Walter Carlos zusammen mit dem Geiger Walter Bransen 1927 in einem Arrangement aus Geigen und Banjo zum Erfolg bringen wollten. Diese Mischung aus getragenem Schreittanz und Marschtempo kommt schon rein musikalisch nicht sonderlich an. Auch nicht Deutschländer und Marsch-Fox, die die Tanzschulen aus der Mottenkiste holen, nachdem ihnen keine adäquaten Tanzinnovationen für die neue Musik eingefallen sind, zu der sie aufgefordert werden, um dem Fortschreiten des Swing-Tanzens etwas entgegenzusetzen. Sobald die Nazis erfahren, dass auch der Swing eine Spielart des Jazz ist, die von ‚Negern' erfunden wurde, werden Stimmen laut, die das Verbot ausländischer Decknamen auch für Swingmusik fordern, denn „jede gute und strebsame Jazzkapelle wird sich eine Vervollkommnung ihrer Spielart ohne weiteres angelegen sein lassen, auch ohne das ausländische Etikett des Swing".[42]

Neben arisch-germanischem Körperkult fördert man rhythmische Gymnastik, die bei Großveranstaltungen wie Olympia in Berlin 1936 nicht anders wirkt als militaristische sowjetische Masseninszenierungen. Elegantes Keulenschwingen, Tanzschritte vom Reißbrett – die großartige Fusion bleibt aus: Es hielten „tanzfeindliche Gymnastiker […] sich jetzt für berufen […], den neuen deutschen Tanz zu erschaffen. Sie nahmen, was an sich lobenswert war, den Volkstanz in ihr Programm auf und verhinderten zunächst einmal, dass die Leute, die sich bisher um den neuen deutschen Tanz bemüht hatten, an dem neuen großen Geschäft, das sich aus dem aufblühenden K.d.F. Betrieb ergab, beteiligt wurden." Die Ergebnisse waren wie ein „choreographisch dürftiger Reigen, ausgeführt mit einer erschütternden tänzerischen Schwunglosigkeit".[43]

Die kulturelle Szene ist stolz auf ihre Ballettgruppen und auf Stars des Ausdruckstanzes wie Harald Kreutzberg, Valeska Gert und Mary Wigman deren Schulen und Lehrer in die Fachschaft Tanz der Theaterkammer zwangsintegriert werden. In Tanzschulen wird nun auch Rassenkunde unterrichtet und der Tanzlehrerverband (Reichsverband zur Pflege des Gesellschaftstanzes) muss unter die Aufsicht der Reichskulturkammer als Nachfolgeeinrichtung des „Kampfbundes für Deutsche Kultur".

Swingheinis

Der Swing-Stil der Orchester Teddy Stauffer und Kurt Widmann orientiert sich an nordamerikanischen Vorbildern. Swing ist überwiegend Big Band-Jazzmusik der Orchester von Duke Ellington, Benny Goodman, Lionel Hampton oder Thommy Dorsey, zu der sich in den USA in den dreißiger Jahren verschiedene Tanzstile entwickeln. Einer von ihnen ist der Lindy Hop, übereinstimmenden Hinweisen zufolge Charles Lindbergh und seinem Atlantikflug gewidmet. Im paarweise getanzten Lindy Hop leben Elemente des Charleston und selbst des Apachentanzes des Paris der zwanziger Jahre wieder auf (Abb. 3). Später wird man ihn nahezu identisch zur Rock'n' Roll-Musik der fünfziger Jahre tanzen. Im NS-Deutschland gibt es die Swingjazz-Liebhaber und die Fans des zum Swing getanzten Lindy Hop. In Frankreich *Sassous* bzw. *Les Zazous* und in Österreich *Schlurfs* genannt und von den Nazis *Swingheinis* gerufen, nennen sie sich selbst z. B. in Hamburg Swingboys, bzw. Swinggirls, die sich im „Waterloo" treffen. Auch der junge Axel Springer wird dort gesehen. Der NS-Staat notiert: „Der falsch verstandene Begriff der Freiheit führt sie in Opposition zur HJ."[44] Freiheit haben indes schon einige richtig verstanden, sie stehen in den vierziger Jahren in Kontakt mit der ‚Weißen Rose' in der Münchner Studentenjugend. Die jungen Männer tragen Hüte, lange karierte Sakkos und weite

Abb. 3 Lindy Hop Swing (Szene aus dem Film "Hellzapoppin", 1941)

Hosen mit Schlag, einen weißen Seidenschal um den Hals und einen schwarzen Schirm in der Hand. Bei den jungen Damen sind kurze Röcke und Blusen angesagt. Man gibt sich sau-cool und lässig, spricht in einem eigenen Jargon[45], begrüßt sich mit „Swing Heil". Sie unterscheiden sich äußerlich deutlich von einer anderen oppositionellen Jugendbewegung, die als „Edelweißpiraten" mit Lederhose und Sporthemd den Naturfreunden und der bündischen Jugend nahestehen. „Nie kam uns in den Sinn, dass wir pickelgesichtigen flaumwangigen pubertierenden Jungen nicht wie Heesters aussahen, sondern eher wie Heesters-Karikaturen",[46] erinnert sich Hans J. Massaquoi, Sohn eines Liberianers in Hamburg (s. Kap. 2), der nach dem Krieg vom Swingboy zum Klarinettisten wird. In umgeschneiderten HJ-Uniformen mit aufgenähten Edelweiß-Abzeichen sind in Frankfurt Edelweißpiraten der anderen Art aktiv. Statt Wandervogel-Lieder zu erfinden, summen, singen und pfeifen sie eigene mit jazzigen Melodien in der Art amerikanischer Jazznummern von den Platten, die sie untereinander austauschen. Wie sein Bruder Emil gehört auch Albert Mangelsdorff zu dieser Clique, er spielt Gitarre. „Jazz stand für uns nicht nur als Symbol für Lebensfreude. Jazz stand für Freiheit und damit zum Gegensatz zu dem, was da oben war."[47]

Bekannte Jazznummern werden von der Swing-Jugend mit neuen Texten versehen:

Kurze Haare, große Ohren
So war die HJ geboren!
Lange Haare, Tangoschritt –
Da kommt die HJ nicht mit

Oho, oho!
Und man hört's an jeder Eck'
Die HJ muß wieder weg!
Oho, oho!"[48]

Pomadige Tangojünglinge gelten bei den Nazis als unmännlich, und im Umgang mit der städtischen Swing-Jugend zeigt sich die Unberechenbarkeit des NS-Regimes gegenüber populärer Musik. Als um 1938/39 die ersten Swingtanz-Bewegungen entstehen, hagelt es zunächst regionale Verbote. Man tanzt weiter auf geschlossenen Feten in Privathäusern.

> „Der kleine Josef hat gesagt, ich darf nicht singen. denn meine Band, die spielt ihm viel zu hot.
> Ich darf jetzt nur noch Bauernwalzer bringen, nach dem bekannten Wiener Walzertrott."[49]

„Wohlaufgemerkt nun also" sind die „Rostocker Swing Boys Band" identisch mit den Brüdern Robert und Walter Kempowski (1929–2007) in Rostock, die in Walters 1971 erschienenem Roman „Tadellöser & Wolff" beim Hören amerikanischer Jazzplatten markante Swingheini-Sprüche klopfen.

Bis Ende 1941 war der Swing Jazz für die Nazis eine Ausgeburt degenerativer Rituale der Afroamerikaner. Mit Eintritt der USA in den Krieg wird er auch zur Musik des Feindes. In den Kinos läuft 1943 eine ‚Reportage' aus den USA, die u. a. Tanzende bei Vodou-ähnlichen Feiern zeigt. „Hier ist die Geburtsstätte des Swing […] Diese primitive Negermusik wird von den Yankees hemmungslos übernommen."[50]

Vorher, im Januar 1942, hatte Reichsführer-SS Heinrich Himmler von Reichssicherheitshauptamtsleiter Reinhard Heydrich verlangt, in der Swing-Hochburg Hamburg „brutal" durchzugreifen und die Rädelsführer in ein KZ einzuweisen. Es beginnt eine Welle der Verfolgung der Swingjugend, obwohl Goebbels sich im März 1942 schon nicht mehr gegen Fortschritte in der Musik wehrt. Der Walzer der Großeltern sei nicht das Ende der Entwicklung und alles, was darüber hinausginge, nicht vom Bösen. „Auch Rhythmus ist ein Grundelement der Musik."[51] SS-Gruppenführer Hans Hinkel ergänzt im November, es bestehe „kein Anlass, den gesunden Fortschritt des Klang-lichen, Rhythmischen usw. zu unterbinden".[52] Und dann folgen die üblichen Einschränkungen bezüglich des Gesamtcharakters eines Unterhaltungs-kunstwerks, von Fisteltönen und unmännlichem Refrain-Singen. Natürlich will man auch keine provozierenden Victory-Fingerzeichen der Swingtänzer, keine ‚getanzte Weltanschauung' sehen. Aber Swingtanzen bleibt weiterhin nicht grundsätzlich verboten. Nur dort, wo man für größere Menschenansammlungen in Lokalen eine Gefährdung durch Bombenschäden befürchtet, hängen entsprechende Verbotsschilder.

Die Nazis regulieren natürlich auch die „musikalische Wehrmachtsbetreuung", und für die gilt: „Der junge Soldat ist aber durchaus unbürgerlich. Er liebt das Echte, Starke, Gerade, Gekonnte; gewiß auch das Derbe, aber niemals das Schwüle, Verschwommene, Schwankende und Haltlose. Seine Nerven bedürfen nicht der Narkotika […], der rhythmischen Veitstänze und Klangeinnebelungen süßsäuselnder Liedequilibristen. Nicht zuletzt muss daran erinnert werden, dass alle diese Kartoffelkäfer auf dem geistigen Nährboden des deutschen Musiklebens nicht nur mit Hilfe von Juden, sondern auch unter zuverlässiger Assistenz des Secret Service (wie aktenmäßig erwiesen ist) verstreut wurden."[53] In amerikanischen Kriegsgefangenenlagern geht es auch ohne Geheimdienst. Dort läuft Jazzmusik für die deutschen Gefangenen und deren Bewacher über die Lagerlautsprecher. Mancherorts entstehen auch Bands aus deutschen und amerikanischen Musikern.

In den Konzentrationslagern des NS-Regimes müssen in dieser Zeit Jazzmusiker wie Coco Schumann den Weg der Juden mit „La Paloma" ins Gas begleiten. Als „Niggermusik" geächtet, wird der Jazz in den Konzentrationslagern der Nazis instrumentalisiert. In Theresienstadt richtet man sogar ein „Kaffeehaus" ein, in dem inhaftierte Musiker täglich mehrere Stunden spielen. Der tschechische Trompeter Eric T. Vogel stellt dort die international besetzte Band „Ghettoswingers" zusammen. Sie spielen bis zum November 1944, dann werden sie von einem KZ in ein anderes verlegt, danach Hunger, Bombenangriffe, Zwangsarbeit. Unendlich viele Häftlinge sterben, darunter auch Musiker. Vogel spürt, dass die Front näher rückt. „Der Gefechtslärm gefiel mir besser als der heißeste Jazz."[54]

Mit fortschreitendem Krieg und hohen Verlusten junger Soldaten erkennt Goebbels 1944 offenbar, dass er den verbliebenen Soldaten diesen Bereich ihrer Jugendkultur ohne Schwächung der Kampfkraft schwerlich verbieten kann. Es kommt zu Lockerungen der Tanzverbote, die mit Kriegsbeginn für den öffentlichen und seit Januar 1942 für den privaten Bereich verordnet wurden. Am Ende ist es aber auch Goebbels, der im Volkssturm alte Männer und Kinder in den Tod schickt. Viele von ihnen mögen daran geglaubt haben, was Zarah Leander von ihm als Lied verordnet bekommen hat: „Ich weiß, es wird einmal ein Wunder gescheh'n."

Legenden: Auftritt für den Führer

Es ist gegen Mitternacht. Die letzten Freunde, Autogrammjäger und notorischen Künstlergarderobenbesucher haben das Theater durch den Seiteneingang endlich verlassen und die Musiker packen ihre Instrumente und Kostüme zusammen. Auf einmal wird die Garderobentür aufgerissen und drei SS-Männer in schwarzen Gummimänteln über ihren Uniformen befehlen: „Ihr kommt jetzt mit, die Instrumente und alles andere mitnehmen!" Die Künstler sind erschrocken, gelegentlich haben sie schon davon gehört, dass auch Künstler in Deutschland einfach ‚abgeholt' werden. Sie leisten keinen Widerstand und steigen in die draußen im Regen wartenden Fahrzeuge. Nach halbstündiger Fahrt hält die Wagengruppe vor einer Einfahrt außerhalb des Stadtzentrums und fährt durch ein bewachtes Eisentor. Bedienstete nehmen den Musikern ihre Instrumente ab und stellen sie in eine große Halle, die voller Menschen ist. Eine vornehme Gesellschaft, man sieht viele SS-Uniformen, Smokings und Abendkleider. Links steht ein Flügel, daneben ein paar Stühle. Sie sollen nun spielen, sagt man ihnen, der „Führer" und Dr. Goebbels würden gleich kommen.

Das ist eine erfundene Szene. In den – nicht immer autorisierten – Biographien einiger ausländischer Künstler sind aber Hinweise und Andeutungen enthalten, dass es sich so abgespielt haben könnte: bei einem Marimba-Orchester (s. Kap. 15), bei Ciro Rimac, bei Ernesto Lecuona[55] und der Tau Moe-Familie. Beweise gibt es nicht.

„Hitler ließ uns wissen, er wolle uns treffen", liest man in einer Moe-Biographie des Gitarristen John W. Troutman. Moe erzählte nach seiner Rückkehr nach Hawaii auch gern die unglaubliche Geschichte, dass Hitler bei diesem Treffen darum gebeten habe, seinen Sohn Lani als Werbeträger für die Spendensammlung für das Winterhilfswerk (1938?) einzuspannen. Als Belohnung habe sich Lani eine Fahrt in Hitlers Mercedes-Benz-Limousine gewünscht und bekommen.[56] In einem Interview erzählt Moe auch davon, wie seine Familie jüdischen Musikern bei der Flucht aus Deutschland geholfen habe. „Ich hatte keine Angst, Hitler wusste davon nichts."[57] Der hawaiianische Musikhistoriker Ishmael Stagner behauptet: „Freunde warnten sie, dass die Gestapo von Moes Bemühungen um seine jüdischen Freunde gehört hatte und ihn verhaften wollte. In dieser Nacht beendete die Familie ihren Auftritt, machte ihre Zugabe, schlich sich aus der Hintertür des Theaters und floh zum Bahnhof, mit der Polizei auf den Fersen. Moe und seine Frau wurden einige Jahre zuvor beim Versuch, die Besitztümer ihres österreichischen Agenten aus dem Land zu schmuggeln, fast erwischt. Ihr Freund war mit nichts weggegangen. So versteckte das Paar einige ihrer Schmuckstücke und andere Gegenstände in ihrem Auto. Und Moes Frau trug drei Pelzmäntel – die alle ihrem Agenten gehörten – , um die Ware ihrem ursprünglichen Besitzer zu bringen. Als die Wachen an der Grenze Rose Moe fragten, warum sie mehr als einen Mantel trug, antwortete Moes Tochter: „Wir kommen aus Hawaii und es ist wirklich kalt hier."[62] Die Moes traten zwar überall als Hawaiianer auf, aber sie waren natürlich auch amerikanische Staatsbürger, und mit dem Eintritt der USA in den Krieg setzen sie sich auch aus Europa ab (s. Kap. 15).

Wenigstens ein Konzert für Hitler bestätigen mehr als sechzig Jahre später die Töchter Ciro Rimacs nach Rücksprache mit ihrer Mutter: „Yes, he did have a ‚command performance' for Hitler himself."[58] Sie könnte anlässlich seiner Plattenaufnahmen im Oktober/November 1937 in Berlin stattgefunden haben.

Im Jahr zuvor sollen, Oscar Hijuelos Story „A Simple Habana Melody" zufolge, „shiploads of fine and long-legged mulata dancers" aus Kuba nach Europa und so auch nach Deutschland gekommen sein, denn es „schienen sogar die Nazis diese Musik zu mögen. Laut Israels Freund Ernesto Lecuona, der oft mit seiner Band, den Lecuona Cuban Boys in Berlin spielte, soll Adolf Hitler selbst, „Meister des Dritten Reiches, dessen Lieblingsfilmstar Gary Cooper war, heimlich verkleidet an mehreren ihrer Auftritte teilgenommen haben."[59] Es wird angenommen, dass Gary Cooper wirklich auf dem Obersalzberg gewesen ist, aber ob der Rest der Story nur erfundene zeitgeschichtliche Ergänzung in Hijuelos Roman ist?

Illusionen im Klangfilm

Trotz Verboten überlebt ein diffuses, neues Latin-Karibik-Bolero-Rumba-Feeling in der deutschen Unterhaltungsmusik, getragen von einer Sehnsucht nach Romanzen unter Palmen und der Sonne des Südens. Übergangslos wird die Biguine der französischen Antillen in Rumba-Bolero-Strukturen assimiliert. Lateinamerikanische Musik ist unter den Nazis geduldet, solange ihre afrikanischen Wurzeln nicht durch allzu prägnante Perkussion und "schmutzige" Spielweise oder durch dunkelhäutige Interpreten erkennbar werden. Dabei hatten ja schon die (weißen) Kubaner dafür gesorgt, dass mit dem Produkt aus Son/Danzón unter dem Markennamen Rumba etwas Edleres als die ‚vulgäre' Rumba der Straßen und schwarzen Unterschichten exportiert werden konnte.[60]

So kassiert die Zensur gleich 1933 den Film „Einbrecher" mit Lilian Harvey und Willy Fritsch in den Hauptrollen, dessen Schlusssequenzen in einer „Pariser Neger-Bar" spielen, die man im Sommer 1930 im Palmengarten des Haus Vaterland in Berlin aufnahm. Sidney Bechet spielt darin mit einer Band überwiegend schwarzer Musiker einen hinreißenden Hot Jazz mit Tanzsoli u. a. von Louis Douglas.

Nur einer von vielen Tänzern ist schwarz geschminkt, die um Ginger Rodgers und Fred Astaire in deren erstem gemeinsamem Film „Flying Down to Rio" herumwirbeln. Trotzdem lässt Goebbels den Ende 1933 in den USA uraufgeführten Film kraft des im Februar 1934 erlassenen Reichsfilmgesetzes verbieten. Der Film sei unmoralisch und zeige unzüchtige Kostüme. In Österreich wird der Film unter dem Titel „Carioca" gezeigt und begründet von dort aus die schier unsterbliche Legende eines gleichnamigen, angeblich authentischen Tanzes aus Rio de Janeiro. Der Film erzählt die Geschichte eines Bandleaders, der sich in eine brasilianische Schönheit verliebt und ihr nach Rio folgt. Am Ende dieser Geschichte zwischen Eifersucht und Verstrickung lässt der Held fünf Tänzerinnen auf den Tragflächen eines einmotorigen Flugzeugs über die Bucht von Guanabara kreisen, wo 400 Jahre zuvor die Portugiesen die Stadt Rio gegründet hatten, und mit Fallschirmen vor seiner Angebeteten landen. Astaire und Rodgers tanzen eine viertelstündige hinreißende Choreographie Dave Goulds. Sie verwendet auch Elemente einer früheren Bühnenversion des Ballroom-Geschwister-Tanzduos Fanchon & Marco und ist ein perfekter Bewegungsmix zu Rumba-Rhythmen aus Schritten von Tango, Rumba bzw. Danzón, Maxixe, Foxtrott und ganz wenig Samba, für den auch die gegenseitige Stirnberührung von Astaire und Rodgers wirklich nicht typisch ist. Auch die Komposition stammt aus den USA (Vincent Youmans), die Band im Ambiente der Choreographie erinnert indes mit ihren breitkrempigen Hüten eher an Tangomusiker in ihrer in Europa und den USA erwünschten Dienstkleidung, die sich nach Mexiko verirrt haben. „Carioca" ist ein Versuch Hollywoods und Tin Pan Alleys, einen neuen Ballroom Dance auf den Markt zu werfen, aber zu wenige trauen sich, ihn nachzutanzen. Obwohl der Film nicht in die deutschen Kinos kommt, geistert die Carioca immer wieder durch Schilderungen der dreißiger Jahre. Ciro Rimac nimmt 1937 eine Maxixe-Carioca in Berlin auf und Peter Kreuder präsentiert 1940 im Film „Traummusik" eine „Carioca" mit dem Titel „Senhor und Senhorita". Kreuder wird nach dem Krieg in Brasilien und Argentinien leben und sich nicht einmal wundern, dass die Einwohner von Rio, die „Cariocas", diesen Tanz gar nicht kennen.

So temperamentvoll wie in den zahlreichen Hollywood- Filmen vor tropischer Kulisse geht es in Deutschland erst wieder in der Verfilmung von Fred Raymonds 1937 uraufgeführter Operette „Maske in Blau" (1943) zu. Neben bekannten Tangos („In einer kleinen Konditorei") wird in dieser zwischen San Remo und Argentinien spielenden Reise um die Welt in aufwändiger Ausstattung der Rumba-Samba-ähnliche Titel „Sassa Sassa!" inszeniert. Fast üppiger noch instrumentiert als beim Hollywood-Rumba-Star Xavier Cugat, treiben afrokubanische Perkussionsparts die Tänzerinnen und Tänzer zu erotischen Beckenbewegungen. Die Kostüme versetzen die Show in ein Rumbaland irgendwo zwischen Mexiko, Argentinien, Brasilien und Andalusien. Dennoch ergeht kein Verbot durch die Nazis.

1937 nimmt Josephine Baker die französische Staatsbürgerschaft an. Ihr letzter Auftritt in Berlin liegt acht Jahre zurück. Schlank wie die Baker und mit knabenhafter Figur, hat sich seit 1924 die in Frankfurt/Main aufgewachsene Henriette Margarethe Hiebel als „La Jana" in Stummfilmen und Revuen als exotische Tänzerin emporgearbeitet. Als Frankreich 1939 Deutschland den Krieg erklärt, spielt La Jana im Film „Stern von Rio" die brasilianische Tänzerin Concha. Es geht um einen Diamanten und sein rätselhaftes Verschwinden. Am Ende kommt heraus, dass Conchas Begleitgitarrist ihn während ihres Auftritts in einer Rumbarassel versteckt hatte. Der von Rudi Schuricke gesungene und von vielen anderen gecoverte Titelsong des Films firmiert als „Brasilianische Tangoserenade"[61] mit einem boleroartigen ersten und tangoähnlichen zweiten Teil. „Dort in Copacabana" warten irgendwelche Gauchos auf ein Abenteuer, und „wenn die grüne Hölle lockt, dann kommen alle Mann für Mann: reiten, kämpfen, nie erliegen, darauf kommt's im Leben an!" (T/M: K. Feltz/W. Engel-Berger)

Als der Film 1940 herauskommt, ist La Jana bereits einer Lungenentzündung erlegen. Der Liedtext wird den Nazis gefallen haben, denn die ‚grüne Hölle' könnte propagandistisch für Paris stehen, wo die Deutschen „Mann für Mann" im Juni 1940 einmarschieren. Ein Jahr später erscheint der „Stern von Rio" dennoch als „L'Etoile de Rio" in französischen Textversionen mit Jaime Plana und Marie-José. Und Josephine Baker schließt sich der Resistance an.

Das Schicksal einer Europäerin in einem fremden Erdteil wird in Detlef Siercks (später: Douglas Sirk) Film „La Habanera" 1937 von der namensgleichen ‚Großmutter' von Rumba und Danzón musikalisch begleitet: dezenter Habanera-Rhythmus erklingt, wenn Zarah Leander „Der Wind hat mir ein Lied erzählt" vor einem Orchester singt, dessen Bandoneón und Marimba und Vibraphon optisch schön exotisch in eine in Puerto Rico spielende Szene passen, aber unhörbar sind, weil eine ganz andere

Instrumentierung die Leander begleitet. Nach dem Krieg steht die Leander 1952 im Film „Cuba Cabana" erneut mit einer Habanera vor Pappkulissen aztekischer Pyramiden in ihrem „Schatten der Vergangenheit".

Zwei Männer, einer ist Bildreporter, sitzen nachts in einem Wüstenlager. Ein Kamel trabt hinter ihnen durch die mit Palmen bestückte Oasen-Kulisse. Aus einem Plattenspieler hört man fast sphärisch klingende Hawaiigitarren und singsangende weibliche Chorstimmen in dezentem Foxtrott-Rhythmus. Die Männer reden darüber, wo Heimat ist. Gefühle kommen hoch und einer der Männer beendet abrupt die Diskussion. Wütend wirft er seine Flasche auf den Plattenspieler. Dieser 1941 von Helmut Käutner gedrehte Film heißt „Auf Wiedersehen, Franziska" und erhält das Goebbels- (Propaganda-) Prädikat „Besonders Wertvoll". Das Lied komponierte Michael Jary. Es kommt später als „Sing, Nachtigall, sing" in einer Version von Evelyn Künneke mit Hawaiigitarre und glockigen Chorsätzen des Waldo Favre-Chors auf den Markt. Mit den allseits beliebten Hawaiigitarren-Klängen bietet man den Zuschauern ein bisschen Exotik, bevor sie das Kino verlassen und durch die zunehmend zerbombten Straßenzüge nach Hause gehen.

Je mehr Bombenangriffe gegen Deutschland geflogen werden, desto größer wird das Bedürfnis nach dem Unerreichbaren.

Musikergastspiele

Mit dem Hot Jazz, dem Ragtime und Charleston waren deutsche Drummer noch klar gekommen. Auch den Tango schafften sie sich mit Hilfe eines einfach synkopierten Marschrhythmus drauf. Die ersten Rumba/Foxtrott-Einspielungen lassen aber erkennen, dass sie mit diesem neuen Rhythmus erstmals Probleme haben. In solchen Fällen schaut man am besten einmal kubanischen Kollegen auf die Finger. Aber die kamen kaum nach Deutschland. Josephine Baker hatte es in Paris leichter, für ihre Konzerte und Platten, die zunehmend auch Sambas, Rumbas und andere lateinamerikanische Farben boten, die passenden Musiker zu finden. Ihr standen Spezialisten aus allen Teilen der beiden Amerikas zur Verfügung (s. Kap. 6 und 15), die man in Nazi-Deutschland nach 1933 kaum auf die Bühne gelassen hätte. Außerdem gibt es nicht allzu viele auf Rumba spezialisierte Orchester, die auf Tournee gehen wie Los Siboneyes, Eliseo Grenet, Eduardo Castellanos, Don Azpiazú oder Emilio ‚Don' Barreto mit ihren Orchestern. Sie kommen nicht nach Deutschland. Ein Gastspiel des „El Manisero"-Hitmachers Antonio Machín, der 1936 mit Moisés Simons als Sänger der

Show „*La Noche de los Tropicos*" auf eine Europatournee geht, die ihn u. a. auch nach Deutschland geführt haben soll, ist nicht belegt.[62] Vielleicht haben die Verbotslockerungen anlässlich der Olympiade Machín, der eine afrokubanische Mutter hat, einen Auftritt ermöglicht.

Auch die nun in London entstehenden Bands mit Musikern der Westindischen Inseln, die Biguines, Calypsos und afrokubanische Musik spielen, wie der um 1937 im United Kingdom aus Trinidad ankommende Edmundo Ros, bleiben auf der britischen Insel isoliert.

Lediglich die Lecuona Cuban Boys treten zum ersten Mal im Dezember 1938 im 50-Jahre-Jubiläums-Programm des Wintergarten und im Januar 1939 in der Berliner Femina-Bar auf, in der heimische Orchester, wie das von Juan Llossas, neben Tango nun auch die Rumba-Nachfrage bedienen. Im Jahr darauf taucht Lecuonas Aufnahme von Grenets *Comparsa de los Congas* „Conga dans la nuit"[63] auf der zweiten „Liste unerwünschter musikalischer Werke" auf. Sie ist eine der wenigen offiziell geächteten Aufnahmen lateinamerikanischer Musik, neben zwei Titeln von U. Manzetti („Solo tú" und „Canto negro", 1939), und unterscheidet sich eigentlich nicht von Aufnahmen der Rosita Serrano in dieser Zeit. Oder hatte es sich bei der Nazi-Zensur herumgesprochen, dass der damals schon in seinem eigenen New Yorker Nachtclub auftretende hellhäutige Kubaner Eliseo Grenet ein besonderes Faible für Jazz und afrokubanische Musik hatte?

Noch vor den Lecuona Boys bringt der Peruaner Ciro Rimac karibisches Tanzklima in deutsche Etablissements (s. Kap. 15). Rimac ist 1936 mit seinen „Rumbaland Muchachos" im Londoner Adelphi-Theater in der Show „Follow the Sun" von Charles B. Cochran in dieser Besetzung zu Gast: Rimac, Carito, Rimacs Sohn Charley Boy und der Brasilianer Bibi Miranda. Schon dort nennt man sie gelegentlich nur die Rimacs, so nun auch in Deutschland. 1936 und 1937 sind sie in Berlin zu Schallplattenaufnahmen und nehmen als Ciro Rimac Rumba-Orchester vier Rumbas, einen Samba-Carnavalesco und ein Mexican Medley auf.[64]

Xavier Cugat gibt 1942 ein Konzert im Delphi Palast in Berlin.[65]

Zwischen 1937 und 1945 lebt der spanische Tenor und Gitarrist Ignacio Solé Aguilar[66] mit seiner Familie in Berlin. Seine Frau Carmen Osorio tritt seit Jahrzehnten zusammen mit dem ehemaligen ‚Wunderkind' José „Pepito" Rodríguez Arriola an zwei Flügeln auf. Im Berliner Funkhaus und im Telefunken-Studio entstehen mit ihm zahlreiche Aufnahmen mit ‚Iberoamerikanischer Volksmusik'[67], die teilweise lateinamerikanische Hits jener Zeit sind: „Cachita" von Rafael Hernández oder „Tabou" von Ernesto Lecuona. Auch brasilianische Titel werden eingespielt. Solé Aguilar wird meist vom Gitarristen Fernando Díaz begleitet, der vermutlich mit dem gleichnamigen Multiinstrumentalisten (Gitarre, Geige, Saxophon und Trompete) identisch ist, der 1932 mit den Lecuona Cuban Boys in Spanien eintraf und in Berlin hängen blieb. Man findet seinen Namen auf vielen Produktionen, besonders als Hot Jazz-Trompeter, der auch in der Melodie-Bar am Kurfürstendamm zu hören ist. Solé Aguilar verlässt nach Kriegsende Berlin und begleitet seine Frau Carmen Osorio nach Teheran, wo sie Konzerte gibt und er Gitarrenunterricht.

Dem kubanischen Gitarristen Fernando Díaz begegnet man im Cuarteto Argentino wieder, das ebenfalls im Funkhaus Berlin lateinamerikanische Musik einspielt.[68] Mit Díaz spielen die Italiener Alfio Grasso (Gitarre) und Domenico Carcassola. Der Argentinier Hector Gentile, Martin Fey (Piano) und der Italiener Cesare Cavaion (Bass) sind bei einigen Aufnahmen auch dabei. Gentile war 1936 auf Vermittlung von Bernardo Alemany aus Buenos Aires nach Paris gekommen und nach Tourneen im Orchester von Eduardo Bianco in Berlin geblieben (s. Kap. 12). Auch von diesem Cuarteto werden 1943, neben Folklore, Sambas, Jazz und deutschen Schlagern, mit Kompositionen von Lecuona auch Rumbas aufgenommen. Doch die sind für die Kurzwellen-Propagandasender des Reichs für Hörer in verschiedenen Ländern gedacht.

Die „Chilenische Nachtigall"

Sofía del Campo aus Santiago de Chile sieht nicht aus wie ein international erfolgreicher Opernstar. Dunkle Haare umschließen eng ein zartes Gesicht mit auffällig großen Augen. Sofía ist schlank, sie stammt aus einer der angesehensten Familien Chiles und ist knapp 46 Jahre alt, als sie 1937 mit ihrer Tochter María Martha Esther Aldunate del Campo nach Berlin kommt.

Deren Vater Héctor Aldunate ist Gutsbesitzer in Viña del Mar. Als er in finanzielle Schwierigkeiten geraten war, hatte Sofía beschlossen, wieder Konzertabende als Koloratursopranistin in Südamerika und Übersee zu geben. Weil es Frauen in der oberen chilenischen Gesellschaft nicht gestattet war, eigene berufliche Wunschträume zu verwirklichen, hatte sie ihren Gesangsunterricht anfangs nur heimlich nehmen können. Ihre sechs Kinder blieben solange in Chile, darunter María Martha, die man Chiquita nennt und die schon früh bei einem Wohltätigkeitskonzert der Mutter mit ihrer Stimme aufgefallen war.

Mutter Sofía ging viel auf Reisen und Chiquita blieb abends allein im Hotel, wenn Sofía in der Oper auftrat. Das dachte man jedenfalls, aber Chiquita war lieber in den Musikkneipen unterwegs, bis Mamá nach der Vorstellung zurückkam. So auch in Rio de Janeiro, wo Chiquita sich aus Mutters Umarmung in eine erste kurze Ehe stürzte und nach einem Gesangswettbewerb bei Radio Mayerinck Vega zweimal pro Woche live vors Mikrophon durfte. Sie nannte sich jetzt „La Chilenita". Die Ehe ging schief und Sofía holte sie nach Paris und ließ ihr Gesangsunterricht geben. Nach kleineren Auftritten in Rundfunkstudios in Paris und Lissabon (1930) trifft sie in Berlin ein, denn Sofía del Campo ist jetzt mit Heriberto Salbach liiert, einem deutsch-chilenischen Repräsentanten des Schreibmaschinen-Herstellers Remington. Chiquita ist 23 Jahre alt, lernt ein bisschen Deutsch und will eine Gesangskarriere starten. Mutter Sofía ist einverstanden und öffnet ihr mit ihren Kontakten den Weg, beendet sogar bald ihre Solo-karriere für ihre Tochter, fordert aber: „Sag nie, dass du meine Tochter bist."[69] Von nun an nennt sich die naturblonde Chiquita Rosita Serrano, und sie marschiert direkt in das Chef-Büro des Berliner Wintergartens, wo sie nach hartnäckigem Nachfragen bei Direktor Schuch („Ich möchte Ihnen singen"[70]) mit ihrer Gitarre auf der Bühne des Wintergartens chilenische Volkslieder vortragen und anschließend mit Peter Kreuder auf Tournee gehen kann. Bei Kreuder und seinen Musikern bekommt sie praktische Hilfen für ihr Gitarrenspiel, lernt ein bisschen Jazzgesang, ohne je eine wirkliche Jazzsängerin zu werden. Sie kann aber spontan Abläufe, Tonarten und Melodiefolgen improvisieren. Sie bekommt einen Auftritt in der teil-weise in Argentinien spielenden Operette „Maske in Blau", und die besten Orchester und Komponisten arbeiten mit ihr. Kurt Hohenberger begleitet sie mit seinen Solisten noch 1941 bei einem Gala-Abend zum 75. Geburts-tag von Paul Lincke als „Serrano-Orchester". Zuvor schrieb Michael Jary für Serrano den Tango-Bolero „Roter Mohn", und Rosita hebt als „Chilenische Nachtigall" zum Höhenflug an. Es folgen Revuefilme, eine Tournee mit Teddy Stauffer, Wunschkonzerte für die Wehrmacht im Rundfunk. Sie ist ein Star der Plattenfirma Telefunken. „Diese Aufnahmen stellen eine ein-malige Gratwanderung zwischen Fröhlichkeit, tiefempfundener Schwermut und Traurigkeit, zwischen spontanen Temperamentsausbrüchen, großem, von perlenden Koloraturen geprägten Kunstgesang und chansonartigem Vortragsstil dar." (Völlmecke)[71] Manchmal geht das auch schief und gleitet in Lächerliche ab, wie in Serranos Interpretation des mexikanischen Volksmusik-Klassikers „Cielito Lindo" – oder ist es eine Parodie? Zu blas-orchesterartiger Begleitung und gelegentlichen andalusischen Palmas (Händeklatschen) spielt die Serrano den Musik-Clown, schreit und gurrt in klirrenden Sopranen, jagt unvermittelt ihre Stimmbänder über selbsterfundene Koloraturengpässe. (In Peru trainiert in dieser Zeit die selbsternannte Inka-Prinzessin Yma Sumac ihren noch größeren Stimmumfang auf ähnliche Weise, s. Bd. 3, Kap. 13). So macht die Serrano (Abb. 4) aus Moisés Simons so intelligent Inhalt und Singweise miteinander verbindender Rumba „El Manisero" einen spanischen Salon-Bolero zu Gitarrenbegleitung mit Kleinstperkussion und Koloraturübungen. Mit stark rollendem R und Latina-Akzent als Markenzeichen singt sich Rosita Serrano durch die Schlagerwelt der Vorkriegszeit. Sie spielt eine authentische Interpretin lateinamerikanischer Musik. Im ersten Teil ihrer Konzerte, die auch von KdF-Gruppen organisiert werden, bietet sie Lieder aus Argentinien, Chile, Mexiko, Uruguay und Kuba, im zweiten Teil deutsche Schlagerunterhaltung.

Der „Gießener Anzeiger" berichtet von einem Konzert der Serrano im Juli 1940: „Wenn auch nicht zu wissen, so war doch zu erfühlen, daß diese Lieder (die die Künstlerin sehr sorgfältig und sichtlich mit innerer Anteilnahme vortrug), tief in völkischer Eigenart verankert sind, in ihrer letzten Sinnausdeutung von uns aber wohl kaum erschlossen werden können, ebenso wenig, wie vielleicht ein inniges deutsches Volkslied in Mexiko, in Chile oder Argentinien verstanden und gefühlsmäßig voll erfaßt werden könnte."[72] Im Parkett sitzt der Baron Erhart von Schenck zu Schweinsberg, von dessen Seite sie nach dem Krieg viele Jahre nicht weichen wird (s. Bd. 2, Kap. 1).

Natürlich weiß Serrano, für wen sie singt, die Hakenkreuzfahne hängt oft auf der Bühne, und von Hitler erbittet sie sich 1939 schriftlich ein Autogramm: „Ich bin die junge Südamerikanerin, die Ihnen vor gesungen

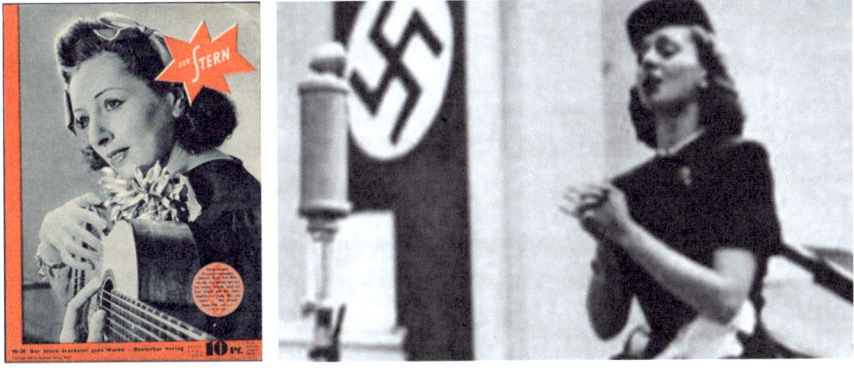

Abb. 4   Rosita Serrano. Titelbild im „Stern", Juni 1939 (links); bei einem Bühnenauftritt

hat."[73]. Über private Vorstellungen für die Nazi-Elite gibt es keine Nachweise, nur Rositas spätere Erinnerungen: Danach muss sie auf einem Geburtstag von Görings Tochter singen, wofür der sie mit einem riesigen Brillanten entlohnt habe. Und: Hitler sei immer ohne Uniform in seine Ehrenloge im Wintergarten gekommen, um sie zu hören.[74] Ebenso bleibt ihr exzentrischer Charakter für ihr Publikum im Dunkel. Peter Kreuder, sichtbar neidisch und selber als eitel und selbstgerecht bekannt, nennt sie „disziplinlos, entsetzlich faul und launisch". Die Polizei habe sie regelmäßig aufgesucht, denn „sie klaute ohne Unterlass alles was ihr unter die sehr schönen Finger kam".[75]

Mutter Sofía ist fast immer dabei. Und wahrscheinlich auch zumindest einer ihrer Söhne, Luiz, für den Salbach den Ersatzvater gibt und ihn in die Hitlerjugend schickt. Luiz' Tochter erinnert sich: „Es scheint mir, wenn ich mich nicht irre, dass dieser Herr derjenige war, der meine Familie in Deutschland den Nazis vorgestellt hat. Ich erinnere mich, dass mein Vater mir sagte, dass Salvaj [Salbach, d.A.] ihn in die Hitlerjugend gesteckt hat, da mein Vater sehr jung war (etwa 13 oder 14 Jahre), also vermute ich, dass derjenige, der wirklich die nationalsozialistischen Überzeugungen hatte, dieser Herr war, der meine Familie damals stark beeinflusst hat."[76]

1942 und 1943 entstehen letzte Aufnahmen, im Reichsrundfunk. Begleitet vom Cuarteto Argentino singt auch Sofía del Campo chilenische Volkslieder.

Während die Familie Del Campo sich in Europa niederließ, erreichte der Nationalsozialismus auch die deutsche Kolonie in Chile. „Bereits 1932 – und damit ein Jahr vor der nationalsozialistischen Machtergreifung – wurde in Chile von einem Divisionsgeneral des chilenischen Heeres die erste funktionierende Nazi-Partei gegründet."[77] Die chilenischen Nazis nehmen über das Außenministerium Kontakt zur NSDAP auf, es kommt zu zahlreichen Kooperationen, die erst im Januar 1943 durch Chile (vorerst) beendet werden.

Rosita Serrano hat sich nie öffentlich vom deutschen Nazi-Regime distanziert. Als sie 1943 wieder einmal in Schweden gastiert, um damit auch den Bombenangriffen und dem Klima in Berlin zu entfliehen, bleibt sie im neutralen, aber wirtschaftlich mit dem NS-Staat eng verbundenen Königreich. Der chilenische Schriftsteller Víctor Farías behauptet in seinem Buch ‚Los Nazis en Chile', dass sie im Dezember 1943 auf Einladung des schwedischen Königs ein Benefizkonzert für jüdische Flüchtlinge aus Dänemark gegeben habe, die von den deutschen Besatzern verfolgt wurden.

Deshalb habe das NS-Regime ihr Vermögen blockiert und die Beschlag-
nahme ihrer Schallplatten und Radioaufnahmen angeordnet.“[78] Ob
Goebbels dem einstigen Lieblingsstar seiner Filme und Wunschkonzerte,
wie auch Lale Andersen, deswegen plötzlich fallen lässt, bleibt unklar. Eine
zunehmende ausländerfeindliche Tendenz in der Bevölkerung allein kann
nicht dazu geführt haben, denn noch sind andere ausländische Künstler in
Deutschland aktiv. Und Schweden ist sogar noch neutral, als Dänemark
und Norwegen von den Nazis besetzt werden. Womöglich war Serrano
auch der Haftbefehl vom November 1943 bekannt („Falls sie in das Reichsgebiet zurückkehrt, hat sie allerdings ein Untersuchungsverfahren zu gegenwärtigen, da Spionageverdacht gegeben ist“)[79]. Sofía folgt ihrer Tochter
nach Stockholm. Sie hinterlassen der Gestapo ihre luxuriöse Wohnung im
Berliner Westend mit allem Mobiliar und Wertsachen (s. a. Bd. 2, Kap. 1).

Im Umgang mit fremden Kulturen gleichen sich totalitäre Staaten.
Immer steht eine chauvinistische Überbetonung vorgeblich nationaler
Werte und Errungenschaften im Vordergrund ihrer ‚Kulturpolitik‘. Dieser
Linie folgen selbst kommunistische Regime auch in anderen Erdteilen.
Dort oft nur sublim vorhandene Diskriminierungen von Minderheiten
machen die Nationalsozialisten in Deutschland mit Antisemitismus und
Rassismus offen zu ihrem Programm. Bei der Verfolgung der jüdischen
Mitbürger schauen die meisten Deutschen noch weg, auch wenn Nach-
barn abtransportiert werden und Konzentrationslager bekannt sind. Und
auf die Beiträge jüdischer Intellektueller, Musiker und Künstler will das
NS-Regime verzichten. Es hat aber Probleme damit, die schon vor 1933
äußerst beliebten Musikimporte aus den Amerikas vollends zu verbieten,
deren Ursprünge auch in afroamerikanischer Kultur liegen und deren
Künstler zumeist eine schwarze Hautfarbe haben. So entsteht in der zwölf
Jahre andauernde NS-Zeit ein Wirrwarr von Verboten und Duldungen, die
vor allem lateinamerikanische Musik und Formen des Jazz betreffen, sofern
sie nicht von ‚weißen‘ Künstlern ‚weniger schwarz‘ und passend gemacht
präsentiert werden. Die Erfahrungen, die später in der DDR, UDSSR und
ehemals lateinamerikanischen Diktaturen gemacht werden, lassen ahnen,
dass auch ein den 2. Weltkrieg überstehendes NS-Regime keineswegs seine
Bevölkerung auf Dauer von den weiterhin entstehenden internationalen
Kreationen im Bereich der populären Musik hätte isolieren können.

Weiterlesen über Folgen der NS-Zeit

Band 2
Kap. 15: Nachkriegszeiten

Anmerkungen

1. Ralph Benatzky: Triumph und Tristesse. Aus den Tagebüchern von 1919 bis 1946. Hg. von Inge Jens und Christiane Niklew. Berlin 2002. S. 6.
2. Fritz Stege in: Der Artist 2645, 27.8.1936, S. 1081 f., zit. nach: Axel Jockwer: Unterhaltungsmusik im Dritten Reich. Dissertation Uni Konstanz 2005, S. 327.
3. Hermann Blume: Der Deutsche Almanach für Kunst und Wissenschaft (1933), S. 134 f., Zit. nach: Joseph Wulf, Musik im Dritten Reich. Reinbek 1966, S. 79.
4. M: Charles Amberg, T: Karl M. May: Der verliebte Bimbambulla (1919).
5. Laut Zählung der DGfE und Rassenpolitisches Amt der NSDAP im Oktober 1938 ca. 150 Personen, nach: Marianne Bechhaus-Gerst: Treu bis in den Tod. Berlin 2007.
6. Louis Brody: „Die deutschen Neger und die ‚schwarze Schmach‘, B.Z. am Mittag, Berlin, 24.5.1921 s.a. weiterführende Quellen: blackcentraleurope.com (26.7.2019).
7. Bechhaus-Gerst (Anm. 5), S. 101 ff.
8. Siehe auch Heiko Möhle: Betreuung, Erfassung, Kontrolle. Afrikaner aus den deutschen Kolonien und die ‚Deutsche Gesellschaft für Eingeborenenkunde‘ in der Weimarer Republik, in: Marianne Bechhaus-Gerst/Reinhard Klein-Arendt (Hg.): Die (koloniale) Begegnung. AfrikanerInnen in Deutschland – Deutsche in Afrika (1880–1945). Frankfurt a.M. 2003, S. 225–236.
9. Aus dem Urteil gegen N'Doki in: Marianne Bechhaus-Gerst: AfrikanerInnen in Deutschland und schwarze Deutsche, Münster 2004, S. 191.
10. Biographische Angaben gemäß Wikipedia, Art. „Bayume Mohamed Husen". Siehe auch Eva Knopfs Dokumentarfilm „Majubs Reise zu den Sternen" (2011–2013).
11. Bechhaus-Gerst (Anm. 5), S. 88.
12. Auch Pressereferent der Reichsmusikkammer und ab 1941 Redaktionsleiter des „Artist".
13. Fritz Stege: „Randglossen zum Musikleben", in: Zeitschrift für Musik 99 (1932), S. 491, zit. nach: Joseph Wulf, Musik im Dritten Reich. Frankfurt a.M. 1989, S. 384.
14. Fritz Stege: „Kulturpolitische Wochenschau", in: Der Artist 2866, 21.11.1940, S. 1089.

15. Fritz Seydaack, in: Die Unterhaltungsmusik 2647, 10.9.1936, S. 1127.

16. Aus: Wiener Montagsblatt, zit. nach: Die Unterhaltungsmusik 2660, 10.12.1936, S. 1572.

17. Michael H. Kater: Gewagtes Spiel. Jazz im Nationalsozialismus. Köln 1995, S. 85 f.

18. Vgl. Wikipedia, Art. „Hans Pfitzner".

19. Zit. nach: Franz Ritter (Hg.): Heinrich Himmler und die Liebe zum Swing. Erinnerungen und Dokumente. Leipzig 1994, S. 25 f.

20. Protokoll, zit. nach: Christian Kellersmann: Jazz in Deutschland von 1933– 1945. Menden 1989, S. 51.

21. Lothar H. Br. Schmidt: Zum Preisausschreiben des Reichssenders Köln, in: Die Unterhaltungsmusik Nr. 2671, 25.2.1937, S. 216 f.

22. Stege (Anm. 14), ebd.

23. Zit. nach: Wulf (Anm. 3), S. 288 (aus: Die Musik-Woche 1940, S. 28).

24. Maurus Pacher: etcetera 20 (1987), S. 28.

25. Kompletter Film mit polnischen Untertiteln: www.youtube.com/ watch?v=Nc2O8trDDJU *(25.6.2015)*.

26. "Erste Nord-Süd Durchquerung Brasilianisch-Guayanas auf dem Jary-Fluss".

27. Vgl. Jens Glüsing: Das Guayana-Projekt. Berlin 2008, S. 190 ff.

28. Vgl. Hans Jansen: Der Madagaskar-Plan. Die beabsichtigte Deportation der europäischen Juden nach Madagaskar. München 1997, S. 101.

29. Erlass des Volksbildungs- und Innenministers von Thüringen Wilhelm Frick gegen "Jazzband- und Schlagzeug-Musik, Negertänze, Negergesänge, Neger-stücke".

30. Peter Raabe, Dirigent, Präsident der Reichsmusikkammer, zit. von Franz Götzfried 1942, in: Jockwer (Anm. 2), S. 399.

31. Benatzky (Anm. 1).

32. Leitung: Lutz Templin.

33. Programmheft, Geleitwort.

34. William E. Dodd:„Diplomat auf heißem Boden. Berlin 1969, S. 382 ff.

35. Die Tagebücher von Joseph Goebbels, hg. von Elke Fröhlich. München 1987, S. 647 f. (8.8.1936).

36. Das Neue Tage-Buch, Paris 2.5.1936, zit. nach: Arnd Krüger: Die Olympischen Spiele 1936 und die Weltmeinung. Berlin 1972, S. 229.

37. Vgl. Peter Wicke: „Das Ende. Populäre Musik im faschistischen Deutsch-land", in: Sabine Schutte (Hg.): Ich will aber gerade vom Leben singen. Über populäre Musik vom ausgehenden 19. Jahrhundert bis zum Ende der Weimarer Republik. Reinbek 1987, S. 418–429.

38. Fritz Stege in: „Kulturpolitische Wochenschau", Die Unterhaltungsmusik 2859, 3.10.1940, S. 924.

39. Deutsche Allgemeine Zeitung vom 22.9.1940.

40. Reinmar von Zweter, in: Die Unterhaltungsmusik 2660, 10.12.1936, S. 1572.

41. Guido Fackler: „Zwischen (musikalischem) Widerstand und Propaganda – Jazz im ‚Dritten Reich'". Vortrag vom 25.9.1992 in Weimar. Überarbeitete Fassung https://opus.bibliothek.uni-wuerzburg.de/opus4-wuerzburg/frontdoor/deliver/index/docId/3985/file/Fackler_Widerstand_Propaganda.pdf (19.12.2019).

42. Die Unterhaltungsmusik 2652, 15.10.1936. S. 1290

43. Albrecht Knust an Kurt Peters am 19.5.1944. Deutsches Tanzarchiv Köln, Sammlung Knust. Zit. nach: Frank-Manuel Peter: „War Harald Kreutzberg ein ‚alter Nazi'?", Digitale Fachzeitschrift Tanzwissenschaft, https://www.deutsches-tanzarchiv.de/archiv/forschung/digitale-zeitschrift (19.12.2019).

44. Bericht des Reichsjustizministeriums über „jugendliche Cliquen und Banden" von Anfang 1944, zit. nach: Swingstyle [K.Göbel]: „Swing und Widerstand im Nationalsozialismus", www.return2style.de/swheinis.htm. (6.2.2019).

45. Saxophonist Olaf Kübler (geb. 1937 in Berlin) verwendet nach dem Krieg einen ähnlichen Slang, den Udo Lindenberg zur Perfektion stilisierte.

46. Hans J. Massaquoi: „Neger, Neger, Schornsteinfeger!". Zürich 1999, S. 154.

47. Im Gespräch mit Bert Noglik, in: Ritter (Anm. 21), S. 143 ff.

48. https://www.volksliederarchiv.de/kurze-haare-grosse-ohren-spottlied-auf-die-hitlerjugend/ (19.12.2019).

49. Der kleine Josef hat gesagt, ich darf nicht singen. Anon. Autor, https://www.volksliederarchiv.de/der-kleine-josef-hat-gesagt-ich-darf-nicht-singen/ (19.12.2019).

50. „Herr Roosevelt plaudert", 1943, www.youtube.com/watch?v=BHtyxcHMzmI (27.7.2019).

51. Goebbels in: „Das Reich", Jazz im Rundfunk, in: Das Podium der Unterhaltungsmusik 2914, 19.3.1942.

52. Zit. nach: Wulf (Anm. 3), S. 288 f. Erlass Hans Hinkel in: Film-Kurier, 16.11.1942, S. 3.

53. Wilhelm Matthes in: "Die Musik", zit. nach: Stege (Anm. 14), S. 1089.

54. Eric T. Vogel: „Jazz im Konzentrationslager", in: Ritter (Anm. 21), S. 43.

55. Hinweis in: Oscar Hijuelos: A Simple Habana Melody. New York 2003, S. 232.

56. Hierzu diverse Quellen, s. John W. Troutman: Kika Kila – how the Hawaiian steel guitar changed the sound of modern music. Chapel Hill, NC 2016, S. 118 f.

57. Zit. nach: Mary Vorsino: „Isle musician Tau Moe saved lives in Holocaust", in: Honolulu Star-Bulletin 2004, archives.starbulletin.com (20.4.2021).

58. E-Mail Korrespondenz mit Kim und Laura, Töchtern Rimacs, März 2012. Mehr wolle die hoch betagte Mutter dazu nicht sagen.

59. Hijuelos (Anm. 55), S. 232.

60. Vgl. Juliet McMains: Glamour Addiction. Inside the American Ballroom Dance Industry. Middletown, CT 2006, S. 120.

61. M: Willy Engel-Berger, T: Kurt Feltz, Vlg. Beboton.

62. José Reyes Fortún: „Un fenómeno musical llamado Antonio Machín", in: Habana Radio/Culturales/Música de Cuba, www.habanaradio.cu (24.6.2012).

63. M: Eliseo Grenet, T: Marion Sunshine.

64. Telefunken A 2351 / A 2993 / A2350.

65. Unbestätigt.

66. Nicht zu verwechseln mit dem Cuarteto Aguilar, das mit Gitarren- und Lautenmusik in Europa konzertiert, auch beim Berliner Rundfunk.

67. Siehe Rainer E. Lotz/Andreas Masel/Susanne Ziegler: Discographie der ethnischen Aufnahmen (Deutsche National-Discographie, Serie 5), Bd. 1. Bonn 1998.

68. Lotz (Anm. 67).

69. Zit. nach: Hans Jörg Koch: Roter Mohn. Das Leben der „Chinesischen Nachtigall". Eine Biographie. Berlin 2005, S. 26.

70. Programmheft Wintergarten, November 1941.

71. Jens-Uwe Völlmecke, Infotext des Deutschen Rundfunkarchivs zur CD Swing-Sinfonie, www.dra.de (4.3.2012).

72. Koch (Anm. 69), S. 58.

73. Koch (Anm. 69), S. 64.

74. Hans Jörg Koch, Autor der Biographie „Roter Mohn" (Anm. 69) zitiert darin aus unveröffentlichten Aufzeichnungen der Serrano. Er hat sie zwischen 1987 und 1991 mehrfach in Oberhessen getroffen.

75. Peter Kreuder: Nur Puppen haben keine Tränen. München 1971, S. 318 f.

76. Sofia Aldunate, Tochter von Rositas Bruder, in einem Blog: www. operasiempre.es (4.3.2012).

77. Felicitas von Aretin: „Lange Schatten über Chile", Freie Universität Berlin 2011, www.uni-protokolle.de (13.3.2012) über das Buch von Víctor Farías „Los Nazis en Chile", Barcelona 2000, deutsch: Die Nazis in Chile. Berlin 2002.

78. Farias (Anm. 77), S. 421 (dieser Abschnitt fehlt in der deutschen Ausgabe).

79. Verschlusssache vom Leiter der Personalabteilung an Staatssekretär vom 5.11.1943, RR Dr. May.

Schöner fremder Klang – die weiteren Bände

Band 2: Samba, Mambo, Bossa & Co. (1945–1975)

© Springer-Verlag GmbH Deutschland, ein Teil von Springer Nature 2021
C. Schreiner, *Schöner fremder Klang – Wie exotische Musik nach Deutschland kam*,
https://doi.org/10.1007/978-3-476-05695-5

Band 3: Afrobeat, Salsa, Reggae & Co. (1975–2000)

Abbildungsverzeichnis

Einführung: Wilde Zeiten

Abb. 1 „Negersklaven beim Transport eines Flügels in Rio de Janeiro", Zeichnung von Charles Maurand. Aus: Theodore Canot: Abenteuer afrikanischer Sklavenhändler. Voorburg/Den Haag 1941.

Kapitel 1 (… 1850 …). Der erste ‚Welthit' entsteht

Abb. 1 Kolumbus wird von den Ureinwohnern mit einem Leguan bewirtet. Caspar Plautius: Nova typis Transacta Navigatio. Novi Orbis India Occidentalis…, Linz 1621. Universitätsbibliothek Salzburg.

Abb. 2 Bamboula-Tanz auf dem Congo-Square in New Orleans (1896). Zeichnung E.W. Kemble, in: Century Magazine 1896, Public Domain.

Abb. 3 Louis Moreau Gottschalk (links): Unbek. Fotograf. Wikimedia Commons; Sebastián Iradier (rechts): M. Brady-Handy, Photograph Collection. Wikimedia Commons.

Abb. 4 Dia de Reyes (Dreikönigstag) auf Kuba. Stich von Federico Mialhe, 1855. Wikimedia Commons.

Kapitel 2 (… 1884–1940/2000 …). Kolonialmusik

Abb. 1 Karikatur Schaubuden-Besitzer. Aus: Fliegende Blätter 119/1903, S. 229. https:digi-ub.uni-heidelberg/digit/fb119.

© Springer-Verlag GmbH Deutschland, ein Teil von Springer Nature 2021
C. Schreiner, *Schöner fremder Klang – Wie exotische Musik nach Deutschland kam*,
https://doi.org/10.1007/978-3-476-05695-5

Abb. 2 Völkerschau in Carl Hagenbecks Tierpark: Isa-Krieger aus Äthiopien. Postkarte. Archiv des Autors.

Abb. 3 Kaiser Wilhelm II. im Gespräch mit Äthiopiern und Carl Hagenbeck in Hamburg 1909. Deutsches Bundesarchiv, ADN Zentralbild (Bild 183). Wikimedia Commons Cooperation Project.

Kapitel 3 (… 1900–1935 …). Massen, Medien, Mikrophone

Abb. 1 „Trommelsprache – Laut-Aufnahme eines Duala-Negers in der Laut-abteilung der Preuss. Staatsbibliothek 1921". Unbek. Fotograf, Deutsches Historisches Museum.

Abb. 2 Ernst Moritz von Hornbostel (1911). Unbek. Fotograf. Wikimedia Commons.

Kapitel 4 (… 1880–1910 …). Black Faces on Stage

Abb. 1 Der Komiker Thomas D. Rice im Blackface als Jim Crow, ca. 1832 (links): E. Riley Publ. New York. Wikimedia Commons; rechts: „Ein Concert". Liebig-Sammelbild (um 1889). Archiv des Autors.

Abb. 2 Original Ethiopian Serenaders (Boston Minstrels) um 1843. Aus: Robert C. Toll: Blacking up. The Minstrel Show in Nineteenth Century America. New York 1974. Wikimedia Commons.

Abb. 3 Plakat für Blackface Stand-Up Comedy, ca. 1900. Library of Congress Prints and Photograph Division. Wikimedia Commons.

Abb. 4 Primrose & West's Big Minstrels: „Our Great Champion Cake Walk", ca. 1896. Library of Congress Prints and Photograph Division. Wikimedia Commons.

Abb. 5 „In Dahomey", London 1903. Wisconsin Center for Film and Theater Research. Wikimedia Commons.

Abb. 6 Werbung für die Aufführung des Musicals „In Dahomey", London 1904. Wikimedia Commons.

Kapitel 5 (… 1880–1930 …). Schwarze Künstler auf deutschen Bühnen

Abb. 1 Master Juba tanzt in New York, 1842. Aus: Charles Dickens: American Notes. Wikimedia Commons.

Abb. 2 Die Fisk Jubilee Singers in der Singakademie Berlin 1878. Zeitschrift „Daheim", Nr. 30, 1878.

Abb. 3 Arabella Fields. Postkarte. Archiv des Autors.

Abb. 4 Der Grizzly Bear-Tanz. Unbek. Fotograf. Historisches Foto-Archiv. Public Domain.

Kapitel 6 (… 1918–1933 …). Der Krieg ist vorbei: Wie tanzt der Bär?

Abb. 1 Lieutenant James Reese Europe (links) mit der Jazzband des 369th Infantry Regiment bei der Abreise aus Europa (1919). Wikimedia Commons by the National Archives and Records Administration as part of cooperation project.

Abb. 2 Josephine Baker tanzt Charleston in den Folies-Bergère Paris (1926). Foto: Walery. Wikimedia Commons.

Abb. 3 Josephine Baker in Berlin. Foto: Sam Ladnier. Wikimedia Commons.

Abb. 4 Carmen Miranda. Unbek. Fotograf. Archiv des Autors.

Abb. 5 The Chocolate Kiddies (Sam Wooding and his Orchestra), 1925. Foto: Vox Phonograph Studio.

Kapitel 7 (… 1900–1933 …). Exotik im Modernen Tanz

Abb. 1 Mary Wigman: „Vision". Künstlerpostkarte C. Rudolph, Dresden.

Abb. 2 „Affe und Menschenweib". Tanzpaar Dolinoff im Berliner Wintergarten um 1928 (links). Foto: Ernst Schneider, Berlin, in: Scherl's Magazin 4/1928; Ruth St. Denis mit ihrem Ehemann Ted Shawn (ca. 1911) (rechts). www.kultur-fibel-magazin.de. Wikimedia Commons.

Abb. 3 Uday und Amala Shankar, 1948. Aus: „Kalpana". Hindi Film, Produzent: Uday Shankar.

Kapitel 8 (… 1918–1945 …). Der Jazz kommt nach Deutschland

Abb. 1 Eric Borchard. Unbek. Fotograf, Foto der Polyphon.

Abb. 2 Die Weintraub Syncopators. Unbek. Fotograf. Jazzinstitut Darmstadt.

Abb. 3 Kammersänger Alfred Jerger als Jonny. Noten-Cover Universal Edition Nr. 8622.

Kapitel 9 (… 1910–1945 …). Paris: Zentrum transatlantischer Zuwanderer

Abb. 1 Ernst Ludwig Kirchner: „Apachentanz", 1911. Radierung. Kirchner-Museum Davos. Wikimedia Commons.

Abb. 2 Paris ‚negert' – 1920er Jahre (links): Archiv des Autors; Nostalgie de Nègres. Notencover 1906 (rechts). Noten von Robert Vollstadt. Illustriert von Clérice Frères (Au Menestrel). Paris 1906.

Kapitel 10 (… 1880–1931 …). Brasilien: O Maxixe

Abb. 1 Tanzfest der Caramanis. Kolorierte Lithographie aus „Völkergalerie" von Friedrich Wilhelm Goedsche, um 1840. Gedruckt Meißen 1830–1839. Archiv des Autors.

Abb. 2 Jean-Baptiste Debret: Marimba. Passeio de domingo à tarde, 1826. Aus: „Viajem Pitoresca e Histórica ao Brasil". Museus Castro Maya, Rio de Janeiro.

Abb. 3 Rio, Carnaval 1930. Unbek. Fotograf.

Abb. 4 Chiquinha Gonzaga (um 1932). Foto: Dedoc Acervo IMS/SBAT 1932.

Abb. 5 Maxixe: Quem Muito Abraça (Notenblatt). Cerfaillat Editions Paris.

Abb. 6 Os Oito Batutas 1919. Archiv José Ramos Tinhorao. Acervo Pixinguinha/IMS.

Kapitel 11 (… 1870–1946 …). Tango rioplatense

Abb. 1 Afroargentinischer Candombe, Buenos Aires 1938. Archivo General de la Nación, Buenos Aires. www.lacuerdaweb.com/candombe.html. Public Domain.

Abb. 2 Gaucho Payador. Aus: Mary Hield: Glimpses of South America. London: Cassell, Petter, Galpin & Co., 1882. Archiv des Autors.

Abb. 3 Ángel Villoldo. Screenshot aus dem dokumentarischen Film „El canto cuenta su historia" (1976), https://youtu.be/iaZAqXsuyjU (6.5.2021).

Abb. 4 Postkarten mit Tango-Tanzpaaren. Unbek. Fotografen, Postkarten. Archiv des Autors.

Abb. 5 Tango-Orchester Genaro Espósito in Paris. images.todotango.com/historias/Cronica_paris1.jpg.

Kapitel 12 (… 1912–1945 …). Tango in Deutschland. Ein Missverständnis

Abb. 1 Zeitungsanzeige 1913 in Uetersen. Wikimedia Commons.

Abb. 2 Tangomanie. Karikatur. Aus: F.W. Koebner: Tanz-Brevier. Verlag Dr. Eysler & Co, Berlin 1919. Archiv des Autors.

Abb. 3 Orchester Juan Llossas. Archiv Juan Llossas. www.juanllossas.de.

Kapitel 13 (… 1850–1945 …). Kuba: Kulte und Kulturen

Abb. 1 Chevalier Brindis de Salas mit seiner Stradivari und dem Preußischen Orden des Schwarzen Adlers, Berlin 1880. Postkarte. Public Domain.

Abb. 2 Conjunto Sexteto Habanero, 1925. Wikimedia Commons.

Abb. 3 Antonio Machín als „El Manisero" (links): Screenshot aus dem Video https://youtu.be/Je1oYMblCqE (6.5.2021); Ernesto Lecuona, ca. 1923 (rechts): Postkarte. Wikimedia Commons.

Abb. 4 Der Conga Line-Tanz. Unbek. Fotograf. de.slideshare.net, Public Domain.

Kapitel 14 (… 1902–1943 …). Die Antillen: Musik auf Lavaströmen

Abb. 1 Ernest Léardée und Band. Unbek. Fotograf. Lucien Jean Baptiste/ Pascal Blanchard, „Artistes de France". serie-artistesdefrance.com.

Abb. 2 „Deutschlands erste Negerbar". Zeitungsanzeige 1926. Archiv des Autors.

Kapitel 15 (… 1920–1933 …). Aloha 'Oe: Die letzten Exoten erreichen Nazi-Deutschland

Abb. 1 „Kanui und Lulas Original Hawaian Entertainers", ca. 1923. Postkarte. Public Domain.

Abb. 2 Die Tau Moe Family. Screenshot aus https://youtu.be/OrizH-_8djg (6.5.2021).

Abb. 3 Ciro Rimac und seine Latin Rhythm Revue. Archiv Familie Rimac.

Abb. 4 Oscar Alemán. Unbek. Fotograf. acousticguitar.com.

Abb. 5 „Doorlays Wunder-Rakete". Programmheft, Stadtmuseum Berlin.

Kapitel 16 (… 1933–1945 …). Braune Töne

Abb. 1 Mitglieder der „Deutschen Afrika-Schau", ca. 1938. Foto: P. Reed-Anderson, ca. 1938.

Abb. 2 „Entartete Musik". Umschlag der Broschüre zur Ausstellung von 1938. Wikimedia Commons.

Abb. 3 Lindy Hop Swing (Szene aus dem Film „Hellzapoppin", 1941). Screenshot aus dem Video https://youtu.be/qzc7vY9VTnk (6.5.2021).

Abb. 4 Rosita Serrano. Titelbild (links): „Der Stern", Juni 1939; Rosita Serrano bei einem Bühnenauftritt (rechts): Unbek. Fotograf.

Namenregister

© Springer-Verlag GmbH Deutschland, ein Teil von Springer Nature 2021
C. Schreiner, *Schöner fremder Klang – Wie exotische Musik nach Deutschland kam*,
https://doi.org/10.1007/978-3-476-05695-5

Titel- und Sachregister

© Springer-Verlag GmbH Deutschland, ein Teil von Springer Nature 2021
C. Schreiner, *Schöner fremder Klang – Wie exotische Musik nach Deutschland kam*,
https://doi.org/10.1007/978-3-476-05695-5